阅读西安

［上］

德文／主编

生活在一座城市
首先从了解它开始

西安出版社

图书在版编目（CIP）数据

阅读西安 / 李德文主编. -- 西安 ： 西安出版社，2022.10

ISBN 978-7-5541-6351-1

I. ①阅… II. ①李… III. ①西安一概况 IV. ①K924.11

中国版本图书馆CIP数据核字(2022)第232817号

阅读西安

YUEDU XI'AN

主　　编：李德文
责任编辑：李　丹　付　洁
印刷统筹：尹　苗
出版发行：西安出版社
社　　址：西安市曲江新区雁南五路1868号
　　　　　影视演艺大厦11层
电　　话：029-85264255
邮政编码：710061
封面设计：田东风
排版设计：陕西臻创意设计有限公司　薛　敏　陈明坤
印　　刷：陕西思维印务有限公司
开　　本：787mm×1092mm　1/16
印　　张：57.25
字　　数：700千字
插　　页：6
版　　次：2022年10月第1版
印　　次：2023年1月第1次印刷
书　　号：ISBN 978-7-5541-6351-1
审 图 号：西S（2022）009
定　　价：158.00元

序

每个人心中都有一个西安。西安古老而又鲜活，从容见证了我们中华民族、我们国家历史上的一个个伟大时代，是每一个中国人的精神故乡。

西安是一座山水之城，北临渭河、南依秦岭，在这里，“父亲山”筑其骨骼，“母亲河”汇成经脉，从历史上的“八水绕长安”到现今的大水大绿、河湖广布，这样的西安气势磅礴、不拘一格。

西安是一座文化之城，是中华文明的重要发祥地，有3 100多年的建城史和1 100多年的国都史，与罗马、开罗、雅典并称“世界四大文明古都”，蓝田先祖、半坡炊烟，周礼秦制、汉风唐韵，一眼望千年，这样的西安历史悠久、文化厚重。

西安是一座活力之城，是建设中的国家中心城市，拥有良好的工业基础、完备的产业体系、突出的航空航天优势、强大的国防军工实力、雄厚的科研教育体系，智力富集、创新涌动，这样的西安朝气蓬勃、前景广阔。

西安是一座开放之城，拥有开放包容的城市基因，自古就是对外开放的门户。从张骞出使中亚、凿穿西域，到“九天阊阖开宫殿，万国衣冠拜冕旒”，再到“长安号”中欧班列连接世界，这样的西安兼容并蓄、四通八达。

西安古老而又神秘，解读西安需要勇气，更需要感情。这部《阅读西安》的主要编选者，对西安充满感情，也倾注了大量心血。根据自己长期工作实践中的感受，从不同阅读对象了解西安市情的需要出发，精心选取素材，编辑成这部关于新时代西安发展的“小百科全书”。这部书有以下几个特点:

首先是记述全。该书以大量的篇幅、详实的资料，系统全面介绍了西安的城市现状，为读者提供了新时代西安的最新城市大数据。其中所述近十多年的城市发展阶段正是西安对外开放、产业发展、现代都市建设、生态保护等方面亮点纷呈的时期。

其次是表述新。书中“印象城墙”让人们领略千年古都最瑰丽的风采，“一张金名片”展示了新西安发展亮丽的一面，“秦创原”描绘出西安创新驱动大平台，“城市群”“都市圈”规划出城市发展格局与未来走向，从“智慧城市”“文旅融合”中看到国家中心城市建设的一些路径，如此等等，令人耳目一新，增长了知识，开阔了眼界。

再次是视角特。现在市面上介绍西安的读本很多，但大都以推介西安的历史文化、风景名胜、民俗美食等为主，服务于西安旅游产业发展者居多。而这部《阅读西安》，却更多聚焦于西安经济社会发展，沿着城市发展轨迹回顾了西安这些年的经济社会发展取得的重大成就，描绘了西安未来发展的奋斗目标和美好前景，使人倍感振奋、充满期待。

《阅读西安》为我们这些老同志抚今追昔提供了一份文字记录。相信这本书会成为西安广大干部职工的工作助手、广大市民群众深入了解西安的简明教材、外来客商投资西安的实用指南，同时也是新时代新征程西安发展的珍贵见证。

商子秦

2022.9.8

目录
CONTENTS

绪　言

第一章　西安基本市情

第二章 西安区县概况与发展

第三章　西安开发区概况与发展

第四章　西安的荣耀

第五章　西安发展愿景

绪 言

书籍是在时代的波涛中航行的思想之船，它小心翼翼地把珍贵的货物运送给一代又一代。

——培根

西安是本书，我们是阅读者和欣赏者。手捧此书，我们很难用诸如质感、厚薄、装帧等字眼去描述它。

公元 2020 年，是一个容易留下记忆的数字表达，也是一个特殊的年份。这一年，西安“十三五”圆满收官，跨过 GDP 万亿大关。

如今，西安又一次站在时空的门槛。追梦未来，西安“十四五”已经开局，全面加快国家中心城市建设，为把西安建成国际化大都市奠定了坚实基础。回溯百年历史，驻足千年古都，“仿佛听到了山间回荡的声声驼铃，看到了大漠飘飞的袅袅孤烟”。

有学者从四个方面概括了西安的历史文化特质：

西安是中华民族的根脉所在，是中国古代文明起源的中心地区。

西安是中国古代都城的杰出代表，是中西交流的国际都会，也是以周秦汉唐为首的中国传统文化的故乡。作为周秦汉唐等王朝的都城，西安凝聚了浓厚的古都文化气息，也成为中国古代传统文化的代表。透过文物古迹这些有形的遗存，我们可以探究其中蕴含的文化内涵。各个王朝的文化不仅包括特色鲜明的建筑、雕塑、绘画、书法、文学、工艺、歌舞、服饰、饮食、习俗等，也包括儒、释、道等思想文化。

西安是我国古代城垣建筑成熟时期的典型代表，具有浓郁的关中市井民俗风情。10—20 世纪是西安城市发展的“重镇时代”，是古城特色形成和发展的重要时期，可以从四个角度来认识西安城的“重镇”地位。

（1）西北政治重镇：自唐之后的千余年间，西安虽失去国都地位，但其在中华版图内重要的政治地位，却可从在“重镇时代”屡屡成为都城候选而识其大略。

（2）西北军事重镇：宋元明清的西安城始终是历代朝廷最为重视的西北军事重镇，北宋、元、明三代均由最为煊赫的皇室宗亲驻守西安。

（3）西北文教重镇：西安不仅是西北文化教育的中心，更以设有陕西贡院而成为西北地区广大学子参加科举考试的中心。

（4）西北商贸重镇：所谓“五方杂处，商贾云集”“南省各物俱全，颇繁华”即是真实写照。秦腔艺术、锣鼓社火以及那些长期形成的衣食住行的风俗习惯等民俗文化，与明清传统城市风貌一起，构成鲜活而生动的生活场景。

西安拥有人类各个发展时期的文物古迹，堪称“天然的历史博物馆”。早在 110 万年前的旧石器时代，蓝田猿人就在这块肥沃的土地上繁衍生息；西安半坡、姜寨等地有大型新石器时代聚落遗址，反映出 6 000 年前母系氏族社会的繁荣；黄帝陵是 5 000 年前父系氏族社会的标志；客省庄二期文化反映了陕西龙山文化的面貌。在漫长的历史发展过程中，西安曾经是许多重大历史事件发生的场所、重要人物出场的舞台，其中震惊中外的西安事变对于中国现代史产生了深远影响。

当代西安可描述为“五个城”。

（1）活力之城： 产业完备、潜力巨大。西安拥有良好的工业基础、完备的产业体系、突出的航空航天优势，国防科技工业实力位居全国前列。目前，累计已有93个国家和地区在西安投资，世界500强企业中有242家、中国500强企业中有268家、民营500强企业中有220家在西安设立法人公司及分公司。

（2）创新之城： 智力富集、创新涌动。西安科教综合实力和技术创新能力居全国前列，是“全国十大创新型城市”之一。拥有84所大学，各类在校学生130万人，两院院士60位，各类科研机构460多个，省部级以上重点实验室、工程技术研究中心216家，国家级科技企业孵化器25个。

（3）开放之城： 兼容并蓄、四通八达。西安拥有开放包容的文化基因，自古就是我国对外开放的重要门户。目前已有4个国家在西安设立总领事馆，32个国家在西安设立签证中心，30个国家的37个城市与西安缔结为国际友好城市，39个国家的62个城市与西安缔结为国际友好交流城市。此外，西安还当选世界城地组织联合主席城市。

（4）枢纽之城： 承东启西、连接南北。西安是西部大开发的桥头堡，是共建“一带一路”的重要节点和门户枢纽城市，是国家规划的国际性综合交通枢纽。

（5）山水之城： 生态优美、宜居宜业。西安地处美丽富饶的关中平原，南依秦岭，北临渭河，有8条河流环绕周围，历史上就有“八水绕长安”的自然盛景。秦岭和合南北，泽被天下，是我国的中央水塔，是中华民族的祖脉和中华文化的重要象征。秦岭北麓西安段总长约166千米，有48个大的峪口，总面积5475平方千米，占市域面积的54%。

英国作家史美尔斯说过，“书籍把我们引入最美好的社会，使我们认识各个时代的伟大智者”，我们不妨选几个片段，读读西安这本书。

印象城墙

片段一

印象城墙

领略千年古都最瑰丽的风采——看西安城墙。

西安城墙是千年古都的文化基座，是中国现存历史最悠久、规模最宏大、保存最完整的古代城垣建筑。明洪武三年（1370），西安城墙在隋唐长安城皇城的基础上向东向北拓建而成。1961 年，西安城墙成为全国第一批重点文物保护单位。

我们可以用“四个三”来展示这座立体灵动的城墙。

（1）城墙三次大规模维修。明嘉靖三十四年（1556），由于关中大地震，城墙和城上建筑多处被毁，因此都御史张祉主持对它进行了第一次大规模的维修。这次维修修补了残破的墙体以及城上建筑，并对墙体的外侧进行了包砖。清乾隆四十六年（1781），为了加强西北地区的军事防御，朝廷拨款对西安城墙进行第二次大规模的维修。西安城墙能历经几百年的风雨较为完整地保存，与这次科学合理的维修密不可分。1983 年，西安市政府成立环城建设委员会，对城墙进行第三次全面的维修。到 2005 年 5 月，随着火车站段墙体连接工程的全面竣工，西安城墙基本恢复原貌。

（2）护城河三个时期的发展。护城河也被称为城壕，即城墙外围的人工防护河，是为了阻止敌军接近城墙以固守城防的重要防御工事。护城河初掘于唐末。隋唐长安城城墙外围并没有修掘护城河，只是在外郭城墙外3米左右环掘了一条宽9米、深6米的城壕。唐昭宗天祐元年（904）三月，佑国军节度使韩建改筑长安城，出于城市防御需要，始在新城的城墙外挖掘了一周的护城河，此为护城河的早期工程。明洪武七年（1374）正月，明太祖朱元璋在原隋唐皇城基础上拓筑城墙，由于城周规模扩大，所以也延长拓掘了护城河。拓掘后的明代护城河位于城墙外侧20—60米，环城一周，壕深二丈，增强了防御作战能力。清代时期多次加深、加宽和疏浚护城河。顺治十三年（1656）、康熙元年（1662）、乾隆二年（1737）分别对护城河进行加深、疏浚。乾隆四十六年（1781），陕西巡抚毕沅全面疏浚护城河。同治二年（1863）、光绪二十二年（1896）、光绪二十四年（1898）、光绪二十九年（1903）等多次疏浚护城河，并引水注壕。

（3）护城河三次大规模清淤。20 世纪 50 年代至 80 年代，护城河纳入城市排水系统规划，成为城市雨水调蓄库和泄洪干道，承担城市防洪和雨水调蓄功能。然而，随着城市发展，护城河污染严重，对周边环境产生了严重影响。为此，护城河曾经历了三次大规模的清淤治理工程。第一次清淤：1983 年 4 月，西安市护城河开始大规模清淤、疏浚河道。因施工条件受限，不能全面使用机械设备，需要人工镐挖、锨铲、肩挑、筐抬。全部清淤工程历时近 3 年。第二次清淤：1998 年，西安市开始实施古城墙护城河综合治理工程，包括护城河进水净化改造、截污、清淤衬砌、退水、护坡整治及环境改造等工程。此次综合治理过程中，解放军某部驻陕官兵 5 000 余人承担了最艰苦的清淤衬砌核心工程。综合治理工程主体于 2002 年基本完成，环城区域的污染状况有了明显的好转，生态环境也得到了一定的改善。第三次清淤：2003 年 6 月，西安市护城河治理工程开始改造设计。2004 年 12 月 6 日，西安市开始了对护城河的第三次综合治理。此次治理，沿护城河全线进行管网改造，改排雨水管道，彻底截断了“污水源”。

为系统改善护城河水质，最大程度实现雨污水和景观水的分离，近年来，城墙管委会对护城河分段实施了 4 次规模化提升改造，通过改建截污箱涵，进行河道防护，最大程度做到雨污水与景观水分离。2020 年 10 月，全长 14.6 千米的护城河全线贯通，全段形成 8 座拦河坝、9 个库区，可蓄洪 144.7 万立方米（承担东起东二环，西至劳动路，南起南二环，北至环城北路的约 34.27 平方千米的雨水调蓄），形成水面 36.2 万平方米，景观水质达到准三类标准，为全市全域治水和“三河一山”绿道建设提供了范本。西安护城河被评为国家级水利风景区，西安市民期盼的“碧水绕城垣”梦想成真。

（4）“习仲勋三护城墙”彪炳史册。中华人民共和国成立初期，西安城墙饱受摧残，墙体几度面临被拆除的危险。在中央和省市各级领导的直接关心下，西安城墙才得以幸存。其中，“习仲勋三护城墙”的故事家喻户晓。一护城墙：1950 年，西安发生拆运城砖事件。后又为拓展道路交通，提出拆除古城墙的计划。4 月 7 日，西北军政委员会第三次集体办公会议讨论此事，时任西北军政委员会副主席（代主席）的习仲勋在听取大家意见后认为没必要拆除城墙，决定对城墙予以保护。随即，西北军政委员会以彭德怀、习仲勋、张治中的名义，发出了《禁止拆运城墙砖石的通令》。二护城墙：1958 年，在“大跃进”运动中，全国兴起“拆城”之风，西安城墙危在旦夕。时任陕西省省长赵伯平以及陕西省文化和文物专家武伯纶、王翰章等人，请求国务院保护西安城墙。时任国务院副总理兼秘书长的习仲勋获悉此情况后，致电陕西省和西安市政府，要求立即停止拆除城墙。1959 年 7 月 1 日，文化部向国务院提交了《关于建议保护西安城墙的报告》。7 月 22 日，在习仲勋同志的关注下，国务院发出《关于保护西安城墙的通知》。9 月 26 日，陕西省和西安市开始采取有效措施保护西安城墙。三护城墙：1981 年 11 月 22 日，新华社《国内动态清样》第 2825 期，刊载了新华社记者卜昭文撰写的《我国唯一的一座完整的封建古城垣遇到严重破坏》一文，反映西安城墙遭受破坏的情况。时任中央书记处书记的习仲勋，对这篇文章作出批示，国家文物事业管理局按照批示进行查证，于 12 月 31 日形成了《请加强西安城墙保护工作的意见》，并致函陕西省人民政府，提出三项具体措施保护西安城墙。1982 年 8 月 20 日，西安市人民政府发布了《关于保护西安城墙的通告》。随后，在习仲勋的关心与指导下，陕西省、西安市政府开始对西安城墙进行大规模的修复和保护。

五位一体 + 亮化，“复活”盛唐气象。“五位”指古城墙、护城河、环城林、环城路、顺城巷。顺城巷的保护改造是古城墙、古城历史风貌保护必不可少的部分，改造后的顺城巷突出城墙主线，建成城墙内环古街。长达 13.7 千米的古老街区和雄伟高大的古城墙，彰显了老西安生活场景和雄浑凝重的时代气息。

1997 年 6 月，城墙点亮工程竣工。古都人开始用欣赏的眼光去看城墙。

始建于 2005 年的城墙景观照明，主要由建筑物照明、气氛灯灯笼、垛口轮廓灯、墙体泛光灯等部分组成。建筑物照明：利用不同种类灯具对轮廓、屋面、斗拱、夹层、内透、建筑彩绘等进行点亮，塑造出古建筑雄伟、壮观、亮丽的夜间形象。气氛灯灯笼：在城墙上垛墙侧安装“四神”灯杆，灯杆上悬挂红色仿唐灯串（每串三个灯笼），灯杆顶部安装彩旗。

白天，这也是城墙一道独特的风景。垛口轮廓灯：采用 LED 硬质灯条按照城墙垛口尺寸进行勾勒，线条整齐、垛口大小均匀，在夜间能使城墙垛口更具立体感。墙体泛光灯：在城墙垛墙下安装墙体泛光投光灯照射城墙本体，利用灯光自然投射自下而上逐渐递减的光色效果，营造出城墙壮观雄伟的气势。

始建于 1983 年的西安环城公园，以城墙为依托，环绕城墙一周，外围辐射至环城路之间的环城绿地及护城河，属于典型的非连贯式带状公园，是西安市区最大的文化公园，被誉为“城市翡翠项链”。

（1）公园设置：建筑小品以素为主，以小为宜，同时利用高大园林植被、微地形景观、廊架、挡墙护栏、花坛等，将每段园区分为健身区、安静休息区、花卉观赏区、广场活动区及河道游览区等不同功能区。

（2）主要景点：护城河沿线河道观景平台、环城西苑、小南门—朱雀门段花卉观赏区、南门—文昌门段吉备真备纪念园、南门松园和榴园主题园等。除此之外，环城西苑以西门外道路分隔为中段和南段，中段主要景点为梦湖园，以梦湖园为中心，周边设置跌水瀑布、树池大树、亲水式平台、休闲会所等；南段主要景点有“秦之声”广场、屋顶花园、旱喷广场、草坪广场。环城公园中青藤满绕的廊架、彩色压模的园路、错落有致的绿树红花、风土民俗的雕塑小品，展现了历史与现代结合、生态与人文交融的特有城市风韵。

（3）植物景观特征：注重色、香、韵的诗画意，实现“以绿为底、四季常绿、三季有花、天蓝水净”的立体生态花园城市图景。环城一周设牡丹园、吉备园、山楂园、石榴园等特色园，沿河古槐细柳成带，同时保留柏树林原有的古柏，与城墙的古老沧桑相协调。护城河护坡引入百慕大草坪人工铺设，形成坡面草坪景观。

1998 年 6 月，美国前总统克林顿访问中国第一站落脚在西安，体验了穿越时空隧道、充满神奇色彩的南门仿古迎宾入城式，故此西安永宁门（南门）成为贵宾入境之国门，南门仿古迎宾入城式也被誉为“中华迎宾第一式”。在入城仪式上，克林顿总统激动地说：“我看到，一千年前唐朝时的西安在今天晚上得到再现。那时的西安可能是全世界最开放、文化上最发达的城市。商路正是从这里开始，横穿亚洲到达欧洲和非洲。”

环境景观的系统提升，使得城墙文化大放异彩，并形成独具特色的“城墙圈子”。

（1）城墙文化圈：把传统文化融入现代文明之中，创造一个由古城墙和周边新建筑组成的和谐艺术群体，保持一定的历史“文化环境”，使传统文化和现代创造完美地融合。如明万历年间，为了学子能在科举中金榜题名，咸宁知府在西安南城墙修建了供奉主宰文坛之神魁星神像的魁星楼。从古城墙中我们不仅可以看到金戈铁马的重现，而且还可以感受到其雄伟壮丽的艺术魅力。行走在城墙海墁，环视城墙内外，一种崇敬之情油然而生——这是一座伟大的城市。“人事有代谢，往来成古今。江山留胜迹，我辈复登临。”

（2）城墙生态圈：护城河、环城公园、古城墙的巧妙结合，既保留了古都特色，又体现了现代城市风貌，人们在古朴典雅、绿草如茵的城墙下休憩、交谈、散步、健身……古都的韵味和现代的气息在这里达到了和谐统一。护城河的注水无疑给城市增添了无限的灵气和活力。每到夜晚，霓虹灯勾勒出城墙的轮廓，环城绿地及景点中五颜六色的照明灯具竞相辉映，一派“火树银花不夜天”的景致，让人心旷神怡。在这里，市井文化氛围浓厚，各种杂耍、绝活、弹唱让你大饱眼福、欢乐开怀！

（3）城墙观光圈：无论白天还是夜间，人们漫步在城墙景观，大有“不知天上宫阙，今夕是何年”之感。以古城墙为主的古都历史文化观光区域，派生出多条旅游精品线路。比如，市中心以碑林为龙头的文、商、旅一体化线路：董仲舒墓→碑林博物馆→南门明城墙→书院门明清一条街与关中书院→宝庆寺塔→卧龙寺→湘子庙街→钟楼→鼓楼→城隍庙。这是一条融儒释道文化、碑石文化、城墙文化为一体的文化内涵丰富的精品旅游线路。漫步在老街巷，满眼尽是人间烟火——迎面有着苍老的古槐，西有辇止坡腊羊肉，东有竹笆市肉夹馍，昏黄灯下搓牌杀棋，高低凳上摇扇品茗，时不时传来几句地道秦腔。

西安城墙是悠久历史的见证，是华夏文明的代表和中华民族的象征，是古都西安的城市符号，更是古都的魂。

西安城墙在记录历史的同时，也塑造出西安人的特质。近代西方人对西安人的感知与评述，史红帅教授做了较为系统的考证。从一些资料可以发现，在近代西方人看来，西安民众最为普遍的特征就是“对陕西作为中华民族最早家园和中国人起源之地倍感自豪”。西安人通过种种言行表现出来的群体性品质中，“乡土自豪感”给域外人士留下了十分深刻的印象。“乡土自豪感”是基于西安和陕西辉煌的历史、灿烂的文明，以及在民众当中逐渐形成并代代相传、越积越浓的一种热爱家园的乡土情怀。有美国记者认为，西安人具备了很多其他省区的人所没有的优点：一是更为达观冷静、富有思想；二是热爱学问，有着温文尔雅的正义感；三是他们对自己的传统了然于胸，引以为豪；四是极为谦恭有礼。虽然汉唐都城时代的无限荣光已经随风而逝，但在长期辉煌历史的台基上构建起来的乡土自豪感让西安人拥有了足够的自信，而这种自信和自豪从另一个角度来说，也是不少西安人故步自封、视野狭窄、缺少开拓进取精神的重要原因。

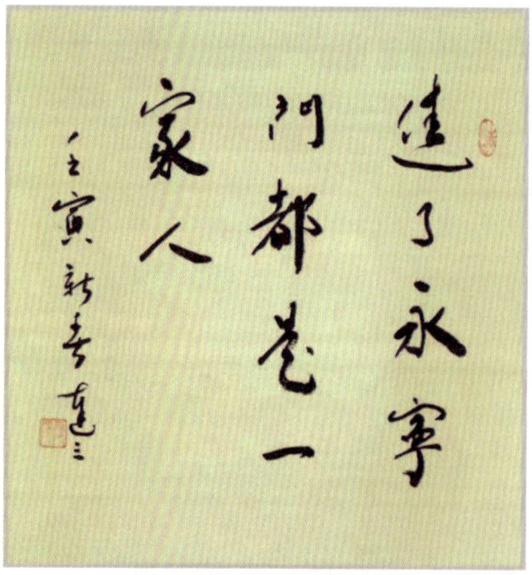
王宏书法作品

言语清晰、行动敏捷、勇猛果断、临事不犹豫，是秦人的特点。而西安人更有着质朴敦厚的性格特征，散发着剽悍气质，正直大气。西安人敦厚耿直的性格也有不足之处，主要表现在两个方面：一是他们富有气概，但缺乏耐心；意志刚毅，在一气呵成的战斗中十分强悍，而在持久战中则弱点凸显；二是西安人理财观念淡薄，因而利权被邻省山西人所垄断。西安的富商大贾大部分都是其他省份的人。在日本人看来，西安人与江户（即东京）人的气质有相似之处：“（西安人中）容易出现杀伐之辈，在战争中作战能力强，但在商业贸易方面容易出现急躁而失败，与我国江户人的气质有相似之处。”清末到访西安的美国学者罗斯曾说：“在这座设有三道城门的城市里，人们的脸庞气质突然变得与别处不同，有的是一种精致的充满智慧的脸庞。希腊人那种纯洁的气质随处可见，漂亮的小孩也很常见。”可以说，厚重历史和文化积淀对西安城市居民气质的熏染和塑造是其他地方城市所无法比拟的。

对文化和风雅的崇尚与追求也是西安民众的鲜明特征之一，这从他们以戴眼镜为习尚就能略见一斑。1892 年，令到访的德国学者佛尔克感到吃惊的是，西安城乡地区佩戴眼镜的人的比例高得异乎寻常。戴眼镜的人既有视力不佳者，也有普通的工匠、农民，原因就在于“戴眼镜的人看上去会更有学问”。1937 年 6 月 18 日，美国地质学家韦勒在西安考察过程中，特别留意到人们所戴眼镜的样式：“这里男人们戴的眼镜看起来十分有趣，镜片是圆形的、直径至少有 2 英寸，眼镜腿不是挂在耳朵上，而是两只夹子在耳后把头紧紧夹住，这样使得戴眼镜的人显出像猫头鹰一样的十分严肃的表情。”

如今，面对厚重的城墙，现代人也在思考如何跳出“城墙思维”，站在“秦岭之巅”看西安。

西安人的特质具备遗传性，张艺谋就是一个典型代表。

2022 年 2 月 20 日晚，在北京冬奥会闭幕式结束的那一刻，热搜榜已经被张艺谋“霸屏”了。从开幕式的“黄河之水天上来”，到闭幕式的“折柳寄情”，尽显中式美学和文化底蕴。张艺谋也难得地亮相社交平台，用一篇长文分享了他与冬奥会结缘以来的心路历程：

> 我的性格就是陕西人的性格，对待大小事情，只要我接了，就一定要认真负责把它做好，一定要对得起大家信任。我的同代人很多都已经退休，我还能奋战在第一线，这是时代给我的机遇，不努力就会虚度光阴，所以我把大小事情看得比命都要紧。经常把事情排得满满当当，大事小事重叠着搭在一起，我喜欢这样。
>
> 保持这样的创作心态，其实我自己反倒觉得对身体有好处。我不太爱交际，也不太善于交际，麻将也不会打，啥事不做的话人可能就懒了，就迟钝了。我团队里有各种年龄的人，但开创意会，恐怕没有人是我的对手，我常常是最先想到主意的人。

冬奥会闭幕式有一个规定动作，就是要缅怀逝者。在张艺谋看来，中国人的生死观与很多国家有所不同："对于逝去的人、对于生命，我们有属于中国人的乐观与向上。中国人对于逝者常说的一句话叫'一路走好'，我们的生命观就是如此，在纪念逝者、缅怀逝者的同时，我们常常会擦干眼泪，活着的人还是要好好活着。" 所以，张艺谋与团队决定在冬奥会闭幕式上刻画"折柳寄情"意象，由群众演员手持发光的"柳条"，在《送别》的音乐中聚在一起。"我们特意把光调成绿色的，意味着生命、希望和成长，我们没有太多的悲伤，更多的是一种深沉的纪念。绿色的希望重新升起，一切都要向前看，这是一种完全不同的情怀。"

知夫者莫若妻。张艺谋妻子陈婷的评价再真实不过了："西北人的固执就是你说你的，他做他的。完全没有意识到自己在用近乎疯狂的工作方式和极不健康的生活方式在消耗生命。" "我知道他不会就此止步，只是默默地希望孩子的爸爸可以健健康康陪伴我们很久很久。"

片段二

民族企业的缩影

悠悠万事，吃饭为大。

一家面粉企业，从创建之初就与时代和社会同行，印证着一个民族企业坎坷沧桑的足迹。在它的身上，有德国、英国、苏联及瑞士的影子，也有被日军轰炸的伤痕，更有为抗日呐喊的抗争。有受政治运动的影响，使企业的生产经营时起时伏，甚至面临倒闭、被淘汰的困境；也有沐浴改革开放的春风，使企业开创新局面的喜人景象。有受到市场经济的冲击，在竞争中求生存的艰难；也有“非常时期保供应，危难时刻保应急”的光荣使命——“2003 年非典”“2008 年汶川地震”都表现出为民服务的情怀与担当；更有响应国家“一带一路”倡议，走出国门，打造“海外粮仓”，“确保国家粮食安全，要把中国人的饭碗牢牢端在自己手中”

的成功实践！

这就是“西安市群众面粉厂”的脊梁，一个民族企业的缩影。

（一）破茧成蝶

末代晋商骄子赵超凡，1898 年 12 月 13 日生于山西晋城东四仪村西边一户人家。赵超凡来到河南开封以后，投身金融业。1920 年，他与开封人秦昆生、田少农等一起创办了“开封信昌银号”，开办时资本总额为银圆 5 万元。赵超凡出任副经理，全面主管银号的业务。

银号发展很快，开业后先后在郑州、许昌、上海、北京、青岛、西安、晋城等地设立 24 处分号或办事处。1927 年，信昌银号达到鼎盛，与当时河南省办的农工银行、私办的同和裕银号，并列为河南地方金融事业三大支柱。1930 年，信昌银号倒闭，虽然仅仅存在了 10 年，但其影响非常深远，开封人一直记得它。

总号倒闭后，部分分号继续自主经营，西安分号也在苦苦维持。赵超凡只身前往西安，1930 年 10 月，与刘海楼、刘世久等人经过反复讨论，认为在西安发展面粉工业很有前途，于是合股 30 万元开始筹办华峰面粉股份有限公司。

1934 年 1 月，赵超凡等人在北关自强路购地 48 亩建造厂房，包括一座四层粉楼和锅炉、发动机、办公、仓库用房 209 间。陆续购进德国德亚公司磨粉机 12 台、附属设备 36 台，英国拔百哥公司 300 匹马力蒸汽锅炉 2 部。

由于前期建设投资太大，固定资产达 100 万银圆，厂子建成了，但流动资金缺乏，无钱购买原料小麦。在这种情况下，赵超凡联系原来信昌银号的大客户河南人牛敬亭为厂子投资了 100 万银圆。

1936 年 4 月华峰面粉厂正式投产，聘请苏联技师管理技术工作，生产“华山”牌及“周鼎”牌面粉，日产面粉 3 600 袋。这是西北地区第一家机制面粉工厂，改变了西安当时没有现代工业的历史，是西安近代工业的开端之一。

从建厂开始一直到中华人民共和国成立后厂子公私合营，赵超凡一直主管公司业务。1939年日寇轰炸时，他组织工人日夜轮流护厂，给工人留下深刻的印象。1949年，国民党军溃败，厂里的主要老板纷纷逃跑，只有赵超凡留下来，把一个完好的厂子交给了人民政府。

（二）艰苦创业

1950年4月，根据中华人民共和国对资本主义工商业社会主义改造政策，取消自购原料、自销产品，实行给国家代加工，以销定产。政府接管华峰面粉公司后，向人民银行贷款5万元，作为流动资金，发展生产。

1951年至1955年，工厂成立了民主管理委员会，开始民主改革。首先对公司清产核资，确定公司资本总额为86.67万元（1951年3月核定）；接着开始对私股清理登记，分别在当时的《人民日报》《大公报》《开封日报》《群众日报》刊登消息，告知持股人到厂或来函进行股权登记。抗美援朝期间，工厂加大生产量支援前线，首批就给前线送军粮面粉3 000袋。华峰全体职工还为抗美援朝的志愿军官兵积极捐款、捐面粉。1951年9月，中央私营企业局核准华峰面粉公司以华山牌、周鼎牌为面粉商标，核准福利面粉公司以太白山牌为面粉商标。之后，西安市工商局决定：由于福利面粉公司无力经营，决定将其资产股权转让给华峰面粉公司，从10月1日起，对外统一称华峰面粉公司，对内称华峰二厂。

与此同时，华峰面粉公司职工夜校成立，以提高职工的业务及文化知识。公司还成立了技术研究会，学习和推广技术、改革工艺流程，推广了前路出粉法，试制成“八八粉”，普通粉小时产量由150袋提高到174袋。1952年10月，工人技师张春秀出席北京全国技术工作会议，并被政府邀请参加国庆节大会观礼。

1953年7月，工厂投资26.46万元建职工住宅，新建华峰工人新村共计102间，每户建筑面积为23.15平方米。到1954年，华峰面粉公司根据中央“大厂合小厂”的有关指示，又接收福利面粉公司的经营场地7.28亩及楼房、修机房、仓库、锅炉房等，扩大生产经营。

1954年1月，西安市企业局通知“八八粉”为标准粉。改标准粉每袋44市斤为每袋50市斤装。1955年，公司建立小麦鉴定搭配入机、机器检修、原粮保管验收责任制。3月，华峰面粉公司正式更名为公私合营西安市华峰面粉厂，启用新印章，归地方工业局领导。

随着中华人民共和国全面完成对资本主义工商业的社会主义改造，按照中央指示，1956年1月，华峰面粉厂对私股实行赎买政策，每年按股金的10%发给定息，定期十年。福利米面厂全部财产被估价后转入华峰面粉厂，华峰面粉厂移交并由市粮食局领导。中共八大后，厂里实行党委集体领导下的厂长负责制。1958年至1960年，工厂实行“两参一改三结合”，面粉产量显著提高。工厂建成铸造车间自炼钢铁，铸造磨辊；建成制酒车间，生产65度白酒；对郊县农民以小麦兑换面粉，成立义务支农小组，为郊县农村修理小磨机、水泵等机具，开展小磨辊拉丝业务。

20世纪60年代，市政府撤销成丰面粉厂，其资产交由华峰面粉厂代管。工厂撤销了制酒车间。1966年“文化大革命”开始，10月，经市粮食局批准，改厂名为“西安市群众面粉厂”。“文革”中，厂群众组织成立“临委会”“造委会”两个派别，设“生产联合指挥部”，共同指挥生产。

20世纪70年代，工厂开展“工业学大庆”活动，厂机构改股室为科室。党的十一届三中全会后，工厂拨乱反正。1979年5月，市群众面粉厂党总支成立，全面落实党的政策，对“文革”中的冤、假、错案予以纠正。

20世纪80年代，工厂成立大集体性质的装卸队，招收职工下乡子女40人，于1982年建立西闸口铁路粮食转运站（1986年底撤销）。1983

年经市粮食工业储运公司批准，成立大集体性质的综合加工厂。根据市粮食局指示，对企业进行全面整顿，并重新建立健全各项规章制度，实行厂长任期四年目标责任制，由厂长提名副厂长，并任命中层科长（主任）职务。1985 年 7 月，工厂开始全面整党工作，于 1986 年 8 月经市粮食局整党办公室验收合格，整党工作结束。期间，经市粮食局批准，成立集体性质的华峰综合贸易公司，生产车间改三班生产为四班三运转，工厂与长安高村、细柳、神木和谭家等乡镇面粉厂联营。工厂生产的面粉、粗粉、饲料粉、麸皮等产品运销广东、福建、上海和浙江等地。这一时期，工厂成立职工思想政策工作研究会、群众面粉厂粮食经济分会，企业计量管理由三级升为二级。同时，企业增加一项重大经营项目，即引进瑞士布勒公司专用面粉生产线。从 1986 年 11 月厂领导出国到瑞士布勒公司考察调研，至 1989 年 9 月 20 日引进生产线试机投产、调试成功。该项目年产量可达 4.8 万吨，产值 2 400 万元，利润 470 万元，填补了西北地区生产专用面粉的空白。这项投资大、社会影响大的专用粉生产线引进项目，极有力地促进了企业的生产经营，也是企业经营发展的重大节点。

（三）改革创新

进入 20 世纪 90 年代，群众面粉厂面临着艰难的抉择。80 年代引进的国外等级粉生产线，在国内有二三十家企业先后引进，有的规模更大、设备更先进，群众面粉厂仅有的一点优势已荡然无存，而和其他同行的差距却拉得更大。

1993 年 6 月 18 日是一个值得纪念的日子，这一天，群众面粉厂召开了职工大会。会场的主席台上摆放四张长桌，厂领导班子成员在台上就座。下面摆放着 200 多根铺着报纸的 1.5 米长的成品粮垫木，400 多名员工在此就座。新任厂长讲道：“今天，看到大家坐在垫木上，在简陋的粉仓开会，我心里感慨万千。我的新打算就是在我任职一年内要使厂容貌、经营状况有明显起色变化，否则我就辞职；改旧面貌准备从厂基础设施、厂里环境卫生、原粮入机口扬尘、仓储设备改造等入手，如一年内无大的改观我同样辞职。这也是我给市局领导及厂班子、职工立下的军令状。”他坚定地说：“只有企业的发展变化才能给每一个员工和家庭带来生活的变化，一切靠我们的共同努力，只要齐心协力，企业的蛋糕就会做好做大，我坚信，我们一定会成功，失败不属于我们！”

1993年后，企业新的领导班子紧随改革步伐、顺应大潮趋势，从企业的薄弱处入手，从员工的认识上入心，从艰难的选择上入道，使这个老字号企业旧貌换新颜。从这一年起，厂子更名为“爱菊”，取自诗人元稹的一句诗：“不是花中偏爱菊，此花开尽更无花。”

改制先行，建立现代企业制度。1998年从国有企业转变为全员持股，获得市场竞争中的主动经营权。2007年将股份话语权集中至18名管理者身上，行使管理表决权，解决了全员持股带来的“大锅饭”问题。2007年11月成立爱菊集团，下设群众面粉厂、西安爱菊油脂有限公司等13个子公司。

向规模要效益，为企业发展夯实基础。多方筹措，投资近20亿元分别于2013年、2020年完成两期企业搬迁建设工程，全面入驻西安市国际港务区。原位于自强东路705号的西安市群众面粉厂被大明宫整体收储，作为文物予以保护。见证历史，守望未来。

勇担粮企责任，守好“压舱石”。1998年“爱菊”在全国粮食企业首开先河，开办粮油连锁店；2000年在省内面粉行业率先取缔增白剂；2008年销毁油脂周转桶，使用一次性包装物。“爱菊”把便民理念落在行动上，生产小包装粮油产品，满足消费者多样化需求；主动承担“放心馒头”“放心豆制品”工程，在西安乃至陕西家喻户晓。

以构建“社区粮仓”网点为目标，打造“三馆一库一中心”，推动粮食产业高质量发展。爱菊集团投资约2亿元，建成“三馆”，即产品展销馆、爱粮节粮科普馆、健康生活体验馆；“一库”，即智能化仓库，现代化、自动化完成日常粮油食品的仓储物流；“一中心”，即中央厨房加工中心，生产馒头、面条、饺子、蒸碗、包子、肉夹馍、老年营养套餐、营养早餐等主食成品、半成品，为市民健康保驾护航。同时，依托于“三馆一库一中心”，将粮油食品从厂家前移到各小区网点仓储，满足千家万户需求。

（四）走出国门

2015 年以来，爱菊集团响应国家“一带一路”倡议，走出国门，在哈萨克斯坦投资发展，已列入“中哈产能与投资合作 55 个项目清单”。

经过考察，爱菊集团布局中亚及周边国家，铸就“一带一路”粮食进出口陆路通道，形成“三位一体”发展格局，让粮食“买得到、运得回”，打造海外粮仓。“三位一体”即以爱菊集团北哈州农产品物流加工园区为“境外前沿产地枢纽”，主要功能为“原料和初加工”，“内”可辐射北哈州乃至周边数百千米其他州，“外”可连接西西伯利亚平原优质农产品产地，进口俄罗斯、乌克兰等周边国家优质小麦、油菜籽等原料；以爱菊集团阿拉山口综合保税区农产品物流加工园区为“境内中转集散枢纽”，主要功能为“精深加工和分拨中转”，“内”可连接全国各大城市，“外”可直接连接爱菊集团北哈州农产品物流加工园区；以爱菊集团西安农产品物流加工园区为“境内集散枢纽”，主要功能为“集散辐射”，位于中国唯一内陆港西安国际港务区，可以此为中心，辐射西北、面向全国。

“爱菊”从原来的一个小厂发展为跨国的综合型企业，被誉为粮油行业的“一面旗帜”。“爱菊”的经营发展历程被誉为粮油企业的“爱菊”模式。“爱菊”，值得称赞。

片段三

城市发展轨迹与前瞻

历史的车轮滚滚向前。

西安有史以来的第一个工业项目，是清末左宗棠主政陕甘时创建的西安机器局。民国二十四年（1935）后，随着陇海铁路延伸到西安，一些使用机器生产的工厂渐次成立，稍具规模的有成丰面粉公司、华峰面粉公司、中南火柴公司和大华纺织厂。1937年抗日战争全面爆发后，上海、武汉、天津等地一些工厂迁到西安，带来西安工业的短期繁荣。到1949年末，全市工业总产值（以1980年不变价计算）仅为1.09亿元，社会总产值为2.84亿元，城市经济基础极其薄弱。

“一五”时期，西安生产总值31.42亿元，地方财政收入5.33亿元，地方财政支出 2.52 亿元。

改革开放之初，1978 年西安生产总值 25.35 亿元，地方财政一般公共预算收入 6.32 亿元，支出 1.74 亿元，年末户籍总人口 498.1 万人。

改革开放 40 周年，2018 年西安生产总值 8 349.86 亿元，常住人口 1 000.37 万人（城镇人口 740.37 万人），地方财政一般公共预算收入 684.70 亿元，地方财政一般公共预算支出 1 151.87 亿元。

西安作为关中—天水经济区的核心城市，作为引领大西北的中心城市，其地位毋庸置疑。

（一）特大城市

西安作为全国特大城市已得到官方认可。2014 年 11 月 20 日，国务院发布《关于调整城市规模划分标准的通知》，按城区常住人口数量将城市划分为五类七档。

① 超大城市：城区常住人口 1 000 万以上；

② 特大城市：城区常住人口 500 万以上 1 000 万以下；

③ 大城市：城区常住人口 100 万以上 500 万以下，其中 300 万以上 500 万以下的城市为Ⅰ型大城市，100 万以上 300 万以下的城市为Ⅱ型大城市；

④ 中等城市：城区常住人口 50 万以上 100 万以下；

⑤ 小城市：城区常住人口 50 万以下，其中 20 万以上 50 万以下的城市为Ⅰ型小城市，20 万以下的城市为Ⅱ型小城市。

城区是指在市辖区和不设区的市，区、市政府驻地的实际建设连接到的居民委员会所辖区域和其他区域。

常住人口包括：居住在本乡镇街道，且户口在本乡镇街道或户口待定的人；居住在本乡镇街道，且离开户口登记地所在的乡镇街道半年以上的人；户口在本乡镇街道，且外出不满半年或在境外工作学习的人。

我国以往的城市规模划型标准确立于1980年。以城区常住人口为统计口径，当时的特大城市的标准是100万人以上。按照新标准，特大城市是指城区常住人口500万至1 000万的城市。根据国家统计局《经济社会发展统计图表：第七次全国人口普查超大、特大城市人口基本情况》，超大城市有上海、北京、深圳、重庆、广州、成都、天津7城。特大城市共14座，分别是武汉、东莞、西安、杭州、佛山、南京、沈阳、青岛、济南、长沙、哈尔滨、郑州、昆明、大连。其中，武汉、东莞、西安距离超大城市仅一步之遥，西安位列特大城市第三，城区人口已达928万，距超大城市门槛只有72万人的差距。

从超大城市、特大城市的区域分布来看，目前北方地区共有2个超大城市，南方地区已有5个超大城市。特大城市南方、北方均为7个，没有表现出较大的区域差异。

城区常住人口是判断一个城市真实规模的关键指标。国家统计局的统计口径是“城区人口”，不是户籍人口，也不是市域人口。例如山东临沂等地级市，虽然总人口超千万，但都算不上特大城市，因为其城区人口占比不高，大量的人口分布在代管的县城和农村。

城市规模评级为何非常重要？这是因为人口规模关系到很多大项目的审批，是诸多重大项目审批和实施的前置条件。例如，国家明文规定，城区人口300万是一个城市修地铁的关键指标之一。城市规模还和户籍管理、楼市调控等挂钩，国家会根据城市规模因城施策。

2021年5月，陕西省统计局公布陕西省第七次全国人口普查主要数据情况。西安作为陕西人口第一大市，人口总量达1 295.29万人，比 2010 年增加 448.51 万人，增长 52.97%。值得注意的是，七普数据与此次国家统计局公布数据存在一定出入，可能是国家统计局严格基于行政区划因素的统计结果，未计入西安代管西咸新区咸阳部分的人口数量。

得益于近年来西安经济的快速发展和一系列政策措施的实施，尤其是在“户籍新政”的助力下，西安人才虹吸效应不断显现。数据显示，西安以过去 10 年 449 万的人口增量位居全国前列，仅次于深圳（714 万）、广州（598 万）和成都（582 万）。

21 世纪的第二个十年，西安城区人口距离超大城市门槛已不足百万。在可预见的未来，西安将很快迈入超大城市行列。因此，城市公共服务、基础设施、交通规划建设等都需要充分考量这一新的人口背景及未来西安作为高能级国家中心城市、国际化大都市的定位。只有在新一轮城市规划和基础设施服务供给方面“未雨绸缪”，西安才有可能在即将到来的城市竞争中不再掉队。

西安加快自身发展义不容辞，但作为特大城市，带动起城市群发展是使命担当，也是历史责任。

（二）城市群

所谓城市群，是指在特定的区域范围内云集相当数量不同性质、类型和等级规模的城市，以一个或两个（有少数城市群是多核心）特大城市（小型的城市群为大城市）为中心，依托一定的自然环境和交通条件，城市之间的内在联系不断加强，共同构成一个相对完整的城市“集合体”。

城市群的出现是一个历史过程。城市是一个区域的中心，通过极化效应集中了大量的产业和人口，获得快速的发展。随着规模的扩大和实力的增强，对周边区域产生辐射带动效应，形成一个又一个城市圈或都市圈。伴随着城市规模的扩大和城际之间交通条件的改善尤其是高速公路的出现，相邻城市辐射的区域不断接近并有部分重合，城市之间的经济联系越来越密切，相互影响越来越大，就可以认为形成了城市群。

世界范围内已形成的著名七大城市群有：以纽约为中心的美国东北部大西洋沿岸城市群、以芝加哥为中心的北美五大湖城市群、以东京为中心的日本太平洋沿岸城市群、以伦敦为中心的英国城市群、以巴黎为中心的欧洲西北部城市群、以上海为中心的中国长江三角洲城市群、以香港为中心的中国珠江三角洲城市群。

我国公认的三大城市群分别为珠三角城市群、长三角城市群，以及以京津冀为核心的环渤海城市群，它们曾引领了东部乃至全国的经济发展，带动了全国的人、财、物向其流动。此外，还有长江中游城市群、中原城市群、成渝城市群和哈长城市群，共 7 个国家级城市群。

中原城市群、成渝城市群、关中城市群属于正在崛起中的城市群，三者关联性较大。

（1）中原城市群：以郑州、洛阳为中心，包括开封、新乡、焦作、许昌、平顶山、漯河、济源在内共 9 个省辖（管）市。中原城市群位于河南省中部地区，依托中原这块肥沃的土地，孕育了若干个中外闻名的大都市，如洛阳、开封、许昌等。郑州虽是后起的城市，但凭借其得天独厚的交通优势，得以后来居上，成为中原城市群的中心。区域内人口密度达 665 人 / 平方千米，是我国人口密度最大的区域之一。各城市发展势头强劲，经济联系日益紧密，基本形成了以郑州为中心、一个半小时通达的交通网络，具备了一体化发展的基础和条件。

（2）成渝城市群：以成都、重庆两市为中心，包括四川的 14 个地级市，即自贡市、泸州市、德阳市、绵阳市、遂宁市、内江市、乐山市、南充市、眉山市、宜宾市、广安市、达州市、雅安市、资阳市，以及渝西经济走廊等县市。从城市等级体系来看，除了成都和重庆为超大城市以外，自贡、绵阳、南充为大城市，雅安、资阳为小城市，其他城市为中等城市。重庆市是全国四大直辖市之一，直辖后城市规模迅速扩大，经济实力不断增强，对周边的辐射力也在增强。成都是四川省省会城市，城市发展也很快。未来，要继续完善城市之间的交通体系建设，加大核心城市的辐射效应，使城市群的一体化程度进一步提高。

（3）关中城市群：以西安为中心，包括咸阳、宝鸡、渭南、铜川等地级市。关中是中华民族的发祥地，周、秦、汉、唐均建都于此。关中城市群是陕西经济的核心区，经历中华人民共和国成立以来七十余年的建设开发，而今已成为我国西部地区唯一的高新技术产业开发带和星火科技产业带，是西北乃至西部地区的比较优势区域。中华人民共和国成立以来，关中一直是全国生产力布局的重点区域，在全国区域经济战略格局中的定位为陕西乃至西北地区的重要生产科研基地。关中已形成了高等院校、科研院所、国有大中型企业相对密集且能够辐射西北经济发展的产业密集区，在全国区域经济发展中占有重要地位。

（三）国家中心城市

关中城市群的发展，更凸显了西安的地位与作用，使得西安从一个区域性中心城市上升为国家中心城市。

国家中心城市是指中华人民共和国住房和城乡建设部编制的《全国城镇体系规划》中提出的处于城镇体系最高位置的城镇层级。它的设立始于 2010 年 2 月，集中了中国和中国城市在空间、人口、资源和政策上的主要优势，是实现“城镇化质量明显提高”和推动中国城市现代化进程的必然要求。

国家中心城市是现代化的发展范畴，是居于国家战略要津、体现国家意志、肩负国家使命、引领区域发展、跻身国际竞争领域、代表国家形象的特大型都市。2005 年，中国住房和城乡建设部编制《全国城镇体系规划》时，首次提出建设国家中心城市这一概念，改变了中国传统的直辖市、省会城市、地级市、县级市的城镇体系格局，使“中心城市”成为全国城镇体系金字塔的“塔尖”。此后逐步进入国家中心城市视野的分别有：北京、天津、上海、广州、重庆、成都、武汉、郑州、西安。2010 年 2 月中国住房和城乡建设部发布的《全国城镇体系规划（草案）》，在国家层面肯定了国家中心城市在中国具备引领、辐射和集散功能。

加强国家中心城市建设，需要在以下几方面着力。一是冲破传统思维定式。牢固树立国家中心城市的责任意识、竞争意识和机遇意识，积极利用区域资源创造新优势，将国家中心城市建设作为一项系统工程来做。二是提升国家中心城市综合功能，按照国际大都市标准规划、建设、管理和运营城市，不断提高城市的科技创新能力、国际竞争能力、辐射带动能力、交通通达能力、信息交流能力和可持续发展能力。建立健全城市综合管理体制，完善城市应急机制，加强城乡基础设施建设。着眼世界发展趋势，打造国际交流平台，加快国际物流通道建设，大力发展现代服务业。三是推进属地区域产业城镇集群发展。发挥国家中心城市的能动作用，大力发展城市功能全覆盖的中小城镇，形成国家中心城市—区域性城市—中小城市—小城镇等多层级功能的城市集群。发挥国家中心城市的辐射带动功能，以产业技术链和物流链为纽带，合理布局区域产业基地，整体提升区域发展水平。

国家中心城市的定位及建设规划

城市	定 位	建设规划
北京	首都，全国政治中心、文化中心，世界著名的古都和现代国际城市	打造北京—天津国际性综合交通枢纽
天津	直辖市之一，环渤海地区的经济中心	打造北京—天津国际性综合交通枢纽
上海	直辖市之一，全国重要的经济中心	打造上海国际性综合交通枢纽
广州	广东省省会、国家历史文化名城，全国重要的中心城市、国际商贸中心和综合交通枢纽	打造广州—深圳国际性综合交通枢纽
重庆	直辖市之一，全国重要的中心城市之一，国家历史文化名城，长江上游地区经济中心，国家重要的现代制造业基地，西南地区综合交通枢纽	打造成都—重庆国际性综合交通枢纽
成都	四川省省会，国家历史文化名城，国家重要的高新技术产业基地、商贸物流中心和综合交通枢纽，西部地区重要的中心城市	打造成都—重庆国际性综合交通枢纽。国家发改委支持其以建设国家中心城市为目标
武汉	湖北省省会，国家历史文化名城，中国中部地区的中心城市，全国重要的工业基地、科教基地和综合交通枢纽	建设武汉国际性综合交通枢纽。国家发改委支持其建设国家中心城市
郑州	河南省省会，国家历史文化名城，中国中部地区重要的中心城市，国家重要的综合交通枢纽	建设郑州国际性综合交通枢纽。国家发改委支持其建设国家中心城市
西安	陕西省省会，国家历史文化名城，中国西部地区重要的中心城市，国家重要的科研、教育和工业基地	建设西安国际性综合交通枢纽。国家发改委支持其建设国家中心城市

总体上看，北京、天津、上海、广州应当引领环渤海、长三角和珠三角区域；重庆、成都地处内陆腹地，居承东启西重要战略地位；武汉辐射带动中部和长江中游地区；郑州承担中国东中西部地区的交通枢纽作用；西安立足古丝绸之路起点，发挥区位交通连接东西、经济发展承东启西、文化交流东西互鉴的独特优势。

重庆：围绕建成国家中心城市，强化重庆大都市区西部开发开放战略支撑和长江经济带西部中心枢纽载体功能，充分发挥长江上游地区经济中心、金融中心、商贸物流中心、科技创新中心和航运中心的作用。

成都：以建设国家中心城市为目标，增强西部地区重要的经济中心、科技中心、文创中心、对外交往中心和综合交通枢纽功能。

武汉：坚持立足中游、引领中部、服务全国、链接全球，全面提升武汉现代制造基地、服务高地、创新源地、开放平台功能，强化长江中游航运中心及综合交通枢纽建设，强化支撑和承启作用，拓展沿江发展新空间，挺起长江经济带脊梁，加快建成以全国经济中心、高水平科技创新中心、商贸物流中心和国际交往中心四大功能为支撑的国家中心城市。增强辐射中部的现代服务功能，打造全国重要的综合交通枢纽，构筑面向全球的内陆开放高地，建设国际知名的美丽宜居城市。

郑州：着力发展枢纽经济，着力提升科技创新能力，着力增强经济综合实力，努力建设具有创新活力、人文魅力、生态智慧、开放包容的国家中心城市，在引领中原城市群一体化发展、支撑中部崛起和服务全国发展大局中作出更大贡献。夯实产业基础，全面提升综合经济实力；突出改革创新，加快培育壮大新动能；发挥区位优势，打造交通和物流中枢；坚持内外联动，构筑内陆开放型经济高地；彰显人文特色，建设国际化现代都市。

西安：加快国家中心城市建设步伐，加强西咸新区、西安高新区国家自主创新示范区和西安国家级经济技术开发区等建设，强化面向西北地区的综合服务和对外交往门户功能，提升维护西北繁荣稳定的战略功能，打造西部地区重要的经济中心、对外交往中心、丝路科创中心、丝路文化高地、内陆开放高地和国家综合交通枢纽。保护好古都风貌，统筹老城、新区发展，加快大西安都市圈立体交通体系建设，形成多轴线、多组团、多中心格局，建成具有历史文化特色的国际化大都市。

国家中心城市是《全国城镇体系规划纲要》提出的位于中国城镇体系中最高位置的城市，对外在发展外向型经济以及推动国际文化交流方面具有重要作用，有可能发展成为亚洲乃至世界的金融、贸易、文化、管理的中心城市；对内在全国具备引领、辐射和集散功能，这种功能表现在政治、经济、文化诸方面。

国家中心城市必须具有五大特征：一是国家组织经济活动和配置资源的中枢；二是国家综合交通和信息网络枢纽；三是国家科教、文化、创新中心；四是具有国际影响力和竞争力；五是国家城市体系中综合实力最强的“塔尖城市”。

国家中心城市对一个地区政治、经济、文化的影响是巨大的。区域政治中心的地位必然对城市高质量发展起到促进作用。国家中心城市是区域经济的中心，是建立国际经济联系的纽带，也代表着城市的国际竞争力。开放高地和人文凝聚功能的形成不仅给城市经济建设提供强大的精神动力和智力支持，而且会带动和促进文化产业的发展，成为城市经济起飞的重要发动机和助推器。国家中心城市的建设发展状况，不仅关乎城市自身地位的巩固和提升，直接影响区域的协调发展，而且关系国家经济社会发展大局，关系国家的国际竞争力和国际地位。

（四）都市圈

2022 年 3 月，国家发展和改革委员会（简称发改委）批复同意《西安都市圈发展规划》（以下简称《规划》），这是继南京、福州、成都、长株潭都市圈规划之后，国家批复的第5个都市圈规划，也是目前西北地区唯一一个。

国家发改委批复指出，《规划》实施要发挥西安国家中心城市辐射作用，更好带动周边城镇联动发展，加快西安—咸阳一体化发展，积极推动基础设施互联互通、产业分工协同协作、公共服务共建共享、生态环境共保共治，建立健全同城化协调发展机制和成本共担利益共享机制，提升都市圈对关中平原城市群的支撑能力，更好助推新时代推进西部大开发形成新格局，更好服务黄河流域生态保护和高质量发展，更好融入共建“一带一路”。

都市圈是以超大特大城市或辐射带动功能强的大城市为中心、以一小时通勤圈为基本范围的城镇化空间形态，已经成为承载发展要素、推动区域经济增长的主要空间载体。

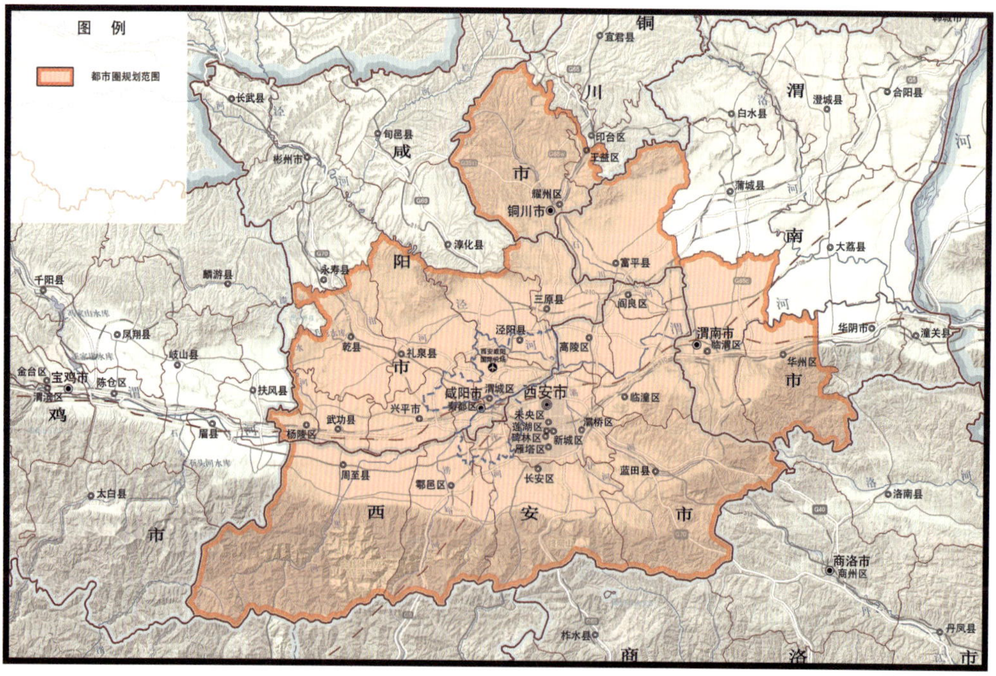

西安都市圈发展规划范围示意图（《西安都市圈发展规划》）

西安都市圈规划范围主要包括西安市全域（含西咸新区），咸阳市、铜川市、渭南市部分区县和杨凌农业高新技术产业示范区，面积约 2 万平方千米，2020 年底常住人口 1 800 多万人，地区生产总值约 1.3 万亿元。《规划》提出，到 2025 年，西安国家中心城市辐射带动能力进一步提升，大中小城市和小城镇发展更加协调；到 2035 年，圈内同城化、全域一体化基本实现，全面建成具有全国影响力和历史文化魅力的现代化都市圈。

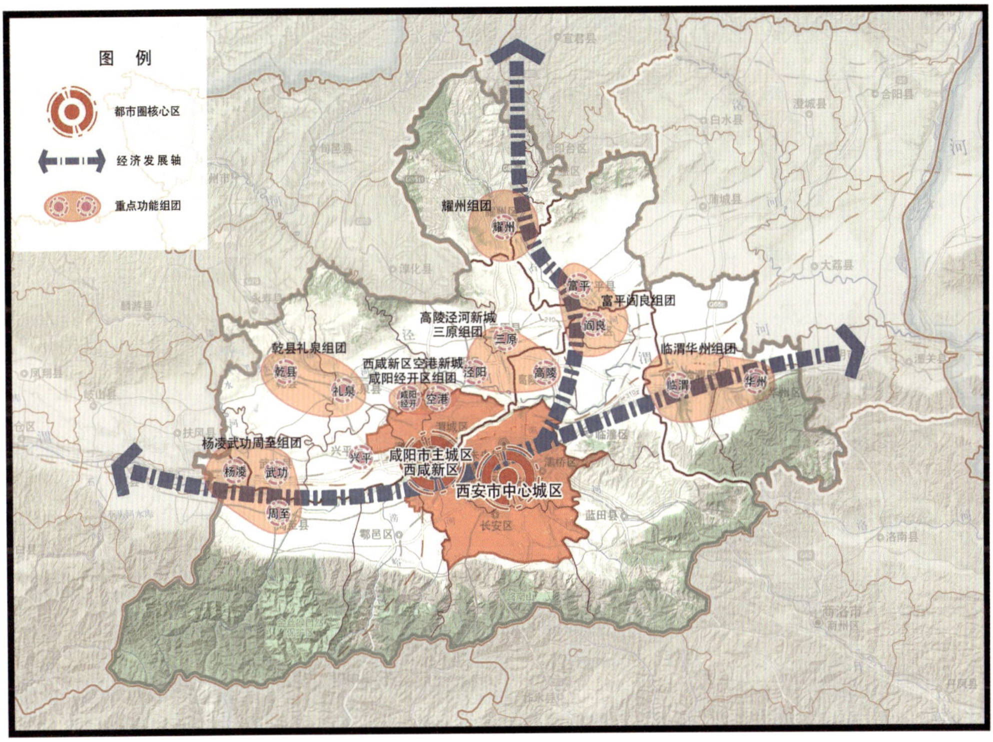

“一核、两轴、多组团”空间格局（《西安都市圈发展规划》）

（五）向国际化大都市迈进

2009年6月，国家发改委正式发布了《关中—天水经济区发展规划》，明确提出“加快推进西咸一体化建设，着力打造西安国际化大都市”。同年，陕西省政府审议了《西安国际化大都市城市发展战略规划（2009—2020）》。2018年1月，国务院正式批复《关中平原城市群发展规划》，西安成功入围中国国家中心城市。《关中平原城市群发展规划》提出，到2035年，西安全面建成代表国家形象、引领“一带一路”、具有重要国际影响力和竞争力的国家中心城市，为国际化大都市建设奠定坚实基础。由此可见，西安一直在建设国际化大都市的路上，道路漫长，任重道远。

1 000多年前的西安（唐长安城）是我国历史上第一个国际化大都市。

如今，建设西安国际化大都市是国家对西安的重托和期望，是国家总体发展战略的体现。西安建设国际化大都市，对于深入推进西部大开发，实现国家西部和中东部地区经济的均衡发展起到决定性作用；对于提高我国国际影响力，把西安的聚能优势辐射到中亚、西亚各国，与欧盟各国进行高端合作，最终成为亚欧合作的中国基地具有战略性意义；对于争取更多“利好”，加快自身发展具有不可替代的作用。

“国际化大都市”的概念是由苏格兰城市规划师格迪斯于1915年提出的。目前关于国际化大都市还没有形成一个公认的定义，国际上有代表性的解释定义有两种：英国地理学家、规划师彼得·霍尔认为国际化大都市是指那些已对全世界或大多数国家发生全球性经济、政治、文化影响的国际第一流大城市；美国学者弗里德曼将国际化大都市的特征概括为主要的金融中心、跨国公司总部所在地、国际性机构集中地、商业服务业高速增长、重要的制造中心、主要交通枢纽、具有庞大的人口规模。

国内代表性的观点有两种。一种观点认为，国际化大都市是指那些有较强经济实力、优越的地理位置、良好的服务功能、一定数量和规模的跨国公司和金融总部，并对世界和地区经济起控制作用的城市。另一种观点将“国际化大都市”分为“国际化”和“大都市”两部分，认为国际化指的是大都市的性质、功能、地位和作用，大都市指的是其规模、容量、结构和形象。“国际化”表现为三个特征：一是拥有雄厚的经济实力，位列世界经济、贸易、金融中心之一，对世界经济有相当竞争力和影响力；二是经济运行完全按国际惯例，并有很高的办事效率；三是第三产业高度发达，综合服务功能强。“大都市”也有三个特点：一是除了城市本身的人口面积，还要有向外延伸的广泛空间即经济区域，称为大城市连绵区；二是除了城市具有跨国公司总部，还要有庞大的企业集团、中介组织和相当的资产存量、要素存量和内外贸易额；三是除了城市的一般基础设施，还要有现代化的公用事业、商住楼群和良好的生态环境。

国际化大都市是城市化进程中给城市戴上的一顶皇冠。从广义上说，国际大都市与国际化大都市是一个概念。但从狭义上说，国际化大都市是城市国际化的初级阶段，国际大都市是城市国际化的中级阶段，而世界城市是城市国际化的高级阶段。现今世界公认的国际大都市为纽约、伦敦、香港、巴黎、东京五大城市。它们都是具有超群的政治、经济、科技实力，并且和全世界或大多数国家发生经济、政治、科技和文化交流关系，有着全球性影响的国际一流都市。理解国际化大都市概念的关键点是“影响力”，这种“影响力”是建立在一定经济实力基础上的，它既是一个动态的变化过程，又是一个相对比较的概念。

纵观世界上的国际化大都市，我们可以发现在其形成过程中具有一些共同点：一是技术革命、战争、制度创新等重大事件是国际化城市形成、发展和壮大的契机和基础；二是商业经济的繁荣程度或者说是市场经济的成熟度在城市经济的升级换代和城市的国际化中起着基础性作用；三是在较长的时间范围内，制造业逐渐向周边或外围区域转移，第三产业迅速扩张，服务业成为经济增长和国际化城市增强全球经济制导功能的主要推动力，尤其是金融产业和信息产业有逐渐成为主宰全球经济力量的趋势。

伦敦、东京、纽约、罗马，除了具有良好的交通、发达的金融、繁华的商业、规模庞大的文化产业群、良好的人文环境等共性因素外，还具有独特的个性、与众不同的文化风格和氛围，以及卓尔不群的城市形象和魅力。尤其是罗马，历史文化遗产丰富，旅游业极为发达，与西安最有可比性。

这些城市均在地域发展中逐步成为区域中心城市，具有较高的首位度。但随着城市人口的进一步集中，产生集聚不经济（如环境问题、地价上涨问题、劳动力成本上升等），导致竞争力下降，因此城市的一部分经济活动和人口被分散到周围地区。区域、城市的空间演化过程表现为大范围的集聚和小范围的扩散，形成了各种都市区形态。生产性服务业进一步向核心城市集中，而周围地域的制造业也发展得特别迅速，往往占主导地位。于是在一定地域范围内形成了核心城市以服务业为主、周围地区以工业为主，并有便捷交通线路相连的、结构上相互依赖又各具特色的有机整体。

从城市空间发展模式上讲，其共同特点是：一、均围绕区域内的一个或者几个特大城市为核心组织都市圈的发展；二、均强调围绕核心组织次级新城以及组团发展；三、均强调以核心城市为中心构建快速交通网络体系；四、均强调核心城市外围要保留大面积的开放空间；五、规划及空间结构随着城市发展阶段及面临的主要问题而发生变化。

西安建设国际化大都市就是要在充分吸收世界先进城市成功经验的基础上，分析基础条件、国内外环境，从而确定符合西安实际的战略定位及目标，找准战略重点和突破口，走出一条具有西安特色的国际化道路。

“西迁精神”：胸怀大局，无私奉献，弘扬传统，艰苦创业。

“要发扬老教授们这种西迁精神。重大的历史进步都是在一些重大的灾难之后，我们这个民族就是这样在艰难困苦中历练、成长起来的。我也完全相信我们的交大人，我们西部的同志们，一定会，在未来的新时代的历史进程中，为中华民族立下卓越的贡献！”

——2020 年 4 月 22 日，习近平在西安交通大学交大西迁博物馆考察调研时的讲话

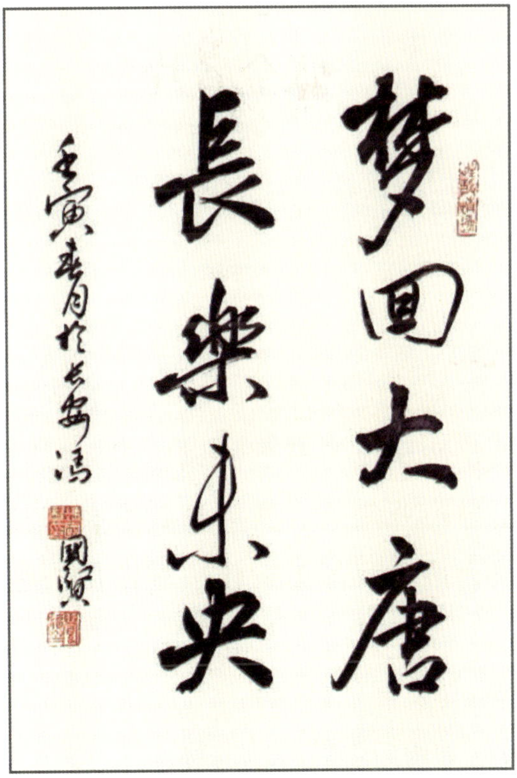

冯国贤书法作品

片段四
一张金名片

《国务院办公厅关于促进开发区改革和创新发展的若干意见》提出，开发区建设是我国改革开放的成功实践，对促进体制改革、改善投资环境、引导产业集聚、发展开放型经济发挥了不可替代的作用，开发区已成为推动我国工业化、城镇化快速发展和对外开放的重要平台。

我国开发区产生与发展的动因：一是国际产业转移，尤其是加入WTO后，各类开发区如雨后春笋般地发展；二是城市化大势所趋，要吸纳转移人口，设立开发区就是一个有效路径；三是信息化助推，信息化促进经济融通、新技术转移、人才和资金流动，信息化带动工业化，促使开发区成为信息化的承载体；四是构建现代产业体系，推动经济高质量发展。

回溯时光，开发区的发展走过了一段清晰的历程。众多的开发区诞生于20世纪80年代，1992年以后获得了迅速发展。

1979年7月7日，国务院批准深圳、珠海、汕头、厦门4市试办经济特区；1988年4月，全国人大通过关于建立海南经济特区的决议。

我国内地创办开发区始于1984年，经国务院批准，开放天津、上海、大连、秦皇岛、烟台、青岛、连云港、南通、宁波、温州、福州、广州、湛江、北海等14个沿海港口城市，兴办了我国第一批经济技术开发区。后又批准了包括西安在内的20多个城市设立经济技术开发区。

1987年12月，深圳创办沙头角保税区，1991年后，国务院又批准10多个城市设立保税区。

为了加强高技术研究开发，1988年国家批准北京建立高新技术产业开发区，1991年又批准南京、上海、武汉、西安等地的26个高新技术产业开发区为国家高新技术产业开发区。

1992年10月11日，国务院批复设立上海市浦东新区；2005年6月，国务院正式批准浦东新区进行综合配套改革试点。2006年5月26日，国务院批复设立天津滨海新区，成为第二个综合配套改革试验区，之后又陆续批复了若干个“新区”。

《中国开发区审核公告目录》（2018年版）对开发区的种类作了界定，第一类是国务院批准设立的，为国家级开发区，主要包括经济技术开发区、高新技术产业开发区、保税区、出口加工区、边境经济合作区等；第二类是省级开发区，主要包括省级经济开发区、省级高新技术产业园区、省级特色工业园区。

国家级新区是由国务院批准设立，承担国家重大发展和改革开放战略任务的综合功能区。截至目前，国家级新区总共19个，包括2014年1月国务院批复设立的西咸新区。新区实质上已经超越了开发区的概念，更接近于一个行政区。新区的管理机构也是管委会，属于省政府的派出机构，不具有行政主体资格，但是省政府一般都会把新区所涵盖的区域托管给新区管委会，所以新区管委会名义上是省政府派出机构，但实际已经具备了地级行政区的功能。

西安开发区的设立与发展有其内在要求。首先，较为完备的工业基础为开发区的设立提供了基础条件。西安已基本形成东郊“纺织城”、西郊“电工城”、阎良“飞机城”、南郊“电子城”的工业布局。其次，雄厚的科教实力为开发区的设立奠定了良好的科技和人才基础。最后是国企改革的倒逼。面对“黄河”断流、“海燕”折翅、“彩虹”不现、“孔雀东南飞”的局面和产业严峻的颓败形势，西安迫切需要寻求一条“补短板”“锻长板”的产业振兴之路。

开发区是西安城市最具活力和生机的区域，已经形成独特的文化现象，铸就了崭新的发展理念。主要体现在：一、形成比较齐全的产业门类，加速工业化进程；二、拉大城市骨架，完善城市功能，强化辐射带动作用，为建设国际化大都市奠定基础；三、加快城市生态环境建设和改善，吸引大批人才，极大地提升人居环境质量；四、创新理念深入人心，可复制的创新模式层出不穷；五、经济增长贡献巨大，不断推高经济发展总量。

开发区发展取得巨大成就，但面临的问题也不少，比如：产业链不长、产业趋同，地方配套率不高；个别开发区动力不足，活力不强，转型升级缓慢；有的开发区内部制约与监督机制不健全，存在政策风险；经济发展与社会事务管理协调性不够，应对重大社会事件乏力、漏洞多。在处理开发区与行政区的利益关系上，制度安排约束力不强，随机性强，因人而异因素较多。如何理顺管理、投入、分配机制，既能调动起共建区县积极性，发挥好社会管理、公共服务和市场监管作用，又能使开发区不悖初衷，一心一意抓产业，做大蛋糕，为产业强市做贡献，需要在实践中加以探索和总结。

正视现实，破解发展难题，就是支持开发区，就是加快西安发展。

为促进开发区发展，国家已发布多个文件，如《国务院关于推进国家级经济技术开发区创新提升打造改革开放新高地的意见》《国务院关于促进国家高新技术产业开发区高质量发展的若干意见》《国务院办公厅关于促进开发区改革和创新发展的若干意见》《国务院办公厅关于支持国家级新区深化改革创新加快推动高质量发展的指导意见》等。

西安市于2022年4月30日发布了《关于推进开发区高质量发展的指导意见》，对今后一个时期促进开发区高质量发展作出总体部署，提出一系列要求。

要将开发区打造成为实体经济的主要承载区、创新驱动的核心区、改革开放的引领区、高质量发展的示范区。

要以开发区“去行政化”改革为抓手，进一步优化提升开发区管理体制机制，突出经济管理职能，激发干部队伍活力，构建重招商、重服务、重发展的运行模式，实现高质量发展。

到2025年，开发区生产总值总和占全市比重60%左右，规上工业增加值年均增速10%以上，服务业增加值年均增速8%以上，地区研发经费支出占生产总值比重5.5%以上，进出口贸易总额突破6000亿元，切实发挥开发区经济建设主战场、创新驱动主力军、对外开放主窗口、产业发展主阵地作用。

到2025年，开发区高新技术企业达到9 000家，占全市总数的75%。

“十四五”期间，全市开发区新增各级各类创新平台650家以上。

实施“链长制”，推动产业链上下游研发、生产、服务企业集聚。支持建设促进创新链、产业链、资本链和服务链“四链”融通的“混成组织”，以新型“产业中间组织”为抓手，提升对“产业链供应链现代化”的综合赋能能力。有针对性地培育“专精特新”企业，到2025年新增省级以上“专精特新”企业300家，促进产业向价值高端发展。

优化产业布局、提升土地利用效率，实施“亩均论英雄”综合改革，“十四五”期间，开发区亩均地区生产总值、亩均税收、全员劳动生产率稳步提升。到“十四五”末，开发区单位能耗增加值累计提高16%以上，单位碳排放增加值累计提高18%以上。

按照“集群化发展、园区化承载、专业化招商”的思路，建立以优化环境、提升服务、促进投资为导向的开发区内部体制机制，打造能征善战的招商队伍。鼓励开发区推行“投行”模式，设立产业投资基金，“以投带引”引进重大产业项目。以突出主导产业、突出重大项目、突出重点区域为原则，根据自身区位优势、产业特色，瞄准世界500强跨国公司和国内行业50强，实现“碰撞”式招商向“敲门”式选商转变。建立招商引资指标评估体系，根据开发区产业、企业入驻条件、标准、承载力，科学遴选投资项目。

开发区实际利用外资年均增长8%。鼓励开发区设立海外分部和推广“一园两地”合作模式，拓展海外发展空间，鼓励跨境贸易和海外仓建设，深度融入“一带一路”。加快建设中欧班列(西安)集结中心示范工程和西安国际航空枢纽、西安全球性邮政快递枢纽等重大工程，构建更加通畅的国际商贸物流大通道，到2025年，开通国际货运航线25条。

支持国家级和省级开发区以“飞地园区”“合作共建”“代管”等模式开展市域内及跨省市区域合作，在市域内合作共建的项目或片区、板块等，享受开发区同等事权和政策，涉及需由所在地政府逐级转报的审批事项，可由开发区直接向审批部门转报。支持国家级开发区牵头组建跨区域联盟，建立开发区产业创新协同发展和企业服务合作共赢体系，助力“西安都市圈”“关中平原城市群”发展建设。

坚持土地要素跟着项目走，落实“增存挂钩”机制，对纳入国家级和省级重大项目清单的新增用地使用国家计划指标；未纳入重大项目清单的使用开发区当年处置批而未供和闲置土地折算的新增指标，优先保障科技含量高、投资规模大、经济效益好、污染程度低的项目用地需求。创新产业用地分类，鼓励混合土地使用。建立高质量、高成熟度的土地储备库。

放开开发区人才招聘限制，给予最大自主权。加强开发区和开发区、市级部门、各区县之间人才和干部的交流互动，将开发区打造成为全市经济领域人才、干部培养基地。

推进人事薪酬制度改革。全面推进开发区事业单位企业化管理，淡化开发区管委会行政、事业、派遣人员身份，建立人员能进能出、职务能上能下、待遇能高能低的岗位聘用制度和竞争性选人用人机制，对不转入体制内的市场化人员，授权开发区自主管理。具备条件的开发区，根据编制部门明确的编制和人员控制数，可按照“档案封存、总数控制、动态管理、全员聘任”的原则，对中层及以下干部实行全员聘用。

推动开发区优化整合。坚持“一县一区、一区多园”的原则，鼓励国家级开发区通过“以大并小，一区多园”等方式，对区位相邻、产业相近的省级以下开发区进行优化整合。国家级开发区要积极争先进位，辐射带动其他开发区提质增效、扩能升级。省级开发区要不断优化管理体制，壮大综合实力，加快提档升级。新建和新整合开发区原则上不再托管乡镇(街道)，不再承担社会事务等管理职能。已经实施托管的开发区要结合各开发区的功能定位、发展阶段、区位条件，区分处于建设初期的开发区、产城融合过程中的开发区、产城融合度较高的开发区等不同类型，结合实际逐步剥离部分公共服务和社会管理职能，逐步将建成区社会管理职能移交行政区。新设开发区必须按照相关规定逐级报批，并结合实际厘清开发区与所在行政区权责清单和事权关系，确保开发区集中精力抓经济发展。

市推动开发区高质量发展领导小组要统筹研究制定推进全市开发区发展重大政策措施，及时协调解决开发区在优化整合、发展建设、改革创新、协同发展等方面的重大问题，统筹推进全市开发区高质量发展。

片段五

向智慧城市发力

西安作为千万级人口的特大城市，必须有与之相匹配的城市治理能力。全面提升城市治理水平，创新城市治理方式，势在必行！

一是完善社会治理体系，建设社会治理共同体。《中共中央关于坚持和完善中国特色社会主义制度、推进国家治理体系和治理能力现代化若干重大问题的决定》指出："必须加强和创新社会治理，完善党委领导、政府负责、民主协商、社会协同、公众参与、法治保障、科技支撑的社会治理体系，建设人人有责、人人尽责、人人享有的社会治理共同体。"

二是健全强有力的执行系统，提高执行力和公信力。要健全充满活力的基层群众自治制度，努力形成基层群众积极参与，各方力量共治共管、共建共享的基层治理新格局。社区是城市的“细胞”，是市民群众的“娘家”，是城市党委、政府工作的基础，加强社区工作迫在眉睫。

三是充分发挥数字经济作用。习近平总书记强调，各级领导干部要提高数字经济思维能力和专业素质，增强发展数字经济本领，强化安全意识，推动数字经济更好地服务和融入新发展格局。

作为继农业经济、工业经济之后的主要经济形态，数字经济是以数据资源为关键要素，以现代信息网络为主要载体，以信息通信技术融合应用、全要素数字化转型为重要推动力，促进公平与效率更加统一的新经济形态。

正如劳动力和土地是农业经济时代主要的生产要素，资本和技术是工业经济时代重要的生产要素，进入数字经济时代，数据正逐渐成为驱动经济社会发展的新的生产要素。

当前，信息技术已从助力其他行业提质增效的“工具、助手”角色转向“主导、引领”角色，深入渗透各个行业，对其生产模式、组织方式和产业形态造成颠覆性影响。然而，面对数字化转型的要求，一些部门和企业却存在“不想、不敢、不会”的“三不”现象。“不想”是囿于传统观念和路径依赖，未深刻理解开放创新的本质是从封闭的“机械化思维”转变到开放的“计算思维”“互联网思维”和“大数据思维”；“不敢”是面对转型可能带来的阵痛期和风险，不敢率先探索；“不会”则是缺少方法、技术和人才。

2020 年 3 月，习近平总书记在考察杭州城市大脑运营指挥中心时指出：“运用大数据、云计算、区块链、人工智能等前沿技术推动城市管理手段、管理模式、管理理念创新，从数字化到智能化再到智慧化，让城市更聪明一些、更智慧一些，是推动城市治理体系和治理能力现代化的必由之路，前景广阔。”

全面创新城市治理方式的出发点和落脚点就是建设新型智慧城市。新型智慧城市包括新型信息基础设施、智慧政府、智慧经济、智慧社会、智慧城市发展环境等五大部分。而新一代信息技术是智慧城市的关键技术。物联网、云计算、大数据、人工智能、5G、区块链、虚拟现实这些新一代信息技术不是孤立的，而是相互关联的。物联网是采集数据，云计算是处理数据，大数据和人工智能是分析数据，5G是传输数据，区块链是保证数据的真实性，虚拟现实是展示数据。依托高新技术产业开发区的科技优势，积极推进新一代信息技术在城市治理领域的综合集成和融合创新，加快建设新型智慧城市，西安大有可为。

“五个片段”以西安城墙文化为基座，回顾了近现代西安民族工业的兴起和城市发展轨迹，以及沐浴改革开放春风“开发区金名片”的亮相，对城市治理提出点滴思考与建议，期望有“一叶知秋”之效。

“人生最大的捷径是读一流的书。”此语不无哲理，要想读懂中国，了解世界，西安这本书不可不读。

加快国家中心城市建设，谱写高质量发展新篇章，是一部前无古人的大作，需要强大的外力牵引与推动，更需要坚实的内生力——各区县竞相发展，各开发区有力支撑。从这个意义上讲，我们都是西安这本书的书写者。

第一章

西安基本市情

生活在一座城市，首先从了解它开始

第一节 市情概述

一、历史沿革

西安古称长安，位于中国内陆腹地黄河流域中部关中盆地，是中华民族和东方文明的发源地之一。早在100万年前，蓝田古人类就在这里建造了聚落；7 000年前的仰韶文化时期，这里已经出现了城垣雏形。西安有3 100多年的建城史和1 100多年的国都史，先后有西周、秦、西汉、新、东汉、西晋（愍帝）、前赵、前秦、后秦、西魏、北周、隋、唐13个王朝在此建都，又为赤眉、绿林、大齐（黄巢）、大顺（李自成）等农民起义政权的都城。自西汉起，西安就成为中国与世界各国进行经济、文化交流和友好往来的重要城市。作为闻名世界的历史名城，西安与罗马、雅典、开罗齐名，也是中国六大古都中建都历史最长的一个。长安文化代表着中华文化的主干。

历史上，西安也是地方行政机关——州、郡、府、路、省和长安、咸宁两县的治所。1911年辛亥革命爆发后，西安是全国最早响应的省会城市之一。20世纪20年代，随着现代工商业的发展和城市人口的增加，西安诞生并逐步形成了不同于历史上任何行政建制的新型地方行政建制，即市级建制。民国十六年（1927）11月25日，陕西省政府议决设立西安市。民国十九年（1930）11月8日，陕西省政府撤销西安市建制，辖区复归长安县。民国二十一年（1932）3月5日，国民政府确定长安为陪都，定名西京，并成立西京筹备委员会，但西京市政府始终未成立，后西京筹备委员会撤销。民国三十三年（1944）9月1日，西安市政府正式成立，为陕西省辖市。民国三十六年（1947）8月1日，西安市升格为国民政府行政院直辖市，为全国12个院辖市之一。

1. 西安解放后的归属变化

西安解放后，其行政区划经历了多次调整。

1949年5月西安解放，当月西安市人民政府宣告成立，其行政关系直属陕甘宁边区辖。全市设12个区，以序数命名。一至八区为城区，九至十二区为郊区。1949年5月各区人民政府（初为区公所）先后成立，各区辖域与此前相同。

1950年1月陕甘宁边区建制撤销，成立西北军政委员会，作为中华人民共和国成立后初设的六大行政区之一，主要统辖陕西、甘肃、宁夏、新疆、青海等地。西安市改由西北军政委员会领导，为西北行政区辖市。1953年1月西北军政委员会改为西北行政委员会，西安市属西北行政委员会辖。

西安市政府成立

1953年3月，中央人民政府政务院命令将西安市由西北行政区辖市改为中央直辖市，为全国12个中央直辖市（北京、天津、上海、沈阳、抚顺、鞍山、本溪、西安、南京、武汉、广州、重庆）之一。1954年6月19日改为陕西省省辖市。

1984 年 10 月，国务院将西安市列为计划单列市。

1994 年 1 月，西安成为全国综合配套改革试点城市和副省级城市。

2018 年 2 月，国务院在《关于关中平原城市群发展规划的批复》中提出，至 2035 年，西安国家中心城市和功能完备的城镇体系全面建成。西安成为第 9 个国家中心城市，进阶中国新一线城市。

西安以强大的科技实力、门类齐全的工业体系和日益成熟的城市服务体系，成为中国重要的科研、高等教育、国防科技工业和高新技术产业基地及辐射北方中西部地区的金融、科技、教育、旅游、商贸中心。

2. 中华人民共和国成立后西安市的行政区划调整

中华人民共和国成立后，西安市的行政区划设置有过几次较大的变动和调整。

中华人民共和国成立初期，西安市的管辖范围较小，仅为 234 平方千米。下设 12 个区，其中城区 8 个、郊区 4 个，城区未设立街道行政建制，郊区下设有 19 个乡。1954 年调整行政区划，将 12 个区和部分新划入的乡镇合并调整为 9 个区，定名为新城区、碑林区、莲湖区、长乐区、雁塔区、阿房区、未央区、草滩区、灞桥区。1957 年 4 月撤销长乐、未央两区建制，市辖区减为 7 个。1958 年 11 月，将长安、蓝田、临潼、鄠县划归西安市。1960 年，撤销莲湖、碑林、新城区建制。1961 年 8 月，将蓝田、临潼、鄠县划出。1962 年，恢复新城、碑林、莲湖区建制。1965 年，撤销灞桥、雁塔、阿房、未央 4 个区建制，辖地合并为一个郊区，市辖区减为 4 个。1966 年 6 月，将临潼县所属阎良镇划归西安市组建为阎良区，将咸阳市（县级市）划归西安市。1966 年 11 月，新城、碑林、莲湖、阎良区更名为东风、向阳、红卫、东红区（1972年恢复原名）。1971年11月，经国务院批准，又将咸阳市划出。1980年3月，撤销西安市郊区，恢复灞桥、未央、雁塔区建制。1983年10月，经国务院批准，将渭南地区所属蓝田、临潼县和咸阳地区所属户县、周至县（1964年9月10日，陕西省人民委员会报国务院批准，将鄠县改为户县，盩厔改为周至）、高陵县划归西安市，西安市共辖新城、碑林、莲湖、灞桥、未央、雁塔、阎良7区，长安、蓝田、临潼、周至、户县、高陵6县。1997年8月5日，经国务院批准，撤销临潼县，设立临潼区。2002年6月2日，经国务院批准撤销长安县设立长安区后，西安市共辖9区4县。2015年8月4日，高陵撤县设区并正式挂牌。2016年12月23日，经国务院批准撤销户县设立鄠邑区，西安市行政区划由10区3县变为11区2县。2017年1月，西咸新区按照省委、省政府决策部署，由西安市整体代管。2020年西安市（含西咸新区）有145个街道办事处、42个镇、1260个社区居委会、1990个村民委员会，其中西咸新区有街道办事处17个、镇5个、社区居委会148个、村民委员会254个。

二、地理环境

1. 位置、面积

西安市位于黄河流域中部关中盆地，东经107°40′—109°49′和北纬33°42′—34°45′之间。东以零河和灞源山地为界，与渭南市、商洛市相接；西以太白山地及青化黄土台塬为界，与眉县、太白县接壤；南至北秦岭主脊，与佛坪县、宁陕县、柞水县分界；北至渭河，东北跨渭河，与咸阳市区、杨凌区和三原、泾阳、兴平、武功、扶风、富平等县（市）相邻。

辖境东西长 204 千米，南北宽 116 千米。总面积 10 108 平方千米。

2. 地质

西安市的地质构造兼跨秦岭地槽褶皱带和华北地台两大单元。距今 1.3 亿年前燕山运动时期产生横跨境内的秦岭北麓大断裂，自距今约 300 万年前第三纪晚期以来，大断裂以南秦岭地槽褶皱带新构造运动极为活跃，山体北仰南俯剧烈降升，造就秦岭山脉。与此同时，大断裂以北属于华北地台的渭河断陷继续沉降，在风积黄土覆盖和渭河冲积的共同作用下形成渭河平原。

3. 地貌

西安市境内海拔差异之悬殊位居全国各城市之冠。巍峨峻峭、群峰竞秀的秦岭山地与坦荡舒展、平畴沃野的渭河平原界线分明，构成西安市的地貌主体。秦岭山脉主脊海拔 2 000—2 800 米，其中西南端太白山峰巅西安境内海拔 3 740 米，是大陆中部最高山峰。渭河平原海拔 400—700 米，其中东北端渭河河床最低处海拔 345 米。西安城区便建立在渭河平原的二级阶地上。

三、自然资源

1. 河流、水资源

西安地区自古有“八水绕长安”之美称。市区东有灞河、浐河，南有潏河、滈河，西有涝河、沣河，北有渭河、泾河，此外还有黑河、石川河、零河等较大河流，其中绝大多数属黄河流域的渭河水系。渭河横贯西安市境内约 150 千米，年径流量 25 亿立方米。西安地下水储量估算总计 19.91 亿立方米，还另辟有较理想的水源基地。2001 年 12 月，黑河水利枢纽主体工程建成，每年向西安市区供水 4 亿立方米，形成日供水能力 120 万吨，加上地下水资源，市区日供水能力 172 万吨，基本满足城市生产生活用水。

2. 土壤

西安市土壤分布形成南北两个差异明显的区域，北部的渭河平原以黄褐土、褐土为代表，南部的秦岭山地以黄棕壤、棕壤为代表。全市有 12 个土类、24 个土壤亚类、50 个土属，计 181 个土种。土壤类型的复杂多样为区内农作物的多品种组合提供了有利条件。

3. 动植物

西安的自然植被未遭受第四纪大陆冰川直接侵袭，尚保留若干第三纪古老的孑遗植物，如银杏、水青树、连香、马甲子等。秦岭山地从高海拔向低海拔垂直分布有高山灌丛草甸、针叶林、针阔叶混交林和落叶阔叶林等自然植被类型。自然植被中野生植物资源丰富，计有野生植物 138 科 681 属 2 224 种，为中国种子植物的重要基因库之一。渭河平原主要为大田农作物、蔬菜、果园和城市绿化等栽培植物类型。野生动物资源主要分布在秦岭山地，有兽类 55 种、鸟类 177 种，包括大熊猫、金丝猴、扭角羚秦岭亚种、鬣羚、大鲵、黑鹳、白冠长尾雉、血雉、金鸡等珍稀动物。

韩宝生绘画作品

4. 矿产资源

西安境内地层发育复杂，构造类型多样，为各种矿产资源的形成提供了有利条件。已发现的矿产资源共 47 种，其中金属矿产 21 种、非金属矿产 22 种、能源矿产 2 种、其他矿产 2 种。大部分金属和非金属矿产分布在南部秦岭山区。秦岭以北平原地区具有良好的储存地热水的地质条件，仅城区可以开发的地热面积约 780 平方千米，地下热水可采储量 5.39 亿立方米。

四、气候

西安市属暖温带半湿润大陆性季风气候，冷暖干湿四季分明。春季温暖、干燥、多风、气候多变；夏季炎热多雨，伏旱突出，多雷雨大风；秋季凉爽，气温速降，秋淋明显；冬季寒冷、风小、多雾、少雨雪。市区常年盛行东北风，周至、鄠邑、长安为西风，高陵、临潼为东北偏东风，蓝田为东风。主要气象灾害有干旱、高温、大风、沙尘、雷电、冰雹、暴雨、低温冻害、连阴雨、雾和霾。

1. 气温

1951—2020 年西安市年平均气温为 14.0℃，以升温趋势为主，总体气候倾向率为 0.37℃ /10a（即年平均气温以每 10 年 0.37℃的速率上升），目前处于暖期。大致有四个变化阶段：20 世纪 50 年代—60 年代初，呈缓慢上升趋势；20 世纪 60 年代中期—70 年代末呈缓慢下降趋势；20 世纪 80 年代—21 世纪 10 年代初，气温显著上升；21 世纪 10 年代中期以后略有下降。

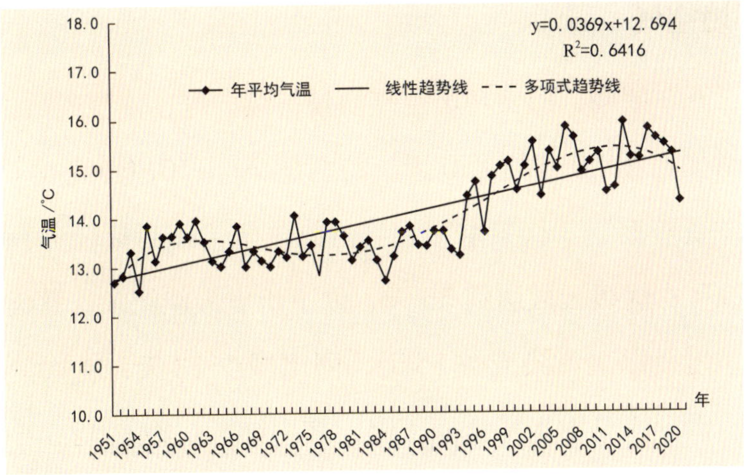

西安市1951—2020年平均气温

2. 降水

1951—2020年西安市年平均降水量为571.8mm，整体呈缓慢波动减少趋势，总体气候倾向率为-7.6mm/10a（即年降水量以每10年7.6mm的速率减少）。20世纪50年代前期呈增加趋势，20世纪50年代中期—70年代初呈减少趋势，20世纪70年代中期—21世纪初呈缓慢减少趋势，21世纪10年代呈增加趋势。

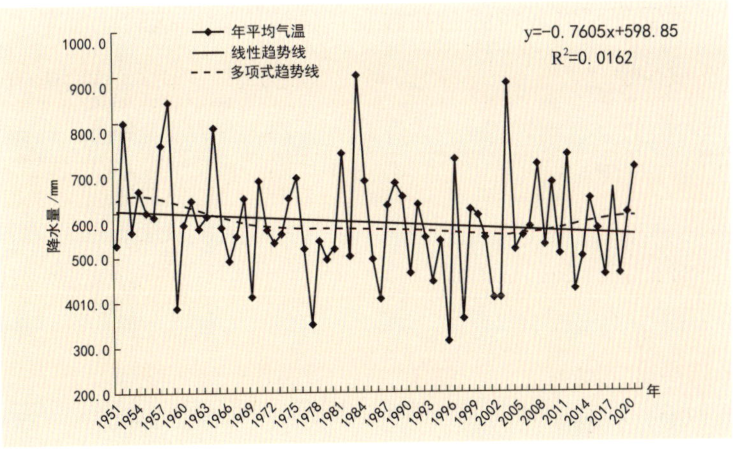

西安市1951—2020年平均降水变化曲线

3. 环境空气

“十三五”期间，西安环境空气质量持续向好，优良天数由 2016 年的 192 天增加到 2020 年的 250 天。特别是 2020 年超额完成了生态环境部下达的“夏防期”“秋冬季”大气污染攻坚治理目标任务，空气质量“优增重减”；优级天数达到 56 天，创下历史最佳纪录，蓝天含金量持续提升；重度及以上污染天数 15 天，同比减少 13 天，首次消除了严重污染天气；六项污染物指标全面下降，其中细颗粒物 PM2.5 平均浓度降至 51μg/m^3，同比下降 10.5%。

“十三五”期间西安环境空气变化情况

年份	西安市环境空气质量达到二级以上的天数	达标率（%）	优（天）	良（天）	轻度污染（天）	中度污染（天）	重度污染（天）	严重污染（天）
2020	250	68.3	56	194	80	21	15	0
2019	225	61.6	42	183	91	21	22	6
2018	188	51.5	21	167	115	33	24	5
2017	180	49.3	16	164	110	36	24	15
2016	192	52.5	17	175	97	41	29	7

西安市空气环境综合指数及六项污染物指标对比情况

主要指标	2019 年	2020 年	同期对比	
优良天数（天）	225	250	变好	增加 25 天
重度及以上污染天数（天）	28	15	变好	减少 13 天
可吸入颗粒物（PM10）（μg/m^3）	96	88	变好	下降 8.3%
细颗粒物（PM2.5）（μg/m^3）	57	51	变好	下降 10.5%
二氧化硫（SO_2）（μg/m^3）	9	8	变好	下降 11.1%
二氧化氮（NO_2）（μg/m^3）	48	41	变好	下降 14.6%
一氧化碳（CO）（mg/m^3）	1.7	1.5	变好	下降 11.8%
臭氧（O_3）（μg/m^3）	166	159	变好	下降 4.2%

五、人口

根据第七次全国人口普查结果，2020 年西安市常住人口为 12 952 907 人。与 2010 年第六次全国人口普查的 8 467 837 人相比，10 年共增加 4 485 070 人，增长 52.97%，年平均增长率为 4.34%。

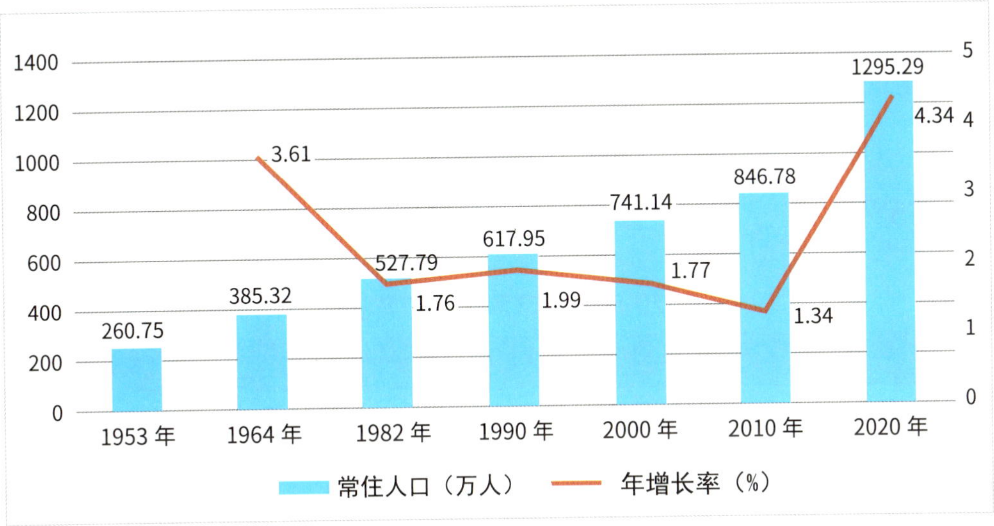

西安市历次人口普查常住人口及年均增长率

1. 民族人口

全市常住人口中，汉族人口为 12 820 756 人，占 98.98%；各少数民族人口为 132 151 人，占 1.02%。与 2010 年第六次全国人口普查相比，汉族人口占常住人口比重上升 0.11 个百分点，各少数民族人口比重降低 0.11 个百分点。

2. 全市常住人口性别构成

全市常住人口中，男性人口为 6 615 501 人，占 51.07%；女性人口为 6 337 406 人，占 48.93%。常住人口性别比（以女性为 100，男性对女性的比例）由 2010 年第六次全国人口普查的 105.18 下降为 104.39。

3. 全市常住人口年龄构成

全市常住人口中，0—14岁人口为2 026 600人，占15.65%；15—59岁人口为8 850 989人，占68.33%；60岁及以上人口为2 075 318人，占16.02%，其中65岁及以上人口为1 411 727人，占10.90%。与2010年第六次全国人门普查相比，0—14岁人口的比重上升2.76个百分点，15—59岁人口的比重下降6.24个百分点，60岁及以上人口的比重上升3.48个百分点，65岁及以上人口的比重上升2.44个百分点。

2020 年西安市常住人口年龄构成

年 龄	常住人口数（人）	比 重（%）
总计	12 952 907	100.00
0—14 岁	2 026 600	15.65
15—59 岁	8 850 989	68.33
60 岁及以上	2 075 318	16.02

4. 受教育程度人口

全市常住人口中，拥有大学（指大专及以上）文化程度的人口为 4 015 258 人；拥有高中（含中专）文化程度的人口为 2 404 391 人；拥有初中文化程度的人口为 3 720 999 人；拥有小学文化程度的人口为 1 753 148 人（以上各种受教育程度的人包括各类学校的毕业生、肄业生和在校生）。与 2010 年第六次全国人口普查相比，每 10 万人中拥有大学文化程度的由 22 005 人上升为 30 999 人；拥有高中文化程度的由 20 662 人下降为 18 563 人；拥有初中文化程度的由 35 669 人下降为 28 727 人；拥有小学文化程度的由 14 636 人下降为 13 535 人。

5. 城乡人口

全市常住人口中，居住在城镇的人口为10 258 464人，城镇人口占常住人口的79.20%；居住在乡村的人口为2 694 443人，占常住人口的20.80%。与2010年第六次全国人口普查相比，全市城镇人口增加4 415 760人，乡村人口增加69 310人，城镇人口比重提高10.20个百分点。

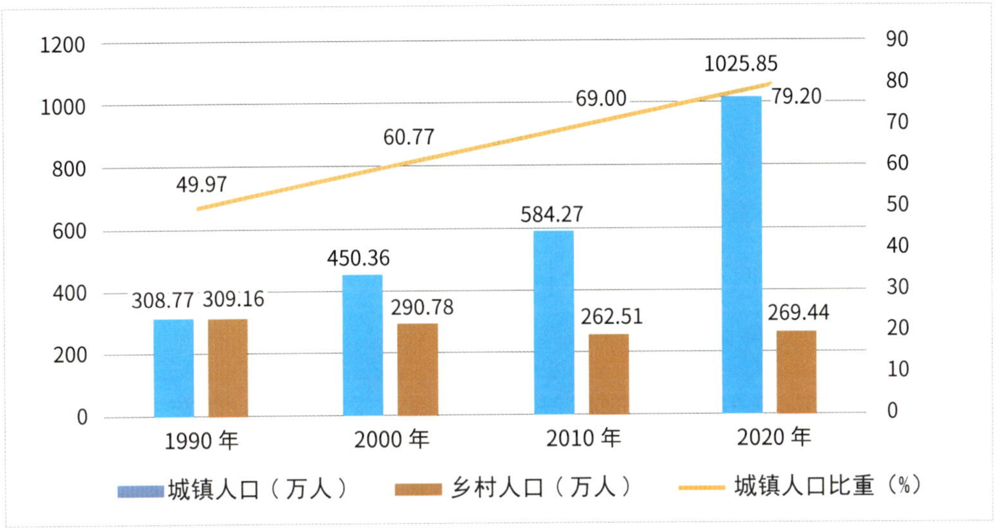

西安市第四、五、六、七次人口普查城乡人口及比重

西安是人口大市，理应成为经济大市，但目前经济排名与人口排名不相称，造成这种状况的重要原因是西安的人口潜力未能完全转化为经济优势。

西安要完善人口发展战略和政策体系，积极应对人口老龄化，加快提升人口素质，促进城市群人口共建，促进“人口红利”向“人才红利”转变、“劳动密集型产业”向“技术密集型产业”转变，实现经济高质量发展。

第二节
2020年及“十三五”期间西安市经济社会发展

一、回眸2020年

2020年，西安市地区生产总值突破1万亿元，增长5.2%，规模以上工业增加值增长7%，全社会固定资产投资增长12.3%，三项指标增速均位居副省级城市前列。

（1）“6+5+6+1”现代产业体系逐步壮大。大力推进先进制造业强市建设。6大支柱产业总产值突破4 000亿元，增长23.7%。5大新兴产业和6大生产性服务业营业收入分别增长8.5%和7.5%。成立11个产业专班开展育链、补链、强链、延链工作，推动三星二期、奕斯伟硅产业基地等69个重大工业项目顺利投产，法士特、陕鼓、西部超导等企业获得“中国工业大奖”。规模以上高技术制造业产值增长23.4%，规模以上战略性新兴产业产值增长13.3%。新增上市公司和“新三板精选层”企业5家、过审5家，创历史新高。荣获“中国快递示范城市”称号。评选首届“市长特别奖”，对作出突出贡献的20位优秀企业家（团队）进行隆重表彰。

高新区、西安交通大学、西北工业大学国家大学科技园入选第三批国家双创示范基地，累计建成市级以上科技企业孵化器、众创空间285个，入孵企业4万余家。新增国家级企业技术中心1家、省级14家，新建院士工作站10个、博士后创新基地12个，万人发明专利拥有量47.6件，净增国家高新技术企业1 500余家。全社会研发投入强度达5.17%，位列副省级城市第一。入选2020年全球人工智能最具创新力城市，在2020年国家创新型城市创新能力排名中升至全国第六。

围绕“千年古都·常来长安”主题综合施策，促进文化旅游市场加快复苏。小雁塔、碑林历史文化片区和易俗社文化街区、西安文化商务区等重大文旅项目进展顺利，电视剧《装台》《大秦赋》和纪录片《从长安到罗马》持续推高城市热度，大明宫景区成功晋升为5A级，大唐不夜城获评全国首批示范步行街，北院门风情街位列全国十大回暖夜市榜首，大唐西市文旅小镇创建经验在全国推广。西安上榜全国夜经济影响力十强城市，入选首批国家文化和旅游消费试点城市。

（2）增强经济发展后劲。积极推行项目审批业务网上办、预约办，开辟净地出让、文勘前置、容缺受理等绿色通道，建立“一月一调度一考核、一季一观摩一开工”推进机制，328个市级重点在建项目完成投资3 696.7亿元，达年计划的131.5%，项目投资进度和开工率均创近年新高。“长安行”招商云平台上线运行，成功举办39场线上线下签约活动，引进世界500强企业投资项目28个、过百亿元项目6个；签约“央企进陕”项目51个、总投资2 232亿元，落地开工38个、完成投资226亿元。实际利用外资76.77亿美元、增长8.8%，引进内资3 748亿元、增长8.9%。

（3）聚集发展新动能。完成市属全民所有制企业公司制改制和企业退休人员社会化管理，获批全国第二批区域性国资国企综合改革试验城市。扎实推进农村土地征收改革试点，全面完成农村集体产权制度改革试点任务，阎良区被列为全国农村承包地确权颁证工作典型。

着力稳外资稳外贸，全市进出口总值增长7.2%，中欧班列（西安）集结中心纳入国家示范工程。“长安号”常态运行15条干线，全年开行3 720列，开行量、货运量、重箱率均居全国第一。西安咸阳国际机场三期全面开工建设，开通首条洲际第五航权货运航线，西咸空港综合保税区通过国家验收。国际商事法律服务示范区建设步伐加快，西安“一带一路”国际商事争端解决中心等“三中心一基地”揭牌成立。领事馆区建设全面推进，新增3个国际友好城市。获评“2020年度中国最具影响力会展名城”。发挥世界城地组织联合主席作用，广泛开展线上交流合作，在服务国家总体外交中贡献了西安力量。

（4）聚焦“办好一次会，搞活一座城”。围绕“办一届精彩圆满的体育盛会”目标，坚持只留经典、不留遗憾，强力推进赛事场馆及配套设施建设，西安市承建的8所场馆和全运村78栋建筑全部竣工，灞河区域环境整治效果明显。地铁三期规划项目全部开工，5号线、6号线一期、9号线通车运营，年度新增通车里程83千米，超过“十三五”前4年新增通车里程总和。朱宏路、昆明路、广安路主线桥和西南二环立交等一批交通节点工程和快速路建成通车，幸福林带、北客站枢纽、火车站站改、跨浐灞河五桥两隧等重大工程建设加速推进。330千伏奥体变电站等17项电网项目建成投运，新建5G基站10 826个，开工建设公共停车位2.1万个。扎实开展“三改一通一落地”，完成1 316个老旧小区改造、32个城中村（棚户区）征收和527条背街小巷改造，打通32条断头路，落地架空线缆792.6千米，均创历年之最。实施572个城市绿化提升项目，启动“三河一山”环线绿道建设，新建和改造口袋公园、城市公园、绿地广场161个，新增城市绿地1 095万平方米。

（5）生态环境质量持续好转。修订实施《西安市秦岭生态环境保护条例》，成功创建国家节水型城市。高陵区被评为全国人居环境整治激励县，西安市农村人居环境整治经验做法被全国人居办推广。

（6）扎实办好惠民实事。剩余建档立卡贫困户5 304户8 533人全部脱贫，周至县顺利通过国家普查和第三方评估。实施基础教育提升行动，新建、改扩建学校195所，新增学位19.4万个。市儿童医院获批国家儿童区域医疗中心。获批中央财政支持住房租赁市场发展试点城市。全国文明城市测评群众满意度大幅提升，“菜篮子”工程名列省会、副省级城市优秀，连续9年被评为“中国最具幸福感城市”。莲湖区获评全国法治政府建设示范区。西安市获评全国城市政务热线服务质量总体评估A+等级；荣获全国双拥模范城“九连冠”。

二、“十三五”时期经济社会发展

2020 年各项任务的完成，标志着西安市“十三五”圆满收官，标志着全面建成小康社会目标如期实现，标志着西安国家中心城市建设踏上新的历史征程。

城市综合实力跨上大台阶。经济总量连续跨越五个千亿级台阶，达到 10 020.39 亿元，实现历史性突破。财政总收入超过 1 500 亿元，较 2015 年增长 38.3%。技术市场合同成交额累计达到 5 600 亿元，位居副省级城市第一。在册各类市场主体达到 243.3 万户，“五上”企业达到 8 869 家，分别是 2015 年的 3.8 倍和 1.8 倍。粮食生产实现“十七连丰”。

社会经济发展质效实现大提升。先进制造业强市建设全面提速。培育形成百亿级工业企业 10 家、瞪羚企业 221 家、独角兽企业 2 家，建成电子信息、汽车、航空航天三大千亿级产业集群，航空产业集群入选全国首批先进制造业集群。境内外上市公司达到 80 家，国家高新技术企业突破 5 000 家，分别是 2015 年的 1.3 倍和 3.8 倍。

改革开放迈出大步伐。全面创新改革试验、西咸新区创新城市发展方式和高新区国家自主创新示范区建设取得丰硕成果，自贸试验区发展势头良好。中欧班列（西安）集结中心建设上升为国家战略。西安咸阳国际机场航线通达全球 37 个国家和地区，客货吞吐量分别居全国第 8 和第 10，获批第五航权。进出口总值突破 3 400 亿元，是 2015 年的 1.9 倍。世界 500 强企业及其分支机构落户达到 242 家。当选世界城地组织联合主席城市，国际友好城市达到 37 个。入选改革开放 40 年经济发展最成功 40 个城市。

城乡面貌发生大变化。城市能级实现新提升，获批建设国家中心城市，户籍人口突破 1 000 万。综合交通枢纽建设成效明显，“米”字形高铁网基本建成，“四主一辅”铁路客运站布局加速形成，高速路网结构日益优化，地铁开通里程达到 215 千米、在建里程 177 千米，分别是 2015 年的 4 倍和 2 倍。

生态环境质量显著改善。秦岭北麓西安境内违建别墅问题得到彻底整治，长效保护机制基本建立。大气环境质量持续改善。基本消除建成区黑臭水体，主要河流消除劣Ⅴ类。新增生态水面 1.26 万亩、湿地面积 2.54 万亩，全市森林覆盖率达到 48.03%。获评“国家森林城市”。

人民生活水平显著提高。高标准打赢脱贫攻坚战，73 721户250 414人建档立卡贫困户全部脱贫，6 630名易地扶贫搬迁群众住进了新家。用于民生领域的财政支出超过4 500亿元，是“十二五”时期的1.6倍。城镇新增就业累计达72.84万人，城乡居民人均可支配收入较快增长。累计完成1 486个老旧小区改造，惠及群众28万户。12.59万拆迁安置群众顺利回迁。新建、改扩建中小学幼儿园522所、新增学位36万个，“上学难”问题得到有效缓解。新增三级医院11家，新增床位20 371张、达到75 079张，一批群众家门口的好医院正在加快建设。

● 西安规模以上工业企业存续期研究[①]

企业运行的动态轨迹包括诞生、成长、成熟、衰退几个阶段，之后通常会面临消亡、稳定或者蜕变三种结局。有抽样调查显示：中国民营企业平均寿命 3.7 年，中小企业平均寿命只有 2.5 年，而美国和日本的中小企业平均寿命分别为 8.2 年和 12.5 年。第一部《中国民营企业发展报告》

① 李玫：《西安规模以上工业企业存续期研究》，载于《西安市经济社会发展蓝皮书》，2021 年。

蓝皮书称：据统计全国每年新生15万家民营企业，同时每年又有10万多家消失，有60%的民企5年内破产，85%的10年内破产。对企业来说，首先要解决生存问题，寻找合适的发展路径并不断修正完善，锻造持续发展能力，以期在经历春天的播种、夏天的耕耘后，在秋天收获丰硕的果实。

（一）企业存续时间主要特点

截至2020年末，西安市拥有规模以上工业企业1 607家，平均存续时间14年，671家企业存续时间长于14年，936家不到14年。从开业至今企业存续时间分布看，存续10年以上企业合计1 091家，占全市企业数的67.9%。其中，存续10—20年的企业有780家，占全市的48.5%。反映西安市规模以上工业企业风险承担能力较强，总体免疫力较好。具体看，全市至少73.9%的企业寿命赶超美国中小企业平均寿命，至少52.8%企业寿命赶超日本中小企业平均寿命。

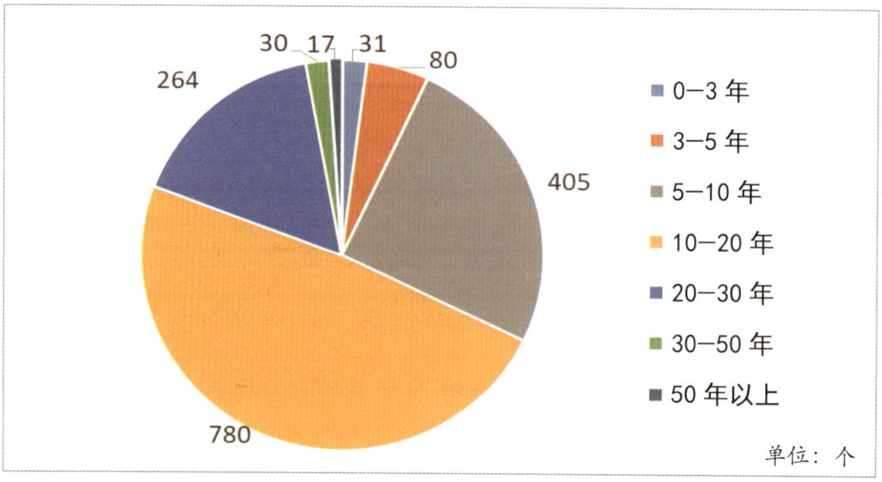

2020年末西安市规模以上工业企业存续时间分布图

1. 成长成熟期企业最多

根据企业存续时间分布线可看出：在诞生与初步成长的0—3年与3—5年中，企业数量相对较少；在生命“蜕变”赢得重生的30—50年甚至50年以上的区间中，企业数量更少；在发展的5—10年中与开始衰退的20—30年中，企业数量较多；在成熟期的10—20年中，企业数量最多，达780家，占全市的近半数，达48.5%。

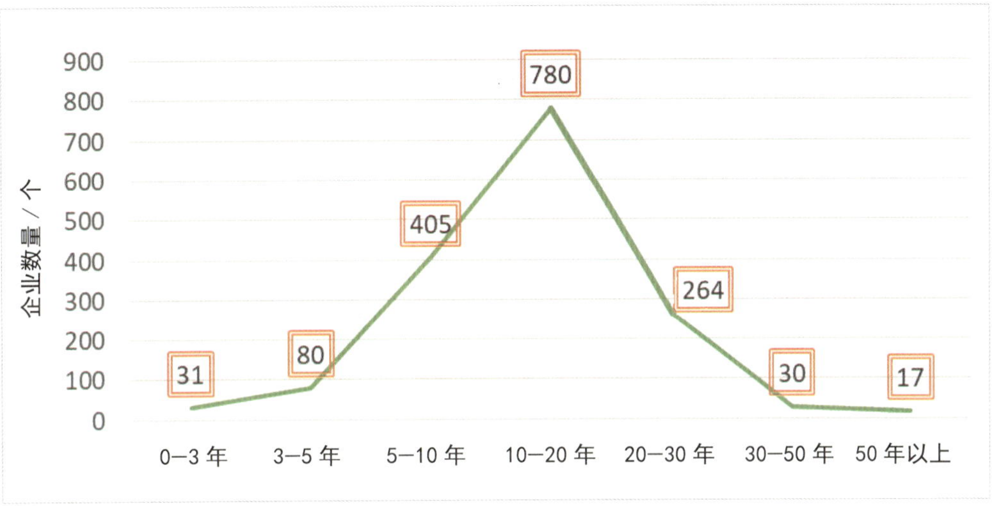

2020年末西安市规模以上工业企业存续时间分布线

2. 央企“待机”时间最长

截至2020年末，全市1 607家规模以上工业企业中，中央企业、地方企业、其他企业分别有82家、181家和1 344家，分别占全市的5.1%、11.3%和83.6%，其他企业数量占绝对多数。

2020 年末西安市规模以上企业按隶属关系存续时间分布 （单位：个）

	规模以上企业数	50 年以上	30—50 年	20—30 年	10—20 年	5—10 年	3—5 年	3 年以下
总计	1 607	17	30	264	780	405	80	31
中央企业	82	8	3	23	32	11	3	2
地方企业	181	6	12	40	85	29	2	7
其他企业	1 344	3	15	201	663	365	75	22

从各类企业占比分布看，中央企业在存续时间较长的区间占比领先，其他类型企业主要集中在占比时间较短区间。具体看，中央企业在存续 50 年以上、20—30 年占比高于其他类型企业；地方企业在存续 30—50 年、3 年以下占比最高；其他企业在续存 10—20 年、5—10 年、3—5 年占比最高。

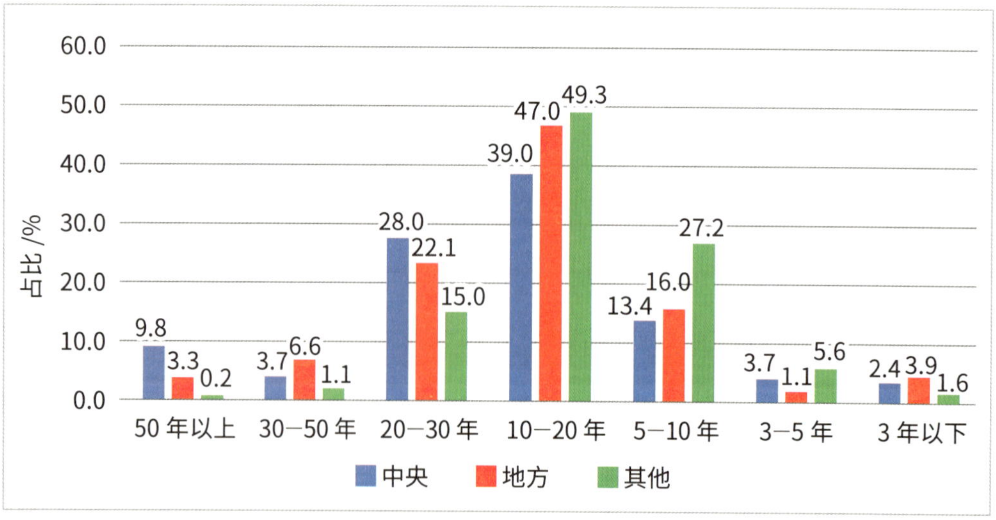

2020 年末西安市各类企业中按存续时间分布占比

3. 大型企业“老字号”较多

截至 2020 年末，全市 1 607 家规模以上工业企业中，大型企业、中型企业、小型企业分别有 49 家、174 家和 1 384 家，分别占全市的 3.0%、10.8% 和 86.2%。

从企业分布看，大型企业存续时间普遍较长。全市大型企业在50年以上、30—50年、20—30年中的企业占各区间企业总数的41.2%、3.3%和4.9%，分别比全部大型企业占比的3.0%高出38.2、0.3和1.9个百分点；在20年以下区间，大型企业占比均低于全部大型企业平均水平。大型企业存续时间总体较长，尤其是在存续50年以上区间占比优势凸显，其中不乏存续近70年的企业，如自来水公司、印钞厂、大唐发电灞桥热电厂等。中型企业，除3—5年、5—10年两个区间占比较小，其他区间分布较为均匀。小型企业在3—5年、5—10年分布比较集中，占比分别高于全部小型企业占比7.5和8.1个百分点，主要处于成长阶段。

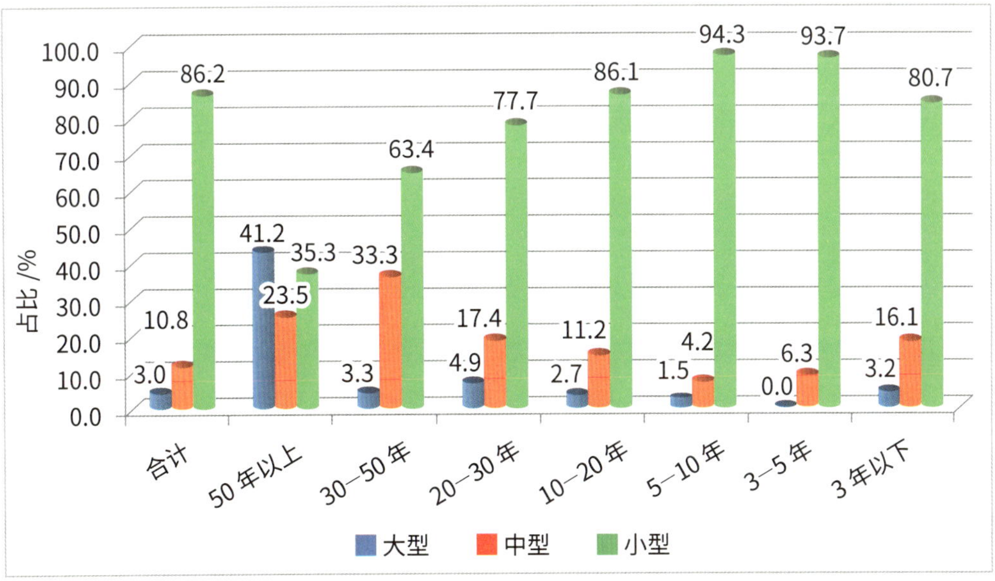

2020 年末西安市大、中、小型企业存续时间分布

2020年末西安市存续时间超过50年的企业

所在区域	单位名称	单位规模	存续时间（年）
莲湖区	西安市自来水有限公司	大型	68
莲湖区	西安印钞有限公司	大型	68
灞桥区	大唐陕西发电有限公司灞桥热电厂	大型	67
高新区	中煤科工集团西安研究院有限公司	大型	64
莲湖区	中国西电集团有限公司	大型	61
航天基地	西安铁路信号有限责任公司	大型	61
经开区	陕西重型汽车有限公司	大型	52
灞桥区	西安泵阀总厂有限公司	中型	62
莲湖区	西安微电机研究所	中型	55
高新区	西安西电电力系统有限公司	中型	55
经开区	陕西华山工程机械有限公司	中型	51
莲湖区	西安骊山汽车制造有限公司	小型	91
经开区	中闻集团西安印务有限公司	小型	69
莲湖区	西安市德懋恭食品商店	小型	64
雁塔区	陕西省石油化工研究设计院	小型	62
蓝田县	陕西现代公路机械工程有限公司	小型	57
新城区	西安康华药业有限公司	小型	55

4. 国有控股多为“老贵族”

截至2020年末，全市1 607家规模以上工业企业中，私人控股企业占全市73.1%，属于全市工业主要市场主体；国有控股企业占全市17.4%，数量位居其次。

由于我国市场经济在改革开放后起步，故国有控股企业在存续30年以上企业中占绝对优势。具体看，国有控股企业中存续50年以上企业占全市88.2%，陕重汽、西电集团均在此列，对全市工业形成有力支撑；30—50年企业占全市43.3%，包含西仪集团、航光仪器厂、西无二电子等一批骨干企业。私人控股、港澳台、外资企业则多在成长成熟期集中，未来可期。

2020年末各控股类型企业存续时间占全市比重　　（单位：%）

	规模以上企业数	50年以上	30—50年	20—30年	10—20年	5—10年	3—5年	3年以下
国有控股企业	17.4	88.2	43.3	23.1	16.0	12.3	7.5	29.0
集体控股企业	1.1	5.9	10.0	1.5	1.2	0.0	0.0	0.0
私人控股企业	73.1	5.9	33.3	68.2	74.2	79.0	83.8	58.1
港澳台商投资企业	0.9	0.0	0.0	1.1	0.8	0.7	1.3	6.5
外商投资企业	3.7	0.0	6.7	4.2	3.6	4.4	1.3	0.0
其他企业	3.8	0.0	6.7	1.9	4.2	3.5	6.3	6.5

5.“新旧引擎”齐头并进

全市1 607家规模以上工业企业分布于35个工业大类行业。其中，全市仅有非金属矿物制品、电气机械、专用设备、计算机、金属制品业5个行业企业数在100家以上，分别为187家、153家、146家、116家和108家，分别占全市11.6%、9.5%、9.1%、7.2%和6.7%，合计44.1%。

2020年末西安市各行业企业存续时间分布

（单位：个）

	规模以上企业数	50年以上	30—50年	20—30年	10—20年	5—10年	3—5年	3年以下
总计	1607	17	30	264	780	405	80	31
开采专业及辅助性活动	8	0	0	1	4	2	1	0
农副食品加工业	47	0	2	11	20	11	1	2
食品制造业	53	1	1	16	21	10	4	0
酒、饮料和精制茶制造业	21	0	0	4	12	3	1	1
烟草制品业	1	0	0	0	1	0	0	0
纺织业	16	0	0	3	9	2	1	1
纺织服装、服饰业	4	0	0	2	0	2	0	0
皮革、毛皮、羽毛及制鞋业	2	0	0	1	1	0	0	0
木材加工和木、竹、藤、棕、草制品业	3	0	0	0	2	1	0	0
家具制造业	18	0	0	0	9	6	3	0
造纸和纸制品业	24	0	0	4	10	9	1	0
印刷和记录媒介复制业	33	2	1	8	15	6	1	0
文教、工美、体育和娱乐用品制造业	8	0	1	0	3	4	0	0
石油、煤炭及其他燃料加工业	7	0	0	1	4	1	1	0
化学原料和化学制品制造业	78	1	1	16	40	16	2	2
医药制造业	66	1	2	26	29	7	1	0
化学纤维制造业	4	0	0	1	2	1	0	0

续表

	规模以上企业数	50年以上	30—50年	20—30年	10—20年	5—10年	3—5年	3年以下
橡胶和塑料制品业	49	0	0	6	17	23	2	1
非金属矿物制品业	187	0	0	8	81	79	17	2
黑色金属冶炼和压延加工业	12	0	0	0	7	3	2	0
有色金属冶炼和压延加工业	45	0	0	6	21	12	4	2
金属制品业	108	1	2	14	51	32	6	2
通用设备制造业	97	1	3	12	55	21	2	3
专用设备制造业	146	2	1	26	75	30	9	3
汽车制造业	67	2	1	7	33	21	2	1
铁路、船舶、航空航天和其他运输设备制造业	82	1	3	14	43	19	2	0
电气机械和器材制造业	153	3	6	31	77	28	4	4
计算机、通信和其他电子设备制造业	116	0	1	12	66	26	8	3
仪器仪表制造业	69	0	3	19	35	11	1	0
其他制造业	7	0	0	2	5	0	0	0
废弃资源综合利用业	4	0	0	0	2	2	0	0
金属制品、机械和设备修理业	10	0	0	1	4	4	0	1
电力、热力生产和供应业	29	1	1	5	11	7	1	3
燃气生产和供应业	18	0	0	4	12	2	0	0
水的生产和供应业	15	1	1	3	3	4	3	0

从存续区间看，电器机械行业作为“老引擎”，存续20年以上优势明显；计算机通信行业年轻旺盛，是我市工业发展的“新引擎”。在50年以上、30—50年、20—30年三个区间中，电器机械行业企业数量均居榜首，专业设备、医药制造业次之。随着2000年以来房地产快速发展、基础设施建设加强，非金属矿物制品业企业数量骤增，普遍存续时间3—30年，与西安市发展实际情况契合。计算机通信行业作为近年来的新兴产业，发展势头迅猛，是全市工业发展最强劲的“发动机”，尤其是三星落户壮大后，对该行业带动突出，企业数量激增，行业发展层次提升。

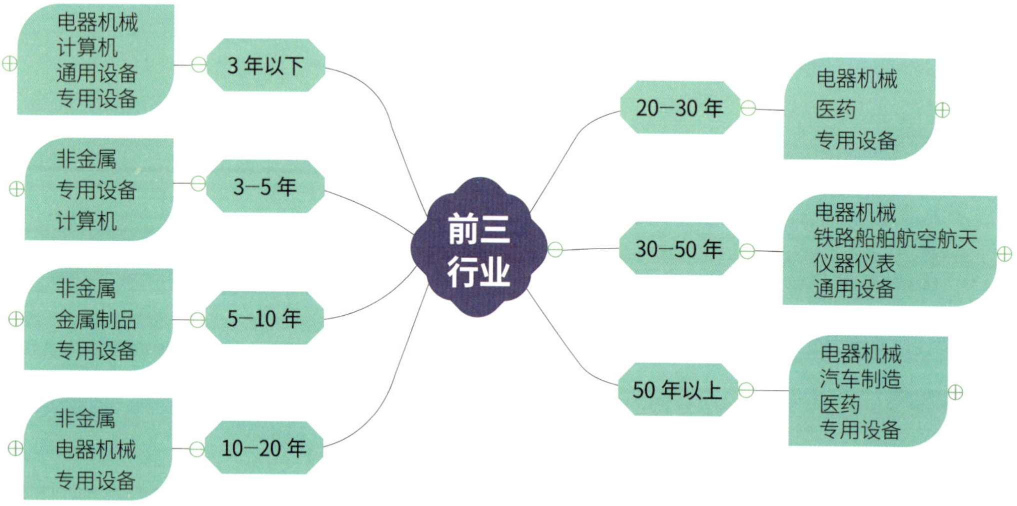

2020年末各区间企业数量前三行业

6. 莲湖区是“老牌”集中地，开发区“新秀”扎堆

从区域分布看，莲湖区企业普遍存续时间长。在50年以上企业中，占全市的35.3%，远远高于全区企业占全市的1.4%的份额，占比高居全市第一；30—50年企业占比13.3%，高于全区企业占比11.9个百分点。

20—30 年企业中高新区占 32.6%，位居全市第一，高于全区企业占比 9.1 个百分点；10—20 年企业中高新区、经开区分别占比 25.8% 和 17.6%，均高于其全部企业占比；在 3—5 年以及 3 年以下企业中，西咸新区企业数量最多，占比分别为 18.8% 和 22.6%，企业存续时间普遍较短。这样的格局与西安市区域经济发展变化及工业经济发展空间布局变化契合。

（二）各存续阶段企业生产经营主要特征

1. 初创期资源匮乏，“造血”功能弱

初创期企业规模较小，企业资源较为匮乏，能力薄弱，组织结构简单，业务较为单一；自身资本实力不足，商业信誉还未建立，融资难度大；进入新的产业进行创业，尚不具备核心竞争力，企业主要目标是求生存。存续时间 3 年以下及 3—5 年企业的平均资产、产值、收入、利润，均低于全市水平，总体不佳，尤其是 3—5 年企业主要指标骤降，企业生存举步维艰。

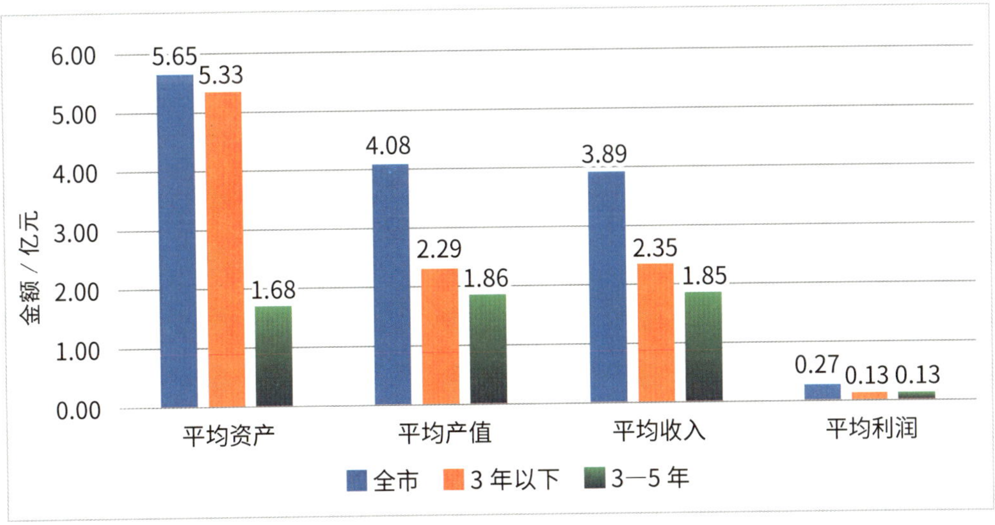

2020 年末西安市 3 年以下及 3—5 年企业平均资产、产值、收入及利润

2. 成长期实力增强，比肩全市平均水平

进入成长期，企业资源增多、能力增强，组织结构逐渐复杂，业务趋向多元化，面临竞争者的市场份额分割，但企业具备一定核心竞争力，在一种或几种产品上市场份额较为可观。企业主要目标是继续增强竞争优势，进一步提高市场占有率，扩大规模。与此同时，企业生产能力增长，收入增加，资产扩大，盈利水平有所提高。从存续时间5—10年企业平均资产、产值、收入、利润看，与全市水平不相上下，进步较大。

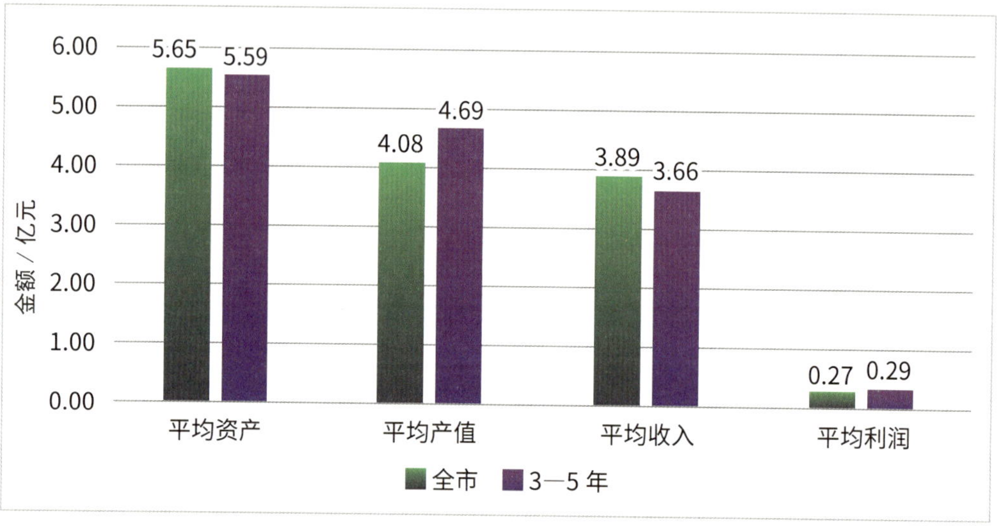

2020年末西安市5–10年企业平均资产、产值、收入及利润

3. 成熟期迎“高光时刻”，综合水平达到峰值

进入成熟期，企业所控制的资源进一步扩大，技术逐渐成熟并趋于标准化，组织结构日益成熟并逐渐固化，有可能会阻碍企业的发展。市场趋于饱和，竞争趋于白热化，少数嗅觉灵敏的企业积蓄资源，增加业务范畴，主要以扩展战略为主，竭力寻找新的市场机遇，进一步提高市场占有率。从企业平均资产、产值、收入、利润看，10—20年的企业低

于全市水平，20—30年的企业明显好于全市水平，达到一段时间内波峰。

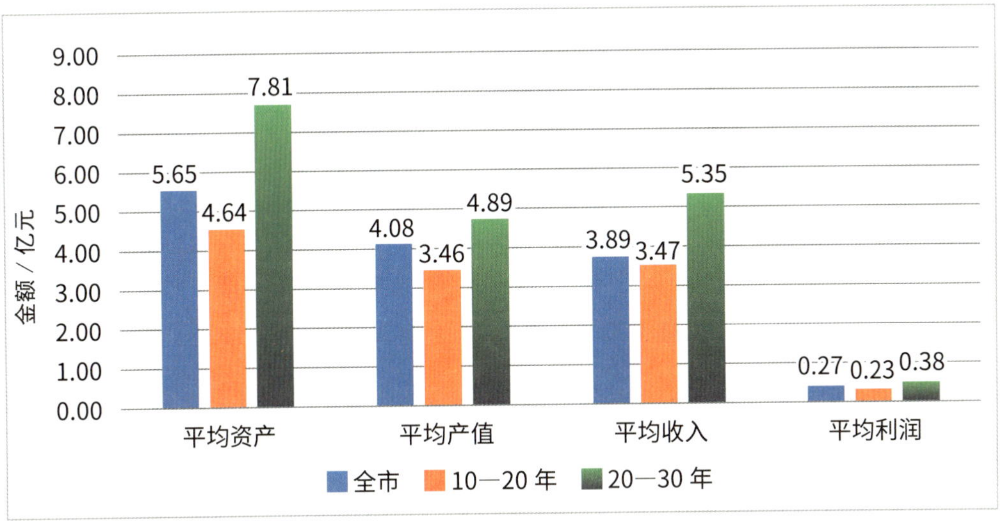

2020 年末西安市 10—20 年及 20—30 年企业平均资产、产值、收入及利润

4. 衰退期多数“缩水”，少数企业“重生”

进入衰退期，企业资本虽多但盈利下降甚至亏损，管理层次和幅度增多导致组织成本上升，出现官僚化现象，对市场反应迟钝，创新意识减弱，外部市场白热化的竞争导致产能严重过剩，产业利润下滑，大企业继续通过价格战加快其垄断步伐，中小企业生存空间被进一步压缩。战略重点在于迅速走出困境，走出危机，延长企业寿命。企业积极应对不断来临的危机，采用各种手段尽力挽回颓势，全力着手创新。从企业平均资产、产值、收入、利润看，30—50 年的企业总体优于全市水平，50 年以上企业经过时间沉淀和积累资源优势更加凸显。

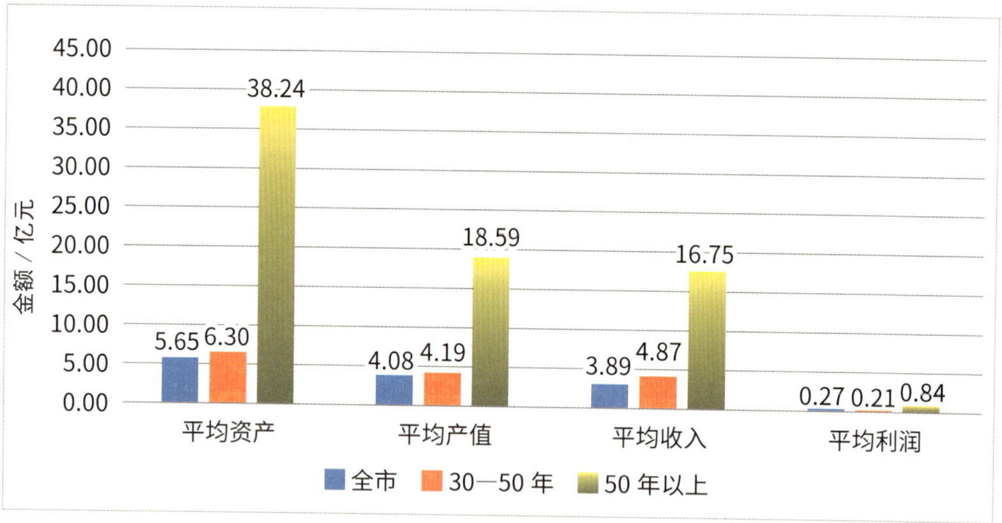

2020 年末西安市 30—50 年及 50 年以上企业平均资产、产值、收入及利润

5. "新兵"成本费用高，"老将"经营门道足

新建企业需要投入大量人力、物力和财力，各项支出较高。老企业经验多，科学控制和压缩各项成本，为获取最大利润奠定基础。从下表企业平均营业成本、财务费用及研发费用看，3 年以下企业平均营业成本 8.47 亿元、财务费用 0.08 亿元，居各阶段之首，明显高于其他阶段企业支出水平；研发投入较大，这也是企业实现生存及未来取得核心竞争力的关键。从平均营业成本看，30 年以上企业逐步趋稳。从财务费用看，除了 3 年以下企业，其他阶段的企业波动不大。从研发费用看，30—50 年企业由于经历了衰退向"新生"的转变，需要寻找新的领域，开启新的寻"技"之路，研发投入达到新高，蜕变完成后占有一定技术优势；50 年以上企业研发投入骤降。

2020 年末西安市企业平均营业成本、财务费用及研发费用（单位：亿元）

	营业成本	财务费用	研发费用
全市	3.33	0.03	0.08
0—3 年	8.47	0.08	0.33
3—5 年	1.32	0.04	0.01
5—10 年	2.88	0.02	0.06
10—20 年	3.01	0.02	0.06
20—30 年	4.87	0.04	0.13
30—50 年	3.85	0.02	0.41
50 年以上	3.90	0.04	0.04

6.“传统大佬”发展慢，“现代大 V”成长快

2020 年，全市规模以上工业产值过千亿元行业有两个：汽车制造业和计算机、通信及其他电子设备制造业，分别在 2017 年和 2019 年突破千亿元大关，自 2019 年起计算通信行业产值居全市之首。两行业在全市传统行业与新兴行业中具有很强代表性，现就二者存续期特点进行分析比对。

总体看，2020 年汽车制造业企业在平均营业收入和产值“个头”方面较大，分别高于计算机通信 14.18 亿元和 10.08 亿元；计算机通信企业在平均盈利水平上占优势，利润总额高于汽车制造 0.38 亿元。

具体看，在各个存续期中汽车制造企业在 20—30 年达到平均营业收入、平均利润总额及平均产值的峰值，而计算机通信企业在 5—10 年达到，但汽车制造企业峰值高于计算机通信企业。反映出“传统大佬”汽车制造企业成长慢、步伐稳、体量大，“现代大 V”计算机通信企业发展快、收益优、存续短。

2020 年末西安市汽车制造、计算机通信企业平均营业收入、利润及产值

（单位：亿元）

	平均营业收入		平均利润总额		平均产值	
	汽车制造	计算机通信	汽车制造	计算机通信	汽车制造	计算机通信
全市	24.26	10.08	0.96	1.34	23.90	13.82
0—3 年	5.39	0.39	0.11	0.05	5.37	1.12
3—5 年	0.35	10.60	-0.01	0.78	0.23	10.67
5—10 年	1.44	24.48	0.10	3.31	1.48	41.21
10—20 年	32.54	6.49	1.01	0.94	32.38	6.42
20—30 年	74.15	1.35	4.16	0.06	71.37	1.44
30—50 年	0.20	2.03	0.00	0.07	0.23	2.20
50 年以上	0.31	0.00	0.00	0.00	0.21	0.00

● 西安如何发展战略性新兴产业①

1. 做“强”新一代信息技术产业

2020 年，西安新一代信息技术产业完成工业总产值 1 234.97 亿元，占战略性新兴产业比重为 39.7%；同比增长 41.0%，增速高于全市战略性新兴产业 24.2 个百分点；对全市战略性新兴产业增长贡献率达 80.5%，贡献卓著，已成为西安工业战略性新兴产业发展的最重要支撑。但主要是三星一家独大，产业内其他企业体量不足、竞争力不强、产业链不健全，不利于降低时间成本、运输成本等。要解决上述问题，其一，要做大产业集群，进一步强化龙头企业对产业链的引领带动辐射作用；其二，要补齐行业内短板，产业内部发展分化，半导体制造一门独大，电子工业专用设备制造、广播电视设备制造、非专业视听设备制造、智能消费设备制造等发展滞后，细分领域发展不同步；其三，要学习借鉴打造品牌，让“新一代信息技术产

① 李玫：《新时代谋“新”机创未来》，《西安统计信息》2021 年第 199 期。

业基地”西安，如同“中国家电之都”佛山、光谷武汉、数字经济发展高地杭州、大数据中心贵州一样，成为一张亮丽名片。

2. 做“活”高端装备制造产业

经过多年发展，西安传统的装备制造业如铁路设备制造行业逐步衰落，高端装备制造产业发展初见端倪，但接续仍显不足。2020 年，高端装备制造产业完成产值 213.79 亿元，仅占战略性新兴产业的 6.9%；产值下降 26.7%，低于全市 43.5 个百分点；拉低全市工业增速 1.2 个百分点，拉低战略性新兴产业增速 2.9 个百分点。发展总体欠佳，但其中不乏“单项冠军”。法士特以智能制造试点示范项目为依托，从 13 种智能制造核心技术装备入手，进行智能化升级改造。生产线的关键工序数控化率约 98%，各类工业机器人已广泛应用到加工、装配、传送等各个方面。比亚迪 2019 年投入生产的智能自动化生产线上装置了 230 多个机器人，从主线上线直至焊完下线，完全不需人工，每 60 秒就有一辆新能源汽车下线。

3. 做“大”新材料产业

新材料发展直接关系着我国战略新兴产业的发展，关系到经济能否高质量发展。2020 年，西安规模以上新材料企业 110 家，占全市 6.7%；完成工业总产值 193.39 亿元，占全市 6.2%，下降 15.9%，拉低战略性新兴产业增速 1.4 个百分点，拉低全市工业增速 0.6 个百分点，体量偏小、增长乏力。如：3D 打印设备生产企业仅 4 家，2020 年产量仅 206 台，未来需要培育更多的“铂力特”。建立新材料行业产学研体系，协同做好技术攻关。

4. 做“新”新医药产业

新医药是以基因生物技术、信息技术、新型制药技术等相关高新技术为主的新兴产业。西安医药行业存在自主研发水平较低、医疗配套生产能力不足、行业布局不够合理等问题。可采取以下措施解决上述问题：其一，优化产业布局，在保障产业链健全基础上，向中药和高档医药进军；其二，发挥“龙头企业 +”作用，以西安杨森为“龙首”，发挥其辐射带动作用，逐步改变医药生产企业小、散、弱的现状；其三，开展技术攻关，着力进行生物制药、生物工程药品、新型制剂技术攻关，提高医药行业发展科技含量和附加值；其四，着力保障医疗配套物资生产，为保障民生安全，深刻吸取口罩、消毒水、医用酒精、护目镜等防护物资奇缺教训，全产业布局，培育大品牌，让新医药系统全力保障民生需求。

5. 做“优”新能源汽车产业

其一，做强优势，扩大业务覆盖面。新能源汽车业界大鳄特斯拉实施在上海建厂国产批量化、大幅降价等举措，对比亚迪新能源汽车冲击较大。因此，比亚迪要在保持推进轿车整车优势基础上，进一步做强电池领域优势，巩固在客车领域优势，拓展云轨车新领域，完善从零部件生产到整车生产、销售及售后服务产业链，继续以“袋鼠模式”瞄准系统化发展，稳步推进，掌握领域话语权。其二，紧跟步伐，跨界融合。充分利用新一代信息技术，大力发展汽车电子，将电子软件植入新能源汽车产业。其三，全面推进，重点击破。从规模上，加快吉利、宝能等汽车生产项目投产进度，提高全市汽车产能；从需求上，以供给引导消费，积极找准当前痛点、及时捕捉潜在需求，增强供给产品吸引力，通过增强新能源汽车电池续航里程、打造“健康汽车”等，增强消费者对产品或者品牌的黏性，适时转型向氢能源汽车产业领域发展。

6. 做“牛”新能源产业

当前，正值光伏、氢能源等新能源热议时期，从国家顶层设计到各地产业规划“无不谈光伏，离不了氢能源”。西安市已形成以隆基集团为龙头的节能环保产业，产值体量位居七大战略性新兴产业第二，2020年实现了37.6%的增长。隆基集团内部形成了从硅棒到硅片、到电子组件及电站建设等较为健全的光伏产业链，同时已涉猎氢能源发展领域。隆基集团在全球光伏领域赫赫有名，更是国内光伏业界翘楚。要大力支持隆基集团发展，同时发展细分领域，让新能源产业发展在国内外首屈一指。

7. 做“靓”节能环保产业

作为中国工业行业排头兵的陕西鼓风机（集团）有限公司（以下简称“陕鼓”），在持续深化从“生产型制造”向“服务型制造”转型过程中，不断创新发展模式，以智慧绿色作为企业健康发展的底色，实现了以分布式能源系统解决方案为圆心的设备、EPC、服务、运营、金融、供应链、智能科技七大产业全面发展，探索出了一条“源于制造、超越制造”的智慧绿色高质量发展之路。陕鼓两次获得“全国工业大奖”，实属不易。“陕鼓模式”在全国范围内已形成良好示范效应，让节能环保产业点“靓”西安。

● “十三五”期间西安市大气环境质量情况

2013 年国家正式实施空气质量新标准，首次将 PM2.5 浓度指标纳入评价体系。当年西安市 PM2.5 年均浓度 105 微克每立方米，优良天数 138 天，是全国 74 个重点城市中空气污染最重的十个城市之一。“十三五”期间，西安市空气质量得到持续改善。2016 年以来，西安市空气质量优良天数稳步增加（由 2016 年的 192 天增加到 2020 年的 250 天），重污染天数逐渐减少（由 2016 年的 36 天减少至 2020 年的 15 天），PM2.5 浓度总体下降（由 2016 年的 71 微克每立方米降低至 2020 年的 51 微克每立方米），综合指数稳步改善（由 2016 年的 7.43 降至 2020 年的 5.24）。

2020 年，西安市空气质量综合排名连续两年退出全国 168 个重点城市后 20 位（2020 年倒数第 26 名）。PM2.5 平均浓度为 51 微克每立方米，顺利完成“十三五”收官考核指标任务，超额完成生态环境部下达的“夏防期”“秋冬季”大气污染攻坚治理目标任务。优良天数达到 250 天，同比增加 25 天。其中，优级天数 56 天，创下新标准执行以来的历史最佳纪录，蓝天含金量持续提升。重度及以上污染天数 15 天，同比减少 13 天，首次消除了严重污染天气，空气质量“优增重减”显著，改善成效明显。

附表

2020 年全国、陕西省和西安市主要经济指标

	全国			陕西省			西安市			
	总量	增速(%)	上年增速(%)	总量	增速(%)	上年增速(%)	总量	增速(%)	上年增速(%)	占全省比重(%)
生产总值（亿元）	1 015 986	2.3	6.1	26 181.86	2.2	6.0	10 020.39	5.2	7.0	38.3
第一产业	77 754	3.0	3.1	2 267.54	3.3	4.4	312.75	3.0	4.3	13.8
第二产业	384 255	2.6	5.7	11 362.58	1.4	5.7	3 323.27	7.4	7.6	29.3
第三产业	553 977	2.1	6.9	12 551.74	2.8	6.5	6 379.37	4.2	6.8	50.8
规模以上工业增加值（亿元）	–	2.8	5.7	–	1.0	5.2	–	7.0	6.9	–
固定资产投资（不含农户）（亿元）	518 907	2.9	5.4	–	4.1	2.5	–	12.8	1.1	–
# 民间投资	289 264	1.0	4.7	–	6.9	6.0	–	7.7	-3.5	–
# 基础设施投资		0.9	3.8	–	1.5	-1.0	–	5.5	11.4	–
# 房地产开发投资	141 443	7.0	9.9	4 404.39	12.8	10.4	–	6.5	-2.1	–
# 工业投资		0.1	4.3	–	-0.4	11.5	–	15.2	2.0	–
社会消费品零售总额（亿元）	391 981	-3.9	8.0	9 605.92	-5.9	7.4	4 989.33	-2.9	6.0	51.9
# 限额以上消费品零售额（亿元）	143 323	-1.9	3.9	4 675.07	-5.1	3.8	2 512.61	-1.3	0.2	53.7

续表

	全国			陕西省			西安市			
	总量	增速(%)	上年增速(%)	总量	增速(%)	上年增速(%)	总量	增速(%)	上年增速(%)	占全省比重(%)
进出口总值（亿元）	321 557	1.9	3.4	3 772.12	7.3	0.1	3 473.84	7.2	−1.8	92.1
出口总值（亿元）	179 326	4.0	5.0	1 929.64	3.0	−9.8	1 775.98	2.6	−11.6	92.0
进口总值（亿元）	142 231	−0.7	1.6	1 842.47	12.2	14.5	1 697.86	12.3	12.4	92.2
实际使用外资（亿美元）	1 444	4.5	2.4	84.43	9.2	12.9	76.77	8.8	11.1	90.9
全体居民人均可支配收入（元）	32 189	4.7	8.9	26 226	6.3	9.5	35 783	5.0	8.5	–
城镇常住居民人均可支配收入（元）	43 834	3.5	7.9	37 868	4.9	8.3	43 713	4.5	8.1	–
农村常住居民人均可支配收入（元）	17 131	6.9	9.6	13 316	8.0	9.9	15 749	8.0	9.8	–
居民消费价格指数（累计比）	102.5	2.5	2.9	102.5	2.5	2.9	102.1	2.1	2.7	–
工业生产者出厂价格指数（累计比）	98.2	−1.8	−0.3	95.1	−4.9	0.8	100.2	0.2	1.6	–
工业生产者购进价格指数（累计比）	97.7	−2.3	−0.7	97.6	−2.4	0.3	100.4	0.4	0.0	–
一般公共预算收入（亿元）	182 895	−3.9	3.8	2 257.23	−1.3	2.0	724.13	3.1	2.6	32.1
一般公共预算支出（亿元）	245 588	2.8	8.1	5 933.78	3.8	7.9	1 352.69	8.5	8.6	22.8

2020年全国15个副省级城市主要指标

	土地面积（2020）		生产总值				第一产业增加值			
	土地面积		绝对量		增速		绝对量		增速	
	（平方千米）	排位	（亿元）	排位	（%）	排位	（亿元）	排位	（%）	排位
西 安	10 752	8	10 020.39	10	5.2	2	312.75	10	3.0	4
沈 阳	12 860	5	6 571.56	13	0.8	13	303.58	11	2.9	5
大 连	12 574	6	7 030.40	11	0.9	12	459.20	4	3.2	3
长 春	20 594	2	6 638.03	12	3.6	8	533.82	3	−2.4	13
哈尔滨	53 068	1	5 183.80	15	0.6	14	615.80	2	2.1	9
南 京	6 587	13	14 817.95	6	4.6	4	296.80	12	0.9	11
杭 州	16 850	3	16 106.00	4	3.9	6	326.00	9	−1.1	12
宁 波	9 816	9	12 408.70	7	3.3	9	338.40	8	2.1	9
厦 门	1 701	15	6 384.02	14	5.7	1	28.89	14	2.5	7
济 南	7 998	11	10 140.91	9	4.9	3	361.70	7	2.2	8
青 岛	11 293	7	12 400.56	8	3.7	7	425.41	5	2.6	6
武 汉	8 569	10	15 616.06	5	−4.7	15	402.18	6	−3.8	15
广 州	7 434	12	25 019.11	2	2.7	11	288.08	13	9.8	1
深 圳	1 997	14	27 670.24	1	3.1	10	25.79	15	−3.1	14
成 都	14 335	4	17 716.68	3	4.0	5	655.17	1	3.3	2
副省级城市平均规模			12 914.96				358.24			
西安相当于平均规模百分比			77.6				87.3			

注：西安土地面积含西咸新区。

续表

	第二产业增加值				第三产业增加值				规模以上工业增加值	
	绝对量		增速		绝对量		增速		增速	
	（亿元）	排位	（%）	排位	（亿元）	排位	（%）	排位	（%）	排位
西 安	3 328.27	10	7.4	2	6 379.37	8	4.2	3	7.0	3
沈 阳	2 160.41	14	2.9	11	4 107.57	11	−0.6	13	2.8	12
大 连	2 815.10	11	4.3	7	3 756.00	13	−2.5	14	3.8	10
长 春	2 758.12	12	8.0	1	3 346.09	15	0.3	11	10.4	2
哈尔滨	1 144.50	15	2.3	12	3 423.50	14	−0.4	12	4.2	9
南 京	5 214.35	6	5.6	5	9 306.80	6	4.1	4	6.5	4
杭 州	4 821.00	7	2.3	12	10 959.00	4	5.0	2	3.8	10
宁 波	5 693.90	3	3.0	9	6 376.40	9	3.6	8	5.2	7
厦 门	2 519.84	13	6.1	4	3 835.29	12	5.5	1	6.0	5
济 南	3 530.70	9	7.0	3	6 248.60	10	3.7	7	12.2	1
青 岛	4 361.56	8	3.0	9	7 613.59	7	4.1	4	5.5	6
武 汉	5 557.47	4	−7.3	15	9 656.41	5	−3.1	15	−6.9	15
广 州	6 590.39	2	3.3	8	18 140.64	1	2.3	10	2.5	13
深 圳	10 454.01	1	1.9	14	17 190.44	2	3.9	6	2.0	14
成 都	5 418.50	5	4.8	6	11 643.00	3	3.6	8	5.0	8
副省级城市平均规模	4 424.54				8 132.18					
西安相当于平均规模百分比	75.2				78.4					

续表

	固定资产投资（不含农户）		房地产开发投资		工业投资		社会消费品零售总额			
	增速		增速		增速		绝对量		增速	
	（%）	排位	（%）	排位	（%）	排位	（亿元）	排位	（%）	排位
西 安	12.8	1	6.5	8	15.2	2	4 989.33	8	−2.9	7
沈 阳	4.1	10	5.2	12	1.7	10	3 637.60	12	−5.4	11
大 连	0.1	14	5.9	10	−18.3	14	1 828.00	15	−11.5	14
长 春	8.8	4	12.4	4	3.9	7	2 146.89	14	−6.5	12
哈尔滨	2.8	13	0.3	14	1.9	9	3 863.87	11	−11.3	13
南 京	6.6	8	5.2	12	11.0	4	7 203.03	4	0.9	4
杭 州	6.8	7	5.3	11	6.9	6	5 973.00	6	−3.5	8
宁 波	5.5	9	6.8	7	10.0	5	4 238.30	10	−0.7	5
厦 门	8.8	4	17.4	1	12.9	3	2 293.87	13	1.6	1
济 南	4.0	11	8.3	6	27.9	1	4 469.10	9	1.1	3
青 岛	3.2	12	13.4	3	1.7	10	5 203.50	7	1.5	2
武 汉	−11.8	15	−6.4	15	−20.4	15	6 149.84	5	−20.9	15
广 州	10.0	2	6.2	9	−0.8	13	9 218.66	1	−3.5	8
深 圳	8.2	6	16.4	2	0.5	12	8 664.83	2	−5.2	10
成 都	9.9	3	9.2	5	2.9	8	8 118.50	3	−2.3	6
副省级城市平均规模							5 537.50			
西安相当于平均规模百分比							90.01			

续表

	进出口总值				出口总值				进口总值			
	绝对量		增速		绝对量		增速		绝对量		增速	
	（亿元）	排位	（%）	排位	（亿元）	排位	（%）	排位	（亿元）	排位	（%）	排位
西 安	3 473.84	10	7.2	7	1 775.98	9	2.6	9	1 697.86	10	12.3	6
沈 阳	1 028.10	13	−4.2	13	274.40	13	−13.2	14	753.70	13	−0.4	12
大 连	3 854.20	9	−11.7	15	1 672.60	10	−13.8	15	2 181.60	8	−10.0	14
长 春	1 027.60	14	3.0	10	135.40	15	−9.3	13	892.20	12	5.2	9
哈尔滨	255.90	15	1.5	12	136.90	14	14.1	3	119.00	15	−9.9	13
南 京	5 340.21	8	10.6	4	3 398.92	8	13.0	5	1 941.29	9	6.6	7
杭 州	5 934.20	7	5.9	9	3 693.20	6	2.1	10	2 240.90	7	12.9	5
宁 波	9 786.90	2	6.7	8	6 407.00	2	7.3	6	3 379.90	3	5.6	8
厦 门	6 915.77	5	7.8	6	3 572.92	7	1.2	12	3 342.85	4	16	4
济 南	1 382.70	12	23.0	1	755.00	12	17.2	2	627.60	14	30.7	1
青 岛	6 407.00	6	8.2	5	3 876.80	5	13.7	4	2 530.20	6	0.7	11
武 汉	2 704.30	11	10.8	3	1 421.70	11	4.3	7	1 282.60	11	19	3
广 州	9 530.06	3	−4.8	14	5 427.67	3	3.2	8	4 102.39	2	−13.6	15
深 圳	30 502.53	1	2.4	11	16 972.66	1	1.5	11	13 529.86	1	3.6	10
成 都	7 154.20	4	22.4	2	4 106.80	4	23.7	1	3 047.40	5	20.7	2
副省级城市平均规模	6 353.17				3 575.20				2 777.96			
西安相当于平均规模百分比	54.7				49.7				61.1			

续表

	实际使用外资		地方财政一般公共预算收入				地方财政一般公共预算支出			
	绝对值	增速	绝对量		增速		绝对量		增速	
	（亿美元）	（%）	（亿元）	排位	（%）	排位	（亿元）	排位	（%）	排位
西 安	76.77	8.8	724.13	12	3.1	4	1 352.69	9	8.5	2
沈 阳	7.10	2.0	736.08	11	0.8	13	1 074.11	13	2.5	11
大 连	6.60	2.2	702.70	13	1.4	10	1 002.00	14	−1.4	13
长 春	3.80	15.2	440.40	14	1.5	9	1 084.10	12	10.5	1
哈尔滨	3.40	0.6	339.60	15	−8.4	14	1 162.20	11	5.5	9
南 京	45.15	10.1	1 637.70	4	3.7	2	1 754.62	6	5.8	8
杭 州	72.00	17.5	2 093.00	2	6.5	1	2 070.00	5	6.0	7
宁 波	24.70	4.4	1 510.80	6	2.9	5	1 742.00	7	−1.5	14
厦 门	166.05	23.8	783.94	10	2.0	8	976.89	15	7.0	6
济 南	19.20	−14.2	906.10	9	3.6	3	1 288.80	10	7.6	4
青 岛	58.50	0.2	1 253.80	7	1.0	12	1 584.70	8	0.6	12
武 汉	111.65	−9.3	1 230.29	8	−21.3	15	2 407.19	3	7.6	4
广 州	493.72	7.5	1 721.59	3	1.4	10	2 953.04	2	3.1	10
深 圳	86.83	11.2	3 857.39	1	2.2	7	4 177.72	1	−8.2	15
成 都	504.20	−7.3	1 520.30	5	2.5	6	2 170.10	4	8.1	3
副省级城市平均规模			1 297.19				1 786.68			
西安相当于平均规模百分比			55.8				75.7			

注：厦门、广州、成都实际使用外资为人民币亿元口径。因各地口径不同，故不做排序。

续表

	金融机构人民币存款余额				住户存款余额				金融机构人民币贷款余额			
	绝对量		增速		绝对量		增速		绝对量		增速	
	（亿元）	排位	（%）	排位	（亿元）	排位	（%）	排位	（亿元）	排位	（%）	排位
西 安	25 730.51	7	11.5	11	10 913.05	5	14.2	14	25 559.04	7	14.8	8
沈 阳	19 272.63	11	3.1	15	10 329.86	7	23.9	1	17 929.78	11	7.9	13
大 连	15 512.50	12	9.5	12	7 843.80	11	14.6	13	12 628.50	14	5.3	14
长 春	14 155.70	13	12.4	9	6 888.20	14	17.0	7	14 525.70	12	11.1	12
哈尔滨	13 749.40	14	12.2	10	7 311.40	13	16.2	9	12 553.30	15	4.2	15
南 京	39 056.06	5	12.6	8	9 499.25	8	17.2	6	37 594.23	5	13.9	9
杭 州	51 893.03	3	18.1	2	14 398.10	4	21.0	3	49 184.60	3	18.4	1
宁 波	23 166.68	8	14.2	5	8 522.07	9	14.0	15	25 051.98	8	15.1	6
厦 门	12 553.38	15	13.1	7	2 821.79	15	21.4	2	12 687.99	13	14.9	7
济 南	20 715.00	9	13.2	6	7 584.10	12	17.8	5	19 704.90	10	11.8	11
青 岛	19 822.00	10	14.7	4	8 031.00	10	18.9	4	20 211.00	9	16.6	2
武 汉	30 329.15	6	8.4	14	10 349.54	6	15.1	11	35 491.87	6	15.4	4
广 州	65 615.47	2	15.7	3	21 177.97	1	15.2	10	53 535.39	2	16.0	3
深 圳	96 974.91	1	21.9	1	18 717.82	2	16.9	8	64 628.97	1	15.4	4
成 都	42 266.00	4	9.5	12	17 085.00	3	14.7	12	39 686.00	4	13.0	10
副省级城市平均规模	32 720.83				10 794.53				29 398.22			
西安相当于平均规模百分比	78.6				101.1				86.9			

续表

	城镇常住居民人均可支配收入				农村常住居民人均可支配收入				居民消费价格指数（CPI）			
	绝对量		增速		绝对量		增速		指数		增速	
	（元）	排位	（%）	排位	（元）	排位	（%）	排位	累计比（上年 =100）	排位	（%）	排位
西　安	43 713	13	4.5	6	15 749	14	8.0	4	102.1	10	2.1	10
沈　阳	47 413	11	1.3	13	19 598	12	8.1	3	102.3	8	2.3	8
大　连	47 380	12	2.0	12	21 558	9	7.9	5	102.1	10	2.1	10
长　春	40 001	14	5.7	2	16 636	13	7.6	6	101.9	13	1.9	13
哈尔滨	39 791	15	−0.5	14	19 631	11	7.6	6	101.4	15	1.4	15
南　京	67 553	4	4.9	4	29 621	4	7.2	8	102.4	4	2.4	4
杭　州	68 666	1	3.9	7	38 700	2	6.7	10	102.1	10	2.1	10
宁　波	68 008	3	4.8	5	39 132	1	6.8	9	101.9	13	1.9	13
厦　门	61 331	6	3.9	7	26 612	5	7.3	7	102.5	2	2.5	2
济　南	53 329	8	2.7	10	20 432	10	5.0	11	102.4	4	2.4	4
青　岛	55 905	7	2.6	11	23 656	8	4.8	12	102.4	4	2.4	4
武　汉	50 362	9	−2.6	15	24 057	7	−2.9	13	102.4	4	2.4	4
广　州	68 304	2	5.0	3	31 266	3	8.3	2	102.6	1	2.6	1
深　圳	64 878	5	3.8	9	–	–	–	–	102.3	8	2.3	8
成　都	48 593	10	5.9	1	26 432	6	8.5	1	102.5	2	2.5	2
副省级城市平均规模	55 015				25 220							
西安相当于平均规模百分比	79.5				62.4							

2020 年陕西省 11 个市（区）主要指标

	土地面积（2020）			常住人口（2020 年）			
	土地面积			常住人口		城镇化率	
	平方千米	占全省比重（%）	排位	（万人）	占全省	（%）	排位
陕西省	205 624.3	–	–	3 952.90	–	62.66	–
西安市	10 752	5.2	8	1 295.29	32.77	79.20	1
铜川市	3 882	1.9	10	69.83	1.77	66.10	3
宝鸡市	18 117	8.8	6	332.19	8.40	57.04	6
咸阳市	10 196	5.0	9	395.98	10.02	55.44	7
渭南市	13 030.56	6.3	7	468.87	11.86	49.31	10
延安市	37 000	18	2	228.26	5.77	61.37	5
汉中市	27 200	13.2	3	321.15	8.12	50.96	8
榆林市	42 920.2	20.9	1	362.48	9.17	61.60	4
安康市	23 536	11.4	4	249.34	6.31	49.92	9
商洛市	19 292	9.4	5	204.12	5.16	48.03	11
杨凌示范区	135	0.0	11	25.39	0.64	66.67	2

注：1. 陕西省及其市（区）土地面积数据来自《陕西区域统计年鉴》；西安土地面积数据来自西安市自然资源和规划局，为西安原口径数据，土地面积数据略有差异，故陕西省面积不等于各地市之和。西安市土地面积包含西咸新区。

2. 本表常住人口数据截至 2020 年 11 月 1 日零时，数据来源于第七次全国人口普查。

续表

	“四上”及房地产开发企业单位数											
	总数		规模以上工业企业		资质以内建筑业企业		限额以上贸易企业		规模以上服务业企业		房地产开发企业	
	（户）	占全省	（户）	占全省	（户）	占全省	（户）	占全省	（户）	占全省	（户）	占全省
陕西省	26 564	–	7 164	–	3 652	–	9 014	–	3 339	–	2 895	–
西安市	8 875	33.4	1 612	22.5	1 361	37.3	2 695	29.9	1 998	52.0	1 209	41.8
铜川市	667	2.5	203	2.8	58	1.6	232	2.6	74	1.9	100	3.5
宝鸡市	2 641	9.9	823	11.5	220	6.0	1 047	11.6	272	7.1	279	9.6
咸阳市	1 991	7.5	726	10.1	150	4.1	764	8.5	149	3.9	202	7.0
渭南市	2 149	8.1	617	8.6	287	7.9	795	8.8	194	5.1	256	8.8
延安市	1 454	5.5	253	3.5	222	6.1	593	6.6	252	6.6	134	4.6
汉中市	2 318	8.7	728	10.2	222	6.1	862	9.6	235	6.1	271	9.4
榆林市	2 854	10.7	992	13.8	737	20.2	644	7.1	272	7.1	209	7.2
安康市	2 481	9.3	784	10.9	236	6.5	1 025	11.4	276	7.2	160	5.5
商洛市	840	3.2	308	4.3	122	3.3	265	2.9	93	2.4	52	1.8
杨凌示范区	294	1.1	118	1.6	37	1.0	92	1.0	24	0.6	23	0.8

注：西安总数含 6 户省直报企业，其中工业 5 户、服务业 1 户，“四上”企业包括规模以上工业企业、资质以内建筑业企业、限额以上贸易企业、规模以上服务业企业。

续表

	生产总值				第一产业增加值				第二产业增加值			
	绝对量		增速		绝对量		增速		绝对量		增速	
	（亿元）	占全省比重（%）	（%）	排位	（亿元）	占全省比重（%）	（%）	排位	（亿元）	占全省比重（%）	（%）	排位
陕西省	26 181.86	–	2.2	–	2 267.54	–	3.3	–	11 362.58	–	1.4	–
西安市	10 020.40	38.3	5.2	1	312.75	13.8	3.0	9	3 328.27	29.3	7.4	1
铜川市	381.75	1.5	5.0	2	30.76	1.4	4.0	4	133.34	1.2	2.3	4
宝鸡市	2 276.95	8.7	3.3	4	205.14	9.0	3.4	6	1 261.18	11.1	4.3	3
咸阳市	2 204.81	8.4	0.1	7	339.51	15.0	3.1	8	972.00	8.6	−1.1	6
渭南市	1 866.27	7.1	0.2	6	373.69	16.5	3.7	5	651.54	5.7	−1.2	7
延安市	1 601.48	6.1	−0.8	8	190.41	8.4	4.2	1	885.72	7.8	−3.1	8
汉中市	1 593.40	6.1	0.9	5	261.36	11.5	4.2	1	641.48	5.6	−0.4	5
榆林市	4 089.66	15.6	4.5	3	272.48	12.0	2.3	11	2 555.64	22.5	5.6	2
安康市	1 088.78	4.2	−9.2	9	157.20	6.9	3.4	6	438.56	3.9	−18.7	9
商洛市	739.46	2.8	−11.2	11	114.49	5.0	2.9	10	265.94	2.3	−24.2	11
杨凌示范区	151.71	0.6	−10.9	10	9.75	0.4	4.1	3	62.11	0.5	−21.9	10

续表

	第三产业增加值				非公经济增加值		粮食作物播种面积（2020 年）		
	绝对量		增速		占 GDP 比重（%）	占 GDP 比重排位	绝对量		排位
	（亿元）	占全省比重（%）	（%）	排位			（千公顷）	占全省比重（%）	
陕西省	12 551.74	–	2.8	–	51.1	–	3 001.05	–	–
西安市	6 379.37	50.8	4.2	2	53.1	2	272.10	9.1	5
铜川市	217.65	1.7	7.1	1	51.3	7	67.51	2.2	10
宝鸡市	810.63	6.5	1.7	4	50.1	8	301.39	10.0	4
咸阳市	893.31	7.1	0.4	7	52.1	4	334.16	11.1	3
渭南市	841.04	6.7	−0.1	8	47.7	9	518.94	17.3	2
延安市	525.35	4.2	1.4	5	29.0	11	146.49	4.9	9
汉中市	690.56	5.5	1.1	6	52.0	5	254.38	8.5	6
榆林市	1 261.55	10.1	2.6	3	40.9	10	719.46	24.0	1
安康市	493.03	3.9	−1.6	11	59.6	1	224.22	7.5	7
商洛市	359.02	2.9	−1.0	10	53.0	3	160.33	5.3	8
杨凌示范区	79.85	0.6	−0.9	9	51.6	6	1.38	C	11

注：粮食作物播种面积为 2020 年数据，来自《陕西统计年鉴 2021》。

续表

	粮食产量			规模以上工业增加值		固定资产投资		房地产开发投资	
	绝对量			增速		增速		增速	
	(万吨)	占全省比重(%)	排位	(%)	排位	(%)	排位	(%)	排位
陕西省	1 274.83	–	–	1.0	–	3.6	–	12.8	–
西安市	144.58	11.3	4	7.0	1	12.3	1	6.5	10
铜川市	31.57	2.5	10	2.0	4	5.2	4	16.5	6
宝鸡市	142.20	11.2	5	4.8	3	2.1	7	25.7	4
咸阳市	170.95	13.4	3	0.1	5	5.1	3	38.6	2
渭南市	247.90	19.4	2	−0.3	6	−4.9	11	39.4	1
延安市	71.81	5.6	8	−5.0	8	−6.4	6	0.4	11
汉中市	108.53	8.5	6	−1.0	7	−3.3	8	23.4	5
榆林市	253.80	19.9	1	6.0	2	−2.5	2	13.5	8
安康市	77.48	6.1	7	−22.9	10	−3.5	9	7.6	9
商洛市	51.47	4.0	9	−23.2	11	−3.6	9	34.2	3
杨凌示范区	0.93	0.1	11	−9.9	9	3.5	5	16.4	7

注：全省粮食产量数据为国家统计局根据陕西调查总队的抽样调查数据认定，各市(区)粮食产量数据为各市统计局全面调查的数据，国家统计局规定，两种调查方法制度允许有5%的误差。

续表

	工业投资		民间投资		社会消费品零售总额				地方财政一般公共预算收入			
	增速		增速		绝对量		增速		绝对量		增速	
	(%)	排位	(%)	排位	(亿元)	占全省比重(%)	(%)	排位	(亿元)	占全省比重(%)	(%)	排位
陕西省	-0.4	-	6.9	-	9 605.92	-	-5.9	-	2 257.23	-	-1.3	-
西安市	15.2	2	7.7	5	4 989.33	51.9	-2.9	1	724.13	32.1	3.1	3
铜川市	8.1	4	-17.3	11	133.1	1.4	-15.0	10	25.01	1.1	3.7	2
宝鸡市	-1.1	8	12.2	3	801.94	8.3	-11.3	7	88.93	3.9	1.1	6
咸阳市	0.2	7	7.0	6	836.18	8.7	-7.1	6	90.72	4.0	1.8	5
渭南市	-6.9	10	12.7	2	633.58	6.6	-11.9	8	76.03	3.4	-11.6	11
延安市	6.1	6	23.0	1	384.60	4.0	-6.5	5	163.84	7.3	5.1	1
汉中市	8.2	3	1.7	7	519.84	5.4	-6.2	3	49.18	2.2	0.2	7
榆林市	7.5	5	-4.3	10	654.30	6.8	-5.9	2	406.22	18.0	0.1	9
安康市	-1.2	9	0.5	8	437.09	4.6	-6.3	4	28.37	1.3	2.4	4
商洛市	19.6	1	12.1	4	172.80	1.8	-19.5	11	20.85	0.9	-0.5	10
杨凌示范区	-15.0	11	-3.3	9	43.16	0.4	-13.2	9	7.80	0.3	0.2	7

注：地方财政一般公共预算收入数据来源于西安市财政局。

续表

	地方财政一般公共预算支出				金融机构人民币存款余额				金融机构人民币贷款余额			
	绝对量		增速		绝对量		增速		绝对量		增速	
	（亿元）	占全省比重（%）	（%）	排位	（亿元）	占全省比重（%）	（%）	排位	（亿元）	占全省比重（%）	（%）	排位
陕西省	5 933.78	–	3.8	–	49 090.26	–	11.0	–	38 905.47	–	14.0	–
西安市	1 352.69	22.7	8.5	1	25 730.50	52.4	11.5	3	25 559.04	65.7	14.8	4
铜川市	133.18	2.2	7.8	2	631.10	1.3	11.2	4	306.42	0.8	11.9	8
宝鸡市	364.18	6.1	4.0	4	3 356.46	6.8	5.7	11	2 034.12	5.2	13.0	5
咸阳市	412.26	6.9	2.1	6	3 875.24	7.9	13.5	2	2 062.00	5.3	18.3	2
渭南市	483.62	8.2	3.5	5	2 879.29	5.9	11.2	5	1 398.25	3.6	12.8	6
延安市	456.73	7.7	2.1	6	1 823.83	3.7	9.0	10	1 410.91	3.6	6.9	11
汉中市	371.43	6.3	-3.2	10	2 507.30	5.1	9.1	9	1 065.52	2.7	10.9	9
榆林市	708.27	11.9	-4.7	11	4 637.88	9.4	11.1	6	2 320.18	6.0	9.3	10
安康市	390.76	6.6	6.0	3	1 693.14	3.4	10.5	7	961.25	2.5	12.4	7
商洛市	289.65	4.9	-3.0	9	1 258.13	2.6	10.4	8	663.56	1.7	15.9	3
杨凌示范区	31.01	0.5	0.2	8	247.87	0.5	15.2	1	133.37	0.3	21.8	1

注：存贷款数据来源于中国人民银行西安分行营业管理部。

续表

	全体居民人均可支配收入				城镇常住居民人均可支配收入				农村常住居民人均可支配收入			
	绝对量		增速		绝对量		增速		绝对量		增速	
	(元)	排位	(%)	排位	(元)	排位	(%)	排位	(元)	排位	(%)	排位
陕西省	26 226	–	6.3	–	37 868	–	4.9	–	13 316	–	8.0	–
西安市	35 783	1	5.0	11	43 713	1	4.5	9	15 749	1	8.0	6
铜川市	25 293	5	5.8	9	34 143	9	5.0	3	11 054	10	8.1	4
宝鸡市	24 662	6	6.5	2	36 209	5	5.1	2	14 189	4	8.4	1
咸阳市	24 280	7	6.3	4	37 975	3	4.9	4	12 879	6	8.1	4
渭南市	22 288	8	6.6	1	35 304	7	4.8	5	13 741	5	7.6	9
延安市	25 954	3	6.2	6	36 577	4	4.8	5	12 845	7	8.2	3
汉中市	21 868	9	6.2	6	34 417	8	4.8	5	11 937	8	7.6	9
榆林市	25 759	4	6.4	3	35 682	6	5.2	1	14 319	3	8.3	2
安康市	18 428	10	6.2	6	28 247	10	4.6	8	11 288	9	7.8	7
商洛市	16 932	11	6.3	4	26 616	11	4.4	10	10 773	11	7.5	11
杨凌示范区	29 347	2	5.3	10	39 615	2	4.3	11	14 623	2	7.8	7

注：全体居民人均可支配收入数据来源于国家统计局西安调查队。

第二章

西安区县概况与发展

古人云：郡县治，天下安

第一节 新城区

新城区是陕西省政府和部分省市机关办公所在地。辖区以城墙为界，可以分为城中、城北和城东三大区域。城中区域为包括东大街、解放路、北大街在内的商贸、金融业聚集区；城北区域主要包括大明宫国家遗址公园等地区；城东以专业批发市场和军工企业为主。辖区总面积 30.13 平方千米，常住人口约 65 万人，有少数民族 46 个。下辖西一路、长乐中路、中山门、韩森寨、解放门、自强路、太华路、长乐西路、胡家庙等 9 个街道办事处。

一、历史溯源

周秦汉时期，新城曾是京畿重地；盛唐时期，辖区的大明宫是号令全国的权力中心；宋元明清时期，这里是西北的行政指挥中枢。明代，朱元璋封其次子朱樉（shuǎng）为秦王，重建了西安城墙并修建了秦王府，因当时的秦王府非常豪华富丽，被人们称为“王城”（俗称“皇城”）。清代，王城被改造为八旗军操练的“八旗校场”，并在明城墙内修建了满人居住的城中城即“满城”。辛亥革命爆发后，联军总司令部将明秦王府残存的砖城涂成红色，改名为“红城”，以此宣示革命。1931 年，杨虎城接任陕西省主席，在前任省主席石敬亭留下的《陕西新城记》中，发现“苟日新，日日新，又日新，吾辈当维新之世，为革新之举”的语句，并深以为意，遂下令将“红城”改名为“新城”，大力宣扬“革命时期，重在革故鼎新”的进步思想，这也是“新城”之名的由来。

1954 年 12 月，西安市进行区划调整，设立新城区。1960 年开展城市公社化运动，新城区曾一度被撤销，1962 年恢复。1966 年 11 月，红色风暴席卷全国，新城区更名为东风区。1972 年，新城区名称重新恢复，沿用至今。

二、发展优势

20 世纪 50 年代，西安被列为国家重点建设城市，苏联援助我国的 156 个重点建设项目中，在新城区布点的即有 6 项。同时，解放路商业街与韩森寨商场、胡家庙商场、咸宁商场、长乐百货商店、长乐商场等 5 个兴建的大型综合性商场相互辉映，形成了今日区内商业网络的骨架。

新城区具有老城区的全貌特征。西安坊间称“幸福路不幸福，民乐园民不乐，德福巷不得福”，指的主要是新城区的一些旧城。然而，随着旧城改造步伐加快，新城区已焕然一新，优势进一步显现。

“十三五”期间，新城区综合实力稳步跃升，地区生产总值年均增长 6.5%，完成一般公共预算收入 126 亿元，城镇居民人均可支配收入跃升至 5 万元以上。2020 年，地区生产总值（GDP）579.05 亿元，比上年增长 0.4%，二三产业结构比 28.4 ∶ 71.6，第三产业成为新城区经济增长“主引擎”；全社会固定资产投资比上年增长 13.0%；一般公共预算收入 18.49 亿元，比上年下降 18.6%；城镇常住居民人均可支配收入 50 233 元，比上年增加 2 025 元，增长 4.2%；全年社会消费品零售总额 252.50 亿元，比上年下降 12.6%。

交通优势明显。新城区是省市重要交通枢纽，北连西铜高速直通陕北，东接西临高速直达秦始皇兵马俑博物馆。辖区内有两个火车站和两个长途汽车站，素有“古城门户”之称。已经建成通车的地铁1号线、2号线贯穿全区，南北穿行的地铁3号、4号、5号线也已建设完成，成为西安地铁线路最为密集的区域。随着西安火车站改扩建项目2022年完工，域内集铁路、地铁、公交、出租、私家车“五位一体”的综合立体交通网络成型。

商业基础雄厚。新城辖区拥有民生、万达等现代商业综合体，索菲特人民大厦、万达希尔顿等星级酒店，聚集了轻工批发市场、西北商贸中心、金康路茶文化街等80多个专业市场，形成了解放路、长乐路等著名商圈，是西北重要的商贸中心和资源要素集散地。中科院微电子所区域总部等企业入驻新城，传化智联西北运营中心项目落地建设，东方亿象城、益田假日世界、悦荟广场等新型城市综合体盛大开业，盒马鲜生、苏宁易购、京东7FRESH等新零售入区发展。

金融机构众多。新城区是陕西乃至西北地区金融机构最为集中的区域。辖区内拥有中国人民银行西安分行、部分国有商业银行陕西分行等大型金融、证券机构的西安总部。坐落在民乐园区域的“西安民间金融街”，是西北地区首个集资金借贷、融资担保、股权投资、中介服务、信息发布为一体的西安民间资本流转高地。2019年，全区金融业增加值达到125.84亿元，占GDP比重20.77%，首次超过商贸业成为占GDP比重最大的产业。

社会资源丰富。辖区拥有诸多知名中小学，以及西京医院等50多所医疗单位；民乐园、易俗社等非物质文化遗产，大明宫遗址、明城墙、八路军办事处等历史遗存享誉中外。西安卫星测控中心、第四军医大学，以及西光、黄河、西北工业集团等众多涉军企事业单位坐落区内。

城市新名片闪亮呈现。被誉为“世纪工程”的幸福林带项目是全球最大的地下空间综合体、全国最大的城市景观林带项目，于2021年7月正式对外开放。易俗社历史文化街区成为发扬秦腔艺术、展示城市魅力的重要窗口和城市新名片。永兴坊更将陕西非物质美食文化的城市人文精神作为发掘和保护的核心，充分利用千年里坊深厚的文化底蕴，取陕西民俗文化为内涵，以明清仿古建筑群落为载体，打造集民俗休闲、观光旅游、美食体验、“非遗”美食博物馆等为一体的综合性特色旅游名片。

幸福林带

幸福林带起源于1953年，第一版《西安市城市总体规划》中对其作出了明确的功能定位，之后三次总体规划修编中，幸福林带一直予以保留。2010年12月31日市政府召开常务会议，决定正式启动幸福路地区综合改造工程。这是一项解开东郊发展之“结”的重大举措。

三、未来规划

“十四五”时期，新城区将以加快建设“都市经济引领区、枢纽经济示范区、社会治理样板区、美丽宜居典范区、幸福和谐首善区”为五大支撑的幸福新城。积极实施“四向”拓展战略，加快构建“两轴线、双中心、多片区”的空间布局。

“两轴线”：现代服务业提升发展轴，以西五路、东五路、长乐路、长缨路传统商贸街区批发零售业为主。城市生态文明建设示范轴，以幸福林带及其地下空间为依托，构建最具时尚活力的自然绿色、宜居宜业、宜商宜游的城市生态文明建设示范轴。

“双中心”：皇城蝶变发展中心，以明城墙以内区域为重点，全面推进老城区有机更新，形成城市发展的“内生极”。幸福路裂变发展中心，大力推动幸福路地区整体改造，打造集文化创意、科技研发、智慧物流、健康服务等现代产业为主的总部经济中心，形成城市发展的“扩张极”。

“多片区”：包含民间金融聚集区、永兴坊“非遗”美食文化聚集区、易俗历史文化街区、七贤庄历史文化街区、火车站枢纽经济功能区、大明宫文旅融合产业聚集区、长乐路大健康产业聚集区、金康茶贸聚集区、智慧物流城市供应链服务聚焦区、华清科技资源转化聚集区、科技服务发展聚集区、数字经济产业聚集区和工业遗存活化利用产业聚集区。

构建以都市经济为特色的“1+3+2”现代产业体系。“1+3+2”现代产业体系是指建设以总部经济形态为引领，以数字化、网络化推动商贸商务、金融服务、文化旅游三大主导产业转型升级，以新业态、新模式培育大健康、科技服务两大特色产业。坚持以主导产业为导向，打造区域总部经济聚集区；坚持“互联网＋商贸＋商务”发展理念，加快推动传统商贸大区向商贸商务服务强区转变；充分挖掘西安民间金融街发展潜能，重点引进与培育一批为中小微企业和城市居民提供金融服务的民间融资机构，打造良好的金融创新发展生态环境；打造以八路军西安办事处、革命公园为核心的红色旅游区，以东岳庙、易俗社、永兴坊为核心的民俗旅游区，以大明宫遗址为核心的盛唐文化旅游区；大力发展智慧医疗、医药电商等各类新业态、新模式；实施科技创新优先和科创强区战略，重点发展科技融合、研发设计等生产性服务业。

第二节 碑林区

碑林区 1955 年 1 月建区，因辖区内闻名中外的金石宝库——宋代“碑林”而得名，跨明城墙内外，形成城内城外两部分。全区面积 23.37 平方千米，95% 以上区域处在城市二环线以内。下辖柏树林、南院门、长安路、文艺路、太乙路、张家村、东关南街、长乐坊等 8 个街道办事处，常住人口 75 万余人。

一、历史文化

文物古迹丰厚。碑林地区自隋唐至明清，先后是大兴城、长安城和西安城的重要组成部分，区内的名胜古迹、出土文物、古遗址和古墓葬极为丰富，走进碑林区，犹如走进了中华历史文化的博物馆。现存的古建筑、人文史迹和佛寺道观等众多，其中被列入国家级文物保护单位 6 处。博物馆 12 家，“非遗”项目 9 大类 59 项。不但有历史久远的汉代卧龙寺、唐代荐福寺小雁塔，还有驰名中外的宋代西安碑林、气势恢宏的明代城墙和古朴、典雅、庄重的钟楼，清光绪三年（1877）建成的八仙庵戏棚是辖区最早有记载的戏曲演出场所之一。

“盛世碑林”和“书法圣地”等文化品牌知名度美誉度持续提升，多次成为省市和国家重要节庆活动、外事活动主场地，被称为“西安会客厅”。

教育源远流长。自唐至清，碑林区一直是西安乃至全省的教育中心。

文昌门内外不但是唐代全国最高学府所在地，也是从唐末至清末陕西地区的教育中心。早在唐武德元年（618），就在长安城务本坊（今碑林区仁义村一带）设立国子学、太学和四门学。

北宋景祐元年（1034）在唐末太学故址（今西大街社会路一带）创办京兆府学，赐国子监刊本九经，拨官田五顷供府学使用。元丰三年（1080），迁府学于“府城之坤维”。崇宁二年（1103），又迁到“府城之东南隅”，即今三学街府学巷。其后的金京兆府学、元奉元路学和明清的西安府学，皆沿设于此。直至清光绪三十二年（1906）废科举改学制方止。

从元延祐元年（1314）东关长乐坊建立鲁斋书院始，后于明弘治九年（1496）、万历三十七年（1609）、清嘉庆七年（1802）在碑林区地域先后建了正学书院、关中书院、养正书院，以及咸宁县学、长安县学和咸长考院等，其中以关中书院影响最大。

人文底蕴深厚。远在唐代，碑林地区作为唐长安城的重要组成部分之一，当时的科学技术、绘画雕刻、音乐舞蹈、书法艺术和佛学研究等诸多方面都达到了前所未有的高度。今天西安碑林的藏石就是唐长安灿烂文化的缩影。起源于隋唐、盛行于明清的长安古乐，在区境流传至今。光绪二十三年（1897），由阎培棠（字甘园）等集资，在辖区德福巷创办的《广通报》是西安最早的民办报纸。民国二十一年（1932），周凤兰、周伯勋父子等人集资在竹笆市修建的阿房宫大戏院（后改为阿房宫电影院），是西安最早的电影院。在这里，书院、寺院、城墙、街坊、牌楼等东方古建筑各具风格，儒家文化、佛教文化、道教文化、民俗文化、金石文化相互辉映。

二、发展回顾

碑林地区历代是商贾云集之地。早在唐代，位于今辖区东南部的东市就是长安城中手工业生产与商业贸易的中心地之一。东市占地 0.92 平方千米，“市内货财二百二十行，四面立邸”“四方珍奇，皆所积聚”，商品琳琅，贸易繁荣。从明清至民国，区境内的南院门、南大街、东关和南关一带，都是西安繁华的商业区。

碑林区人民政府

南院门，概指竹笆市以西，南广济街以东，东西长约 400 米；北起马坊门，南到粉巷—五味什字大道，南北宽 200 余米，是一个面积约 7 万平方米的长方形地域。

清代初期，川陕总督行署设置在南院门，陕西巡抚衙门建在鼓楼以北，两衙署一南一北，南院门也因此得名。后南院门成为陕甘总督行署。清中期，陕甘总督行署移驻兰州，南院门衙署便自此闲置。直到光绪二十六年（1900）“庚子事变”，慈禧太后和光绪皇帝西狩西安，陕西地方官员将南院门衙署收拾出来供慈禧居住。后慈禧搬至北院门居住，南院门则成为陕西巡抚部院的新署所在。民国时期，陕西省议会、国民党陕西省党部等都曾占驻南院门。1949—1954 年，陕西省人民政府曾在南院门办公。1954—2011 年，中共西安市委员会在南院门办公。

明清、民国时期，南院门是官员、商贾府第公馆的集中地，各地会馆也云集于此，南院门成为当时西安的“中央商务区”。据不完全统计，20 世纪二三十年代，南院门一带各类大小商店就有百余家，“绸缎布匹老九章，钟表眼镜大西洋，五洲世界大药房，金银首饰老凤祥。购置鞋帽鸿安祥，要买百货慧丰祥，南华公司吃洋糖，想生贵子藻露堂”，商贾云集，名店鳞次栉比，一派繁荣景象。

1934 年，随着陇海铁路的通车，西安城内的商业区开始向东逐渐扩展和转移。19 世纪 50 年代公私合营之后，南院门的店铺、作坊被合并、歇业、改行、迁址，其繁荣景象便再也无法维持，成为老西安人心中难以抹去的记忆。

“十三五”时期，碑林区实现了经济总量的跨越式提升，2020 年完成地区生产总值 1 060.47 亿元，是“十二五”末的 1.5 倍。

区内楼宇经济、街区经济、现代服务业高度聚集，拥有商务楼宇 113 栋、星级酒店 15 家、旅行社 174 家，区内各类金融分支机构超过 300 家，钟楼商圈、大南门商圈销售额突破百亿，5 栋商务楼宇税收过亿，荣获“中国楼宇经济最具投资价值城区”称号。

大力推进“文化 +”“旅游 +”，陕西动漫产业平台获评陕西省文化和科技融合示范基地、陕西省文化产业“十百千”工程示范基地，入选首批陕西省全域旅游示范区、全国市辖区旅游综合实力百强区、全国夜经济繁荣百佳县市。

全区科教资源雄厚丰富，沿着横穿碑林区的友谊路自东向西，西安交通大学、西安建筑科技大学、西安科技大学、西安工程大学、西安理工大学、长安大学、西北工业大学等高等院校如珍珠一般镶嵌在友谊路这条项链上。

三、未来展望

“十四五”时期，碑林区将以“奋斗一三五，走在最前列”为总要求，以“建设国家中心城市核心示范区”为总目标，打造西部地区高质量发展的区域增长极。

一个目标：做强千亿级实力城区，经济实现高质量发展，核心竞争力和辐射引领作用显著增强，综合实力在中西部中心城区保持领先，全面建设国家中心城市核心示范区。

三大引领：通过打造经济发展新引擎、创新驱动新高地、丝路文化会客厅，引领核心示范区建设。

五维支撑：全力建设国家中心城市核心示范区，推进创新创业、产业升级、文化旅游、营商环境、品质形象五维支撑。

在产业发展布局方面，优化“一核两轴五带六片区”的产业空间结构布局。

“一核”：钟楼—大南门国际消费中心，以钟楼环岛为中心，以大南门商圈、东大街、南大街、长安路为支撑，重点发展文化旅游、商贸服务、金融服务等现代服务业，做强总部经济、楼宇经济、首店经济等业态。

“两轴”：长安路现代服务业发展轴，重点发展高端商贸商务、金融服务等现代服务业。环大学创新发展轴，重点发展大数据信息服务、智能智造、工业设计、地理空间信息、教育培训等产业。

“五带”：东大街及其延伸发展振兴带，复兴传统老字号品牌，建设具有历史记忆的西安精品商业街区。环城墙文化旅游休闲带，由东门南侧到朱雀门，以城墙为纽带，重点发展数字娱乐、体育健身、特色餐饮、精品民宿等产业。雁塔路工程科技产业带，由大差市到雁塔路，重点发展工程设计、商务商贸、黄金珠宝和大数据等产业。朱雀大街盛唐文化展示带，由南广济街到朱雀大街北段，重点发展文化旅游、体育健身、鲜花配送等产业。经九路文旅融合发展产业带，重点发展文化创意、旅游休闲等产业。

“六片区”：三学街历史文化街区、西工大科技创新园区、小雁塔历史文化片区、“两宫一市”（八仙宫、兴庆宫和大唐东市）文旅休闲聚集区、西交大科技创新园区、碑林科技产业园片区。

第三节
莲湖区

莲湖，因明代秦王朱樉在此凿湖注水、广植莲花而得名。莲湖区面积 43 平方千米，常住人口约 101.9 万人，下辖北院门、青年路、西关、土门、桃园路、枣园、北关、红庙坡、环城西路等 9 个街道办事处。

一、历史沿革

隋开皇二年（582）至唐天祐元年（904）300 多年间，莲湖区域曾是皇帝听政视事之所和中央统治机构所在地，人文荟萃，商贾云集，对外贸易繁荣昌盛，是闻名中外的“丝绸之路”起点，开远门遗址就是当时商旅前往西域的出发地。

唐朝末年，国都东迁洛阳，西安仍是西北政治、军事重镇。五代、宋、金置京兆府，元代置奉元路，明清两代置西安府，治所均在西大街东段路北社会路口西侧。清光绪二十六年（1900）九月初四至次年八月二十四日，因八国联军攻陷北京，慈禧偕光绪帝避难西安，设“行宫”于西华门北院陕西巡抚部院。其间，全国各地奏章、国家大事，均在“行宫”决定、处理。西安解放后于 1955 年 1 月设立莲湖区。1960 年 5 月莲湖区建制撤销。1962 年 7 月莲湖区建制恢复。1966 年 11 月更名为红卫区，1972 年 4 月恢复莲湖区至今。

二、发展回顾

21 世纪，莲湖区诞生了全市首家个人独资企业，大力发展总部经济、楼宇经济、街区经济三大经济形态，做大做强现代工业、高新技术产业、商贸服务业、建筑和房地产业、文化旅游产业五大优势产业，着力打造大兴路、大唐西市、历史文化街区、西大街、桃园开发区、土门、玉祥门七大经济板块。

历史悠久的文化名区。莲湖区是古丝绸之路起点，辖区留存古建筑、古遗迹 125 处，聚集了佛教、伊斯兰教、基督教、天主教、道教等五大宗教，有“汉唐根脉、丝路之源”的美誉。现代人为弘扬历史文化，建有“丝绸之路”大型雕塑、大唐西市、大唐西市博物馆等丝路旅游景点。

全市最大的少数民族聚居区。辖区有少数民族 43 个，约 3.55 万人。其中，回族人口约 3.22 万人，主要聚居在明城墙以内 2.3 平方千米的北院门历史文化街区。莲湖区先后 4 次荣获“全国民族团结进步模范集体”称号。

区位优势显著的中心区。莲湖区是西安市的中心城区，东西、南北两条中轴线从辖区穿过，交通便利、四通八达。西安地铁 5 条线路 29 个站点规划布设在莲湖，有 2.5 万余个商业网点，星级酒店约占全市的 30%，区位优势明显，交通路网完善。

转型发展的重点区。西电集团、法士特（莲湖厂区）两家龙头企业引领第二产业发展，2020 年西电集团产值突破 220 亿元，法士特公司获得第六届“中国工业大奖”，规模以上工业增加值年均增长 9.5%，限额以上商贸业企业达 198 家。老城根 G park 成为中国首条“一带一路”国际特色商业文化街，被列为全省首批步行街改造提升试点。文化旅游业蓬勃发展，跻身全国市辖区旅游综合实力百强榜前三。辖区有上市企业2家、新三板挂牌企业1家、区域总部银行机构6家，银行机构及网点200余家。二、三次产业结构比例为33.7 ∶ 66.3。

城市综合改造的集中区。全市十大城市片区中，莲湖区占到两席。大兴新区总面积17平方千米，加速向宜居宜业新区蜕变。土门地区引进富力地产实施“四村”连片综合改造，加速华丽蝶变。

营商环境的示范区。建成全省一流的区级市民中心，成为政务服务金字招牌，5项改革措施在全省推广借鉴。莲湖区坚持把法治作为最好的营商环境，是西北五省唯一获评首批全国法治政府建设示范区的区县。

三、未来规划

“十四五”时期，莲湖区把建设高质量、千亿级国家中心城市典范城区作为发展目标，构建“三轴、三带、四区、五核”空间布局。

三轴：联动发展轴、转型发展轴、融合发展轴。以红庙坡路、大兴东路、大兴西路为轴线，联动大明宫合作区、大兴新区、土门地区等区域，实现区域协同发展；以莲湖路、大庆路、枣园东路、枣园西路为轴线，形成大庆路丝路科创园区，带动文化旅游业提质、商贸业转型、都市工业发展；以西大街、西关正街、沣镐东路、沣镐西路、红光路为轴线，构建跨区域共建共享、共商共赢融合发展模式。

三带：二环科创经济带、环城文旅经济带、古都商业经济带。沿西二环梨园路西口到南二环劳动南路十字，整合沿线科研院所资源，促进产学研结合、科技成果转化，形成二环科创经济带；串联顺城巷、明城墙、大唐西市等文化旅游资源，打造环城文旅经济带；沿北关正街、北大街、钟楼，大力发展地铁经济，促进古都商贸复兴壮大，形成古都商业经济带。

四区：中心区、大兴新区、土门地区、大明宫合作区。中心区着力做强城市更新、文旅融合、对外开放，打造彰显莲湖形象的开放合作引领区；大兴新区重点发展文体旅游、商务商贸产业，打造宜商宜游宜居的智慧新区；土门地区以都市工业、现代金融、商务商贸、健康养老为重点，打造现代产业聚集发展示范区；大明宫合作区在保护开发中推动城市更新，在城市更新中促进产业升级，打造传统与现代相得益彰的文化片区。

五核：全域旅游样板核、先进制造发展核、商贸金融活力核、创新创业集聚核、未来社区应用核。依托北院门历史文化街区，全面提升城市文旅空间景区化管理和运营水平，构建全域旅游样板；依托骨干制造业企业，大力发展人工智能、5G 技术、大数据与云计算等新兴产业，推动形成先进制造发展核；依托土门中央活力区核心区建设，形成商贸金融活力核；依托玉祥门众创空间载体建设，激发创新创业活力，形成创新创业集聚核；依托配套较为完善的社区，打造可持续的智慧化服务社区生态圈，形成未来社区应用核。

构建“1+3+3+1”现代产业体系。“1+3+3+1”现代产业体系是指立足区域产业发展基础，做精文化旅游产业，做强都市工业、现代商贸、现代金融3大主导产业，做大科技服务、健康养老、国防科工3大特色产业，创新发展适合中心城区的新经济形态，推进产业基础高级化、产业链现代化。

北院门

北院门是一条旅游休闲步行街，位于西大街东段北侧，南起西大街，北至西华门大街，长600米，宽15米。

北院门得名于清朝，源于“北院”。清初，以鼓楼为界，北边设有陕西巡抚行署，南边是陕甘总督行署，南北相对，一个称“北院”，一个称“南院”，与北院大门相对的大街，就被叫作“北院门”（也称“北辕门”）。北院门的历史可以追溯到唐代，属皇城范围，是当时尚书省所在地。宋元明清时的京兆府、奉元路总管府、西安府等均设在此街及其周边。清光绪二十六年（1900），慈禧与光绪避难西安时驻跸“北院”，此地成为当时的全国行政中心，同时北院门的各种银号、店铺应运而生，盛极一时，直到民国初年，北院门仍是商业比较集中的地区。中华人民共和国成立后，北院门为西安市人民政府驻地，直到2011年3月北迁后，莲湖区政府便在此地办公。这一辖区作为行政中心的地位，贯穿古今1 400多年，可谓“千年的王朝，铁打的衙门”。

进入21世纪以来，随着西安市旅游业的发展，莲湖区开发了北院门回坊文化风情街。以北院门为核心，连接西羊市、化觉巷形成的环形旅游散步道，全长1 100米，经营商铺的大多是回族人，是西安市乃至全国闻名遐迩的回民餐饮商业步行街，俗称“回民街”。街区内为仿古明清建筑风格，南有鼓楼，北有牌坊，清真大寺、古宅大院镶嵌于鳞次栉比的店铺食肆之间。步入其中，地镶青石、铺悬金匾、老街繁锦、美味飘香，是西安独具古城风貌与现代文明的历史文化旅游街区。

第四节

雁塔区

雁塔区地处西安市南城板块，因辖区内有建于唐代、闻名世界的历史文化遗产——大雁塔而得名。

雁塔区是省委、省政协、省军区等省级首脑机关所在地，省高院等省、市级机关所在地，陕西广播电台、电视台等省级新闻媒体所在地，也是陕西宾馆等重点接待场所所在地。

雁塔区东西长 23.1 千米，南北宽 9.9 千米。辖区西有高新区，东有浐灞生态区、曲江新区，南有航天基地等 4 个国家级开发区。雁塔区是全省建成区面积最大、人口最多的主城区，全区总面积 152 平方千米，根据第七次全国人口普查结果，雁塔区行政区划口常住人口 204.7 万人。下辖 8 个街道办事处：大雁塔街道、小寨路街道、长延堡街道、电子城街道、等驾坡街道、曲江街道、杜城街道、漳浒寨街道（鱼化寨、丈八 2 个街道办事处于 2018 年 9 月托管至高新区）。

一、历史沿革

周成王八年（约公元前 11 世纪）灭唐（今山西省翼城县西北），在今雁塔区杜城村一带置杜伯国。秦始皇二十六年（前 221）统一六国后设内史掌管京畿各县，杜县属之。汉沿秦制。西汉元康元年（前 65）以杜东原上为“初陵”，改杜县为杜陵县，县治在今雁塔区三兆村西北。北周时杜县并入长安、万年县。北宋宣和七年（1125）万年县更名为樊川县。金大定二十一年（1181），改樊川县为咸宁县。元明清时期，今雁塔区辖地东部属咸宁县，西部属长安县。

民国二年（1913）废咸宁县，并入长安县，结束两县分治，统由长安县管辖。民国三十四年（1945）11月，西安市撤镇设区，按照序数命名，今雁塔区境命名为第九区。1949年5月20日西安解放，雁塔区境仍沿用西安市第九区名称，区人民政府驻明胜村。

1954年12月21日，根据西安市人民政府通知，撤销西安市第九区建制，设西安市雁塔区。

1960年5月，西安市人民委员会决定将莲湖区西大街和碑林区和平路、南院门、南大街、柏树林5个街道办事处划归雁塔区。

1965年10月，西安市人民委员会决定撤销雁塔、阿房、未央、灞桥等区建制，共同组建西安市郊区，区人民委员会驻小寨东路。

1980年4月，西安市人民政府决定撤销西安市郊区建制，恢复雁塔区至今。

二、发展优势

雁塔区是全国科教名区。辖区科技教育资源丰富，有西安交通大学、陕西师范大学、西安电子科技大学、西北政法大学等大中专院校34所；省级以上科研院所55个、重点实验室67个，各类科技人才14万人，知识产权和专利占全市的40%，接近全省31%，为区域发展提供了强大的智力和人才支持。

雁塔区是文化旅游名区。雁塔区历史文化积淀厚重而深远，古今文化交

小寨——西安繁华的代名词

相辉映，是西安市具有代表性的历史文化旅游区域。世界级文化遗存大雁塔，气势赫赫的汉宣帝陵，浑厚大气的陕西历史博物馆，唐风浓郁、华彩缤纷的大唐芙蓉园和大雁塔北广场，中日文化交流圣地青龙寺，佛教密宗发源地大兴善寺，等等，都向世人展示了人文雁塔的风采。2020 年，雁塔区接待海内外游客超过 2 381 万人次，实现旅游总收入 122.26 亿元。

雁塔区发展和人居环境优越。区内基础设施和生活配套设施完善，二环、三环、绕城高速三大交通主动脉贯穿辖区，162 条市政道路，5 条地铁线路，共同形成了高效便捷、纵横交汇的立体交通网络。区内有西安交通大学第一附属医院、西北妇女儿童医院等医疗卫生机构近 1 000 家，数量位居全省区县首位。基础教育学校和职业高中学校 231 所、金融机构 500 余家、律师事务所 55 家。三环绿色景观长廊、雁南公园、文化景观街区等共同构建了独具魅力的城市景观和生态系统。以西北地区人流量最大的十字——小寨十字为中心，形成了三横三纵的新型商业业态聚集区。麦德龙、百安居、家乐福等世界五百强企业先后入驻雁塔。

雁塔区具有“一区多制”的特殊区情。辖区西有高新区，东有浐灞生态区、曲江新区，南有航天基地共 4 个国家级开发区。加之近年主城区南扩，长安区北靠，雁塔区呈现“南北簇拥、东西拉动、一区多制”

的发展格局。

三、未来之城

“十四五”期间，雁塔区将加快实施“一区五城一根本”总战略，加快构筑“一轴一带六板块”空间格局，着力打造创新之城、高能之城、宜居之城、文化之城、法治之城，基本建成全国一流社会主义现代化新城区。

打造创新之城。搭建一流创新平台，争取更多国家战略力量布局雁塔，联合中国移动、华为等高科技企业，建设智慧生态共同体，携手打造西北人工智能综合示范区；鼓励支持未来产业城、交大产业园等园区加快发展，打造创新发展样板。探索“高校＋双创基地”“高校＋科技园区”等模式，加快形成校企融合、产业融合发展新格局；联合辖区企业、高校、科研院所等双创资源，加快建设国家级创新中心、工程技术中心、重点实验室、院士工作站，加速技术推广应用和科研成果转化。积极搭建“科技＋金融”服务平台，推动“风投”“创投”“产投”机构与科创企业开展常态化对接，提升金融对科技型企业的综合服务水平；联合驻地银行设立科技成果转化银行，出台相关扶持政策，促进科技成果就地转化。

打造高能之城。形成“一轴一带六板块”区域发展新格局。“一轴”即现代服务业发展轴，突出长安南路发展主轴，大力发展现代金融、商务办公等现代服务业，发挥中部引领作用，形成现代城市游憩商务区。“一带”即新型商贸发展带，围绕小寨东西路，东至西影路，西至科技路，以大数据、云计算等互联网新技术为依托，形成传统商贸与新型零售深度融合、线上线下互动的新型商贸业发展带。“六板块”是指：雁北片区以小寨商圈为核心，以建设西北第一高品质商圈为目标，打造现代商业板块；雁中片区以西京军民融合产业聚集区为核心，建设集科技研发、成果转化、创业孵化于一体的“西安硅谷”，打造研发设计板块；以西安美术学院为核心，建设全国知名文化艺术培训基地，打造文化培训板块；雁西片区以未来产业城为核心，大力发展新材料、生物医药、高端装备等先进制造业，打造未来制造业板块；雁南片区以雁南公园为核心，完善教育、医疗、商业等生活服务配套，打造生态宜居板块；雁东片区以交大科技园为核心，依托西交大、理工大等高校科技创新资源，打造智慧科技板块。挖掘释放内需潜力，优化消费供给，不断提升小寨商圈时尚度、舒适度和吸引力，打造国际一流、全国顶尖的西北第一高品质商圈。

打造宜居之城。实施城市更新行动，加快推进青龙寺组团、杜城村等安置楼建设和沙浮沱、西等村、吉祥村、罗家寨、东小寨片区、二府庄片区城市更新；分类实施交通提升项目；深入开展“暖城行动”，用“绣花功夫”推进城市精细化管理。扎实办好民生实事。

打造文化之城。深入挖掘青龙寺、大兴善寺等历史文化遗产中蕴含的时代价值。依托西影厂优势，以创意设计、传统影视、动漫游戏等为重点，打造附加值高、成长性好的文创产业。拉长“旅游+”产业链，高水平举办“雁塔国际樱花节”“毕业旅行季”等品牌节事活动，加快推进3511文创科技园建设，叫响雁塔文化品牌。推进高品质酒店和特色民宿建设，扩大高端文旅产品供给，培育文旅产业新业态，争创“国家全域旅游示范区”。加大公共文化产品和服务供给，加快区图书馆、区职工活动中心建设。

打造法治之城。强化数字赋能区域治理，将法治观念贯穿到平安建设全过程，打造最安全城区。

第五节 灞桥区

灞桥区位于西安主城区东部，自古为关中交通要冲、长安东出通衢。区内灞河自东南而向西向北，得浐入渭、纵贯全域，浐灞渭三河穿流汇聚。全区总面积 332 平方千米，常住人口 59.4 万，下辖纺织城、十里铺、红旗、席王、洪庆、狄寨、灞桥、新筑、新合等 9 个街道（其中新合和新筑 2 个街道自 2016 年 7 月移交西安国际港务区托管）。

一、历史沿革

灞桥区古属雍州之地，夏商时归属古杜柏国，亦称“荡杜”。

秦穆公元年（前 659）筑霸城（即芷阳宫），改滋水为灞水，并建桥以图东进，故称“灞桥”。秦庄襄王因芷阳宫而置芷阳县，今灞桥区境在芷阳县辖地。秦朝实行郡县制，在都城咸阳设郡一级内史，芷阳属内史管辖。

汉文帝前元七年（前 173）和九年（前 171），先后为其母薄太后筑南陵和霸陵，并置南陵为县，改芷阳县为霸陵县。汉武帝时将秦内史地改置京兆尹，霸陵、南陵二县隶属京兆尹，辖地归长安县。之后多次易名，其归属随之变化，宋朝时改为咸宁县，直至清朝，为西安府辖地。民国二年（1913）2 月撤销咸宁县，将其辖地并入长安县。

中华人民共和国成立后，于 1955 年元月设置西安市灞桥区。

二、发展优势

灞水、灞桥、灞柳

"灞柳飞雪"是陕西著名的"关中八景"之一。古灞河两岸多植柳树，每年的三四月时节，绿柳抽芽，柳絮纷飞绕于灞河两岸，远远望去，恰似春日里的一场风雪，景况极美。灞桥之柳与古长安植柳的传统有着密切的关系，长安周围多水、多川，很适宜柳的成活与生长，加之周、秦、汉、唐宫中、御道多植柳树，民间植柳也自然蔚成风气。汉代时"灞柳"已闻名遐迩，《三辅黄图》云"都人送客至此，折柳赠别"，可见一斑。

生态环境优美。灞桥区内东有白鹿原、洪庆山涵养丰林秀景，西偎浐河滋养半坡聚落，南临鲸鱼沟内蕴碧水修竹茂林，北依渭河沃野平川兴陆港。"灞水""灞桥""灞柳"已成为独具地域特征的文化符号。

自然资源丰富。浐、灞、渭三河穿流汇聚，形成绵延 60 千米、占地 2 万余亩的天然水面和生态湿地，开放式的灞桥生态湿地公园已成为市民休闲消暑的重要目的地；白鹿原现代农业示范区、洪庆山国家森林公园是西安城市后花园，10 余万亩标准化樱桃、葡萄既为林为景，又得果中珍馐，可采摘品尝，可赏玩赋赞；"灞桥樱桃"先后获得国家地理标志认证、"中华名果"称号，"灞桥葡萄"被农业农村部和国家质监局评定为国家地理标志保护产品，并荣获中国消费者最喜爱的著名农产品品牌称号。

人文底蕴深厚。历史遗迹星罗棋布，文化遗产飨慰后人。半坡遗址渔猎耕种尽显先民智慧，人面鱼纹盆盛满仰韶璀璨；汉文帝"亲尝汤药""顶妻背母"成就古今孝贤佳话；"灞柳飞雪"演绎隋唐情怀，成就今日盛景；纺织城见证共和国轻纺工业兴衰起落；陈忠实一部《白鹿原》

扛鼎当代文坛，勤劳朴实的灞桥人世世代代传承和发扬着丰厚文化底蕴。

内生动力强劲。灞桥地域面积为西安城六区之最，区内布局浐灞生态区、国际港务区、灞河新区三大开发区，与灞桥区形成“四轮驱动”的发展格局。区内有航天四院、火箭军工程大学等 8 所军工单位和院校，是西安市军工科技力量和智力资源最密集地区之一，发展基础坚实。

交通、空间发展优势明显。区内国道、省道、高速公路、城市干道、二级路网以及地铁（1号、3号、5号、9号、14号线）纵横连接、四通八达，“一日交通圈”辐射全国各地，“两小时交通圈”覆盖毗邻各省省会及大中城市。全区可开发面积为150.3平方千米，待开发土地比较优势将为灞桥未来发展提供强有力的空间支撑。

三、再创辉煌

“十四五”时期，灞桥将以建设“品质灞桥·最美城区”为目标，狠抓十一项重点任务，确保到 2025 年末，地区生产总值达到 750 亿元。

1. 构建“331”现代产业格局

“331”分别是指：“3”——现代服务业、文化旅游业、健康产业；“3”——新型纺织产业、高端装备制造业、生物医药产业；“1”——都市农业。

做活做特现代服务业。大力发展现代服务业。重点实施西安半坡文化假日酒店、美晟新天地、华润万象汇、洲际酒店等重大项目。培育特色文化旅游业。重点实施白鹿仓二期、半坡文化创意天地、四季蓝城健康小镇等重大项目。发展健康产业。促成“康养 + 医疗”“康养 + 运动”等融合互动局面，实现多元化、多层次、全链条的康养产业发展，推动大健康产业发展。重点实施灞桥中医医院迁建、灞桥区疾控中心等重大项目。

做实做强先进制造业。发展新型纺织产业、装备制造业和生物医药产业。以西纺集团、五环集团为依托，发挥纺研院研发实力雄厚优势，研发生产非织造材、服装面料、碳纤维等新型纺织材料；引进实力强的企业，发展知名体育品牌服装，延伸纺织产业链条，形成纺织产业新格局。大力支持高端装备产业，推动“军转民”科技成果就地转化，打造省级军民融合示范区，形成一体协同、增值扩链的高端装备产业链条。依托国家分子医学转化中心，发展创新生物医药及器械产业；依托博鸿生物、盘龙药业等在健康领域的研发，吸引链上配套企业入驻，延链升链，增链强链，实现医药融合发展新格局。

做精做优都市农业。建设休闲农业与乡村旅游精品线，一线串珠，集中连片。围绕樱桃、葡萄等特色产业，依托白鹿原区位条件和功能需求，建设“农业经济开发区”。探索生态高效农业新模式，以现有的 20 个现代农业产业园和 10 个乡村振兴示范村为载体，推进园村一体，产村相融，实现多点支撑。到 2025 年，形成“一线一区多点”的都市农业新格局。

2. 构建“225”空间新布局

“225”即“两园两带五片区”。“两园”指纺织产业园、洪庆新城；“两带”指东三环沿线高端商贸经济带、长乐东路沿线实体经济示范带；“五片区”指红旗南部片区、纺织城片区、唐都医院片区、半坡博物馆及五星片区、白鹿原片区。

3. 乡村振兴迈入全面发展新阶段

以洪庆山和白鹿原为核心，发展特色林果、养殖、民宿、乡村旅游等三产融合业态，推动农业全产业链发展。巩固拓展脱贫攻坚成果与乡村振兴有效衔接，全力打造城乡融合示范区。

第六节
未央区

未央区是1954年新设的市辖区，是西安市行政中心区所在地。因境内遗存西汉未央宫而得名，意为“繁荣兴盛，不尽不衰”。

未央区东西宽21千米，南北长15千米。全区土地面积264.41平方千米，常住人口73.3万。下辖大明宫、张家堡、辛家庙、徐家湾、谭家、草滩、汉城、未央宫、六村堡、未央湖等10个街道；辖区内有西安经济技术开发区、西安浐灞生态区、西咸新区沣东新城、曲江新区大明宫改造办等，以及汉长安城国家大遗址保护特区。

一、历史溯源

公元前221年秦始皇统一六国后，曾先后有秦、西汉、新莽、东汉（献帝）、西晋（愍帝初）、前赵、前秦、后秦、西魏、北周、隋（文帝初）、唐等12个封建王朝在今未央辖境建都，是中国历史上在一地设立国都朝代最多、相沿800余年的古代都城。龙首原一带集中分布着以秦阿房宫、汉未央宫、汉长安城、唐大明宫遗址为代表的百余个都城宫殿遗址。未央区内古遗迹数量之多、面积之大、价值之高，为全国区县之最。

公元前138年和公元前119年，张骞先后两次从这里出发，凿通“丝绸之路”，第一次打开了中外通商和大范围国际交往的大门，使汉都长安成为国际性大都市，在中国对外交流史上留下光辉的一页。

二、发展回顾

未央区1954年建区，起初是以农业为主的城市郊区。

20世纪50年代前期，未央境内除草滩、三桥两个历史古镇外，仅有西安车辆工厂、新西北印染厂和草滩农场等千人以上驻区单位6个，其余皆是农田、村庄和荒滩，属于典型的传统农业区，经济社会发展缓慢。

20世纪50年代中期至60年代后期，红旗机械厂、五二四厂、煤矿机械厂、西安造纸机械厂、华山分厂等48家大中型企业陆续进驻，逐步形成了徐家湾、西纺街、辛家庙等自然街区，给清一色的未央农村增添了城镇景色。

20世纪80年代起，家庭联产承包责任制的全面实施，大大解放了农村生产力，为乡镇企业的发展提供了充足劳动力和诸多物质保障，乡镇企业异军突起，工业化、城镇化得到发展，未央区形成了典型的城乡二元结构。

20世纪90年代以后，未央区乡镇企业持续腾飞，再次步入快车道，至1993年总收入、总产值双跨20亿元，在全省区县中名列第一，城市面貌日新月异。

进入21世纪，随着改革开放的不断深入，未央区的发展定位先后经过“城市郊区”“新城市中心区”“新行政中心”到“国际化大都市中心区”的嬗变。

2007年以来，随着西安第四轮城市规划修编和市行政中心北迁，未央被定位为新行政中心区，城市形态、发展方式和群众生活水平向城市化快速转变。

区域位置独特。未央区位于西安市总体规划“九宫格局”几何中心和南北中轴线两侧，是西安国家中心城市核心城区、西安市的主城区、西咸一体化建设的核心区，区内行政资源富集，市级四大班子和法、检两院均在辖区内，是西安行政中心综合服务核心区。

交通便捷高效。未央区毗邻西安咸阳国际机场，拥有亚洲规模最大的高铁站西安北站，绕城高速、城市高架快速干道等构成的城市快速路网，未央路、太华路、北二环、北三环等构成的城市主干路网，已建成的地铁 1 号、2 号、3 号、4 号、14 号线和即将建成的地铁 8 号、10 号线构成的城市轨道交通网，与其他城市道路纵横交织，构成未央成熟高效的城市路网体系。

生态环境优美。八水绕长安，其中四水绕未央。未央区是西安拥有最多水系和最大水域面积的城区，生态水面积超 3 万亩，大明宫国家遗址公园、西安城市运动公园、未央湖游乐园、文景山公园、未央宫国家考古遗址公园等开放式公园点缀其中，林木覆盖率达 43% 以上。

融合优势明显。未央区与经开区、曲江新区、浐灞生态区、西咸新区等 4 个国家级开发区融合共建，形成“多轮驱动”的发展格局。

三、未来展望

当前诸多的加速发展因素正助推着未央城市建设和经济社会全面腾飞。未央将紧扣“奋战一三五·建设新未央”奋斗目标，以提升“区域经济新中心、科技创新新中心、文化交流新中心、生态宜居新中心、交通枢纽新中心”五大功能为重点，加快建设国家中心城市中心城区；以五大片区建设为突破路径，坚持“一区一芯”，助力未央从“城市之心”向“城市之芯”转变。

到2025年，“五个新中心”核心功能全面提升，国家中心城市中心城区建设取得实质性进展。到2035年，综合经济实力和发展活力明显增强，基本建成与国家中心城市综合实力和国际地位相匹配的卓越全国城区，令人向往的创新之区、人文之区、生态之区、平安之区，具有全国影响力的核心引领城区。

围绕产业基础与要素禀赋，坚持高端化、集约化、集群化发展，打造多样化经济承载空间，着力构建“1+2+4”现代产业体系。

“1”即做强先进制造业，重点发展航空发动机制造产业。

“2”即做大文化产业，重点发展文化旅游产业、文化创意产业。

“4”即做优现代服务业，重点发展研发设计服务业、科技服务业、商务服务业和商贸服务业。

坚持“一区一芯”，形成特色鲜明、互动发展的空间格局，促进产业转型升级。

未央区后卫寨立交夜景

未央湖片区——建设服务渭北工业区先进制造业集群的总部基地，打造“科创之芯”。在渭河南岸区域，建设展示大西安新形象的甲级写字楼、星级酒店等超高建筑群，形成城市新地标，重点发展总部经济、研发设计、商务办公等产业；在环未央湖区域，按照“南有曲江池，北有未央湖”定位，建设一批低密度、高品质住宅，吸引渭北高级管理、高技术人才入住；在环大学区域，推动政企、校企、校地深度融合，打造创新创业集聚地，重点推动成果转化、企业孵化，构建“产学研创”生态圈；在北三环沿线区域，高标准建设郑家寺等4村安置社区，构建“一带一路”商品交易中心、全国建材家居智慧化产业平台。

徐家湾片区——发展面向智慧城市的数字经济园区，打造“智慧之芯”。围绕数字硬核、数字金融、数字商贸、数字智造，构建西安数字港。大力支持西航航空发动机产业集群发展和数字化转型，有序疏解、转移西航公司非核心业态，实施407库等老旧厂区“腾笼换鸟”，引进上下游优势配套企业集聚未央，做大未央·西航产业园，建成国内领先的航空发动机研发制造基地。

未央路片区——扩大新材料产业规模，打造“商业之芯”。支持西北有色金属研究院做大做强，吸引新材料研发设计企业集聚，打造西部新材料研发转化中心，形成国内新材料领域重要的产业集群。加快未央路、大明宫等商圈功能优化，大力发展首店经济，开业运营京东超级体验店，打造极具城市影响力和知名度的特色街区。依托荣民金融中心，建设二府庄区域甲级写字楼集群，探索发展科技金融街区。

汉长安城片区——形成文创活力带、特色旅游带，打造“文化之芯”。充分展示未央宫遗址的历史积淀和文化魅力，叫响“丝绸之路起点”，建设汉长安城博物馆，着力打造世界文化遗产公园。实施创新研究，加快破解东方土遗址保护利用难题，倾力打造群众喜闻乐见的国家考古遗址公园。申建汉长安城国家古都文化公园。塑造西安城市“绿肺”，发展体育、休闲、民宿、房车、露营、都市花卉等业态，聚力建设城市中央公园。

六村堡片区——构建产城融合示范带，打造“基建之芯”。依托长安大学公路桥梁、西安交大城市学院土木工程等建筑类学科优势，发挥毗邻机场、高铁站及区内建筑企业密集等优势，吸引中建、中铁、中铁建、中交建等知名建筑企业设立区域总部和研发设计中心，发展工程勘察、设计、施工、检测等全链条产业，形成基建集群效应。

第七节
阎良区

阎良区成立于1966年8月1日，以古镇阎良得名，是国家改革试点城区、西安副中心、渭北工业区航空工业组团、著名的甜瓜之乡。阎良区是国家重要的航空工业基地，是一座因飞机而为全球瞩目的城区。

阎良地处渭北平原腹地，西安东北部，距市中心50千米（西阎高速路程为38千米）。南北宽约12千米，东西长约25千米，平面轮廓略呈东西长方形，形似卧牛，头东尾西，辖境面积244.5平方千米。区内辖凤凰路、新华路、振兴、新兴、北屯、武屯、关山等7个街道，常住人口28万余人，其中农村人口约13万余人，占常住人口的44.91%。

一、秦汉栎阳都　商鞅变法地

阎良历史悠久。境内发现的康桥义和、关山城南原始社会自然村落遗址，经专家考证，均系仰韶文化“半坡类型”的晚期遗址。考证表明，早在5 000多年前，阎良已有先民聚居，过着相对稳定的农业及渔猎生活。

据史料记载，中华民族始祖轩辕黄帝曾在阎良荆山铸天、地、人三鼎，象征国家统一，影响我国历史几千年。

随着生产的发展和人口的增加，春秋时期，晋在武屯设“栎邑”大城，人口万户。秦景公十五年（前562），秦夺晋地，仍设栎邑。

秦献公七年（前378），以法令形式确定栎阳“初行市”，促进了商贸发展。据《史记·货殖列传》记载：“栎阳北却戎翟，东通三晋，亦多大贾。”反映出当时栎阳位置的重要、商贸的发达以及交通的便利。

秦孝公在此发布“求贤令”，商鞅献《强秦九论》，徙木立信，变法强秦，实施了中国历史上著名的“商鞅变法”，奠定了秦始皇“席卷天下、包举宇内、囊括四海、并吞八荒”的统一伟业。阎良也因此被誉为“中国改革第一都”“中国最早的法治之乡”。

楚汉相争时，塞王司马欣、汉高祖刘邦曾先后在此立都。汉王刘邦在“明修栈道，暗度陈仓”夺取关中后，以栎阳为都，创立了大汉基业，阎良成为刘邦与项羽争夺天下的大本营。刘邦父亲汉太上皇留居栎阳，死后葬于荆山塬上，即太上皇陵。

二、发展回眸

1949年5月5日，阎良全境解放，境地属临潼县管辖，设关山、武屯、康桥、阎良4个行政区。1950年调整区划，设临潼县第八、九两个区（关山、阎良）。1956年合作化时期，设1区6乡。1958年公社化时，设1个大公社9个管理区。1961年，公社范围划小，境内设立阎良、关山、康桥、武屯、北屯、振兴6个公社。1964年，撤销阎良公社，成立阎良镇。1966年6月2日，国务院电复陕西省人民委员会，同意将临潼县所属阎良镇划归西安市领导，成为一个市辖区。6月24日，陕西省人民委员会发出通知：从8月1日起，按新的领导关系和隶属关系开展工作。至此，西安市阎良区成立。

阎良因航空企事业单位落户而建区，因航空产业发展而崛起。建区以来始终以“小城市大使命、小板块大产业、小区域大融合”的责任担当，全力服务保障国防战略事业发展。

随着一系列发展机遇的汇集与深化，“十三五”期间，阎良紧扣“一环五片区”战略布局，经济运行总体平稳，经济结构持续优化，中国航空城建设迈上新台阶。

融合发展扎实推进。央地融合成效显著，运-20等大国重器列装部队，中航飞机在阎良完成资产重组，成为集整机研发制造、销售维修及服务保障于一体的中国“航空巨头”。与西飞公司合作共建航空产业链基础配套园，与航空基地合作共建范围进一步扩大。综合保税区正式封关运行，富阎产业合作园区建设正式启动。

乡村振兴战略全面实施。获批国家城乡融合发展试验区，羊乳小镇入选省市级特色小镇，累计投资28.17亿元推动重点镇建设。

发展环境持续改善。石川河、清河综合治理全面实施，守护环城碧水永续长存，生态环境得到有效治理。西阎高速扩建启动，振兴路立交、富阎连接线等8条道路建成通车。启动建区以来规模最大的三四七区及7个城中村联动改造。

基本公共服务水平持续提升。启动实施基础教育提升三年行动，新建改建15所学校，组建12个市级“名校+”教育联合体。新建养老机构27个、新增床位1 210张，公建民营养老模式入选全国优秀改革案例。

三、特色阎良

1. 中国航空城

阎良是中国大飞机起飞的地方，被誉为“中国飞机的摇篮”“中国西雅图”，是中国唯一、亚洲最大的集飞机研究设计、生产制造、试飞鉴定、教育培训、旅游体验、交流会展六位一体的航空工业基地。

阎良聚集了全省1/3以上的航空资源：区内有中国唯一的飞行试验鉴定中心——中国飞行试验研究院；有中国最大的飞机制造企业——西安飞机工业（集团）有限责任公司；有中国唯一的大中型飞机设计研发中心——中国航空工业集团公司第一飞机设计研究院；有中国第一家国家级航空产业基地——国家航空高技术产业基地。

先后研制生产了“轰-6”“运-7”“歼轰-7”“新舟60”“新舟600”、预警机等30多种军民用型号飞机；由中国航空工业集团公司第一飞机设计研究院设计、西安飞机工业集团为主制造的新一代喷气式重型军用运输机运-20于2013年1月26日首飞成功。

航空科技资源和人才资源实力雄厚。区内集聚了西安航空学院、西安航空职业技术学院、西飞工学院、西飞技师学院、陕西航空医科职业技术学校等院校，每年输送航空技术类人才1万多名。

航空特色旅游蓬勃发展。依托区内独特的航空资源，航空科技馆、功勋飞机园、飞行体验馆、飞翔梦航空体验馆、航模大赛、国际通航大会航展等，成为区内最具爆发力的体验式旅游项目。

2. 中国甜瓜之乡

阎良是中国最大的早春甜瓜生产基地，种植面积6.5万余亩，每年定期开展“甜瓜产业文化节”主题活动。阎良甜瓜相继取得国家农产品地理标志认证、国家级绿色食品证书和“阎良甜瓜”地理标志证明商标，已成为甜瓜的一线品牌和甜瓜界的“网红”。

3. 中国相枣之乡

在石川河堤岸，有 5 000 多棵相枣古树，树龄达 200 年以上，是西安第二大古树群，“阎良相枣”荣获全国农产品地理标志、后稷奖等多项殊誉。“相枣文化旅游节”不仅吸引了无数游客体验采摘的乐趣，还吸引各省区市知名作家、书画家、摄影家相继走进千年相枣林进行采风、创作、拍摄。

相枣林

4. 南果北种火龙果

近年来阎良区积极探索农业转型升级，于 2016 年成立火龙果专业合作社，开展火龙果种植销售及育苗推广，推进农业观光园和生态采摘园建设，大力支持发展红心火龙果特色产业。

火龙果种植基地

新兴街道井家村向前现代农业园区是西北最具规模的红心火龙果种植基地，生产效益突出，有力助推了群众增收致富。

5. 世界羊乳之都

阎良是中国羊奶粉生产企业最密集的地方，拥有万吨级羊奶粉全球样板工厂，集聚着秦龙乳业、百跃羊乳、安诺乳业等多家羊奶加工企业，销量占世界的25%，年销售额30亿元以上。阎良羊乳的研发水平、工艺技术、生产装备和加工能力均居于中国乃至世界领先水平。截至2020年底，全区羊乳加工企业8家（其中规模以上4家），在建企业4家。

四、未来展望

“十四五”时期，阎良将实施“中优、北跨、西拓、南融、东兴”空间战略，优化“一环五片区”发展布局，开展“创新兴城、品质筑城、产业强城、融合优城、民生惠城、平安护城”六大行动，全面开启新时代航空城建设新局面。

1. “中优、北跨、西拓、南融、东兴”空间战略

中优：优化建成区空间布局，提升城市配套能力，彰显新时代航空城风貌，打造国内航空文化体验目的地。

北跨：以城市北跨立交、迎宾路北延为牵引，实现向北的全面跨越，将城北打造成为航空智慧新区。

西拓：以京昆高速改扩建和西延高铁建设为契机，以人民路、蓝天路西延、城市外环西路为牵引，大力建设航空产业链基础配套园区，把

经济发展和城市建设向西拓展。

南融：服务保障驻区航空工业单位，融合航空基地建设，优化新兴工业园区资源配置，大力建设航空硬科技产业园，打造央地融合、区域融合的阎良模式。

东兴：在城市东部打造城乡融合发展的主战场，促进一二三产融合发展，加快形成以城带乡、城乡互补、协调发展的新型城镇化格局，实现全面乡村振兴。

2.“一环五片区”发展布局

“一环”：通过实施“两河一塬”（石川河、清河、荆山塬）综合治理，优化生态环境，发展花卉苗木、景观农业、运动休闲、航空文旅、民宿旅游等业态，把环城生态廊道打造成为山水环抱、绿色掩映、产景融合的环城生态产业旅游廊道。

“五片区”：都市商务生活区（南至机场，北至咸铜铁路，西至西阎高速，东至关中环线）、航空智慧新区（咸铜铁路以北区域）、航空产业聚集区（北至人民西路—迎宾路—机场南一线，东至新兴大道）、古文化传承展示区（南至水腰路，西至关中环线，东至石川河下游）以及统筹城乡重点发展区（石川河下游—水腰路—康交路一线以东）。

第八节

临潼区

临潼区是西安的“东大门”，因城东有临河，西有潼河，故得名“临潼”。渭河东西横贯，将区境分为南北两部分。渭北平原沃野，有清河、石川河南流入渭。渭河以南有骊山南峙，除少部分低山丘陵外，大多为台塬河川平地，自东而西有零河、戏河、沙河等八条河，北流入渭。辖区总面积 915 平方千米，人口 73 万。

临潼秦统一雕塑群

一、历史沿革

临潼自周秦到汉唐，一直为京畿之地，处于全国政治、经济、文化活动的中心地带。早在五六千年以前，临潼地区就有先民聚居，渭河南北有姜寨、白家、康家等20处原始村落遗址散布于区境内。在这里很早就建有县以上的行政机构。据史书记载，在商代，丽国在戏水之西建有丽城。周时，骊戎建国于骊山一带，《今本竹书纪年》载“成王三十年，离戎来宾”，将丽城改设骊戎城。秦王政（秦始皇）十六年（前231）于此设置郦邑；汉高祖十年（前197）改郦邑为新丰；唐垂拱二年（686）改新丰为庆山，唐中宗神龙元年（705）复称新丰；唐玄宗天宝三载（744）分新丰、万年县地置会昌，天宝七载（748）把新丰并入会昌，又改会昌为昭应；北宋真宗大中祥符八年（1015）改昭应为临潼，一直至今。

在渭河北部，秦献公二年（前383）建都于栎阳，秦孝公十二年（前350）迁都咸阳，改置栎阳县。自汉至宋，渭北先后有栎阳、万年、广阳、鄣县、平陵、粟邑、栎阳诸县之设。到元世祖至元四年（1267）始将栎阳县降为镇，归属临潼县。至此，临潼渭河南北始为一县，其辖区约相当于今日的规模，达700余年之久。

1950年临潼归属渭南专区，1956年改为省辖，1958年划归西安市，1961年复归渭南专区，1983年10月1日归属西安市至今。1997年6月25日，经国务院批准正式撤县设区，目前辖23个街道：骊山、秦陵、斜口、行者、代王、新丰、零口、相桥、新市、栎阳、雨金、西泉、马额、徐杨、何寨、交口、油槐、北田、铁炉、任留、仁宗、小金、穆寨。

二、发展回顾

1. 农业

临潼火晶柿子

临潼地理环境优越，气候温和，雨量适中，资源比较丰富。近年来大力发展特色现代农业，奶畜、杂果、蔬菜是临潼农业的三大特色产业，初步形成了渭河沿岸蔬菜瓜果经济带、渭北粮食畜牧产业区、骊山北麓观光农业区和山塬林果生态农业区的产业发展布局。在渭河以北区域发展奶牛6.3万头，拥有银桥、伊利泰普克、宏兴、金田4家乳品加工企业，年加工鲜奶能力45万吨，实际加工鲜奶22.5万吨，实现销售收入20亿元。2006年，临潼被授予“全国牛奶生产强区”称号。

临潼石榴具有悠久的历史，是西汉中期张骞出使西域从安石国（今伊朗附近）带回来的，至今已有2 000多年的历史。石榴引进初期，先在京都长安（今西安）御花园的上林苑和骊山的温泉宫（今华清池）内种植，是供皇子后妃观赏的。东晋潘岳称之为“天下之奇树，九州之名果”。到了唐代，长安周围石榴栽种已有相当规模。临潼的自然条件极宜石榴生长，加之经过2 000多年的栽培和选育，已形成数十个各具特色的优良品种。既有籽肥汁多、香甜可口的食用品种，也有飞红流绿、花色艳丽的观赏品种。临潼石榴集全国石榴之优，素以色泽艳丽、果大皮薄、汁多味甜、核软鲜美、籽肥渣少、品质优良等特点而著称，位居全国五大名榴之冠，被列为果中珍品。临潼在发展现代农业方面，以标准化示范园建设为突破口，积极实施石榴“东进南扩”战略，加快优质品种引进改良，推进以石榴为主的杂果产业基地建设。临潼石榴、临潼火晶柿子双双荣获“国家地理标志原产地保护”认证。2020年发布“盛世御果·丝路飘香”临潼石榴公用品牌，石榴种植系统荣列中国重要农业文化遗产保护名录。

临潼区从 20 世纪 80 年代起便开始发展番茄制种产业，如今部分品种已达到国际水平，番茄制种面积 8 500 亩，番茄制种量占全国市场 60% 以上，是全国最大的番茄制种基地。而全区更是形成了 28 家集育种、研发、种子加工、销售为一体的番茄制种企业，番茄种子市场日益壮大。以西安市番茄研究所为代表的一些机构正尝试向番茄产业链的下游延伸，将番茄制品加工、番茄休闲旅游纳入进来，变简单的制种为一二三产融合发展。未来以万亩制种基地建设规划为基础，临潼将打造集科研、精深加工、文化拓展于一体的番茄制种产业新格局。

2. 工业

临潼区工业发展也十分强劲。得益于国家的“三线”建设，从沿海地区内迁来了陕西鼓风机厂、陕西缝纫机厂、第五砂轮厂等国有大型企业，大幅度地改变了临潼的经济结构，工业逐渐成为临潼的支柱产业。全区设有临潼现代工业新城、旅游商贸开发区、代新工业园、新丰工业园等工业园区；拥有工业企业 685 家，其中规模以上工业企业 84 家；拥有陕鼓集团、邦淇制油、银桥乳业、伊利泰普克和宏兴乳业等 10 亿元以上知名企业 5 家。其中陕鼓集团从生产型制造向服务型制造转型升级的“陕鼓模式”获得工信部和陕西省委、省政府的认可和推广。2020 年，陕鼓集团位列“中国机械 500 强”榜单第 89 位。区内还有银桥、伊利泰普克、宏兴乳业、邦淇制油等食品加工企业，2002 年，秦俑牌乳粉荣获中国名牌产品称号，实现了陕西名牌产品零的突破。

3. 文化

临潼历史文化资源丰富，拥有国家级重点文物保护单位 6 处，省级重点文物保护单位 3 处，文物点达 500 余处。这里是海内外驰名的旅游胜地，境内有秦始皇帝陵博物院、华清宫两个 5A 级景区以及诸多的历史遗址和自然人文景观。白家、姜寨、康家等遗址对研究仰韶文化时期母系氏族部落的生活有重要意义。栎阳曾是战国时秦国都城，也是商鞅变法的发生地。秦始皇帝陵、秦东陵、扁鹊纪念馆等文物景点享誉海内外。骊山风景区是国家首批公布的风景名胜保护区之一，除污疗疾的温泉吸引着四方游客，夕霞满天、山色绮丽的美景被誉为“骊山晚照”，是关中八景之一。骊山下的华清宫是盛唐时期的皇家园林，是唐玄宗李隆基和杨贵妃恩爱缠绵、沐浴温泉的地方。著名的“褒姒一笑失江山”“鸿门宴”和震惊中外的西安事变等重大历史事件就发生在临潼。

临潼依托独特的文化优势，丰富旅游产品供给，推出了《长恨歌》《秦俑情》《12·12》《复活的军团》等文化演艺节目。特别是大型山水实景历史舞剧《长恨歌》，被誉为国家文化演艺和服务质量的“双标杆”。在国家文旅融合发展的战略下，临潼围绕“秦风、唐韵、御温泉”三大旅游品牌，大力发展历史人文旅游、自然生态旅游和休闲度假旅游，形成了产业融合发展的新格局。2019 年，临潼被文化和旅游部确定为首批国家全域旅游示范区。

三、前景规划

临潼将围绕打造“国家中心城市副中心和世界级旅游目的地”，积极构建“一核两带四板块”空间布局，巩固拓展脱贫攻坚成果同乡村振兴有效衔接，加快推进“一产融、二产强、三产优”，着力塑造“秦风唐韵御温泉、生态宜居美田园”文旅品牌。

（1）“一核”——强化一个产业核心。以临潼老城区和新行政中心片区为核心，以秦汉大道为轴线，把西安主城区—新区—临潼老城区融为一体，全力推进旅游和文化、商贸、工业、农业、科技、康养、教育等产业的深度融合。

（2）“两带”——培育两条生态带。沿渭河及骊山北麓形成两条生态廊道：一是渭河生态宜居带。以渭河为发展主轴，依托渭河治理工程及沿线文化、农业资源，以水岸经济为先导，以生态保护和健康生活相结合为核心，突出“湿地、康养、慢体验”三大特色，重点发展湿地疗养、文化休闲、康体娱乐、农业观光、休闲体育、生态地产等产业。二是骊山文化旅游带。沿骊山北麓，依托兵马俑、华清池、骊山、秦陵等特色旅游资源，以山水生态建设为先导，以历史文化和都市生活深度融合为特色，突出“秦风、唐韵、御温泉”三大品牌，重点发展文化旅游、温泉疗养、康体养生、休闲度假、文化创意、会议会展、农业观光、石榴种植、生态地产等相关产业。

（3）“四板块”——打造四大特色产业功能区。打造文旅融合示范区、工业集聚先导区、现代物流枢纽区、都市现代农业区四个特色产业功能区。

文旅融合示范区。加强与西安曲江新区合作，创新合作模式，依托临潼独具特色的自然、历史、人文等旅游资源，全力打造全国全域旅游、生态保护和文旅融合发展的西安样板。

工业集聚先导区。在西安渭北新城，优化产业布局，提升基础设施，打造关中先进制造业大走廊渭北先进制造业核心区、渭北先进制造业集聚区。在渭北新城、新丰工业园、临渭协作区等工业片区，重点承载先进制造业和军民融合企业。

现代物流枢纽区。依托区位和交通优势，围绕现代物流区和新丰铁路编组站，强化与西安国际港务区战略合作，打造“一枢纽一专业”的现代商贸物流体系，加快推进国家商贸服务型现代物流枢纽区建设。（“一枢纽”指临潼现代物流区，着力打造西安东部物流枢纽；“一专业”指新丰大宗物资物流中心，依托亚洲最大编组站——新丰编组站，打造西安大宗物资集散中心。）

都市现代农业区。在临潼东北部的渭河两岸，依托农产品种植及奶牛养殖，大力发展都市现代农业，培育一批技术水平高、创新能力强、辐射带动能力好的现代农业示范园区和农产品加工龙头企业，打造西北地区领先水平的都市农业聚集区。

● 打产业品牌　建经济强区[①]

临潼以其丰富独特的旅游资源而闻名于世，但全区经济实力还有相对滞后的一面。

银桥品牌的效应。2002年9月1日，银桥股份有限公司生产的秦俑奶粉荣获“中国名牌产品”称号，实现了中国名牌产品在三秦大地零的突破，这个喜讯令人振奋。

① 李德文：《打产业品牌　建经济强区》，《西安发展研究》2003 年第 3 期。

临潼品牌的优势与潜力。其一，农业品牌多，以奶畜为主的畜牧业养殖远近闻名。其二，工业品牌强。区内的陕鼓集团、中国标准缝纫机集团公司都属国内知名工业企业，技术先进，设备精良。其三，旅游品牌雄踞一方。临潼旅游品牌之多、品位之高，堪称全国之最。

全力打造品牌经济。临潼品牌，可谓“多、广、全”。“多”表现为数量多，有利于市场细分，弱化因品牌单一而造成的经济风险，从而占领更大的市场；“广”表现为第一、二、三产业均有分布，有利于推动区域经济整体发展；“全”表现为既有区域品牌，又有中国品牌甚至世界品牌，有利于不断提升品牌含金量。但是，临潼品牌明显有其不足之处。一是品牌战略实施推动力不够，缺乏系统的制度保障、体制保障、管理保障。一些品牌还面临着失传和退出市场的可能，还有一些品牌也只是墙内开花墙外红。二是品牌整合力不强。一般品牌较多，“金牌”较少，把理应更多地受益于“块”的品牌，挂上了某种隶属关系，导致品牌效应不明显。三是“经济品牌”少，“社会品牌”多。有些品牌的背后只是提供服务，品牌的前后关联度低，谈起来有这有那，如数家珍，津津乐道，但是真正获益却少。因此，打造品牌经济势在必行。简言之，就是“实施一项战略，打响三张品牌，贯穿两个结合”。

“实施一项战略”，就是积极实施名牌推进战略。

“打响三张品牌”。第一，打响银桥、伊利泰普克品牌，大力发展城郊型农业。第二，打响陕鼓、标缝品牌，振兴区域工业。继续走工业强区之路，一是加大对陕鼓、标缝两品牌企业的服务力度，为其搞好配套加工；二是注重从陕鼓、标缝等大中型企业引进现代管理方法，不断提升区属及乡镇企业的水平；三是重视企业家队伍建设，区乡工业最缺的资源就在这个层面，品牌与企业家相伴而生，要通过培训、引进等多种形式，充实企业经营管理人员队伍，以此来引领企业的发展。第三，打响兵马俑、华清池品牌，建中国旅游名城。以兵马俑馆前改造和秦始皇陵国家遗址公园建设为契机，加速旅游业的全面发展。一是积极争取建设一条贯通城区东西、线路顺畅的旅游专线，完成韩仁线路段的拓宽改造工程，形成以骊山为中心的生态旅游和文物旅游兼有的线路，把各个景点串起来，作为一个整体推向市场；二是加快景点深度开发，从战略的高度重视骊山风景区的包装。搞好骊山的绿化工程，达到四季常青。借鉴延安宝塔山的做法，搞好点亮工程。其他景点，要在总结唐华清宫贵妃伴驾游、秦俑景区秦军阵表演及换岗仪式活动的基础上，继续增设对游客有吸引力和增强游客参与性的项目。要以延长游客滞留时间和提高人均消费额为目标，发展休闲旅游，完善配套设施。如利用华清池温泉的知名度，建设有规模的、文化品位较高的沐浴中心；利用水资源较丰富的优势，建水上乐园；利用特色农业的优势，建石榴观光园等。

“贯穿两个结合”。一是与招商引资相结合。招商引资是区域经济发展长期而有效的推动力。临潼在国内外知名度高、品牌多，正好为招商引资打开了绿色通道，这也正是品牌经济的对外效应。“筑牌引凤”“引凤筑牌”双管齐下，形成区域经济发展的良性循环。二是与经济结构调整相结合。经过调整在优势行业产生一批具有强大市场竞争力的拳头产品，形成一大批对区域经济发展具有带动作用的中国品牌乃至世界品牌。

第九节 长安区

长安区地处西安市城南，地势为东原、南山、西川，最低海拔384.7米，最高海拔2 886.7米。地势大体为东南高西北低，东西长55千米，南北宽52千米。辖区总面积1 584平方千米，人口106万。秦岭长安境内面积876平方千米。秦岭七十二峪，长安独占二十四峪，占比三分之一。“八水绕长安”中的沣、滈、潏、浐四条河流源自或流经长安。长安土壤肥沃，灌溉便利，古人赞之为“资甚美，膏腴之地”。2018年9月向高新区整建制移交5个街道后，现辖16个街道：韦曲、郭杜、滦镇、引镇、子午、太乙宫、杜曲、大兆、黄良、王曲、鸣犊、王莽、五台、杨庄、魏寨、砲里。

一、历史沿革

长安夏时属雍州，商代属骊戎。公元前11世纪，西周文王、武王先后在今长安区马王、斗门两个街道建都，史称“丰京”“镐京”。西周初年立杜伯国，其遗址也在今长安区境内。东周平王迁都时，将丰、镐二地赐给秦襄公。

秦时长安为一乡聚。汉高祖五年（前202）置长安县，取“长治久安”意。此后2 000余年，除王莽新朝、南北朝之后秦曾更名“常安”，五代后梁曾更名“大安”外，历朝历代均置长安县，唯辖区多变。中华人民共和国成立后，1953 年前，长安县属陕甘宁边区咸阳分区，后属陕西省人民政府。1958 年 12 月后属西安市人民政府。2002 年 6 月，经国务院批准，撤销西安市长安县建制，在原辖区设立西安市长安区。至此，长安置县历史终结，与西安融为一体，成为西安市市区组成部分。

二、发展优势

农业产业结构不断优化，根据区域特色着力打造长安水稻、花卉、鲜果等品牌。恢复水稻种植 1 000 亩，创建“桂花球”大米品牌。花卉产业布局为“一心、两轴”：“一心”即以黄良秦岭花世界为核心，发展高档精品花卉产业。“两轴”即以雁引路为轴线，包括引镇、鸣犊、大兆等街道，发展小盆花、草花及鲜切花产业；以环山路为轴线，包括太乙宫、王曲、子午、五台、王莽等街道，发展玫瑰、兰花等观赏花卉产业。长安的草莓和蟠桃也非常著名。“长安草莓”被评为中国名优果品金奖，荣获“中华名果”称号，并于 2014 年荣获国家农产品地理标志登记保护，成为地域生态优势品牌。王莽鲜桃基地 2009 年被农业部（现农业农村部）确定为创建标准化鲜桃示范园，荣获为“中华名果”称号，2010 年完成国家地理标志认证，并注册“长安”和“王莽”商标。近年来，长安区引镇、子午、滦镇等街道农民通过长年的摸索和打拼，建设了几百亩蓝莓种植采摘基地。

推进农业和文旅产业深度融合，从“点、线、面”三个方面大力发展休闲农业。“点”就是推出一批家庭农场、休闲农庄、特色种植园等可以供市民游客观光、采摘、体验的示范园区。“线”就是推出一批乡村旅游精品线路。在绿道周边打造和谐美丽的花园乡村，村村利用废旧

引镇蓝莓

的场地建起小公园、绿地。沿着绿道，滦镇的葡萄、子午的樱桃、王莽的万亩鲜桃和千亩荷塘、沿山的小杂果、沿环山路和雁引路的草莓等水果采摘休闲旅游产品深受游客欢迎，实现了“建成一条绿道，发展一片产业，富裕一方百姓”的目标。“面”就是通过建设万亩高标准农田，打造大田景观；在秦岭沿线重点发展民宿集群；在中部打造花卉小镇；逐步呈现神禾塬万亩麦浪、滈河十里蛤蟆滩稻香一片的胜景。通过开展草莓、鲜桃、蓝莓、花卉等优势农产品“十大节庆”宣传活动，不断打造长安“时令水果之都”品牌，带动休闲农业融合创新。

长安科教文化优势显著，实力雄厚。32 所高校 30 余万名师生，为长安经济发展提供了充足的智力支持和人才优势。坐拥中国空间技术研究院西安分院、中国电建西北院等 20 多所科研院所，5 000 多名高科技研发人才，建成阿里巴巴（西安）创新中心、百度（西安）创新中心等 12 个双创空间，西安美人鱼文化创意产业园、那蓝科技创意工场等 4 个文化产业发展聚集区。

悠悠终南山，莽莽神禾塬。“胸中有大义，笔下有乾坤”的人民作家柳青，正是在长安这片热土上创作了我国文学史上具有里程碑意义的不朽之作《创业史》。长安是柳青精神发祥地，为了纪念缅怀柳青、弘扬柳青精神，长安区修建了柳青文学馆、柳青广场、柳青园、柳青文学纪念馆等。

柳青广场

三、发展规划

“十四五”时期，总体形成 1 个战略定位和 4 个功能定位，构建“1 + 4”五区并进的总体定位体系。

战略定位即国家中心城市城乡深度融合发展先行区。功能定位包括中国特色国家公园体制示范区、综合性国家科学中心科技创新核心区、国家中心城市现代服务业聚集示范区和西安都市圈医疗康养首善区。

紧扣《西安市现代产业布局规划》战略部署，优化产业布局，构建“一核、一轴、三带、六板块”的“1136”现代产业布局体系。

“一核”：常宁发展核。以常宁新区 + 南拓区为承载，以总部经济为龙头，重点发展研发设计、检验检测认证等生产性服务业，集聚发展高端商贸、星级酒店等生活性服务业，打造国家中心城市现代服务业聚集示范区。

“一轴”：融合创新发展轴。以地铁 15 号线为脉络，发挥轴线串联西安南部各产业功能区、促进经济要素“叠加—融合—优化—集聚—扩散”的复合优势，以长安段接驳站为重要节点，采取 TOD 发展模式（以公共交通为导向的发展模式）高密度开发建设城市综合体，构建 15 分钟便民生活圈，提升城市生活品质和消费能级。

“三带”：高新技术产业带、文旅融合产业带、三产融合发展带。高新技术产业带，以西沣路为脉络，以沿线长安大学城梦想小镇、长安科技产业新城（滦镇片区）为承载，主动承接高新区产业外溢，搭建高新技术产业生态圈。文旅融合产业带，充分发挥与曲江新区协同共建优势，以西安少陵塬文旅融合产业示范园区为核心载体，深度挖掘少陵塬文化底蕴和历史价值，重点发展文化创意、文化旅游、电子竞技、新型会议会展、文化贸易、文化投资运营、数字文化等产业。三产融合发展带，以关中环线长安段为主轴，以杨庄、引镇、子午、五台、太乙宫、王莽、杜曲、魏寨等街道为承载，依托临塬、滨水、沿山地区自然生态优势和历史文化优势，优先发展高端民宿、休闲观光、生态旅游、医疗康养等农文旅融合产业。

“六板块”：长安唐村 · 中国农业公园板块、长安科技产业新城板块、长安大学城梦想小镇板块、长安国际生态区板块、长安科谷城板块、长安装配式建筑板块。

第十节 高陵区

高陵区地处关中平原腹地，泾、渭河交汇区域，闻名天下的“泾渭分明”自然文化景观位于境内。区境东西长20.5千米，南北宽19.4千米，总面积294平方千米。辖区常住人口41.70万人，有21个少数民族。高陵区境内地势平坦，大面积为泾渭河冲积平原区，小面积为黄土残塬及泾渭河道与河漫滩。地势自西北微向东南倾斜，海拔357—414米。泾、渭二水自西向东流经区境南部，于马家湾乡泾渭堡村东北交汇，将全境切割为泾渭河北、渭河南和泾渭夹角3个自然区。高陵区下辖7个街道，分别为鹿苑、泾渭、崇皇、通远、耿镇、张卜、姬家。

一、历史沿革

周时筑有高陵邑，因南部有奉正塬，状若土山，坡度较缓，高四五丈而得名高陵。秦孝公十二年（前350）置县，新莽天凤二年（15）改名千春，更始元年（23）复名高陵，三国魏黄初元年（220）更名高陆。隋大业二年（606）又复名高陵，相沿至今。高陵是全国建县最早的县份之一。1949年全县解放时属三原分区，1950年5月属咸阳专区，1953年1月改属渭南专区，1956年10月由省直辖，1961年又改属咸阳专区。1983年10月5日，高陵划归西安市管辖。

2009年11月《西安市加快推进区县工业园区发展建设的若干意见》出台，支持城三区在远郊区县发展“飞地经济”，随后高陵与新城、莲湖、碑林共建总面积73平方千米的工业园正式启动，迈出了城乡统筹、共建共赢的新步伐。

2015年8月4日，经国务院批准，高陵撤县设区正式挂牌，改为高陵区，从此结束了2 365年的县制历史。

二、发展回顾

高陵虽面积较小，但地平土肥，物华天宝，20世纪50年代被国务院授予“粮食生产先进单位”称号，80年代中期以养鸡闻名全国，90年代初又被评为西北唯一的吨粮县。近几年，高陵由传统农业向特色农业、都市农业加速转变，现代设施农业达到10万亩，培育省市级农业示范园区19个，市级以上农业龙头企业17家。作为西北最大的“温室大棚菜之乡”，高陵的大棚农业经过20余年的发展，已经走向成熟。

高陵区积极探索城乡融合发展新模式，构建现代农业生产经营新体系，全区已建成以露地菜、日光大棚、智能温室等为主的各类农业基地近10万亩，其中通远现代设施农业示范区、鹿苑健康农业体验园、药惠现代农业科技示范园等园区已经成为高陵现代农业的核心发展区。一批有影响的特色农产品成为区域的亮眼名片，高陵注册有“稞青”“泾渭安民”“清乡”等20多个优势蔬菜品牌，耿镇胡萝卜被认定为国家地理标志登记农产品，“稞青”“香依”等品牌获“后稷奖”等称号。中王农产品专业合作社获得国家农民合作示范社、全国农民合作社示范单位、陕西省农业产业化经营重点龙头企业、第二批陕西省农民专业合作社百强示范社等荣誉。涉农产品加工特色突出，通远猪蹄、高陵石子馍、南茂号辣酱等受到群众欢迎。

20 世纪 90 年代后期，高陵走出了一条工业强县的路子。截至 2020 年底，高陵区工业规模持续扩大，全区规模以上工业企业达到 190 家，产值过亿元企业达到 70 家，工业总产值自 2017 年以来连续 4 年突破千亿元大关。高陵区不断深化合作共建，多渠道、高层次引进工业发展政策、资金、技术和智力等要素，按照“集群招商、以商招商、产业链条招商”的思路，积极深化与长庆、宝石、中化近代等大企业、大集团的合作发展，着力引进投资强度大、产业关联度高、带动力强、发展前景好的优质项目。

泾河工业园是高陵区统筹城乡发展和三大区域协调发展的明星级工业园，位于高陵区西南部、泾河两岸，分为南北两区，是“泾渭分明”自然景观所在地。1988 年，县委、县政府作出开辟泾河工业园区（时称“泾河工业开发区”）规划，园区经西安市人民政府批准成立，1993 年省政府将泾河工业园列为省级开发区。1996 年，泾河工业园建设步入快车道，1997 年投资 2.9 亿元的西安金珠近代有限公司落户工业园，2000 年又成功引进投资 10 亿元的长庆油田勘探局 18 个项目入驻。2001 年高陵县与经开区合作共建泾河工业园，2003 年高陵县委、县政府提出加快实施“泾河工业园带动战略”，同时投资 19.8 亿元的重型汽车工业基地陕重汽新基地和投资 16 亿元的西部新材料产业园相继入驻。经过多年的发展，泾河工业园已开发面积 65 平方千米，规划面积 100 平方千米，累计有 558 个入区项目，总投资超过 1 000 亿元，入园工业企业 435 家，从业人员 5.8 万人，工业园已经成为高陵经济的重要支撑。目前，园区已形成五大支柱产业，分别是：以陕重汽为龙头，集汽车研发、生产、检测、销售、物流于一体的大型现代化汽车产业集群；以长庆、宝石为代表，集石油装备研发、制造、三产服务于一体的完整产业体系和总部经济集群；以兵器工业基地为组团，集光电信息、精密控制、新型材料等于一体的兵器装备制造产业集群；以中化近代、碑林制药为代表的医药化工产业示范基地；以中兴林产、通威饲料等为代表的农副产品及食品深加工产业体系。

高陵钟灵毓秀、历史辉煌。挺拔秀丽的唐昭慧院塔耸立于辖区东南；唐大学士裴度撰文、大书法家柳公权书丹的唐西平郡王李晟碑兀立在渭河北岸公路旁；1978 年，渭河南 3 千米处发掘出唐东渭桥遗址：皆为省级文物保护单位。此外，还有米家崖、灰堆坡、马南村等多处新石器时代遗址。“泾渭分明”的自然景观闻名遐迩。

高陵人杰地灵、文运昌盛。续《史记》的冯商诏，撰《隋书》的于志宁，著《蝶园随钞》的樊景颜、陈大纲，陕西第一个共产党员刘天章……一代一代的著名历史人物使高陵光芒四射，远近闻名。改革开放后，高陵

泾渭分明

这一家喻户晓的成语源出泾渭两河交汇处。《诗经·邶风·谷风》：“泾以渭浊，湜湜（shí）其沚。”在泾水、渭水相汇合处，清浊分明，分界清楚而不混，用以比喻界限清楚。

沐浴在文学的春风里，一大批奔波在劳动一线的群众文学爱好者在农忙之余，用自己的文字记录着高陵社会经济文化的发展成就，有力地促进了诗歌、散文、小说、戏剧、曲艺等体裁的创作，高陵也被誉为“陕西文学之乡”。这片土地积淀了丰厚的文化底蕴，各类文化惠民活动蓬勃开展。全区成立组建基层文化队伍51支，乡贤书院7所，创设了“公共文化服务110”“农民文化节”“文化旅游推广季”“高陵好声音歌手大赛”等活动，获得第八届全国服务农民、服务基层文化建设先进集体荣誉称号。

三、未来规划

“十四五”时期，高陵区将着力构建“1+2+3+N”空间发展结构，形成“以产兴城、产城融合”发展格局。

“一轴”，即创新引领发展轴（泾惠十三路沿线500米范围）。

“二带”，即地铁10号沿线新经济带，地铁沿线10平方千米；泾渭河生态保护和高质量发展带，泾渭河两岸500米范围。

“三区”，即先进制造业和现代服务业融合发展示范区、泾渭河生态保护和高质量发展区、乡村振兴发展示范区。

“N”，即泾渭工业园、泾河工业园、兵器工业基地、军民融合发展示范园（电子信息产业园、智能制造园）、丝路职教新城、循环经济产业园、西安公共卫生基地、泾渭中央商务区（泾渭CBD）、“泾渭分明”景观区、耿镇文化旅游区等。

高陵区把打造“新经济活力之都”城市品牌作为全区的首位战略目标，以“优空间、强基础、补短板、提品质”为基本思路，坚持创新驱动、产城融合、乡村振兴“三大战略”，深度融入西安国家中心城市建设，超前布局和发展新经济产业，强化基础承载，提升城市发展品质，培育高陵竞争新优势，举全区之力高标准建成西安国际化大都市新城区、渭北先进制造业核心区、乡村振兴发展示范区。

（1）西安国际化大都市新城区。依托地铁（西安地铁10号、17号和22号线）、城际铁路、西延高铁、丝路职教新城、西安公共卫生中心等项目，大力发展现代服务业，进一步拓展城市发展格局。从活力产业之都、活力文教之都、活力生态之都和活力生活之都四个维度，全方位塑造“新经济活力之都”城市品牌，打造西安国际化大都市新城区。

（2）渭北先进制造业核心区。进一步发挥汽车制造、石油装备、新型材料、生物医药、节能环保等产业发展的优势，打造西安渭北先进制造业的核心区。全力支持陕汽扩能、吉利汽车、北汽“双园”等整车项目投产运营，打造汽车零部件全产业链条。依托经开区新能源、新材料、电子信息、生物科技等产业发展基础，加快泾河工业园转型升级步伐，规划建设汽车零部件产业园、光刻材料产业园、中医药产业园等智能化、专业化园区，做强配套链，做优供应链，布局创新链。

（3）乡村振兴发展示范区。依托幸福社区等新模式、西安农产品物流城等新项目、田园综合体等新业态，建设一流的乡村振兴发展示范区。打造高陵现代都市农业品牌，激活乡村振兴发展新动能，构建城乡协调联动发展格局。

百香果生产示范基地

第十一节
鄠邑区

鄠邑区位于关中平原中部、西安市西南部，自古就有“银鄠县”的美称，是西安国际化大都市3个副中心城市之一，也是全国闻名的中国现代民间绘画之乡、中华诗词之乡、中国鼓舞之乡、中国楹联文化县、全国文明县城、国家卫生县城、全国围棋之乡、全国档案管理示范县。辖区总面积1 282平方千米，户籍总人口60.1万人。下辖14个街道、1个景区管理局，分别为甘亭街道、余下街道、五竹街道、玉蝉街道、祖庵街道、蒋村街道、涝店街道、甘河街道、渭丰街道、石井街道和森林旅游景区管理局，大王街道于2017年4月14日交西咸新区托管，秦渡街道、草堂街道以及庞光街道于2019年3月28日交西安高新区托管。

一、历史沿革

鄠邑区原称“鄠县”“户县”。早在夏朝的时候，在这里生活的有扈氏建立了有扈国，有扈氏国为建置最早的方国，曾名“扈邑”，中国历史进入阶级社会后的第一次战争就发生在这里。公元前21世纪，夏禹死后，由其子启继承王位。有扈氏反对继承，要求部落选举，启率大军进行讨伐，战于甘（今甘峪附近），有扈氏败。成语“飞扬跋扈”便源于这场讨伐战争，古意是指在尘土飞扬中有扈氏国灭亡了，现在引申为“狂妄自大、目中无人”。周平王东迁，以岐丰之地赐秦襄公，改“扈邑”为“鄠邑”，这就是现在鄠邑区的名称由来。西汉初年置县时，定名为“鄠县”，可以说是京畿之地。鄠县自汉初确定了县的建制以后，两千多年来，只有隶属关系的变更，县名及县制设置相沿未改。

1949年5月，鄠县解放后，属陕甘宁边区咸阳分区管辖。中华人民共和国成立后，1950年5月鄠县属咸阳专区管辖，1953年元月直属陕西省人民政府管辖。1958年11月，陕西省人民委员会报请国务院批准，鄠县保留县的建制，划归西安市人民委员会管辖。1961年8月，鄠县划归咸阳专区管辖。1964年9月，经国务院批准，将“鄠县”改为“户县”。1983年

户县农民画《手帕头上戴》

鄠邑区是闻名中外的农民画之乡。“户县农民画”孕育自传统的剪纸、刺绣等民间艺术，诞生于20世纪50年代，从70年代开始不断地提高、创新、升华、成熟，逐步走出户县，走向全国，走向世界，成为全国影响力最大的农民画乡之一，被视为中国农村文化建设的典型。户县农民画作品多次出国展出，被联邦德国、英国、日本等国以画册、电影、电视等形式作专门介绍。1988年，户县正式被国家文化部命名为“中国现代民间绘画之乡”。

10月20日，将户县划归西安市管辖。2016年11月24日，国务院批复撤销户县，设立西安市鄠邑区。鄠邑区成为西安市第11个区，迎来了前所未有的历史发展机遇。

二、发展成果

（1）现代产业快速发展。先进制造业提质增效，园区规模发展壮大；第三产业活力彰显，全域旅游创建持续推进，成功举办柳泉桃花节、重阳仙菊文旅节、首届半程马拉松赛等活动；以商贸物流、休闲康养、电子商务为主的现代服务业成为全区新的经济增长点。现代农业产业化步伐加快，瓜果、蔬菜等优势特色农产品产量不断提高。2019年“户县葡萄”成功入选年度中国果业受欢迎的名优果品区域公用品牌10强，成功创建第二批“国家农产品质量安全县”。2020年，全省唯一的国家葡萄产业技术体系“葡萄新品种西安区试园”在鄠邑挂牌，鄠邑也被评为陕西省级农民专业合作社高质量发展示范区。

鄠邑区“八月炸”

（2）**城乡建设成效显著。**全区交通纽地位加速凸显，西成客专鄠邑站已成为连接西南“第一门户”，农村公路通达率100%，城乡路网日趋便捷，2019年被授予“四好农村路”全国示范区称号，2020年成功创建全国城乡交通运输一体化示范区。围绕田园综合体、特色小镇、乡村旅游、精品民宿新业态及美丽宜居村庄建设，以乡村振兴促进城乡融合发展强力推进。

（3）**生态文明建设成绩斐然。**在全市率先设立秦岭生态保护站，实行峪口峪道“三色”分类管理，形成“数字秦岭、智慧管山”的鄠邑模式。

三、未来规划

“十四五”期间，以“全面融入主城区”为首位战略，以“优空间、促统筹、强基础、补短板、提质量”为基本思路，严格保护秦岭生态环境，大力发展全域旅游，全面建设西安国家中心城市的现代化副中心，争取全区在西安都市圈发展中占据重要位置，努力开创鄠邑高质量发展新格局。

1. 高站位优化空间发展格局

立足“东进、西跨、中优、南控、北通”的城市空间发展战略，着力构筑“一心两轴三带四区”的“1234”网络化全域空间结构。

“一心”：城市发展核心。主城区西跨涝河，连通渼陂湖文旅区等，加快形成承载城市综合功能的发展中心。

“两轴”：涝河生态文旅轴、科技创新引领轴。城西以涝河渼陂湖、天桥湖生态文化旅游为主，形成涝河生态文旅轴。城东以沣京工业园、西户高新区、草堂科技产业基地、中国丝路科创谷为引领，形成科技创新轴。

“三带”：渭河生态文旅带、城市综合发展带、秦岭生态文旅带。依托秦岭、渭河生态资源优势，大力发展秦岭生态文旅带、渭河生态文旅带。完善提升沣京大道，形成凝聚城市发展的东西向城市综合发展带。

“四区”：城市生活区、创新合作区、城乡融合区、秦岭生态区。

城市生活区。以中心城区为重点，西跨涝河积极发展渼陂湖及天桥湖区域，形成全区城市配套完善经济成熟的集中生活区域。

创新合作区。以沣京工业园、西户高新区、余下军民融合示范基地、草堂科技产业基地为产业基础，加快发展高铁智城、中国丝路科创谷等区域，形成全区先进制造业及生产服务配套高度集中区，也是西安高新区、西咸新区向西的科技创新拓展区。

城乡融合区。承担着西安“菜篮子、果盘子”功能，是全区生态农业、现代农业和都市农业的融合发展集中区，也是谋划实施乡村振兴战略促进城乡融合发展的先行区。积极推进乡村旅游、精品民宿和都市农业观光体验，打造文旅融合和乡村振兴的样板。

秦岭生态区。以秦岭坡脚线向南区域为秦岭生态保护区，持续推进秦岭山水林田湖草生态要素的常态化保护和生态修复，不断提升水源涵养和生物多样性服务功能。

2. 高质量构建现代产业体系

高质量构建“3233”现代产业体系，创新构建六大科创园区，加快形成区域性特色产业竞争链，培育壮大创新发展新动能。做大做强生物医药、装备制造、电子信息三大主导产业，培育引导数字经济、新材料两大新兴产业，转型提升印刷包装、现代农业、文旅产业三大优势产业，积极发展现代商贸、健康养老、检测服务三大现代服务业。构筑完善沣京工业园、西户高新区、草堂科技产业基地、余下军民融合示范基地、中国丝路科创谷、高铁智城六大科创园区。

3. 高起点实施乡村振兴战略

以秦岭北麓生态旅游带、渭河生态发展带为重点，培育完善一批休闲观光园区、精品民宿等休闲度假旅游产品，加快祖庵古镇建设，打造“一村一品、一村一景、一村一韵”环山路美丽乡村示范带，打造西安最美乡村旅游目的地。实施“农业+文创+旅游”行动，依托户县农民画等资源，打造集农业观光、体验、科教及文化传承于一体的农文旅融合产业，挖掘一批有影响力的街道旅游项目、独具魅力的精品村庄项目和民俗体验、农事主题活动项目，推出一批民间文化创意产品，建成“全国领先”的民间艺术文化产业示范区。实施“农业+康养+生态”行动，结合秦岭、涝河生态建设，坚持农旅融合、医养并重发展模式，培育建设一批景区化、景观化、可进入、可参与的田园综合体、康养中心，打造西安康养精品功能区。探索“农业+体育”产业发展模式，大力发展乡村休闲体育运动，加快乡村农耕历史文化资源、赛事资源、旅游资源的相互转化。

第十二节
蓝田县

终南之秀钟蓝田，巨塔凌霄白云间。
曾经白鹿逐胜地，而今祥瑞聚灞川。

蓝田县地处秦岭北麓，关中平原东南部，县城距西安市区22千米。蓝田自古为南北交通要道，区位优越，交通便利，西合铁路、沪陕高速、福银高速、312国道、环山公路等路网密集，纳入了西安大都市半小时生活圈。境内地形复杂，地貌各异，地势由东南向西北倾斜，南枕秦岭，北依骊山，东南部属秦岭延伸地带，地势较高，中、西部川、原相间，是一个山、岭、川、原相间并以山岭为主的农业县。境内水源充沛，有灞河、浐河两大水系，长度在4千米以上的河流有114条。辖区总面积2 006平方千米，户籍人口65.6万人。蓝田下辖1个街道、18个镇，即蓝关街道、华胥镇、洩湖镇、三里镇、普化镇、玉山镇、安村镇、前卫镇、孟村镇、汤峪镇、小寨镇、焦岱镇、厚镇、三官庙镇、灞源镇、九间房镇、蓝桥镇、葛牌镇、辋川镇。

一、历久弥新

蓝田在西周时称“弭”，周安王二十三年（前379）开始置县，以

《周礼》“玉之美者为蓝”，县出美玉，故名“蓝田”。历代县名时有更易，秦孝公设芷阳，汉有灞陵、南陵，北魏设杜县，北周改县为郡。汉、魏、晋、唐隶属京兆，五代宋金时有沿革，元属奉元路，明、清均属西安府，民国初年归关中道。中华人民共和国成立后曾五易归属：1950年隶属渭南专区，1956年归陕西省直辖，1959年划归西安市，1961年复归渭南专区，1983年再次划归西安市辖。

早在115万年前，“蓝田猿人”便在此生息繁衍，同时在蓝田境内完成人类漫长的进化过程，留下各时期人类活动遗迹。京畿蓝田，山灵水秀，不仅孕育了大批本土精英人物，也成为历代王公贵胄、文人墨客寓居乐游的热土，留有汉代史学家蔡邕居住过的蔡府庄和才女蔡文姬冢，唐代诗人、画家王维寓居的辋川山庄，书法家柳公权恩敕蓝田的故居柳家村及墓地，等等。韩愈、杜甫、白居易、李商隐、柳宗元、欧阳修等历代著名诗人、文学家，都曾在蓝田或长住或短游，留下数以千计的诗词华章。

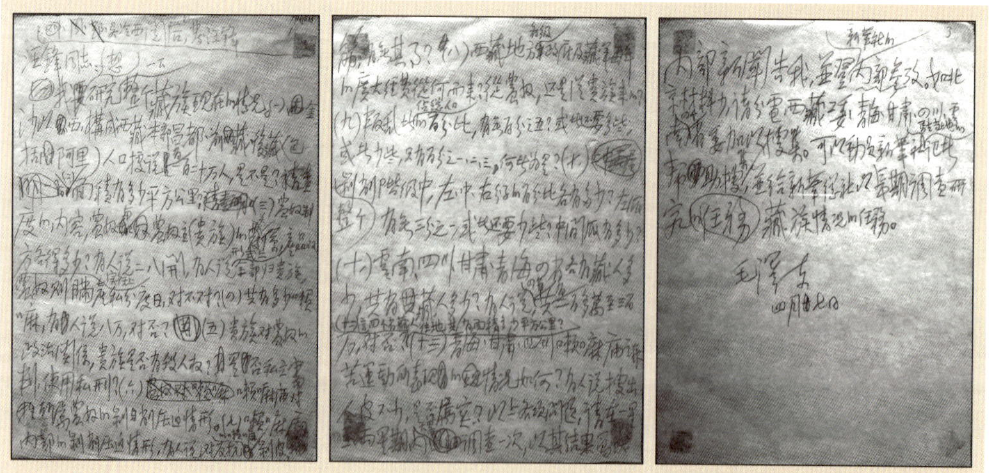

毛泽东致汪锋的书信

蓝田县九间房镇街子村是革命前辈汪锋同志的故乡。汪锋故居纪念馆于2007年1月被蓝田县人民政府公布为近现代革命史迹。这里集中展示了汪锋同志生前在不同革命历史阶段用过的办公用品、生活用品、手稿、讲话、文章以及大量照片等。

汪锋故居纪念馆

二、发展回顾

产业发展取得新成效。现代农业初显发展新格局，华胥大杏、蓝田白皮松荣列国家地理标志保护产品，蓝田大杏种植系统入选中国重要农业文化遗产。“旅游+”战略持续发力，全域旅游经验受到国务院表彰并在全国推广，入选首批陕西省全域旅游示范区。

三大攻坚战取得新进展。先后荣获“中国天然氧吧”“全国绿化模范单位”称号，入选第一批全国美好环境与幸福生活共同缔造活动培训基地、全国第二批节水型社会建设达标县。

城乡建设展现新面貌。荣获全国乡村建设评价试点县、全省“四好农村路”示范县。

三、绿色蓝田 幸福家园

“十四五”期间，全面实现“五有六好五示范”目标，以创建高质量发展、生态文明、城市更新、文旅融合、乡村振兴示范县为抓手，着力彰显“绿色蓝田、幸福家园”品牌。

1. 推进文旅康养融合发展

做“大”民宿产业。依托蓝田特色文化，引入国内民宿知名企业，全力推进民宿“联村发展”，实施环山路精品民宿示范项目，叫响“蓝田民宿”品牌，打造关中环线全域精品民宿集群。到2025年，建成以辋川王维文化、汤峪温泉文化、红色文化、史前知识文化、白鹿原文化、蓝田名厨文化、蓝田玉文化等为主题的精品民宿集群。

蓝田县九间房镇桐花乡约民宿秋色

做“精”旅游景区。加快推进王顺山国家森林公园、白鹿原影视城提档升级，力争进入国家5A级景区创建名录。挖掘白鹿原地区深厚文化底蕴，叫响“蓝田白鹿原品牌”，建设集影视拍摄与影视体验、精彩演艺、文化休闲、儿童游乐于一体的综合旅游开发区，打造白鹿原文旅新亮点。

做“活”夜游经济。利用现代化科技手段对蓝田主城区进行夜景优化，打造蓝田城市夜景旅游地标。开发相应的帐篷夜营、篝火晚会、星空酒店、美食夜市等产品，同时依托旅游小镇、度假区、风景区、田园农庄等项目载体，通过结合项目形成多种类型的夜游产品。

2. 延伸拓展旅游产业链

打造“游在蓝田”，有美景可赏。做好优质文化旅游资源的整合开发、利用推介，策划包装5条精品旅游线路。瞄准以西安为旅游目的地的群体，开发周末游、假日游产品，推出以亲子、研学、户外运动、健康养生为主题的特色活动。

打造“品在蓝田”，有文化可享。立足蓝田“美食美玉美汤泉，古道鹿原王顺山，革命宗教始祖远，王维文姬四吕贤”十二大类地域文化，深化与陕旅、陕文投、融创、汉华、曲江文旅等的合作，打造高端文旅新产品。

打造“吃在蓝田”，有美食可尝。依托“厨师之乡”“陕菜之乡”金字招牌，培育特色美食产业，助推美食、文化和旅游融合发展，打造蓝田“勺勺客”品牌。注重“非遗”传承和“老字号”创建，做精做强美食小吃，打造网红美食及美食街区。

打造“养在蓝田”，有产业可富。统筹利用区域内的医疗、养老、旅游、生态、温泉等优势资源，发展“候鸟式”“度假式”“生态休闲式”等养老模式。整合医疗、健康管理、康复、养老和护理资源，积极发展“住、养、医、护、康”于一体的医养结合服务体系。

打造“憩在蓝田”，有乡愁可忆。依托青坪村、桐花沟村、鲍旗寨等乡村旅游示范村，打造一批特色鲜明、个性突出、覆盖不同年龄段游客的乡村旅游目的地。依托汤峪旅游度假区等，开发温泉养生、观光、采摘等休闲旅游。围绕县域“天蓝、山青、水净、坡绿”的生态优势，打造“春季踏青赏花，夏季纳凉避暑，秋季登山探幽，冬季滑雪泡汤”四季旅游品牌。

3. 做优做特都市休闲农业

深化农业供给侧结构性改革，扎实推进“壮果、强畜、精菜、兴药、优苗”工程，促进一二三产业融合发展，不断提升农业质量效益和竞争力。

优化果业发展质量。以樱桃、大杏为主导，草莓、花椒、葡萄为补充，实施果业升级提档工程，打响“蓝田樱桃”“华胥大杏”等品牌，发展果醋、果酒、脆片、核桃油等精深加工。

兴旺现代畜牧业。依托陕西鑫龙门现代农业园，在三里镇、三官庙镇等奶山羊养殖重点镇创建“种植 + 养殖 + 育繁 + 生产 + 加工 + 销售 + 休闲农业体验 + 技术服务体系 + 互联网”的经营模式。以伊利乳业、陕西皇家生物科技、军源牧业为重点，大力发展乳制品，推动养殖业全产业链发展。

提高设施蔬菜效益。在白鹿原、安村镇、孟村镇、前卫镇建设高效节能日光温室、高标准冬棚等设施农业，引进硬果番茄、甘蓝、生菜、食用菌等特色蔬菜品种，推行物理生物绿色生产防控技术，开展高效设施栽培示范。

壮大中药材种植产业。在九间房镇、葛牌镇、小寨镇发展党参、黄芩、五味子、天麻、苍术、猪苓等优势道地药材种植，发展中药材初加工，延长产业链条、提高附加值。

推进苗木花卉产业转型升级。以20万亩白皮松基地为主体，积极推广“蓝田白皮松”国家地理标志品牌，形成集种植、包装、交易、冷链物流等全标准化、全产业链的现代产业集群，实现“种蓝田，卖全国”目标，打造西部苗木花卉的集散中心和“南苗北移、北苗南移”的驯化基地。

第十三节
周至县

楼观台

周至县距西安市区 68 千米，素有“金周至”之美誉。地势西南高、东北低，属暖温带大陆性季风气候。辖区总面积 2 974 平方千米，总人口 69.17 万。周至县辖 1 个街道、19 个镇，即二曲街道、哑柏镇、终南镇、马召镇、集贤镇、楼观镇、尚村镇、广济镇、厚畛子镇、青化镇、竹峪镇、翠峰镇、四屯镇、司竹镇、九峰镇、富仁镇、骆峪镇、陈河镇、板房子镇、王家河镇。

一、发展特色

一座秦岭山，半部中国史。秦岭之心是终南，终南山下金盩厔。

古朴隽永，终南最名。《陕西志》记载：“关中河山百二，以终南为最胜；终南千峰耸翠，以楼观为最名。”汉武帝太初元年（前104）正式设置盩厔县。唐李吉甫在《元和郡县图志》中首次解释“盩厔”为“山曲为盩，水曲为厔，因以县名”。盩厔县名沿用2 000余年，是陕西省最悠久的县名之一。1964年，依据国务院《汉字简化方案》，将古体字“盩厔”改为“周至”二字。

钟灵毓秀，沃野平畴。人文浩盛，山河壮丽，人杰地灵，物阜民丰，自古以来就有“金盩厔”之美誉。这里是华夏正财神赵公明故里，是“海内三大儒”二曲先生李颙的故乡，有“天下第一福地”老子讲授《道德经》的楼观台，有因白居易创作《长恨歌》和隋代佛舍利而扬名海内外的仙游寺，还有见证着古丝绸之路上中西方文化交流的大秦寺。

人文鼎盛，关中文柢。周至文化底蕴厚重，传承了周之风礼、秦之风骨、汉之风华、唐之风月，拥有《道德经碑》《大唐宗圣观记碑》《大秦景教流行中国碑》等文物遗存和《道德经》《长恨歌》《长杨赋》等艺术硕果，流传着伯夷叔齐首阳采薇、尹喜筑台老子讲经等传说，集贤古乐、军寨道情、秦腔、皮影、剪纸等非物质文化遗产代代相传，拥有楼观台、仙游寺、大秦寺等景点320余处，馆藏文物4 000余件，是全国首批最具魅力生态旅游县，是“关中文柢、天下福地”。

丝路绿谷，天下福地。县辖内呈现“七山一水二分田”的格局，南拥秦岭，北临渭水，山川秀丽，竹茂林深，森林覆盖率达66.6%，携峪口52个，黑河、田峪河等15条河流年径流量10亿立方米，每年向西安市区供水3.05亿立方米，是市区的主要水源地。周至道文化展示区、秦岭国家植物园、黑河国家森林公园、沙河湿地公园等生态景区众多，是国家级生态示范县、国家绿色能源示范县，先后荣获“全国人文生态旅游基地”“县域旅游发展潜力百佳县”等。

秦岭和“秦岭四宝”

产业集聚，蓄势待发。周至是世界上最大的猕猴桃生产基地，“中国猕猴桃之乡”，也是西北地区最大的苗木花卉集散地。与高新区合作共建集贤园，加快推进西部智能装备产业园与其融合发展，医药、信息、汽车、电子等产业高度聚集，“两翼驱动”的现代工业前景广阔。周至区位优势显著，东临西安主城区，西接宝鸡，南连汉中，北通杨凌、咸阳，正在建设的西安外环高速、鄠周眉高速穿境而过，境内旅游景点40多处，是宜居、宜业、宜游休闲度假旅游目的地。

二、发展回顾

产业基础不断夯实。以猕猴桃产业为主，以苗木花卉、蔬菜、杂果和养殖业为辅的特色农业产业优势更加鲜明，先后荣获农业农村部国家地理标志认证、“陕西省现代农业强县”“全国特色产业百佳县”荣誉。周至猕猴桃连续七年稳居中国农产品区域公用品牌价值排行榜猕猴桃类第一位，被誉为“中国猕猴桃之都”。与高新区合作共建集贤园，规划建设西部智能装备产业园，县域生态工业“两翼驱动”发展格局初步形成。创建国家4A级旅游景区3个、省市级乡村旅游示范村10个。电商产业异军突起，被确定为国家电子商务进农村综合示范县。

生态建设成效明显。连续两年荣获“中国天然氧吧”称号。

城乡建设快速推进。城乡一体稳步实施，行政村通客车达100%。厚畛子镇老县城村成功入选“国家级传统村落”名录，马召镇安富园社区被授予全国“‘十三五’美丽搬迁安置区”荣誉称号。

民生保障高效实施。脱贫攻坚成果丰硕，如期顺利实现贫困县摘帽，被评为“2018年度中国十佳脱贫攻坚与精准扶贫示范县”。成功创建国家义务教育发展基本均衡县、陕西省“双高双普”合格县，教育办学条件得到进一步改善，教师学历达标率达100%。

三、展望未来

1. 创建国家全域旅游示范县

推进周至旅游布局由“散点式、景区型旅游”向“城市、景区、乡村”三位一体“全域式、全景式、体验式”转变，打造百亿级文旅康养产业集群，建设西安国家中心城市原生态度假和生态研学旅游目的地，创建国家全域旅游示范县。

（1）优化全域旅游空间格局。依托得天独厚的自然山水资源和历史人文资源，构建“一核两廊三线四板块十村”的全域旅游空间结构。

“一核”即强化县城综合旅游服务核心地位；“两廊”即渭河百里生态画廊和黑河绿色生态长廊；“三线”即沿107省道的历史文化旅游线、沿108国道的绿色生态旅游线、沿310国道的休闲农业旅游线；“四板块”即沙河水街民俗文化旅游板块、道文化展示区和秦岭国家植物园道与自然旅游板块、西南塬区休闲运动旅游板块、厚畛子和老县城绿色生态旅游板块；“十村”即10个精品旅游村，分别是耿峪村、赵代村、就峪村、周一村、虎峪村、骆峪村、农林村、张龙村、老县城村、裕盛村。

（2）突出四大特色旅游主题。围绕全域旅游空间格局，重点抓好绿色生态游、历史文化游、休闲度假游、乡村民俗游的特色旅游景区提档、功能提升，推进旅游产品升级改造，推动旅游板块联动协同发展，全面提升旅游竞争力、文化影响力和产业带动作用。

绿色生态游。依托秦岭自然山水和渭河、黑河生态资源，整合秦岭国家植物园、黑河国家森林公园、楼观台国家森林公园、沿山峪口、黑河水库、骆峪水库等秦岭北麓旅游资源，深挖渭河百里生态画廊景观和黑河万亩湿地芦荡等发展潜力，重点打造生态休闲、康体养生、研学研修、文化观光等旅游产品。

历史文化游。深化与曲江的第二轮区县战略合作，组建文旅融合大联盟，推动西安楼观生态文化旅游度假区转型发展，加快推进仙游寺迁建工程，传承以李二曲为代表的关学文化，唱响周至秦腔品牌，讲好老子、《长恨歌》、佛坪厅、八云塔等周至历史故事和传说，传承文化根脉，凝聚民族精神。

休闲度假游。以沙河水街打造国家级特色文旅小镇为核心，加快推进关中古镇、西部“非遗”城文化体验区、影视音乐直播基地、康养民宿度假区等项目建设，完善水街配套设施，加快沙河上下游综合治理，促进沙河产业链的不断延伸，形成完善的服务业态，建设一流品质的国家级康养生态度假区，打造“金周至”的“城市会客厅”和县域经济发展“新引擎”。

乡村民俗游。围绕10个精品旅游村建设，整合区域特色村落、田园景观、现代农业园区等资源，挖掘乡村文化中的节日庙会及秦腔、古乐、木偶、皮影、社火等民俗元素，因地制宜打造一批田园风光、乡村休闲、采摘体验等特色旅游项目，形成农业生产、乡村生活和景区旅游一体化发展格局。

2. 提升公共文化服务水平

实施文化精品战略。以“溯源、找根、寻魂”为原则，坚持大境界入手、大格局切入、大气魄论证，让周至沉睡的历史活起来、亮起来，以“骆峪傥骆古道文化、楼观台老子文化、仙游寺白居易文化、集贤鼓乐文化、李二曲关学文化、终南路德儒家文化”为主线，以“山水文化、丝路文化”为魂，充分挖掘周至作为周秦汉唐京畿之地的历史文化蕴含。

提升公共文化基础设施。加快建设数字图书馆、网上文化馆等数字文化工程。推进“周至书房”建设，着力打造“书香周至”。

创新实施文化惠民工程。精心策划举办“周至年·最关中”系列春节文化活动。依托传统节日、重大庆典活动和民间文化资源，广泛开展“非遗”进景区、欢乐百姓、广场舞大赛、夏日文化广场、秦腔演出等群众喜闻乐见、丰富多彩的群众性文化活动。

● 西安果业基本情况

（一）概况

果树产业是西安现代农业的特色和标志性产业。西安市所在的关中地区是世界桃、杏、梨、枣、中国李、中国樱桃、板栗等北方果树的原产地，也是我国通过丝绸之路引进石榴、葡萄、无花果、核桃等果树的原生地，具有数量众多的果树种质资源和丰富的栽培管理技术经验。

目前全市栽培有 11 大类水果（桃、葡萄、樱桃、石榴、猕猴桃、李、杏、梨、枣、柿子、苹果），面积 73.8 万亩，年产鲜果 101.01 万吨，总产值超过 65 亿元。西安已成为全国乃至全球最大的猕猴桃集中产区、全国露地成熟期最早的大樱桃产地、精品鲜食葡萄基地和西北优质水蜜桃产地，被誉为“北方时令水果之都”。“周至猕猴桃”“临潼石榴”“临潼火晶柿子”“阎良相枣”“灞桥樱桃”“户县葡萄”“王莽鲜桃”“华胥大银杏”“蓝田樱桃”“灞桥葡萄”“老堡子鲜桃”等 11 个产品已成为国家地理标志保护或登记产品，在国内享有盛誉。蓝田大杏种植系统、临潼石榴种植系统分别于 2017 年和 2019 年入列第四批、第五批中国重要农业遗产名录。一个市有这么多果业地理标志产品和中国重要农业文化遗产，国内罕见。

（二）国际水果划分

世界上根据水果栽培历史和开发利用程度，将水果划分为第一代（1G）、第二代（2G）、第三代（3G）。

第一代水果：人工选育栽培的传统水果，栽培历史一般都在几百年或千年以上。主要种类有梨、桃、葡萄、苹果、柑橘等。

第二代水果：近代新开发的人工栽培的野生山果。主要种类有猕猴桃、草莓、山楂、冬枣、无花果等。

第三代水果：分布于荒山林区，尚未被开发利用，处于野生状态的山果和一些新开发的优特水果。简单地说就是野生、高营养又具备药理功能的“药食同源”水果，主要种类有蓝莓、树莓、八月炸、黑莓、果桑、刺梨、沙棘、钙果（欧李）等。

现代科学证明，第三代水果营养价值是前两代水果的几百倍甚至上千倍，同时还具有重要的观赏、药用、香料、油脂和保持水土的作用，国际市场供不应求。其营养价值高、药食同源、价格高，因此种植和开发第三代水果成为21世纪果品发展的新趋势。由于长期处于野生或半野生状态，品种选育、增产、提高果径、提升口感、药食两用加工产品及保健品开发成为科学研究的热点。目前，第三代水果开发成为现代果业发展的热点。

（三）西安市果业发展情况

西安市果业发展经历了第一代水果的历史传承与发展、第二代水果的成功开发、第三代水果的引进与挖掘三个阶段，目前正处于三代水果共同发展阶段。西安市在第一代、第二代水果开发方面居国内领先地位。

第一代水果中西安具有优势的主要是葡萄、石榴、桃、樱桃、杏等。特别是20世纪末至21世纪初，西安与日本冈山县开展，果树技术交流，引进日本桃、葡萄、梨、草莓等果树新品种40多个，引进并在国内率先示范推广葡萄超短梢及桃树长梢修剪等简化修剪技术，疏花疏果、水果套袋、生物有机施肥、果园生草技术在国内首先商业化应用，为我国传统果业向现代果业发展作出了重要贡献。

第二代水果以成功开发并大规模人工栽培的猕猴桃为代表。秦岭山区具有十分丰富的野生猕猴桃资源。西安市是国内最早开展猕猴桃野生资源调查和人工栽培的地区，在猕猴桃产业发展中的种质资源开发、品种选育、栽培与产后贮藏加工技术研发和市场营销方面居国内领先水平，是我国第二代水果开发的成功案例。

第三代水果开发从无到有，初具规模和产业效应。目前规模化栽培的主要是引进果树蓝莓，引进品种众多，主要分布在鄠邑区和周至县，以观光采摘为主。开发培育软枣猕猴桃变种紫果猕猴桃和八月炸：在蓝田县蓝桥鸭峪沟村发现国内分布最集中、数量最大的150余架野生软枣猕猴桃，建成20亩软枣猕猴桃资源圃，收集种质资源50多份，已建成100亩示范园，选育优良品系5个；第三代水果八月炸人工栽培技术国内领先，目前在鄠邑区建成60亩八月炸省级农业标准化示范区1个，辐射带动省内外发展面积1 000余亩。

附表

2020 年西安市各区县主要指标

	土地面积（2020 年）		常住人口（2020 年）			
	土地面积		常住人口		城镇化率	
	（平方千米）	占全市比重（%）	（万人）	占全市比重（%）	（%）	排位
全 市	10 752	–	1 295.29	–	79.20	–
新城区	30.13	0.3	64.47	4.98	100.00	1
碑林区	23.37	0.2	75.68	5.84	100.00	1
莲湖区	43	0.4	101.91	7.87	100.00	1
灞桥区	332	3.1	59.40	4.59	99.27	6
未央区	264.41	2.5	73.34	5.66	100.00	1
雁塔区	152	1.4	120.20	9.28	100.00	1
阎良区	244	2.3	28.15	2.17	55.09	9
临潼区	915	8.5	67.60	5.22	36.51	11
长安区	1 583	14.7	109.06	8.42	57.20	8
高陵区	294	2.7	41.70	3.22	63.58	7
鄠邑区	1 282	11.9	45.94	3.55	38.55	10
蓝田县	2 006	18.7	49.20	3.80	34.15	13
周至县	2 974	27.7	50.41	3.89	34.51	12
西咸新区	655	6.1	103.90	8.02	73.07	–

注：1. 土地面积数据为西安原口径，全市土地面积包含西咸新区。
2. 常住人口数据截至 2020 年 11 月 1 日零时，数据来源于第七次全国人口普查，各区县常住人口为管理区域数据。

续表

	“四上”及房地产开发企业单位数											
	总数		规模以上工业企业		限额以上贸易企业		资质内建筑业企业		规模以上服务业企业		房地产开发企业	
	（个）	占全市比重（%）	（个）	占全市比重（%）	（个）	占全市比重（%）	（个）	占全市比重（%）	（个）	占全市比重（%）	（个）	占全市比重（%）
全 市	8 869	–	1 607	–	2 695	–	1 361	–	1 997	–	1 209	–
新城区	422	4.8	7	0.4	205	7.6	66	4.8	112	5.6	32	2.6
碑林区	691	7.8	6	0.4	319	11.8	148	10.9	183	9.2	35	2.9
莲湖区	527	5.9	24	1.5	181	6.7	94	6.9	151	7.6	77	6.4
灞桥区	573	6.5	90	5.6	176	6.5	57	4.2	128	6.4	122	10.1
未央区	1 614	18.2	195	12.1	574	21.3	270	19.8	383	19.2	192	15.9
雁塔区	2 062	23.2	246	15.3	480	17.8	409	30.1	683	34.2	244	20.2
阎良区	290	3.3	116	7.2	61	2.3	35	2.6	30	1.5	48	4
临潼区	228	2.6	87	5.4	46	1.7	37	2.7	30	1.5	28	2.3
长安区	661	7.5	197	12.3	170	6.3	71	5.2	104	5.2	119	9.8
高陵区	355	4	192	11.9	67	2.5	21	1.5	35	1.8	40	3.3
鄠邑区	270	3	130	8.1	67	2.5	18	1.3	18	0.9	37	3.1
蓝田县	137	1.5	58	3.6	30	1.1	15	1.1	17	0.9	17	1.4
周至县	147	1.7	44	2.7	52	1.9	17	1.2	10	0.5	24	2
西咸新区	892	10.1	215	13.4	267	9.9	103	7.6	113	5.7	194	16

续表

	生产总值				第一产业增加值				第二产业增加值			
	绝对量		增速		绝对量		增速		绝对量		增速	
	（亿元）	占全市比重（%）	（%）	排位	（亿元）	占全市比重（%）	（%）	排位	（亿元）	占全市比重（%）	（%）	排位
全　市	10 020.39	–	5.2	–	312.75	–	3	–	3 328.27	–	7.4	–
新城区	579.05	5.8	0.4	11	–	–	–	–	164.41	4.9	−6.6	11
碑林区	1 060.47	10.6	2.0	9	–	–	–	–	256.13	7.7	10.7	3
莲湖区	814.95	8.1	2.8	5	–	–	–	–	276.99	8.3	10.7	3
灞桥区	542.06	5.4	8.5	2	18.94	6.1	−6.3	10	157.90	4.7	13.4	2
未央区	1 319.43	13.2	3.0	4	1.61	0.5	434.1	1	580.10	17.4	1.7	8
雁塔区	2 510.72	25.1	7.3	3	–	–	–	–	575.78	17.3	7.2	5
阎良区	249.10	2.5	0.7	10	32.42	10.4	4.1	2	85.67	2.6	−5.5	10
临潼区	252.53	2.5	2.3	6	41.37	13.2	4	3	63.55	1.9	7.2	5
长安区	1 136.25	11.3	15.3	1	32.76	10.5	3.2	7	604.96	18.2	26.4	1
高陵区	374.49	3.7	2.1	8	30.84	9.9	3.6	5	203.49	6.1	−0.1	9
鄠邑区	233.61	2.3	2.3	6	31.10	9.9	2.2	8	96.94	2.9	3.1	7
蓝田县	142.96	1.4	−5.9	13	32.38	10.4	3.7	4	22.11	0.7	−26.1	13
周至县	139.44	1.4	−1.4	12	40.39	12.9	3.6	5	12.35	0.4	−19.3	12
西咸新区	612.50	6.1	7.2	–	50.93	16.3	1.7	9	204.70	6.2	7.7	–

续表

	第三产业增加值				常用耕地面积（2019 年）			粮食产量		
	绝对量		增速							
	（亿元）	占全市比重（%）	（%）	排位	绝对量（万亩）	占全市比重（%）	排位	绝对量（吨）	占全市比重（%）	排位
全　市	6 379.37	–	4.2	–	361.33	–	–	1 445 840	–	–
新城区	414.64	6.5	3.8	6	–	–	–	–	–	–
碑林区	804.34	12.6	−0.4	11	–	–	–	–	–	–
莲湖区	537.96	8.4	−0.8	12	–	–	–	–	–	–
灞桥区	365.22	5.7	6.8	2	5.57	1.5	8	24 021	1.7	9
未央区	737.72	11.6	3.8	6	0.16	0	9	73	0	10
雁塔区	1 934.94	30.3	7.3	1	–	–	–	–	–	–
阎良区	131.01	2.1	4.8	5	22.77	6.3	6	119 277	8.2	6
临潼区	147.61	2.3	−0.9	13	66.22	18.3	1	346 530	24	1
长安区	498.53	7.8	5.2	4	46.88	13	5	142 815	9.9	4
高陵区	140.16	2.2	6.2	3	22.15	6.1	7	124 795	8.6	5
鄠邑区	105.57	1.7	1.6	8	50.47	14	3	172 351	11.9	3
蓝田县	88.47	1.4	0.1	10	58.5	16.2	2	178 852	12.4	2
周至县	86.7	1.4	0.4	9	48.94	13.5	4	111 872	7.7	7
西咸新区	356.87	5.6	7.7	–	39.67	11	–	160 491	11.1	–
高新区								64 763	4.5	8

注：粮食产量数据来源于国家统计局西安调查队，相关区县数据不含高新区，与往年数据不可比。

续表

	规模以上工业增加值		固定资产投资（不含农户）		工业投资		房地产开发投资	
	增速		增速		增速		增速	
	(%)	排位	(%)	排位	(%)	排位	(%)	排位
全 市	7.0	–	12.8	–	15.2	–	6.5	–
新城区	−10.0	10	13.0	5	163.1	2	−28.6	9
碑林区	−21.2	11	4.7	9	−25.3	10	−24.1	8
莲湖区	6.9	3	2.9	10	161.3	3	−45.2	12
灞桥区	2.4	4	10.3	7	52.6	4	−2.8	5
未央区	−11.4	8	21.2	4	42.6	5	27.8	1
雁塔区	1.7	6	9.2	8	−36.8	12	22.5	2
阎良区	−18.6	9	10.7	6	21.1	8	−20.6	7
临潼区	8.8	2	−3.4	11	23.6	6	−34.1	11
长安区	28.4	1	31.7	3	22.7	7	−2.2	4
高陵区	−0.8	7	−5.8	12	−25.7	11	−17.0	6
鄠邑区	2.2	5	34.0	2	12.9	9	−30.0	10
蓝田县	−22.2	12	−37.1	13	−46.2	13	−46.2	13
周至县	−37.6	13	50.1	1	215.8	1	13.7	3
西咸新区	2.4	–	11.5	–	28.5	–	11.3	–

续表

	社会消费品零售总额				限额以上企业（单位）消费品零售额			
	绝对量		增速		绝对量		增速	
	（亿元）	占全市比重（%）	（%）	排位	（亿元）	占全市比重（%）	（%）	排位
全　市	4 989.33	–	–2.9	–	2 512.61	–	–1.3	–
新城区	252.50	5.1	–12.6	11	74.47	3.0	–19.4	11
碑林区	556.00	11.1	–8.9	9	243.16	9.7	–10.3	6
莲湖区	482.37	9.7	0.3	4	246.94	9.8	–5.1	5
灞桥区	516.66	10.4	15.2	2	469.48	18.7	18.5	3
未央区	909.49	18.2	–4.0	5	330.39	13.1	–11.0	7
雁塔区	1 144.40	22.9	–6.0	6	638.21	25.4	–5.0	4
阎良区	37.22	0.7	14.1	3	14.11	0.6	57.7	1
临潼区	55.09	1.1	–15.0	12	14.37	0.6	–17.9	10
长安区	232.46	4.7	–7.5	7	104.45	4.2	–15.3	8
高陵区	177.86	3.6	25.2	1	111.17	4.4	57.1	2
鄠邑区	41.25	0.8	–11.8	10	6.01	0.2	–16.2	9
蓝田县	39.20	0.8	–8.3	8	4.87	0.2	–26.5	13
周至县	34.33	0.7	–16.0	13	3.94	0.2	–24.5	12
西咸新区	510.51	10.2	–2.7	–	251.04	10.0	2.8	–

续表

	地方财政一般公共预算收入				税收收入				地方财政一般公共预算支出			
	绝对量		增速		绝对量		增速		绝对量		增速	
	（亿元）	占全市比重 (%)	(%)	排位	（亿元）	占全市比重 (%)	(%)	排位	（亿元）	占全市比重 (%)	(%)	排位
全　市	724.13	–	3.1	–	571.60	–	−1.6	–	1 347.58	–	8.5	–
新城区	18.49	2.6	−18.6	13	16.79	2.9	−19.4	12	35.37	2.6	54.0	1
碑林区	33.29	4.6	−9.5	10	30.24	5.3	−11.6	8	30.80	2.3	6.1	5
莲湖区	34.76	4.8	−10.8	11	30.88	5.4	−12.7	9	41.46	3.1	15.5	2
灞桥区	18.63	2.6	1.9	4	17.43	3.1	10.0	2	37.15	2.8	4.5	6
未央区	30.23	4.2	−3.1	8	26.58	4.6	−6.6	5	37.12	2.8	10.7	4
雁塔区	37.85	5.2	−17.6	12	34.61	6.1	−12.7	9	36.36	2.7	3.0	8
阎良区	7.10	1.0	1.3	5	5.11	0.9	−4.3	4	20.98	1.6	−6.7	12
临潼区	13.27	1.8	0.8	6	6.99	1.2	−14.1	11	46.54	3.5	1.6	9
长安区	20.21	2.8	−2.9	7	16.68	2.9	−7.7	6	49.36	3.7	−2.2	11
高陵区	12.51	1.7	3.7	3	9.97	1.7	−8.3	7	28.01	2.1	−21.2	13
鄠邑区	7.88	1.1	5.2	2	5.89	1.0	5.1	3	38.70	2.9	14.3	3
蓝田县	2.91	0.4	6.9	1	2.30	0.4	17.6	1	44.43	3.3	3.9	7
周至县	2.32	0.3	−7.5	9	1.52	0.3	−19.9	13	42.82	3.2	1.0	10
西咸新区	84.00	11.6	16.9	–	65.87	11.5	5.7	–	133.94	9.9	6.2	–

注：1. 地方财政一般公共预算收入数据来自市财政局，各区县数据中不含开发区。
2. 税收收入数据来自市财政局，各区县数据中不含开发区。
3. 地方财政一般公共预算支出数据来自市财政局，各区县数据不含开发区。

续表

	全体居民人均可支配收入				城镇常住居民人均可支配收入				农村常住居民人均可支配收入			
	绝对量		增速		绝对量		增速		绝对量		增速	
	（元）	与全市差距（±）	（%）	排位	（元）	与全市差距（±）	（%）	排位	（元）	与全市差距（±）	（%）	排位
全　市	35 783	–	5.0	–	43 713	–	4.5	–	15 749	–	8.0	–
新城区	50 233	14 450	4.2	13	50 233	6 520	4.2	13	–	–	–	–
碑林区	50 040	14 257	4.3	12	50 040	6 327	4.3	10	–	–	–	–
莲湖区	50 155	14 372	4.5	11	50 155	6 442	4.5	9	–	–	–	–
灞桥区	40 740	4957	4.8	10	42 183	–1 530	4.6	6	19 353	3 604	7.7	7
未央区	46 859	11 076	5.0	9	46 859	3 146	5.0	3	–	–	–	–
雁塔区	51 217	15 434	5.2	8	51 217	7 504	5.2	1	–	–	–	–
阎良区	31 451	–4 332	6.0	5	42 703	–1 010	5.1	2	17 104	1 355	8.2	1
临潼区	21 261	–14 522	6.5	3	32 320	–11 393	4.9	4	15 802	53	7.8	5
长安区	33 321	–2 462	5.4	7	44 027	314	4.7	5	17 186	1 437	7.9	4
高陵区	32 009	–3 774	5.5	6	40 579	–3 134	4.6	6	17 696	1 947	8.1	2
鄠邑区	19 232	–16 551	6.1	4	25 854	–17 859	4.3	10	14 723	–1 026	8.0	3
蓝田县	18 469	–17 314	6.6	2	24 920	–18 793	4.3	10	15 851	102	7.6	8
周至县	16 980	–18 803	6.7	1	23 438	–20 275	4.6	6	14 162	–1 587	7.8	5
西咸新区	21 348	–14 435	6.1	–	26 331	–17 382	4.2	–	15 177	–572	82.0	–

第三章

西安开发区概况与发展

开发区建设是西安的一张金名片

西安自1991年设立高新区以来，经过30多年发展，全市开发区实现了从无到有、从小到大、从点到面、从局部带动到拓展覆盖城市周边区域的发展格局，各级各类开发区已经成为推动全市经济最具活力、最具潜力的增长极。

2020年末，西安市共有开发区（园区）20个（国家级4个、省级10个、市级及以下13个），代管西咸国家级新区（详情见附表），其中市政府直接管理的开发区（园区）7个，区（县）政府管理的开发区（园区）13个。全市开发区管理区域面积928平方千米，市属开发区实现地区生产总值4 405.27亿元，占全市总量的43.96%。开发区集聚集约水平不断提高，各产业园区累计入园规模以上企业1 520家，占全市规模以上企业数的95%。

开发区成为全市经济发展的主要支撑。2020年开发区实现地区生产总值5 017.77亿元，占全市50.07%，地方财政一般预算收入325.68亿元，占全市46.21%。

开发区成为改革创新的引领者。带动全市2020年净增国家高新技术企业1 500余家（累计达到5 212家），全市技术合同成交额达到1 648亿元，位居副省级城市第二（仅次于广州），万人发明专利拥有量48件，居副省级城市第五。截至2020年底，国务院面向全国复制推广的六批共计239项改革试点经验中，西安市已复制推广228项，共培育创新案例300项。

开发区建设提升了城市能级。多年来，开发区建设通过大投入、大建设，带动全市中心城区扩展到912平方千米，高新区、经开区、航天基地、曲江新区、浐灞生态区、国际港务区的核心区已经融入中心城区，开发区建设拉大了城市骨架。

开发区建设扩大城市对外开放。开发区不断加大对外开放力度，扩大开放范围，拓宽开放领域，成为展示西安城市新形象的重要窗口。

2021年3月，为深入贯彻习近平总书记在陕考察重要讲话精神，围绕产业链部署创新链，围绕创新链布局产业链，推动经济高质量发展迈出更大步伐，陕西省提出，要以西部科技创新港等创新平台为基础，建好政府和高校、院所、企业、金融机构共同参与、市场化进行的开放共享创新平台，统筹线上和线下、虚拟和现实、现在和未来、国内和国外，为全省创新驱动发展和西安咸阳一体化提供有力支撑。秦创原创新驱动平台建设工作正式启动。

“秦创原”的内在含义：“秦”是从秦汉至今陕西的简称，意在要有老秦人那股“拧劲儿”；“创”代表创新、创业、创造和创优，也是陕西人的典型品质；“原”则是要追根溯源，打造创新驱动高原高地，让创新成果源源不断地走向全省、走向全国。

未来，西安市将以全面创新改革试验区建设为牵引，以秦创原这一陕西创新驱动总平台为依托，统筹高校院所、企业等创新主体，重点发挥开发区改革创新优势，充分发挥西咸新区总窗口示范作用，辐射带动相关区县、开发区，形成“一总两带”（秦创原总窗口、科技创新示范带、先进制造业示范带）的秦创原建设总格局，使西安成为秦创原建设的排头兵、样板区、动力源，为打造丝路科创中心和西部经济核心增长极提供强劲动力。

第一节 西咸新区

一、概况

1. 基本情况

西咸新区位于西安、咸阳两市建成区之间，下设空港、沣东、秦汉、沣西、泾河五个新城及能源金融贸易区。规划面积882平方千米，其中西安225.5平方千米、咸阳656.5平方千米，涉及西安、咸阳两市7个县（市、区）23个镇街。2017年1月，西咸新区整建制托管了规划范围内咸阳市4个县（市、区）的15个镇街、西安市3个区的7个镇街。目前，新区实际托管22个镇街，管辖行政区划面积889.24平方千米，户籍人口108.6万人，常住人口约120万人。

2. 发展定位

2014年1月，国务院在《关于同意设立陕西西咸新区的批复》中要求："努力把西咸新区建设成为我国向西开放的重要枢纽、西部大开发的新引擎和中国特色新型城镇化的范例。"

2015年2月，习近平总书记来陕西视察，要求"充分发挥西咸新区作为国家创新城市发展方式试验区的综合功能"，进一步指明了西咸新区的发展定位。

2016年初，省政府工作报告中提出“编制关中城市群核心区总体规划，加强西安、咸阳、西咸新区规划对接，建设现代化大西安新中心”。

2018年2月，国家发改委、住建部印发的《关中平原城市群发展规划》首次提出建设西安国家中心城市，并提出构建“一圈一轴三带”的空间格局，其中“一圈”指由西安、咸阳主城区及西咸新区为主组成的大西安都市圈。

2018年3月，《大西安(西安市—西咸新区)国民经济和社会发展规划（2017—2021）》提出大西安“三轴两带多中心多组团”的发展格局，其中“三轴”中的科技创新轴就是纵贯西咸新区南北的大轴线。

2018年12月，省政府办公厅印发的《陕西省〈关中平原城市群发展规划〉实施方案》指出：“充分发挥西咸新区作为国家创新城市发展方式试验区的综合功能，深化代管托管，实施城市发展理念、城市规划布局等‘十大创新行动’，推进新型城镇化、开放型经济等国家试点任务深入开展，建设‘大西安新中心’。”

2021年2月，《西安市国民经济和社会发展第十四个五年规划和二〇三五年远景目标纲要》（以下简称《纲要》）提出，实施“南控、北跨、西融、东拓、中优”空间发展战略，其中“西融”是指加快推进西安主城区和西咸新区融合发展，持续推动市政道路、轨道交通、公交线路、电力设施等基础设施向西咸新区延伸，协同推进产业生态圈建设，培育高新区、西咸新区科技创新发展核心区。同时，《纲要》提出要发挥西咸新区创新城市发展方式试验区综合功能，不断激发新区发展活力。

3. 隶属关系

西咸新区管理体制经历了三次重要调整变化：一是省市共建、以市为主（2010年2月—2011年5月）；二是省市共建、以省为主（2011年5月—2017年1月）；三是实行代管托管（2017年1月至今）。

4. 发展历程

2002年10月，陕西省委、省政府出台《关于加快“一线两带”建设、实现关中率先发展的意见》。按照“规划同筹、交通同网、信息同享、市场同体、产业同布、科技同兴、旅游同线、环境同治”（八同）的一体化发展思路，推动西安、咸阳两市于2002年12月28日签订了《西咸经济一体化协议书》。

2003年初，西安、咸阳两市成立西咸一体化领导小组办公室，召开联席会议，建立联系机制，编制规划并制定了详细工作方案，7月通过《西安·咸阳实施经济一体化战略规划纲要》。

2006年9月16日，咸阳电话撤销0910区号，并入西安统一采用的029，咸阳固定电话号码升为8位，成为当时全国两个独立市级行政区统一电话区号第一例。

2008年4月11日，省政府成立陕西省西咸一体化协调指导小组，负责制定和督促落实西咸一体化总体规划和相关措施，指导和推进西咸一体化建设，协调两市利益关系和项目建设中的问题。协调领导小组办公室设在省发改委。

2009年6月，国务院批准实施《关中—天水经济区发展规划》，明确提出加快推进西安、咸阳一体化发展，着力打造西安国际化大都市。

2010年2月，省委、省政府成立陕西省推进西咸新区建设工作委员会及办公室，按照“省市共建、以市为主”原则，由西安、咸阳两市组织建设。

2010年12月，国务院颁布《全国主体功能区规划》，强调推进西安、咸阳一体化进程和西咸新区建设，标志着西咸新区建设提升到国家战略层面。

2011年6月，省委、省政府完成西咸新区总体规划编制，对西咸新区开发建设体制进行调整，实行“省市共建、以省为主”的管理体制，将省推进西咸新区建设工作委员会办公室改设为陕西省西咸新区开发建设管理委员会。

2012年2月，国务院批复《西部大开发“十二五”规划》，将西咸新区列为西部地区重点建设的城市新区之一，要求打造区域中心城市核心区和现代田园城市。

2014年1月6日，国务院批复同意设立陕西西咸新区，西咸新区成为首个以创新城市发展方式为主题的国家级新区。

2017年1月，省委、省政府印发《关于促进西咸新区进一步加快发展的意见》，对西咸新区管理体制机制再次作出重大调整，决定西咸新区作为省委、省政府派出机构，由西安市委、市政府整体代管，除履行国家级新区开发建设职能外，全面托管辖区内行政和社会管理职能。

2017年7月，西咸新区基本完成托管工作，全面承接了西安、咸阳两市委托的除人大、政协等外的所有职权，辖区实现户籍、社保、车牌等与西安市同城同待遇。

2020年4月，习近平总书记在陕考察时强调，要“加快西安—咸阳一体化进程，提升对陕西、对西北发展的带动能力”。

2021年6月28日，陕西省推进西安—咸阳一体化发展领导小组办公室（省发改委）印发《关于印发西安市全面代管西咸新区指导意见的通知》，明确西咸新区党工委、管委会作为省委、省政府派出机构保持不变，按照“全面授权、不留空白”的要求，由西安市全面管理。

二、发展情况

1. 推动经济高质量发展

一是经济总量稳步增长。2020年实现生产总值612.5亿元、增长7.2%，较2017年建立统计体系后核定的307.5亿元翻了一番。二是固定资产投资有效扩增。四年完成8 475亿元，年均增长11.4%，其中2020年完成2 468亿元，增长11.5%，产业投资、民间投资占比分别为67.6%、48.5%，2019年投资强度为2.5亿元/平方千米，位居国家级新区第二。三是财税收入质效提升。2020年完成一般公共预算收入83.99亿元，增长16.9%，较2016年的24.78亿元翻了近两番，其中税收占比78.4%。

2. 构建现代产业体系

一是产业结构不断优化。国家高新技术企业由2018年的42家增至2020年的241家，科技型中小企业由2018年的164家增至2020年的611家。二是市场活力加速释放。市场主体从2017年的6.9万户增至2020年的27.7万户，翻了两番，总量位列全省各市（区）第三位。三是招商引资成效明显。2017年以来，共引进内资3 271亿元，年均增长49%；引进外资14.8亿美元，年均增长26.9%。引进恒大汽车、隆基电池等产业项目458

个，法国赛峰、美国霍尼韦尔、日本7-Eleven等世界500强企业73家，中国电子、中国中车、京东健康等中国500强企业105家，商汤科技、寒武纪等企业9家。四是重点项目加快建设。五年实施重点项目2 138个，完成投资5 725亿元，其中产业项目963个，完成投资3 796亿元。宝能汽车首车下线，三一产业园建成投产，日立ABB、中车智轨等加快建设。

3. 深化改革扩大开放

西咸新区西部科技创新港

一是创新驱动发展。交大创新港建成入驻，国家统筹科技资源示范基地、西工大翱翔小镇部分投用，西农未来农业研究院即将开工，国家“双创”示范基地2019年评估排名国家级新区第二。围绕发挥西部科技创新港作用，正在推进建设全省创新链、产业链“两链融合”示范区。二是持续扩大开放。中俄丝路创新园入选陕西“一带一路”倡议十大成果，空港新城获批建设国家临空经济示范区，综合保税区封关运营，西北首条第五航权客、货运航线先后通航。2020年机场客运航线达350条，较2016年增长14.4%，货运航线达33条，是2016年的4.7倍，货邮吞吐量跻身全国机场十强。三是全面深化改革。获批国家级自贸、服贸、新型城镇化等17项试点示范，自贸区9项创新成果在全国复制推广，占全省48%。

4. 推进与西安咸阳互联互通

一是积极推动融合发展。编制《关于推进西咸新区五个新城与西安七个开发区融合发展的意见》，完成了产业、基础设施、生态环境等六项规划与西安市的全面融合。全长20千米的新中心新轴线已贯通8.5千米，计划2023年全线连通。二是加快基础设施互联互通。与西安、咸阳共同编制轨道交通线网规划，地铁1号线二期、5号线二期先后建成通车，地铁16号线正在加快建设。建设与西安、咸阳互联互通道路46条、总长587千米，已建成通车33条、380千米，正在推进32个与西安的互联互通项目。开通公交线路从2016年的18条增至2020年的139条，其中通西安市区的由11条增至83条，通咸阳市区的由7条增至18条。三是促进公共配套共享共用。新区供水、供气等管网与西安、咸阳实现无缝连接，市政供水42%依靠西安水源，48%依靠咸阳水源；9家天然气公司中5家来自西安，4家来自咸阳。

5. 社会建设和民生改善

一是补齐社会事业短板。2017年以来投资85亿元建成学校68所、正在建设21所，学校数、学位数分别增长23.7%、70.8%；建成投用三甲医院1座，在建三级医院8座。二是大力保障改善民生。全面落实“同城同待遇”，60.5万原咸阳市居民转为西安市户口，居民医保、工伤、失业等全面推行西安政策，车牌号实现同城化。

三、发展目标

经济高质量发展迈出新步伐。到2025年，经济总量突破1 200亿元，年均增长12%；全社会固定资产投资年均增长10%；地方财政收入年均增长15%以上，总量达到160亿元；社会消费品零售总额年均增长10%，总量达到800亿元；规上工业增加值年均增长15%；国家高新技术企业数达到2 000家。

创新城市发展方式取得新突破。创新城市发展方式试验区综合功能进一步增强，各项创新成果价值加速兑现，西咸新区核心区基本建成。生态文明建设迈上新台阶。改革开放彰显新活力。各项改革协同整体效应进一步增强，国家级新区内在活力持续激发。宜居环境建设和民生保障实现新提升。社会主义文化建设取得新进展。社会治理效能实现新增强。法治西咸、平安西咸、信用西咸建设迈上新台阶。

四、五个新城发展

西咸新区位于西安、咸阳两市建成区之间，西起茂陵及涝河入渭口，东至包茂高速，北至西咸环线，南至京昆高速，涉及西安、咸阳两市7县（区）23个乡镇和街道办事处，包含空港、沣东、秦汉、沣西、泾河五个新城。

（一）空港新城

空港新城因西安咸阳国际机场得名，成立于2011年6月，位于西咸新区西北部，北至泾河，南至福银高速，东接秦汉新城，西抵咸旬高速，规划范围总面积144.18平方千米，其中，城市建设用地66平方千米，可规划建设面积36平方千米。2017年托管太平、北杜、底张3个街镇，现有30个行政村、4个社区，户籍人口10.6万人。2020年完成地区生产总值57.97亿元。

近年来，重点发展临空先进制造业、航空枢纽保障业、临空高端服务业等主导产业。招引落地临空项目近百个，形成了以东航赛峰、梅里众诚等世界500强为龙头的临空先进制造业聚集区；东航、海航等14家航空公司区域总部和芬兰航空、大韩航空等15家外航办事处落户；设立全省首个军民融合快响小组，形成了以航空九院771所、华科光电、信唐5G等为引领的临空军民融合板块；建成国家临空经济会展中心、富力环球商贸港、国际美术城、前海人寿丝路新城等，形成临空高端服务产业；11个物流园区投运，聚集了普洛斯、丰树、日立等现代物流企业近200家，物流总量突破300万吨，成为内陆重要航空物流集散中心。

空港新城作为大西安的枢纽门户，为西安乃至全省发展提供基础性、战略性、先导性服务，发挥着动力源作用。

航空枢纽通达性高。拥有国内第七、北方第二大机场，累计开通航线383条（国内292条、国际91条），连通全球34个国家、65个枢纽和旅游城市，初步构建了“丝路贯通、欧美直达、五洲相连”网络格局。

开放功能平台完备。构筑了“临空+自贸+保税+跨境+口岸+航权”六大开放平台，兼具自贸试验区、跨境电商综试区、综合保税区、指定口岸和监管场地等开放平台。2020年，航空运输进出口货值达2 550亿元，占全省进出口货值70%。

临空科创高度聚集。以新区成立秦创原为契机，利用临空经济示范区军民融合特色优势，成功招引碳化硅、激光制导等一批“高精尖”项目，形成以央企、国企和行业龙头为引领的临空科创全新板块。

“十四五”时期，空港新城聚力实施“12345”发展战略。围绕建设“大西安国际枢纽门户”目标，聚焦“高质量发展新动力源、开放发展典型示范”两大使命，紧盯“打造国际性航空枢纽、培育千亿级临空产业、建设创新型机场城市”三大任务，实施“生产总值、常住人口、枢纽能级、先进制造”四大倍增计划，打造“内外循环新通道、创新发展新策源、临空产业新高地、港城融合新示范、人文交流新门户”五新功能区。

产业发展方面，聚力打造“3+3+1”临空新经济产业体系，包括航空制造、生物医药、电子信息三大核心产业，特色文旅、临空会展、商贸服务三大特色产业，以及数字经济产业。重点建设7个产业发展先导区，即临空先进制造园、航空科技谷、自贸蓝湾、T5站前综合商务区、临空会展文化商务区、综合保税区、航空现代物流园，打造千亿临空产业集群。

（二）沣东新城

沣东新城原名西安沣渭新区，2010年12月更名为西咸新区沣东新城，地处渭河南岸、沣河东岸，南接西安高新区，北连西安经济技术开发区，因地处沣河以东，故名“沣东”。总规划面积159.3平方千米，其中建设用地75平方千米。辖区托管5个街道，分别为西安市的建章路、三桥、王寺、斗门街道和咸阳市的上林街道，共有139个村、社区（46个行政村、93个社区）。常住人口52.12万人，其中城市人口47.75万人、农村人口4.37万人。

“十三五”期间，沣东新城辖区经济规模持续扩大，累计实现固定资产投资2 528.42亿元，实施重点建设项目226个；累计引进内资1 400亿元，实际利用外资6.27亿美元，引进世界500强26家、中国500强29家、10亿元以上项目35个。城市空间格局基本形成，阿房宫高铁站、地铁1号线和5号线建成投运，地铁16号线加快建设。新建和改扩建学校25个，新增学位36 630个。

主要经济指标增长平稳。2020年实现GDP213.9亿元，同比增长6.5%；固定资产投资676.2亿元，同比增长16.3%。

现代产业体系加快构建。先后引进瑞典宜家、阿里巴巴、工商银行、中车长客等知名企业；持续推动总部经济、数字经济、金融商业发展，日立ABB、同力重工等15个先进制造业项目落地；软通动力、国联质检、字节跳动等现代服务业31个项目总投资556亿元；落地科研项目30个，总投资70亿元，引进科研人员2万余人；工行牡丹卡中心、安盛天平西安运营中心等金融服务项目落地。

创新驱动发展战略深入实施。基因检测方面，引进全球检验检测行业排名第一、第二的瑞士SGS、法国必维，以及国内基因检测行业的华大基因、贝瑞基因等；电子信息、人工智能等方面，引进了国内多家知名企业。积极搭建科技创新服务平台，联合省科协等发起成立陕西创新驱动共同体，引进腾讯、京东、百度等众创载体，成功举办中俄工业创新大赛等科技活动100余场。

重点项目建设有力推进。“十三五”时期，实施各类重点建设项目226个。全国水利发展“十三五”重点项目斗门水库（昆明池）推进顺利，北池2021年6月28日启动蓄水；西安国际足球中心项目主体结构完成施工；西安欢乐谷·玛雅海滩于2021年6月19日投入运营。自贸区沣东功能区注册企业6 726家，现代产业示范园区入驻企业151家。

环境持续优化。建成全省首家数字环保智慧监管平台和省内首家“环保医院”；高标准开展全域增绿，新建公园绿地100处；全长21.5千米的“三河一山”沣河绿道无障碍贯通。

“十四五”时期，沣东新城大西安新中心核心承载区发展格局将基本成型，对西咸新区的牵引带动能力更加突出，成为陕西创新驱动重要支点、西部人城境业深度融合典范、区域高质量发展重要增长极。

到2025年，初步形成集约高效的“2+2+4+1”现代产业体系，产业基础高级化、产业发展集群化取得重大进展，新技术、新模式、新业态成为重要动力，经济发展的总量、质量、均量有明显突破。地区生产总值力争达到450 亿元以上。

（三）秦汉新城

秦汉新城成立于2011年6月，位于西咸新区几何中心，东与高陵区泾渭街道相连，南跨渭河与经开区相望，西与咸阳市主城区紧密相连，北邻空港新城、泾河新城。总规划面积302.84平方千米，其中直管区面积180.36平方千米。下辖4个街道26个社区、46个村，人口13.09万。

2020年实现地区生产总值130.18亿元，实现规模以上工业总产值118.47亿元，完成固定资产投资669亿元，完成一般公共预算收入16.02亿元，服务业增加值增长8.3%。

秦汉新城历史文化底蕴丰厚、区位交通条件优越、生态自然条件良好、产业布局特色明显，未来发展优势突出。

历史文化底蕴丰厚。境内拥有不可移动文物点119处，其中全国重点文物保护单位7处，被誉为“天然的历史博物馆”。

区位交通条件优越。北接西安咸阳国际机场，南临高铁北客站，机场高速、福银高速、包茂高速穿城而过，地铁14号线横穿渭河北岸，15分钟内即可实现空港、陆港的快速通达。

生态自然条件良好。渭河穿于南，泾河绕于北，五陵原横贯东西，山水林田等生态要素丰富多样。

产业布局特色明显。按照区域统筹、梯度推进、错位发展的原则，渭河北岸综合服务区重点发展总部经济、商贸服务，塬北综合服务区以文化旅游和大健康产业为主，周陵新兴工业园区主要布局先进制造和新材料等产业，三大重点板块同渭河生态景观带、帝陵遗址风光带共同形成了“三区两带”发展格局。

近年来，秦汉新城以打造“民生之都、文化之城、田园之城、健康之城”为目标，初步构建了以先进装备制造、文化旅游、大健康为主导的现代产业体系。

先进装备制造业方面，发挥新能源汽车龙头企业作用，建立产业链“链长制”，实施强链补链延链工程，加快引进上下游配套企业，聚创动力电池、南玻汽车玻璃等一批产业链项目签约落地，兰池智能制造产业基地（一期）、汽车零部件产业园（一期）基本建成。

文旅产业方面，依托丰富的历史文化资源禀赋，狠抓文旅融合发展，引进实施国际马术中心等重大文旅项目，星空传媒音乐小镇、“再回大秦”实景演艺等项目签约落地；大力发展影视文化产业，秦汉影视文化产业基地入驻企业168家，出品的电视剧《兰桐花开》《一代名相陈廷敬》登陆央视，《我的山河我的血》获陕西省重大文化精品项目。

大健康产业方面，以省人民医院西咸院区、空军军医大学等项目为依托，加快布局健康颐养产业。

“十四五”时期，秦汉新城围绕“一核五区一节点”的发展定位（“一核”即西安都市圈跨渭发展核心区，“五区”即国家中心城市产业融合发展示范区、两链融合协同创新示范区、国家城乡融合发展试验先行区、秦汉历史文化传承集中彰显区、泾渭流域生态保护和高质量发展样板区，“一节点”即陆空联动的国际贸易新节点），进一步明晰方向，发挥优势，着力打造“三区一高地”，即打造西安先进制造产业带上的新能源汽车产业集群区、陕西文旅深度融合发展示范区、健康中国先行示范区，建设国家中心城市产业融合发展高地。

（四）沣西新城

沣西新城因地处沣河以西得名，组建于2011年6月，东靠沣河与沣东新城相望，南接西安市鄠邑区和长安区，西至西咸环线，北临渭河。下辖咸阳市秦都区陈杨寨街道、钓台街道，西安市长安区高桥街道、马王街道和鄠邑区大王街道，其中咸阳市秦都区陈杨寨街道的12.6平方千米于2021年6月调整为西咸新区与咸阳市共管区。沣西新城规划总面积143平方千米，建设用地64平方千米。常住人口31.8万。2020年实现GDP136亿元，较2017年增长3.6倍；一般预算收入13.29亿元，增长25.9%。新增“五上”企业14家，总数达121家；三次产业结构优化为9∶34∶57。

2017年代管托管以来，沣西新城坚持以创新城市发展方式为工作主线，在产业培育、产城融合等多个方面大胆探索，走出了一条规划引领、创新驱动、绿色发展、精致服务的全新发展之路。

项目建设全面加快。累计签约重点项目313个、总投资2 664亿元，四大运营商大数据及云计算基地等一大批项目落地。交大创新港、三一西安产业园、爱生无人机产业基地等一大批重点项目建成投用。

城市品质大幅提升。城镇化率达到68%。全域推行绿色建筑标准。累计建成市政道路150千米，辖区主路网骨架基本建设完成。综合管廊、燃气管网、给水管道、污水管网等实现城市主要区域全覆盖。地铁5号线二期建成通车，开通公交线路40条。

生态环境明显改善。建成“三河一山”沣河绿道13.6千米；建成中心绿廊、环形公园、新渭沙湿地公园等大型公园10个，新增绿化面积700万平方米，建成区绿地率达40%，获批省绿色生态示范城区。

沣西新城坚持聚焦现代化大西安新中心、科技创新产业聚集区、战略性新兴产业基地总体定位，紧扣创新城市发展方式主线，在创新驱动、绿色发展、产业培育等方面大胆探索，形成了以绿色、创新为鲜明特点的发展路径，确立了以信息产业为主导、智能制造和现代服务业为重点、其他战略性新兴产业为支撑的“1+2+N”现代产业体系。

“十四五”时期，沣西新城将以共建秦创原创新驱动平台总窗口为目标，坚持“四个面向”，立足自立自强，推进科技创新攻坚，构建“一核三圈”科技创新圈层，打造高品质科创空间，瞄准现代产业体系，加强基础学科研究，增强原始创新能力，推动科技成果转移转化，汇聚创新资源和人才，加快“两链”深度融合，积极融入全球创新网络，努力建成高水平科技自立自强创新策源地；凸显创新城市发展方式试验区综合功能，发挥海绵城市、中深层地热、建筑垃圾循环再利用等综合优势，以绿色可持续为方向，统筹推进“四城”共建，形成更多可复制可推广的创新成果，构建未来城市发展新范式，打造高质量创新城市发展方式样板区。

到2025年，具有沣西特色的现代产业体系将基本形成，数字经济、先进制造业、生产性服务业成为推动经济高质量发展的新引擎，经济保持12%左右中高速增长，地区生产总值突破260亿元。创新引领实现新突破，秦创原创新驱动平台总窗口作用充分发挥，西部科技创新港建设取得实质性进展，城市发展迈上新台阶。

（五）泾河新城

泾河新城名称源于泾河，成立于2011年6月，位于西安正北部，东临泾渭工业园，西连空港新城，北靠九嵕山，南接五陵塬，规划面积约133平方千米（建设用地47平方千米），其中直管区面积102平方千米，包括永乐镇、崇文镇和高庄镇3个镇，共有40个行政村、3个社区，户籍人口10.5万人。

近年来，泾河新城以先进制造业和文化旅游业两大产业为主导，坚持招大引强、招优引创，加快构建现代产业体系，“产业兴城”核心竞争力稳步增强。

先进制造业集群集聚发展。围绕新材料、新能源、人工智能、航空航天等产业领域，突出抓好先进制造业项目引进，先后签约落地隆基电池、创维、中车智轨、陕煤研究院、丝路水务科创园等项目105个，总投资额约1 600余亿元，其中产业类项目41个，占比39%，总投资额825.6亿元，占比达到51%以上。与省政府合作共建16平方千米的西北安全应急产业园，签约落地多个军民融合产业项目。

文化旅游业提质增效。以茯茶文化、陕商文化、秦腔艺术等为立足点，建设了茯茶文化博物馆、陕商文化博览馆、国艺秦腔馆等一批彰显区域特色的历史文化场馆。依托乐华城、茯茶镇、静安国际·万国荟等文化旅游资源优势，加快文化旅游业发展，打造休闲宜居城市。积极发展电竞产业，先后引进星辰战队、人民电竞西北运营中心等电竞项目，成功举办了首届泾河新城文旅电竞嘉年华等系列活动。

科创优势持续巩固。规划建设泾河湾院士科创区，核心区8.8平方千米，辐射范围20平方千米，成功纳入秦创原创新驱动平台先导区。先后引进陕汽新能源智能网联商用汽车创新中心、交大1986创新基地、光电子学研究与创新中心、西电人工智能创新发展基地、中创为量子西北总部基地等科研院所78家。

建设优美自然生态环境。泾河两岸规划建设“千亩花海”，实现新城四季有花；崇文艺术林苑、崇文塔绿林、瀛洲公园等一批公园建成开放。4所新建学校实现“名校+”，新增学位147 00余个，改造提升学校23所。新建及改扩建镇卫生院3个，全面改造提升村卫生室60余个，着力构建“15分钟就医圈”。

“十四五”期间，泾河新城将聚焦高质量发展主题，坚定“大西安北跨战略核心聚集区”发展定位，坚持“做最优生态环境、引最多优秀人才、聚最强高端产业”发展路径，着力打造科技中心、创新中心、人才中心、休闲宜居中心，从而形成西安“科技创新的新引擎、现代制造业的新高地”。

第二节
高新区

一、基本情况

1. 设立经过

西安高新区锦业路 CBD

1988年，党中央、国务院实施了我国第一个高新技术产业指导性计划——火炬计划。西安市派人北上考察了北京中关村刚兴起的科技市场，之后在西安市劳动南路建立起科技一条街。随着时代进步，科技街区“前店后厂”式发展已不能适应科技成果产业化的发展需求。西安市再次派人到国内外考察调研，很快制定了建设西安高新技术产业开发区的论证报告和实施方案，派专人到国家科委汇报，申请国家批准建设高新技术产业开发区。

1991年3月，西安高新区成为国务院首批批准成立的国家级高新区之一。3月11日，西安市第115次市长办公会议决定，由财政局划拨给高新区管委会10万元开办经费。西安高新区2006年被科技部确定为要建成世界一流高科技园区的六个试点园区之一；2015年获国务院批复建设国家自主创新示范区，先后承担全面创新改革试验区先行区、中国（陕西）自由贸易试验区核心片区等“国字号”改革任务；2020年获批建设新一代人工智能创新发展试验区核心区和全国首个硬科技创新示范区。时至今日，西安高新区已成为陕西和西安最强劲的经济增长极和对外开放窗口，走出了一条内陆高新区依托自主创新实现跨越发展的成功之路。

2. 发展阶段

西安高新区成立30年来，主要经历了三个创业阶段。

一次创业（1991—2002年）。西安高新区在规划建设、环境营造、产业发展、体制创新、技术创新、招商引资等方面实现了从无到有的“高量级增长”，创造了科技园区发展的“西安高新区模式”。

二次创业（2003—2016年）。西安高新区进入建设世界一流科技园区的新阶段，在体制创新、产业规模、开发模式和国际化等方面实现了从有到大的“几何级增长”，成为我国内陆腹地创新驱动发展的引领区、大众创新创业的生态区、军民融合创新示范区和对外开放合作先行区。

三次创业（2017年至今）。西安高新区加快推进全面创新改革试验区、自主创新示范区、自由贸易试验区三个“国字号”平台建设，不断提升自主创新能力、国际竞争能力、可持续发展能力，实现“从大到强”“从强到优”的重大转变，开启建设全国创新驱动发展示范区和高质量发展先行区的新征程。

3. 隶属关系

西安高新区管委会是西安市政府派出机构。西安高新区目前下辖有原雁塔区的丈八街道、鱼化街道，原长安区的细柳街道、兴隆街道、五星街道、灵沼街道、东大街道，原鄠邑区的草堂街道、庞光街道、秦渡街道，原周至县的集贤镇、九峰镇等12个镇（街）。

4. 区位条件

西安高新区位于西安市西南部，辖区面积1 059平方千米，管理人口超过150万。区内科研、文教单位集中，有西北工业大学、西安电子科技大学、中国科学院西安光学精密机械研究所等全国知名的高校和科研院所。创新资源丰富，集聚重点实验室、工程技术中心和企业创新中心等研发平台311个，其中国家级44个；支持建设新型研发机构186家。拥有近40项具有全球影响力的国际标准，国家（国军）标准和行业标准超过800项。产业基础雄厚，累计注册企业超过16万家，落户世界500强企业130家，聚集了三星、美光、应用材料、华为、中兴、比亚迪、霍尼韦尔、伊顿电气、卡特彼勒、法士特、强生等一大批国际、国内龙头企业；军民融合深度发展，目前全区参与军工科研、生产、维护的企业超过460家，拥有军工资质民营企业325家，四证齐全民营企业36家，拥有军工资质上市企业32家。

二、发展定位

西安高新区作为国务院首批批准成立的国家级高新区之一，坚持自主创新、引领未来的指导方针，坚持“发展高科技，实现产业化”的发展方向，坚持高端化、集约化、辐射化、特色化发展原则，以发展高新技术产业为主导，以培育电子信息、高端装备制造、汽车产业、生物医药、现代服务业等优势产业集群为重点，大力推进科技创新和成果转化，全面提升自主创新能力、规模经济能力、国际竞争能力和辐射带动能力。2020年，西安高新区在全国169家高新区中综合排名第8名，始终保持全国高新区第一梯队，已成为我国发展高新技术产业的重要基地、实施创新驱动发展战略的重要载体和辐射中西部地区、服务全省全市科技创新、人才聚集、产业升级、现代服务的重要平台，走出了一条内陆高新区依托自主创新实现跨越发展的特色高新技术产业化之路。

三、发展成果

“十三五”期间，西安高新区经济总体呈现出“总量大、速度快、质量高、潜力好、带动强”的鲜明特征。地区生产总值从2015年的753.58亿元上升到2020年的2 410.08亿元，总量翻了近两番，占西安市比重达24.1%，比“十二五”末提高了13.9个百分点。加快建立以电子信息、新能源汽车、高端装备、生物医药为支撑的现代产业体系，产业规模突破4 400亿元。新增产值（营收）超百亿元企业达7家，工业增加值从2015年的312.35亿元上升到2020年的705.24亿元，占西安市比重由22%提高到30%以上，成为西安市工业增长的支柱力量。固定资产投资年均增速16.9%，占西安市25.56%。

创新驱动发展成效显著。率先启动建设全国首个国家级硬科技创新示范区，“硬科技”品牌创新旗帜更加鲜明，科技创新能级大幅跃升。“十三五”期间，新增国家级科技创新平台33家，培育瞪羚企业76家、独角兽梯队企业40家，新增境内外上市挂牌企业52家；认定国家级高新技术企业3 000家，数量实现翻番；2020年新增发明专利授权量6 871件，完成技术合同交易额460亿元，位居全国高新区前列。

产业发展能级实现跨越。以创新为引领的现代产业体系加速构建，产业发展呈现“高端化、特色化、集群化”特征。高新技术产业增加值、战略性新兴产业增加值年均分别增长20%、16%，着力推进国家新一代人工智能创新发展试验区核心区建设。电子信息产业规模达到2 732亿元，已经成为全国重要的信息产业高地；高端装备产业产值605亿元，汽车产业产值795亿元，生物医药产业产值314亿元，主导产业特色优势更加凸显。

改革开放全面持续深化。探索形成了西安光机所模式、科技大市场“1+3”服务体系模式、技术经理人全程参与的科技成果转化服务模式等一批全国性创新成果，累计完成创新案例215个。对外经济合作实现新突破，“十三五”末进出口总值2 764.71亿元，实际利用外资35.66亿美元，分别是“十二五”末的1.8倍和2.1倍。

城市功能品质不断完善。基本公共服务更加完善，累计新建、改扩建学校137所，率先实现“名校+”工程全覆盖。获批中西部首个国家生态工业示范区，是全国首个开展并发布GEEP（经济生态生产总值）核算的高新区。

四、发展目标

“十四五”时期，西安高新区将继续坚持“发展高科技、实现产业化”方向，围绕建设世界一流高科技园区总体目标，当好龙头、做好支柱、实现引领，聚力打造创新驱动发展示范区和高质量发展先行区。到2025年，率先建成具有全球影响力的硬科技创新示范区，基本建成世界一流高科技园区。预期地区生产总值较“十三五”末翻一番，在全市占比达到30%以上。

打造创新驱动发展示范区。到“十四五”末，全球创新要素和产业资源充分聚集，创新创业生态系统持续优化，攻克一批支撑产业和区域发展的关键核心技术，形成一批自主可控、国际领先的科技产品，培育一批具有国际竞争力的创新型企业，科技部年度高新区综合排名再提升3个位次，全社会研发投入占GDP比重达到7%，国家级高新技术企业达到6 000家，技术合同交易额突破1 000亿元。

打造高质量发展先行区。到“十四五”末，支撑高质量发展的现代产业体系全面建成，经济规模持续扩大，增长速度高位运行，质量效益稳步提升，新经济、新赛道、新业态蓬勃发展，主导产业集群进入全球价值链中高端。地区生产总值实现5 000亿元，较“十三五”末翻一番，在全市占比达到30%以上，工业增加值占GDP比重达到35%以上，千亿级制造业企业实现零的突破，先进制造业产值达到3 800亿元，新建1个万亿级产业平台。

打造融入新发展格局引领区。到“十四五”末，在重要领域和关键环节形成一批全国推广典型改革案例；加快资源要素市场化配置，形成市场化、法治化、国际化的一流营商环境；扩大自主创新示范区辐射范围，打造5个创新协同飞地园区；外贸进出口总额突破3 500亿元，汇集世界500强头部企业150家以上。

打造科技新城发展样板区。坚持生产、生活、生态“三生”融合发展理念，推进智慧、安全、绿色科技园区建设，提升完善科研、教育、医疗、文化、生活等公共服务设施，打造现代化城市形态、高端化城市业态、特色化城市文态、优美化城市生态“四态合一”的现代化科技新城。

第三节
经开区

一、基本情况

1992年10月，西安市委、市政府成立了西安未央经济技术开发区（曾用名）筹建处，决定在城市北部区域建设开发区。经过半年时间紧张筹备，于1993年4月29日成立西安经济技术开发区管委会。自1993年起，经开区招商引资不断取得新突破：海南新大陆“雅荷花园”成为第一个入区项目，为开发区发展注入了第一笔市场资金；海星现代饮品（荣氏果汁）成为第一个制造业项目，为食品饮料产业聚集创造了有利条件；可口可乐西安公司作为第一个外资项目，开启了世界500强企业与西安经开区携手发展的美好蓝本。西安市经济技术开发区2000年被国务院批准为国家级开发区，2002年设立国家级出口加工区，2011年被工信部批准为首批国家新型工业化产业示范基地，全区工业总产值达到1 200亿元，成为陕西首个产值过千亿的先进制造业基地。2017年4月，中国（陕西）自由贸易试验区正式揭牌运行，共有经开、高新等9个功能区，其中经开功能区规划面积9.51平方千米。2020年5月，国务院正式批复西安出口加工区整合优化为西安关中综合保税区。西安市经济技术开发区成立近30年以来，先后获批国家新型工业化产业示范基地、国家新材料高技术产业基地、国家科技兴贸创新基地等8块国家级授牌。

目前，全区总规划面积272平方千米，横跨未央、高陵、临潼3个行政区，由中心城区、高铁新城、泾渭新城、渭北新城四大区域板块和关中综合保税区、陕西自贸区西安经开功能区两大功能园区组成，形成了“一河两岸、四大片区”的空间发展格局。

西安市经济技术开发区

中心城区：西安市行政中心所在地，规划面积约22平方千米，现已成为西安的北部新城和总部经济聚集区。

高铁新城：以亚洲最大的高铁站——西安北客站为依托，规划面积

42平方千米，是西安面向“一带一路”的门户区和商务中心。

泾渭新城：经开区和高陵区合作共建的国际化工业新城，规划面积58.3平方千米，已累计聚集工业企业200余家，成为西安工业发展的重要承载区和先进制造业的核心聚集区。

渭北新城：经开区和临潼区合作共建的现代工业新城，规划面积约150平方千米，其中一期规划面积42.6平方千米，二期规划面积约107.4平方千米，是重点打造的千亿级先进制造业基地和“航空动力之城”。

二、发展定位

自成立以来，经开区始终坚持产业立区、工业强区的发展宗旨，以打造具有国际影响力的一流创新型开发区为目标，力争综合实力跻身国家级经开区第一方阵，加快建设“创新型、开放型、生态型、品质型、活力型”开发区，走出了一条具有经开特色的内陆工业园区发展之路。

打造国家先进制造业新高地。持续推进传统制造业转型升级，做大做强汽车、高端装备、新能源新材料、电子信息等支柱产业，引进培育人工智能与机器人、增材制造与再制造、分布式能源与储能、大数据与云计算、生物科技等新兴产业，强化发展总部经济、现代金融、研发设计、科技服务等现代服务业。

打造国家绿色制造示范区。落实国家绿色制造战略部署，围绕重点行业和领域，推广分布式能源与储能、循环制造、循环园区等试验示范项目，建设绿色工厂、绿色园区和绿色社区；大力推广增材制造与再制造技术，加速石化、煤炭、机车、工程等领域退役装备的再制造和再利用。

打造关中平原城市群新经济增长极。提升主导产业和生产性服务业发展能级，强化枢纽功能和分工协作，增强助力关中平原城市群融合发展的能力。

打造西安高品质生活样板区。推动区域发展从“产—城—人”模式向“人—城—产”模式转变，加速产城深度融合。统筹规划产业生态圈和市民生活圈，健全基本公共服务体系。

三、发展成果

经济总量稳步增长。“十三五”期间，综合经济实力显著增强。从2016到2020年，GDP从589.6亿元增长到894.67亿元，年均增速8.7%；规模以上工业企业产值从1 396亿元增长到1 901.46亿元，年均增速6.4%；累计固定资产投资2 865亿元；累计注册市场主体12.2万余家，其中“五上”企业1 222家，较2015年增加651家。在商务部国家级经济技术开发区综合考核评价中，西安经开区综合排名第15位，较2015年晋升8位，稳居西部第一。

产业结构逐步优化。吉利新能源汽车、北汽集团国家新能源汽车技术创新中心、西安人工智能与机器人产业基地、西安交通大学智能机器人创新研究院等项目落户经开区。汽车产业实现产量、产值双翻番，成为千亿产业集群。2020年，先进制造业总规模达到1 290亿元，同比增长27.3%；战略性新兴产业产值560亿元，占规模以上工业的35%，比重较“十三五”初期提高5个百分点以上；高新技术企业累计达到510家，较“十三五”初期增长5倍以上。各类研发机构268家，实现5家企业股改和新三板上市。新材料新能源产业完成产值492亿元，规模较2015年增长了3倍以上。熙地港、大融城、铂菲朗酒店、洲际酒店等高端商业综合体和国际酒店相继开业，建成以凤城二路商圈、凤城五路商圈、城市运动公园商圈、高铁新城商圈等为主的现代服务聚集区。服务业增加值由197亿元提升到438亿元，5年“翻一番”，年均增速达到20%以上。

开放创新成效显著。五年间，进出口贸易总额增长39.24%，累计实际利用外资84亿美元，年均增长12.7%。2020年，出口实绩企业已达320家，较2015年“翻一番”以上，完成外贸进出口总额256亿元，年均增长8%。出口加工区优化升级为关中综合保税区，自贸经开功能片区形成40余项创新发展成果，其中云税贷、税银企、微理通等3项创新成果获国家认可并在全国推广。《全国首单商业保理公司美元融资业务落地陕西》成功入选“2019中国自贸试验区十大新闻”榜单。全区年均申请专利逾万件，实现技术交易额超100亿元，成为国家中小企业创新创业特色载体。

营商环境持续改善。积极提升园区营商环境，构建“一站两口三全”项目服务机制，促进营商环境再升级，全区营商环境指数排名位列国家级开发区前列，连续两年位列前十。

民生福祉不断增强。优化基础教育资源布局，新建经开三小、四小等8所学校，启动建设国际、红会、儿童医院等4所三甲医院。

四、发展目标

产业强区战略取得新突破。汽车产业集群规模达到1 500亿元，新材料新能源产业集群规模达到500亿元，新兴产业规模达到400亿元，培育百亿元企业3家以上。

创新驱动能力达到新高度。规模以上工业企业R&D（科学研究与试验发展）经费投入强度2%；国家级高新技术企业达到800家，科技型中小企业突破1 200家；高新技术企业主营业务收入占"四上"企业比重超过25%；上市科技企业数量超过20家；技术合同交易额年均增速10%以上，年知识产权申请量超过1万件；聚集中省市各类新型研发机构等创新平台200家以上，新增国家级实验室2家以上。

对外开放合作迈出新步伐。到2025年，航空发动机和医药研发外包产业集群在综合保税区聚集发展，综合竞争力和总体实力跻身国家海关特殊监管区第一方阵。关中综合保税区和自贸经开功能片区规上工业增加值年均增速10%以上，进出口贸易总额年均增速8%以上，跨境电商交易额年均增速20%以上。

城市建设品质得到新提升。三级医院总数达到8家以上，新增病床位8 000张以上，幼儿园、中小学教育设施覆盖率达到75%以上，基本实现"15分钟便民生活圈"全覆盖。

第四节 曲江新区

一、概况

1. 基本情况

1993年9月，为全面推动西安文化旅游产业的发展与繁荣，陕西省、西安市成立了以文化、旅游为主导产业的城市发展新区——曲江旅游度假区，并于2003年7月升级为曲江新区。西安曲江新区管理委员会作为西安市人民政府的派出机构，在辖区范围内履行市级管理权限。

2. 管辖范围

曲江核心区总规划面积约51.5平方千米，东至雁翔路—长鸣路，西至翠华南路—长安南路，南至雁塔长安区界—航天大道—东长安街，北至小寨东路—西影路。

曲江新区开发建设范围先后辐射到大明宫遗址保护区、西安城墙景区、临潼旅游休闲度假区、楼观生态文化旅游度假区、渼陂湖水系生态文化旅游区等区域。同时，还承担着小雁塔历史文化片区、碑林历史文化街区、易俗社文化街区、兴庆宫公园提升改造、汉长安城未央宫遗址、隋唐长安城博物馆等重点文化旅游项目的建设任务。

二、发展定位

曲江新区是陕西省、西安市确立的以文化产业和旅游产业为主导的城市发展新区，是西安建设国际化大都市和国家中心城市的重要承载区，是国家文化部授予的首批国家级文化产业示范区。

经过近 30 年的发展，曲江已经成为全国文旅深度融合的一面旗帜，区域文化企业总数达 2.5 万家，管理景区总数达 33 家，年接待市民游客超过 1.3 亿人次，规上文化企业 173 家，占全市 1/4、全省 1/10，先后被评为首批国家级文化产业示范区、国家级生态区、国家级文化和科技融合示范基地，并荣获中国人居环境范例奖。

三、发展成果

经济综合实力跃升新量级。2020 年地区生产总值 304.7 亿元，增长 2.9%。一般公共预算收入实现 44.09 亿元，年均增长 9.34%，跃居开发区第二；社会消费品零售总额达 121.05 亿元，比 2017 年翻了两番，市场活力持续提升；服务业增加值完成 261.14 亿元，高于全市 1.8 个百分点；各类市场主体超 11.8 万户；规上文化企业达 173 家，约占全市 1/4、全省 1/10。

产业结构优化迈出新步伐。“十三五”期间，三产比例由 0 ∶ 15.9 ∶ 84.1 转变为 0 ∶ 6.8 ∶ 93.2，服务业比重比 2016 年实际提高 9.1 个百分点，支撑作用凸显；服务业增加值占生产总值的比重由 84.1% 提升至 93.2%，对经济增长的平均贡献率达到 96.5%；以文化产业和景区运营为核心的营利性服务业跃居发展首位，达到 34.4%，占比增长 8.1 个百分点，成为首要支柱产业。曲江文化产业集团连续十年荣获“全国文化企业 30

强”，成为西部唯一。

文旅融合发展激发新活力。“十三五”期间，建成大唐不夜城步行街、护城河及环城公园景区、杜邑遗址公园等重大文化旅游产业项目 11 个，大唐不夜城步行街荣获“首批全国示范步行街”称号，累计接待国内外游客 35 748 万人次，旅游综合收入 591.59 亿元，较“十二五”分别增长 47.7% 和 334%，旅游业对区域经济的综合贡献度达到 15%，游客接待数占西安市 40%，成为全市旅游的主要承载区和品质引领区。

产业升级打造发展新引擎。“十三五”期间，完成西安旅游、西安饮食、华仁药业、人人乐、世纪金花 5 家上市公司及华商传媒资源整合和并购重组，培育西安曲江智造、陕西典汇传播等 4 家新三板挂牌企业；引入优酷、字节跳动、香蕉游戏等多家行业标杆企业，形成创客大街、369 互联网创新创业基地等各类众创空间载体 60 余个，新业态新模式不断涌现；建成量子晨 VSPN 数字娱乐体验中心、西安曲江电竞千人馆等电竞场馆，成功举办 2019WCG、2019PEL、2019LPL、2018 德玛西亚杯、2020 和平精英等顶级赛事，“电竞 + 文旅”成为产业发展新坐标。

文艺精品创作取得新成绩。“十三五”期间，话剧《麻醉师》《共产党宣言》《柳青》荣获国家“文华大奖”和全国“五个一工程”奖，填补了西安市在全国舞台艺术最高奖上的空白；舞剧《传丝公主》、豫剧《秦豫情》等 8 部作品获得国家艺术基金支持；话剧《长安第二碗》成功入选“全国舞台艺术重点创作名录和扶持工程”，成为全省唯一入选的剧目；杂技《绽放》登上中央电视台春节联欢晚会；秦腔传统剧《三滴血》、新编戏《李白长安行》广受好评；影视剧《大秦帝国》《那年花开月正圆》等近 40 部作品荣膺华表奖、飞天奖等国家级大奖，《白鹿原》《共和国血脉》《密查》等近百部1 800余集影视剧登陆央视黄金档，实现每年至少1部精品剧目登录央视一套黄金档的目标，开创了百花齐放、蓬勃发展的新局面。

文化活动彰显城市新形象。“十三五”期间，承接各类展会活动近5000场，接待各地来宾超过4 000万人次，成功举办国际时尚周、中国华服日、丝绸之路国际电影节、西部文博会、“西安年·最中国”、中法文化论坛、全球INS大会等一系列重大文化活动，全面展示西安历史文化与时尚活力新魅力；陕西大剧院、西安音乐厅推出《巴黎圣母院》《弄臣》《红色娘子军》《永不消逝的电波》等一批国内外顶级名剧，全年演出超500场次，全面展示西安文化魅力和古城新形象。

城市品质形象得到新提升。“十三五”期间，建成开放城市运动公园、大华公园、花影公园等公园绿地，人均公园绿地面积达27.5平方米，达到全国领先水平；基础教育优质均衡发展，建成小学6所、中学1所，新增学位16 360个，实现了“家门口上好学”的目标；医疗服务水平持续提升，设立强森国际综合医疗平台，建成配套社区卫生服务用房35处，群众“看病难”问题得到有效缓解。

全面深化改革实现新突破。西安演艺集团、西安秦腔剧院等文艺院团改革实践入选《中国改革年鉴2019》，成为文化院团改革新亮点；荆州纪南文旅区项目入选联合国2030年可持续发展典范样板，曲江新鸥鹏“文化＋旅游＋教育”模式在杭州、北海等地取得突破，甘南州扎尕那项目进入实质性操作阶段，“文化＋”项目进军山西大同、河南开封、海南海口等地，产业布局覆盖12个省30多个城市；参股中集产城，强势进驻深圳前海，曲江文旅品牌的辐射带动作用不断增强。

四、发展目标

城市品牌实力再创新辉煌。发展活力明显增强，综合能级实现明显跃升，成为西安建设国家中心城市和扩大对外开放的重要功能区、彰显历史文化特色的主力军和西安丝路文化高地建设核心承载区。

产业转型升级开创新格局。通过实施招大引强工程、企业培育工程，将现代影视、出版传媒、景区运营、文化金融、健康医疗、电子商务、文化贸易等重点领域打造成为曲江现代产业体系发展的中坚力量，文化产业增加值、旅游综合收入、“五上”企业数量等产业转型升级核心指标实现翻倍。西安文化 CBD 基本建成现代文化产业聚集高地，大唐不夜城步行街成为引领潮流的国际旅游、时尚消费目的地，消费对经济增长贡献更加突出，商圈对外影响力和辐射力显著增强。

文旅融合树立全国新标杆。全面实施“金钥匙服务”工程，完善国际化旅游配套服务、提升智慧旅游体系等，新拓世界级文化和旅游资源至少 1 项，现象级旅游案例频出。旅游业对国民经济贡献率超过 20%。2025 年旅游接待人数超过 2.1 亿人次，占西安市旅游接待人数 50% 以上；旅游综合收入超 1 000 亿元，占西安市旅游综合收入 10% 以上。

“四新”释放转型新动能。稳步提升“四新”经济（新技术、新产业、新业态、新模式）在 GDP 中所占比重。到 2025 年，落地一批在全国具有引领和示范效应的前沿技术试点项目，扶持孵化一批爆发式增长的独角兽企业、新领军者企业，建成全国“四新”经济发展集聚区和先行区。

第五节 浐灞生态区

一、概况

西安浐灞生态区成立于2004年，规划面积129平方千米，集中治理区89平方千米，常住人口50万，是西安市在广泛综合国内外城市发展经验基础上设立的生态型城市新区。西安浐灞生态区管理委员会是西安市政府派出机构。

1. 名称由来

西安浐灞生态区得名于“长安八水”著名的浐、灞水系，于2004年9月9日挂牌成立西安市浐灞河综合治理开发建设管理委员会。2007年8月16日，根据市政府第14届19次常务会议决定，将“西安浐灞河综合治理开发建设管理委员会”更名为“西安浐灞生态区管理委员会”。

2. 区位情况

浐灞生态区位于西安城区东部，距离西安市新行政中心约15分钟车程，距离咸阳国际机场约30分钟车程，距离市中心钟楼约8千米。

灞桥生态区北达渭河滨河路，东至灞河东路西道牙—绕城高速—华清路—东三环—咸宁路—浐河滨河路，南达浐河雁鸣湖，西至北辰大道—东二环延伸段—东二环华清东路—酒十路—规划路—新兴南路—长鸣路。

3. 发展成就

浐灞生态区2011年被中华人民共和国环境保护部授予“国家生态区”称号；2013年被列为省级开发区，同年被住建部授予第二批国家绿色生态示范城区；2015年获批全国生态文明先行示范区。

机构设置：2008年陕西省政府提出在浐灞建设西安金融商务区；2013年外交部同意西安领事馆区建设在浐灞生态区启动；2014年西安市政府常务会研究同意在浐灞生态区设立欧亚经济综合园区核心区；2016年灞河右岸3.81平方千米纳入中国（陕西）自由贸易试验区范围。

西安浐灞生态区生态彩虹桥掠影

重大活动：2005 年欧亚经济论坛永久会址落户浐灞生态区；2011 年成功举办西安世界园艺博览会；2018 年世界文化旅游大会永久会址落户浐灞。

重点项目：2009 年苏陕国际金融中心、中国—东盟西安经贸中心、中国银行全球客服中心等项目入区；2015 年砂之船奥特莱斯艺术商业广场开工；2016 年华夏文化旅游综合体、丝路国际创意梦工场启动建设；2017 年万达城、会展中心等重大项目落户浐灞；2018 年“中华千古情”等重大项目落户；2019 年携程集团西安分公司入驻；2020 年万科城市广场等项目签约。

二、发展特色及定位

会议会展中心的建成运营使浐灞生态区拥有得天独厚的会展资源，主动扛起全市会议会展发展大旗，以会展为驱动，带动商贸、物流、金融、文旅等其他产业，打造会展经济带，引领西安东部发展。

浐灞生态区拥有欧亚经济综合园区、西安领事馆区等版块，将持续发挥开放平台作用，吸引领事馆、签证中心、大型企业、国内外客商聚集，着力打造陕西对外开放新高地和国际人文交流新中心；同时，利用西安金融商务区等金融产业发展平台，发展特色金融产业，为全省经济发展贡献浐灞力量。

浐灞生态区作为全国首个以生态命名的开发区、国家级绿色生态示范城区、生态文明先行示范区，是全国绿化模范单位及年度生态文明建设典范开发区，在推进新时代生态文明建设中起着重要示范作用。同时，作为丝博会、欧亚经济论坛承办地，拥有自贸浐灞功能区等重要载体，国际间交流频繁，是对外开放的重要窗口。

三、发展成果

产业格局初步形成。建成西安国际会展中心一期、西安国际会议中心等一批会展场馆及配套设施，总建筑面积 129 万平方米，净展面积 11 万平方米，启动西安国际会展中心二期博览中心、进口博览馆建设。实施会展“五个一”工程，举办各类会议会展活动 500 余场次，50 家企业入驻丝路会展产业孵化园。华夏文旅建成运营，《驼铃传奇》秀成为展示丝路文化的榜样节目，宋城“西安千古情”演出 360 场次以上，累计接待观演者 81 万人次。荣获首批全国生态旅游胜地、文旅融合特色地标奖。举办绿色金融丝路论坛、欧亚金融论坛，推动前海金融中心建成，灞柳基金小镇获评中国最具影响力基金小镇，绿色金融改革创新试验区申报工作成效显著。

生态优势更加凸显。先后完成雁鸣湖休闲公园、广运潭公园等重点生态工程建设，形成以城市公园、浐灞河水系和特色景观大道为主的绿色网络格局，聚焦污染防治攻坚战，新增城市绿地 233.46 万平方米，区内鸟类增加至 263 种，城市环境面貌更加美化净化。作为西部典型案例入选央视纪录片《生态文明启示录》，入围“绿动中国”“最美中国”城市榜单，获评“2018 生态文明建设典范开发区”“2019 生态文明建设优秀开发区”“2019 绿色发展优秀开发区”等。

开放水平不断提高。成功纳入陕西自贸区板块，“一带一路”贸易之家开馆，“通丝路”结算平台开通运行并被选为 2019 全国自贸区十大创新成果、国家最佳实践案例。西安领事馆区加快建设，引进各种涉外机构 20 家，集中对外签证中心开业运营，入驻国别 20 家。首家境外旅客购物离境退税商店砂之船（西安）奥莱挂牌运营。

创新能力逐渐增强。高标准推进西安理工大学浐灞创新孵化中心、西北工业大学网络创新研究院等项目签约和新加坡第一家及众多高校孵化器等“双创”项目建设。累计建成各类双创空间 13 家，其中国家级众创空间 1 家、省级众创空间 2 家，众创空间 20.1 万平方米。累计孵化企业 576 家，其中国家级高新技术企业 8 家、科技型中小企业 108 家，加速高新技术成果转化，增强区域竞争力。设立西安驻加州大学硅谷离岸创新中心。

城市功能不断完善。高水准制定生态区夜景亮化规划，以灞河河景灯光秀为龙头，分步骤、高标准开展灞河入渭口、灞河河道等夜景亮化工作，带动月光经济、水岸经济发展。

四、发展思路及目标

（一）发展思路

五大发展战略：坚定不移实施“生态立区、产业兴区、创新强区、开放活区、幸福满区”五大发展战略。

五个主要抓手：以产业园区建设、重大项目招商、基础设施提质、生态示范突破、民生全力保障为主要抓手。

七类新发展要求：推动区域经济实力再上新台阶，产业发展实现新突破，生态文明建设实现新进步，对外开放迈出新步伐，城市品质得到新提升，民生福祉达到新水平，绿色发展进入新高度。

三项新奋斗目标：将浐灞生态区建设成国家黄河流域及西部大开发

生态文明新示范、陕西现代生产性服务业高质量发展新高地、西安国际化大都市对外开放新区域。

（二）发展目标

城市品质得到新提升。新建城市综合体 10 个，建成高品质酒店 15 家。公共文化设施、健康体育设施覆盖率达 100%，民众的物质与精神文化需求得到较大程度满足。

民生福祉达到新水平。生态区常住人口达到 75 万人，城乡基本社保覆盖率 100%。新建幼儿园 36 所，新建和扩建学校 36 所，引进医疗机构 5 家。

对外开放迈出新步伐。全面拓展对外开放的广度和深度，承办国际交流活动次数达到10次/年，累计引进世界500强企业达到25家，累计引进涉外机构达到25个，新建领事馆（签证中心）国别达20家，培育走出去企业30家，陕西自贸区浐灞功能区新注册企业数超过2 000家。

第六节
航空基地

一、概况

西安航空基地于2004年8月获国家发改委批复设立，2005年3月正式挂牌启动建设，2010年6月获国务院批准升级为国家级经济技术开发区，是我国第一家国家级航空高技术产业基地和目前唯一以航空为特色的国家级经济技术开发区，现有面积15.68平方千米，人口约2.5万人。区内有中航工业飞机强度研究所、西安航空学院、西安航空职业技术学院、中航西飞民机公司、西安三角防务公司等重点企事业单位。

二、发展定位

航空基地以获批国家先进制造业集群为契机，坚持立足航空特色，全力打造“一新城、双高地、三中心”。“一新城”，即全力建设“生产、生态、生活”为一体的三生融合航空新城；“双高地”，即航空军民融合改革高地和产城融合创新发展高地；“三中心”，即国内外重要的航空产品研发制造中心、先进技术服务中心和特色旅游会展中心。

三、发展成果

1. 深耕航空特色，集群培育迈出坚实步伐

中国首台4万吨大型模锻液压机投产，亚洲最大数控全自动立式旋压机正式投用，新舟700项目进入静力试验阶段。三角防务先进航空零部件智能互联制造基地项目、神剑嘉业复合材料零部件生产基地项目、广联航空西安航空产业加工制造基地项目等重大项目落地。入驻基地的通航企业达150余家，支撑西安市成为全国首批国家通航产业综合示范区。蓝田航空产业园建设稳步推进，陕西西北通航协会不断壮大，市场拓展成效显著，通航综合实力稳居西北首位。连续举办两届中国国际通用航空大会，“西安航展”品牌在全国打响。2020年，航空基地获评民航局“十三五”期间通用航空典型示范单位。企业群体不断扩大，“十三五”期间，航空基地累计注册企业1 300余家，其中国家高新技术企业达60家，三角防务于创业板上市。

2. 做强创新动能，协同创新体系更加完善

建设西安航空大数据中心，利用工业云先进手段，为企业搭建科技创新与生产应用的信息共享协作平台。目前拥有省级以上重点实验室、工程技术中心、产业技术研发中心等科研平台 10 家，市级工程实验室 23 个。关键技术不断突破，难变形金属部件铸造、发动机精密零件制造、3D 打印技术、纳米立方碳化硅、超轻镁锂合金等一批核心技术取得突破性进展。

3. 聚焦机制创新，军民融合水平持续提升

组建军民融合产业联盟，创建全省首个航空领域军民融合创新示范区。军民融合服务平台加速集聚，培育建设国家级军民融合科技服务机构、军工资质联合咨询受理中心等服务平台 30 余个，形成“3+N”航空产业军民融合金融体系。促成陕西航空产业发展集团参股组建西飞民机公司，创新“地方政府 + 军工”的股权合作模式，支持新舟 700 项目研制，支持一飞院与通航国际（西安）飞机技术有限公司合作，培育民机产业集群。民参军活力迸发，民参军总产值达 60 亿，五年新增具有军工资质的军民融合企业 88 家，300 余家企业深度融入航空基地军民融合体系中，培育了三角防务、昱琛航空、兴航航空、四方超轻、博赛旋压、鑫旌航空等一大批军民融合示范企业。

4. 统筹内外布局，开放发展格局逐步打开

航空基地综保区获批并建成运行，成为我国中西部地区首个以航空产业为特色的综合保税区。依托保税加工、保税物流和保税服务三大功能，搭建国际航空产业分工承载平台，全面参与航空国际转包业务，成为推动航空产业外向型经济发展、深化航空产业国际合作的新型服务平台和重要载体。区域协同加快推进，航空基地东接阎良，北融渭南（富阎、蒲城），南联临潼，远携蓝田，与蓝田县合作共建以通用航空产业为主导的综合性产业园区，与临潼区正式签订临潼航空扩展区合作共建协议。

四、发展规划

按照“12348”的总体部署，将航空基地建设成为具有世界影响力的中国航空新城。

锚定一个目标：锚定具有世界影响力的中国航空新城总目标。

实现两大突破：在航空制造关键核心技术上实现突破，在航空产业规模能级上实现突破。

发挥三大优势：发挥航空全产业链优势、发挥军民融合优势、发挥区位环境优势。

构建四大体系：重点构建协同高效的创新体系、构建航空特色引领的现代产业体系、构建协作共赢的开放发展体系、构建改革赋能的现代治理体系。

布局八大任务：构建航空特色产业体系、推进军民融合发展、优化创新创业生态、加快开放发展步伐、提升公共服务品质、建设现代绿色新城、完善开发治理体系、推动航空城集团高质量发展。

“飞豹”战斗机

第七节
航天基地

一、概况

西安国家民用航天产业基地（简称“西安航天基地”）成立于2006年11月，是陕西省政府、西安市政府联合中国航天科技集团公司共同建设的航天高技术产业和国家战略性新兴产业聚集区，2007年12月被国家发改委批复认定为西安国家民用航天产业基地，2010年2月被工信部认定为全国首个军民融合国家新型工业化产业示范基地，同年6月被国务院批复为国家级陕西航天经济技术开发区。

航天基地现处于快速发展阶段。总规划面积为65.14平方千米，北至长安区与雁塔区交界，东北至长安与灞桥交界，东至浐河，南至城市南控线，西至长安南路。分为一期23.04平方千米，扩展区42.10平方千米，其中一期为已建成区。

二、发展定位

成立之初，航天基地围绕陕西省、西安市和航天科技集团公司的“十一五”规划，以贯彻实施西部大开发战略、促进西部地区特色产业崛起、服务航天在陕单位和其他省市航天企事业单位发展为目标，充分发挥航天企业自主创新技术优势，加快航天技术向新能源、新材料、信息技术、特种装备等航天民用产业延伸拓展，建设以航天民用为主、军民结合的产业基地和产业聚集区。

航天基地“揽月阁”

“十三五”期间，航天基地贯彻落实国家军民融合发展战略、“一带一路”发展战略以及创新型国家建设战略，充分发挥航天高科技对战略性新兴产业发展的引领作用，建设国家军民融合创新示范区、航天高技术研发基地、科技成果转化基地、卫星及应用产业聚集区和高端装备生产制造基地，推动地方产业结构优化升级，打造科技创新驱动发展新增长点。

“十四五”时期，航天基地将继续秉承“服务国家战略，带动地方发展”双重使命，坚持“把科技自立自强作为国家发展战略支撑”的总要求，以航天强国为己任，把握“碳达峰、碳中和”纳入生态文明建设总体布局重大机遇，持续提升创新力、竞争力和影响力，聚力航天基地建设，打造西安建设国家中心城市和国际化大都市的城市功能承载区，建设世界一流航天新城。

三、发展成果

综合实力稳步提升。荣耀西安研发中心、西安美畅产业园入区发展；航天六院新能力建设项目一期建成，全面保障国家航天强国战略；隆基10GW单晶电池生产厂区一期正式投产；航天动力研究所科研新区建设项目部分厂房主体建设完成；电子信息产业园等项目建设有序推进；西安卫星测控中心、航天九院16所机器人产业基地等项目启动；银河航天西安研发中心正式启用，并首次在西安载荷AIT研发示范线上进行载荷研制工作。

产业根基更加稳固。航天产业优势巩固，形成军民两用火箭发射、卫星应用、航天器测运控等较为完整的产业链条，承担嫦娥四号、长征五号、“天问一号”火星探测器等多项国家航天重大工程，集聚星际荣耀、银河航天等40余家商业航天企业。新能源产业发展成效明显，产值突破300亿元，隆基绿能入选“全球新能源企业500强”，单晶硅片产能产量稳居全球第一。新兴产业加速发展，引进京东云、华为云等云平台骨干企业，获批全省首批数字经济示范区。围绕超算中心，布局陕西省工业软件研究院等一批新型研发平台，聚集一批高性能计算及应用相关领域龙头企业，为打破技术垄断，突破“卡脖子”关键技术打下坚实基础。

创新能力显著增强。在2019年商务部公布的国家级经济技术开发区综合发展水平考核评价中，航天基地科技创新指标在全国219家经开区中排名第四、西部第一。截至2020年，拥有国家级重点实验室3个、国家级企业技术研发中心4个、国家级创新中心1个、国家地方联合工程研究中心2个、院士工作站10个、省级以上重点实验室5个、省级以上研发平台37个，每万人发明专利拥有量达365.7件，为全国平均值（13.3件）的27倍，位居全国经开区之首。累计引进培育省级以上众创空间、孵化器8家，拥有科技型中小企业500家、高新技术企业210家，较“十二五”末增长650%。

改革开放成效显著。深度融入“一带一路”倡议，获批“中国（西安）跨境电商综合试验区创新示范先行区”。2020年进出口总额达到108.2亿元，年均增速48.7%。

四、发展目标

围绕建设世界一流航天新城目标，全面实施“北优、南闲、东融、西提、中强、全域补短板”空间发展战略，加快构建“一带一廊两片两城”功能格局。做强“一带”，即东长安街总部经济带；做靓“一廊”，即南部塬区生态商务休闲廊；做大“两片”，即以航天六院为代表的航天动力片区、以航天五院为代表的空天经济片区；做好“两城”，即隆基科学城、航天未来城。

聚力“十个航天”建设。

科创航天——建设国家航天科技创新中心和光伏新能源产业创新中心，持续推进科技成果转移转化，强化企业创新主体地位，打造航天科技人才特区。

产业航天——加速构建“3+3+2”现代产业体系。做强三大支柱产业：航天、新材料新能源、高端装备制造；做大三大新兴产业：卫星应用、人工智能、大数据与云计算；做专两大生产性服务业：研发设计、软件及信息服务。

品质航天、时尚航天、健康航天、教育航天、文旅航天、畅行航天、水兴航天、绿满航天——加快提升城市综合承载力，构建绿色生态体系，打造特色文化品牌，建设宜居幸福城市典范。

第八节
国际港务区

一、概况

西安国际港务区位于西安市主城区东北部的灞渭三角洲，处在大西安拉大城市骨架、以渭河为城中河、跨河发展的核心地带，浐河、灞河、泾河、渭河四水聚港，规划建设面积89.89平方千米，是陕西省、

西安国际港务区

西安市为打造内陆改革开放新高地而设立的经济先导区；也是省市践行国家“一带一路”倡议的重要支撑和平台，建设中欧班列西安集结中心的核心区域；还是陕西自贸试验区单独成片的核心板块和第十四届全运会主场馆和开闭幕式所在地。园区先后六次写入国家战略，承担着跨境电商综试区、“一带一路”国际商事法律服务示范区等20多项国家级试点、示范，已经进入多项政策机遇叠加的黄金发展期。

西安国际港务区管理委员会于 2008 年 4 月经西安市编办批准成立，明确为市政府派出机构。2016 年 7 月，国际港务区整建制托管了灞桥区新筑、新合街道，党工委、管委会全面负责托管街道的党群、行政、经济和社会事务等管理工作，灞桥区新筑、新合街道行政区划保持不变。

二、发展定位

西安国际港务区以“建设内陆第一大港、服务全国向西开放”为目标，坚持“以港立区、以港兴城”，力求实现“港产贸”融合一体化发展。根据西安国际港务区“十四五”规划和 2035 年远景目标纲要，西安国际港务区将打造 “一带一路”内陆型贸易枢纽港、内陆改革开放高地、现代化国际城市新中心。

1.“一带一路”内陆型贸易枢纽港

打造中欧班列（西安）集结中心，推进以“长安号”为核心的运产贸融合发展，加快形成面向中亚、南亚、西亚国家的通道，打造商贸物流枢纽，构筑内陆地区效率高、成本低、服务优的国际贸易通道。坚持开放创新，充分发挥自贸试验区先行先试优势，做强西安陆港型国家物流枢纽，与国内外物流枢纽加强衔接，推进海铁联运、公铁联运等多式联运建设，努力形成“干支结合、枢纽集散”的集疏运体系。完善口岸功能，强化各类开放平台功能，做大做强口岸商贸。建设进口贸易创新促进示范区，大力发展一般贸易、大宗贸易和跨境电商，实现“港产贸”融合一体化发展，进一步提升国际港务区的区域带动和辐射作用，助力陕西深度融入共建“一带一路”大格局。

2. 内陆改革开放高地

以产业链延伸及创新为路径引领发展，夯实做强临港经济、商贸服务、数字经济、新金融、文体健康五大产业集群，努力构建开放型经济产业高地。积极打造面向“一带一路”的产业转移承接中心、国际贸易中心、金融服务中心、人文交流基地和多元化国际商事争端解决中心。深度融入全球产业链和价值链，努力将国际港务区打造成为西安开放型经济发展的核心载体。

3. 现代化国际城市新中心

按照“世界眼光、国际标准、中国特色、高点定位”发展要求，优化城市空间结构，升级城市功能，优化乡村环境，增强园区承载力、集聚力和吸引力，建设面向“一带一路”的城市功能载体。借力第十四届全运会，高标准建设运营总部项目，与西安奥体中心“一场两馆”、“一带一路”系列公建项目等共同打造西安最美天际线。坚持生态优先，统筹“三河一山”国际港务区段、中央绿色廊道、快速路网和主干道景观建设，着力构建“一环三区五带多线”大生态格局，打造蓝绿交织、清新明亮、水城共融的陆港画卷。引入国际、国内优质资源，参与城市功能配套建设，构建国际化教育、医养、商业、文化、体育高品质人居生活圈，打造国际一流和谐宜居城市新中心。

三、发展成果

1. 陆港枢纽作用日益凸显

（1）中欧班列（西安）集结中心建设初见成效。中欧班列（西安）集结中心通过“干支结合”的方式构建了“+ 西欧”集结体系，相继开行了襄西欧、徐西欧、蚌西欧、冀西欧、厦西欧、唐西欧、永西欧、渭西欧、贵西欧、芜西欧、安西欧、榆西欧、常西欧、宛西欧、汉西欧等 15 条集结线路，辐射长三角、珠三角、京津冀、晋陕豫黄河三角洲等主要货源地。中欧班列“长安号”已面向中亚、南亚、西亚及欧洲开通运行 15 条干线通道，覆盖了欧亚大陆全境。2020 年，中欧班列“长安号”开行 3 720 列，运送货物总重达 281.1 万吨，其中欧洲方向约占全国市场总量的 20%，班列开行量、重箱率、货运量等核心指标稳居全国第一，全年中欧班列质量评价指标全国第一。中欧班列“长安号”成为全国中欧班列高质量发展的典范。

（2）港口口岸释放发展新动能。截至 2020 年底，国际港务区已建成铁路临时对外开放一类口岸、公路二类开放口岸，进境粮食、进口肉类、整车进口三个指定口岸。其中，整车进口指定口岸进出口汽车总量位居全国内陆整车口岸第一；粮食口岸进口粮食约 3.54 万吨，位居全国内陆粮食口岸第一。实施通关一体化建设，通关时间压缩 68.2%，创新“舱单归并”，降低通关费用约 97%。

（3）自贸试验区先行先试取得新成就。以制度创新为核心，以“一带一路”经贸合作与人文交流为特色，大力推进自贸改革创新。累计培育自贸区全国复制推广案例 3 个，省级优秀案例 9 个，全省复制推广案例 6 个。国家级“一带一路”国际商事法律服务示范区加快建设，中国—上海合作组织法律服务委员会西安中心、“一带一路”律师联盟西安中心、西安“一带一路”国际商事争端解决中心和国家生物安全证据基地成功挂牌。

（4）基础设施建设迈上新台阶。新筑铁路综合物流中心不到 2 年建成投运，连同西安铁路集装箱中心站，成为我国西部占地面积最大、功能设施最全的铁路集疏货运枢纽。西安综合保税区（二期）建成并验收。西安陆港型国家物流枢纽成为首批国家物流枢纽。

（5）高水平对外开放开创新局面。2020年，西安国际港务区进出口贸易额达到95亿元，电子商务网络交易额达到1 888亿元。2016—2020年，利用外资年均增速14.50%。

2. 经济保持快速增长

“十三五”期间，园区经济总体呈现出“逆势而上、稳中有进、快速增长”的良好态势。全区形成了临港经济、电子商务、商贸物流、新金融、文体健康等五大主导产业体系。临港经济方面，引进了招商局物流、中远海、中国五矿、中林、马士基、美国安博、普洛斯等国内外知名行业龙头企业，总投资约 200 亿元；积极承接东南沿海产业转移，引进了康佳智能科技产业集群、澳威激光、深圳思赢科技、大疆实业、科斯奥电子等先进制造类企业近 30 家，总投资约 300 亿元。电商产业方面，京东、阿里考拉、苏宁、国美、优信、蜜芽、大商道等电商龙头落户园区，注册电商企业数超过 2 200 家，2020 年进出口贸易额超过 95 亿元，是 2019 年的 7.5 倍。商贸服务业方面，引入了国药、陕药、中国邮政、广汇汽车、华南城等知名企业。新金融方面，园区聚集了供应链金融、融资租赁、商业保理等企业 237 家。文体健康产业方面，引入国家级广告产业园、融创冰雪世界等项目落户，正在围绕奥体中心打造体育全产业链。2016 至 2020 年，园区市场主体年均增长率达 87.74%。

四、发展目标

到“十四五”末，以“一核、两带、双轴、五区、五支撑”为框架的陆港综合规划基本落实。“一核”指以西安港为核心；“两带”是以灞河、渭河为中心的绿色生态发展带和以中央绿廊和总部经济聚集区为中心的总部经济发展带；“两轴”是以港务大道为中心的临港经济发展轴和以欧亚大道为中心的奥体新城发展轴；“五区”是指城市综合创新区、产业发展引领区、集结中心配套区、城乡统筹区、远期协同发展区；“五支撑”指以临港经济、商贸服务、数字经济、新金融、文体健康五大产业为支撑。将西安国际港务区打造成为一个更具发展引领和战略支撑地位、更具独特价值和丰富内涵、更具创新活力和品质魅力的内陆幸福港城。

附表

西安市开发区基本情况统计表

序号	名称	级别	所在行政辖区	管理机构类别	备注
1	西咸新区	国家级	西安市 咸阳市	省政府派出机构	代管
2	西安高新区	国家级	雁塔区 长安区 鄠邑区 周至县	市政府派出机构	
3	西安经开区	国家级	未央区 高陵区 临潼区	市政府派出机构	
4	西安航天基地	国家级	长安区	市政府派出机构	
5	西安航空基地	国家级	阎良区	区政合一	
6	西安曲江新区	省级	雁塔区 周至县 临潼区	市政府派出机构	
7	西安国际港务区	省级	灞桥区	市政府派出机构	
8	西安浐灞生态区	省级	灞桥区 未央区	市政府派出机构	
9	西安泾河工业园	省级	高陵区	区政府派出机构	
10	西安郭杜教育科技产业开发区	省级	长安区	区政府派出机构	
11	西安浐河经济开发区	省级	灞桥区	区政府派出机构	
12	西安沣京工业园	省级	鄠邑区	区政府派出机构	
13	西安临潼旅游商贸开发区	省级	临潼区	区政府派出机构	
14	西安蓝田县工业园	省级	蓝田县	县政府派出机构	
15	碑林科技产业园	省级	碑林区	区政府派出机构	
16	西安市常宁新区	市级	长安区	区政府派出机构	
17	西安灞河新区	市级	灞桥区	区政府派出机构	
18	西安渭北工业区临潼现代工业组团	市级	临潼区	区政府派出机构	
19	雁塔区鱼化工业园	市级	雁塔区	区政府派出机构	
20	莲湖科技产业园	市级	莲湖区	区政府派出机构	
21	周至县西部智能装备产业园	县级	周至县	县政府派出机构	

2020 年西安市各开发区主要指标

	“四上”及房地产开发企业单位数											
	总数		规模以上工业企业		限额以上贸易企业		资质以内建筑业企业		规模以上服务业企业		房地产开发企业	
	（个）	占全市比重（%）	（个）	占全市比重（%）	（个）	占全市比重（%）	（个）	占全市比重（%）	（个）	占全市比重（%）	（个）	占全市比重（%）
全 市	8 869	–	1 607	–	2 695	–	1 361	–	1 997	–	1 209	–
高新区	1 361	15.3	378	23.5	257	9.5	234	17.2	376	18.8	116	9.6
经开区	1 222	13.8	253	15.7	422	15.7	171	12.6	287	14.4	89	7.4
曲江新区	397	4.5	–	–	69	2.6	49	3.6	190	9.5	89	7.4
航空基地	92	1.0	47	2.9	12	0.4	7	0.5	11	0.6	15	1.2
航天基地	239	2.7	58	3.6	60	2.2	20	1.5	44	2.2	57	4.7
浐灞生态区	264	3.0	4	0.2	87	3.2	22	1.6	60	3.0	91	7.5
国际港务区	208	2.3	23	1.4	83	3.1	8	0.6	62	3.1	32	2.6

续表

	生产总值				规模以上工业增加值		固定资产投资（不含农户）		工业投资	
	绝对量		增速		增速		增速		增速	
	（亿元）	占全市比重（%）	（%）	排位	（%）	排位	（%）	排位	（%）	排位
全 市	10 020.39	–	5.2	–	7.0	–	12.8	–	15.2	–
高新区	2 410.08	24.1	12.3	4	21.2	2	23.2	3	12.6	5
经开区	894.67	8.9	3	6	–9.9	6	10.2	8	2.3	6
曲江新区	304.7	3.0	2.9	7	–	–	12.5	5	–30.5	7
航空基地	43.41	0.4	14.1	3	16.2	3	12.4	6	24.4	4
航天基地	305.46	3.0	18.4	2	21.7	1	30.9	1	27.8	3
浐灞生态区	291.34	2.9	4.8	5	12.2	4	12.7	4	141.7	1
国际港务区	155.61	1.6	18.6	1	12.0	5	30.6	2	44.8	2

续表

	房地产开发投资		社会消费品零售总额				限额以上企业（单位）消费品零售额			
	增速		绝对量		增速		绝对量		增速	
	(%)	排位	（亿元）	占全市比重 (%)	(%)	排位	（亿元）	占全市比重 (%)	(%)	排位
全 市	6.5	–	4 989.33	–	−2.9	–	2 512.61	–	−1.3	–
高新区	39.5	1	657.20	13.2	−2.9	6	434.95	17.3	−1.1	4
经开区	−14.3	6	488.80	9.8	2.3	4	334.44	13.3	2.1	3
曲江新区	8.5	4	118.35	2.4	−2.2	5	36.35	1.4	−3.9	5
航空基地	−16.8	7	1.25	0.0	10.7	2	0.55	0.0	10.1	2
航天基地	0.4	5	87.56	1.8	−4.1	7	84.96	3.4	−16.3	7
浐灞生态区	24.0	3	430.50	8.6	6.8	3	144.02	5.7	−4.6	6
国际港务区	34.4	2	379.08	7.6	16.6	1	342.65	13.6	29.1	1

续表

	地方财政一般公共预算收入				税收收入				地方财政一般公共预算支出			
	绝对量		增速		绝对量		增速		绝对量		增速	
	(亿元)	占全市比重(%)	(%)	排位	(亿元)	占全市比重(%)	(%)	排位	(亿元)	占全市比重(%)	(%)	排位
全 市	724.13	–	3.1	–	571.60	–	−1.6	–	1 347.58	–	8.5	–
高新区	114.82	15.9	11.2	4	108.06	18.9	11.4	4	107.18	8.0	−11.2	6
经开区	41.43	5.7	0.8	6	35.74	6.3	−2.9	5	38.28	2.8	29.7	1
曲江新区	40.74	5.6	−7.6	7	33.88	5.9	−16.5	7	49.98	3.7	12.4	4
航空基地	1.70	0.2	61.7	1	1.54	0.3	60.8	1	3.82	0.3	19.2	2
航天基地	10.04	1.4	31.9	3	9.03	1.6	29.9	3	11.54	0.9	8.5	5
浐灞生态区	24.29	3.4	3.8	5	19.10	3.3	−15.1	6	28.68	2.1	−33.8	7
国际港务区	21.11	2.9	47.8	2	18.72	3.3	37.1	2	54.34	4.0	17.8	3

第四章

西安的荣耀

路在脚下，梦在远方

第一节

重大战略

西安作为特大中心城市，如何带动城市群，沿着“一带一路”走出去；如何做好“山水文章”；如何创新驱动，形成新格局，建成国家中心城市，世人关注。

一、“一带一路”与西安

说到丝绸之路上的古城，不能不提陕西西安。著名的张骞出使西域就是从长安（今西安）出发的。2013年9月7日，习近平在哈萨克斯坦纳扎尔巴耶夫大学演讲时说：“我的家乡陕西，就位于古丝绸之路的起点。站在这里，回首历史，我仿佛听到了山间回荡的声声驼铃，看到了大漠飘飞的袅袅孤烟。”随后在乌兹别克斯坦访问时，习近平也多次提到西安。习近平指着一幅古丝绸之路地图说：“那里是西安，丝绸之路的起点，也是我的故乡。”习近平还欢迎乌兹别克斯坦朋友去中国、去西安。

2020年4月，习近平总书记在陕西考察时指出：要深度融入共建“一带一路”大格局，加快形成面向中亚南亚西亚国家的通道、商贸物流枢纽、重要产业和人文交流基地，构筑内陆地区效率高、成本低、服务优的国际贸易通道。

西安牢记总书记嘱托，着力深度融入共建“一带一路”大格局，不断“强枢纽、扩门户、促流动”，努力构建陆空内外联动、东西双向互济的全面开放新格局。

（一）西安在“一带一路”建设中的新地位

西安居于中国大陆地理几何空间的中心，是“一带一路”核心枢纽城市，也是“丝绸之路经济带”核心区新疆和“21 世纪海上丝绸之路”核心区福建中间重要的支点城市，承东启西、贯通南北，牵手“一带”、联通“一路”。

1.“四中心”

“一带一路”倡议实践示范中心。习近平总书记关于“一带一路”倡议的重要论述，是“一带一路”建设的思想指导和精神引领。建设“一带一路”倡议示范中心，能够体现西安在“一带一路”上高的政治站位。

“一带一路”区域经济中心。将“一带一路”和科创大走廊、文创大走廊、工业大走廊和对外开放通道紧密结合，支撑西安经济实力快速提升，推动西安成为“一带一路”区域经济中心。

“一带一路”对外交往中心。充分利用欧亚经济论坛、丝绸之路国际博览会等平台，积极谋划国家级国际交往新平台，不断加强对内、对外双向开放，打造“一带一路”国家对外交往门户城市。

“一带一路”科技创新中心。系统推进全面创新改革试验，加快国家自主创新示范区、西咸新区国家创新城市发展方式试验区建设，打造具有重要影响力的“一带一路”科技创新中心。

2.“三高地”

“一带一路”文化文明交流高地。积极挖掘和展示丝绸之路历史文化，构建马克思主义当代化、中国优秀传统文化现代化、世界优秀文化融合化的交流和展示平台。

"一带一路"产能合作高地。在"走出去"和"引进来"中，西安要成为"一带一路"产能合作的推动高地。

"一带一路"改革开放高地。充分发挥中国（陕西）自由贸易试验区西安片区、西安内陆港、空港、海关特殊监管区、口岸等平台功能，形成在"一带一路"合作中投资便利化、贸易便利化、物流便利化、监管服务便利化、人员往来便利化的体制机制创新高地和开放发展高地。

3."二枢纽"

"一带一路"国际综合交通枢纽。西安积极落实"五通"中的设施联通，打造"一带一路"国际综合交通门户枢纽。

"一带一路"国际贸易枢纽。西安充分利用交通物流区位空间优势，发挥国际综合交通枢纽的功能，建设"一带一路"物流大枢纽、国际"一带一路"物流集散平台。

（二）西安在"一带一路"建设中的新作用

1."一带一路"建设排头兵城市

西安在国内"一带一路"建设中肩负带动中西部协调发展的重任，而在新亚欧大陆桥国际经济走廊的中心地位又使其成为经贸合作的发动机和重要驱动者，成为亚欧合作交流的首选城市。西安的区位优势、历史积淀和现实发展决定西安当之无愧成为"一带一路"建设排头兵。

2.内陆改革开放引领城市

西安紧抓"一带一路"建设契机，形成有效扩大对外开放的新思路、新选择、新路径，在中西部内陆城市改革开放过程中起到引领示范作用。这是历史赋予西安的机遇，也是西安新时期的责任和义务。

3. 欧亚产业合作中心城市

西安要聚集优势资源，扩大对外开放，着力打造欧亚合作发展的产业聚集中心、会展中心、文化教育交流中心和金融中心。

4. 国际科技教育交流合作创新城市

西安的科技人才资源在全国位居第三，高校资源居全国第四，科教创新能力强大，是“一带一路”上重要的科教基地。

随着“一带一路”建设持续推进，西安城市经济必将在较短时间里完成转型升级，推动城市综合经济水平快速提升。

西安大庆路丝路雕像

二、西部大开发战略　从西安发出

1999 年 6 月 17 日，江泽民在西安主持召开国有企业改革和发展座谈会时讲话指出，实施西部大开发是一项振兴中华的宏伟战略任务。

国务院于 2000 年 1 月成立西部地区开发领导小组，公布《国务院关于实施西部大开发若干政策措施的通知》。国务院西部地区开发领导小组成员单位及国务院有关部门设立了西部开发工作联络员。西部 12 个省区市和其他地区的民族自治州（重庆市、四川省、贵州省、云南省、西藏自治区、陕西省、甘肃省、青海省、宁夏回族自治区、新疆维吾尔自治区、广西壮族自治区、内蒙古自治区、新疆生产建设兵团以及湖南湘西土家族苗族自治州、湖北恩施土家族苗族自治州、吉林延边朝鲜族自治州）成立了西部开发领导小组及其办公室或西部开发办公室。中部和东部各省市也加强了对参与和支持西部开发工作的组织领导，一些地方指定了专门机构负责此项工作。

2001年8月，国务院西部开发办会同有关部门，进一步研究制定了西部大开发若干政策措施的实施意见，编制完成“十五”西部开发总体规划。

2002年3月26日至4月2日，江泽民在陕西西安等地调研西部大开发和党的建设。4月1日，江泽民在西安主持召开六省区西部大开发工作座谈会，强调指出，面对新的形势和任务，全党和全国要进一步提高对西部大开发重大意义的认识，不断开创西部大开发工作的新局面。

2009 年 6 月，《关中—天水经济区发展规划》发布。2014 年，国务院相继批复设立西咸新区、贵安新区、天府新区，要求努力把西咸新区建设成为我国向西开放的重要枢纽、西部大开发的新引擎和中国特色新型城镇化的范例。2020 年 5 月，中共中央、国务院印发《关于新时代推进西部大开发形成新格局的指导意见》，为西部地区各个领域接下来的发展指明了方向。

三、黄河流域生态保护和高质量发展　西安任重道远

“黄河宁，天下平。”黄河流域是我国重要生态屏障和重要的经济地带。从古至今，中华民族与黄河之间的相处共融，流淌成了波澜壮阔的一部治水史、治世史。

黄河流经青海、四川、甘肃、宁夏、内蒙古、陕西、山西、河南、山东 9 个省区，全长 5 464 千米，共涉及 69 个地区（州、盟、市）、329 个县（旗、市）。

2019 年 9 月，习近平总书记在黄河流域生态保护和高质量发展座谈会上指出：“黄河流域生态保护和高质量发展，同京津冀协同发展、长江经济带发展、粤港澳大湾区建设、长三角一体化发展一样，是重大国家战略。”

2020 年 1 月，习近平总书记在中央财经委员会第六次会议上强调，黄河流域必须下大气力进行大保护、大治理，走生态保护和高质量发展的路子，强化西安、郑州国家中心城市的带动作用，推动沿黄地区中心城市及城市群高质量发展。

唤黄河为母亲，无疑能得到中国最广泛的认同。与华夏文明渊源关系最紧密、影响最深远的，是秦陇“母亲河”——黄河最大的支流渭河。对于西安来说，黄河流域的保护和发展最重要的就是渭河流域的保护和发展。

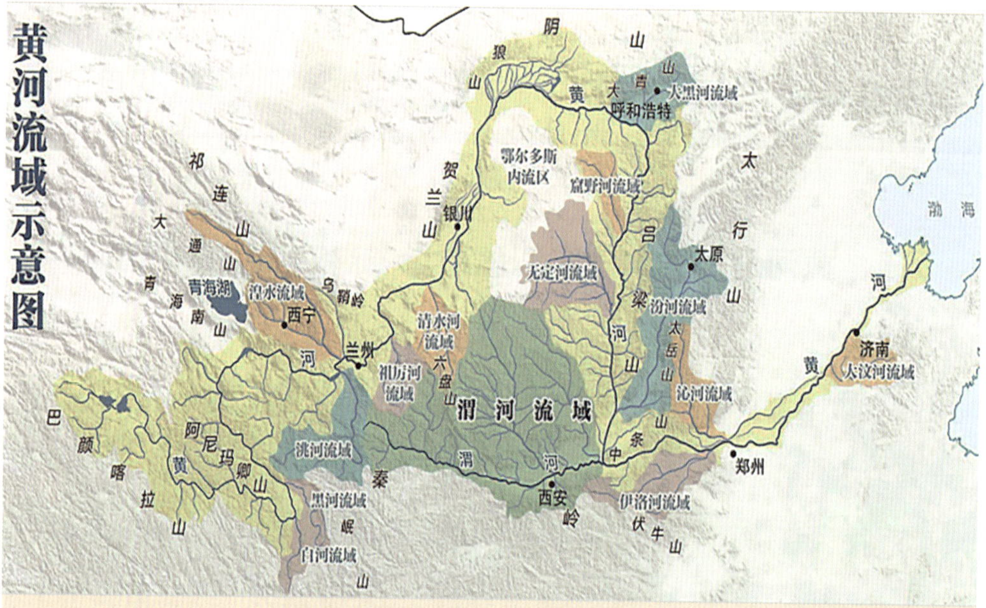

渭河在黄河流域的位置

从地图上看，渭河像基座一样俯在黄河流域南端，背靠秦岭北麓，面朝黄土高原。渭河从甘肃中部发源，一路向东，全长818千米，与其支流一起承载着甘肃最多的人口；出甘肃，渭河流域远至宁夏南部，辐射整个陕北与关中。陕西超过65%的人口与生产总值、1 400多万亩良田，都受渭河惠泽。

渭河西安段河道全长140.6千米，岸线长184千米，自西向东流经周至县、鄠邑区、城市段、灞桥区、高陵区和临潼区等区段。近些年，西安市加强对渭河河道治理和生态修复，成立专门机构开展渭河综合治理工程，加强对渭河治理工作监督考核。2016年，陕西省政府印发《陕西省渭河生态区建设总体规划》，建设西安渭河生态区等6个各具特色的生态区。2017年8月16日，西安市政府成立西安市渭河生态区建设管理委员会。2018年，陕西省政府同意设立西安市渭河生态区，重点发展生态保护、生态旅游、文化休闲、农业观光、滩地湿地治理等项目，禁止建设有污染的工业项目及房地产项目，限制开发类建设项目。渭河生态区的建设将带动沿渭百姓调整产业结构，使渭河成为一条造福两岸群众的安澜河、生态河、景观河、文化河和致富河。

四、关中平原城市群 正在下一盘大棋

在全国各城市竞争转向城市群竞争的新态势下，关中平原城市群正在合力下一盘大棋。2018 年，国务院正式批准《关中平原城市群发展规划》，涉及陕甘晋三省 12 市，关中平原城市群成为全国第 8 个国家级城市群。

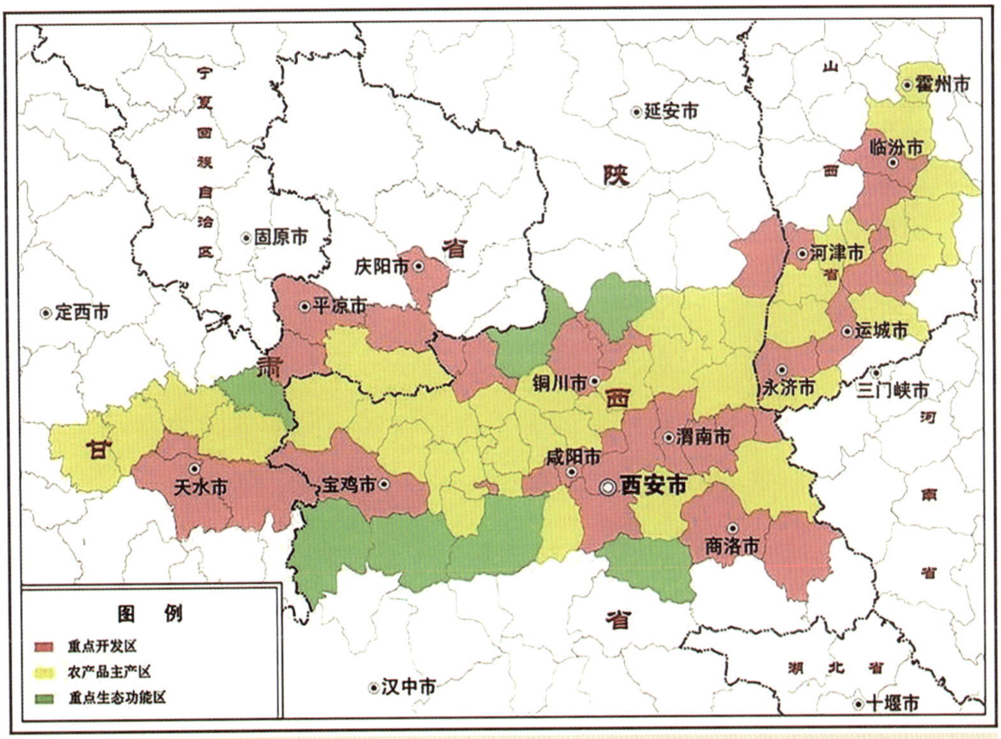

关中平原城市群区位图

关中平原城市群规划范围包括陕西省的西安、宝鸡、咸阳、铜川、渭南5个市、杨凌农业高新技术产业示范区及商洛市的商州区、洛南县、丹凤县、柞水县，山西省的运城市（除平陆县、垣曲县）及临汾市的尧都区、侯马市、襄汾县、霍州市、曲沃县、翼城县、洪洞县、浮山县，甘肃省的天水市、庆阳市及平凉市的崆峒区、华亭县、泾川县、崇信县、灵台县。据公开数据统计，该区域总国土面积10.71万平方千米，2020年末常住人口约4 000万人，地区生产总值约2.11万亿元，分别占全国的1.12%、2.83%和2.08%。

（一）发展基础

区位交通优势显著。关中平原城市群地处我国内陆中心，是亚欧大陆桥的重要支点，是西部地区面向东中部地区的重要门户。贯通西部地区的南北通道和新亚欧大陆桥在此交汇，以西安为中心的“米”字形高速铁路网、高速公路网加快完善，国际枢纽机场和互联网骨干直联点加快建设，全国综合交通物流枢纽地位更加凸显。

历史文化底蕴深厚。南依秦岭、东跨黄河，具有独特的文化和地理标识，发源和兴盛于此的始祖文化、汉唐文化是中国元素的重要组成。西安、咸阳、宝鸡、天水、平凉、运城、临汾等城市历史悠久，拥有大量珍贵的历史文化遗产和丰富的人文自然资源。城市群内各城市文化同源、人缘相亲、民俗相近、交流合作密切、区域认同感强。

现代产业体系完备。工业体系完整，产业聚集度高，是全国重要的装备制造业基地、高新技术产业基地、国防科技工业基地。航空、航天、新材料、新一代信息技术等战略性新兴产业发展迅猛，文化、旅游、物流、金融等现代服务业快速崛起，产业结构正在迈向中高端。西北唯一的自由贸易试验区和一批国家级产业园区，为现代产业发展提供了重要平台和载体。

创新综合实力雄厚。科教资源、军工科技等位居全国前列，承担着全面创新改革试验、自主创新示范、军民深度融合发展等国家重大改革创新任务。

城镇体系日趋健全。西安已发展为西北地区唯一的特大城市，核心引领作用不断增强。西咸新区是全国首个以创新城市发展方式为主题的国家级新区，宝鸡、临汾、天水等市城区常住人口接近百万。

（二）战略定位

关中平原城市群是向西开放的战略支点，引领西北地区发展的重要增长极，以军民融合为特色的国家创新高地，传承中华文化的世界级旅游目的地，内陆生态文明建设先行区。

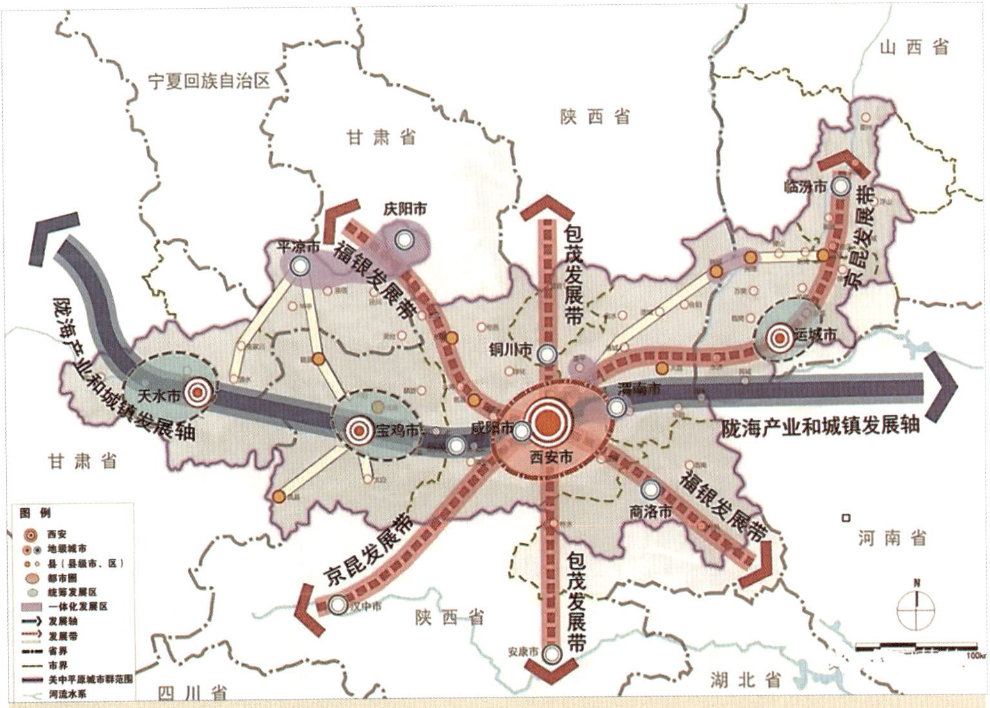

关中平原城市群“一圈一轴三带”的空间格局

2018 年 12 月，陕西省印发《关中平原城市群发展规划》实施方案，提出未来将构建“一圈一轴三带”的空间格局。其中“一圈”即西安都市圈，“一轴”即陇海产业和城镇发展轴，“三带”即福银发展带、包茂发展带、京昆发展带。

1. 建设目标

到 2035 年，城市群质量得到实质性提升，建成经济充满活力、生活品质优良、生态环境优美、彰显中华文化、具有国际影响力的国家级城市群。西安国家中心城市和功能完备的城镇体系全面建成，创新型产业体系和基础设施支撑体系日趋健全，对内对外开放新格局有效构建，一体化发展体制机制不断完善。

2. 工作进程

2020年3月，陕西省、山西省、甘肃省人民政府共同印发《推动关中平原城市群发展规划实施联席会议制度》。2021年6月，2021全球硬科技创新大会“关中平原城市群协同创新发展圆桌论坛”在西安举行，各方共同签署发布了《关中平原城市群发展共识》，同时为“关中平原城市群区域合作办公室”揭牌，关中平原城市群区域合作办公室常设于西安，各市派员常驻、集中办公。

2021年3月22日，西安市发布《西安市国民经济和社会发展第十四个五年规划和二〇三五年远景目标纲要》，提出要健全与关中平原城市群城市常态化信息沟通、项目推进合作、政策协调等机制，统筹推进城市群交通、信息、水利、能源等重大基础设施互联互通，加快产业对接协作，推动生态环境共治联保，强化公共服务共享，带动关中平原城市群一体化发展。

在新的起点上，推进关中平原城市群一体化建设，西安应以“坐不住、慢不得、等不起”的紧迫感，抢抓机遇，善抓落实，确保关中平原城市群一体化建设每月都有新进展、每季都有新变化、每年都有新气象。

五、国家中心城市 打造“美丽中国”西安样板

2018 年 1 月，国务院正式批复《关中平原城市群发展规划》建设名单，西安成功晋升为中国第九个国家中心城市。

为实现规划中提出的“西安国家中心城市建设”战略目标，2018 年西安市印发《西安国家中心城市建设实施方案》，一系列规划蓝图跃然纸上。

西安将分三个阶段建设国家中心城市。

第一阶段：到 2020 年，国家中心城市建设迈出坚实步伐，形成西安都市圈，基本建立“三中心两高地一枢纽”六维战略支撑体系，确立国家中心城市基本框架。全市城镇建设用地规模控制在 960 平方千米以内（含西咸新区），户籍人口超过 1 200 万，常住人口超过 1 500 万，城市综合竞争力有效提升，产业规模和经济实力明显提高，经济年均增长 8.0% 以上，总量迈上万亿级台阶，在副省级城市中经济总量的排序提升至中位。

第二阶段：到 2025 年，西安国家中心城市建设取得实质性进展，“核心带动、功能清晰、特色鲜明”的西安空间格局基本形成，产业高端化发展取得明显成效，经济辐射带动能力明显增强，关中平原城市群分工更加有序、协作更加高效。

第三阶段：到 2035 年，创新、协调、绿色、开放、共享、发展走在全国前列，综合经济实力和发展活力明显增强，参与国际竞争的能力显

著提升，在全国区域发展格局和国家治理体系中的地位更加凸显，创新型产业体系和基础设施支撑体系日趋健全，对内对外开放新格局有效构建，引领城市群发展的一体化体制机制不断完善，城市质量得到实质性提升，成为国家创新高地，基本实现现代化，建成“美丽中国”西安样板，全面建成代表国家形象、引领“一带一路”、具有重要国际影响力和竞争力的国家中心城市，为国际化大都市建设奠定坚实基础。

六、西安—咸阳一体化发展驶入快车道[①]

加快西安—咸阳一体化进程，是习近平总书记亲自部署、亲自推动的重大决策，饱含着习近平总书记对家乡发展的深切关怀和殷切期望，凝聚着两市广大干部群众的热切期盼和共同愿望，必将有利于发挥西安国家中心城市辐射带动作用，推动西安都市圈建设，引领西部地区高质量发展；必将有利于实施创新驱动发展战略，强化国家战略科技力量，增强自主创新能力，更好统筹发展和安全；必将有利于推进“一带一路”建设，更好服务和融入新发展格局，打造内陆改革开放高地；必将有利于推动中华优秀传统文化传承创新，提升中华文化魅力和影响力。2022年5月17日，西安市与咸阳市签订《加快推进西咸一体化发展合作备忘录》（以下简称《合作备忘录》）。

（一）六个一体化

城乡规划一体化：建立资源规划工作联席会议制度，西安市在国土空间总体规划中将西咸新区直管区的底图底数、总体空间格局、产业用地布局等进行统筹。

① 闫珅：《西咸一体化发展驶入快车道》，《西安日报》2022年5月18日，第3版。

创新驱动一体化：出台3年实施方案和项目布局、人才引进、资金保障、成果转化等专项政策，全方位支持秦创原创新驱动平台建设，并通过秦创原综合服务平台，整合两市重大科技创新平台和产业发展平台，加快推进科技成果产业化。

产业发展一体化：将西咸新区纳入西安市现代产业布局规划和开发区发展规划，对西咸新区实施全面支持。

生态治理一体化：将西咸新区纳入《西安市“十四五”生态环境保护规划》，将西咸新区沣河三里桥、泾河西铜桥和新河入渭等断面纳入西安市监测考核范围。

基础设施一体化：目前共规划14条衔接西安主城区、西咸新区和咸阳市的轨道交通线路，其中西安中心城区与西咸新区之间已开通3条线路，地铁16号线一期已全线“洞通”，西咸新区与中心城区互联互通道路项目、重点交通项目加快建设。

公共服务一体化：西安市与西咸新区已实现户籍同城、社保同城、车牌照同号，医疗、工伤、生育、失业保险等实现了同城同待遇。

（二）成立8个工作推进专班

为抢抓新一轮西部大开发战略和西安都市圈建设等重大机遇，根据《合作备忘录》，两市建立日常例会沟通机制，落实联席会议重大部署，协商解决跨区域合作的重点事项，推动西咸一体化尽快取得实质性进展。

两市分别组建空间规划一体化、创新驱动一体化、产业发展一体化、生态环保一体化、基础设施一体化、城市建设一体化、公共服务一体化、遗留问题解决等8个工作推进专班，协调解决西安—咸阳一体化推进过程中出现的具体困难和问题，统筹推进西咸一体化重点任务落实落细。

（三）推进9个方面任务落实

加快推进一体化规划布局。加快推动实现两市国土空间开发、产业发展、交通设施建设、生态环境保护、教育事业发展等一体化规划和布局。

推动基础设施互联互通。协同推动地铁1号线加快建设、推动地铁11号线（咸阳段）纳入西安市城市轨道交通四期建设规划，共同配合省上推动西兴、福银、延西等高速改扩建工程加快建设，实施尚智路上跨货运北环线、西咸大道综合改造等一批市政道路联通工程，协同打通“两市一区”基础设施互联互通堵点卡点。加强水利基础设施建设，共同构建西安—咸阳水资源保障“一张网”。

共建秦创原创新驱动平台。联合共建西安高新区—沣西新城—咸阳高新区科技创业走廊，加快建设西安高新区硬科技创新示范区、西部（咸阳）科技创业湾、西部智谷三期等重点科技园区，推动两市产业链创新链深度融合。

建立产业分工协作机制。推进高陵泾河新城三原组团、西咸新区空港新城咸阳经开区组团、杨凌武功周至组团等两市重点毗邻板块产业一体化协同发展。促进西安临空经济示范区与咸阳临空经济示范带融合发展，共建国家级临空经济示范区。推动西安高新区与咸阳高新区协同发展，共同做大做强集成电路产业。按照市场化原则，共同研究设立西咸产业发展一体化专项资金。

扩大文化体育交流。联合申办大型体育赛事，共同推进国家体育消费试点城市建设，共同举办国内国际重大文化交流促进活动。

加强生态共建环境共治。健全空气、水、土壤等重点领域污染联防联治联动机制，大力发展新能源，加强氢能产业生产与应用领域合作，共同建设氢能产业发展示范城市，积极开展氢能运营试点示范。

促进基础教育协同发展。推动西安优质公办幼儿园对口帮扶咸阳公办幼儿园。协同推进普通高中一体化特色发展。

促进优质医疗资源共享。推动西安优质医疗资源延伸咸阳，合作共建医疗联盟和医养机构，开展公共卫生数据共享联动试点，实现数据实时共享、互通交换。加强两市重大传染病防控能力建设，统筹优化两市传染病医疗资源布局。建立两市公共卫生应急中心、应急救援设备、物资统筹调用机制，实现区域联防、联控、联治。

促进公共服务“同城通办”。加快“互联网 + 人社”工作，推动参保缴费、社保关系转移接续等服务“同城通办”“全省通办”。加快推动“两市一区”公共服务“一卡通、一码通”，打破条块分割壁垒，提升居民生活便利度和幸福感。

七、西渭融合发展①

2022 年 5 月 22 日，西安市和渭南市召开推进融合发展工作会议，提出抢抓机遇务实合作、全方位共建都市圈。

西安、渭南山水相连、人文相近，你中有我、我中有你，是守望相助、手足相亲的一家人。近年来，两市深入贯彻落实习近平总书记来陕考察重要讲话重要指示精神，探索融合发展新机制，在理念共识、发展规划、项目建设等方面取得扎实成效，各领域交流合作日益紧密，西渭融合发展步入快车道、迈上新台阶。西渭融合发展要加强交通、产业、规划等

① 李小龙：《西渭融合发展工作会议召开》，《西安日报》2022 年 5 月 23 日，第 1 版。

方面衔接沟通，真正发挥区域产业协同作用，在共建西安都市圈战略框架下谋划发展，打造全方位合作新典范。要借势借力秦创原创新驱动平台建设，统筹创新资源开放共享、高效协同，依托西渭东区、富阎板块等载体，全方位参与、全要素集聚，全面促进两市创新链、产业链融通，携手把科技创新氛围做浓、平台做大。西渭融合要融实，立足服务市场主体和市民群众，优化产业布局和资源配置，加快政策、技术、资金集聚，全力打造发展生态链，提升区域竞争力，共同努力把“蛋糕”做大，确保西渭融合发展取得实质性进展。

西渭要坚定融合发展信心，以战略规划为牵引绘好“一张图”，以基础设施为先导织密“一张网”，以重点板块为突破蹚出“一条路”，以生态保护为基底下好“一盘棋”，完善协同落实机制，走稳走好融合发展之路，为谱写陕西高质量发展新篇章作出更大贡献。

八、保护秦岭　构筑坚实的生态安全屏障

习近平总书记指出，秦岭和合南北、泽被天下，是我国的中央水塔，是中华民族的祖脉和中华文化的重要象征。保护好秦岭生态环境，对确保中华民族长盛不衰、实现“两个一百年”奋斗目标、实现可持续发展具有十分重大而深远的意义。

秦岭西安段横向全长 166 千米，纵向 30 至 70 千米不等，有 48 个大的峪口，保护总面积 5 905.67 平方千米，约占西安市行政区划面积的 54.93%，涉及灞桥区、临潼区、长安区、鄠邑区、蓝田县、周至县、高新区的 55 个镇街、1 个景区管理局，常住人口 55 万人，

山区人口 19 万。

2018 年实施专项整治以来，西安市重点开展以下四个方面的工作：一是理顺秦岭保护体制机制；二是压实秦岭保护工作责任；三是强化秦岭保护投入保障；四是依法治山，修订颁布《西安市秦岭生态环境保护条例》，编制《西安市秦岭生态环境保护规划》。

秦岭晨曦

九、全面创新改革试验　西安迎来发展新机遇

2015 年 5 月 5 日，习近平总书记主持召开中央全面深化改革领导小组第十二次会议，审议通过了《关于在部分区域系统推进全面创新改革试验的总体方案》，同意在西安等八个省市和区域（京津冀、上海、广东、安徽、四川、武汉、西安和沈阳）开展全面创新改革试验。

2015 年 7 月，按照国家要求，西安市开展系统推进全面创新改革试验实施方案起草工作并上报。2015 年 9 月，中国政府网公布中共中央办公厅、国务院办公厅印发的《关于在部分区域系统推进全面创新改革试验的总体方案》。2016 年 7 月，西安市收到《国务院关于西安市系统推进全面创新改革试验方案的批复》，原则同意《西安市系统推进全面创新改革试验方案》。

西安自开展全面创新改革试验以来，先后上报创新相关改革举措 80 条，在国家向全国推广复制的两批 36 条改革经验中，西安市贡献了 7 条。同时，凝练了“有色经验”“西光模式”“西京范例”“高校效应”“空天探索”等一大批典型范例。2018 年 10 月，国家发改委发布的《全面创新改革试验百佳案例》中，以西安光机所为例的“‘开放办所、构建生态’模式促进科技成果转化”等 14 个全面创新改革案例入选，入选数量位列 8 个试验区第三，位列 3 个副省级城市试验区第一。

十、陕西自贸试验区　西安是重头戏

陕西自贸试验区是国务院 2016 年批复的第三批自贸试验区，也是目前西北地区唯一的自贸试验区。从战略定位上来看，要努力将自贸试验区建设成为全面改革开放试验田、内陆型改革开放新高地、“一带一路”经济合作和人文交流重要支点。

陕西自贸试验区总的实施范围为 119.95 平方千米，按照国务院批复的总体方案，涵盖中心、西安国际港务区及杨凌示范区三个片区。

中心片区：面积 87.76 平方千米，包括西安高新区、经开区、西咸新区（空港新城、沣东新城、秦汉新城、能源金贸区）的部分区域，重点发展战略性新兴产业和高新技术产业，着力发展高端制造、航空物流、贸易金融等产业，推进服务贸易促进体系建设，拓展科技、教育、文化、旅游、健康医疗等人文交流的深度和广度，打造面向“一带一路”的高端产业高地和人文交流高地。

西安国际港务区片区：面积 26.43 平方千米，包括国际港务区和浐灞生态区的部分区域，重点发展国际贸易、现代物流、金融服务、旅游会展、电子商务等产业，建设“一带一路”国际中转内陆枢纽港、开放型金融产业创新高地及欧亚贸易和人文交流合作新平台。

杨凌示范区片区：面积 5.76 平方千米，以农业科技创新、示范推广为重点，通过全面扩大农业领域的国际合作交流，打造“一带一路”现代农业国际合作中心。

在实际管理中，按照行政区划设立了三个管委会，分别是自贸试验区西安管委会、杨凌示范区管委会、西咸新区管委会，以及九个功能区。九个功能区包括西安区域的四个功能区（高新区功能区、经开区功能区、国际港务区功能区、浐灞生态区功能区）、西咸新区的四个功能区（空港新城功能区、沣东新城功能区、秦汉新城功能区、能源金贸区功能区），再加上杨凌片区。省级层面，在省商务厅设立了中国（陕西）自由贸易试验区工作办公室，形成了三级共同推动自贸试验区建设的工作机制。

陕西自贸试验区紧扣国家赋予的战略定位，坚持以制度创新为核心，以扩大开放为导向，以推动产业发展为重点，大胆试、大胆闯、自主改，形成了一批实施效果好、群众获得感强的改革创新成果，具体表现在以下四个方面：一是优化了服务环境。二是打造了特色平台。陕西自贸试验区先后建设了“走出去”一站式服务平台、工业互联网管理平台、零工创客共享服务平台、能源类特色供应链合作平台等一系列的平台载体，助力自贸试验区内企业高质量发展。三是助推了企业发展。四是提升了生活质量。自贸试验区的设立使老百姓在家门口就可以买到物美价廉的海外产品。已有 4 家外资旅行社落户自贸试验区，随着下一步外资医疗机构、外资娱乐机构的落地，人民群众一方面可以获得更多的就业机会，另一方面也能在就医、娱乐、旅游等方面享受更多的实惠和便利。

中欧班列“长安号”

第二节
重大活动

办好一次会，搞活一座城。

举办与组织重大外事活动、重大体育赛事、重要会议会展以及文化活动，对于站在世界舞台上展示新形象、提升和呈现城市价值有着深刻意义。

一、国家外事活动

（一）2015年印度总理莫迪访华　首站西安

西安，长期承载着合作共赢的外交使命。印度总理莫迪于2015年5月14日到访中国，开始为期3天的正式访问，首站西安。这是莫迪就任总理后首次访华。

莫迪此次中国之行始于西安。这样的安排背后，有着别样的故事。2014年9月，习近平主席对印度进行国事访问，首站去了莫迪的故乡——古吉拉特邦。到访当天正是莫迪64岁生日，他亲自安排并陪同习主席访问自己的家乡。两人的“散步外交”成为海内外媒体竞相报道的热点。当时，习主席向莫迪发出了邀请：下次访问中国时到他的家乡西安去看看。

与古吉拉特邦一样，西安也是中印友好源远流长的例证。中国唐代高僧玄奘就是到古吉拉特邦取经，然后把佛经带回中国，在西安传经。闻名遐迩的大雁塔，珍藏着玄奘法师从天竺带回长安的经卷、佛像和舍利子。

西安是“中国的班加罗尔”。

在莫迪访华之前，随着日期临近，“西安”这个名字在印度人耳中被叫响。印度《经济时报》在一篇报道中将之比作“中国的班加罗尔”。报道中称，西安相关专家已赴班加罗尔考察多次，目的就是打造中国的软件城，中印两国在这一领域有许多深入合作的机会。文章强调，西安的智力资源优势不仅体现在软件人才储备上，也希望和班加罗尔一样成为世界制药工厂。目前不少世界著名药厂已落户西安。

西安作为举世闻名的丝绸之路起点，所具有的佛教遗迹与印度文化一脉相通，在印度具有广泛的影响力。这些年，来西安旅游、工作、经商的人越来越多。在 2011 年的入境外国游客中，印度以 41.34% 的游客增幅，成为陕西入境游的新热点。

2006 年 9 月，秦始皇兵马俑、盛唐舞乐、皮影和剪纸等地道的陕西文化风物在“中印友好年·陕西文化周”上与印度观众首次见面。陕西省和印度在文化上的交流在此后几年愈发密集。在陕西，印度文化也“大举来袭”。2014 年 10 月下旬，首届丝绸之路国际电影节在西安盛大举行，其中就开设有印度主题电影展，6 部印度影片涵盖了歌舞、动作、爱情、史诗等多个类型，既有斩获当年印度电影观影奖最佳影片的《灵魂奔跑者》，也有中国观众熟悉的印度电影人阿米尔·汗自己导演的口碑电影《地球上的星星》等，让西安观众享受了一场异域“视觉盛宴”。

（二）中国 + 中亚五国外长会晤 共谋发展繁荣

2021 年 5 月 12 日上午，中国 + 中亚五国外长第二次会晤在西安举行，中国国务委员兼外长王毅主持会晤，土库曼斯坦、塔吉克斯坦、乌兹别克斯坦、吉尔吉斯斯坦、哈萨克斯坦五国外长出席，各方围绕抗疫合作、地区安全、一带一路共建等议题深入交换意见。中国和中亚五国外长在疫情形势下举行实体会晤，体现了六国加强“中国 + 中亚五国”外长会晤机制建设、加强团结协作的决心。西安会晤明确了“中国 + 中亚五国”外长会晤机制化建设的问题。

西安会晤成果丰硕，凸显出“中国 + 中亚五国”外长会晤机制不同于其他同类机制的特点：第一，六国成立了副外长联络组，负责筹备“中国 + 中亚五国”外长会晤，落实会晤共识；第二，六国外交部分别成立联络机制，即外长会晤国别指挥部；第三，筹划设立专门机制，支持智库专家定期对话，进一步深化媒体合作；第四，明确了现阶段 12 个重点合作领域，未来会根据实际情况增加新领域；第五，六国达成一致，将制订并批准联合行动计划，旨在取得切实成效。“中国 + 中亚五国”外长会晤议程全面广泛，涉及中国与中亚国家合作的所有重点领域，旨在解决六国元首下达的当前任务和长远任务。

西安是古丝绸之路的起点。两千多年前，丝绸之路从这里绵延万里，连接起中国同中亚的友好交往。2021 年恰逢中亚国家独立 30 周年，翌年是中国同中亚国家建交 30 周年。在这个特殊重要的时间节点，六国外长聚首古都西安，发出传承友好、共创未来的明确信息。

二、重大体育赛事

（一）十四运暨残特奥会　精彩圆满

1. 第十四届全国运动会

2015 年 12 月 29 日，国务院办公厅同意陕西省承办 2021 年第十四届全国运动会（简称“十四运”）。第十四届全运会共设置 34 个大项、387 个小项。其中，帆船（板）、冲浪 2 个大项，皮划艇激流回旋、场地自行车、帆船（板）、冲浪 4 个分项，37 个小项外放办赛。与往届全运会不同，2021 年全运会将首次与全国残运会暨特奥会同地同年举办，全国残运会暨特奥会与全运会筹备工作将实行“同步部署、同步规划、同步实施、同步推进”。

第十四届全国运动会宣传图

2016 年 9 月 5 日，第十四届全运会陕西省筹委会成立。陕西地区为本届全运会提供 67 个比赛场馆，其中新建和改造场馆 50 个。2020 年 9 月 10 日，第十四届全运会筹委会宣布：经国务院批准，第十四届全国运动会于 2021 年 9 月 15 日至 2021 年 9 月 27 日在陕西省举行。

十四运会徽设计方案取象传统“礼天玉璧”，寓意全国人民以最好的精神面貌参与全运会。会徽中心部分为宝塔山、延河水和五孔窑洞，它们是中国革命的灯塔。会徽环形部分将玉璧纹饰幻化成田径、球类、游泳三个运动项目人形，寓意全国人民万众一心、团结向上、奋力拼搏、逐梦圆梦。

中国陕西 2021
SHAANXI CHINA

十四运会徽

十四运吉祥物以陕西独有的“秦岭四宝”朱鹮、大熊猫、羚牛、金丝猴为创意原型。四个吉祥物分别身着“富裕黄”“圣地红”“梦想蓝”“生态绿”运动装，寓意奔向新时代、喜迎八方客、同享新生活、共筑中国梦。

十四运吉祥物

十四运开幕式于2021年9月15日举行，闭幕式于9月27日举行。开（闭）幕式作为一场大型体育盛会的标志性仪式，具有举足轻重的地位，也是十四运会“精彩圆满”举办的首要标志。

（1）宣传歌曲：2020 年 11 月 20 日，中华人民共和国第十四届运动会、全国第十一届残运会暨第八届特奥会宣传歌曲发布活动在西安音乐学院举行。14 首充满艺术魅力、饱含体育元素、体现陕西文化、彰显中国精神的优秀歌曲被确定为十四运会和残特奥会宣传歌曲。这 14 首歌曲分别是《有梦就要创造精彩》《青春中国》《梦想巅峰》《今夜梦再起航》《骄傲的中华儿女》《古都圣火》《健康中国嗨起来》《夜长安》《石榴花开迎客来》《大雁飞过三秦》《爱上一座城》《丝路姑娘》《大秦岭》《风从千年来》。

（2）场馆分布：2020 年 3 月 12 日，《第十四届全国运动会场馆设施调整方案》印发，确定各类场馆设施 53 个，其中新建 30 个，改造提升 23 个，分布在全省 13 个市区。从地域上看，全省场馆以西安为核心、关中为重点、陕南陕北为支撑，其中西安市 26 个、宝鸡市 3 个、咸阳市 3 个、铜川市 1 个、渭南市 5 个、延安市 3 个、榆林市 1 个、汉中市 2 个、安康市 2 个、商洛市 2 个、韩城市 1 个、杨凌示范区 2 个、西咸新区 2 个。

西安奥体中心是 2021 年第十四届全运会主会场，项目总规划面积约 6 000 亩，总建筑面积 52.05 万平方米，呈“品”字形排列，包括“一场两馆”，即 6 万个座位的体育场、1.8 万个座位的体育馆和 4 000 个座位的游泳跳水馆。2020 年 7 月 1 日西安奥体中心全面建成投用。

（3）社会意义：第十四届全运会的承办，全面提升了西安市体育基础设施和服务水平，推动西安体育事业和体育产业发展，为西安的体育事业注入新的活力，对西安融入“一带一路”倡议、实现新时代追赶超越目标意义重大。

2. 第十一届残疾人运动会暨第八届特殊奥林匹克运动会

2021年10月22日晚8时，中华人民共和国第十一届残疾人运动会暨第八届特殊奥林匹克运动会在陕西西安奥体中心体育馆开幕，来自全国31个省、自治区、直辖市和新疆生产建设兵团及香港特别行政区、澳门特别行政区共35个代表团（陕西省作为东道主派出两个代表团）共4 484名运动员参赛。

本届全国残运会暨特奥会于10月22日在西安开幕，10月29日晚在西安闭幕，这是首次与全运会同地同年先后举办的残运会暨特奥会。来自全国各地的4 484名残疾人运动健儿进行了43个大项47个分项的角逐，展现出了超越自我、敢争第一的高超竞技水平和自强不息、奋勇拼搏的良好精神风貌，残运会共创36项世界纪录、179项全国纪录，实现了运动成绩和精神文明双丰收。

通过承办残特奥会，西安市残疾人事业蓬勃发展的氛围更加浓郁，无障碍环境建设水平得到提升，残疾人的获得感、安全感、幸福感进一步增强，残疾人体育事业进一步发展。残特奥会的成功举办，为全市残疾人事业的发展留下极其丰厚的精神财富和物质财富，将有力推进西安新时代残疾人事业高质量发展。

（二）西安国际马拉松　西安人民热情好客

西安国际马拉松赛（简称“西马”）是中国田径协会、西安市人民政府、陕西省体育局主办，陕西省田径协会、西安市文化和旅游局、西安市体育局、西安曲江新区管理委员会承办的国际性马拉松赛事，设有全程马拉松、半程马拉松、欢乐跑项目，2017开始已连续举办多届。2019年，

西安国际马拉松赛

赛事获得“中国田径银牌赛事”称号。2021年，获评世界田联精英标牌赛事。

2017年10月28日，2017西安国际马拉松赛在西安永宁门广场鸣枪开跑，来自26个国家和地区的2万名运动员参加了比赛。

2018年10月20日，2018西安国际马拉松在西安永宁门广场鸣枪开跑，来自全球各地的3万余名选手参加了比赛。

2019年10月20日，2019西安国际马拉松赛在西安永宁门广场鸣枪开跑，来自全球30个国家和地区的3万名选手齐聚西安参加了比赛。

2020年11月8日，2020西安（融创）马拉松赛在西安永宁门广场鸣枪开跑，来自全国各地的2.4万余名选手齐聚古城西安。

2021年4月17日，2021西安马拉松赛在西安永宁门广场鸣枪开跑，这是该项赛事首次在春季举行，超过12万名选手报名，2.8万名跑者中签参赛。

马拉松赛的举办，不仅让更多国内外友人认识西安城市面貌，了解西安文化历史，体验到西安人民的热情好客，还对西安自身有重要意义。

一是带来经济效益。国内外各地来西安参加西马的选手，报名费和住宿、交通、休闲、娱乐各种费用，称为马拉松经济效益。马拉松经济的发展带动城市旅游经济发展，围绕吃、住、行、游、购、娱的旅游经济受益良多。

二是宣传西安名片。央视空中航拍直播，向全国人民展示西安古城风貌，为“千年古都 常来长安”做代言；来自五湖四海的参赛选手，跑步结束后发的朋友圈和抖音快手短视频，无形之中宣传了西安。

三是提升举办赛事水平。马拉松是一线二线城市的一项体育考核标准，马拉松赛的成功举办为西安以后举办国际化体育赛事奠定了基础。马拉松体育赛事是一项大型活动，不仅需要体育局主导，更需要交警、电力、城管、医疗、宣传等多部门联合协作。

四是弘扬体育竞技精神。人生是一场漫长的马拉松比赛，只有坚持不懈、勇往直前、永不放弃、永不言败，才能抵达成功的终点。

三、国家级会展活动

（一）西安世界园艺博览会　一日看尽长安花

2011 年西安世界园艺博览会（简称“西安世园会”）于 4 月 28 日至 10 月 22 日在西安浐灞生态区举行，会期 178 天，邀请 100 多个国内外的城市和机构参展，参观游客 1 200 万人次。

西安世博园长安塔

西安世园会以“天人长安·创意自然——城市与自然和谐共生”为主题，会徽和吉祥物均命名为“长安花”，取意“春风得意马蹄疾，一日看尽长安花”。世园会理念为“绿色引领时尚”，倡导“简单而不奢侈，低碳告别高耗，回归自然，不事雕饰，绿色生活成为追求的时尚”。

世园会园区总面积418公顷，其中水域面积188公顷；共设置室外展园109个，汇集了世界各地约700种7 000多万株花卉植物，4 000万盆花卉、50万株树木；标志性建筑有长安塔、创意馆、自然馆和广运门；主题园艺景点为长安花谷、五彩终南、丝路花雨、海外大观和灞上彩虹，并设有灞上人家、椰风水岸和欧陆风情三处特色服务区；同时设置展示来自国内外的精美艺术品、雕塑以及珍稀动物等，让人们充分领略园林、园艺、建筑、艺术之美。

西安世园会的成功举办，使西安站在世界的舞台上展示新形象，对于丰富西安城市文化内涵、提升西安城市价值、推动西安建设宜居城市进程、建设国际化大都市都产生了重大而深远的影响。

（1）示范效应：西安世园会的副主题是“城市与自然和谐共生”。作为盛会的东道主城市，通过世园会的承办和生态建设方面的持续投入，西安在“城市和自然和谐共生”方面的探索与实践发挥出积极的示范作用。

（2）窗口效应：西安世园会是西安实现国际化的一个“跳板”与支点。世园会召开期间，国内外知名媒体咸集西安，在展示世园会的同时，西安的城市形象和经济社会发展成果也广为播扬。通过世园会这一窗口，一个富有个性和特色的城市形象跃然而起，世人从更为丰富和精确的经纬度中阅读西安、了解西安，不断提升西安在国际化大潮中的竞争潜力。

（3）**引擎效应**：西安世园会聚集庞大的信息流、技术流、商品流、资金流和人才流，不仅给城市带来巨大的门票收入、餐饮收入、广告收入、物流收入等，同时拉动花卉养殖、旅游、房地产、会展等产业的发展，创造更多的就业机会。

（4）**民生效应**：西安世园会是一件惠及广大群众的民生工程。世园会建设项目投入巨大，对产业发展和经济建设具有较大的拉动作用，成为吸纳劳动就业的重要平台。在世园会的影响下，西安的城市建设、项目投资等各个方面都有所发展，为群众生活、就业、居住创造良好环境。

（5）**提升效应**：城市管理是城市的重要生产力。世园会的筹备与举办，让西安的城市管理水平和城市运营能力得到考验和提升。

（6）**绿色效应**：作为西安世园会举办地、全国首个以生态命名的开发区，西安浐灞生态区的绿色发展引擎使生态理念进一步深入，以“颜值”促“产值”，真正做到了“人城水绿”和谐共生，践行了“绿水青山就是金山银山”的理念，这种绿色影响力正在西安这座千年古都蔓延。

（二）丝博会　“一带一路”走深走实

2016年3月，经党中央、国务院批准，创办于1997年的中国东西部合作与投资贸易洽谈会（简称“西洽会”）正式更名为丝绸之路国际博览会暨中国东西部合作与投资贸易洽谈会（简称“丝博会”），每年5月中旬在西安市举办。

丝博会举办以来，始终牢记习近平总书记2015年2月和2020年4月两次来陕考察关于“办好丝博会”的重要讲话精神，深度融入共建“一带一路”大格局，着力打造内陆改革开放高地，主动服务新时代推动西部大开发形成新格局。泰国、吉尔吉斯斯坦等11个国家先后担任丝博会主宾国，我国有11个省区市先后担任丝博会主宾省。来自全球120多个国家和地区的180多位境外政要、前政要，8 000多名境外客商，国内40多个中央国家机关、国家部委、中央企业负责人和31个省区市政府和新疆生产建设兵团参展参会，展销特色商品达3万多种，观众人数超过76万人次。累计签订利用外资项目合同总投资额418亿美元，国内联合项目合同总投资额65 077亿元。

2022第六届丝绸之路国际博览会

丝博会的成功举办，为推动共建“一带一路”走深走实，造福沿线各国人民，推动构建人类命运共同体，促进我国东中西地区联动发展，加快构建以国内大循环为主体、国内国际双循环相互促进的新发展格局发挥了重要平台作用。

2022年8月14日上午，第六届丝绸之路国际博览会暨中国东西部合作与投资贸易洽谈会在西安隆重开幕。本届丝博会以“互联互通互融　共进共享共赢”为主题，在西安国际会展中心设置国际馆、中国馆、陕西馆、乡村振兴馆、智能制造馆、绿色产业馆六个展馆，总展示面积7.2万平方米。

（三）西安航展　引领中国通航产业发展

中国国际通用航空大会简称“通航大会”或“西安航展”，由陕西省人民政府、中国国际贸易促进委员会、中国民用航空局、中国航空工业集团公司四家单位联合主办，是国务院批准的中国通用航空界规格最高、规模最大的专业化、国际性展会，从2009年开始每两年举办一次，西安是永久会址。

2009首届中国国际通用航空大会于2009年10月17日在陕西西安和渭南两地开幕，来自海外的近30家通用航空企业和国内约100家企业的85架通用飞机参展，国际知名特技飞行表演队首次亮相中国内陆，超过12万观众观展。大会现场的项目发布和合作洽谈活动，为国内外航空企业交流合作搭建了绝佳平台。

2011中国国际通用航空大会于2011年11月13日至17日在西安举行。大会包括“两大展区、四大主题”，两大展区分别是西安航空基地蒲城内府机场和西安绿地比克会展中心，四大主题分别是飞行表演与静态展、通用航空高峰论坛、航空设备器材展、合作项目签约。

2013中国国际通用航空大会于2013年10月17日在西安启幕。本次大会以“推动通用航空发展，加快航空产业聚集”为主题，以“大规模、高水平、国际性、专业性”为导向，大会展品涵盖通用飞机、直升机、无人机、航空发动机、航空零部件、航空新材料、机载设备等高端航空器材及相关产品，参展飞行器共计140架，共有来自国内外的28架通用飞机进行了80余架次的飞行表演。

2015中国国际通用航空大会于2015年10月15日至19日在西安、渭南两地举办。大会以“推动通用航空发展，加快航空产业聚集”为主题，举办飞行表演与静态展、通用航空高峰论坛、通用航空专业论坛、航空设备器材展、项目签约暨成果发布会五大板块活动。大会期间，由中国、美国、加拿大等国14家航空协会联合发起的“国际通用航空协会联盟”正式成立。大会来展飞行器超过120架，来自美国、俄罗斯、加拿大、法国等20个国家和地区的28家飞机制造厂商参展，参展企业600余家，参展机型共82种。

2017中国国际通用航空大会于2017年8月24日至27日在西安举行。大会由“四大展区、四大活动”构成，四大展区为通航综合展区、通航国际展区、省际合作展区和通航科普体验展区；四大活动为高峰论坛及专业论坛、航空设备器材展、项目推介签约及成果发布、首届通航大会创新创业大赛。大会展出60余架飞行器及3 000多件展品，来自20余个国家和地区的643家政府组团、企事业单位和协会组织参加了大会的各项活动。

2019中国国际通用航空大会于2019年10月17日至21日在西安举办。大会展出了国内外240架飞行器，举办飞行表演、飞机静态展、航空设备器材展、高峰论坛及专业论坛等系列精彩活动，共计吸引逾20万人次观展，搭建起国内外通航产业交流合作的重要平台，137家参展企业达成交易或合作意向，近500家国内外参展商展出了3 000余件展品。

经过通航大会的广泛传播，通用航空发展的“西安模式”已受到全国广泛关注。西安航空基地已成为中国通航产业发展的桥头堡之一，入区企业涵盖了通航产业链条的各个环节，特别是在通航制造、航空会展、机场管理、飞行培训、航空旅游等领域，已形成明显的集聚效应，构建了通用航空产业的集群化发展框架。

四、重大论坛会议

（一）欧亚经济论坛　搭建走向世界的平台

欧亚经济论坛于2005年由国务院批准成立，每两年举办一届，以“依托上合组织、服务‘一带一路’、促进地方发展”为宗旨，以“共建‘一带一路’”为目标，以“高端、特色、务实”为定位，是面向广大欧亚地区政商学界对话的开放性国际平台，在推动“一带一路”沿线国家加强互联互通、开展国际产能合作、搭建投资贸易平台等方面取得丰硕成果。论坛由中华人民共和国外交部指导，国家有关部委、国际组织和陕西省政府等论坛组委会成员单位固定主办，西安市政府承办。

EURO ASIA ECONOMIC FORUM

欧亚经济论坛标识

2005年以前，西安市尚无国际高端会议活动。彼时，随着经济全球化和区域经济一体化浪潮的迅猛发展，复兴“丝绸之路”、实现区域合作已成为各国的共识。西安作为新亚欧大陆桥中国段沿线的最大中心城市，是陆路开放进入中亚地区的首选城市，要迈向国际化、融入全球化，就必须把西安放到新亚欧大陆桥的战略大局来定位、来谋划，向空间广阔的国内西部乃至中亚地区延伸。这个想法正好与上海合作组织所确立的深化合作、尽快把合作潜力转化为现实成果的愿望不谋而合。西安以见微知著的眼光抢抓机遇，以有志者事竟成的信心把握机遇，积极争取到了这次论坛的承办权——由上海合作组织、联合国亚太经社理事会和国家开发银行主办，博鳌亚洲论坛、联合国开发署协办，西安市和北京当代世界发展研究院共同承办的首届欧亚经济论坛，于2005年11月10日在西安市隆重召开，这届论坛规格高、嘉宾多、规模大、影响广，取得了圆满成功。同时，西安成为论坛的永久性会址。

欧亚经济论坛会址

论坛创办至今，其定位不断跃升，作用日益凸显。2010年中央关于深入推进西部大开发若干意见中，提出“办好欧亚经济论坛，促进中西部地区互动合作和对外开放”，确立了论坛作为西部大开发重要平台的定位。2015年3月，国家发展改革委、外交部、商务部联合发布了《推动共建丝绸之路经济带和21世纪海上丝绸之路的愿景和行动》，明确将欧亚经济论坛列为推动“一带一路”建设的重要平台。

欧亚经济论坛是作为丝绸之路起点的西安向世界发出的“呼”与

“应”。从丝绸之路跨国联合申遗到开元城市发展基金的设立，从一个个区域合作项目落地到跨国数字图书馆见证联通，今天的欧亚经济论坛已成为中国向世界开放的重要窗口，成为推进中国与欧亚国家共建“一带一路”的重要平台之一。论坛的举办对加快“一带一路”沿线各国发展战略对接、深化西安与欧亚各国经贸合作、发挥西安在“一带一路”建设中的更大作用，具有深远影响和重大意义。

欧亚经济论坛历届亮点

第一届欧亚经济论坛于2005年11月10日至11日举办，以“搭建中国中西部与中亚及俄罗斯相关地方区域经济合作”为主题，各国嘉宾进行了深入而富有成效的交流，对区域经济合作提出建设性倡议。

第二届欧亚经济论坛于2007年11月8日至9日举办，各参会国共同签署了《西安共识》，这是欧亚经济论坛首次公开发表的宣言性质文件，也是欧亚经济论坛务实合作的里程碑。

第三届欧亚经济论坛于2009年11月15日至16日举办，国家开发银行与西安市政府签署了《支持西安市文化产业和城市发展备忘录》，西安曲江新区与国家开发银行金融公司签约成立了国内首个城市发展基金，并且召开了欧亚经济论坛理事会筹备委员会成立大会等。至此，欧亚经济论坛开始逐步实现机制化发展。

第四届欧亚经济论坛于2011年9月22日至24日举办，中国、吉尔吉斯斯坦、俄罗斯、塔吉克斯坦共同发表了《西安倡议》，正式启动了上合组织能源俱乐部建设工作。

第五届欧亚经济论坛于2013年9月26日至28日举办，丝绸之路经济带沿线13个城市签署了《共建丝绸之路经济带西安宣言》，表达了沿线地方政府合作推进丝绸之路经济带建设的共同愿望和坚定信心。

第六届欧亚经济论坛于2015年9月23日至26日举办，论坛上达成了多项合作倡议，包括成立“一带一路”国际科技园区联盟、“一带一路”产业园区发展联盟、丝绸之路沿线城市高端人才合作联盟等，在论坛自身建设方面完善了多项机制。

第七届欧亚经济论坛于2017年9月21日至23日举办，以“共建‘一带一路’：发展战略的对接”为主题，搭建了更务实的国际产能合作平台，并聚焦国际产能合作等6大展区，在展期现场达成意向合作项目达130个。

第八届欧亚经济论坛于2019年9月10日至12日举办，以“共建‘一带一路’：高水平合作，高质量发展”为主题，进一步加快与“一带一路”沿线各国发展战略对接，深化与欧亚各国经贸合作，持续推动西安向“亚欧合作交流的国际化大都市”进程迈进。

第九届欧亚经济论坛于2021年10月18日至20日举办，以“开放包容、共享共赢”为主题，通过政、商、企、产、学、研各界的广泛对话，加强政策沟通，携手把握区域协同发展和经济复苏的新机遇，进一步释放区域合作潜力、提升区域合作水平、拓展区域发展空间，探索实现区域发展新路径，合力推动欧亚合作走实走深。

（二）全球硬科技创新大会　打造“硬科技之都”

全球硬科技创新大会旨在搭建“一带一路”科技创新的开放合作共享平台，汇聚全球顶尖的硬科技成果及人才，打造中国西安的硬科技品牌名片，把国际、国内更多优质科技创新资源对接到西安，为西安注入“硬科技”的时代基因，将西安打造成“硬科技之都”。

2017 全球硬科技创新大会

历年全球硬科技创新大会

2017 全球硬科技创新大会于 2017 年 11 月 7 日至 8 日在西安举行，大会主题为“硬科技改变世界，硬科技引领未来，硬科技发展西安”，以硬科技产业“八路军”为重点，包括开幕式暨高峰论坛和 15 个分论坛，共计 16 场活动。

2018 全球硬科技创新暨“一带一路”创新合作大会于 2018 年 11 月 8 日至 11 日在西安举行，大会以“硬科技发展西安，硬科技改变世界，硬科技决胜未来”为主题，增加了“一带一路”创新合作的主题。大会表彰了 2017 年国家、省部级、陕西省科技进步奖获奖者和西安市十佳科技企业家、十佳创新人物、十大创业杰出人物；举行谢赫特曼诺奖新材料研究院签约仪式；启动丝路硬科技创新联盟；发布“一带一路”硬科技创新合作西安宣言。

2019全球硬科技创新大会于2019年10月30日至31日在西安举行，以“硬科技·引领变革的力量”为主题，围绕硬科技八大领域，设置了

14场分论坛。大会期间，第十八期钱学森论坛、生物技术峰会暨第五届中国药物基因组学学术大会、第四届国际丝路新能源汽车大会也在西安举办。

2020 全球硬科技创新大会于 2020 年 9 月 15 日至 17 日在西安举行，首次采用线上线下有机结合方式开展活动。大会以“硬科技 · 推动高质量发展”为主题，围绕“硬科技原始创新”“硬科技资本融合”“硬科技成果转化”等主题板块，举办十余场论坛和活动。

2021 全球硬科技创新大会于 2021 年 6 月 8 日至 10 日在西安举行，大会以“硬科技 · 自立自强”为主题，举办专业论坛及会议活动近 30 场。大会启动了第六届中国挑战赛(西安)硬科技发展专题赛，发布了《硬科技:中国科技自立自强的战略支撑》《国家高新区“碳达峰碳中和”行动宣言》《2021 年西安高新区高成长硬科技企业发展报告》，并评选出西安高新区 30 年 30 事和西安高新区 30 年“突出贡献人物”。

2022 年 9 月 16 日，以“硬科技 · 推动高质量发展”为主题的 2022 全球硬科技创新大会在西安高新国际会议中心举行。

（三）全球程序员节　构建“数字丝路”大通道

软件产业是推动国民经济建设和社会发展的先导性、基础性和战略性产业，中国近600万程序员在默默无闻地用代码推动时代的变革与发展。从2017年开始，西安连续举办四届“全球程序员节”，大力弘扬和传承百折不挠、锐意进取、开拓创新、砥砺前行的“程序员精神”，推动西安与“一带一路”沿线国家城市交流合作与信息化建设，研判信创产业未来发展趋势，构建信创产业命运共同体，促进构建云上“数字丝路”大通道。

历届全球程序员节

全球程序员节会场

第一届全球程序员节于 2017 年 11 月 9 日在西安开幕，以“Coding the Future（码未来）”为核心主题，聚焦与探索“一带一路”发展契机，以“数字丝路　码动未来”为年度主题。

第二届全球程序员节于 2018 年 10 月 24 日在西安开幕，主题为“数字世界　码动未来”，发布《“一带一路”国家工业和信息化发展指数》及《改革开放以来中国软件产业发展蓝皮书》。

第三届全球程序员节于 2019 年 10 月 24 日至 25 日在西安举行，主题为“数字互联　码动未来”，发布《“一带一路”5G 产业西安宣言》《“一带一路”5G 技术创新联盟发起人倡议书》。

第四届全球程序员节于 2020 年 10 月 24 日在西安开幕，主题为“云启信创　码动未来”，除西安主会场以外，本次活动在特拉维夫、东京和班加罗尔等地设置海外分会场，共同商讨建设信创产业新高地。

（四）全球创投峰会　西安“创投之都”标签

首届全球创投峰会于 2018 年 9 月在西安举行，旨在贯彻落实国家创新驱动发展战略和金融业改革开放决策部署，推进西安国家中心城市和丝路国际金融中心建设，促进中国同世界的交融发展，共讨全球创业与投资机会，共推创投行业创新发展，搭建资本对接资源平台。

历届全球创投峰会

2018 全球创投峰会于 2018 年 9 月 5 日至 6 日在西安举行，本次峰会发布《西安市人民政府关于支持西安国家自主创新示范区聚集创投机构和创投人才的若干意见》（简称“创投十条”），成立“全球丝路创投联盟”，揭晓“2018 西安未来之星”TOP100 企业评选榜单。

2019 全球创投峰会于 2019 年 8 月 28 日至 30 日在西安举行，本次峰会发布《西安市加快推进科技创新型企业“科创板”上市扶持政策》，发布西安高新区生态系统生产总值（GEP）核算项目成果和《2019 年中国城市科技金融发展指数》。

2020 全球创投峰会于 2020 年 9 月 8 日至 10 日在西安举行，本次峰会以“重构与新生”为主题，通过云发布、云对接、云市集三个环节，以线上直播的形式，集合政、产、学、研等多方资源，为企业开辟资本新通道，发布了《2020 年中国城市科技金融发展指数》。

2021 全球创投峰会于 2021 年 6 月 10 日在西安举行，此次峰会围绕“聚力高质量 引领新作为”主题，进一步深化西安“创投之都”城市标签，共探新经济时代行业发展机遇，发布了《2021 西安高新区硬科技企业名录》《2021 投资西安十

2021 全球创投峰会会场

佳创投机构榜单》。

2022 年 9 月 18 日，以“科创驱动发展 · 产业链接未来”为主题的 2022 全球创投峰会在西安举行。

全球创投峰会举办以来，西安集众力、汇众智，一同捕捉新经济时代行业发展机遇，以“产业 + 金融”的力量推动高质量发展，全市上市公司日趋增加、资本动能加速集聚，助推西安进入高质量发展快车道。

五、重大文化活动

（一）西安易俗社百年庆典　让秦腔响彻三秦大地

一方水土一方戏，提起陕西，绕不开的就是秦腔。谈到秦腔，很多人最先想到的就是西安易俗社。一个秦腔剧社的百年风云变幻，延续至今日，就像一位历经沧桑但活力依旧的百岁老人。她的经历传奇而悠长，顽强昂扬的生命力依然灿烂如春——这就是西安易俗社。

西安易俗社

1912 年 8 月，即在五四运动前、辛亥革命后，李桐轩、孙仁玉等一批具有民主革命思想的知识分子，为推动新文化运动和改良戏曲，在陕西西安成立了具有全新意义的综合性戏曲团体——易俗社，确立了“移风易俗，辅助社会教育”的办社宗旨。百年来，易俗社以群众喜闻乐见的秦腔艺术形式，不断推陈出新，编演新剧，改良旧戏，培养人才，为秦腔艺术发展作出了突出贡献，也成为陕西文化的一张亮丽名片。西安易俗社是西安百年发展史的见证和活化石，是一部光荣而荡气回肠的民族史诗，撑起了中国戏剧界的一片天。

一百年前，西安易俗社以“移风易俗”的理念，解放思想，支持中国革命；一百年后，易俗社仍坚持“移风易俗”，融入建设中国特色社会主义伟大事业中，百年成绩斐然。

之所以能取得如此成绩，有以下几点原因：一是历史悠久。易俗社作为“世界艺坛三大古老剧社”，在国内外戏剧界和文化界，具有独特的重要地位。百年来，坚持演出、持续经营、薪火传承、硕果累累、人才辈出的戏剧演出团体，全国只有易俗社一家。二是注重创新。易俗社最值得学习和关注的是其不断创新的精神，是其对中国传统优秀文化的继承和发展。特别是开创了学习文化与学习戏曲表演同步进行的学府式教育模式，推行民主选举社长，建立导演和舞台监督制度，等等。易俗社的这些做法在当时都是创新，前所未有。三是出人出戏。百年间，易俗社创作演出了大量脍炙人口的经典作品，也涌现出了一大批名编、名导和名演，享誉剧坛，深受群众喜爱。

2012年，易俗社迎来了百年华诞。西安市以易俗社百年华诞为契机，组织举办了“易俗社优秀经典剧目展演”“易俗百年图片展”“汇编出版易俗社精品剧本”、拍摄大型电视纪录片《百年易俗社》、“庆祝易俗社成立一百周年纪念大会”等一系列丰富多彩的纪念活动，以弘扬易俗精神，推动秦腔艺术大发展大繁荣。

（二）丝路国际电影节 连接世界和合文明

丝绸之路国际电影节作为我国唯一以“丝绸之路”命名的综合性国际电影节，是落实“一带一路”国家倡议的重要行动，是实施“丝绸之路影视桥工程”的具体项目。2014 年 9 月，丝绸之路国际电影节经国家批准正式设立，旨在以电影为纽带，促进丝路沿线各国文化交流与合作，传承丝路精神，弘扬丝路文化，为“一带一路”建设创造良好的人文条件。电影节由国家广播电视总局（原国家新闻出版广电总局）和陕西省人民政府、福建省人民政府联合主办，每年举办一次，由陕西西安和福建福州两地轮流举办。目前已成功在西安举办四届。

西安举办的历届丝绸之路国际电影节

第一届丝绸之路国际电影节于 2014 年 10 月 20 日至 26 日在西安举办。30 部中外影片获颁“丝路杯”最受观众喜爱的影片，参与电影节的 25 个丝路沿线国家电影人就电影合作交流与发展达成共识，签署了国际合作共同宣言。本届电影节共有来自 25 个国家、涵盖 18 个语种的 147 部影片参加展映，41 部影片入围“丝路杯”最受观众喜爱的影片。电影节期间，共有 11 个国家的 170 多家片商共 800 余人参与了组委会举办的各

首届丝绸之路国际电影节现场

类论坛、推介会和电影市场等活动，共有百余部影片参与电影市场，交易额约30亿元。

第三届丝绸之路国际电影节于2016年9月19日至23日在西安举办。本届电影节以“发展中的电影，多样性的文化”为主题，更加侧重反映“一带一路”沿线国家特色的电影和文化，努力实现“一带一路”国家之间文化互通、民心相通，打造中国影视产业发展的黄金平台。

第五届丝绸之路国际电影节于2018年10月8日至13日在西安举办。共吸引了来自世界六个大洲68个国家的565部中外优秀影片参展，来自伊朗、土耳其、俄罗斯等60余个“一带一路”沿线国家和地区的知名影人、专家学者参与活动。电影节期间，三大活动、六大论坛顺利开展，147部电影陆续走进西安30所高校、10个广场和100个社区，展映观影人数达近万人次。

第七届丝绸之路国际电影节于2020年10月11日在西安开幕。电影节以“丝路连接世界，电影和合文明”为主题，共吸引了来自116个国家和地区的3 500余部作品参加，其中90%为国际影片，汇聚了不同国家、不同类型、不同领域的好电影、新电影。“电影市场”等推广活动成果丰硕，共促成了36个项目达成合作意向，为打造国际电影交易市场、助力文旅产业发展作出了重要贡献。

连接世界，和合文明。电影以它独有的方式，给丝绸之路作出了有思想、有温情的注脚。丝绸之路国际电影节搭建起一座以电影为媒介的桥梁，并不断向外延伸，为中国电影及文化向外传播提供了重要渠道，也进一步促进了“一带一路”沿线国家和地区之间的文化交流与经济合作。

（三）世界文化旅游大会 文旅交融共筑未来

世界文化旅游大会由西安市人民政府等单位主办，旨在推动文化旅游产业供给侧结构性改革，促进文化旅游业转型升级，推动文旅高质量发展。西安为大会永久会址。

2018 世界文化旅游大会峰会于 2018 年 10 月 9 日在西安举行，峰会以“融汇思想，共筑未来”为主题。本次峰会为期两天，围绕文化旅游产品的开发、民宿及特色小镇的商业化之路、目的地景区的新营销和新科技手段的应用、西安打造世界旅游时尚之都、西安旅游国际化发展等热点话题展开讨论，为西安文化旅游产业发展建言献策。会上还进行了世界文化旅游大会永久会址落户西安浐灞揭牌仪式。

2019 世界文化旅游大会于 2019 年 10 月 22 日至 25 日在西安举行，大会以“文旅交融，智能驱动”为主题。通过“目的地营销的数据科学与人文思考”“目的地景区的流量运营与大数据智能分析”等，深度剖析西安文化旅游亮点。大会期间，携程“旅拍”频道还邀请用户打卡大雁塔、永兴坊、西安回坊风情街、西安城墙、大唐西市，重新勾勒出“盛世长安”综合体的轮廓，力求更清晰深刻地探索西安文化旅游发展方向，向全世界展示西安之美。

2020世界文化旅游大会于2020年9月28日至29日在西安举办，以“文旅复苏，创新转型”为主题。大会力求在更深刻地探索西安文化旅游产业发展前景同时，承担起新常态下全球文化旅游创新升级的新使命，促进文旅内核升级，化疫情之“危”为推进旅游消费转型升级之“机”，助推西安文化旅游市场加速复苏，并实现跨越式创新发展。

第三节
重大项目

项目决定未来。围绕产业链部署创新链，围绕创新链布局产业链。西安市加快实施先进制造业强市战略，全力打造龙头引领、协作紧密、配套完善的千亿级产业集群，出台了《关于加快建设先进制造业强市的实施意见》和《西安市现代产业布局规划》。

一、先进制造业

先进制造业着力打造电子信息、汽车、航空航天、高端装备、新材料新能源和生物医药等6大支柱产业集群。

（一）电子信息产业

电子信息产业形成以三星、中兴、华为、比亚迪电子等企业为龙头，以集成电路、智能终端、电子元器件等为主导，软件研发、系统应用、物联网传感等产业链协同配套的发展格局。

1. 三星西安基地　最大外商投资项目

2013年4月10日，韩国三星电子分别与陕西省和西安市政府、西安高新区管委会签署战略合作框架协议及谅解备忘录，宣布韩国三星电子一期的存储芯片项目正式落户西安高新区。这是韩国三星电子继1996

年进入美国奥斯汀之后第二次在海外建立半导体生产工厂，是三星电子海外投资历史上投资规模最大的项目，也是中国改革开放以来国内电子信息行业最大外商投资项目，是陕西以及西部地区引进的最大外商投资高新技术项目。

三星电子一期投资 108 亿美元，建成了三星电子存储芯片项目和封装测试项目。2019 年，一期项目全部实施完毕，实现产值 513 亿元人民币。二期项目总投资 150 亿美元，主要制造闪存芯片。按照规划，二期项目建成后，三星电子闪存芯片项目每月产能将新增 13 万片，占三星电子全球产量的 40%，新增产值 300 亿元，解决上千人就业，并带动一批配套电子信息企业落户。

三星电子存储芯片项目落户西安，使西安成为全球水平最高、规模最大的闪存芯片制造基地，进一步推动西安新一代信息技术产业链完善，有力促进西安市经济结构调整和转型升级，迅速壮大西安工业产业综合实力，充分释放西安科技人才潜能，对西安今后的发展将产生深远影响。

2. 中兴通讯西安基地　国际化重要支撑点

2000 年，中兴通讯西安研发中心在西安高新区落地。2008 年 9 月，中兴通讯决定在西安高新区建设中兴通讯全球最大的无线产品研发生产基地。2014 年，中兴通讯终端制造工厂等一系列投资项目陆续在西安高新区落地。如今中兴通讯在西安的员工总数达到 1.2 万人，涉及无线基站研发、芯片设计、智能终端研发和生产等环节，是中兴通讯国际化经营的重要支撑点，产品销往全球 100 多个国家和地区。

3. 华为投资西安　重要战略布局

2011 年，华为的第一款云计算产品在西安诞生。2017 年，西安与华为技术有限公司签署战略合作协议。2018 年，华为软件开发云（西安）上线，华为云西安创新中心正式落地高新区。近年来，华为中国区运营商总部、鲲鹏产业相继落地西安，华为西研所二期快速启动，西安华为数字能源技术有限公司成立。2021 年 9 月 9 日，未来人工智能计算中心上线仪式在雁塔区未来产业城启动，标志着华为超大规模人工智能算力集群项目正式落地西安。

自 2000 年华为西安研究所正式设立起，20 多年来细心耕耘，西安与华为在产业布局、人才交流、科研开发等多方面深入合作，在华为的全球布局中，西安始终处于重要的战略地位。

华为选择西安建立研究所，西安交通大学、西北工业大学、西安电子科技大学等高等院校的人才资源是华为首要考量之一。对西安而言，拥有华为西研所这样重量级机构，在一定程度上遏制了“孔雀东南飞”的尴尬现象。现在华为在各学校的校招依然极具吸引力，尤其是西电在华为的人数，长期占据全国高校第一。华为在西安的产业布局，已经为西安留下近万名高知、高收入的人才群体。

（二）汽车产业

汽车产业产能规模和技术水平不断提升，形成了以陕汽、比亚迪、吉利等整车生产企业为龙头，以整车—乘用车—关键零部件—变速箱—车桥—动力电池等为核心的发展格局。

1. 比亚迪西安基地　工业总产值已近 3 000 亿

比亚迪自 2003 年 1 月落户西安，到现在已近 20 年。如今，比亚迪已布局了汽车、电子、轨道交通和汽车金融等产业，西安已成为比亚迪继深圳总部之外，产业最全、质量最高的北方总部基地。截至 2020 年，比亚迪已在西安累计投资逾 200 亿，工业总产值接近 3 000 亿，并带动 4 万人就业；累计生产乘用车超过 400 万辆，新能源车超过 40 万辆。

西安比亚迪基地在加快现有重点项目建设的同时，将加大投资，新成立汽车工程、新技术、轨道交通三大研发机构，打造高端人才集聚的研发中心，形成技术、人才和产业的聚集效应，助力西安加快建设先进制造业强市。

2. 吉利西安基地　汽车产业新突破

2017 年 7 月 18 日，西安市政府与浙江吉利控股集团签署战略合作协议，吉利汽车在西安投资建设新能源汽车产业化项目。项目选址西安经开区泾渭新城，前期计划总投资约 201.6 亿元，总建筑面积约 52 万平方米，主要建设新能源汽车整车制造、零部件生产、物流配套，包括冲压、焊装、涂装、总装的四大工艺厂房及与之配套的管理中心、生活配套区等各项辅助设施。项目建成达产后，年产 10 万辆乘用车，可实现年产值约 400 亿元，成为吉利集团技术水平最高的生产基地。

吉利配套零部件生产基地项目位于泾渭新城吉利大道 1 号，距吉利整车项目仅一路之隔。项目占地面积共 885.91 亩，总建筑面积约 41.4 万平方米，总投资约 17.8 亿元。该项目是吉利整车项目的重要配套园区，为吉利整车重要的零部件企业提供生产、研发、生活等全方位的服务功能。

3. 陕西法士特　智行天下传动未来

陕西法士特汽车传动集团公司始建于1968年，注册地位于陕西省西安市高新区，旗下拥有10多家控、参股子公司，已形成年产销汽车变速器120万台、齿轮5 000万只和汽车铸锻件20万吨的综合生产能力，产品广泛出口美国、日本、澳大利亚、东欧、南美、东南亚、中东等10多个国家和地区。已跻身中国汽车工业30强、中国机械工业100强、中国制造业500强、国际国内汽车零部件“双百强”行列。

2020年7月1日，法士特年产20万台S变速器智能工厂建设项目开工。项目总投资25亿元，总建筑面积约12万平方米，集研发、试制、试验、生产制造和销售于一体，是法士特科学布局“十四五”规划的重点项目之一。项目建成后将成为涵盖年产20万台S系列变速器、AMT自动变速器、离合器、新能源及混合动力传动系统等产品的现代化智能工厂，可实现年销售收入50亿元，年上缴利税5亿元。

法士特S系列变速器是法士特对标欧美标准，面向国际市场全新开发的战略性产品，在传承双中间轴技术优势的基础上应用了大量新技术，具有高承载力、高可靠性、低噪声、换挡轻便等特点。在换挡操控性方面，标配进口换挡助力器，低挡力减轻50%以上，挡位清晰、换挡轻便、传动平稳，大幅减轻驾驶疲劳度，实现了重卡变速器的轿车化换挡。该系列变速器关键性能指标处在世界一流水平，是升级换代的全新平台产品。

4. 陕汽重卡扩能项目　提升智能制造水平

2020年7月1日，陕汽重卡扩能项目签约开工。该项目位于泾渭新城桑军路以东、高永路以南，主要建设内容包括车架联合厂房、车身联合厂房、总装联合厂房和调试检测车间，新建车架生产线、车身冲压、焊装、涂装及小件涂装生产线、车身内饰装配线、底盘装配线、检测线、研发实验室以及其他公用辅助设施。

陕汽生产线

针对该项目，陕汽重卡计划投资50亿元。其中一期计划投资25亿元，建成后将新增20万辆车架及5万辆整车装配能力。二期建成后将新增10万辆车架和5万辆整车装配能力。项目总体建成达产后，预计可实现年工业总产值400亿元以上。依托扩能项目将有效提升企业基础研发与智能制造能力，陕汽重卡将为西安汽车产业集群化发展作出更大贡献。

（三）航空航天产业

航空航天产业形成了以飞机、发动机研发，卫星制造，航空零部件生产，无人机、火箭研发、制造为核心的产业链条。

1. 航天六院新区项目　航天装备研发能力得到新提升

航天科技六院新区项目位于西安航天基地，占地749亩，总建筑面积46.8万平方米，总投资31.8亿元，预计总产值60亿元。项目由新能力建设、中兆科研新区、印刷机核心装备产业化和发动机工程化保障等部分组成。作为全国唯一以航天产业为特色的国家级经济技术开发区，西安航天基地形成了以航天高端装备制造、新能源、云计算及人工智能为主导的产业集群，以航天六院新区项目和年产10GW单晶电池及配套中试项目为代表的重点项目，在助推航天强国、促进工业发展方面具有重大意义。

2. 西安航天智能装备产业基地　抢建机器人智造中心

西安航天智能装备产业基地位于西安市航天基地，项目占地287亩，总投资11.2亿元，2020年开工建设，预计2023年竣工投产。项目达产后将实现年产值33亿元，带动就业1 800人。主要建设研发试验楼、生产加工厂房、办公配套设施等，打造集智能化、自动化、研发制造于一体的综合性现代产业基地。主要产品为高端智能装备、全自动生产线、机器人智能制造等自动化装备。

3. 广联航空西安航空产业加工制造基地　助力国产飞机生产

广联航空西安航空产业加工制造基地位于西安航空基地，项目总投资8亿元，占地125亩，2021年开工建设，项目一期主体已建成，部分已投产；二期建设无人机集成交付中心、研发中心，计划2023年整体投运。预计达产后年产值18亿元，年上缴税收近1.5亿元。项目主要建设航空工装制造中心、飞机零部件制造中心、航空配套中心和研发办公综合楼。项目紧密围绕区内企业和西飞公司需求，打造科研生产及试验的共享平台。项目建成后，将拥有目前最大的航空工装加工设备，并将成体系地引入复合材料热压罐设备，具备产品设计、工装设计制造、产品零件生产和整机产品交付等一站式服务能力，为西安市航空先进制造业集群建设提供重要支撑。

（四）高端装备制造业

高端装备制造业形成了以电力装备—轨道交通装备—专用通用装备等为主的高端装备制造业体系。

1. 三一重工西安产业园　建筑业制造业智能融合发展

三一西安产业园项目位于沣西新城丝路科创谷 C 板块，新咸户路以东，安博项目南侧，总投资 30 亿元，占地面积 283 亩，包括三一筑享区域总部、超级工厂中试基地、建筑机器人研究院等。项目于 2019 年启动建设，2025 年将全面建成投产。项目投产后前五年预计可累计营业收入 55 亿元，辐射产业规模达到 200 亿元以上，形成建筑业、制造业和信息产业的交融发展，打造成产值平台、产值及辐射产业规模双过百的两百亿级平台，可直接带动不少于 3 000 人就业，间接带动上下游产业链 3 万人就业。

2022 年 3 月 31 日，三一智能制造产业园落户西咸新区沣西新城。

2. 同力重工项目　打造国内最大非公路自卸车生产基地

同力重工项目位于西咸新区沣东新城，总投资12亿元，占地面积约227亩，2020年开工建设，2021年竣工投产，年产值超50亿元，上缴税收1.6亿元以上，出口创汇超5 000万美元，吸纳就业1 200余人。该项目是国内最大的非公路自卸车生产基地，具有年产6 000台非公路自卸车、500台全路面矿用车生产能力，同时建设国家级工程运输机械研发中心。

3. 众邦电线电缆项目　填补电力装备配套产业链

众邦电缆集团是我国中西部地区产能最大的电线电缆制造企业，2020 年全国行业排名第 14 位，拥有西安、兰州两大生产制造基地。众邦丝路总部及电线电缆研发生产项目位于西安市经开区，总投资 52 亿元，占地 398 亩，2019 年动工，2021 年 3 月众邦（西安）电缆集团项目众邦丝路总部及电线电缆研发在西安经开区举行投产仪式。项目投产后，预计实现年产值 100 亿元，年税收 2.5 亿元，带动就业超过 1 000 人，将有效拉动西安电力装备产业链上下游配套企业蓬勃发展。

（五）新材料新能源产业

新材料新能源产业形成了以隆基为主的太阳能光伏产业链，以西部超导为龙头的低温超导材料产业链，以奕斯伟为主的半导体硅材料产业链。

1. 隆基单晶电池项目及光伏组件项目　航天经开西咸三地开花

隆基年产13GW单晶电池项目位于西安市航天基地，由隆基绿能投资建设，项目占地448亩，总投资83亿元，2019年开工。主要建设7.5GW、2.5GW电池生产线和680MW电池、组件中试线。年产值约100亿元，带动就业超过2 800人。

年产 500MW 高效单晶光伏电池和 3GW 高效单晶光伏组件项目位于西安市经开区，由隆基乐叶科技公司投资建设。项目总投资 41.5 亿元，占地 292 亩，2016 年开工。主要建设 500MW 单晶光伏电池生产线、全球研发中心及总部办公大楼。年产值约 300 亿元，带动就业约 2 000 人。

年产 15GW 高效单晶电池项目位于西咸新区泾河新城，由隆基绿能投资建设。项目总投资 180 亿元，占地 800 余亩，于 2020 年 7 月开工，计划 2023 年竣工投产。该项目利用原料硅片，通过制绒—扩散—刻蚀—镀膜等工艺制造高效 N 型太阳能电池片，太阳能转换效率更高，正逐渐取代传统 P 型电池成为光伏电站的主流产品，将成为全球首个 N 型电池量产项目，预计年产值约 120 亿元，带动就业约 4 000 人。

2. 西部超导低温超导线材　国内唯一商业化生产企业

西部超导材料科技股份有限公司是一家从事高端钛合金材料、高性能高温合金材料、超导材料的研发、生产和销售的高科技军民融合企业，是国内唯一实现低温超导线材商业化生产的企业，也是全球唯一的铌钛锭棒、超导线材、超导磁体的全流程生产企业，实现了国防、能源、医疗等领域多种急需材料的进口替代。公司于 2003 年在西安经开区成立，2019 年在上交所科创板上市，是西部第一家科创板公司。公司成立近 20 年来，始终围绕国家重要战略需求开展创新研发，走出了一条将实验室成果产业化的成功之路：一是填补了国内空白，解决了军工领域急需的一系列高性能关键合金材料；二是建成了国内唯一的超导线材商用生产线，实现了超导线材和各类磁体的规模化生产，主要应用于半导体、医疗设备等领域；三是补齐了技术短板，突破了高性能高温合金工程化关键技术，是我国航空发动机和燃气轮机用材的唯一供应商。

公司形成了由中国工程院院士张平祥董事长领衔，以多位院士为顾问，以数十位稀有金属材料加工资深专家为核心的创新技术团队。依托超导材料制备国家工程实验室、特种钛合金材料制备技术国家地方联合工程实验室、博士后科研工作站等创新平台，先后承担包括国家“863”“973”

计划在内的国家、省、市级各类科研和产业化项目 200 余项，取得 222 项发明专利，荣获国家科学技术发明二等奖、国家科学技术进步二等奖等国家、省、市级奖项 150 余项。企业通过股份制改制、员工持股，形成了稳定的人才、职工队伍，保持了持续的创新活力。

西部超导发动机用高性能高温合金材料及粉末盘项目位于西部超导特种材料工业园，园区占地面积433亩，总投资20亿元，建设年产2 500吨高温合金材料及粉末盘专业化生产基地，年新增销售收入3.6亿元，年上缴税收2 000多万元。

3. 西安奕斯伟硅产业基地　填补半导体硅材料领域空白

西安奕斯伟硅片技术有限公司投资建设的奕斯伟硅产业基地位于西安高新区，占地 540 亩，新建 12 英寸硅片材料生产厂房、洁净间及配套系统，主要生产集成电路用硅单晶抛光片和外延片。项目分两期进行建设，2018 年开工。一期建成后预计产能达到 50 万片每月，年产值约 45 亿元，税收贡献约 7 亿元，人员就业达 1 200 人。到 2022 年底，二期建成后将成为月产能 100 万片、年产值超百亿元的 12 英寸电子级硅材料企业，产能规模和技术品质将达到 12 英寸集成电路用硅片领域国内第一、全球前五水平，将有效提高西安半导体产业的国际竞争力和上下游配套能力，完善陕西省集成电路产业链，填补我国半导体硅材料领域的空白。

（六）生物医药产业

生物医药产业作为“硬科技”产业之一，形成了以化药、中药、生物药、医疗器械传统产业为基础，突出基因测序、细胞治疗、再生医学、医用机器人等生物医药前沿领域布局发展的格局。

1. 西安杨森制药　建设强生全球最大产能基地

西安杨森作为最早成立的跨国制药企业之一，是美国强生公司在华最大的制药子公司，共有 62 种创新药品获批上市，产品聚焦肿瘤学、免疫学、传染病学、神经科学、心血管病学等疾病领域。

西安杨森制药强生全球供应链生产基地占地 400 亩，项目总投资 24.33 亿元，2014 年开工，2019 年竣工投产，年产值和销售额近 100 亿元，带动生物医药类人才就业 3 000 名。该生产基地采用世界顶级的制造技术、先进的质量体系及实验室，其片剂和胶囊的固体年产能力达 40 亿包装单位，非固体年产能力达 950 吨乳膏和 570 万支包装单位，可充分满足亚太区域临床患者的需求。项目引进集电子批号记录和数据存储于一身的全自动化配方生产操作系统，是采用世界顶级技术的制药企业 4.0 无人化工厂，已成为强生全球最大产能供应链生产基地，对陕西省医药产业的发展产生积极而深远的影响。

2. 梅里众诚　建设高标准动物疫苗生产基地

陕西梅里众诚动物生产疫苗基地位于西咸新区空港新城，占地约 100 亩，总投资 10.6 亿元，2018 年开工建设。项目建成后，预计实现年产值约 10 亿元，税收约 5 亿元，带动就业 1 000 余人。该项目建设亚洲最大的 P3 等级的动物实验房、国内最大的病毒灭活疫苗悬浮培养线，配备国内最大的动物疫苗生产单体细胞培养罐。在国内动物药品企业中率先引入 BMS/EMS 自动控制系统，实现生产过程和环境监测的全自动化。具备年产 1.4 亿头份口蹄疫疫苗能力，占全国 15% 以上的市场份额，对有效防治动物口蹄疫、完善西北地区国际生物医药产业链、促进陕西省及周边地区畜牧养殖业的发展具有重要意义。

二、现代服务业

1. 国家超算（西安）中心　“一带一路”数据港一期建成

国家超算（西安）中心项目位于航天基地航天东路与航新路十字西北角，项目总投资54亿元，占地127亩，一期2019年6月开工建设，2021年底竣工投产，二期2021年5月开工建设，预计2023年底竣工投产。主要建设超算主楼、高层研发实验楼、通用型多层研发和配套服务设施，建成后总峰值算力达到180P，储存能力达到100PB，进一步增强数字经济发展新动能，形成先进计算产业集群化发展，推进西北地区新兴产业发展升级。

超级计算能力是一个国家综合国力和科技创新能力的重要标志，超级计算机是国之重器，是支撑国家和地区发展的重大科技基础设施。国家超算（西安）中心项目将直接带动区域“超级计算 + 大数据 + 人工智能”的融合、应用与发展，在区域新基建、智慧城市等方面发挥重要作用，将成为立足西安、面向西北、辐射“一带一路”的大数据应用中心，实现计算服务、科研创新、产业创新三位一体的发展平台。

同时，国家超算（西安）中心与先进智造平台、商用信息平台、科创空间平台共同组成泛太空国际超算（西安）中心。项目致力于建设运算速度世界领先的超算产业集群，实现计算服务、科研创新、产业创新三位一体的发展平台，打造“一带一路”沿线最大的数据港。

2. 西安“三中心”　城市品质新提升

西安“三中心”即西安奥林匹克体育中心、西安国际会议中心、西安国际展览中心三个重大场馆群建设项目，是提升西安发展能级的标志性工程，也是保障第十四届全运会等重大活动顺利举办的重要载体，对西安深度融入共建“一带一路”、加快国家中心城市建设具有重大引领和推动作用。

西安奥体中心主体育场

西安奥林匹克体育中心位于西安市东北部的国际港务区核心区域，交通环境便利，市政设施条件良好，自然生态景观优美，辐射带动效应明显。西安奥体中心重点建设三大场馆和两个服务中心。三大场馆为一个能容纳 6 万人的主体育场、一个能容纳 1.8 万人的综合性体育馆和一个能容纳 4 000 人的跳水游泳中心，两个服务中心为一个奥体指挥运营中心和一个新闻媒体中心。

西安奥体中心作为第十四届全运会的主会场，承担举办开、闭幕式及田径、体操、游泳、跳水等重要比赛任务。奥体中心采用全球先进 5G 技术，拥有综合智慧指挥平台，是满足体育竞技、观赛体验、媒体转播、智慧安保等多位一体的超“智慧”体育场。

西安国际会展中心

西安国际会展中心位于西安浐灞生态区，毗邻欧亚经济论坛永久会址和西安世博园，以欧亚经济论坛为依托，围绕国家“一带一路”建设，建设集生态化、国际化、智能化为一体的会议中心、展览中心、旅游商贸中心、星级酒店等会展综合体，打造丝绸之路沿线文化、商贸、科技等展览、交流、交易为主题的大型会展平台。

西安国际会议中心包括会议中心（西区）、圆桌会议中心（东区）及园林酒店 3 个项目。会议中心（西区）总建筑面积 20.7 万平方米，工程外形为独特的“月牙”造型，由西安历史地标建筑钟楼提取造型元素，并以现代“双月牙”造型和 180 根钢立柱诠释传统大屋檐空间造型。圆桌会议中心（东区）和园林酒店总建筑面积约 10 万平方米，核心区景观绿化面积约 15.5 万平方米，包含 1 栋会议中心及 5 栋酒店单体，其中圆桌会议中心建筑面积约 6.3 万平方米。

西安国际展览中心总建筑面积约 93 万平方米，共布置 12 个展厅。展览馆总建筑面积 48.7 万平方米，是西安市首个 10 万平方米以上的室内展馆，有效提升了西安乃至西部会展产业发展水平，为国家级“国际会展中心”。

“三中心”的建成，是西安又一次紧靠国际化水平推动城市功能品质快速提升，充分展现了国家中心城市和世界历史文化名城形象。西安着力打造“一带一路”国际会展名城，为更高水平地开放和发展注入新的强劲动力。

3. 长安书院　西安文化新地标

长安书院项目是西安市对标国家中心城市战略定位和发展目标，立足“以高质量文化供给增强人民群众的文化获得感幸福感”这一核心目标，在创新传承华夏书院精神的基础上，打造的具有文化性、开放性、公益性、娱教性的文化体验新空间。

长安书院

该项目选址于灞河西岸，与十四运会主场馆西安奥体中心隔河相望，是奥体中心门户形象展示区的重要组成部分。项目总建筑面积约15.1万平方米，其中建设图书馆约6.9万平方米、美术馆约3.7万平方米、文化交易中心约1.5万平方米、书店约0.8万平方米、餐饮及辅助配套功能约2.1万平方米，总投资约20亿元。

作为服务十四运会的重大民生工程和公益项目，长安书院整体建筑呈线性展开，如同大地书法，一气呵成，又似一本打开的书卷，墨香缭绕，写意长安。建筑主体与开阔的水岸相连，造型简洁大气，独具中华风韵，又与周围环境达到静态平衡，一动一静之间，构成西安新的文体中心。

4. 长安乐　文化舞动新长安

文化交流中心项目（长安乐）位于浐灞生态区核心区域，东临灞河，在西安奥体中心以南，距离奥体中心体育场 450 米。规划总用地面积 158.74 亩，总建筑面积 13.95 万平方米，其中地上 8.19 万平方米、地下 5.76 万平方米。项目主要包括传媒中心、歌剧院、音乐厅、多功能剧场及电影院等。

文化交流中心（长安乐）

作为文化交流中心，长安乐项目的建筑充分考虑奥体中心和滨水特色，设计独具匠心，建筑形式明快沉稳，典雅豪迈，蜿蜒奔放，如几缕丝带，又如水畔跳动的音符舞动于新长安，因此建筑取名“长安乐”。

长安乐在歌剧院、音乐厅、央视丝路国际传媒港等功能的基础上进行完善扩展，通过一条活力内街，将建筑与地铁站一体化设计，不同功能有机排列，形成连绵起伏、错落有致的文化交流空间。

5. 长安云　城市展示新中心

城市展示中心（长安云）

西安城市展示中心项目（长安云）位于浐灞生态区核心区域，东临灞河，在西安奥体中心以北，距离奥体中心体育场 480 米，项目规划总用地面积 112.87 亩，总建筑面积 15.28 万平方米。项目主要包括科技展示中心、空中餐厅、规划展示中心，2021 年 8 月份建成并对外开放。

城市展示中心（长安云）建筑以地脉视角，对骊山进行映射，底层与大地景观交融，将中国传统园林的理念升华至三维，以山水文脉的概念重塑场地的氛围。整体方案造型灵动，设计简洁大气，犹如漂浮在水岸上空的一朵星云，因此称之为“长安云”。

6. 西安领事馆区　推动内陆开放新高地

2013 年 8 月，外交部正式批复同意西安领事馆区在西安浐灞生态区启动建设，打造陕西省、西安市对外开放重要平台。2014 年 9 月，陕西省唯一按照国际 IB 认证标准的外籍人员子女学校——西安汉诺威国际学校项目入驻西安浐灞生态区签约仪式举行。2019 年 4 月，欧盟亚洲中心（比利时）西安办事处入驻西安领事馆区。2020 年 6 月，西安领事馆区新增英国、南非、奥地利、比利时等 15 个国家的签证服务。截至 2020 年 6 月，西安领事馆区已引进各种涉外机构50多家，签证业务辐射西北五省，年办理签证业务超过10万人次。

西安领事馆区的设立，有利于促进西北地区现有的外事机构聚集，推动陕西与各国经贸合作、互访、投资落户，带动区域经济发展，助力西安以更加自信的姿态走向世界。

三、文化旅游产业

1. 汉长安城遗址　东方文明复兴

汉长安城遗址位于西安市西北郊，是我国现存规模最大、保存最为完整、遗迹最为丰富、文化含量最高的都城遗址，总体保护范围75.02平方千米，核心区36平方千米，是中华民族历史上最具代表性和典型性的古遗址和世界文化遗产，更是人类历史文明进程的珍贵实物见证。

汉长安城始建于公元前202年，汉高祖刘邦在秦朝兴乐宫基础上改建并改名“长乐宫”，直至隋朝隋文帝开皇二年（582），汉长安城作为都城近800年，是中国历史上建都朝代最多、历时最长的都城，也是当时世界上规模最大的都市，是古代丝绸之路的起点，也是中华民族多元一体统一国家的历史标志和象征，更是古代东方文明的重要标志。

大风阁

现存的汉长安城遗址区城垣内遗址区面积

36 平方千米，城垣外建章宫遗址区 9.38 平方千米。1961 年，汉长安城遗址被国务院公布为第一批全国重点文物保护单位。2014 年 6 月，汉长安城未央宫遗址作为“丝绸之路：长安—天山廊道的路网”的起点被列入《世界遗产名录》。2017 年 12 月，汉长安城未央宫遗址又成功入选第三批国家考古遗址公园名单。

2004 年，西安市启动《汉长安城遗址保护总体规划》编制工作。2009 年和 2010 年，国家文物局和陕西省政府先后批准了《汉长安城遗址保护总体规划（2009—2025）》。2011 年 9 月 3 日，国家文物局、陕西省政府同意设立汉长安城国家大遗址保护特区。2012 年 8 月，西安市成立了西安汉长安城国家大遗址保护特区管理委员会。

按照统一规划、分期实施的思路，汉长安城未央宫国家考古遗址公园计划分三期实施。其中一期 3.2 平方千米（邓六路以西、丰景路以南区域）涉及前殿广场、章城门遗址、西安门遗址等，已于 2021 年 8 月 31 日建成开园。

汉长安城是中国古代第一个建制完整的统一帝国的都城，在世界城市建设史上产生了巨大的影响。汉长安城、未央宫是中国古代杰出的城市和宫殿建筑的代表，是人类创造精神的杰作。自张骞通西域后，汉长安城又成为丝绸之路的起点和著名的国际都会，与西方的罗马并称为当时世界上最宏大、最繁荣的历史名城。汉长安城见证了自西汉建立至隋统一全国期间，中国与丝绸之路沿线国家和民族的经济、文化交流史。

2. 大明宫遗址公园　西安重要的人文象征

大明宫遗址是公元 7 至 10 世纪丝绸之路东方起点都城的宫城遗址，总面积 3.4 平方千米，平面略呈南北长方形，北半部平面呈梯形，南半部为横长方形，宫墙周长7.6千米，四面共有11座门。南部为前朝，自南向北由含元殿、宣政殿和紫宸殿为中心组成，北部的内廷中心为太液池。

1961年3月4日，大明宫遗址被国务院公布为第一批全国重点文物保护单位。2006年10月20日，由北京奥组委、陕西省政府主办，西安市政府承办的“2006·盛典西安”大型文化活动在西安唐大明宫含元殿遗址前举办，向世界展示了大明宫这一优秀历史文化资源。2009年9月9日，史诗纪录片《大明宫》在联合国总部首映，开创了中国电影在联合国首映的先河。2014年6月22日，大明宫遗址作为“丝绸之路：长安—天山廊道的路网”中的一处遗址点被列入《世界遗产名录》。2020年12月，大明宫国家遗址公园被文化和旅游部评为“国家5A级旅游景区”。

大明宫是当时全世界最辉煌壮丽、面积最大的宫殿建筑群，因规模宏大、格局完整，号称“万宫之宫”“东方圣殿”，被称为“中国宫殿建筑的巅峰之作”。

大明宫遗址文物保护是国际古遗址理事会确定的具有世界意义的重大遗址保护工程，是丝绸之路整体申请世界文化遗产的重要组成部分。随着西安市作为国家中心城市建设的不断推进，大明宫这座“天然博物

大明宫丹凤门

馆空间”将继续借助自身丰富的历史文化资源，进一步展现西安特有的人文象征，为世界文明古都西安的发展作出新贡献。

3. 曲江池、芙蓉园　大唐荣耀绣长安

曲江池遗址公园北接大唐芙蓉园，南至秦二世陵遗址，占地面积 1 500 亩。该项目从唐曲江池遗址、秦二世皇帝墓等文物古迹的保护性开发、城市功能配套和区域生态环境建设的角度出发，依托周边丰富的旅游文化资源和人文传统，恢复性再造曲江南湖、曲江流饮、汉武泉、宜春苑、凤凰池等历史文化景观，再现曲江地区“青林重复，绿水弥漫”的山水人文格局，构建集生态环境重建、观光休闲娱乐、现代商务会展等功能为一体的综合性城市生态和娱乐休闲区。

2007 年 7 月，西安市依照曲江池历史水系和文物勘探成果，规划建设占地 1 500 亩，集历史文化、文物保护、城市游憩为一体的大型开放式园林生态工程——曲江池遗址公园。历时一年，于 2008 年 7 月 1 日建成开放。曲江池遗址公园彰显秦汉雄风，传承隋唐源脉，跨原带隰，湖泊连延，是历史盛景的完美再现，也是西安“皇城复兴计划”的扛鼎之作，被誉为人文西安、古今融合、人与自然和谐的建设典范。

曲江池遗址公园的修复与保留，使人们能够更加立体、生动、全面地学习文化遗址公园中的汉唐文化，提高了城市文化氛围，推动了城市旅游经济的发展，对城市的生态环境产生了积极的影响。

大唐芙蓉园位于西安市曲江新区，大雁塔东南侧，南与曲江池遗址公园相连，其园中的芙蓉湖与曲江池水域相通。大唐芙蓉园建于唐代原芙蓉园遗址所在地，占地 1 000 余亩，其中水域面积 300 亩，总投资 13 亿元。园内唐风建筑恢宏壮丽，千亩湖面碧波荡漾，亭台园林别具风格，

大唐芙蓉园

四季景色秀丽宜人，是集中展示西安盛唐文化的“城市名片”。

大唐芙蓉园分别从帝王文化区、女性文化区、诗歌文化区、科举文化区、茶文化区、歌舞文化区、饮食文化区、民俗文化区、外交文化区、佛教文化区、道教文化区、儿童娱乐区、大门景观文化区和水秀表演区等十四个景观文化区，集中展示了唐王朝一柱擎天、辉耀四方的精神风貌和无与伦比的文化艺术，以及它横贯中天、睥睨一切的雄浑大气。园内主要景点有：紫云楼、凤鸣九天剧院、御宴宫、唐市、芳林苑、仕女馆、彩霞亭、陆羽茶社、杏园、诗魂、唐诗峡、曲江流饮、旗亭、丽人行、桃花坞、茱萸台等。这些景点主要倚芙蓉湖而建，分布在芙蓉湖四周，紫云楼为整个景区的中心。

大唐芙蓉园 2002 年开始建设，2004 年落成，2005 年 4 月 11 日正式对外开放，购票入园。2011 年 1 月 17 日，西安曲江大雁塔—大唐芙蓉园景区成功晋升西安市属第一家国家 5A 级景区。2020 年 8 月 1 日起，大唐芙蓉园向游客免费开放，入园实施实名制线上预约模式。

4. 大唐不夜城　首批全国示范步行街

大唐不夜城位于西安曲江新区举世闻名的大雁塔脚下，南北长 1 500 米，东西宽 550 米，总占地面积 967 亩，总建筑面积 65 万平方米。该步行街以盛唐文化为背景，以唐风元素为主线，以体验消费为特征，着力打造集购物、餐饮、娱乐、休闲、旅游、商务为一体的一站式消费天堂。

2019 年 4 月 29 日，大唐不夜城步行街被列为全国首批 11 条步行街改造提升试点之一。2020 年 7 月，大唐不夜城步行街入选首批全国示范步行街名单。

大唐不夜城

大唐不夜城整体布局为线性布局，以大雁塔南广场到古城墙遗址之间的连线为轴线，由北向南分别为商业步行街、贞观广场、文化交流广场、庆典广场、古城墙遗址公园等五个景观区域。

大唐不夜城建有大雁塔北广场、玄奘广场、贞观广场、创领新时代广场等四大广场，西安音乐厅、陕西大剧院、西安美术馆、曲江太平洋电影城等四大文化场馆，大唐佛文化、大唐群英谱、贞观之治、武后行从、开元盛世等五大文化雕塑，是西安唐文化展示和体验的首选之地，展现了千年古都的历史文脉和文化轴线，是凸显西安城市精神和文化意象的最佳看点。

5. 西安国际足球中心　喜迎足球赛事

西安国际足球中心项目是按照国际足联和亚足联最新标准设计建造的一座甲级专业足球场馆。该项目位于西咸新区沣东新城复兴大道以东，科统三路以北，占地约 280 亩，总建筑面积 25 万平方米，包含 1 座 6 万座位的专业足球场、2 块国际标准室外训练场。

2020 年 8 月 13 日西安国际足球中心正式开工。

6. 诗经里　全国首个诗经小镇

沣滨水镇位于西咸新区沣东新城的沣河生态景区内，是陕西省2017年重点项目，总规划面积约3 900亩，涵盖生态风景、创意产业和综合配套三大板块。

诗经里

诗经里是沣滨水镇中创意产业板块的核心区域，规划面积约 482 亩，分三期开发。一期为文化创意产品展示交易和文化消费体验区，二期为文化创意产品设计研发区，三期为文化创意产品生产及企业孵化区。

诗经里开创性地打造了诗经主题和诗意生活方式业态规划——主题客栈、文化驿站、主题餐饮、零售工坊、休闲娱乐等五大核心商业业态，呈现出一个吃、住、行、游、购、娱的高品质空间，塑造出一个以原创诗意生活体验为特色的近郊滨水品质生活旅居地，为在都市中忙碌奔波的人们提供远离喧嚣的静心之处。

四、城建及基础设施

1. 西安北站　亚洲第一

西安北站位于西安未央区，占地面积为 53.3 万平方米，建筑面积 33.6 万平方米，规划总建筑面积 42.5 万平方米。该项目于 2008 年 9 月开工建设，2011 年 1 月正式投入运营，是西北地区最大、最重要的高铁枢纽。西安北站共设计了 3 个站场、18 个站台、34 个股道，站台数高居亚洲第一。

2008 年 9 月，西安北站开工建设。2010 年 2 月，郑西客运专线正式开通运营。2011 年 1 月，西安北站南站房和郑西场投入使用。2015 年 7 月，西安北站成为中国西部高铁动车组列车停靠最多的车站。2018 年 12 月，西安北站北站房与地铁 4 号线同步开通使用。2019 年 1 月，西安北站南广场公交场站正式启用。

西安北站的设计立意为“唐风汉韵、盛世华章”，整体朴素庄重、雄奇壮美，气势恢宏、彰显浓郁的汉唐雄风，融合了唐朝建筑大明宫含元殿和西安城墙的元素。

西安北站的建成投用，有利于西安城市建设、促进西咸经济一体化和“一线两带”构架的形成，随着中国高速铁路网的逐步完善及郑西、西宝、大西、西成、西银和关中城际铁路的先后引入，将逐步实现西安与全国各大城市形成“一日交通圈”。

2. 西安火车站　蝶变升级

西安火车站始建于 1934 年，位于西安市的唐明清文化主要轴线上，处于新老城区的结合地带，镌刻着城市工业文明的发展历程。西安火车站距离 1984 年改造已过去 30 多年，不论是到发线的能力，还是站房的规模、设备的功能等都难以适应目前运输形势发展的迫切需求。因此，西安市政府提出西安火车站改扩建计划，意图从根源上解决这些问题。

2005 年，西安市政府正式提出火车站改扩建计划。2014 年 6 月，中国铁路总公司、陕西省人民政府正式批复西安火车站改扩建工程。2016 年 7 月，西安火车站改扩建工程全面启动。2017 到 2019 年是西安站改造的攻坚阶段。一是完成 1 600 亩土地征迁工作；二是迁建机务段、车辆段；三是完成新窑线建设，增建三四线；四是接续火车站区域征迁，其中拆迁建筑物 31 万平方米，拆迁居民 3 394 户，建设安置楼 9 栋 34 万平方米，并实施安置。另外，为保证后期工程的顺畅，实施西航专线停用，拆除并重建了酒十路桥，打通了东西阻隔。2020 年 6 月，西安火车站南站房门厅“修旧如旧”改造及站前广场改造完成。2021 年 4 月，西安火车站北侧高架候车室和北车场正式投入运营。2021 年 5 月，西安火车站北站房建成投用。2021 年 9 月，南站房、南侧高架候车室开通。2021 年 12 月 31 日，西安站改扩建工程南车场设备联锁换装施工圆满完成，标志着西安

改造后的西安火车站鸟瞰图

站改扩建工程全面建成投用。2022 年 9 月 25 日，地铁西安站开通运营。

改扩建成后的西安火车站站台规模扩充至 9 台 18 线，站房面积达到 8 万平方米，年均发送旅客约 4 800 万人次，成为我国唯一直面世界文化遗产的火车站，旅客一出站，北望即是气势恢宏的大明宫，南瞰就是历史悠久的明城墙。

● 道北情[1]

一、道北与道北人

20 世纪 40 年代逃荒的河南难民

何谓道北？从字面上理解就是火车道以北的那片区域。从具体地理区域上来看，西安人一般所谓道北，是指火车站以北、龙首村以南，东至太华路，西至红庙坡这个区域，但最核心的部分还是在自强路、二马路一带。

在长期发展的过程中，窝棚、土坯墙、污水、泥泞的道北成为城市的脏乱区域。道北，在很长一段时间里，被西安人视为畏途，灰色的街道、低洼的棚户区、大杂院、说着河南话的外地人。在曾经的大明宫脚下形成了一个特殊的群体，这便是所谓的道北人。

① 牛勇刚主编：《道北》（西安建工站改项目建设有限公司内部资料），2016 年。

二、道北的历史

古城历史上的道北地区，富贵而优美。西汉时期，道北地区是长安都城和灞上咽喉之地的缓冲带，是通向中原的必经之地，这里属于龙首原南坡，居高临下守护着大汉国都长安。隋朝之后，这里变成了长安国都中最优美、高贵的地方。唐时，这里更是天下精华之地，大唐政治枢纽——大明宫坐落于此，群臣朝拜千门万户的盛景就在这里上演。宋元时期的这块地方依然波光潋滟、草木葱茏。忽必烈起家于此，元代的奉元路首府府治——安西王府就坐落于此。

元代以后，道北逐渐没落为荒草萋萋、村野零落、阡陌纵横的务农之地。一直到 20 世纪 30 年代，陇海铁路铺进了陕西，西安随之迎来第一声火车鸣笛，“道北”这个词伴随着近代工业的发展逐步进入大众的视线，工业和农业就这样在道北接轨。此时抗战爆发，受抗日战争与自然灾害双重打击的河南民众沿着陇海线一路逃难至此，数以百万计背井离乡的灾民在此落户安家，荒凉破败的道北一夜之间成了难民营。

中华人民共和国成立前的道北，经济十分凋敝。生活在道北的人，居住环境杂乱不堪，完全处在社会的最底层。中华人民共和国成立后，虽然政府颁布了一系列惠民政策，大量道北人进入铁路系统谋求生活，但道北脏乱差的生存环境并没有得到彻底改善，一些社会痼疾也一直存在。行路难、如厕难、防汛难、吃水难、治安难等一系列老大难问题，制约着道北的发展，也左右了一直以来外界对道北的评价。

三、道北记忆

（一）食——西安派和河南派

文化的交流是相互的，河南人迁入陕西也必然会受到关中文化的熏陶。80 多年来，道北的河南人后裔已经和当地人融为一体，秦腔、羊肉泡馍也成为他们中许多人生活必不可少的部分。虽然道北的河南人仍然喜欢喝胡辣汤，不过他们已经接受了羊肉泡馍、麻酱凉皮、锅盔馍构成的陕西大众饮食。在道北生活的陕西人也适应了河南人的饮食特点，喝胡辣汤也成为他们的饮食习惯，而且这种习惯已经在西安遍地开花。慢慢地逐渐分化出西安派和河南派两种胡辣汤，对于这两派美食有着各种各样的说法，其实两者风味不同，各有千秋，是秦豫美食文化交流融合的产物。

（二）住——就地取材搭棚安家

道北当时没有多余的房屋供难民们居住，于是他们就地取材，有人挖了窑洞，还有人干脆住在草垛子里，而更多的人则住在“土窝子”里。要搭起一个土窝子，首先需要收集一些从火车头上扒拉下来的废煤渣。据当年逃难的老人回忆，每次火车清炉后会留下很多废煤渣，他们就用这些废煤渣和上泥一层层夯成墙。附近的农民也会出售一些麦子编的草席，他们就买来搭棚，草席几块钱一斤，搭一个土窝子需要 200 斤。搭好窝子后还要在里面挖个大坑，以扩大房子空间。当年沿着护城河望过去，到处都是这样那样的土窝子，源源不断的河南人在这里搭棚安家。当时人均住房面积都谈不上多少平方米，都是一窝棚里住了一家人。没条件的就在地上挖个洞，盖上布，住在里面，总之日子过得十分艰难。

（三）水——吃水难题大过天

当时周边的井水全是苦水，中华人民共和国成立前除了在街头买甜水外，道北人吃的水多是机车剩下的水。由于机车不能烧苦水，所以每天有专门拉水的火车从灞桥拉甜水来。这种车每趟能拉五六个水箱，到了后先把水灌进机务段的大池子里，然后用泵抽进水塔，再给机车注水，最后剩下的水就可以供居民使用。机务段给每户发一块领水牌，每张牌每个月能打 30 次，每天限打 3 次，每次只能打一挑，也就是两桶。因为机务段的供水紧张，居民打水时常乱作一团。特别是冬天，灞桥水位下降，机务段供水时断时续，为了抢着打水出过的事故不少。那些逃难来的河南人哪舍得用甜水，平时喝大华纱厂东边浇菜地的井水，虽然不是甜水，也凑合能喝，居民平时做咸饭，比如胡辣汤，就用那儿的水，做稀饭才舍得用甜水。

（四）教育与医疗

在西安城北，于 1944 年成立的陕西省私立育德中学（后改名为西安市第三十八中学）在中华人民共和国成立后由人民政府接办，是西安地区第一所私立改为公办的学校。

20 世纪 50 年代初，道北唯一的一所市级综合性全民医院——西安市第六人民医院就坐落在自强路上。它的前身是规模小、档次低、医疗条件十分简陋的西安工人医院。在中华人民共和国成立后长达 40 年的岁月里，六院（含后来的新城区医院）仍然是这里政府投资的医疗条件最好的唯一全民医院。在道北及其周边地区，一家之中祖孙三代人都在六院妇产科降生的大有人在。1998 年西安市第六医院启动扩建工程，2002 年竣工，期间对整个医院的内部环境进行了绿化和美化。不久，六院分别被省市两级政府授予“园林式单位”，此荣誉当年在全省只有西安外国语学院等六家单位获得。从 1952 年建立起至 2005 年折迁，经历了整整半个世纪的六院，对那些曾经在道北学习、工作或生活过的人来说，不仅是一家医院，更是好几代人生活的见证。

（五）文化生活

1. 地标——二马路

二马路位于自强东路北侧，东起纱厂街，西至搬运新村，通往北关正街，1932 年拓建，初名“复兴路”，后因自强路当时名为“一马路”，故改名为“二马路”至今。

在道北，这样的巷道并不少见，每个村子每条街道都有自己的故事，像“银河坊”“八府庄”“光明里”“新兴路”……它们有的代表期望，有的记录过去，有的名字你或许听过，有的地方你或许生活过，无论是哪里，都承载了道北太多的回忆。道北的每条街道都是曲折而狭窄的，但是几乎每个巷子都有一个很“正”的名字，如“自强路”“向荣路”“勤俭路”。自强东路是大明宫南的午门街，民国初期的五门村；东窑洞原为砖瓦窑场；八府庄在明朝为秦王第八子庄园；石家街在清代康熙年间因石姓人住此而得名；北郭上村，在清代嘉庆时系午门坊五村之一的郭上村，陇海铁路开通后，因位于铁道以北，故取名“北郭上村”；南郭上村因位于北郭上村之南而取名；太华路以唐太极殿的“太”字和大华纺织厂的“华”字而得名……就像道北有唐大明宫的记忆一样，道北的每一条街巷名称都是一个记忆的符号，是不能被遗忘的。

2. 语言——道北的第二方言

居住在道北，一般人都会说两种以上的方言，其中河南方言是“必修科目”，这也是道北人身份的独特象征，河南方言成为道北的主流方言。这种奇特的方言结构和语言特色在全国范围内绝无仅有，成为西安道北区域文化外在的独特表现形式。

生活在道北的人，对“河南担”和“此地猴”这样的说法一定不陌生，这两个词语都是骂人的话。“河南担”是道北的西安人对河南人的叫法，而“此地猴”则是河南人对西安人的叫法。今天，这组词已经失去了往日的情绪，只是一个简单的称号，叫的人也逐渐少了。

在道北，粗犷的关中情怀和委婉的中原乡音不期而遇，这种完全不同的文化交融产生了意想不到的效果，成为一段佳话。

3. 戏曲——豫剧唱罢吼秦腔

道北人对秦腔的痴迷绝非一般，道北特殊的文化底蕴，孕育了一位秦腔大家——国家一级演员秦腔名旦肖若兰，她就是道北含元殿村人。豫剧在河南籍移民占到80%的道北地区，所受的欢迎程度远远超过秦腔。著名作家贾平凹在《河南巷小识》中写道:“他们热爱养着他们的西安古城，但他们毕竟怀念生他们的河南故乡。当河南的剧团来西安演出，他们必是全巷出动，集体订票。常常就在早晨起来，谁家妹子细声细气唱几句‘银环’（豫剧《朝阳沟》中的人物），立即有了‘拴保’的回唱，接着，唱‘拴保妈’的也有，唱‘拴保爹’的也有。”民国二十七年（1938），豫剧大师常香玉率团抵达西安。1948 年，她在西安创办了香玉剧社，致力于培养青年演员。常香玉生前曾经和陕西的秦腔演员有过很多次切磋，她的唱腔里也融合了秦腔的某些特质。1988 年 6 月，时年 66 岁、与西安有着不解之缘、称西安为第二故乡的常香玉，率河南豫剧院演员来西安演出并进行学术交流。

4. 铁路工房——妇孺皆知的道北标志

为了解决铁路职工的住宿问题，政府先后在道北地区拓建了铁路工房。1936 年分别在自强东路拓建了天字工房和地字工房，分别以《千字文》的首字和次字命名。特字工房建于 1945 年，当时为铁路建工、段长住所，给守门人员特殊待遇，故名“特字工房”。工房是道北最早的现代建筑，也是这里的重要标志之一。

5. 挂坡——难以抹去的道北记忆

1949 年以前，这里还没有太华路立交，从太华路到火车站有一个很陡的坡，当时的小型运输基本靠人拉着架子车，所谓“挂坡”就是拿着一头栓有铁钩子的绳子在坡底下等着，那些拉架子车的人在坡上拉不动了，等着的人就用绳子一端的铁钩子挂在架子车上帮拉车的人把车拉上坡，然后换得 5 分钱的酬劳。这些等着帮人拉车的人也被叫作“挂坡”，他们都是道北人。“挂坡”们总是早早就蹲在坡下，等一天结束后怀里揣着挂坡换来的“钢镚”，丁零当啷拿回去补贴家用。

6. 说不尽的道北百态

20 世纪 80 年代道北人生活常态

道北女子的泼辣是有名的，尤其是那些河南大嫂，她们敢和男子摔跤、掰手腕，干起活来也不含糊，100 斤的水泥袋扛起来就走，盖房子扔砖，扔得狠接得准，不时还要耍几个花样，博个彩头。“有钱了喝酒，没钱时睡觉。有钱了吃肉，没钱了喝汤。”这是道北人原生态的生活状态，也是其粗放豪爽性格的表现。当男主人在外忙碌了一天，拖着疲惫的身子走回家里，望着家里简陋的住房，时常停水停电的处境，想想时常是雨天一身泥、晴天一身土，这一切自己却无法改变时，突发感叹，何以解忧，唯有这杯中之物，一醉方休。

大明宫遗址保护改造项目实施后，出现在道北人面前的是一座国家级的考古遗址公园，道北地区从此被称为“大明宫地区”。

西安火车站改扩建，让道北再次回到公众视野，成为热词。从现实的角度看，原有的火车站除了整体功能严重不足外，还有着一个明显的缺陷——贯通东西而“阻隔”南北。“贯通东西”，是指它位于陇海铁路上，是这条贯通中国东西方大动脉上最大的枢纽站之一；而“阻隔南北”，是指在具体的西安市区东北角，东西向绵延一千米的火车站站区，阻隔了南北交通，从道北也就是火车站的背面进出火车站，要绕好大一个圈子；宏观的“贯通”与具体的“阻隔”，就这样奇妙地集中在西安火车站身上。

“站改”的核心，除了扩大面积、增强现代化的功能外，必须要除掉这阻碍南北交通的大障碍，使站区变得南北通透。这片西安市现存最大的棚户区，有着让人说不清道不明的复杂情愫，置身于古城西安的腹地，但却与城市发展格格不入。说它是农村却没有田野；说它是城市，它却是那么简陋与粗糙。

一条铁路将现代繁华的城市气息与这个名叫“道北”的区域完全隔绝。让道北人无法融入城市主流文化，自己形成了一个特定的圈子。2015 年

5 月征迁工作开始后，满街的红色条幅和墙壁印着的“征”字，打破了道北小巷的静谧，也打乱了居民的生活，“盼了十几年，如今真的要搬走了，倒有些不舍得了”，道北老人感慨道。

所谓“北广场”，就是要新建一块与现有火车站南广场相对应的新广场，位置在站房以北，所以称“北广场”。按照规划，该区域形成以火车站北广场为轴心、大明宫遗址保护区为核心、沿陇海线改造的东西两大城市板块。可以说北广场是重生后的道北。过去的道北，今天的北广场，虽然是同一块土地，但后者代表了更多的发展潜力。如果大明宫遗址公园项目对道北的改造是天翻地覆的，那么北广场对它的改造就是彻底收尾的。当再次站在这里，往南是西安车站，往北是大明宫遗址公园，它是一个衔接，也是一个起点，打开了从火车站广场、丹凤门、含元殿、宣政殿至紫宸殿这条历史文化轴，唐长安中南北方向的文脉传承轴在这里复活。它是西安的一个亮点，预示着更多的发展机遇，它为北城乃至古城西安的发展，添上了浓墨重彩的一笔。

道北，无论外界曾给过它什么样的定义，无论它曾饱受过多少非议，在道北人心底，这里都永远有他们美好的记忆，道北的故事，凝结着苦难和心酸，但也浸透着甜蜜和快乐。历史的车轮不断向前。在时代的新陈交替中，道北已蜕变成为直面世界文化遗产的西安火车站及崭新的城市之门，以全新的姿态和面貌迎接世人的目光，和城市的繁华融为一体，承续这座城市的历史，丰盈古都人民的未来。

3. 西安地铁　让城市活起来

西安地铁是服务于西安市境内的城市轨道交通系统，其第一条线路于 2011 年 9 月 16 日开通试运营，使西安成为中国内地第 14 座开通城市轨道交通的城市、西北地区第 1 个开通地铁的城市。

截至 2021 年 6 月，西安市开通运营地铁线路分别为：1 号线、2 号线、3 号线、4 号线、5 号线、6 号线、9 号线和 14 号线，均采用地铁系统，运营里程长度共计 258 千米；在建线路分别为：1 号线三期、2 号线二期、6 号线二期、8 号线、10 号线一期、15 号线一期和 16 号线一期。

4. 西安咸阳机场三期扩建　西北最大民航工程

西安咸阳国际机场（以下简称“西安机场”）三期扩建工程建设项目总投资 476.45 亿元，以 2030 年为目标年，按照年旅客吞吐量 8 300 万人次、货邮吞吐量 100 万吨的目标进行设计，包括机场工程、空管工程和供油工程。

2016 年 7 月，西安机场总体规划取得民航局和陕西省政府联合批复。西安机场三期扩建工程 2019 年 1 月取得国家发改委立项批复，2020 年 1 月取得国家发改委可研批复，2020 年 7 月 22 日破土动工。

西安机场三期的扩建，标志着陕西民航发展史上规模最大，同时也是西北地区最大的民航工程进入建设实施阶段。项目建成后，将全面提升西安机场基础设施保障能力和运行效率，有力支撑“国际运输走廊”“国际航空枢纽”建设，打造“中国最佳中转机场”，推进新时代民航强国建设，对深度融入共建“一带一路”大格局，加快构建“丝路贯通、欧美直达、五洲相连”的国际航空枢纽将产生重大而深远的影响。

五、生态环保

1.“三河一山”绿道　西安生态幸福长廊

2019 年起，西安启动实施了“全域治水　碧水兴城”西安市河湖水系保护治理三年行动。

为实现治水成果全民共享，展示建设西安国家中心城市和对外开放成果的发展廊道，西安以浐灞河、渭河、沣河已建成的堤顶路和 S107 环山旅游路为基础，规划建设了一条集骑行、步行、观光、休闲等多功能为一体的生态慢行系统——“三河一山”环线绿道，沿途串联 103 个生态节点和 42 个人文历史遗址，规划建设 109 个休憩驿站，为市民群众提供一个望得见山、看得见水、记得住乡愁的绿色生态长廊。

广运潭公园及漫水桥

全长293千米的“三河一山”绿道，途经浐灞生态区、国际港务区、灞桥区、蓝田县、经开区、未央区、高陵区、西咸新区、高新区、长安区等10区县，各区段通过主廊道连为一体，又各具特色，移步异景。浐灞港务区段，鎏金东城，凤凰于飞；未央高陵区段，清新北城，泾渭分明；沣东沣西区段，风雅西城，在水一方；长安高新区段，悠悠南城，钟灵毓秀；灞桥蓝田区段，灞柳风雪，玉暖蓝田。

作为城市的绿色“氧吧”，西安“三河一山”绿道新建堤防547千米、护堤林2.4万亩、生态水面1.56万亩，修复湿地6 897亩。串联起区域绿地广场、林带河流、水域公园湿地，形成点、线、面、网相融合的生态系统，可依次欣赏到草堂水林、燕鸥花洲、阳光湖畔、云水梯台及千岛链、百花田、十里林5个主题景观带。绿道或蜿蜒，或笔直，或起伏，特别是高高架起的“空中绿道”让人神往。

用文化润泽美，用文明涵养美，用治理保障美，让每个人都成为最美绿道的建设者、受益者、保护者，让“三河一山”绿道成为西安市民的幸福廊道，切身感受到“生活在西安就是幸福”。

2. 幸福林带　真幸福

幸福林带起源于1953年，是在苏联专家协助下规划设计的。第一版《西安市城市总体规划》中对幸福林带提出明确的功能定位，其主要功能是作为工业区与住宅区之间的防护隔离带。此后在1980年、1995年和2008年西安市三次总体规划修编中，幸福林带一直予以保留。由于各种原因，幸福林带建设工程一直未能启动建设。2003年，西安提出“还林于民”，要求恢复建设幸福林带，之后于2004年正式启动幸福林带改造项目，2016年11月正式开工，2021年7月幸福林带建成开放。

幸福林带项目总投资240多亿元（不包括周边区域投资），全长约5.85千米，平均宽度210米，占地总面积约1 843亩，是全球最大的地下空间利用工程之一、全国最大的城市林带工程、陕西省重点工程。建设内容主要包括景观绿化、地下空间、市政道路、综合管廊和地铁配套等五大业态。

幸福林带以“运动、休闲、娱乐”为主题，划分为“动之谷（全民健身、家庭亲子）、森之谷（生态森林）、乐之谷（文化休闲）”三大主题园区，打造集生态、文化为一体的休闲长廊。

3. 渼陂湖 “关中山水最佳处”

渼陂湖位于西安市鄠邑区涝河西畔，是秦汉上林苑、唐代游览胜地，人文历史遗迹众多，杜甫、岑参、苏轼、程颢等文人墨客都曾在此泛舟、赋诗，有“关中山水最佳处”之美誉。渼陂，即渼水汇成之陂，也称“美陂”，一说其水甘美，一说陂中产鱼甚美。湖水发源于终南山谷的渼水，汇合了胡公泉、白沙泉诸水北流，经锦绣沟后蓄积成湖，湖区范围内有周季王陵、秦九女冢、空翠堂等景点遗迹10多处。

渼陂湖

2016年，涝河渼陂湖水系生态修复工程被列入关中水系重点打造的三大湖池之一。根据规划，渼陂湖旅游区总规划面积约69平方千米，分为核心区（9.75平方千米，实施周期2016—2021年）和扩展区（59.25平方千米，实施周期2021年—2035年），其中核心区水域面积约4 180亩，扩展区水域面积约1 120亩。

2016年5月渼陂湖项目正式启动，2017年国庆节渼陂湖萯阳湖景区正式对外免费开放，2018年9月渼陂湖一期文化单体主体建设全部完成，2021 年 7 月渼阳湖区域正式开放。西安渼陂湖水系生态文化旅游区的建设，有效改善了周边地区的自然生态环境，鸟儿悄落水畔，临水照花、柔如彩虹，景区内翠竹屏障，芦苇随风摆动，湖光山色两相和，渼陂恰似江南春。渼陂湖全面建成后，将再现“渼水如天润长安，杜甫行游诗画里”的终南盛景。

4. 昆明池　山水林湖皆诗篇

昆明池位于长安区鱼斗路，地处西安城西的沣水、潏水之间。昆明池总面积 3.32 平方千米，始建于西汉汉武帝元狩三年（前 120）。昆明池建设之初是为练习水战，后为泛舟游玩的场所，唐时干涸为陆。昆明池两岸有石雕人像一对，曾建有人工岛屿，有豫章台、灵波殿，池中雕有石鲸，栖有豫章大船，池面 332 顷，蓄水量约 5 000 万立方米。

汉武帝元狩三年昆明池开凿时主要目的在于拓宽加深“灵沼”，并扩其地以像滇池。唐代几次疏浚昆明池，并把沣水引入池中，基本保持汉时风貌。唐文宗大和年间（827—835 年），因向昆明池输水的石墶堰堵塞，池水逐渐干涸，变为大片农田。唐代后期，昆明池因长年缺乏维修，堤堰多有崩溃，逐渐干涸衰落。宋代，昆明池已有名无实，被广阔的农田所取代。

昆明池鹊桥

2015 年，陕西省实施“南水北调”连接“引汉济渭”工程，在昆明池旧址建设斗门水库（昆明池）。

昆明池利用斗门镇东南一片洼地所建，因潏水、滈水本是独立流入渭河的两条河流，后在今香积寺附近筑堰使二水相汇通，二水相汇西流，人称“洨水”，在今堰头村附近又折向北流，至石匣口村，汇集于人工开凿、拓宽后的湖区，从而形成昆明池。

斗门水库（昆明池）项目投资金额为 48.92 亿元，工程建成后每年将向西安提供生活、生产用水 8 773 万立方米，向西安生态水系补充生态水量 1 456 万立方米。

水是生命之源，也是文明之源。引汉济渭工程的顺利推进和斗门水库（昆明池）项目的全面开工，将为缺水的陕西、西安带来弥足珍贵的水资源，也为城市未来发展打下坚实的基础。以斗门水库为载体，大西安城市新轴线将实现“生态恢复、文化传承、遗迹保护、水利建设”的有机统一，在保护与传承昆明池遗址区域的同时，也将对大西安城市生态环境的优化改善具有深远意义。

六、社会事业和民生保障

1. 行政中心北迁　千年古都的崭新转型

西安行政中心北迁至未央区张家堡街道，拉开了城北发展的大幕，形成北到三原，东到渭南，西到杨凌，南到长安的经济辐射圈。行政中心主要包括行政办公区、城运公园、商业中心、商务中心、城市交通枢纽、配套医疗区、文教综合区、居住区等功能区。

从 2000 年开始，西安市开展行政中心迁址的可行性研究工作。2006 年 3 月，西安市政府将“西安市行政中心迁移办公驻地的报告”正式提交于西安市人大常委会进行审议并通过。2006 年 4 月，国务院同意

西安市行政中心

西安市人民政府驻地由西安市莲湖区西华门大街迁至西安市未央区凤城八路。2011 年 3 月，行政中心相关单位正式对外办公。

2. 西安国际医学中心　促进国际医疗合作

西安国际医学中心位于高新区西太路中央创新区核心位置，项目占地 307.61 亩，总建筑面积 53.25 万平方米，总造价 30.68 亿元，设置病房 1 117 间，床位 5 037 张，是集医疗、教学、科研、体检、保健于一体的三级甲等规模并符合 JCI 国际医疗服务认证标准的综合性国际医院。2014 年 8 月 25 日，西安国际医学中心正式开工建设，2019 年 9 月 25 日全面开诊。

西安国际医学中心是西安打造的“一带一路”国际医疗中心核心项目之一，将为加强“一带一路”沿线国家及地区的国际医疗合作、提升百姓医疗健康水平、汇聚优质医疗资源发挥重要作用。

3. 公共卫生中心　“健康西安”有保障

西安市公共卫生中心项目（西安市第八医院新院区）位于西安市高陵区，项目占地530亩，2020年开工建设，总投资35.6亿元，主要建设综合医院、指挥保障中心、疾控中心等三个部分。

西安市公共卫生中心应急院区已于2020年2月18日建成交接，截至2022年7月，综合医院门诊医技楼、综合住院楼、传染病医院门诊医技楼、指挥保障中心实现主体结构封底。

项目建成后，将成为目前国内规模最大、床位设置最多、医疗设备最全的公共卫生中心。对于增强西安市日常公共卫生保障水平和突发事件应急反应能力、改善公共卫生基础设施条件、提高全社会的整体健康水、推动“健康西安”建设、保护人民群众生命安全具有重要意义。

4. 陕西省图书馆新馆　西安文化新地标

陕西省图书馆新馆位于西安市高新区天谷七路 899 号。2012 年立项，2015 年 8 月启动建设，是陕西省委、省政府统筹推进文化强省建设的十大文化重点项目之一。

该馆占地 85.6 亩，建筑面积达 8.19 万平方米，设计藏书 800 万册、拥有阅览座位 4 000 个，是“十四五”以来全国新建图书馆单体建筑面积最大，集智慧阅读、文化教育、文化休闲、文化展示于一体，与艺术、“非遗”、旅游、科技、教育、体育等行业深度融合的一座综合性、现代化公共图书馆。

该馆主要划分为文献阅览、拓展服务和功能配套等三大功能区。其中文献阅览区包括中文图书区、报刊阅览区、少年儿童馆、城市书房等区域，提供文献借阅、数字资源、阅读推广等基础服务；拓展服务区包括丝路非物质文化遗产展示交流中心、丝路全息剧场、陕图文创中心、艺术培训中心、书店等区域，依托文化创意、“非遗”传承、亲子成长、国际文化交流等多元文化业态打造复合型文化空间，提供一站式文化服务。

2022年初，新馆基本建成，4月24日正式对外开放，标志着陕西省图书馆“一馆三区”（西大街、长安路、高新区3个馆区）服务格局形成。图书馆必将成为西安新的城市地标，成为体现陕西公共文化服务高质量发展的亮丽名片。

陕西省图书馆成立于1909年，至今已有113年历史。其间，由于时代原因，馆名多次变更。从“陕西图书馆”更名为“陕西省立第一中山图书馆”“陕西省立第一图书馆”“陕甘宁边区西安图书馆”，再到1953年沿用至今的“陕西省图书馆”。1949年，陕西省图书馆坐落于西安市西大街146号，成为许多人长久的记忆。1996年，由于馆舍已不能满足广大读者需求，陕西省政府决定在西安市长安北路与南二环路交会处建设新馆。该馆建筑面积4.7万平方米，设计藏书容量400万册，阅览座位2 000个，于2001年9月30日正式向社会开放，当时被誉为“西北地区规模最大、现代化程度最高的省级公共图书馆”。随着陕西省图书馆新馆建成开放，目前的陕西省图书馆分为“一馆三区”，总建筑面积达到13.3万平方米，馆舍面积位居全国省级馆第二。

第五章

西安发展愿景

征途漫漫，唯有奋斗

第一节
发展目标

“十三五”规划确定的主要目标任务顺利实现，全面建成小康社会目标如期完成，标志着西安国家中心城市建设踏上新的历史征程。

“十四五”时期，西安全面发展呈现的基本特征如下：

多重国家战略叠加，但城市首位度指数长期在2.0左右，全力抓城市综合能级提升、加快建设国家中心城市是重大使命。

现代化产业体系逐步壮大成势，但支柱产业总体上不大不强，产业链亟待完善，产业核心竞争力较弱，全力抓支柱产业壮大和产业链水平提升是主攻方向。

创新驱动发展步伐不断加快，但科技创新成果就地转化率偏低，全力抓秦创原平台建设和创新能力提升是重中之重。

开放深度广度不断拓展，但开放合作层次不高，对外贸易规模不大、结构不优，全力抓对外贸易提质增量和对外开放水平提升是紧迫任务。

自然生态持续向好，但生态系统十分脆弱，环境容量接近上限，全力抓绿色发展和生态环境质量提升是永恒课题。

历史文化资源具有强大竞争力，但资源优势没有充分转化为发展优势，全力抓历史文脉守护和中华文明传承是城市担当。

城市功能不断增强，但城市治理体系和治理能力现代化水平不高，产城人融合不够，全力抓城市建设管理服务水平提升是当务之急。

保障和改善民生取得新进展，但教育、医疗、环境、交通、住房、养老等民生领域短板突出，用心用情用力解决好群众“急难愁盼”问题是重要责任。

发展和安全得到进一步统筹，但城市安全稳定运行面临的挑战增多，城市抵御重大灾害和快速恢复能力亟待提升，全力防范化解重大风险是必须守住的底线。

西安发展目标明确，建设产业强市，焕发千年古都精气神，建设更高能级的国家中心城市，主要体现在“六个打造”上。

一是打造高质量发展的西部经济强市。经济强是国家中心城市的鲜明特征，建设西部经济强市始终是不懈追求。建设具有国际影响力的产业强市，规模以上工业企业战略性新兴产业总产值占工业总产值比重达到 54%，地区生产总值突破 1.5 万亿元，成为国家高质量发展的重要增长极。

二是打造新动能强劲的国家创新名城。西安是一座具有创新基因、创新资源、创新优势、创新潜力的城市。以秦创原创新驱动平台为引领，加快新旧动能转换，全社会研发投入占 GDP 比重保持在 5% 以上，国家高新技术企业达到 1.2 万家，在推动国家高水平科技自立自强中作出西安贡献。

三是打造活力迸发的内陆改革开放高地。进入新时代，共建“一带一路”将西安推到了对外开放的前沿位置。深度融入共建“一带一路”大格局，开放型经济水平全面提升，进出口总值突破 6 500 亿元，成为国家向西开放的战略支点。

四是打造人与自然和谐共生的美丽家园。坚持生态优先、绿色发展，全市域、全过程、全方位加强生态文明建设，让城市家园山更绿、水更清、天更蓝。

五是打造彰显中华文明的世界人文之都。西安的历史文化资源具有世界性、唯一性，伸手一摸汉唐文化，两脚一踩秦砖汉瓦。发掘和用好丰富文化资源，大力推进文化建设，让西安成为中华文化和中华文明的展示窗口。

六是打造共享美好生活的宜居幸福西安。忠诚践行以人民为中心的发展思想，动真情、用真心、下真功解决好人民群众牵肠挂肚的民生大事和天天有感的关键小事，让老百姓的日子更殷实、更美好、更幸福。

第二节
重点任务

今后很长一个阶段，是西安加快国家中心城市建设、谱写高质量发展新篇章的关键期、攻坚期、突破期，使命光荣，任务艰巨。

一、秦创原创新驱动，全面塑造高质量发展新优势

构建秦创原“一总两带”总格局。依托西咸新区和西部科技创新港，打造秦创原创新驱动平台总窗口；以高新区、长安大学城、航天基地为载体，打造秦创原科技创新示范带；以经开区、渭北新城、阎良区（航空基地）为载体，打造秦创原先进制造业示范带。

当好国家战略科技力量第一梯队。争取更多重大科技基础设施布局西安，创建综合性国家科学中心。建设 100 个新型研发机构。凸显企业创新主体作用，创建国家科创金融改革创新试验区，科技型企业上市数量达到 100 家以上。畅通科技成果就地转化通道，建设西安技术要素交易市场，高标准建成国家技术转移西北中心。打造人才集聚强大磁场，清单式引进“高精尖缺”人才和高水平创新团队，形成天下英才聚西安、万类霜天竞自由的生动局面。

●西安硬科技

2021年6月8日，以“硬科技·自立自强”为主题的2021全球硬科技创新大会在西安开幕，打响“十四五”科技创新发令枪，助力西安丝路科创中心建设。本届硬科技创新大会发挥“技术风向标”“行业风向标”“创新风向标”功能，重点体现突出高质量发展、突出“两链融合”、突出开放共享、突出以会招商、突出秦创原使命担当、突出高效集约办会。

会上发布的《2021中国硬科技创新发展白皮书》显示，硬科技发展领跑梯队的代表为北京，挑战者梯队代表为上海、深圳、西安，追赶者梯队代表为厦门。西安市硬科技发展指数为62.02，居所有主要城市第7位。其中，硬科技发展基础指数得分52.97，居第10位；硬科技投入指数得分65.11，居第7位；硬科技产出指数得分75.92，居第2位；硬科技环境指数得分45.58，居第13位。

会上发布的全国硬科技企业之星榜单，涵盖了光电芯片、航空产业、航天产业、生物技术、信息技术、新材料、新能源、智能制造、人工智能等硬科技领域。百家上榜企业中，西安的中科星图、中科微精、诺瓦星云等17家企业入围。评定全国硬科技企业之星榜单，旨在形成“种子企业—示范企业—领军企业—科创板上市企业”硬科技企业梯度培育体系，建立硬科技科创板企业储备库，不断完善科创板上市企业培育机制。

会上发布的《2021年西安高新区高成长硬科技企业发展报告》显示，截至目前，西安高新区高成长硬科技企业数量已达193家，共有独角兽企业2家、潜在独角兽企业11家、独角兽培育企业21家、小巨人企业146家、瞪羚企业69家，成为推动经济社会高质量发展的重要力量。西安高新区完全有可能打造成为世界一流高科技园区和硬科技创新示范区。

西安市作为国家系统推进全面创新改革试验区，自率先提出硬科技发展理念以来，硬科技理念得到广泛认可，正式写入国家“十四五”规划和2035年远景目标。硬科技创新大会作为集聚硬科技资源、展示硬科技成果、促进科技合作交流的重要平台，已连续举办六届。

“硬科技”是中科创星创始合伙人、联席CEO米磊博士于2010年提出来的，它是一个历史的、动态的和发展的概念。在当前科技与经济发展新形势下，最具代表性的硬科技主要体现在光电芯片、人工智能、航空航天、生物技术、信息技术、新材料、新能源、智能制造等领域。

二、构建现代化产业体系，全面提升产业核心竞争力

1. 做强支柱产业

增强电子信息、汽车、航空航天、高端装备、新材料新能源、食品和生物医药等 6 大支柱产业核心竞争力。打响“西安制造”品牌。到 2025 年，力争规模以上先进制造业总产值超过 1 万亿元，形成 6 个千亿级产业集群，新增规模以上先进制造业企业 1 000 户以上。

2. 做大新兴产业

培育壮大人工智能、增材制造（3D 打印）、机器人、大数据、卫星应用等 5 大新兴产业。打造“西安创造”品牌。

3. 做优生产性服务业

推动现代金融、现代物流、研发设计、检验检测认证、软件和信息服务、会议会展等 6 大生产性服务业向专业化和价值链高端延伸。建设西安国际会展中心、高新国际会议中心二期、国家临空经济会展中心等工程，打造具有区域特色的品牌会展项目，持续扩大西商大会、全球硬科技大会、通航大会等十大品牌展会的影响力，打造丝路国际会展名城。

• 先进制造业强市

制造业是国民经济的主体，是立国之本、兴国之器、强国之基。

2015 年 2 月，习近平总书记在来陕考察重要讲话中强调，要“发挥在装备制造业上形成的竞争优势，加快建设先进制造业和航空产业基地，努力向产业链中高端迈进，巩固和发展优势主导产业”。

西安建设先进制造业强市主要立足于三个方面的基础和条件。

一是有底蕴。中华人民共和国成立之初，国家把西安作为重点工业区进行投资建设，“一五”期间由苏联援建的 156 个重点项目中 17 项落户西安，居全国各城市之首，奠定了西安市作为我国新兴工业城、科研和高等教育基地的基础。“三线”建设时期，国家在西安又陆续新建和迁入了一批国防工业、科研院所和大专院校，西安科技实力和工业能力迅速增强，成为国家重要的工业基地。

二是有基础。经过多年的发展，西安产业体系比较完备，工业门类比较齐全，39 个工业大类、191 个中类、525 个小类，上至飞机高铁等大国重器，下至针头线脑等日用商品，西安都能生产。近年来，西安把发展先进制造业作为主攻方向，积极推动产业转型升级，形成了电子信息、汽车、航空航天、高端装备、新材料新能源、生物医药等六大支柱产业。

三是有条件。西安区位、交通、人才、军工优势明显，综合科技实力位居全国前列，拥有各类科研机构460多个，省部级以上重点实验室、工程技术研究中心216家，拥有近百万人的科研队伍，两院院士67位（截至2021年）。

先进制造业是通过新型技术成果产业化和传统产业吸收先进适用技术、工艺、流程、材料、管理等高新技术升级改造而形成的制造业，以产业先进、技术先进、管理先进、服务先进为标志，具有高端化、智能化、集群化、绿色化等特点。西安建设先进制造业强市的路径和举措：一是聚焦产业抓项目；二是聚焦产业集群抓项目；三是聚焦园区建设抓项目；四是聚焦军民融合抓项目。

项目是发展的第一抓手，人才是发展的第一资源。招来一个大项目、好项目带动一方经济；引进一个顶级人才和团队，可以托起一个产业。

要坚持招大引强，加快招才引智，做好招商项目和人才服务。要突出抓好本地企业培养。本地企业是城市发展的基础力量，是推动经济发展的生力军。在抓好招商引资的同时，坚持把培养壮大本地企业作为一项重要工作来抓。本地企业中，有相当数量的中小企业发展势头很好，具有做大做强的潜力，距规模企业只有一步之遥。全市要加大培育扶持力度，促进中小企业向规模以上企业跃升，对外地引进企业和本地企业实现同等待遇，支持本地企业协同发展。

● 驻地央企概况与西安市国企改革

截至2021年底，国企改革三年行动年度目标任务提前两个月超额完成。国企改革三年行动整体完成率达95%（2022年3月达到97.7%），全市国有企业资产总额25 129亿元，同比增长12%；所有者权益6 683亿元，同比增长11%；营业收入1 912亿元，同比增长17%；新增AAA级信用等级企业1户，全市累计达到7户。市属国有经济规模稳居全国副省级城市第一梯队。2021年8月，西安成功获批开展综改试验，为区域国有经济高质量发展增添新动能。

1. 驻地中央企业布局情况

截至2021年底，在西安布局的中央规模以上企业有321户（不含金融机构）。从行业分布看，规模以上工业企业97户，其中，采矿业1户，制造业81户，电力、热力生产和供应业4户，军工企业11户；资质以内建筑业企业61户；房地产开发企业32户；限额以上商贸企业43户，其中，批发企业33户，零售企业8户，住宿企业2户；规模以上服务业企业88户，其中，交通、仓储和邮政业10户，信息传输、软件和信息技术服务业5户，租赁和商务服务业7户，科学研究和技术服务业50户，其他16户。

2. 央企进陕发展优势

一是基础雄厚。经过几十年的发展，目前布局在西安市的中央企业资产达3万亿元。

二是产业齐全。西安装备制造产业种类齐全，中央企业在航空航天、北斗应用、轨道装备等多个产业链中发挥链主作用，在建设高质量产业链中发挥积极作用。

三是潜力巨大。西安高等院校、科研机构数量多，创新驱动动力强劲，有助于企业创新发展，同时“一带一路”“西部大开发”“黄河流域生态保护和高质量发展”等国家政策叠加，都蕴含着广阔的投资空间、消费空间、产业空间、市场空间，为企业发展提供了巨大的舞台。

3. 国企改革工作亮点

中国特色现代企业制度日趋完善。市属企业全部完成党委前置研讨重大经营管理事项清单制定或修订。遴选 130 余名优秀人才进入外部董事人才库，93.3% 市属企业子企业实现外部董事占多数，100% 的企业集团建立董事会向经理层授权管理制度。

市场化经营机制不断健全。市国资委直管企业经理层成员任期制和契约化管理全面完成，走在全省前列。93.8% 市属企业子企业实现经理层成员任期制和契约化管理，209 户企业的 448 名经理层成员由任命转为聘任，以市场化方式新聘企业经理层成员 35 名。陕鼓集团成为西安市第十家百亿企业，并再次荣获“中国工业大奖”，位列中国机械企业 500 强第 84 位。

国有经济布局结构不断优化。完成工投集团与机电化工公司、安居集团与公租房建设管理公司重组整合。完成 57 户“僵尸企业”处置，31 户重点关注企业实现增盈，59 户企业完成混合所有制改革。共压减法人户数 116 户。

国有资产监管效能不断提升。实现了四个“率先”，在全省率先完成市属和区县经营性国有资产集中统一监管；在全国十五个副省级城市中率先启动建成智慧国资监管平台；在全省率先推进国资国企违规经营投资责任追究工作体系；在全省率先建立国有企业落实“三重一大”决策制度指导意见。

4. 国企改革工作方向

一是继续抓好国资国企改革三年行动任务的扫尾工作，确保按计划提前圆满收官。二是全力争取总规模700亿元的综改母基金落户西安。三是围绕支柱产业壮大和产业链水平提升，在风电装备制造、航空发动机服务配套、航天发动机服务配套、北斗民用技术等产业领域，推动中央和省市“一盘棋”项目合作，打造万亿级先进制造产业集群。四是“一盘棋”开展区域内国资国企人才交流，出台中央和省市国有企业共同适用的中长期激励措施。五是支持陕汽集团为龙头企业，在区域内打造商用车制造的完整产业链。支持陕鼓集团打造全国国企改革标杆企业。六是成立文旅产业国有资本运营公司，与区域内文旅产业企业进行整合，打造文旅产业万亿级产业集群。

● 西安市会展业发展

“十三五”期间，西安会展经济总量、规模以上展会数量、展会成交额等多项指标保持年均10%以上的增速，成为国内最具潜力的会展目的地城市。2019年，全市共举办规模以上展会283个，参展单位4万余个，专业观众390万人次，创造社会综合经济效益320亿元。根据国际大会与会议协会（ICCA）以及《中国展览指数报告》发布的排名，西安举办国际会议、展览数分别排名全国第4位和第11位。

以第十四届全国运动会为契机，沿灞河滨水岸线全面启动了西安国际展览中心、西安国际会议中心、西安奥体中心3个重大场馆群建设，这标志着西安构建集“展、会、节、赛、演”于一体的大会展时代已经来临。西安国际会展中心规划净展览面积30.3万平方米。一期室内净展览面积7.2万平方米。西安国际会议中心可提供57间16—2 100平方米的多功能会议厅，能满足50席国际首脑圆桌会议和宴会，为申办高级别国际会议打下了坚实的基础。

“十四五”时期西安会展业大发展

一是与资源禀赋优势相依托，推进会展业创新发展。策划举办一批面向丝绸之路沿线国家的会展活动。以申办“一带一路”国际合作高峰论坛为主线，着力引进金砖国家峰会等国内外高端重大会展活动，不断丰富、拓展会展业态。

二是与产业转型升级相匹配，推进会展业协调发展。紧紧围绕现代产业体系构建、拓展实体经济发展空间，引导本地会展企业结合重点领域重点产业举办各类展会活动，以会招商，以展助企，在服务主导产业的过程中不断壮大会展产业。充分发挥会展业在拓市场、调结构、转方式方面的平台作用，促进会展业与西安经济总体发展战略相融合，使会展业成为西安经济发展的新亮点和助推器。

三是与疫情防控相适应，推进会展业绿色发展。当下，全球会展业正在经历前所未有之大变局，要求我们把绿色发展作为会展业永续发展的必要条件。模式上，利用线上展会成本低、不接触、安全环保等优势，通过线上、线下相融合，达到防控疫情、绿色环保的目的。通过支持展商采用节能、环保、可重复利用的搭建材料，以及场馆和主办方采用直播、VR、大数据等新型展示方式，达到绿色可持续发展的目的。

四是与区域功能布局相融合，推进会展业共享发展。依托西安国际会展中心打造浐灞生态区国际会展城，带动和促进会展业园区化、聚集化、集群化、差异化发展，形成以浐灞生态区为主，空港新城、国际港务区、高新区、曲江新区各具特色的五大会展产业区。大力发展“会展

+文旅”新业态，不断促进会展业与文化、旅游、商贸等产业融合发展。

西安市金融业发展

1. 金融机构基本情况

截至2022年11月末，全市金融机构总数205家，其中银行业金融机构56家、证券56家、期货公司19家、保险公司74家。全市金融组织体系日益完善，全国12家股份制商业银行在西安全部完成布局，富邦华一银行、中信保诚保险等22家外资机构落户；人民银行数据中心等13家总部型功能性机构落户；全省首家消费金融公司（长银消费金融公司）、首家公募基金（朱雀基金管理有限公司）组建成立。

2022年地方金融业发展取得新成效。截至2022年三季度末，西安市通过审批或备案的小额贷款公司、融资担保公司、典当行、融资租赁公司、商业保理公司总计337家，业务体量达到1919.45亿元。

近年来，市政府出台了《西安丝绸之路金融中心建设规划》及三年行动计划，明确打造具备丝路科技金融高地、丝路要素市场中心、丝路金融人才中心“一高地两中心”功能定位，提出建设具有国际竞争力和影响力的丝绸之路金融中心的战略目标。西安位列全国十大区域性金融中心，并成功跻身全球金融中心城市之列。

2. 西安金融业发展的几个关键词

第一个关键词：1000亿。2022年三季度末全市金融业增加值980.52亿元；同比增长7.3%；占GDP的11.87%。2021年全市金融业增加值1174.47亿元；同比增长6.0%；占GDP的10.99%。金融业过千亿，标志着西安金融业发展迈上了一个新的台阶。

第二个关键词：3万亿。2022年10月末，全市金融机构人民币存款余额、贷款余额双双突破3万亿，分别达到3.09万亿、3.17万亿。

第三个关键词：“一高一低”。2022年三季度末，全市银行业金融机构不良率为0.91%，在贷款高速增长的同时，不良贷款率始终低位运行，保持了“一高一低”的良好态势。

第四个关键词：99家。截至2022年11月底，西安市新增上市公司11家，境内外上市公司达到99家，其中境内61家、境外38家。截至2022年11月末，全市上市公司总市值达到1.29万亿元，市值总量列15个副省级城市第6，市值增幅列15个副省级城市第1。

第五个关键词：创新。西安市被列入全国12个本外币合一银行结算账户体系试点、全国第二批数字人民币试点之一，“全国科创金融改革创新试验区”正在申报中。近年来，西安始终位列全国十大区域性金融中心之列。2020年西安市首度入选全球金融中心指数。

3.“十四五”目标规划

一是金融实力显著增强。全市金融业增加值年均增长7%左右，到2025年末达到1450亿元，占地区生产总值比重达到10%左右；2025年末，全市本外币存贷款余额分别达到3.20万亿元和4.03万亿元，年均增长10%；全市实现保费收入800亿元，年均增长8%。地方金融组织业务规模突破2000亿元。

二是丝路金融中心建设加快推进。到2025年末，全市金融机构达到215家。以高新区为依托的金融集聚区基本建成。对外交流合作频繁，西安成为与中亚、西亚、欧洲金融联通的重要枢纽。

三是上市公司数量实现新突破。到2025年末，力争全市境内外上市挂牌企业累积达到120家以上，上市挂牌后备企业资源库规模明显扩

田桦书法作品

大，在库培育企业数量达到700家。

四是上市公司市值迈向新台阶。到2025年末，力争培育1000亿级龙头企业4家，500亿到1000亿级支柱企业5家，100亿到500亿级重点企业20家，全市直接融资比重不断优化，上市公司市值大幅提升。

五是风险防范化解取得新成效。规范上市公司内部治理，夯实主体责任，着力防范化解股票质押、公司退市等重大风险，形成稳定有序的西安资本市场新局面。

4. 推动文化旅游产业深度融合

做大做强创意设计、数字出版、传媒影视、电子竞技等重点产业。加快发展小雁塔历史文化片区、三学街历史文化片区、易俗社文化旅游片区、兴庆宫改造提升项目，塑造新场景、打造新地标。提升“长恨歌”“仿唐歌舞”“驼铃传奇”“西安千古情”等演艺品牌，打造“演艺之都”。

● 西安文旅融合发展

文化是一个国家、一个民族的灵魂。

习近平总书记在来陕考察重要讲话中强调：“对历史文化，要注重发掘和利用，溯到源、找到根、寻到魂，找准历史和现实的结合点，深入挖掘历史文化中的价值理念、道德规范、治国智慧。”如果从制度层面看，西安对中国历史文化的贡献可以用“周礼、秦制、汉风、唐韵”八个字进行概括，这是独一无二的资源，也是城市的内涵和品质所在。“要保护好文物，让人们通过文物承载的历史信息，记得起历史沧桑，看得见岁月留痕，留得住文化根脉。”“一个博物馆就是一所大学校。要把凝结着中华民族传统文化的文物保护好管理好，同时加强研究和利用，让历史说话，让文物说话。”西安作为文物大市，历史遗存十分丰富，不可移动文物有3万多处，馆藏文物有55万多件；各类古遗址保护点87处，具有时代延续长、地域分布广、面积大、级别高等特点。其中，周丰镐都城遗址25平方千米，秦阿房宫遗址15平方千米，汉长安城遗址保护区75.02平方千米，隋大兴城和唐长安城等都城遗址3.5平方千米，仅这4个大遗址就达118.52平方千米，其历史文化价值无可比拟。

西安是东西方文明交流互鉴的典范，张骞出使西域、玄奘西行取经、鉴真东渡讲经、阿倍仲麻吕遣唐留学等，在东西方文化交流史上书写了浓墨重彩的篇章。

文化是旅游的灵魂，旅游是文化的载体；文化让旅游更有内涵、更有品位，旅游让文化更好传播、更有活力。西安坚持以文塑旅、以旅彰文，走文化和旅游融合发展的路子，建设传承中华文化的世界级旅游目的地城市。

一般来讲，世界级旅游目的地城市有4个特征：一是有世界级的旅游吸引物。这样的旅游目的地一般有著名的历史文化遗产、自然文化遗产或者是娱乐、美食与购物天堂。二是有被全球认知的旅游品牌。世界级旅游目的地的品牌形象突出、个性鲜明、地域和文化特色突出，在同类型旅游目的地中处于世界前列。三是有面向全球的多元市场结构。不仅对本地区、本国的游客具有很强的吸引力，而且对全球其他区域的国际游客也具有较强的吸引力。四是有全球一流的旅游服务和设施。人文化、国际化、特色化的优质品牌服务是世界级旅游目的地的主要特征。

对照以上4个特征，西安建设传承中华文化的世界级旅游目的地城市，不仅具备良好的基础条件，而且还有得天独厚的优势，概括来讲主要体现在“六美”：一是美在厚重的历史积淀。习近平总书记曾说，要看千年的中国去西安，看五百年的中国去北京，看一百年的中国去上海。二是美在恢宏的古都风韵。西安与雅典、开罗、罗马并称“世界四大文明古都”，被联合国教科文组织确定为“世界历史名城”。千年古都的独特风韵，使人们一朝步入西安，一日读懂千年。三是美在灿烂的文化底蕴。唐诗是中国文学史上的一座高峰，李白、杜甫、白居易等诗坛巨匠都曾在长安生活居住多年，留下许多脍炙人口的著名诗篇，其中不少是描写长安盛景的。当代西安文化人才众多、影响巨大，柳青、杜鹏程、路遥、陈忠实、贾平凹、刘文西、赵季平等一大批名家大师在全国乃至世界享有盛誉。“文学陕军”“长安画派”“西部影视”等文化品牌声名远播。四是美在开放的丝路文明。2013 年 9 月 7 日，习近平总书记在哈萨克斯坦纳扎尔巴耶夫大学演讲时说：“我的家乡陕西，就位于古丝绸之路的起点。站在这里，回首历史，我仿佛听到了山间回荡的声声驼铃，看到了大漠飘飞的袅袅孤烟。”五是美在丰富的红色资源。西安是一片红色的热土，是一座具有光荣革命传统的城市，留下了诸多红色革命历史遗存。全市范围共有珍贵的革命旧址（遗址）127 处。六是美在雄浑的自然山水。陕西自古就是生态环境优美之地，历史上文人墨客留下了众多描写陕西特别是长安景色的美好诗篇。

西安有着深厚的发展底蕴，同时也肩负着重大的发展任务。

1. 良好的发展基础与条件

2020 年全市接待游客 1.8 亿人次，旅游业总收入 1 882 亿元。全市规模以上文化企业 661 家，规模以上文化企业营业收入 601 亿元。5A 级景区 5 家，4A 级景区 26 家（含西咸新区 5 家），省级旅游度假区 4 家，文化馆（群众艺术馆）14 座，图书馆 14 座，博物馆 157 座，国家级“非遗”项目 10 项，各级文保单位 432 处。

以曲江新区为代表的国家级文化产业园区发展势头良好。“博物馆之城”初步建成，“演艺之都”正在崛起，“文艺强市”实至名归，“网红之城”远近闻名，“西引力”进一步增强。

从“文化之都”“书香之城”“音乐之城”“博物馆之城”到“时尚之都”“硬

科技之都”，西安城市新名片愈发闪亮。独树城市品牌，倾力打造“千年古都·常来长安”文化旅游IP，一系列文旅活动和产品使西安保持了持续的市场热度。

2. 实现文化和旅游业的率先发展

建设“一带一路”中华优秀文化传承示范区，建设中华文明、中国革命、中华地理的精神标识和自然标识，黄河流域生态保护和高质量发展战略，长征国家文化公园、黄河国家文化公园、秦岭国家公园建设纳入国家视野，都将赋予西安更大的发展空间和持续的发展动力。

创新“1123”文旅融合发展新路径，即坚持高质量发展一条主线，用好改革创新关键一招，畅通国内国际双循环，全力实施“坚定文化自信、文旅融合发展、文化共建共享”三大示范工程。

“十四五”末西安市文化和旅游业的发展具体指标

分类指标	具体指标	2025年目标值
文化发展指标	规模以上文化企业	950家
	规模以上文化企业营业收入	1 000亿元
	博物馆	172座
	国家级文化产业示范园区	2家
旅游发展指标	旅游接待总人数	4亿人次
	旅游总收入	5 000亿元
	文化旅游及相关产业增加值占GDP比重	16%
	国家级旅游度假区	1—2家
	高A级旅游景区	35—40家

3. 重大发展任务

加快实施重大文化遗产保护利用项目，健全“非遗”保护传承体系，创新“非遗”传承弘扬方式。

实施“大剧、大片、大戏、大作”工程。以“长安书院”“长安云”“长安乐”建设为引领，加快公共文化数字化建设，打造西安公共文化“云服务平台”，推动“城市书房”、智慧图书馆、社区书屋等建设。打造西安音乐厅、陕西大剧院等一批具有国际影响力的艺术殿堂。

打造书香之城、音乐之城、博物馆之城、演艺之城。办好“西安读书月”“唐诗里·长安”等活动，用书香涵养城市文化气质。

坚持“点、线、面”结合，构建“一核两廊八板块”的发展布局。强化西安中心城区“一核”建设。加强绿色秦岭文化旅游体验廊道建设、蓝色渭河文化旅游体验廊道建设。重点打造八个文化旅游体验板块，即古城慢享文化体验板块、曲江文化旅游度假体验板块、临潼文化体验与休闲度假板块、高新现代科技与商务休闲体验板块、国际港务区—浐灞—灞桥生态文化与文体旅休闲度假板块、西咸新区文化旅游体验板块、山水生态休闲体验板块、高陵—阎良乡村休闲与航空体验板块。

重点加强沣东自贸新天地、大唐不夜城步行街、茯茶镇景区和《长恨歌》《西安千古情》《驼铃传奇》等文化演艺、易俗社文化表演等优质示范文化产品建设。全力推进少陵原—白鹿原文旅融合创新示范园区、曲江杜邑文化科技产业园区、奥体中心轴线灞河左岸上庄片区建设，建设小雁塔历史文化片区、碑林历史文化街区、易俗社文化街区，塑造新场景，打造新地标。推动隋唐长安城历史文化、临潼秦风唐韵、西咸秦汉文化、高新区时尚休闲、沣东自贸新天地等文化片区的创新发展，加快新丝路数字出版传媒产业园、老钢厂设计创意产业园、高新软件园等国家版权示范园区建设。

梳理西安优秀文化IP。发挥秦创原在文化旅游产业创新方面的作用，建设一批文化旅游创新基地、园区、企业。实施“乡村记忆”工程，以文化传承和活化促进乡村文化振兴，重点挖掘一批乡村文化符号，建设一批乡村民俗文化馆、乡村文化展室、民俗旅游特色村。积极探索“长安唐村·中国农业公园”模式。

创新夜间文化和旅游产品。实施以文化游、山水游、红色旅游、休闲游、乡村游为主，以节庆文化旅游、赛会文化旅游、演艺文化旅游、时尚文化旅游、餐饮文化旅游等为支撑的品牌打造工程。

拓展文化交流，深化区域合作。积极推动组建丝绸之路旅游城市联盟，参加澜湄旅游城市合作联盟，通过打造“一带一路”文化产品跨境电子商务平台、“一带一路”图书版权交易平台等措施，构建多层次的文化产品交易渠道。主办国际文化论坛，提高国际传播能力。办好丝博会、欧亚经济论坛和丝路国际艺术节、电影节和音乐节。充分发挥国际古迹遗址理事会西安保护中心（IICC-X）的协调作用。继续办好“中国年·看西安”等节庆活动。加强区域合作，扩大国内朋友圈，推进西安、成都、重庆“西三角”文化和旅游合作区建设，加强与河南、湖北、甘肃、四川、宁夏、山西等周边省区在文化和旅游方面的合作。畅通与关中平原城市群、黄河流域城市间的文化和旅游交流，加强与郑州、太原、银川、兰州等城市的文化和旅游共建、共拓、共享。

充分发挥专家智库决策咨询作用。遴选行业专家和业内精英，组建西安市文化和旅游专家决策咨询委员会，为文化和旅游规划、建设、运营和管理提供决策参谋和政策咨询。

2030 年实现文化和旅游业竞争力显著提升。2035 年建成现代化的文化强市。

5. 加快产业数字化转型升级

加快西安数字经济产业园、西咸新区国家级大数据和云计算产业基地建设。

三、增强综合承载功能，提高城市能级品质

抓住用好新时代推进西部大开发形成新格局重大战略机遇。

1. 构建国土空间开发保护新格局

实施“南控、北跨、西融、东拓、中优”空间发展战略。

南控：坚决守护好秦岭生态安全屏障。优化城南区域功能布局。

北跨：加快实施跨渭河发展，建设渭北先进制造业集聚区。

西融：加快推进西安主城区和西咸新区融合发展，培育高新区、西咸新区科技创新发展核心区。

东拓：加快拓展东部区域功能，提升陆港、使领馆区、“三中心”、欧亚经济论坛永久会址、临潼全域旅游示范区等城市服务功能和国际交往功能，进一步集聚国际资源要素，彰显现代、开放、时尚新形象。

中优：优化提升中心城区核心功能，彰显千年古都历史文化特色。

2. 推动区域产业协作

加快推进西咸一体化进程，推动西安与渭南、铜川、杨凌等融合发展，加快公共服务同城化步伐。加快西安都市圈产业一体化布局，提升西安

产业辐射和总部经济发展能级，支持区域间以“飞地园区”“合作共建”等模式开展合作，引导中心城区“退二进三”，推动一般制造业向都市圈梯度转移，构建梯次配套、优势互补的现代化产业生态圈。探索建立开发区与远郊区县对口合作共建、联动开发机制，实现远郊区县土地资源空间优势与开发区招商、资金及管理优势深度融合，推动产业转型升级，确保双方互补共赢、错位发展、共同提升。

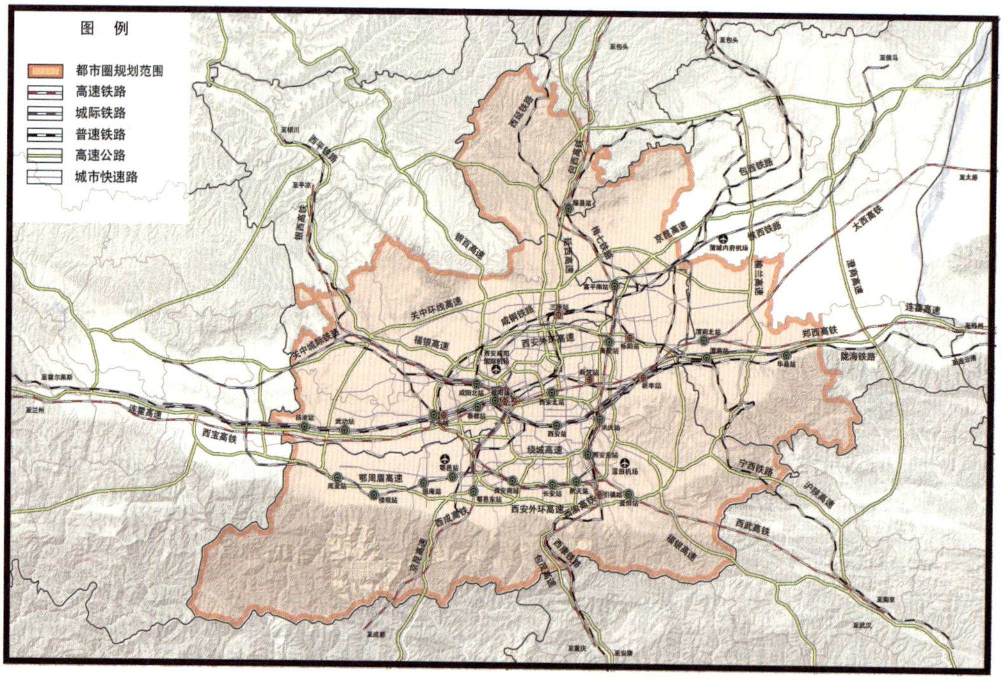

西安都市圈轨道交通体系规划图（《西安都市圈发展规划》）

3. 增强国家中心城市承载力

建设国际性综合交通枢纽。加快推进西延、西十、西康等高速铁路建设，完善“米”字形高铁网。完成西安火车站、西安北站扩能改造，加快推进新西安南站、西安东站规划建设，形成以西安站、西安北站、新西安南站、西安东站为主要客站，阿房宫站为辅助客站的“四主一辅”客运站枢纽布局。

4. 实施城市更新行动

注重保护城市特有的地域风貌、文化特色、建筑风格，加快城中村、老旧小区、背街小巷等改造，提升水电气暖、道路等基础设施水平，不断完善城市功能。

● 西安综合交通建设

1. 地铁的现状与规划

截至2020年底，西安地铁正式迈入“8线运营、8线共建”新阶段，通车总里程达到245千米，在建总里程177千米。最小发车间隔2分28秒，最大运营服务时长17小时50分钟，日均客流约260万人次，单日最高客运量达到330万乘次，客流强度稳居全国前列。

“十四五”期间，西安将建设地铁177千米，有轨电车17.5千米。积极推进地铁三期建设，建成地铁1号线三期、2号线二期、6号线二期、8号线、10号线一期、14号线、15号线一期、16号线一期共8个项目，开展高新有轨电车试验线项目、西户铁路改造提升项目，并适时启动地铁四期建设规划。

2. 飞机场的现状与规划

西安咸阳国际机场已成为西北地区最大的空中综合交通枢纽，2020年国内外通航城市228个、航线383条，累计开通全货运航线35条（当年在营21条），通达全球37个国家、77个主要枢纽和经济旅游城市。年旅客吞吐量达到3 107万人次，其中国际旅客吞吐量达到38万人次，年旅客吞吐量全国排名第8位。年货邮吞吐量达到37.6万吨，货邮吞吐量全国排名第10位。

“十四五”期间，计划投资480亿元，建设西安咸阳机场三期工程，全面提升机场基础设施保障能力和运行效率。加快发展“枢纽联通、洲际覆盖、特色鲜明、量质并举”的国际航线网络，联通主要国家首都和经济中心城市，成为全球航空网络体系的重要节点。基本建成以西安咸阳机场为核心、中转功能和服务效率国内领先的多维立体综合交通枢纽，形成辐射西北、连接全国、通达世界的航空综合运输体系。建设西安航空基地通航产业核心区，构建西安核心区、关中扩展区、陕北陕南辐射区三大板块，形成以示范区为引领覆盖全省的通航产业布局。到2025年，西安咸阳机场年旅客吞吐量将达到7 100万人次，货邮吞吐量达80万吨，率先建成西安蓝田通航特色小镇示范区。

3. 高铁的现状与规划

西安铁路网总里程567千米，高铁运营里程达223千米。目前，郑西、大西、西宝、西成、银西高铁已建成通车，西延、西十、西康高铁项目前期工作有序推进，其中西康高铁2021年6月29日已正式开工，以西安为中心辐射甘肃、四川、河南、山西、宁夏等省（自治区）的“米”字形高铁网基本成形，实现与24个直辖市及省会城市的高铁联通。

“十四五”期间，计划投资373亿元，新建铁路147千米，加快完善以西安为中心、辐射周边的“米”字形高速铁路网，实现与周边8个省区市高铁联通，构建对接周边城市群的综合交通运输网络。到2025年，域内铁路总规模将达到741千米，其中高速铁路里程370千米，西安国家铁路综合枢纽基本成型。

2022年11月30日，西安东站、西延高铁西铜段和康渝高铁陕西段正式开工。[①] 这三个项目均是国家“十四五”规划的重点建设项目。项目开工建设后，标志着以西安为中心的“米”字形高铁路网主骨架全面落地。项目建成后，西安至延安、重庆、昆明的铁路运行最短时间将分别在1小时、2.5小时、4.5小时以内。

西安东站位于西安市灞桥区，是国家高速铁路网“八纵八横”主通道京昆通道和包海通道的交会点，是陕西“米”字形高铁网构架的主要客站之一。西安东站主要承担西武高铁、西渝高铁动车、西康普速列车等南向、东南向客车的始发终到作业，远期规划将增加办理西安枢纽内东向、北向普速始发终到作业。西安东站铁路车场近期实施13台27线（远期总规模达17台35线），按一站四场布置，自西向东依次为西渝高速场、西武高速场、普速场、规划预留场，车站配套设置动车运用所、普速存车场、综合维修车间等设施。西安东站建筑总规模为39.4万平方米。西安东站站内共引入西安地铁5号线、12号线、15号线、21号线4条城市轨道交通线路。此外，与绕城高速、三环快速路、210国道等主要交通通道衔接。西安东站建成投用后，车站旅客年发送量预计将达到3 650万人次，将极大缓解西安铁路枢纽客流压力。

西延高铁位于陕西关中及陕北地区，线路全长约300千米，设计时速350千米，该项目分西安至铜川、铜川至延安两段建设。铜川至延安段已于2021年5月1日开工建设。此次开工建设的西安至铜川段全长91千米，自西安东站引出，经西安市高陵区、阎良区，渭南市富平县至铜川市，共设西安东、港务区东、高陵、富平南、铜川、西安北、港务区7座车站，

① 梁播：《三大项目昨同日开工》，《西安日报》2022年12月1日，第4版。

其中西安北站为既有车站，其他为新建车站，同步建设港务区东站至西安北站联络线等配套工程，建设工期3年。

康渝高铁位于陕西省、重庆市、四川省境内，线路由在建西康高铁安康西站引出，新建线路总长538千米。

4. 高速公路的现状与规划

西安市高速公路通车总里程达652.9千米，线网密度达到6.07千米/百平方千米，形成了“一环十二辐射”的国家高速公路枢纽。“一环”指绕城高速；“十二辐射”指西临高速（连霍高速东段）、西禹高速（京昆高速北段）、西铜一级公路、西铜高速（包茂高速北段）、机场高速、咸旬高速（银百高速北段）、西长高速（福银高速西段）、西宝高速（连霍高速西段）、西汉高速（京昆高速南段）、西康高速（包茂高速南段）、西商高速（福银高速东段）、沪陕高速。

“十四五”期间，将大力推进西安市高速公路网加密联网工作，完成高速公路相关联络线建设，合理布局高速出入口，全面提升高速公路服务能力。改造高速辐射线140千米：完成京昆高速蒲城至涝峪（西安段）、延西高速西安至铜川（西安段）、包茂高速曲江至太乙宫、西兴高速西安至兴平（西安段）、福银高速西安至永寿（西安段）等高速辐射线路的扩能改造。建设高速环线及联络线199千米：完成西安外环高速（南段）、西高新至天桥高速、鄠邑区经周至县至眉县高速、西安大环线乾县至周至县高速（西安段）等高速环线建设，完成西安港高架快速干道、马家堡至泾阳高速、兵马俑专用线等高速联络线建设；启动西安外环高速（东段）、西安大环高速（北段）等建设项目研究。到2025年，境内高速公路里程将达838千米，高速公路网密度7.8千米/百平方千米，形成“二环十二辐射”高速路网格局。

5. 持续释放“后全运”效应，推动后续场馆综合开发利用

加快竞技体育和体育产业发展，大力开展全民健身运动，积极申办具有国际影响力的品牌赛事和活动，打造世界赛事名城。

• 西安市体育产业发展

西安市民练太极

一是体育产业市场主体丰富。西安市目前以健身休闲为主导产业的经营活动，已经逐步融入人民群众的日常生活，并呈现出由中心城区向偏远郊县延伸的全面发展态势，体育中介、赛事服务、产品研发、制造销售、商贸会展等产业门类逐年扩大。根据第四次全国经济普查和陕西省2018年度体育产业调查数据显示，西安市从事体育产业活动的法人单位共11个门类、2 937个（全省5 409个），体育产业活动主要集中在体育竞赛表演活动类、体育健身休闲活动类和体育商品及相关产品销售、贸易代理与出租类。同时，积极培育体育产业示范单位及项目。2020年，西安马拉松赛被选为国家体育产业示范项目，西安威赢赛事运营有限公司被认定为国家体育产业示范单位。

二是赛事名城建设初见成效。西安市以打造赛事名城为目标，积极引进和承办国际、国家级高水平体育赛事，精心培育打造自主IP赛事品牌，除每年定期举办西安马拉松赛、西安城墙国际马拉松赛、西安国际女子半程马拉松赛等精品赛事外，还先后举办了多届中国跆拳道公开赛

等“一带一路”系列精品赛事，2020年举办承办40余项精品赛事活动，全面构建以赛事经济聚集产业要素的体育产业发展新格局。

三是体育场地设施建设逐渐完善。2020年西安奥体中心“一场两馆”、阎良石川河户外极限运动基地等6个市属十四运新建场馆建成亮相，西安城市运动公园体育馆、西安秦岭高尔夫球场2个改造项目焕然一新，新建社会足球场地99块。西安国际足球中心、西安市体育训练中心等市级重点项目全面开工建设，不断提升西安市体育训练设施水平。

四是全民健身活动蓬勃开展。目前，全市体育人口达到485万人，体育晨晚练活动站点1 902个，累计培训社会体育指导员超过2.5万名，全民健身组织网络逐步覆盖全市所有的社区和乡镇。

五是加快推进国家体育消费试点城市建设。2021年4月，西安市政府出台《西安市推进国家体育消费试点城市建设实施方案》，建立体育消费试点城市工作推进机制，举办2021年西安体育消费博览会，扩大体育产品供给，推动体育会展和体育消费深度融合。

六是开创体育产业新业态。建成“西安体育大管家”智慧平台并上线运行，积极打造“互联网+体育”智慧体育名城，西安体育进入了“云时代”。打造线上体育消费的新场景、新矩阵，实现智慧平台对全市体育产业数字信息的动态监测和精准收集评估。积极探索体育旅游新模式，策划推出9条夜跑线路。打造体育旅游精品线路，西安马拉松赛线路被评为2020年中国体育旅游十佳精品线路。西安城市立方文化体育综合体成功入选国家体育服务综合体典型案例。

到2035年，努力把西安市建设成为国内一流、国际知名的世界赛事名城。

持续放大全运会综合效应，逐步建立和完善以赛事聚集产业要素的体育产业发展新格局。以举办亚洲杯足球赛为重大契机，不断提高足球、篮球、排球“三大球”发展水平。积极承办国际A类体育赛事，每年举办各类高水平体育赛事40场次以上，初步形成以赛事经济为主导的体育产业发展新格局。把“办赛”与“营城”充分融合，以举办赛事提升城市传播力、影响力。

夯实体育产业发展基础，提升体育场馆设施运营水平。鼓励传统大型体育场馆向体育产业、体育消费和体育健康中心转型升级。建成丝路国际体育文化交流培训基地（西安市体育训练中心），加速推进浐灞水上运动产业基地项目落地。到2023年，启动西安市水上项目运动训练中心项目规划工作。到2025年，各区县（开发区）全面建成“四个一”，即一个公共体育场、一个全民健身活动中心、一片室外运动场地、一个国民体质监测和科学健身指导站。

四、突出扩大内需，打造国内大循环战略支点

精准扩大有效投资。实施精准招商、产业链招商、投行思维招商、重点区域招商，引进一批含金量足、含绿量多、含新量高的大企业好项目，增强产业发展后劲。

加快新型基础设施建设。“十四五”期间，全市预计新建新能源汽车充电桩15 000个，重点推进秦汉新城新能源汽车充电桩生产应用基地和空港新城新能源充电桩项目。

建设国际消费中心城市，发展首店经济、夜间经济、免税经济。打造以钟楼—大南门国际消费中心和大唐不夜城—小寨商圈双引领，以浐

灞国际会展商圈、临潼国际旅游度假商圈等区域商圈为支撑，以曲江中央文化商务区（CCBD）、高新中央创新区（CID）等国际高端商业服务配套为延伸，以大唐西市等特色商业街区为辐射网络的国际消费中心城市时尚矩阵。加大国际美食之都建设力度，做精做强西安名小吃，保护与传承老字号，引进集聚国内外知名餐饮品牌，打造“舌尖上的西安”。丰富“夜游、夜购、夜演、夜娱、夜餐、夜展”等夜间消费业态，打造一批夜间经济示范街区，建设国家级夜间文旅消费集聚区。推进国家体育消费试点城市建设。

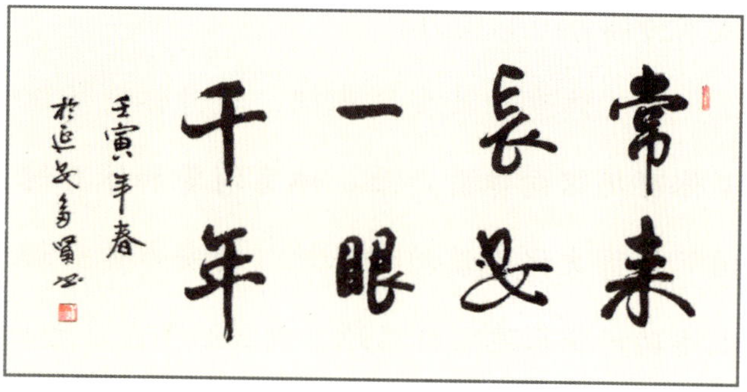

师晨旭书法作品

● 让夜游经济成为千年古都的新动能

夜游经济也叫“夜间经济”“夜经济”，是指18点至次日6点的夜间消费经济。夜游经济拉长了城市的“营业时间”，提升了城市经营的“翻台率”，拉动了消费的新空间，正成为城市消费的新引擎、新动能。以夜游经济促进西安文商旅高质量发展，是一个很好的着力点。

西安迈入全国夜间经济十强城市，夜游经济发展势头强劲。华清宫《长恨歌》被评为“游客最喜爱的十大夜间演艺”，大唐不夜城步行街成功入选游客喜爱的十大历史文化、商业街区及网红步行街、全国“示范步行街”。网红“不倒翁”小姐姐吸引了中外游客的眼球。西安以夜游经济提升为突破口，拉长了城市旅游的产业链，以夜景、夜游、夜演、夜宴、夜购、夜跑等丰富多彩的夜间文化经济业态，满足了外地游客和本地市民对美好生活的新需求，大大激活了千年古都的城市活力。在“夜景”上，注重灯光与建筑的协调融合。在“夜游”上，延长了夜间旅游时间。在“夜演”上，引进了旅游演艺《西安千古情》《驼铃传奇》，与本地的《梦长安》《大唐追梦》《长恨歌》等，形成了西安旅游演艺的“高峰对决”；再加上各种电影节、音乐节、演唱会、话剧、歌舞剧、秦腔精品等的不断推出，“夜演”达到了火爆的地步。在“夜购”上，西安以南大街—SKP 商圈、高新—中大国际商圈为核心，打造了夏季晚22—23 点的夜购季；开启了 24 小时药店安全保障和 24 小时书店。在“夜市”上，打造回民街、永兴坊、大唐不夜城、顺城巷、老城根等 30 个特色餐饮街区。在“夜跑”上，在曲江池、大明宫、世博园等地打造年轻时尚健身休闲特色项目，使城市“跑团”成为新的健康潮流。

西安从“亮化”“美化”到“文化”，正一步步完成华丽蜕变，还需不断开掘这座千年古都的“金矿”，提升西安夜游经济，给这座城市带来无与伦比的超值魅力和价值体现。

① 设立西安夜游经济三层机制：一是市级层面的顶层设计规划和行动计划；二是市级层面的协调机制“夜间市长”和夜游经济办公室，以及区、县、开发区的协调机制；三是有负责夜游经济各业态的首席执行官。

② 加快推进特色夜游品牌示范创建工作。尽快推出一批有西安特色的“夜游示范线路”“夜游示范景区”“夜演示范剧场”“夜间消费示范街区”“深夜示范食堂”“24 小时示范超市”“24 小时示范药店”“24 小时示范书店”等夜间经济消费品牌，成立西安夜游企业联盟，树立夜游经济品牌带动战略。

③ 走差异化的夜游产品，深度发掘以青年消费者为主体，以科技、

景观、文化、历史、情感为特色的新消费路径。在高新区高端消费区，设立大剧院、音乐厅、美术馆、特色书店等文艺设施，补齐高新区文化IP。在浐灞生态区，突出解决夜间公共交通问题，将历史博物馆、图书馆、大型商业业态补齐，以市会展中心、会议中心和港务区的体育中心为核心，打造“节、会、展、演、赛”全方位的大会展营销活动；同时，开发浐灞的水资源，开展“夜航浐灞”系列文旅产品，释放浐灞生态区的夜游经济效能。随着西安护城河的全线贯通，西安将依托这一环绕古城墙的“玉腰带”，打造“河、林、路、墙、巷、市”六位一体的美丽风景，凸显西安城区的“皇城复兴计划”，做到大视野、大格局、大营销。

④ 促进西安饮食文化“夜市”与“夜宴”的消费分级提档，打造“西安味”浓郁的夜生活，让中外游客感受到陕西饮食的尊贵气。

长安夜·我的夜[①]

一朝春夏改，长安夜妆成。2022年，西安市“长安夜·我的夜”第三届夜游嘉年华活动在西安城墙南门广场盛大启幕。

“长安夜·我的夜”夜游嘉年华活动已成功举办两届。第三届夜游嘉年华活动的开展是对“长安夜·我的夜”主题品牌的进一步塑造和提升。活动特别推出“4D沉浸式”光影新体验15处，“3D耶时光”夜间新场景近百项，“2D微度假”夜游新路线14条；推荐具有博物馆、剧院、阅读、商品、文创等丰富文旅业态的夜游经济特色文旅消费空间20个；围绕“有

① 杨明：《“长安夜·我的夜”夜游嘉年华活动启幕》，《西安晚报》2022年6月10日，第2版。

礼”“有味”“有景”“有情”“有料”“有才”等系列主题，策划满足市民游客差异化需求的夜间文旅活动50项。

“长安夜·我的夜”夜游嘉年华活动自举办以来，不断创新，着重打造满足游客需求的差异化、个性化夜间文旅产品，丰富广大市民游客夜间文化旅游体验，促进西安夜间经济的发展，提高夜间经济活力。“一入夜，便长安”特有的文化韵味让西安夜游别具一格。

● 西安市示范特色商业街区

商业街区作为都市生活的亮点，记录着城市的繁荣，标志着区域特色，传承着历史文化。

准确定位是商业街区存在和发展的根本。西安市在特色商业街的定位上，始终坚持以历史文化为底蕴，以产业特色为依托，以市场业态为基础，积极打造不同风格、不同层次的商业街区。到目前为止，全市共有各类商业街40条，经营范围涉及商业零售、餐饮服务、电子产品、服饰专卖、休闲娱乐、家居建材等众多行业。为加快推进商业街建设步伐，发挥示范带动作用，评定出14条西安市示范特色商业街区。同时积极推荐引导街区参加商务部、商务厅的国家级、省级示范街区评定，现有全国示范步行街1条（大唐不夜城）、省级示范步行街1条（老城根G park）、省级试点步行街1条（大唐西市）。

14条西安市示范特色商业街区：2016年命名3条，分别是大唐西市、永兴坊、周至县沙·沙河水街；2018年命名6条，分别是大唐不夜城步行街、老城根 G park、兴善寺西街、北院门历史文化风情街、陕西体育运动商城体育产业特色街区、西安创业咖啡街区；2019 年命名 5 条，分别是白鹿仓特色商业街区、四海唐人街、曲江创意谷、曲江芙蓉新天地、中贸商业街区。

五、补齐对外开放短板，打造内陆改革开放高地

深度融入共建“一带一路”大格局，建设对外交往中心，打造链接国内国际双循环的国际门户枢纽城市。

打造效率高、成本低、服务优的国际一流营商环境。全面落实各项支持民营企业发展政策，破除制约民营企业发展的各种壁垒，壮大民营经济主体数量和规模，依法平等保护民营企业产权和企业家权益，构建亲清政商关系。

打造一流对外开放平台。推进西安“一带一路”综合试验区建设。加快欧亚经济综合园、中俄丝路创新园、临空经济国际合作园、中欧合作产业园等国际合作产业园区建设。

建设一流对外开放载体。打造“一带一路”沿线国家进出口贸易的“黄金通道”。推动多式联运发展，用好“第五航权”。

建设更高水平开放型经济体系。加快推进国家临空经济示范区建设，推进国际港务区国家进口贸易促进创新示范区建设，高水平建设西安跨境电子商务综合试验区，积极发展丝路电商。

建设中欧班列西安集结中心。开展中欧班列西安集结中心示范工程建设，打造面向“一带一路”国家的物流中心、贸易中心、金融中心。推动中欧班列“长安号”高质量发展。密切与京津冀、长三角、

粤港澳大湾区、北部湾、成渝等城市群的综合交通连接，强化与日本、韩国及东南亚国家的贸易联系，加强与中蒙俄经济走廊的衔接互动，加强与中亚、南亚和西亚贸易往来，扩大中欧班列西安集结中心辐射半径。

●“第五航权”与西安的“快进快出”

随着全球经济由“大进大出”的海洋时代迈向“快进快出”的临空时代，西安作为“国际中间点、国内中心点”的国际航空枢纽价值日益凸显。西安咸阳国际机场第五航权的开放必将实质推进国际航空枢纽和天空国际运输大走廊形成，充分发挥国家级开发区、临空经济示范区、自贸试验区的叠加优势。

准确理解和把握理论、实践内涵，用足用好第五航权。第五航权，即第三国运输权，是一个国家或地区的航空公司前往获得准许的国家，并将从第三国载运的客货卸到该国，或者从该国载运客货前往第三国。包括中间点权和延远权，中间点权是指承运人从本国运输客货到另一国家，中途经过第三国，并被允许将从该第三国拉客货卸到目的地国。延远权是指承运人将本国始发的客货运到目的地国家，同时又被允许从目的地国家上客货运到另一国家。第五航权是国际九个航权（领空飞越权、技术经停权、目的地下客权、目的地上客权、中间点权或延远权、桥梁权、完全第三国运输权、境内运输权、完全境内运输权）中比较复杂，也是内容最丰富、最具经济实质意义的航权。

2003 年，我国首次对外国航空公司开放第五航权。同年 5 月 22 日，新加坡货运航空公司正式开通新加坡途经中国厦门、南京至美国芝加哥的定期航班，新加坡—厦门 / 南京—美国芝加哥货运航线的开通，是中国民航第五航权开放的首例。截至目前，北京、上海、广州、烟台、武汉、厦门、海口、天津、南京、银川、郑州、哈尔滨、满洲里、鄂尔多斯等14个城市已开放第五航权。2019年5月12日，在获批第五航权的半年内，西安开通了“首尔—西安—河内”的西北首条第五航权货运航线，成为继郑州后第二个全货运航线城市。

第五航权通俗来说就是拼航，包括两种形式，分别是承运人本国（第一国始发地）—中途经停第三国—目的地国（第二国）和承运人本国（第一国始发地）—目的地国（第二国）—远点地第三国。西安咸阳国际机场既可以作为中途经停地，也可以作为远点地，更可以作为始发地。第五航权必须有多个双边协定支撑，必须在相关各国协商同意航权的基础上发挥作用。主要在于选定适合利用西安第五航权的目标国家、航线及航空公司，开通具有特色的第五航权线路。

第五航权将西安与世界更快更便捷地连为一体。一是结合本地优势产业开通国际货运航线。大力拓展“西安—中亚—欧洲”“东北亚—西安—东南亚”“欧洲—西安—东南亚”“丝路经济带国家—西安—海上丝绸之路国家”等主航线。二是开发航线由以货为主转向客货并重。基于西安旅游文化资源富集及在世界知名度较高，可以更倾向于客货并重的航线开发，集聚全球范围内人、财、物高级要素。

产业是枢纽经济发展的根基。要不断培育枢纽产业，如发展航空维修、航空物流等产业；培育和壮大本地航空高技术制造业；办好国际航空博览会；推动腹地高端制造业发展，刺激航运需求。加强国内龙头电商企业在西安的仓储基地建设，使西安成为国内各大电商利用第五航权航线、建立进出相关国家的电子商务物流结点城市。

● 西安优化营商环境

根据国务院《优化营商环境条例》定义，营商环境是指企业等市场主体在市场经济活动中所涉及的体制机制性因素和条件。在世界银行发布的《2020年营商环境报告》中，我国在全球190个国家中排名第31位，超越法国、瑞士等发达国家，连续两年入列全球优化营商环境改善幅度最大的十大经济体。2019年10月，国务院颁布了《优化营商环境条例》。之后，陕西省根据国家条例对2018年颁发的《陕西省优化营商环境条例》进行了修订，新修订的《陕西省优化营商环境条例》于2021年1月1日起施行。

近年来，西安市坚持深化“放管服”改革、优化营商环境、“互联网＋政务服务”三位一体协同推进，2018 年、2019 年连续开展“营商环境提升年”活动，2020 年、2021 年连续两年将优化营商环境工作纳入全市“十项重点工作”，聚力打造全国一流营商环境。

2018 年，成立市加强和改善营商环境工作领导小组，出台《西安市加强和改善营商环境“1+21+5+1”系列文件》，从机制构建、体系建立、指标优化、问责问效等方面为优化营商环境打下坚实基础。

2019 年，以《西安市推进“互联网＋政务服务”深度融合打造一流营商环境的实施意见》为总纲，着力优化政务服务、产业发展、投资贸易、创新创业、诚信法治、人居人文等六大环境。

2020 年，出台《西安市优化营商环境推进重大项目建设三年行动方案（2020—2022 年）》，对未来三年优化营商环境工作进行了系统部署，进一步健全完善了优化营商环境工作制度体系。

2021 年，出台《西安市优化营商环境工作“1+18+N”系列攻坚提升方案》，聚焦补齐营商环境建设中的制度空缺、短板不足，破解企业群众“急难愁盼”问题，对全市优化营商环境工作进行系统周密部署。

2022年，西安市以重点改革带动营商环境建设水平系统提升，探索开展“交房（地）即交证”“一证（照）通办”“惠企政策直达快享”等一系列创新性强、紧贴企业群众期盼的重点改革。全市有27项典型经验案例在全国复制推广。

西安市营商环境建设主要成效体现在以下几个方面：

① 在2019年度国家营商环境评价中（评价结果于2020年4月公布），西安市在41个参评城市中排名第15位，获评“中国营商环境评价标杆城市”；建设“15分钟政务服务圈”、建设网上中介服务平台、打造企业生命全周期“店小二”服务体系等3项改革举措，被认定为可供其他城市学习借鉴或在全国复制推广的经验做法及改革亮点。

② 在2020年度国家营商环境评价中（评价结果于2021年8月公布），西安市在80个参评城市中排名第13位，再次获评“中国营商环境评价标杆城市”，并被认定为全国营商环境改善幅度最大的城市之一，18项指标中有10项指标获评全国标杆，8项指标被认定为进步较快指标，6项指标相关改革案例在全国推广。

③ 在2021年3月国务院公布的《优化营商环境条例》实施情况第三方评估发现的15项创新举措中，西安市建设“15分钟政务服务圈”改革经验入选，被国务院向全国推广。

④ 西安市在全省率先探索开展了“交房即交证”“市政通”“标准地+承诺制”“一件事一次办”等系列改革，取得了良好成效。在省营商办向全省推广复制的典型改革经验中，西安市占到三分之二以上，相关工作始终走在全省前列。

⑤ 国家发改委反馈评价结果显示，西安市“营商环境便利度高、市场主体获得感强”。国家统计局西安调查队调研显示，西安营商环境持续改善，民营企业对营商环境满意度较高，近九成企业肯定改善成效。

六、加强文化建设，打造丝路文化高地

大力发展西安特色、西安风格、西安气魄的城市文化，让西安成为世界读懂中华文化的窗口，让文化成为西安走向世界的桥梁。

刷新城市文明高度。大力弘扬延安精神，积极传承“西迁精神”，擦亮全国文明城市“金字招牌”。

守护城市文化瑰宝。坚持文物保护优先，依法依规守住文物保护的底线和红线，守护好中华文明精神标识和文化遗存，让收藏在博物馆里的文物、陈列在广阔大地上的遗产、书写在古籍里的文字都活起来。

加强公共文化产品和服务供给。加快图书馆、文化馆、群艺馆、“非遗”博物馆、美术馆、长安书院、全民健身中心和工人文化宫等文体设施建设，打造一批省市级文化标志平台。以建设“音乐之城”“书香之城”“博物馆之城”“文教之城”为目标，促进文博“非遗”、传统老字号等优秀文化资源与创意设计、旅游、影视、音乐等产业深度融合。举办丝绸之路国际电影节、国际艺术节、国际音乐节等国际性现代文化活动。

彰显世界历史文化名城魅力。打造根脉文化、历史文化、丝路文化、红色文化博物馆群，建设“博物馆之城”。深化国际人文交流，用好“东亚文化之都”、东盟中日韩“10+3”文化城市网络平台，办好丝博会、欧亚经济论坛和丝路国际电影节等国际会议和展会。

• 长安画派①

“长安画派”是由石鲁、赵望云、何海霞、李梓盛、康师尧、方济众为代表的美术团体。他们的绘画题材以山水、人物为主，兼及花鸟。作品多描绘西北，特别是陕西地区的自然风光和风土人情，其中尤钟情于关中及陕北黄土高原的山山水水。在创作手法上，他们致力于中国画的继承与创新，提出“一手伸向传统，一手伸向生活”的艺术主张。

长安画派于20世纪50年代末到60年代上半叶活跃在陕西省西安市，因西安旧称“长安”而得名。长安画派致力于中国画的继承与创新，西安地区厚重的文化底蕴为他们表现浑朴苍茫的西部风光和人文景象提供了丰富的营养。20世纪60年代，由石鲁、赵望云先生推动，代表着西安美术团体的众多画家在北京等地组织了一次巡回展，他们以表现西北及关中民风、黄土高原古朴倔强为特征的作品，在当时的中国画坛产生了极大反响。长安画派以经典的传统笔墨对话当代前沿艺术，在传统中寻找当代艺术的支点，至今还影响着中国画坛。

长安画派最具代表性的画家有：

石鲁（1919—1982），1919年12月13日生于四川省仁寿县，原名冯亚衍，现代中国画家，山水、人物、花鸟画家，长安画派主要创始人。1936年毕业，1938年投身抗日救亡运动，1939年入陕，进入青训班学习，1940年投奔延安，入陕北工学院。后以画笔为宣传工具献身革命，因慕石涛和鲁迅，易名石鲁。曾任西北美协副主席，西北画报社社长，中国美术家协会第一届理事和第二届、第三届常任理事，中国美协陕西分会主席。一生创作了大量作品，被誉为“东方梵高”，对新中国绘画语言

① 本文由西安市书画艺术研究院罗良碧撰稿。

的变革具有里程碑式的意义。

赵望云（1906—1977），1906 年生于河北省来鹿县（今辛集市），19 岁结束皮货店学徒生涯，先后在京华美专和国立北京艺专学画，在“五四”新文化运动影响下尝试用表现现实和劳动人民的生活创作。抗战时期，他以笔为枪，撰文作画，在武汉、重庆等地创办《抗战画刊》，1941 年结识张大千，临案观摩学习他的作画过程和方法，并欣赏了大量张大千收藏的古代名作。中华人民共和国成立后，赵望云担任西北文化部文物处处长，接管敦煌文物所，勘察炳灵寺、麦积山石窟，筹建西北历史博物馆（今陕西历史博物馆）和半坡博物馆。1953 年担任中国美协西安分会主席，创建西安国画研究会；1955 年任陕西省文化局副局长；1961 年，他与石鲁、何海霞、李梓盛、康师尧、方济众六人在中国美术馆举办国画展，引起强烈反响，被誉为“长安画派”。赵望云作为长安画派创始人和奠基人之一，开创了中国画的新格局和一个时代的新画风。

何海霞（1908—1998），1908 年生于北京，其父母酷爱文化，对少年时代的何海霞影响颇深。何海霞幼时就喜爱书画，青年时期就参加中国画学研究会，1924 年先拜韩公典为师，1934 年又拜在一代国画大师张大千门下，随其游历山东、四川等地。在随张大千习画期间，饱览了中国古代名画并大量临摹了宋、元、明、清时期的绘画真迹。1936 年与张大千、齐白石举办作品联展，1951 年由重庆迁居西安，20 世纪 50 年代末至 60 年代，与石鲁、赵望云等一起切磋山水画创新，是长安画派的重要画家。1961 年应中央美院之邀，在该院授课两年，培养了一批中国画人才。当时，何海霞与石鲁、赵望云并称“长安三杰”，20 世纪 80 年代调任北京，在中国国家画院任专职画家，创作了大量优秀作品。

在中国书画发展的历史长河中，近现代中国画坛主要有五大画派，即海上画派、京津画派、岭南画派、长安画派、金陵画派。长安画派以苍劲浑厚、用笔粗犷、富有诗意、形式新颖而别开生面。同时也造就了一批生活在西北、誉满国内外的优秀画家，如黄胄、刘文西、王子武、李世南、罗国士、苗重安、崔振宽、张义潜、赵振川、王西京等，他们都为中国美术及华夏文化的发展作出了杰出的贡献，并为下一代的文化传承者指明了一条艺术道路——长安文化底蕴更加深厚，长安画派精神薪火相传。

• 西安国家版本馆

中国国家版本馆是国家版本资源总库和中华文化种子基因库，是“十四五”规划的精品传世工程，是集展览馆、图书馆、档案馆、博物馆等多种功能于一体的综合性场馆，承担着中国重要文献异地备份储藏、数字资源灾备存储、全面保护传承中华民族文化遗产的战略责任。建设国家版本馆，是国家从文化安全和文化复兴的战略考量出发作出的重大部署。

按照“赓续中华文脉、坚定文化自信、展示大国形象、推动文明对话”的定位，国家同步规划建设了北京(文瀚阁)一个中央总馆和陕西西安(文济阁)、浙江杭州（文润阁）和广东广州（文沁阁）三个分馆。“一总三分”四馆于2019年同步规划实施，2022年7月23日同步举行落成典礼，同年7月30日同步举行开馆暨展览开幕式。根据“依山而建、山水交融”的选址要求，中国国家版本馆总分馆分别选址北京燕山、西安秦岭圭峰山、杭州良渚、广州凤凰山，力求山水交融、馆园结合，藏之名山、传之后世，确保中华版本免遭各类灾害损毁，永久安全保藏。

中国国家版本馆

中国国家版本馆中央总馆坐落于北京中轴线北燕山脚下，建筑面积 9.95 万平方米，保藏区（含洞藏）面积 5.2 万平方米。该馆由中国工程院院士、清华大学建筑设计研究院院长庄惟敏领衔设计，整体建筑风格充分体现中华文化特征和新时代特点，展现大国风貌，传承中华文脉。

中国国家版本馆中央总馆开馆展览体系以中国历史发展与中华文明演进为主线，打造“1+2+3”格局，包含 1 个主题展览、2 个基本陈列、3 个专题展览；同时设置国家书房和文瀚厅 2 个精品陈列，北区地下一层和洞库 5 个特色库展，构建融合图书馆、博物馆、美术馆、档案馆等多种场馆功能形态于一体的国家版本馆特色展陈体系。

西安国家版本馆

西安国家版本馆（中国国家版本馆西安分馆）位于西安市鄠邑区乌东村（该辖区 2018 年被西安高新区托管），南倚秦岭北麓名山圭峰，北望渭河，总占地面积约 20 万平方米，总建筑面积约

8.3万平方米。整个馆区是由中国工程院首批院士、中国建筑西北设计研究院总建筑师张锦秋领衔设计，共18个单体，主体为高台建筑，呈现出大气磅礴的汉唐风格。

作为中国国家版本馆“一总三分”的分馆之一，落成后的西安国家版本馆将结合西部文化特色，精心打造《赓续文脉　踔厉前行——中华文化经典版本展（西部篇）》和《楮墨遗珍　万里同风——丝绸之路版本展》两个展览，充分展示丝绸之路文明，讲好以西部为主的中华经典版本故事。

杭州国家版本馆

杭州国家版本馆（中国国家版本馆杭州分馆）坐落于群山环绕的良渚古城遗址东侧，建筑设计围绕“宋代园林神韵的当代藏书建筑”展开，总用地规模154.7亩，总建筑面积10.31万平方米，包括主书房、南书房、文润阁、山体库房、附属用房等共计13个单体。该馆主创设计者为中国美术学院教授、普利兹克建筑奖得主王澍。

作为中央总馆异地灾备库、江南特色版本库，以及华东地区版本资源集聚中心，杭州国家版本馆于2022年7月30日开馆，当天展览同步启幕。展览以“版本”为核心，强化“版本”主题，挖掘“版本”内涵，彰显“版本”特色，充分体现“中国风格”，展现“江南韵味”。

广州国家版本馆（中国国家版本馆广州分馆）位于广州市从化区凤凰山麓、流溪河畔，总用地规模为24.69万平方米，总建筑面积9.43万

广州国家版本馆

平方米，由中国工程院院士何镜堂领衔设计，建筑以“中华典藏、岭南山水、时代新韵、文明灯塔”为总体设计理念，融合中华制式与岭南特色，形成礼乐相成的山水建筑格局，打造南粤大地的中华文化殿堂。

该馆版本资源建设立足广东、辐射周边、放眼全球，着力构建反映改革开放以来尤其是中共十八大以来建设发展成就版本，以及岭南文化版本、港澳台版本、海外中华版本、外文精品版本、工业设计版本等特色版本的资源体系，已入藏版本数量约256万册。目前该馆着眼“中国高度、世界广度、技术锐度”，从版本承载文化传承、支撑文化自信的重要意义出发，设置四个常设展览和三个专题展，联袂打造世界级中华版本文化展示窗口。

七、推动生态环境质量持续好转，建设生态西安

坚决当好秦岭生态卫士。严守生态保护红线。积极参与秦岭国家公园、大熊猫国家公园陕西秦岭区域建设。

铁腕推进大气污染防治攻坚。探索“引热入西”，把西安市周边华能铜川照金电厂、锦阳电厂、华电杨凌电厂等电厂余热资源引入西安，同时建设热力环网，实现全市热力“一张网”，满足西安供热需求。

深入实施全域治水碧水兴城。坚持以水定城、以水定地、以水定人、

以水定产。完成“85316”主要河湖水系保护治理。“8”指渭河、泾河、灞河、浐河、潏河、滈河、沣河、涝河等骨干河流；“5”指黑河、新河、皂河、清河、石川河等重要河流；“3”指斗门水库（昆明池）、渼陂湖、白鹿原水库（鲸鱼沟水库）等3大湖库；“1”指护城河；“6”指污水处理、水系连通、供水保障、水源涵养、应急水源、智慧水网等6项治理工程。巩固“三河一山”绿道建设工程成果，以渭河、沣河、灞河和环山公路为重点，串联灞、渭、沣、浐、潏河湿地和秦岭北麓、白鹿原等，构建“三河一山”绿道网络，打造一条呈现多彩自然的生态廊道、体验古都山水文化的遗产廊道。

• 西安全域治水

水是生命之源、生产之要、生态之基。

2019年9月18日，习近平总书记在河南郑州主持召开的黄河流域生态保护和高质量发展座谈会上发表重要讲话。习近平总书记强调：“要坚持以水定城、以水定地、以水定人、以水定产，把水资源作为最大的刚性约束，合理规划人口、城市和产业发展。”西安位于黄河中游，全市98%的河湖水系都在黄河流域。渭河曾是黄河的古河道，随着地质演变和河道变迁，如今渭河成为黄河的最大支流，其中有157千米在西安境内（含西咸新区）。西安要加快建设现代化经济体系，保障这座有着1 200多万人口的特大城市的运转，最基础、最重要、最紧迫的任务就是提升西安的水资源承载能力。

1. 西安水资源环境的基础条件得天独厚

一是西安因水而生、因水而兴。100万年前，蓝田古人类就在灞河沿岸逐水而居。秦国以举国之力修建了郑国渠，灌溉农田上百万亩。西汉文学家司马相如在《上林赋》中写道“荡荡乎八川出流，相背而异态”，描写了汉代上林苑的巨丽之美，之后就有了“八水绕长安”的说法。但是，随着唐长安城规模的不断扩大、人口的持续增加，水资源被过度消耗和浪费，城区地下水严重污染，井水又苦又咸。到了北宋年间，长安城的水几乎就无法入口了，失去了水资源支撑的长安城也逐渐失去了辉煌。

二是西安水网密布、水系发达，源头水质好。西安南依秦岭、北临渭河，境内河流多，全市有名称的河流116条，河道总长2 600千米，其中流域面积10平方千米以上的较大河流有48条。秦岭72峪中，西安共有48峪，黑河金盆水库、石砭峪水库、李家河水库达到了地表二类水质，被称为可以直接饮用的矿泉水。

三是西安地理位置重要、生态功能突出。国家明确提出要在西部规划建设一批重点水源、江河湖泊和中小河流治理工程，在黄河流域打造一批综合治水示范样板县，并在土地、财税、转移支付、政府债券等方面给予支持。但是西安在水安全、水资源、水环境等方面仍然存在一些突出的问题和短板。2019 年，现实情况是：水资源总量不足，城市供水矛盾十分突出。西安是全国 40 个严重缺水城市之一，年平均降雨量 740 毫米左右，水资源总量 23.47 亿立方米，人均水资源占有量为 270 立方米，仅为全国平均水平的 1/10、全省的 1/4。目前西安日均供水量为 170 万吨以上，日最大供水量达到 190 万吨以上，全市城区供水能力已接近极限。预测 2025 年、2030 年城区人口分别达到 1 400 万人、1 620 万人，对应的日需水量分别为 350 万吨、450 万吨以上，供需矛盾突出，缺口很大。此外，水安全基础薄弱，城乡防洪存在隐患。水环境比较脆弱，部分河流存在污染。

2. 西安系统推进全域治水势在必行

一要统筹山水林田湖草沙治理水。人的命脉在田，田的命脉在水，水的命脉在山，山的命脉在土，土的命脉在林和草。

二要坚持“治、用、保、引、管”的总体思路。“治”，就是“控源截污治水”。坚持治标与治本相结合，控源与截污提升水处理能力两手发力，持续推进流域水环境改善。“用”，就是“集约节约用水”。主要是涵养地表水，限采地下水，用足再生水，提高水的综合利用效率。“保”，就是“一河一策保水”。按照“重在保护，要在治理”的要求，因河施策、因地制宜开展堤防治理、护堤林建设、生态修复工程等河湖水系治理保护工程。“引”，就是“河湖连通引水”。按照能连尽连、能通尽通的原则实施河湖水库连通工程，形成“长藤结瓜”，实现水资源平衡利用。“管”，就是“河湖长制管水”。以河长制、湖长制为抓手，建立科学管水、依法管水、制度管水的良性体制和运行机制。

八、深入实施乡村振兴战略，推动城乡融合发展

全面推进乡村振兴，走出一条西安特色的城乡融合发展新路。

推动城乡空间融合发展。加快发展县域经济，培育特色鲜明的县域经济板块，建设都市优质农产品保供区、生活空间外延拓展区和生态支撑区。加强国家历史文化名村、特色景观名村、传统村落的保护和建设。

推动城乡产业融合发展。推动杨凌农业科技资源在西安转化利用。加快一二三产业融合示范园建设，发展农产品产地初加工、精深加工，加强农产品冷链物流体系建设，建设一批农业现代化园区和农业产业

强镇。

实现巩固拓展脱贫攻坚成果同乡村振兴有效衔接，确保不发生规模性返贫。健全防止返贫监测和常态化帮扶机制，保持财政投入力度总体稳定，接续推进脱贫县、村发展。

● 西安城乡一体化发展模式

《西部地区统筹城乡经济社会一体化研究》提出，西安城乡一体化发展过程中存在四种模式：

一是开发区带动模式。确定各开发区功能定位、产业定位，特别是在交通、旅游、科技等优势明显的地区设立区域功能中心，带动周边居民的就业转移，最终推动地区城乡一体化发展。

二是文化产业推动模式。依托西安众多的文化古迹以及非物质文化遗产，以保护文化遗址为前提，开发历史文化旅游景区、文化主题公园、博物馆，带动文化旅游产业不断壮大。这一模式适用于历史遗迹较多、文化资源丰富的地区。

三是现代农业驱动模式。通过建立现代农业园区，将城乡联系起来。而现代农业园区的选址就显得尤为重要，只有在城乡接合部设立，才能起到双向沟通城乡的作用。现代农业驱动模式适合在大都市周围、农田集中区进行推广。

四是绿色生态区发展模式。主要解决城市发展中人与自然和谐相处的问题。

● 西安产业空间布局

坚持以产业生态圈深化经济组织方式创新，按照“协同错位、因地制宜、集约高效、产城融合”的原则，统筹衔接国土空间规划，识别整合城市新区产业空间，引导各类资源要素打破地域约束及行政壁垒，对地域相邻、产业相近的产业空间进行整合；统筹考虑产业空间布局与城市功能匹配的关系，形成“布局集中、主业突出、产业集聚、土地集约”的发展态势，在空间上逐步形成“一核三带一通道多板块”的产业空间布局。

“一核”，指位于城市空间中心的文旅商贸核心。主要包括新城区、碑林区、莲湖区、雁塔区、未央区、高新区部分、曲江新区部分、浐灞生态区部分，形成以文化旅游、商贸服务为主的城市文旅商贸核心区，优化城市中心区现代服务功能，提升城市品质。

“三带”，指高新技术产业带、先进制造产业带和文化旅游产业带。

——高新技术产业带以高新区为引领，主要包含高新区、航天基地、西咸新区（沣东新城、沣西新城）。重点发展电子信息、食品和生物医药、航天产业、新能源新材料产业，配套发展5大新兴产业及相关生产性服务业。

——先进制造产业带以经开区为引领，主要包含经开区、西咸新区（秦汉新城、泾河新城）、高陵区、阎良区、航空基地、富阎产业合作园区。重点发展汽车、高端装备、航空产业、新能源新材料产业，配套发展5大新兴产业及相关生产性服务业。

——文化旅游产业带以曲江新区为引领，主要包含曲江新区、临潼区、周至县、鄠邑区、长安区、灞桥区、浐灞生态区、国际港务区、蓝田县等区域。主要发展文化旅游、会议会展、现代金融等产业。

“一通道”，指从空港新城连接高铁新城到国际港务区的国际物流大通道。主要发展现代物流、临港经济、临空经济。

“多板块”，指立足资源禀赋和现实需求，形成分布于“一核三带一通道”区域及外围的多个产业集群区。推动产业差异化、特色化发展，形成“定位明确、产业明晰、优势互补、错位发展”的格局。

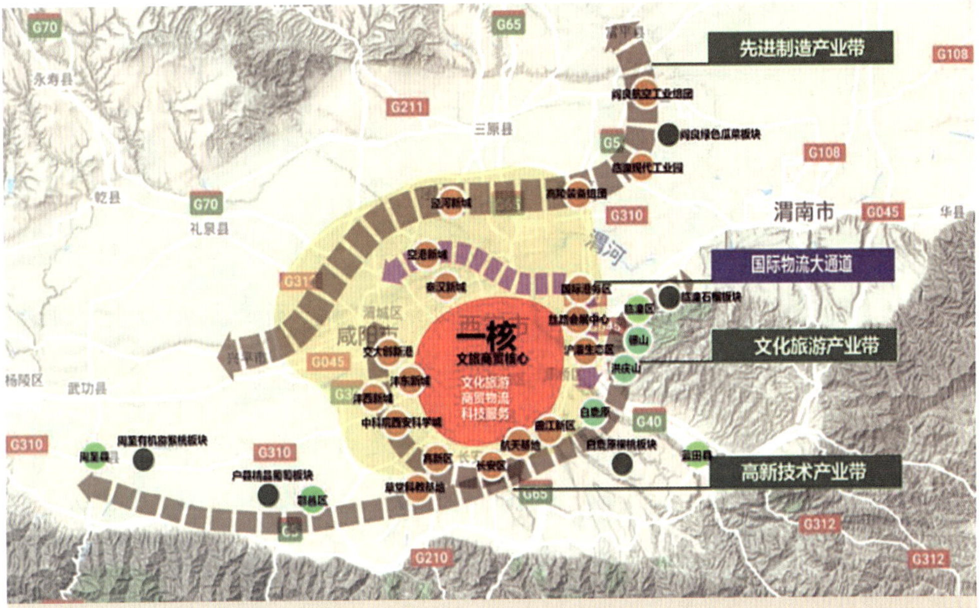

西安“一核三带一通道多板块”产业布局示意图

九、扎实保障和改善民生，建设宜居幸福城市

1. 提高就业质量和城乡居民收入

制订实施居民收入增长倍增计划，多渠道增加居民工资性、财产性和经营性收入，增加劳动者特别是一线劳动者的劳动报酬，提高低收入群体收入，扩大中等收入群体，使居民收入水平与经济发展保持同步。

2. 加快建设教育强市

深入实施基础教育提升行动计划，推进基础教育优质均衡发展和城乡义务教育一体化发展。实施义务教育“新优质学校成长计划”，提高薄弱学校和乡村学校办学质量。加快学前教育公益普惠发展，到2025年，优质学前教育资源覆盖率达到70%，普惠性幼儿园覆盖率达到90%以上，公办幼儿园占比及公办幼儿园在园幼儿占比在50%以上。

● 西安教育事业

西安教育在全市各项工作中处于基础性、先导性、全局性的地位，教育兴则西安兴，教育强则西安强。为此，西安确立了“办好人民满意教育、建设教育强市”的目标。主要有以下几个方面的优势和基础：一是有深厚的历史底蕴和优良传统。西安是古丝绸之路起点，也是中国教育的重要发源地。中国历史上最早的教育场所“半坡遗址的中心大房子”、最早的教育制度“西周官学”、第一所国立大学“西周学宫”、自汉代长安城兴起的私学“学馆”，以及中国早期的国子监、完善的科举制度等，都是在西安问世。二是有丰富的科技教育资源。三是有较高的基础教育办学水平。优质教育资源总量和基础教育质量在西北地区处于绝对领先地位。四是有一支优秀的师资队伍。这支队伍学历高、结构优、素质好。

1. 西安市各类学校基本情况

截至2020年，全市共有基础教育和职业高中学校3 702所，在校（园、班）学生176.71万人，教职工16.31万人，专任教师11.83万人。

（1）各类学校数。校数合计3 702所，其中：幼儿园1 966所；小学

1 172 所，教学点 232 个；普通中学 495 所（初中 324 所，高中 171 所）；特殊教育学校 11 所；工读学校 1 所；职业高中 57 所。

（2）各类学校在校生数。在校生数合计约 176.71 万人，其中：幼儿园在园幼儿 396 445 人；小学在校生 852 031 人；初中在校学生 302 058 人；高中在校学生 154 730 人；特殊教育在校学生 3 333 人；工读学校在校学生 16 人；职业高中在校学生 58 444 人。

（3）各类学校教职工数。教职工数合计约 16.31 万人，其中：幼儿园教职工 59 605 人；小学教职工 48 838 人；普通中学教职工 49 388 人；特殊教育教职工 438 人；工读学校教职工 43 人；职业高中教职工 4 790 人。

（4）各类学校专任教师数。专任教师数合计约11.83万人，其中：幼儿园专任教师29 948人；小学专任教师47 924人；初中专任教师23 767人；高中专任教师12 865人；特殊教育专任教师333人；工读学校专任教师33人；职业高中专任教师3 421人。

2.“十四五”期间重点任务

（1）学前教育。基本建成覆盖城乡、布局合理、安全优质的学前教育公共服务体系。到 2025 年，普惠性幼儿园覆盖率达到 90% 以上，公办园及公办园在园幼儿占比保持在 50% 以上。7 个区县、开发区通过教育部县域学前教育普及普惠督导评估。新创建等级幼儿园 100 所，优质学前教育资源覆盖率达到 70% 以上。

（2）义务教育。一是坚持免试就近入学。严格遵守义务教育适龄儿童少年免试入学规定，严禁以各类考试、竞赛、培训成绩或证书、证明等作为招生依据，不得以面试、面谈、评测等名义选拔学生。公办学校按照学区划分就近入学，义务教育学校不得组织特长生招生。二是优抚对象子女入学。对烈士子女、符合条件的现役军人子女、综合性消防救援队伍人员子女、公安英模和因公牺牲伤残警察子女、引进高层次人才子女及其他各类优抚对象，落实义务教育优待政策。三是进城务工人员随迁子女入学。按照“以流入地政府为主，以公办学校为主”的原则，实施以居住证为主要依据的“四证审核”制度，各区县、开发区教育局按有关要求统筹安排入学，确保符合条件的应入尽入。

实施“新优质学校成长计划”。西安从2020年开始全市启动实施“新优质学校成长计划”。到2023年，在全市培育600所教育理念科学、学校管理规范、办学特色鲜明、注重内涵发展、办学成效明显、社会声誉良好的“新优质学校”，成为群众“家门口的好学校”。

（3）普通高中教育。构建德智体美劳全面培养体系，实施普通高中基础设施提升工程，开展全市中小学新课程改革课堂教学创新大赛，有序推进选课走班，加强学生生涯规划指导，推动普通高中教育高质量、多样化、有特色发展。到2025年，创建市级普通高中特色学校60所。建设好3所普通高中新课程新教材实施国家级示范校、28所市级示范校和13个市级示范区。创建一批省级示范高中，新建学校全部创建为省级标准化高中。

（4）职业教育。支持中高职衔接，开展“3+2”联合办学，提高中职学校学生升入高职、本科比例。开展校企合作协同育人，推行现代学徒制、“1+X”证书制度试点。建立产教融合机制，推动职业教育与产业发展有机衔接、深度融合，创建一批产教融合实习实训基地，规划建设与现代产业对接的区域性产教园区。加大应用型、复合型、技术技能型人才培养比重。支持职业院校（含技工学校）大力开展面向企业职工、农村转移劳动力、贫困劳动力和贫困家庭子女的职业技能培训，助力乡村振兴。

（5）高等教育。紧抓国家振兴中西部地区高等教育发展机遇，鼓励和支持驻市高校参与国家“双一流”和陕西省“四个一流”建设。支持市属高校与驻市高校结对共建，在人才培养、学科建设、教学科研、文化传承创新、对外交流等方面加强合作。深化校企合作，促进市属高校与企业合作共建产教融合实训基地。

（6）特殊教育、民族教育。到 2025 年，新城区、碑林区、莲湖区、曲江新区各建设 1 所特殊教育学校，全市残疾儿童少年义务教育阶段入学率达到 98% 以上。深入开展爱国主义教育和民族团结教育，把爱我中华、铸牢中华民族共同体意识根植学生心灵深处。促进各民族学生间广泛交往，全面交流，深度交融，共同成长。

（7）终身教育。建立完善终身学习体系，积极打造“15 分钟社区教育圈”。2021 年底前，建设完成社区大学 1 所、社区教育学院 22 所，实现全市各区县、开发区社区教育学院 100% 全覆盖，区县、开发区街道社区教育学校达到 83 所，新建各类社区教学点 1 500 个、社区教学示范点 500 个。开展多层次、多领域的社区教育、老年教育活动。

3. 加快建设健康西安

加大高质量医疗服务供给，建设高标准区域卫生健康中心。完成市儿童医院经开院区等一批项目建设。加快建设国家区域医疗中心，加强精神卫生和心理健康工作。发挥中医药特色优势。

● 长安医学①

长安医学是陕西省中医药的文化品牌，是中医药的根脉和重要组成部分。长安医学对中医药学的发展壮大和国际交流作出了重要的贡献。

（一）长安医学的含义

长安医学是指发源和兴盛于陕西地区的中医药学术流派，是历代著名医家及其传承者们杰出医疗实践活动的经验积累和理论总结。其显著特征就是此医药学术体系起源兴盛于古长安地区，受到厚重历史和传统文化熏陶，具有突出的地域和文化特色。它是一个完整、系统的医药学术体系，其中包括基础理论、临床医学、针灸推拿、养生保健、中草药学，等等。

长安医学基础理论奠基于《黄帝内经》，该书是身在陕西的黄帝和西岐医家岐伯讨论医学的对话实录，对人体的生理、心理、病理及疾病的诊断、治疗、预防和养生保健都有详细的论述。具体理论有阴阳五行、脏腑经络腧穴、精气血津液神、病因病机、诊法、辨证治法、养生学、运气说，等等。后世长安医家杨上善、王冰、王履等对《黄帝内经》进行了深入的研究整理编次和注释阐发，使长安医学的基础理论更加明确和系统。隋代长安医家巢元方著《诸病源候论》，对各种疾病的症状证候做了细致的描述，而且通过实践探索了许多疾病的病因病机。唐代末年长安医家杜光庭对脉学颇有研究，著《玉函经》等书，重点论述了脉象的生理病理、各脉主病及脉证关系，从脉诊上对基础理论进行了补充，从而使长安医学的基础理论更加充实完善。

长安医学的临床医学由唐代著名医家孙思邈、王焘创立。孙思邈先后撰成《千金要方》与《千金翼方》（合称《千金方》），按妇产、小儿、

① 周永学：《长安医学的含义》，《陕西中医》2022年第6期。

五官、口腔、传染病、杂病、外科、急救、食治、养生、诊断、方剂、针灸等分类，重视按各科疾病逐一叙述理论认识和各家对本病治疗经验等。王焘编撰的《外台秘要》所论述的疾病，有内科、外科、骨科、妇产科、小儿科、精神病科、皮肤科、眼科、耳鼻喉科、齿科、兽医科以及中毒、螫咬伤、急救等。这两部巨著是我国早期的临床医学百科全书，也是长安医学临床学的奠基之作。唐代医僧蔺道人在总结前人的基础上，撰写了我国第一部骨伤科专著《仙授理伤续断秘方》，奠定了骨伤科辨证立法、处方用药的基础，成为开创骨伤科的专著。明代陕西临潼武之望所著《济阴纲目》《济阳纲目》《疹科类编》对妇科、外科、五官科、儿科疾病都有深入论述。明末清初陕西三原人陈尧道所著《伤寒辨证》一书，是研究《伤寒论》二十年之经验总结，是一部以类证形式研究伤寒、温病的代表作。各位名家的著述使长安医学临床医学自成体系。

针灸在我国起源很早，原始社会的先民在劳动中就发现了砭石刺扎人体可以治病。秦越人扁鹊就擅长针砭医术。《灵枢·经脉篇》规范了十二经脉的名称和循行路线，论述了各经脉常见病证的诊断与治疗。东汉西岐医家皇甫谧《针灸甲乙经》对针灸穴位进行了科学的归类整理，介绍了内科、外科、妇科、儿科、五官科等上百种病症及针灸治疗经验，奠定了针灸学科理论基础。唐代针灸医家甄权、甄立言兄弟俩在贞观年间，奉唐太宗诏令牵头修针灸明堂，绘制成《明堂人形图》一卷，这是继《针灸甲乙经》以后对腧穴学的又一次历史性总结。后世医家代代传承创新，使长安医学针灸学说更加系统完善，在防治疾病中发挥着重要的作用。

神农尝百草，编著《神农本草经》，其中收载了365种药物，包括矿物类、植物类、动物类等药物，开创了长安医学的药物学。该书提出了药物具有酸、苦、甘、辛、咸“五味”和寒、热、温、凉“四气”；提出单行、相须、相使、相畏、相恶、相反、相杀“七情”药物的配伍形式；提出了方剂组成君臣佐使的概念以及药物加工和服用的很多实用经验。时至今日，这些经验和理论仍然是临床用药的指导思想。唐朝颁布了第一部国家药典《新修本草》，促进了药物学的发展，在统一药名、确认实物形态等方面，对药物鉴定及规范化作出了积极的贡献。唐玄宗开元年间，三原县尉陈藏器，基于自身药物学方面的深厚功底，认为《新修本草》有较多的遗漏与不足，通过大量的考证研究，编撰了《本草拾遗》，增加了数百味药物，详细陈述药物的性味功效，首创“十剂”之说。所谓“十剂”，即宣、通、补、泄、轻、重、滑、涩、燥、湿，实际上是按照药物的功用对药物进行分类，对后世药物学理论的发展作出了重大的贡献。唐代医学家孟诜编著的《食疗本草》，被确定为世界上最早的营养学和食疗专著。在孟诜的食疗物品中，日常生活中的鸡、鸭、鱼、肉、水果、蔬菜无所不包，可谓品种齐全，琳琅满目。

长安医学的内涵囊括了传统医药学术体系的方方面面，从阴阳五行、脏腑经络、气血津液神、四诊辨证、病因病机、治法方药的基础理论到内、外、妇、儿、五官各个临床学科，从药物的四性五味、升降沉浮、七情配伍到针灸推拿各种手法和丰富多彩的外治法，从对疾病的预防治疗到无病状态下的养生保健都有涉及，为现代中医药学的丰富和强大奠定了坚实的基础。

长安医学是由长安医家创立并不断传承创新发展的，长安医学的载体是历代医家编著的著作。长安医家包括两个方面：一是指出生在陕西，一生的医事活动主要在陕西的医家，如岐伯、孙思邈、王焘、武之望、陈尧道等；二是指出生地不在陕西，但其医事活动主要在陕西或者成名成家在陕西的医家，如扁鹊、甄权、甄立言、陈藏器、王安道等。长安医学的著作范围界定和长安医家息息相关，凡是长安医家所编著的著作都属于长安医学的范围。

（二）长安医学与中医药学的关系

秦汉隋唐时期的著名医家和著作大多都产生于长安地区。早期著名的中医先贤，如医缓、医和、扁鹊、岐伯、孙思邈，都在长安治病救人、著书立说，《黄帝内经》《神农本草经》《诸病源候论》《针灸甲乙经》《千金要方》《外台秘要》等鸿篇巨制都是产生于长安，中医学的基础理论和临床各科以及中药学都是在这里形成理论体系的。因此，可以说长安医学在古代基本代表着中国医学，中医药学是在长安医学的基础上发展壮大的，长安医学是现代中医药学的根脉。

长安医学在长安地区形成理论体系的同时，也传播到全国各地，与当地的医药学融合发展，共同构成了中国医药学。盛唐以后，随着国家的政治经济文化中心逐渐东移，中医药学的发展中心也随之东迁，在临床医学和理论创新方面都有了很大的发展。宋代组织整理出版《伤寒论》《金匮要略》《太平圣惠方》等著作，大力弘扬伤寒学说，推广应用历代名方。至金元时期，医药学出现了百家争鸣的局面，通过刘河间、张从正、朱丹溪、李东垣四大家的学术争鸣，中医药基础理论和临床治疗学得到了全面发展。明清时期，以吴又可、叶天士、吴鞠通、薛生白、王孟英为代表的温病学派，以及唐容川、王清任的血证血瘀理论和张锡纯的中西医汇通思想，都不同程度地推动了中医药学的创新发展。

中医药学是发源并发展于中华大地上的医药学，是中华民族几千年来与疾病作斗争所创造的生命科学。由于长安医学的命名带有鲜明的地域特点，所以相对而言，它的形成和传承发展主要限于长安地区（现在的陕西省范围内），而中医学不仅包括陕西在内的中国国境范围内的传统医学，而且已经广泛传播于世界各地。长安以外的其他省地，也形成了诸多富有地方特色的中医药学术流派，比如岭南医学、新安医学、浙派中医、海派中医、八桂医学等，极大地充实了中医药学的基础理论和临床诊治方法。与长安医学相比，中医药学的基础理论更加系统完善，临床各科更加丰富全面，理法方药更加百花争艳。长安医学作为地方医学流派，既得到了传承发展，也融入到中医药学的体系之中。

（三）长安医学形成的主要因素

一是悠久的历史文化。远古时代，关中就是人类文明的发源地。这时的人们已经掌握了一些医药卫生知识。《黄帝内经》在其理论构建过程中，除了受到精气、阴阳、五行哲学思想十分深刻的影响之外，“诸子百家”的学术思想很自然地浸润并渗透于其中，用以解释相关的生命现象，解决相关的医学问题。

二是活跃的国际交流。西汉和隋唐几代的长安城是繁荣昌盛的国际都市，是我国与西方进行文化交流的集中地，在中外医药交流中曾起过重大作用。公元7世纪，日本曾派人来长安学医，并带走大量的医学著作。8世纪时，去日本进行文化交流和传授医学的鉴真和尚，也在长安受戒学习。当时长安城里不只有波斯人在寺院里行医，而且还有印度与西方各国来的僧人在这里行医。张骞出使西域，从国外和西部带回不少中原没有的具有突出疗效的药物，如胡桃、胡蒜、苜蓿、安石榴、胡麻、红花等。同时，外来药物随着各国使节、商人、教徒逐渐传入中国，中医的一些常用治疗方剂也传到西域。例如陈藏器在《本草拾遗》书中大量收录了外来药物，如荜茇、草豆蔻、天竺黄、玛瑙等，这些药物大多来自波斯国、日本、胡国（今阿拉伯）、安南国（今越南）及印度等地，反映了当时中外药物交流的历史。

三是独特的地理优势。关中盆地历来是帝王建都的地方，也是我国古代医药最发达的地方。关中盆地盛产许多著名的药物，如白水的黄芪，大荔的蒺藜、麻黄，彬县的地胆，自唐时起都列为贡品；长安的酸枣仁，麟游的柴胡等，自宋代起都列入贡品。自陶弘景的《名医别录》起，历代本草著作多有著录。秦岭最高峰太白山山顶积雪长年不消，盛产一些稀有的名贵药材，如太白参、太白贝母、太白米和太白花等。秦岭的另一高峰是著名的西岳华山，华山的茯苓为唐代中药名品。秦岭以南气候温暖，雨量充足，药物资源十分丰富，是我国重要的“药库”之一。陶弘景的《名医别录》中，认为乌梅、泽泻、防己以汉中山谷生者最好。

四是特有的人才聚集。由于长安是秦汉隋唐等王朝建都的地方，是我国当时的政治经济文化中心，也是医学人才汇集的中心。全国各地许多优秀医学人才长途跋涉，来到京城发展，有的甚至举家搬迁到此生活居住。例如秦越人扁鹊走南闯北，最后带着弟子们到此地悬壶济世，直至寿终正寝埋葬于临潼南陈村；隋唐名医甄权、甄立言兄弟也是移居长安研究医药针灸，受朝廷之命编撰《明堂人形图》，还撰写了《针经钞》《脉诀赋》《药性论》等著作；金元四大家的“补土派”代表人物李东垣也来到长安传播医学；元末明初医家王安道迁居长安，任秦王府良医所医正10余年，研究医学，著成《医经溯洄集》。

4. 健全多层次社会保障体系

强化基本医疗保险、大病保险与医疗救助三重保障功能，落实异地就医结算，完善灵活就业人员社保制度，逐步实现社会保障“一卡通”。探索支持利用集体建设用地，按照规划建设租赁住房，扩大保障性租赁住房供给。持续做好大学生服务西部计划、大型赛会等志愿者招募工作。

5. 建设儿童、老年友好型城市

提高优生优育服务水平，构建多元化、全覆盖的婴幼儿照护托育服务体系，鼓励生育三胎，降低生育、养育、教育成本。积极应对人口老龄化，构建居家社区机构相协调、医养康养相结合的养老服务体系，积极发展银发经济、健康产业，扩大适老产品和服务设施供给。解决好“一老一小”问题，让儿童快乐成长、老人颐养天年。

十、统筹发展和安全，加快建设更高水平的平安西安

提升风险防范化解能力。加强政治安全、意识形态安全、社会安全、粮食安全、能源安全、生态安全、网络安全等监管，统筹抓好金融风险、企业债务风险、政府债务风险防范化解。畅通和规范群众诉求表达渠道，健全社会矛盾纠纷多元化解机制。

保障人民生命安全。积极创建国家安全发展示范城市，培育和发展社会救援力量。加强道路交通、寄递物流、食品药品安全监管，提升全民安全素养和安全意识。

维护社会稳定安全。健全社会心理服务体系和危机干预机制，推进社会心理服务队伍和机构建设。深化“雪亮工程”应用。

加强法治西安建设。发展全过程民主，用足用好地方立法权。加强

“一带一路”国际商事法律服务示范区建设，加快推进西安国际仲裁中心建设，提升涉外法律服务能力。

打造市域社会治理“西安样板”。构建党组织领导的自治、法治、德治相结合的城乡基层治理体系，全面构建以信用为基础的新型监管机制和社会治理机制。发挥德治教化作用，健全诚信激励和失信约束机制，提高城乡居民道德修养和文明素质。打造网格化管理、精细化服务、信息化支撑、开放共享的社会治理综合服务管理平台。加强基层社会治理队伍建设，打造专业化社区工作者队伍。探索建立社区工作与物业管理融合发展机制，提高社区治理效能和物业服务水平。

●“十四五”开局之年——西安2021年发展亮点

2021年是西安发展进程中极为重要的一年，隆重庆祝党的百年华诞，聚力打造全运会西安经典时刻，经历了严峻复杂的疫情考验。地区生产总值达到10 688.28亿元、增长4.1%，实现了“十四五”良好开局。

（1）服务保障十四运会和残特奥会精彩圆满。十四运会被国家体育总局誉为“成绩最好、影响最大、社会关注度最高的一届全运会”，中国残联评价本届残特奥会“对残疾人格外关心、格外关注，选手创造佳绩、团结协作、硕果累累”。西安奥体中心成为城市新地标，一批现代一流的场馆设施向公众开放。

（2）先进制造业强市建设扎实推进。航空集群成为国家首批先进制造业集群竞赛优胜者。高新区和陕鼓集团、诺瓦星云入选国家先进制造业和现代服务业融合发展试点。

（3）科创活力加快释放。建设秦创原“一总两带”。稀有金属材料创新中心被评为国家级创新中心。超算（西安）中心纳入国家超算体系，碑林环大学创新产业带获批国家硬科技创新街区试点。西安在国家创新型城市创新能力评价中位居全国第七、西部第一。

（4）发展动能不断增强。获评中国营商环境评价标杆城市。启动实施区域性国资国企综合改革试验，首批50亿元综改基金签约落户。入选国家推动外贸稳定和创新发展成效明显激励支持名单。曲江新区获批国家文化出口基地。国际航空枢纽建设加快，入选“十四五”首批国家物流枢纽建设名单。“一带一路”国际商事法律服务示范区“两法庭三中心一基地”建成投运。欧亚经济论坛获评“2021年度中国最具影响力品牌展会”。圆满完成“中国+中亚五国”外长第二次会晤服务保障任务，世界城地组织亚太区旅游委员会落户西安。

（5）生态环境质量持续改善。全年优良天数265天，PM2.5同比改善19.6%，空气质量创近年来最好水平。高新区、经开区和灞桥区获批国家整县（区）屋顶分布式光伏开发试点。

（6）全面推进乡村振兴。西安获评全国粮食生产先进集体。“菜篮子”市长负责制考核在全国36个大中城市排名第六。全面消除集体经济“空壳村”。蓝田县获评全国电子商务进农村示范县。高陵区成为新一轮全国农村宅基地制度改革试点。西安荣获“四好农村路”全国首批市域示范创建突出单位。

（7）用情用力办好民生实事。新建、改扩建学校143所，新增学位13.04万个。13个重点医院、24个区县级医疗卫生机构和20个区县级疾控机构等项目建设顺利推进。大力发展保障性租赁住房，多渠道筹集房源2.2万套（间）。6处遗址入选国家“百年百大考古发现”。《红星耀陕甘》被列入全国庆祝建党100周年重大革命历史题材纪录片。

附表

西安市境内上市企业一览表

序号	简称	上市日期	板块	门类行业	主营产品类型	公司属性	总股本（亿股）	总市值（亿元）
1	天地源	1993-07-09	主板	房地产业	开发区园区、商业地产、住宅楼盘	地方国有企业	8.64	35.77
2	国际医学	1993-08-09	主板	卫生和社会工作	医院、专业咨询服务	民营企业	22.75	281.90
3	ST 大集	1994-01-10	主板	批发和零售业	百货商场、大型购物中心、建材家居超市	其他企业	191.64	450.35
4	陕国投 A	1994-01-10	主板	金融业	商业地产、住宅楼盘、资金信托	地方国有企业	39.64	130.02
5	广电网络	1994-02-24	主板	信息传输、软件和信息技术服务业	广告代理、影视制作发行、有线电视网	地方国有企业	7.11	40.71
6	航发动力	1996-04-08	主板	制造业	变电设备动力机械、发电机及附属设备、发动机设备	中央国有企业	26.66	1 215.24
7	曲江文旅	1996-05-16	主板	水利、环境和公共设施管理业	酒店、旅游景点	地方国有企业	2.55	25.89
8	西安旅游	1996-09-26	主板	水利、环境和公共设施管理业	度假村、酒店、旅游景点	地方国有企业	2.37	27.11

注：数据截至 2022 年 11 月 30 日

续表

序号	简称	上市日期	板块	门类行业	主营产品类型	公司属性	总股本（亿股）	总市值（亿元）
9	西安饮食	1997-04-30	主板	住宿和餐饮业	餐馆、酒店	地方国有企业	5.74	46.54
10	金花股份	1997-06-12	主板	制造业	动物类中药制剂、呼吸系统用制剂、抗生素类抗感染制剂	民营企业	3.73	32.81
11	中航西飞	1997-06-26	主板	制造业	飞机制造、航空零部件、铝合金及制品、装饰材料	中央国有企业	27.69	740.89
12	陕西金叶	1998-06-23	主板	制造业	开发区园区、人造纤维、商业印刷、学校、住宅楼盘	外资企业	7.69	44.43
13	陕西建工	2000-06-22	主板	建筑业	工业建筑、公路建设、民用建筑、油田服务	地方国有企业	36.89	170.80
14	标准股份	2000-12-13	主板	制造业	纺织机械	地方国有企业	3.46	20.45
15	航天动力	2003-04-08	主板	制造业	电气仪器仪表、风泵机械、轻型工程机械	中央国有企业	6.38	60.31
16	博通股份	2004-03-29	主板	教育	CRM 软件、EMRP 软件、ERP 软件、MRP-II 软件、PDM 软件	地方国有企业	0.62	13.26

续表

序号	简称	上市日期	板块	门类行业	主营产品类型	公司属性	总股本（亿股）	总市值（亿元）
17	建设机械	2004-07-07	主板	制造业	民用建筑、重型建筑工程机械、重型卡车与专用车	地方国有企业	12.57	71.53
18	西部材料	2007-08-10	主板	制造业	白银、铂、钢板类、国内贸易、黑色金属、黄金、金属丝网	地方国有企业	4.88	72.11
19	金钼股份	2008-04-17	主板	采矿业	催化剂及化学助剂、矿制品、无机化工原料、有机化工原料	地方国有企业	32.27	316.53
20	陕天然气	2008-08-13	主板	电力、热力、燃气及水生产和供应业	国内贸易、天然气管道运输	地方国有企业	11.12	87.08
21	中国西电	2010-01-28	主板	制造业	变电设备、工业建筑	中央国有企业	51.26	252.71
22	陕鼓动力	2010-04-28	主板	制造业	动力机械、发电机及附属设备	地方国有企业	17.28	208.89
23	达刚控股	2010-08-12	创业板	水利、环境和公共设施管理业	专用车	民营企业	3.18	21.28
24	保力新	2010-09-02	创业板	制造业	出租汽车、公共服务、专用设备与零部件	民营企业	44.26	78.78
25	中环装备	2010-11-12	创业板	制造业	ERP 软件、PDM 软件、变电设备、环保机械、环卫服务	中央国有企业	4.27	32.09

续表

序号	简称	上市日期	板块	门类行业	主营产品类型	公司属性	总股本（亿股）	总市值（亿元）
26	通源石油	2011-01-13	创业板	采矿业	钻井设备及配件	民营企业	5.44	24.06
27	隆基股份	2012-04-11	主板	制造业	半导体材料	民营企业	75.82	3 470.89
28	西部证券	2012-05-03	主板	金融业	经纪业务、投资银行业务、专业咨询服务、资产管理业务	地方国有企业	44.70	286.50
29	陕西煤业	2014-01-28	主板	采矿业	原煤	地方国有企业	96.95	1 955.48
30	天和防务	2014-09-10	创业板	制造业	国防产品、行业专用软件	民营企业	5.18	52.33
31	蓝晓科技	2015-07-02	创业板	制造业	其他化学品、专用设备与零部件	民营企业	3.35	242.28
32	环球印务	2016-06-08	主板	制造业	纸包装制品	地方国有企业	2.52	36.57
33	晨曦航空	2016-12-20	创业板	制造业	航空零部件、智能商用设备	民营企业	3.24	62.71
34	西安银行	2019-03-01	主板	金融业	存贷款业务、资产管理业务	地方国有企业	44.44	157.78
35	三角防务	2019-05-21	创业板	制造业	航空零部件	公众企业	4.99	196.97

续表

序号	简称	上市日期	板块	门类行业	主营产品类型	公司属性	总股本（亿股）	总市值（亿元）
36	铂力特	2019-07-22	科创板	制造业	打印机、专用设备与零部件	民营企业	4.64	454.12
37	西部超导	2019-07-22	科创板	制造业	合金	地方国有企业	1.13	162.19
38	派瑞股份	2020-05-07	创业板	制造业	变电设备、电气仪器仪表、电子元器件	地方国有企业	3.20	50.14
39	三人行	2020-05-28	主板	租赁和商务服务业	互联网服务、平面媒体	民营企业	1.01	80.82
40	富士达	2020-07-27	北证	制造业	电子元器件、通信线缆、通信终端设备	中央国有企业	1.88	31.20
41	瑞联新材	2020-09-02	科创板	制造业	无机化工原料	民营企业	0.98	49.54
42	中天火箭	2020-09-25	主板	制造业	航天与运载火箭、耐火材料、系统集成服务	中央国有企业	1.55	69.83
43	同力股份	2021-02-22	北证	制造业	重型卡车与专用车	公众企业	4.53	31.22
44	康拓医疗	2021-05-18	科创板	制造业	医用耗材	民营企业	0.58	28.47
45	凯立新材	2021-06-09	科创板	制造业	催化剂及化学助剂、专业咨询服务	地方国有企业	1.31	113.56

续表

序号	简称	上市日期	板块	门类行业	主营产品类型	公司属性	总股本（亿股）	总市值（亿元）
46	中熔电气	2021-07-15	创业板	制造业	电子元器件	民营企业	0.66	109.66
47	炬光科技	2021-12-24	科创板	制造业	半导体分立器件、半导体照明、专业咨询服务	民营企业	0.90	92.47
48	华秦科技	2022-03-07	科创板	制造业	专用设备与零部件	民营企业	0.93	277.21
49	斯瑞新材	2022-03-16	科创板	制造业	专用设备与零部件	民营企业	4.00	73.32
50	莱特光电	2022-03-18	科创板	制造业	有机化工原料	民营企业	4.02	85.52
51	天润科技	2022-06-17	北证	信息传输、软件和信息技术服务业	软件和信息技术服务	民营企业	0.74	5.01
52	西测测试	2022-07-26	创业板	科学研究和技术服务	专业技术服务	民营企业	0.84	40.06
53	农心科技	2022-08-19	主板	民营企业	化学原料和化学制品制造业	民营企业	1.00	24.03
54	易点天下	2022-08-19	创业板	信息传输、软件和信息技术服务业	重型建筑工程机械、专业咨询服务	民营企业	4.72	83.10

续表

序号	简称	上市日期	板块	门类行业	主营产品类型	公司属性	总股本（亿股）	总市值（亿元）
55	荣信文化	2022-09-08	创业板	文化、体育和娱乐业	书报刊零售	民营企业	0.84	19.16
56	美能能源	2022-10-31	主板	电力、热力、燃气及水生产和供应业	燃气、专业咨询服务	民营企业	1.88	51.73
57	北方长龙	2022-7-7	创业板	制造业	新材料制造业	民营企业	待发行	
58	诺瓦星云	2022-8-18	创业板	信息传输、软件和信息技术服务业	LED 线控系统及服务	民营企业	待发行	
59	华达股份	2022-9-7	创业板	信息传输、软件和信息技术服务业	电子元器件制造	地方国有企业	待发行	
60	源杰半导体	2022-9-9	科创板	信息传输、软件和信息技术服务业	半导体材料和器件	民营企业	待发行	
61	西高院	2022-11-23	科创板	制造业	专业技术服务	中央国有企业	待发行	

阅读西安

〔下〕

李德文／主编

首先从了解它开始
生活在一座城市

西安出版社

目录

CONTENTS

第六章　西安从历史中走来

第八章 近代外国人视野中的西安

第九章 古都长安 多彩西安

第十章　建设智慧城市实用技术

附　录

第六章

西安从历史中走来

让收藏在博物馆里的文物、陈列在广阔大地上的遗产、书写在古籍里的文字都活起来

第一节 西安的地理优势

“天府之国”，形容土壤肥沃物质富饶的土地。今天人们说起“天府之国”，往往首先想到的是四川盆地。其实，最早拥有这一美誉的并不是以成都为中心的成都平原，而是以长安为中心的关中平原。

一、古人眼中的西安地理优势

关于这一点，最具典型的是汉初都城选址讨论。《史记·留侯世家》记载，汉高祖刘邦平定天下，在洛阳朝议定都。群臣多劝刘邦定都洛阳。后来有一个叫娄敬的戍卒求见刘邦，建议定都关中：“秦地被山带河，四塞以为固，卒然有急，百万之众可具也。因秦之故，资甚美膏腴之地，此所谓天府者也。”

关于为何要定都关中，张良解释道：“关中左殽函，右陇蜀，沃野千里，南有巴蜀之饶，北有胡苑之利，阻三面而守，独以一面东制诸侯。诸侯安定，河渭漕挽天下，西给京师；诸侯有变，顺流而下，足以委输。此所谓金城千里，天府之国也。”

无论是娄敬还是张良，所表达的意思都是：关中地区有利于防守，确保国都安全；关中地区人口众多，有利于战争动员；关中地区土地广袤，有利于提供物质保障；关中地区居中国中心，管理和出击四方比较方便。

后来，刘邦采纳娄敬建议，定都长安，开启一个强盛的朝代。这从一个侧面说明了关中资源的丰饶和战略位置的重要。而西安前后有 13 个王朝在此建都，则更进一步说明西安地理位置的重要。娄敬的建议对刘邦有多重要，这从娄敬后来被赐“刘”姓也能看得出来。

盛唐以后，即使中国经济中心和文化中心东移，西安依然是中国西部重镇。

二、地理学意义的西安区位优势

历史上西安是中国的中心，现在依然是西北地区通往西南、中原、华东和华北的门户和交通枢纽。在全国区域经济布局上，西安具有承东启西、东联西进的地理优势，是西部大开发的桥头堡，是丝绸之路经济带的核心区域。

（一）西安的秦岭峪口

秦岭和合南北、泽被天下，是我国的中央水塔，是中华民族的祖脉和中华文化的重要象征。广义上，秦岭西起甘肃、青海两省边界，横贯陕西，东至河南中西部，并有小部分伸入湖北西北部。东西长约 1 600 多千米，南北宽数十千米至二三百千米不等，面积约 12 万平方千米。秦岭呈两端微向北翘的“一”字形。山势西高东低。山脉北侧为黄土高原和华北平原，南侧为低山丘陵红层盆地和江汉平原。狭义上，秦岭是指秦岭山脉的中段、位于陕西省中部的一部分，介于关中平原和汉江谷地之间。在汉代即有“秦岭”之名，又因位于关中以南，故名“南山”。

西安市行政区南部边界线横穿秦岭。秦岭山脉主脊构成西安市境与陕南的分界。秦岭在西安境内，西起周至县厚畛子镇，东至蓝田县灞源乡，东西全长约200千米，宽度40—60千米，面积4 875.6平方千米，约占全市面积的48%，为蓝田、长安、鄠邑、周至四区县总面积（7 967平方千米）的60%，其中林地面积为50%—60%。海拔1 800—2 800米。最宽处55千米，在周至县竹峪乡（南端为板房子乡）；最窄处15千米，在长安区太乙街办（南端为终南山顶）。

秦岭不仅是一座自然之山，也是一座文化之山。对西安而言，更是如此。而这种文化，更多体现在各个峪中。

古人把沟壑称为谷，把有河流流出的山谷叫峪。峪有两层含义，一是有河水的山谷，二是要与平川相连，而有峪有道路则称峪道。在秦岭北麓就分布着众多这样的峪，泛称为秦岭七十二峪，即形容峪之众多。

历史上，峪曾是帝王将相避暑狩猎之地、文人墨客寻幽咏怀之地、僧侣隐士修身养性之地、物质财富提供之地和逃犯流民避难存身之地，形成了丰富的峪和峪道文化。

西安辖区内大概有140条峪沟，其中蓝田县有20条峪沟，有6条峪口通往商洛；长安区有39条峪沟，有3条峪口通往陕南柞水县、宁陕县；鄠邑区有32条峪沟，有1条峪口通往宁陕县；周至县有49条峪沟，有9条峪口通往佛坪县、洋县。这里简要介绍一些蕴含故事传说、古代驿道、历史遗迹和非物质文化遗产代表作项目的峪口。

道沟峪，又名倒回峪、石门峪，东西长17千米，峪口位于玉山和九间房交汇处，著名的蓝田猿人遗址即在此。其名源于流经于此的倒沟河，又名倒勾河、石门河，它是灞河的主要源河之一。发源于今灞源镇北部的箭峪岭（属西安蓝田县和渭南华州区、临渭区的界山，海拔2 449米）南麓，南流至灞龙庙（灞源镇政府所在地）折而西流进入峡谷，至许家庙东部出山西流。

道沟峪是个险峪。说它险，一是因它峪道狭窄，山路盘曲，两岸山高崖险，石奇木怪。高峻的三峰山在南，险要的米家山、高尖山在北，令人望而却步；二是因它水流湍急，水曲潭深，加上峡谷两岸的瀑布悬崖寒气逼人，让人望而生畏。“倒回”之名可谓名副其实。

这里的一些村名、地名，还留存着许多有趣的历史传说。“王爬岭”，相传刘秀为了躲避王莽追捕，曾从这里爬坡逃跑，所以人们把他曾爬过的地方称作“王爬岭”；“万军回”，王莽率领大军追赶刘秀到此失去了目标，加上山道险恶，只好收兵回营，人们便把此地称作“万军回”。

唐代宗广德元年（763）9月，吐蕃大军逼近长安，唐代宗仓皇逃往陕州，诏令赋闲在家的郭子仪为副元帅，负责抵御叛军。郭子仪率军溯灞水河谷而上，军至玉山（今蓝田许庙镇），然后沿道沟峪口至洛南，再南转至武关。召集防卒及亡逸士卒四千多人，并与迎接他的六军将领张知节合兵，军威始壮，关中乱军闻之震动。郭子仪又采用迷惑敌人之计，制造声势，使吐蕃军不知底细，十分惊恐，不久便撤出长安。

流峪，曾名刘谷或留谷，位于西蓝高速立交到101省道59千米处，为蓝关古道的一部分。相传汉高祖入武关，兵分两道，一出蓝田，一出于此。

流峪境内重峦叠嶂，沟壑错落，山崖险峻。高峰向下，池湖相连，四级瀑布，飞浪溅花。海拔1 786米，气温与西安市区相差15度。这里云中觅古径，雾里听流声，登山不知途，幽径伴人生，是一个纯生态、纯天然、返璞归真的自然风景区。

蓝峪，又名蓝田峪、悟真峪，位于蓝田县城东 10 千米处，王顺山与莲花山（悟真寺）之间，是蓝水长期冲刷切割形成的一个著名峡谷。峪口的普化镇杨斜村，是著名的水陆庵、悟真寺风景区所在地。

蓝峪因蓝关古道而闻名，古道因蓝峪幽险而生。蓝关古道是古武关道极其重要的一部分。据史书记载：武关道开辟于商末周初。荆楚部族首领鬻熊受封为楚子，在率领族人自关中移居江汉的民族迁徙过程中开拓此道。“周公奔楚”亦自武关道蓝峪古栈道峣山东侧河谷经蓝田去丹阳（今陕西省商洛市商州区）。著名的“蓝桥相会”“尾生抱柱”等经典爱情故事就发生于此。峪内还分布有大量的文物古迹和摩崖石刻。唐时韩愈的“云横秦岭家何在，雪拥蓝关马不前”就是对蓝峪口险峻风景的真实描述。

辋峪，位于蓝田县城西南 10 千米处，环山公路与沪陕高速公路交叉口以西，全长约 50 千米，以迷人的自然景观、丰富的人文景观和深厚的文化底蕴而闻名于世。辋川河流域群山环抱，层峦叠翠，由此生成了蓝田八景之冠的“辋川烟雨”。在历史上素有“秦楚之要冲，三辅之屏障”和“终南之秀钟蓝田，茁出英者为辋川”之美誉。

辋峪拥有独特的自然环境，加上地近长安，自然成为历代达官贵人、贤人雅士、墨客骚客们卜居休闲、寄情山水、放歌吟咏的首选之地。仅隋唐时期，就有宋之问、王维、王缙、裴迪、崔兴宗等文人雅士先后在辋峪卜居，历代的著名诗人、画家们也都喜爱将辋峪作为自己抒发情感、展示才华的理想场所。唐代大诗人、画家王维曾长期隐居于此，他精心营造的“辋川别墅”和“辋川二十景”，在中国古代园林艺术上独树一帜；所赋辋川山水之佳句，后汇集成《辋川集》，享誉海内外，给辋峪增加了几分神奇色彩，也成为72峪中最令文人骚客向往的峪口。

东汤峪，古称石门谷，是古代长安通往巴蜀的重要关隘。位于西安市区东南约45千米处的蓝田县汤峪镇，终南山石门岭东端，西峰山的北麓，因和眉县的汤峪东西相对，故称东汤峪。从此可登顶云台山，穿越秦岭后，到达柞水县丰北河乡瓦屋场村，然后到柞水县营盘镇。东汤峪以温泉闻名，古称“石门汤泉”，是著名的蓝田八景之一。

宋敏求《长安志》载，“明皇时赐名大兴汤院，并扩建五汤曰：融雪、玉女、涟珠、漱玉、濯缨”，供官民沐浴。唐玄宗与杨贵妃沐浴后赐名“大兴汤院”。东汤峪温泉出水口水温为50度左右，含有钾、镁、铁、钙、碘等多种元素。如今这里是陕西省著名的温泉疗养胜地。

库峪，即库谷，为库峪河自秦岭而出的山谷，位于今蓝田县与长安区交界处。由此翻越秦岭，是唐至明清南通金州（今陕西省安康市）的关中六大通道之一。

库峪的名字由来，历来众说纷纭，主要有以下几种：一是说库峪河谷因地质矿藏的原因，流出的水是苦涩的，因此过去叫“苦峪”，后来嫌这名字不好听，写成“库峪”。二是说过去山民们面对穷山恶水，日子十分辛苦，就把此谷叫作“苦谷”。三是说这里过去有金库、矿藏，所以叫“库峪”。

“终南第一峰”太兴山，位于长安区库峪庙沟，海拔2 340米，山上有八宫、一观、七殿、九洞、两楼、两庵及宝丰寺、慈恩寺等人文遗迹。传说古代有条龙接驾祖师回天宫，天宫将无量祖师分到北方，当北方有水火之灾时，无量祖师护佑万民，确保平安。他神文胜武、降妖除邪，收来了龟蛇二将为他值班，他的跟前有周公桃花，又有风督雨师，故名五龙宫。此处也成为当地大旱之年祈雨的重要地方。

扯袍峪，《水经注》记为斫磐谷，位于库峪与大峪之间，峪口在长安区杨庄街道汪庄村，距离环山旅游公路约 6 千米。

关于其名由来，有多种传说。一说，王莽追刘秀时，因荆棘满谷，刘秀不小心扯烂了黄袍，后来人们就称此地为扯袍峪；二说，唐太宗李世民路过此地，被景色所吸引，非要进去看看不可，吓得近臣官宦扯住皇帝的袍子不放手，结果把黄袍都扯破了；三说，李世民于此峪中行猎时，被树枝将龙袍扯烂了；四说，乾隆皇帝在此为其姨娘扯袍降香，故名扯袍峪。

沿扯袍峪往南，可到海拔约 1603 米的人头山（峰）。因山顶有一巨石，从远处看酷似人头，故名人头山。山上发音寺每年农历七月初十有庙会。此处还是很多户外爱好者进行穿越的重要选择地。

小峪，原名锡谷，古称小义谷、小峪谷，因小峪河发源于此而得名。位于秦岭北麓的西安市长安区王莽街道，曾为秦汉古栈道之一，至今仍保留有诸多古道痕迹。

如今在小峪口村打造的"中国长安'非遗'乡集"，是将农耕实践活动与非物质文化遗产结合的一种常态化体验式传承活动。目的是把"非遗"融入社会、融入生活，成为一种"活"的传承方式，是新时代"非遗"保护、文化传承、人才培养的新状态。目前已开展的传承体验项目有鱼化泥叫叫制作技艺体验、关中秦腔脸谱体验、关中石拓拓印体验、唐流彩拓画绘制体验、木版年画刻板印制体验、古琴演奏体验、木兰摇织布体验、皮影制作展演体验、陶埙制作研习等多个省市级"非遗"保护项目。

太乙峪，古称太乙谷、炭谷，属西安市长安区太乙宫街道。峪口位于四皓村，距西安市区约29千米，峪长12.5千米。太乙峪呈倒“人”字形，一是通向翠华山天池、甘湫池方向的主峪道，在翠华山水库偏西南又有一条支沟，人称遇仙沟，由此翻越秦岭山脊可到达商洛市柞水县营盘镇；二是进峪道约1千米处西边有分支，沿沟西南前行可到达终南山国家森林公园主景区南五台。

太乙峪内有翠华山自然风景名胜区和南五台风景名胜区，面积17.85平方千米，以“终南独秀”和“中国地质地貌博物馆”著称。翠华山原名太乙山，汉武帝在此拜谒太乙神，修建太乙宫，故名此山为太乙山，人称此峪为太乙峪。唐代诗人王维《终南山》云：“太乙近天都，连山接海隅。白云回望合，青霭入看无。分野中峰变，阴晴众壑殊。欲投人处宿，隔水问樵夫。”

天子峪，位于长安区滦镇境内，距西安市区35千米。清《长安县志》记载，此地原称梗梓谷，因谐音而得名。民间传说唐高宗李治出生于此，故更名为天子峪。唐太宗李世民曾三次来峪中至相寺敬香，并称此处为“三秦之府”。位于峪口的百塔寺，原名淳化寺，建于西晋，盛于隋唐，隋唐三阶教的始祖信行圆寂于此，并建塔于淳化寺旁，后来信行的弟子数百人，都效仿塔林葬法，“以身布施”，圆寂后葬在信行墓塔后或两侧。天子峪中的至相寺又名国清寺，始建于隋文帝开皇初年，是佛教华严宗的祖庭之一。

抱龙峪，又称豹林谷，位于长安区子午镇南，东接天子峪，西通子午峪。传说周朝有位天子为争皇位，把秦岭72峪的龙头都砍了，唯有抱龙峪的龙头被某神仙抱住，化作石头留在石门子。又传唐太宗李世民诞生于此，抱出来的时候，没有路了，抱着的人便让他随水而漂，到达平缓之地而无损伤。

进入抱龙峪，东西分别可穿越至天子峪及子午峪，沿途还可经过传说中唐王李世民当初练兵的唐王寨。山上不仅有下棋台、古庙、石墙等遗址，还有扬名关中的飞来石和抱龙峪瀑布（神龙瀑布）等自然景观。

子午峪，又名子峪、子午谷、子午道，位于长安区子午大道南口南豆角村以南约 1 千米处。北口曰子，在明清西安府南百里处；南口曰午，在明清汉中府洋县东一百六十里，因其呈正南正北方向而得名。子午峪是长安城通往南方的交通要道，也是一条充满传奇和典故的道路。

秦末天下大乱，刘邦先入咸阳，被项羽封为汉王。为了麻痹项羽，显示自己不贪恋关中，刘邦听从张良、萧何等谋士的建议，带领军队进子午峪，烧毁沿途栈道，断绝后路，经褒斜道入汉中。后楚汉争霸，刘邦运用“明修栈道、暗度陈仓”等谋略，最终逼得项羽自刎乌江。

三国时期，魏蜀对峙，诸葛亮欲伐中原，当时蜀国大将魏延等曾建议他出子午峪夺取长安，可惜诸葛亮考虑到子午道年久失修，风险较大，同时为了显示蜀国正统和自己的君子风格，采取了光明正大且保守谨慎的策略，最终六出祁山均无功而返，自己也陨落在五丈原。

“长安回望绣成堆，山顶千门次第开。一骑红尘妃子笑，无人知是荔枝来。”唐天宝后期，奢靡成风。唐玄宗因杨贵妃爱吃荔枝，便命人整修了从四川涪陵到长安的道路，快马传递荔枝到长安，因此也称荔枝道。

这条古道至今仍有诸如栈道、摩崖石刻、“二柏一石头”等古代遗存，金仙观所在山上曾有汉代玄都坛和唐代金仙观遗址。后来由于山洪和修建沣峪公路等原因，古子午道衰废，20 世纪 60 年代以后，古玄都坛和金仙观已难见踪迹。

黄峪，位于西安城区南 35 千米，地处长安区滦镇街道上王村以东、西安秦岭野生动物园以西。峪内有一个名为黄峪寺的小村，是唐代皇家避暑宫翠微宫遗址。唐贞观二十一年（647），唐太宗李世民因嫌长安城内烦热，便命人重建原太和宫，取名翠微宫。从此，翠微宫成为唐代皇家四大避暑宫之一。翠微宫建成后，李世民每年都来此避暑。贞观二十三年（649）四月，李世民病逝于翠微宫含风殿，此后翠微宫改为寺庙，称为皇峪寺。清朝时形成村落——黄峪寺村。

村南有金沙泉，泉下有一条溪流自峪上游流下，下游就是今日金沙河，在高桥西侧归入潏河。李白《答长安崔少府叔封游终南山翠微寺太宗皇帝金沙泉见寄》诗中云："初登翠微岭，复憩金沙泉。践苔朝霜滑，弄波夕月圆。饮彼石下流，结萝宿溪烟。鼎湖梦渌水，龙驾空茫然。"

沣峪，位于西安城区南约35千米处的秦岭北麓，隶属长安区滦镇街道，因沣峪河从此流出而得名。西康高速没有建成通车以前，这里是通往陕南、四川的要道。沿途有很多著名旅游景点：观音禅院、净业寺、九龙潭、喂子坪、观音山、万华山、石羊关、小坝沟、大坝沟沣峪庄园、鸡窝子、东佛沟、分水岭等。

位于沣峪口内 2 千米处的净业寺始建于隋末，唐初为高僧道宣修行弘律的道场，因而成为佛教律宗的发祥地。

创建于清光绪十三年（1887）的沣峪口老油坊，以沣河水为动力，利用杠杆原理变换支点进行压榨，变"卧式"榨油法为"立式"。历经百年沧桑变迁，至今已延续七代传承经营，油坊内多数工具设备保存完整，手工榨油技艺从未间断。

高冠峪，位于秦岭北麓长安区与鄠邑区交界处，高冠河流经其中。峪长30多千米，由于山内的石帽峰恰似巨人头戴高帽，人们便以“高冠”命名。高冠峪内层峦叠翠，危崖兀立，谷深幽静，流水潺潺，自然景观秀丽奇特，令人犹入仙境。

“崖口悬瀑流，半空白皑皑。喷壁四时雨，傍村终日雷”，这是唐代诗人岑参对峪口高冠瀑布的生动描述。高冠河从高冠嘴夺路而出，谷窄水急，峪口瀑布落差 20 多米，河水急流直下跌入高冠潭，声如雷吼，山谷震荡，气势汹涌，犹如万马奔腾，明代被列为鄠县（今鄠邑区）八景之一。

太平峪，位于鄠邑区境内，距西安城区有 40 多千米，曾为隋唐皇室官宦赏花避暑的山水乐园，又因隋炀帝曾在此峪中建有太平宫，故称太平峪。

太平国家森林公园前身为原户县太平林场，1999 年经陕西省工商及旅游管理部门同意批准定名为陕西太平森林公园，总面积 60.85 平方千米，海拔在 880 米至 3 000 米之间，最高处冰晶顶 3 015 米。从板块地质构造古环境讲，属于冰晶顶韧性剪切带与构造混合岩化园区。现已被评定为世界地质公园、国家 AAAA 级景区、国家级森林公园。主要由黄羊坝构造跌水瀑布地貌景群、石门混合岩景群、月宫潭峡谷地貌景群和原始森林景群组成。峪内动植物资源丰富、种类繁多，有古老的落叶松原始纯林、红桦纯林、紫荆花，也有苏门羚、青羊、林麝、刺猬、锦鸡、长尾雉、画眉等国家保护动物三十多种。

化羊峪，地处鄠邑区庞光街道境内，东有鸡头山，西有牛首山（当地人称牛头山），南靠将军山，呈凤凰盘卧之势。因峪口有化羊庙而得名，又因峪中有众多槐树，故又称为槐花峪。

化羊庙又称化羊宫、华阳观、东岳庙等，现存的东岳献殿为陕西省内保存的为数不多的元代建筑。2019 年 10 月 7 日，被国务院核定为第八批古建筑类全国重点文物保护单位。

关于化羊峪，民间流传着多个传说。

传说一：以前化羊峪叫扈阳峪，相传有牧童在此牧羊，羊被豺狼吃掉数只，牧童伤心痛哭。一位神仙见此情景，遂点石化羊，凑齐了羊数，后来此峪便改名为化羊峪。

传说二：一名叫黄初平的 15 岁牧童，在山洞里撞见一位道士正在讲经，便把羊圈在东坡，自己去专心听经，听完后去找羊，唯见满坡石头，哪里还有羊的影子，都化为石头了。丢了人家的羊，他无法回去，便跟着道人云游天下了。

传说三：相传峪内河中原有一条蛟龙，经常兴水祸害百姓。一天一小孩到此放羊，蛟龙又兴妖作怪，吃了小孩的羊，正好被路过此处的东岳大帝看到，他打败了蛟龙，命其将河水改至东行，并惩罚蛟龙在望乡台南岗凿一深潭通至河底，又用大石化为山压住蛟龙，命力士从桥山采集柏树种遍撒山坡，一时间神柏成林。后来，此峪就改名为化羊峪，人们为了纪念东岳大帝，便在此建了座东岳庙。

竹峪，位于鄠邑区原石井镇柿园村，因峪内曾遍生竹子而得名。峪道较短，长度 2 千米，是登顶九华山的主要路径。山脚下不仅有阿姑泉牡丹苑，还相传是赐福镇宅圣君——钟馗的故里。

阿姑泉位于古泉山老山牛坡上，坡上有个小山村叫阿姑村，村里有三口千年不涸的泉，叫阿姑泉。相传很久以前，阿姑村没有水吃，老百姓吃水要到十几里外的小山沟里挑水，生活苦不堪言。在渭河以北的塬上，住着一户人家，父女二人以种田采药为生，其女名唤阿姑，长得是如花似玉，婀娜多姿，被一家老员外看中。老员外便向阿姑父亲求亲，要纳阿姑为妾，阿姑断然拒绝。老员外恼羞成怒，吩咐手下把阿姑父亲活活打死，阿姑悲痛欲绝，安葬好父亲，连夜逃到阿姑村。而阿姑村连年大旱，草木不生，百姓纷纷逃荒。阿姑誓要为这里的百姓找到水源。一日，阿姑做了一个梦，梦见一位仙人，仙人说："你只要在这里挖三口井，就可以帮助解决人间疾苦。"阿姑苏醒后，就依其指点，每天起早贪黑地挖呀，挖呀，即使刮风下雨也不间断，最终挖了三口井。奇怪的是那三孔水流融汇在一起，流下山坡滋润禾田，于是万物复苏。人们为了纪念阿姑，把这三孔泉称为阿姑泉，并在此修建了一座阿姑庙。

古籍记载钟馗系唐初长安终南山鄠县（今鄠邑区）阿姑泉人。《唐·钟馗传略》云：夫钟馗者，姓钟名馗，古有扈氏国终南山阿姑泉人也，生于甘（鄠邑区甘河镇）而居于泉（鄠邑区阿姑泉），文武全修，豹头环眼，铁面虬鬓，相貌奇异，经纶满腹，刚直不阿，不惧邪祟，待人正直，肝胆相照，获贡士首状元不及，抗辩无果，报国无门，舍生取义，怒撞殿柱亡，皇以状元职葬之，托梦驱鬼愈唐明皇之疾，封"赐福镇宅圣君"，诏告天下，遍悬《钟馗赐福镇宅图》护福祛邪魅以佑平安。

栗峪，位于西安市鄠邑区原石井镇，因峪内板栗树多而得名。民间传说，隋炀帝杨广荒淫无道，李渊在大悲寺听菩萨诵经开悟，顾念苍生，犯颜直谏，被贬晋地，后举旗造反，灭隋兴唐。人们感念李渊为民犯上的耿直性格，称李渊沟，又怕隋军查抄连累，取李（栗）谐音更名栗峪沟。

栗峪中存有多处寺庙。原石井镇下庄村西南方的栗峪口，有一座不起眼的寺庙，名曰药王洞。药王洞原名救苦庵，相传为纪念周武王姬发怀悲悯之心，与各路诸侯联合起兵，率正义之师兵出西岐，东进讨伐殷商，救民于水火所建。隋末，年轻的孙思邈背篓荷锄行至南山，采药行医，救苦救难。因缘际会，在此入石洞修炼，最后成为一代医圣，于是“救苦庵”遂改名为“药王洞”。时至今日，当地民众每年农历二月初二都要举行“药王庙会”，以纪念孙思邈。

涝峪，位于鄠邑区城西南 12 千米处的原石井镇涝峪口村，长达 50 千米，森林覆盖面积 50 余平方千米，为鄠邑区第一大峪。因峪道长，两边岔多，雨季洪水易泛滥成灾，故名。

涝峪内奇山秀水争奇斗艳，有圣境山仙人洞、唐名将殷开山练兵场、凤凰山、对角岔、黑山岔瀑布、十寨沟古堡、碾盘沟溶洞、大庄坪晚清江南移民旧址、桃园子龙脖子奇险景区等自然景点。20 世纪 90 年代，当地依托这里得天独厚的旅游资源，建起了朱雀森林公园。

十寨沟位于鄠邑区涝峪镇郭清村，是涝峪河的一条支流。据传民国时期，村民为了防止匪患，就在自己居住的山顶建 13 个山寨，故此景区取名十寨沟。最有名的地物是仙人台石柱和大瀑布。

耿峪，位于周至县九峰乡境内，东距西安市区约 60 千米。北魏郦道元《水经注》记载：“耿谷水出南山耿谷。”耿谷水即耿峪河，河源在首阳山西北麓，由虎头沟、耿峪、竹沟的水流汇聚而来。耿峪山势陡峻，水流落差极大，而茂密的植被又使水质异常清澈。

首阳山是秦岭北坡著名高峰，海拔 2 719.8 米，位于耿峪和甘峪交界处。史载，商周交兵时，商朝上大夫伯夷、叔齐阻拦周武王大军未果，遂南行入山隐居，采薇而食，义不食周粟。他们每天清晨迎来第一束朝阳，叹曰："奇哉美哉首阳山！"首阳山因此得名。伯夷、叔齐死后，儒家尊二人为圣贤，道家尊二人为大太白神和二太白神。《后汉书》中记载，汉朝时此地为皇家上林苑，当时伏波将军马援进驻此地开垦荒地出售，以备军资。

田峪，位于周至县集贤镇殿镇村，由金林峡、兴凤峡、四十里峡组成。田峪河，古称蚰蜒河。山区主河道长 36 千米，山外河道长 12 千米。

相传远古时代，终南山里住着一位神仙，养了一只金鸡。一日，金鸡跳出樊笼飞下山来，发现一条蚰蜒便去啄食充饥，蚰蜒见状钻入地下向北逃去，金鸡紧追不舍直奔渭河。在它们身后留下一道深沟，有一缕清泉顺流而下，形成了这条河流。

殿镇原名殿紫头，始建于唐贞观六年（632），因村南有元始台、玉清宫殿而得名，距今有 1 300 多年历史。明清时代即形成了商贸古镇，各类商号、商埠、字号、店铺、钱庄遍布街巷，1925 年改称殿镇。由于这里比邻楼观台，庙宇众多，民风民俗文化以老子文化、历史文化为基础，尤以锣鼓历史闻名遐迩。殿镇锣鼓历经 1000 多年的演练、传承，形成了自己特有的格式和风韵，其鼓谱有《长经鼓》《十样景》《八卦阵鼓》等。

闻仙峪，《陕西通志》载："闻仙谷，在周至县东南。"全程不足 10 千米，紧邻显灵山与楼观台，传说因陈抟老祖和华县县令来此造访八仙之一的吕洞宾而得名。

相传太上老君在楼观炼丹时，在炼丹峰下面的山谷中培育了一棵灵芝仙草，在灵芝旁边生长着一株千年牡丹，牡丹聚日月之精华，终于幻化成了美女。一天，在此谷修炼的吕洞宾出洞闲游，与牡丹仙子邂逅，动了凡心。牡丹仙子见这位仙长行为轻薄，急忙飞奔躲避，吕洞宾穷追不舍。刹那间，美女变成了鲜艳的牡丹花。吕洞宾见状惊诧异常，料知犯了仙戒必受惩罚。他随后打听到，王母下旨第二日正午时分将用雷电毁去他百年修炼的道行。恰巧天上下凡的文曲星高文举在楼观读书，吕洞宾请求高文举帮忙，变成蜜蜂后躲进了高文举的嘴里，才避过了此难。

闻仙峪内形成“十八景十五潭”，飞瀑流泉，喷珠泻玉，山鸟飞鸣，蜂蝶共舞，有若仙源。

塔峪，地处周至县东南 15 千米的终南山北麓，位于楼观台以西约 2 千米处，因峪口有一座古塔而得名。全长 5 千米许，从源头陈家沟到峪口大部分是沙石小路，野草丛生，原始生态。

所谓古塔，就是被称为“东方斜塔”的大秦寺塔。大秦寺依山而建，东临道教圣地楼观台，西望老子羽化地西楼观。据金石资料记载，该塔原名“镇仙宝塔”，唐贞观年间始建，迄今 1 360 多年历史。该塔为 7 层八棱楼阁式空心砖塔，通高 41 米，内砌圆直径为 10.86 米。四面错落券门，二层以上有木楼梯可通塔顶。该塔内遗存有景教泥塑和古代叙利亚外文刻字多处，这些都是研究古代中西文化交流史不可多得的珍贵资料。

关于塔的由来，当地民间有一个传说：很久以前，从外地来了一名传教士，要跟本地一位得道高僧争辩教义。二人一时兴起，就要打赌，每人修一座塔，看谁先修好，以鸡鸣为限。传教士在秦岭塔峪造塔，外形小而精致；僧人在周至县城造塔，外形大而坚固。僧人在鸡鸣时未能修好塔，只好临时在塔顶盖一口锅，即周至县城的八云塔。传教士则轻松自在地赶在鸡鸣前造好了塔，就是现在的大秦寺塔。

就峪，原名就谷，位于西安市周至县楼观镇西楼村，沟深40余千米。就峪沟原名桃花峪，相传东汉光武帝刘秀被王莽军队追至此沟得救，称帝后赐名此沟为“救御沟”，后被称为“就峪沟”。《唐六典》载：“就谷在盩厔，置将作监，掌采伐材木处也。”

道教传说此地是老子讲经羽化升仙之地。北魏郦道元《水经注》云：“就水出南山就峪，北经大陵西，世谓之老子墓。”沟内最高点是四方台，海拔2 600多米，谷幽壑深，植被茂密，涵养了甘甜清冽的就峪河河水。沟内有大陵山、四方台、老子墓、王母宫等名胜古迹，人文气息浓厚。

相传，东汉光武帝刘秀被王莽军队追至西楼观大陵山下一条河边时，随着一阵巨响，一座大石门齐刷刷从天而降堵在山口，把王莽的将士挡在山外，刘秀及随从则钻入南山。东汉建武年间，刘秀派遣钦差大臣专程来到周至西楼观大陵山下，焚香燃烛，祭拜天地，赐名这里的山沟为“救御沟”，后被称为“就峪沟”。

黑峪，又称甘峪、黑水峪，峪口位于周至县楼观镇上黄池村，108国道贯穿其间。从峪口向内依次为陈家河镇、王家河镇、厚畛子镇和板房子镇。峪内分布有仙游寺、金盆水库和黑河森林公园。

相传秦穆公之女弄玉与萧史的爱情故事发生于此处的仙游寺。弄玉自幼擅长吹箫，通晓音律。她与风流俊逸、才华出众的萧史志趣相投，结为夫妻，住在寺边的玉女洞。二人奏吹箫乐，悠扬动听、超凡脱俗的箫声引来祥龙瑞凤，他们双双结伴成仙而去。这就是“乘龙快婿”典故的由来。

其实仙游寺始建于隋文帝开皇十八年（598），原名“仙游宫”，系隋文帝行宫。仁寿元年（601），隋文帝为了安置佛舍利，于十月十五日命大兴善寺的高僧童真送佛舍利至仙游宫，建舍利塔安置，易宫为塔，改称仙游寺。仙游寺唐代达到鼎盛，明清多次修葺，现存隋代“法王塔”、清代大殿及配殿。

唐元和元年（806）春，白居易担任周至县尉。是年冬天他来到仙游寺，恰好隔渭水与马嵬坡遥遥相望，与朋友谈起当年唐玄宗与杨贵妃的故事，感慨而作千古名篇《长恨歌》。

金盆水库位于黑水峪口内约 1.5 千米处，“金盆”因元宝山而得名。水库坝高 130 米，水库面积 4.55 平方千米，总库容 2 亿立方米，是西安市黑河引水工程主水源。

黑河国家森林公园位于黑河（古称芒水）源头，面积 74.62 平方千米，森林覆盖率 94%。园区森林茂密，大熊猫、金丝猴、羚牛等珍稀野生动物徜徉其间。

流行于厚畛子及相邻诸镇的山歌是当地百姓在劳动生产中口头创作的歌曲，经一代代口耳相传，并不断地艺术加工，是山区劳动人民的音乐艺术结晶。厚畛子山歌高亢嘹亮，节奏自由悠长，更接近自然语言形态，被称为原生态山歌。大致分五类：一是“山歌号子”，又称“拉号子”“吼号子”；二是“山歌调子”，亦称“调子”；三是“通山歌”，又称“茅山歌”“草歌子”“姐儿歌”“班子歌”等；四是“锣鼓草”；五是风俗歌曲。

西骆峪，古称骆谷，峪口西骆峪村隶属周至县骆峪镇。这里曾是中华人文始祖轩辕黄帝第三个儿子、大禹祖父骆明的封地，即今人所称的

"古骆国"，距今已有4 500年历史。清乾隆五十年（1785）《周至县志》载："骆谷，盖古骆国也。"汉唐时为川汉交通要冲。

傥骆道是关中通往四川的最快捷也是最险峻的一条古道，全长240千米，始通于三国。唐代德宗、僖宗避兵火，均经由此路至汉中、四川。傥骆道北口在周至县西骆峪（骆峪水库），南从洋县傥水河谷出到汉中，进出口各取地名中一字，所以叫傥骆道。

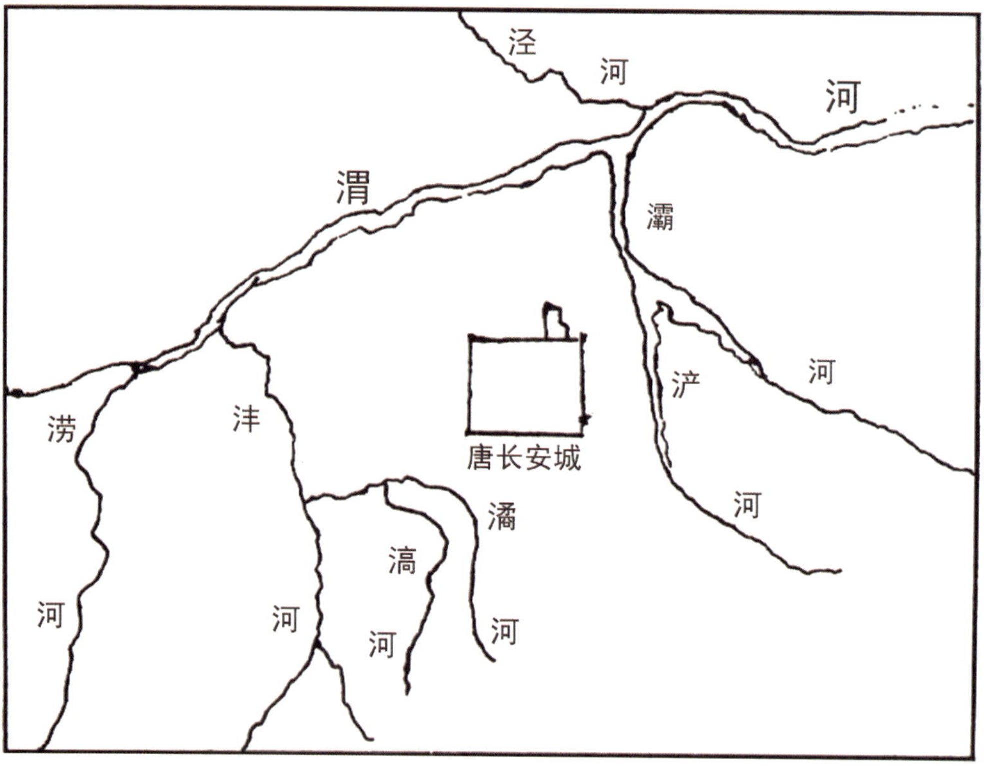

关中八水绕长安图

某种意义上讲，山水往往相连，山水通常孪生，有多少峪就意味着有多少条河流。西安因有秦岭，秦岭有众多的峪口，从而形成众多的河流，也成就了"八水绕长安"的水运。西安穿流有渭、泾、沣、涝、潏、滈、浐、灞等八条河，号称长安八水（八川），均属黄河水系。西汉文豪司马相如曾描述此八水流经上林苑的情状：“终始灞、浐，出入泾、渭，酆（沣）、镐（滈）、潦（涝）、潏，纡余委蛇，经营乎其内，荡荡乎八川分流，相背而异态。”渭河作为黄河最大的支流，发源于甘肃省渭源县的鸟鼠山，向东南流入陕西，横贯关中，至潼关入黄河。历史上，其他七水各自直接汇入渭河。只是后来随着时代变迁，浐水成为灞河的支流，滈水成为潏河的支流，潏河又成为沣水的支流。泾河发源于宁夏六盘山东麓，东流于杨家坪进入陕西，再于西安市高陵区陈家滩注入渭河。而其他六条河流则均发源于西安的后花园秦岭。八水成为西安的重要水源，同时发挥着调节气候的作用。

在西安地区，与河流相关的还有陂池。所谓“陂”，即自然汇集成的水塘；所谓“池”，即人工开凿的水塘。古代西安地区陂池众多，著名的如渼陂、皇子陂、周氏陂、昆明池、曲江池、龙池、龙首池、鱼藻池、海池等。与八水相间，同样发挥着水源储存地和区域空气调节以及人工景区作用。

（二）西安的“原”

西安大部地处秦岭与关中平原的过渡带，有许多高而平的地方，叫作“原”。每个原都有故事，都有文化含义。比较著名的有以下几个。

龙首原，位于今西安市未央区、新城区和莲湖区三区交界处。今日大明宫遗址公园就在其上。龙首原又叫龙首山，传说古代有黑龙自长安樊川蜿蜒北行到渭河饮水，其行迹化为龙首原。因西北端从渭河边突兀而起，势如龙首而得名。

乐游原，位于今大雁塔东北部、曲江池北面。秦时叫宜春苑。汉代汉宣帝有一次偕许皇后出游至此，十分迷恋绚丽风光，以至于“乐不思归”。后来在此修建乐游庙，乐游原以庙得名，又名乐游苑、乐游园。唐代诗人李商隐作诗《乐游原》：“向晚意不适，驱车登古原。夕阳无限好，只是近黄昏。”

少陵原，位于浐河、潏河之间。汉代称鸿固原，后来汉宣帝杜陵建于此，亦称杜陵原。汉宣帝许皇后死后葬在杜陵南，陵墓较小，名曰少陵，故该原又名少陵原。

白鹿原，位于灞、浐两水之间，长20余千米，南连秦岭。相传周平王时有白鹿游此，故名。西汉文帝埋葬于此，坟曰霸陵，故又称霸陵原。著名作家陈忠实的小说《白鹿原》以及同名电影、电视剧，使其名扬天下。

铜人原，位于灞桥区洪庆以东，临潼区斜口以南，今名洪庆原。据《关中记》记载，东汉末年，董卓将秦始皇在咸阳铸造的十二金人销毁十座，铸为铜钱。后来曹魏明帝欲将秦时所铸两铜人运往洛阳，至此重不可移，遂弃留原下，遂得名铜人原。

神禾原，位于西安城南15千米处，为樊川、御宿川之间的高地。相传原上曾产过六斤重的谷穗，故以“神禾”名之。

细柳原，原位置以今西安高新区细柳街道为中心。相传西汉名将周亚夫曾屯兵细柳，军纪严整，汉文帝亲出长安慰劳，驾至军门，不得擅入，致使文帝惊叹亚夫为“真将军”。细柳原即以此得名。

毕原，位于西安城西南约15千米处，又名毕陌。因该地为周代毕公的封地得名。周文王、周武王、周公皆葬此原上。

凤栖原，为长安区韦曲北侧的高地。东接少陵原，西至勋阴坡，又名栖凤原。传说古代曾有凤凰栖于此，遂称凤栖原。

洪渎原，位于渭河北岸，是渭河、泾河的分水岭，亦名咸阳原，“洪渎”之名，始于唐代。这里是由汉至唐的重要墓葬区。原上有汉高祖长陵、汉惠帝安陵、汉景帝阳陵、汉武帝茂陵、汉昭帝平陵，号称“五陵”。

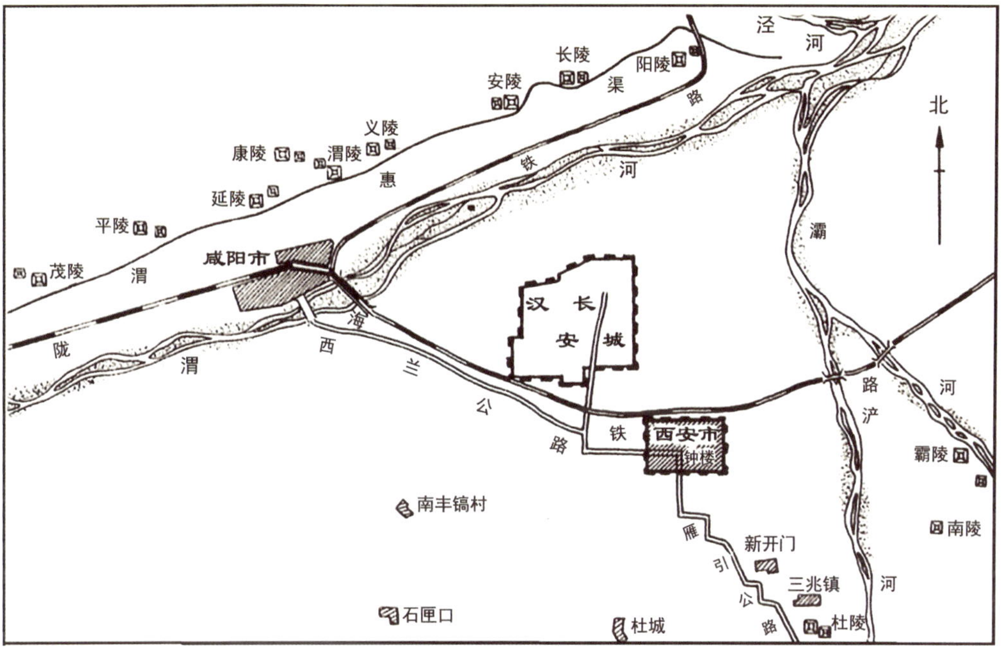

西汉帝陵分布图

西安地区多样的地形地貌、变幻交织的河流陂池，其本身就是一幅精美的画卷，为人类的擘画和描绘提供了更大的空间和舞台。从一定意义上讲，我们既是观景者，又是擘画者和描绘者。

第二节
从长安到西安的演变

在西安历史上，出现过许多不同的地域名称和城市名称，比如在“西安”这一名称出现前，就有西都、西京、大兴城、京兆城、奉元城等，代表着不同的含义和愿望。伴随着名称的变化，其行政区划也在不断演变，从小到大，从大到小，再从小到大。而不管行政区域怎么变化，其都是地方行政机关——州、郡、府、路、省和长安、咸宁两县的治所。

一、西安早期所设县

早在夏朝，今西安市境内即有扈国（在今鄠邑区）、骆国（在今周至县）。商代在今西安市境的方国和封国，有崇国（在今鄠邑区、长安区一带）、古丰国（在今蓝田县）、郝国（在今鄠邑区）、丽国（在今临潼区东部）等。西周时，今西安市境为王畿中心，分封于此的诸侯国有杜国（在今雁塔区杜城村一带）、函国（在今未央区）、弭国（在今蓝田县）、荣国（在今鄠邑区）、樊国（在今长安区）、骊戎国（在今临潼区东部）等。

今西安境内设置最早的县，是公元前687年设立的杜县，以西周杜伯国得名。其县治在今雁塔区杜城村，辖区约在今长安区和柞水县西北部、宁陕县东北部及西安市区南部，是中国最早的建制县之一，距今已有2 600多年历史。而今长安、蓝田、高陵、鄠邑、周至置县历史都在2 000年以上。

二、长安之名缘起

“长安”成为行政区名，始于秦代。秦时设长安乡，大约位于秦阿房宫东北，秦始皇弟成蟜曾被封为长安君。好词大家用，在这一点上，刘邦其人，的确值得佩服。“长安”本秦地名，刘邦却不避讳，以“长安”命名国都。

公元前 202 年，刘邦打败项羽后，率领群臣重回关中，昔日壮丽雄伟的秦都咸阳城在项羽火焚之后遭到毁灭性破坏，无法继续为都。刘邦只得仍以位于今阎良区渭水北岸的秦旧都栎阳作为临时都城，同时开始考察新都城选址和名称，最终采用秦时渭河南岸长安乡的名称，将都城定名为长安，取其长治久安之寓意，作为汉朝拥有天下、国运长久、社会安定的象征。事实证明，刘邦如愿以偿，西汉王朝延续 210 年。

后来，王莽曾将“长安”改为“常安”，寓意相近，但是王莽却没有刘邦那么幸运，新莽政权只存在了 15 年。

三、西安行政名称演变

中国封建社会的郡级建制自公元前104年设立京兆尹以来，已2 000多年。而在长安（今西安）所设置的郡级建制，从汉京兆尹、隋京兆郡到唐京兆府，都归朝廷直辖，其行政长官均为重要朝臣。“京兆”意即大众，国都为大众所聚。唐以后长安虽失国都地位，但郡级建制仍以京兆相称。

至元十六年（1279）改京兆府为安西路总管府，名取“安定西北”之义。皇庆元年（1312）改安西路为奉元路，长安城改叫奉元城。

1369 年，明将徐达攻占奉元路，改奉元路府为西安府，西安从此得名，此后长期使用。清乾隆年间还修过一本著名的志书，叫作《西安府志》，对西安此前的历史综合记述。直到民国二年（1913）废除府制，设立短暂的行政机构关中道。

四、古代西安行政区划演变

在中国历史上，无论是作为都城的长安还是作为西北重镇的西安府，其面积都很大，今西安与其不可同日而语。其管辖范围多为关中地区，一度还管辖陕南部分地区。由于县的管辖区域不时变化，所以体现在管县的数量上亦有变化，但管辖面积变化并不大。据《长安志》《元史》和《西安府志》等史书和旧志记载：

秦代，置内史以领关中，即今天的关中地区都属于京畿地区。

西汉承秦制，置三辅，以辅京师。京兆尹领县十二，左冯翊领县二十四，右扶风领县二十一。

东汉都洛阳，以关中地复置雍州，领县十。寻罢，复置司隶校尉，统三辅如旧。左冯翊十三城，右扶风十五城。

隋代，京兆郡，统县二十二。

唐代，京兆府，统县二十三。

宋代，京兆府，领县十三。

元代，奉元路，领县十一、州五。州领十五县。

明代，西安府，领州六：商、同、华、耀、乾、邠。县三十一。

清代，西安府则包括：长安县、咸宁县、咸阳县、兴平县、临潼县、高陵县、鄠县、蓝田县、泾阳县、三原县、盩厔（周至）县、渭南县、富平县、醴（礼）泉县、同官县、耀州。

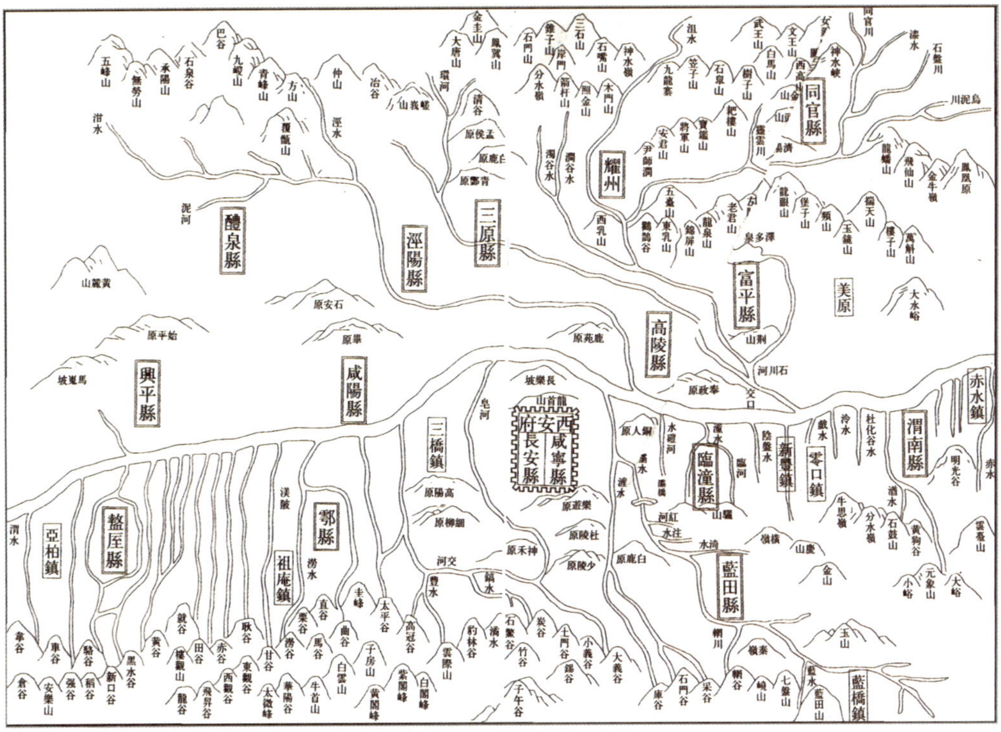

清西安府地域图

五、民国时期西安正式设市

长安无论作为国都还是西北重镇，实则是古代大都市、大城市，而非现代意义上的城市建置，此状况一直延续至1927年。是年11月，国民政府管辖下的陕西省政府议决设立西安市，这是西安设市之始。1928年9月，西安市政府正式成立。后历经撤销、复设，于民国三十六年（1947）起，西安直属国民政府行政院。

第三节
中华文明摇篮的中心区域

中华文明以其源远流长、世代相继而著称于世。如果说中华文明的摇篮在黄河流域，那么西安正处其中心区域。在中华文明的产生和发展中，西安地区有着重要的地位，可以说是中华文明的重要发源地之一。西安境内史前文化遗址囊括旧石器时代、新石器时代母系氏族公社和父系氏族公社等人类社会演进各历史阶段的多种类型，构成人类社会进化史上举世罕见、层次清晰的完整系列。而这些固有的文明都经历了一个发现（许多是偶然发现）、挖掘和研究认识的长期过程。

一、蓝田猿人

1964年5月，古人类学家在位于蓝田县城东20千米的公王岭，发现一具基本完整的中年女性猿人头骨化石，同时发现50余件旧石器文化遗存。同年，中国科学院古脊椎动物与古人类研究所（以下简称古脊所）等11个科研单位和大专院校组成发掘队，对公王岭遗址进行发掘，出土一具中年女性头盖骨化石。这具头盖骨，眉嵴粗壮硕大，而两侧端明显向外侧延伸，额骨非常低平，头骨高度只有78毫米，脑量780毫升左右。古脊所根据地层关系及同时出土的哺乳动物群化石测定其距今60万年左右。

1983年，中国科学院地球化学研究所、中国科学院西安黄土及第四纪地质研究室、西安地质学院的科研人员，在公王岭蓝田猿人头骨出土处采取了 200 多块古地磁样品进行磁性测量，并将部分样品送瑞士苏黎世高工地球物理研究所进行磁性检验，测定结果表明：蓝田猿人头骨的地层年代为 110 万—115 万年。科学家把这具头盖骨化石和蓝田陈家窝旧石器遗址出土的下颌骨化石凑在一起复原，按国际惯例，命名为“蓝田亚种直立人”，俗称“蓝田猿人”或“蓝田人”。

从 1965 年 4 月到 1966 年 6 月，考古工作者先后在公王岭进行多次发掘工作。发掘出蓝田猿人用火的黑粉末物质和 200 多件大尖状器、刮削器、砍砸器和石球，丰富了蓝田人文化的内涵。同时发掘出与公王岭蓝田猿人共同生存的哺乳动物化石 42 种，这一动物群不仅有生存在华北中更新世（第四纪冰川更新世中间的一个时期）常见的三趾马、大角斑鹿、葛氏斑鹿等，而且有一批南方动物如大熊猫、华南巨猫、中国貘、中国爪兽、秦岭苏门羚、硕猕猴、黑熊、巨剑虎、毛冠鹿、杨氏虎、犀牛、李氏野猪、东方剑齿象、丽牛等，都是华南及南亚更新世动物群的主要成员。

由此推断，在蓝田猿人生活的时代，今西安市自然环境可能是这样的：秦岭山脉平均海拔高度约 1 000 米，尚未隆升发展成为南北气候带和交通的阻隔，西安市古纬度比今约偏南 3 度，气候比今更为温暖湿润，类似今长江以南的亚热带地区。毗邻古灞河的公王岭仍为河滩阶地，被茂密的森林草丛覆盖。处于人类进化最初阶段的蓝田猿人过着艰苦的群居生活，依靠打制的砍砸器、刮削器、尖状器、石片、石球等粗陋的原始工具采集狩猎为生，开始了人类旧石器时代的漫长进化历程。

近年来，这一区域继续有重大考古和研究发现，最突出的就是：“将人类生活在黄土高原的历史推前至距今 212 万年”获得 2018 年度中国科学十大进展。

这到底是怎么回事呢？关于人类的起源和演化，国际上公认的非洲以外最老的旧石器地点是格鲁吉亚的德马尼西遗址，年代为距今 185 万年。而由中国科学院广州地球化学研究所朱照宇、古脊椎动物与古人类研究所黄慰文和英国埃克塞特大学罗宾·登内尔（Robin Dennell）领导的团队历经 13 年研究，在蓝田县发现一处新的旧石器地点——上陈遗址。2018 年，研究人员综合运用黄土—古土壤地层学、沉积学、矿物学、地球化学、古生物学、岩石磁学和高分辨率古地磁测年等多学科交叉技术方法测试了数千组样品，建立新的黄土—古土壤年代地层序列，并在早更新世 17 层黄土或古土壤层中发现 96 件旧石器，包括石核、石片、刮削器、钻孔器、尖状器、石锤等，距今约 126 万年至 212 万年。

连同该团队前期将蓝田公王岭直立人年代由原定距今 115 万年重新定年为 163 万年的结果，上陈遗址 212 万年前最古老石器的发现将蓝田古人类活动年代推前了约 100 万年，这一年龄比德马尼西遗址年龄还老 27 万年，使上陈成为非洲以外最老的古人类遗迹地点之一。

澳大利亚国立大学安德鲁·罗伯茨（Andrew P. Roberts）教授评论认为，这项轰动性工作确立了非洲以外已知的最古老的与古人类相关的遗址的年龄及气候环境背景，对于理解人类进化有着巨大的影响，不仅是中国科学的重大成果，也是 2018 年全球科学的一大亮点。

二、半坡、姜寨人

距今约 6 000—7 000 年前，黄河中下游地区经历新石器时代母系氏族公社高度发展的仰韶文化时期。西安是仰韶文化极其繁荣、遗址最为密集的区域，境内主要河流阶地多有分布，在沣河中下游沿岸遗址分布密度甚至与现代村落相似。位于今西安东郊浐河二级阶地的半坡遗址和临潼区以北临河畔的姜寨遗址，经大面积系统发掘，以村落保存完整、文化遗存丰富著称于世。

半坡、姜寨先民以经营农业为主，种植黍与蔬菜，饲养狗、猪等家畜，并从事渔猎、采集、纺织、制陶等生产活动，生产工具以石斧、石锛、石锄、石铲等磨制石器为主，已能大量烧制细泥红陶和夹砂红褐陶器。遗址分居住区、制陶作坊区和墓葬区，居住区房屋位于聚落中心，周围有壕沟环绕，从村落布局到墓葬遗物无不反映出母系氏族社会的鲜明特征。在原始锄耕农业的社会经济条件下，男子从事狩猎、捕鱼，女子从事农耕、饲养、制陶、纺织、采集，人们以母系血缘为纽带联结为氏族，以女子为中心，过着没有阶级、没有剥削、集体劳动、共同分配的原始共产制生活。

半坡、姜寨人在原始物质生活条件下，开拓了丰富的精神生活。各式陶器上绘画的几何纹、弦纹、方格纹图案，以及张口游翔的鱼、急促奔跑的鼠、翘首展翅的鸟、口中衔鱼的人头等，构思新奇，形象生动，表现出强烈的装饰性和高度模仿概括能力。雕刻品中有乐器陶埙、陶制人头塑像、鸟形雕塑及兽形盖纽等，这些陶器艺术是原始社会生活和生产实践的真实写照。陶器上的图案，在同一器物上组合相同、点线相等，表明当时已有数的概念。许多珍品原件在北京中国国家博物馆存放和展出。

1957 年，在半坡遗址基础上建成“西安半坡博物馆”，次年正式开放。

1961 年 3 月 4 日，半坡遗址被国务院公布为第一批全国重点文物保护单位。姜寨遗址也于 1996 年被国务院公布为第四批全国重点文物保护单位。

三、鱼化寨遗址

位于西安高新区鱼化寨街道鱼化寨村西北侧，是一处典型的新石器时代仰韶文化聚落遗址，距今 6 000 多年。1937 年被发现，正式发掘始于西安市文物保护考古研究院在 2002—2004 年对该遗址所做的大面积发掘。此次发掘面积 2 885 平方米，发现房址 107 座，灰坑 251 座，灶 29 座，窑址 1 座，壕沟 2 条，墓葬 137 座，出土大量陶、石、玉、骨、蚌、角器等仰韶文化遗存。这次发掘可称为考古界继半坡、姜寨遗址之后在西安的又一新石器时代遗址的重大发掘，为了解新石器时代原始人类在西安地区的生活生产情况增添了新的研究资料。

2013 年 5 月 3 日，鱼化寨遗址被国务院公布为第七批全国重点文物保护单位。

四、杨官寨遗址

位于高陵区姬家街道杨官寨村泾河左岸的一级阶地上，海拔约 498 米，遗址南距泾河约 1 千米，面积 80 余万平方米。2004 年以来，陕西省考古研究院对其进行了长达 4 年多的考古发掘，发掘面积逾 17 278 平方米，发现各类房址 49 座、灰坑 896 个、壕沟 9 条、陶窑 26 个、瓮棺葬 32 个、墓葬 45 座、水井 5 口，出土各类可复原的器物 7 000 余件。

该遗址的文化堆积主要属于仰韶文化的庙底沟类型文化遗存和半坡四期文化遗存，从时代来说稍晚于半坡、鱼化寨及姜寨遗址。最重要的发现有两项：一是在发掘区南端发现了成排分布的半坡四期文化的房址和陶窑，房址基本上是平面呈“吕”字形的前后室结构，前室一般是地面式，后室则为窑洞式，是目前所知最早的窑洞式建筑群；二是发现了仰韶文化庙底沟文化类型时期的环壕聚落，所谓环壕聚落，就是原始社会大型人类聚居地。

该遗址入选“2008 年度中国十大考古新发现”，2013 年 5 月 3 日被国务院公布为第七批全国重点文物保护单位。

五、老牛坡遗址

位于灞桥区洪庆街道燎原村，南临灞水，北依白鹿原，西起袁家崖村，东至沙河沟，南及灞河二级阶地，北达安家庄村南，面积约 100 万平方米，是一处以商文化堆积为主的大型古代遗址，历年来曾多次出土过商周时代的青铜器。

1985 年夏、秋两季，西北大学考古专业研究生曾对该遗址进行过调查与试掘，基本上搞清了老牛坡遗址的性质及内涵。从 1986 至 1989 年，西北大学教授刘士莪带领西北大学考古专业学生对此遗址进行了 6 次发掘，发现了新石器时代晚期的遗存和商代的墓地、车马坑、建筑基址等一批十分重要的遗迹、遗物。可知这是一处介于新石器时代和商代之间的大型文化遗址，年代约为公元前 4 000 年至公元前 1 100 年。

2010 年 11 月，陕西省考古研究院组织专业人员，对西安至商洛高速公路穿越老牛坡遗址路段发现的夏商文化遗址进行再一次考古发掘。发掘面积约 5 800 平方米，揭露出灰坑 129 座、陶窑 4 座、墓葬 25 座、房子 8 座、灶坑 5 个、坑 3 座、沟 2 条，出土陶、石、玉、骨、蚌、铜等各类文物 600 多件。这次发掘发现商代墓 20 座，夏代墓 4 座，清代墓 1 座，均为小型墓葬。房址绝大多数为半地穴式。

另外，在老牛坡遗址发掘出的相当于夏代的墓葬、灰坑及长沟，是目前发现的分布最西的夏文化遗存，说明夏王朝的势力范围已到达了关中中部地区，为研究夏文化的发展历程、分布范围及夏代的政治疆域提供了宝贵的实物资料。

2001 年，该遗址被国务院公布为第五批全国重点文物保护单位。

西安市全国重点文物保护单位名录

序号	名称	获批批次	序号	名称	获批批次
1	秦始皇陵	国家级第一批（1987 年被列入《世界遗产名录》）	14	杜陵	国家级第三批
2	大雁塔	国家级第一批（2014 年被列入《世界遗产名录》）	15	八路军西安办事处旧址	国家级第三批
3	小雁塔	国家级第一批（2014 年被列入《世界遗产名录》）	16	西安清真寺	国家级第三批
4	汉长安城遗址	国家级第一批（2014 年汉长安城未央宫遗址被列入《世界遗产名录》）	17	西安钟楼、鼓楼	国家级第四批
5	大明宫遗址	国家级第一批（2014 年唐长安城大明宫遗址被列入《世界遗产名录》）	18	仙游寺法王塔	国家级第四批
6	兴教寺塔	国家级第一批（2014 年被列入《世界遗产名录》）	19	华清宫遗址	国家级第四批
7	半坡遗址	国家级第一批	20	灞桥遗址	国家级第四批
8	丰镐遗址	国家级第一批	21	隋大兴唐长安城遗址（包括青龙寺遗址）	国家级第四批
9	阿房宫遗址	国家级第一批	22	姜寨遗址	国家级第四批
10	西安碑林	国家级第一批	23	水陆庵	国家级第四批
11	西安城墙	国家级第一批	24	鸠摩罗什舍利塔	国家级第五批
12	蓝田猿人遗址	国家级第二批	25	八云塔	国家级第五批
13	西安事变旧址	国家级第二批	26	西安城隍庙	国家级第五批

续表

序号	名称	获批批次	序号	名称	获批批次
27	栎阳城遗址	国家级第五批	43	薄太后陵	国家级第七批
28	老牛坡遗址	国家级第五批	44	窦皇后陵	国家级第七批
29	康家遗址	国家级第五批	45	敬德塔	国家级第七批
30	重阳宫祖庵碑林	国家级第五批	46	大学习巷清真寺	国家级第七批
31	公输堂	国家级第五批	47	圜丘遗址	国家级第七批
32	东渭桥遗址	国家级第五批	48	建章宫遗址	国家级第七批
33	香积寺善导塔	国家级第五批	49	西峪遗址	国家级第七批
34	秦东陵	国家级第六批	50	鱼化寨遗址	国家级第七批
35	明秦王墓	国家级第六批	51	杨官寨遗址	国家级第七批
36	昭慧塔	国家级第六批	52	户县化羊庙东岳献殿	国家级第八批
37	大秦寺塔	国家级第六批	53	葛牌镇红 25 军军部旧址	国家级第八批
38	长安圣寿寺塔	国家级第六批	54	西安二龙塔	国家级第八批
39	长安华严寺塔	国家级第六批	55	江村大墓	国家级第八批
40	易俗社剧场	国家级第六批	56	中渭桥遗址	国家级第八批
41	凤栖原西汉家族墓地	国家级第七批	57	东马坊遗址	国家级第八批
42	蓝田吕氏家族墓地	国家级第七批	58	革命公园	国家级第八批

第四节
西安建都历史

『秦中自古帝王州』 陈兆朋书法作品

西安独特的地理位置和优越的自然条件，使众多王朝建都西安，建都时间达 1 100 多年。另有宋朝和明朝打算迁都西安，清光绪皇帝移驾西安，民国时西安成为陪都。新中国成立过程中，也有人提议以西安为都，足见西安的历史影响力。正因为如此，西安才位列世界四大古都（意大利罗马、希腊雅典、埃及开罗和中国西安）之一，从而在中国都城史上具有无可撼动的地位。

关于西安的建都朝代，历来众说纷纭：

10朝说：西周、秦、西汉、前赵、前秦、后秦、西魏、北周、隋、唐。

11 朝说：西周、秦、西汉、新莽、前赵、前秦、后秦、西魏、北周、隋、唐。

12 朝说：西周、秦、西汉、新莽、西晋（愍帝）、前赵、前秦、后秦、西魏、北周、隋、唐。

13 朝说：西周、秦、西汉、新莽、东汉（献帝初）、西晋（愍帝）、前赵、前秦、后秦、西魏、北周、隋、唐。

14 朝说：西周、秦、西汉、新莽、东汉（献帝初）、西晋（愍帝）、前赵、前秦、后秦、西魏、北周、隋、唐、武周。

17 朝说：西周、秦、西汉、新莽、汉（刘玄）更始、赤眉（刘盆子）、东汉献帝、西晋（愍帝）、前赵、前秦、后秦、西魏、北周、隋、唐、齐（黄巢）、大顺（李自成）。

稍加分析不难发现，“17 朝说”中增加的几个朝代，一是时间都很短，二来都是农民起义政权，也就是说并没有建立起稳定的国家，这也是这一说法没有被官方认可的主要原因。而目前大家比较认同的是 13 朝说，即西周、秦、西汉、新莽、东汉（献帝初）、西晋、前赵、前秦、后秦、西魏、北周、隋、唐。

西安建都朝代列表

朝代	首都名称	起止年份	历时（年）
西周	丰镐	武王元年（前 1046）至 幽王十一年（前 771）	276
秦	栎阳	秦献公二年（前 383）至 孝公十二年（前 350）	178
	咸阳	秦孝公十二年（前 350）至 子婴元年（前 206）	
西汉	长安	汉高祖元年（前 206）至 孺子初始元年（8）	214
新	长安	王莽始建国元年（9）至 地皇四年（23）	15
东汉（献帝）	长安	东汉初平元年（190）至 兴平二年（195）	6
西晋（愍帝）	长安	西晋建兴元年（313）至 建兴四年（316）	4

续表

朝代	首都名称	起止年份	历时（年）
前赵	长安	前赵光初二年（319）至 光初十二年（329）	11
前秦	长安	前秦皇始元年（351）至 太安元年（385）	35
后秦	长安	后秦建初元年（386）至 永和二年（417）	32
西魏	长安	西魏大统元年（535）至 西魏恭帝三年（557）	23
北周	长安	北周闵帝元年（557）至 静帝大定元年（581）	25
隋	大兴	隋开皇元年（581）至 大业十四年（618）	38
唐	长安	唐武德元年（618）至天授元年（690） 唐神龙元年（705）至天祐元年（904）	272
合计			1129

一、周都丰镐

周是殷王朝（商朝的后期）属国，后来势力范围达到了“天下三分其二归周”，遂进一步向东发展，准备灭殷。周文王在今长安区的沣河流域修建丰京，武王修建镐京，后来合称为“丰镐”。丰京在沣河的西岸，镐京在沣河的东岸（即今天西安市长安区马王街道、斗门街道一带的沣河两岸）。丰镐持续时间约公元前 1046 年至公元前 771 年，共经历 11 代 12 位帝王。

今丰镐遗址是西周时期都城和墓地遗址，面积超过 10 平方千米。1933 年调查发现，1951 年起开始发掘，1961 年被国务院公布为全国重点文物保护单位。考古发现，“丰镐”城市布局已初步具备一定的规划思想，规整而有序。已发现建筑群遗址，且发现有一套完整的地下排水管道。在斗门街道花园村、普渡村至落水村、眉乌岭一带的高冈地带，发现有大型宫室遗址。在丰镐遗址发现了 400 多座墓葬及陪葬的车马坑、马坑和牛坑，还发现有多处埋藏青铜礼器的窖藏，出土的青铜器造型精美，其铭文记载了西周王朝及方国的一些重要史实。

丰镐是中国历史上第一座规模宏大、布局整齐的城市，文王建丰京是西安地区建城之起始。“丰镐”作为西周政治、经济和文化的中心，理所当然地成为西安建都史的起点，也奠定了西安作为古都的历史地位。丰镐的建城理念影响后世，在此形成的政权制度、礼制对后世影响极其深远。

二、秦都咸阳

西安，周曰丰镐，秦曰咸阳，汉、唐曰长安。秦代，今西安地区并无后来的“长安”之名。当时的咸阳包括今天的西安和咸阳，只是后来不断地调整区划，才有了西安和咸阳两座城市。

咸阳始建于秦孝公十二年（前 350），最初在泾河与渭河之间的咸阳原上。随着秦国不断东扩，直至灭六国、统一中国，建立大一统的秦王朝。此间，咸阳也在不断扩建，从渭河北岸越过渭河向南岸发展，即从咸阳原伸向了龙首原（在今西安主城区）。咸阳的扩建主要分三个阶段，即商鞅创建，惠文王、昭王拓建，秦始皇扩建。最后形成“渭水贯都，以象天汉。横桥南渡，以法牵牛”的传神入画的城市胜景，将渭河穿越城区比作银河亘空，以横桥连接南北隐喻“鹊桥相会”。

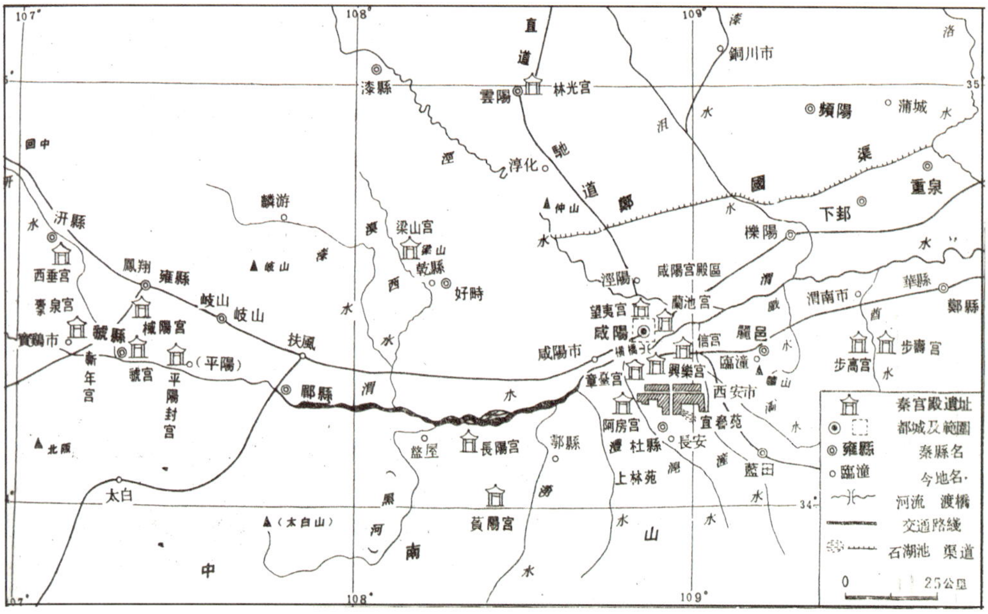

关中秦宫殿分布图（何庆谷《三辅黄图校注》）

秦都咸阳的建设，以秦始皇时期的工程最为浩大。在其长达十年的统一战争中，“秦每破诸侯，写放（仿）其宫室，作之咸阳北阪上，南临渭，自雍门以东至泾渭，殿屋复道周阁相属”。可以想见，在当时秦都咸阳的渭河北岸，风格各异的六国宫殿坐落于咸阳原上，整个咸阳原好比一座大型宫殿建筑的博物馆。其中，以修建的朝宫——阿房宫最为著名。其修建规划最为宏伟，工程最为浩繁，建筑最为豪华，范围达20平方千米。据《三辅旧事》记载，咸阳内外宫殿、台观共计145座。另据《史记》记载，秦时关中有宫殿300座，而关外则有400余座。北至九嵕山、甘泉山，南至周至以南的长杨、五柞，东至黄河，西至宝鸡，在东西八百余里的关中平原上，宫殿林立，离宫别馆相望，构成一个整体。

这里成为中国历史上第一个统一的多民族中央集权国家的都城。在这里，秦始皇成就千古一帝。在这里，秦始皇奠定中国封建社会的统治构架，实行郡县制、书同文、车同轨、法度量等维护统一的法令。秦虽短暂，但历来有“汉承秦制”之说，影响可见一斑。在这里，秦始皇还指挥完成了一系列重大工程，如万里长城、秦直道、灵渠和秦始皇陵，影响之大之久远显而易见。

三、汉都长安

汉长安城，作为当时的政治中心、经济中心、文化中心和国际交流中心，无疑在中国历史和世界历史上留下了辉煌的一页。

“长安”作为都城之名肇始于西汉，原来，它是秦朝的一个乡聚名称。汉高祖六年（前 201），刘邦采纳娄敬建议，将都城由洛阳迁至关中，并决定建都城于渭河南岸，龙首原之北，秦都咸阳的旧址上，并定都城名称为“长安”，以祈望刘氏王朝“长治久安”。

汉长安城的演变主要分四个阶段：汉初的草创、武帝时的扩建、王莽时期的改制、东汉以后的衰败。其中，以汉武帝时期最为辉煌。汉长安城周长 25 700 余米，面积 34.39 平方千米，人口约 50 万。不仅是当时全国最大的城市，而且在世界上也是屈指可数，“西有罗马，东有长安”，当时只有西方的罗马城可与汉长安城媲美。

长安城的平面形状很不规则，除东城墙笔直如线外，西、南、北三面城墙都有曲折，且缺西北角。其形成原因除地理环境因素外，还与先建宫殿、后筑城墙有关。其特殊的形状，被民间形象地称为“斗城”（比喻其像天上的南斗和北斗）。长安城号称有“六宫一库十二城门，八街九陌东西九市一百六十余闾里”。

“六宫”即长乐宫、未央宫、建章宫、北宫、桂宫、明光宫；“一库”即武库，是汉朝中央政府的武器库；“十二门”指长安城的东、南、西、北四城墙各有三个门，东墙中为清明门，南北两侧为霸城门和宣平门；西墙中为直城门，南北两侧为章城门和雍门；南墙中为安门，东西两侧为覆盎门和西安门；北墙中为厨城门，东西两侧为洛城门和横门。每座城门之下的道路平坦而笔直，可同时并行十二辆马车。

汉长安城规划为“八街九陌”，即长安城内有南北纵向的 8 条大街和东西横向的 9 条大街。每条街道的宽度为“方轨十二”，即可并行 12 辆马车。以一轨 8 尺计算，十二轨为 96 尺，约合今 12 米。在街道两旁栽植槐、榆、松、柏等树木，夏日林木茂盛，蔽日成荫。纵横交错的街道把长安全城分成大小不等的方块功能区，其中住宅区又分为 160 余巷里，门巷修直，布局整齐，对后世都市建设产生了深远影响。

汉长安城设有著名的“东西九市”，位于长安城的横门附近，以横门大街为界，街西六市为“西市”，街东三市为“东市”。东市在史籍中又叫“长安市”“大市”，设于汉高祖六年（前 201），面积为 52.65 万平方米。西市设于汉惠帝六年（前 189），面积为 24.75 万平方米。《长安志》中认为九市是指东、西、南、北四市和柳市、直市、交门市、孝里市、交道亭市。长安九市既有坐商开设的店肆货铺，也有行贾带来的各地特产，还有小商小贩们的摆摊设点。丝绸之路开辟后，中国商人开始络绎不绝地从长安出发，带着精美的中国丝绸制品、手工艺品和其他各类商品前往西域各国。同时，西域各国商人也纷纷组成马队或者驼队，带着各种土特产品拥入长安，活跃于长安九市中，进一步促进了长安市场的国际化。

西域各国相继遣使长安，每年遣使少者五六次，多者十余次，使团人数每次少者十余人，多者百余人，以致“使者相望于道”。《汉书·地理志》记载，汉武帝时曾专门派遣使节访问东南亚诸国。在汉武帝时代，“使驿通于汉者三十许国”。为适应对外交流需要，西汉中央政府专门在大鸿胪官署下设译官令、丞，在黄门令下设译长，各置有精通西域和其他国家语言的译员。

“一百六十余闾里”则反映了汉长安城的民居情况。闾里为皇宫以外的民居之地，类似于今日的街巷。汉长安城没有严格意义上的宫城与郭城之分，各宫之间与民居、市场交错分布，是城郭合一的有机整体。

汉长安城的规划者和管理者充分利用长安城外丰富的水利资源，通过修建渠道、改造河道等方法，引城南的滈水、潏水和城西的沣水等入城，通过“石渠”流遍各宫。此外，还修了一条人工运河“漕河”，由南城外东流然后沿东城外一直向北通到渭河，不但解决了全城的用水问题，而且开辟了汉长安城与京畿以外地区的水陆交通。

据史书记载，汉长安城共有16座桥梁，其中12座桥梁与12座城门相对应，建在护城河上。长安城北的渭水之上架有3座桥梁，这就是秦、汉、隋、唐诸朝名闻天下的东渭桥、中渭桥、西渭桥。横跨灞河的灞桥是长安与东方广大地区的重要通道，也是长安城东部的重要屏障。

关于汉长安城的居住人口，《汉书·地理志》载，平帝二年（2）“为户八万八百，人口二十四万六千二百”。这一数字可能仅仅是指作为国家征收赋税对象的居民数，其他城居人口（包括皇室贵族、官僚贵族、驻军、奴婢、刑徒等）尚未统计在内。据专家学者研究，西汉都城长安的人口应在 50 万左右，鼎盛时期可能还远远不止这个数字。偌大的面积和众多的人口，已经使长安从各方面呈现出国际化大都市的特点。

西汉时期社会的发展进步，为民间体育的全面发展创造了丰厚的土壤和辉煌的前景。在西汉初年的“文景之治”时期，国内各地区的民间体育娱乐活动也兴盛起来。当时不仅帝王贵族之间经常进行弋猎、狗马、蹴鞠之类的竞技活动，而且京城长安还不时举行规模盛大、内容丰富的各种体育娱乐表演，称作“角抵百戏”。

汉长安城从建立到毁弃，先后做过西汉、新莽、前赵、前秦、后秦、西魏、北周的都城。另外，更始帝刘玄、赤眉政权、东汉献帝、西晋惠帝和愍帝亦曾以此为都，前后累计 360 余年。以至在唐以后，“长安”成了国都的代称。如李白《金陵》诗中“晋朝南渡日，此地旧长安”称东晋宋齐梁陈六朝都城金陵为长安，实即今江苏南京；北宋词人周邦彦在《苏幕遮》中有一句“家住吴门，久作长安旅”，称北宋都城汴京为长安。这就是“长安”之名叫响中国，闻名世界近 2 000 年的原因所在。

综合史书记载和考古发现，无论从布局规模、居住人口、建筑水平、基础设施、人民生活方面，还是从对外交往等方面看，汉代的长安城都是当时世界上位居一流的国际大都市。

四、隋都大兴

西汉灭亡后，由于当时时局不稳，统治者为了争夺关中，常常兵戎相见。随着东汉迁都洛阳，长安的地位也迅速衰落，所以，长安城遭到多次严重破坏。316 年，匈奴贵族刘曜率军攻占长安，俘晋愍帝，西晋灭亡。经过这次动乱，长安人口骤减。《晋书·愍帝纪》记：“长安城中，户不盈百，墙宇颓毁，蒿棘成林。”此后，虽有前赵、前秦、后秦、西魏、北周5个割据政权在长安建都，但立国时间都较短，长安城的变化不大。

581年，北周权臣、外戚杨坚称帝，建立隋朝。起初，仍定都在汉长安城。但此时的长安城规模狭小、凋残败落，衙署与民居混杂，而且“水皆咸卤，不甚宜人”，加上渭水南侵，城市环境破坏严重，诸多原因促使隋文帝改建新都。除了以上种种客观因素，还有两个更重要的原因：一、隋文帝是一个一心想统一全国的帝王，生活在残破不堪的汉代古城中，当然不能满足；二、隋文帝是一个迷信风水而又猜忌多疑的人（这与他出生后到13岁一直生活在寺院有关），西汉之后，在汉长安城相继建都的几个朝代均寿命短暂，在隋文帝看来，汉长安城是个不祥之地，据说他还曾夜梦洪水淹没都城。

开皇二年（582），隋文帝诏左仆射高颎为总领事，太子左庶子宇文恺为副监，于龙首原之南营建新都。由于隋文帝杨坚在北周时被封为“大兴郡公”，所以新都命名为“大兴城”。又据《雍录》卷三记载，隋大兴殿（唐改称太极殿）所在地为大兴村，以此名城，并取永远兴隆昌盛之意。

隋大兴城是经过周密的调查勘测和精心设计后才动工修建的，主要设计师和建筑师是北周皇族宇文恺。杨坚在取得政权后，把北周皇族宇文氏几乎诛杀净尽，唯独赦免了这位具有非凡建筑才能的宇文恺。其担任的虽是营建新都的副监，但实际上一切规划、设计、建造都由他负责。为此，他先到洛阳和东魏、高齐的邺都考察，吸取洛阳城和邺都南城的优点，利用龙首原南麓六条冈阜（即龙首原六坡）的自然特点进行设计，这六条冈阜东西横亘于现在的红庙坡到大雁塔之间。宇文恺先修大兴宫

（唐改称太极宫），隋炀帝大业九年（613），又动用 10 多万人修筑外郭城，新都大兴城才算竣工。大兴城有以下几个特点：

一是规模宏大，气势雄伟。在六坡上面修建巍峨的宫殿和庙宇，极具雄伟气魄。如此设计完全是为了掌握京城的制高点，不仅宫室、百官廨署占据高地，就连长安、万年这两个县治也不例外。这些耸立于高坡之上的建筑物，使长安城建设中的立体效果更为明显。坡与坡之间的低地，除安置居民区外，还利用凹陷地带开辟湖泊，使其成为名胜风景区。城东南的曲江池就是一例。经考古发掘，外郭城全是版筑夯土墙，东西长9 721米，南北长8 651.7米（均包括城墙厚度在内），周长36.7千米，总面积约84平方千米。郭城东、西、南三面各开3座城门，每座城门又开3个门洞，南面正中的明德门最大，特开5个门洞。

二是城内做了分区设计，主要分为宫城、皇城和郭城三个部分。首先把宫城放在北高地上，这是为最高统治阶层的安全着想；皇城又名子城，是封建政府机关所在地，紧附于宫城的南边；外郭城从东、西、南三面“拱卫”皇城与宫城，是一般居民和官僚的住宅区，也是商业区。大兴城内有东、西两市，东曰“都会”，西曰“利人”，在皇城外东南和西南作对称分布，是城内手工业和商业的集中地。皇城、宫城与郭城隔离，是隋大兴城设计上的一大特点，也是封建统治者对百姓严加防范的体现。

三是全城街道整齐，分坊管理。城内南北 11 条大街，东西 14 条大街，形成网格布局，其间列置 108 坊（又称“里”），每坊都有专名。这些坊又以朱雀大街为界分为东西两半，分属大兴、长安两县。入夜，坊门关闭。

此外，大兴城内还开凿了龙首、永安、清明三渠，把浐河、潏河、潏河水引进城内，解决宫苑及其他用水，河水萦回曲折，汇成多处池塘，成为风景区。

大兴城实际上奠定了唐长安城的基本格局，没有大兴城，就没有后来的唐长安城。

五、唐都长安

作为当时世界上规模最大的城市和中国古代最大的都城，唐长安城是在隋大兴城基础上建设的，并且增修了宫殿。唐朝皇帝认为，隋朝的宫城建筑所处的地势偏低，于是便在长安东北的龙首原上新建大明宫，又在城内修建兴庆宫。从隋文帝开皇二年（582）开始兴建大兴城算起，至唐高宗永徽五年（654）唐长安城基本建成，修建时间长达72年。

唐长安城由宫城、皇城与外郭城三部分组成，周长36.7千米，面积达84平方千米。宫城是皇帝居住和处理朝政之地，位于全城正中的北部，东西长2 820米，南北宽1 492米，周长8.6千米。今西安大明宫国家遗址公园即处于该区域。其南城墙大约在今天西安玉祥门内、莲湖路南侧的西五台附近。皇城位于宫城以南，为中央机关所在地。其东西与宫城等长，南北长1 843米，周长9.2千米。其南城墙大约与今天的明城墙南段基本吻合，这一点被1986年、2004年对唐含光门遗址进行的两次考古发掘所证明。皇城有七门，其中南面三门，中为朱雀门，东为安上门，西为含光门；东面二门，中为景风门，北为延喜门；西面二门，中为顺义门，北为安福门。

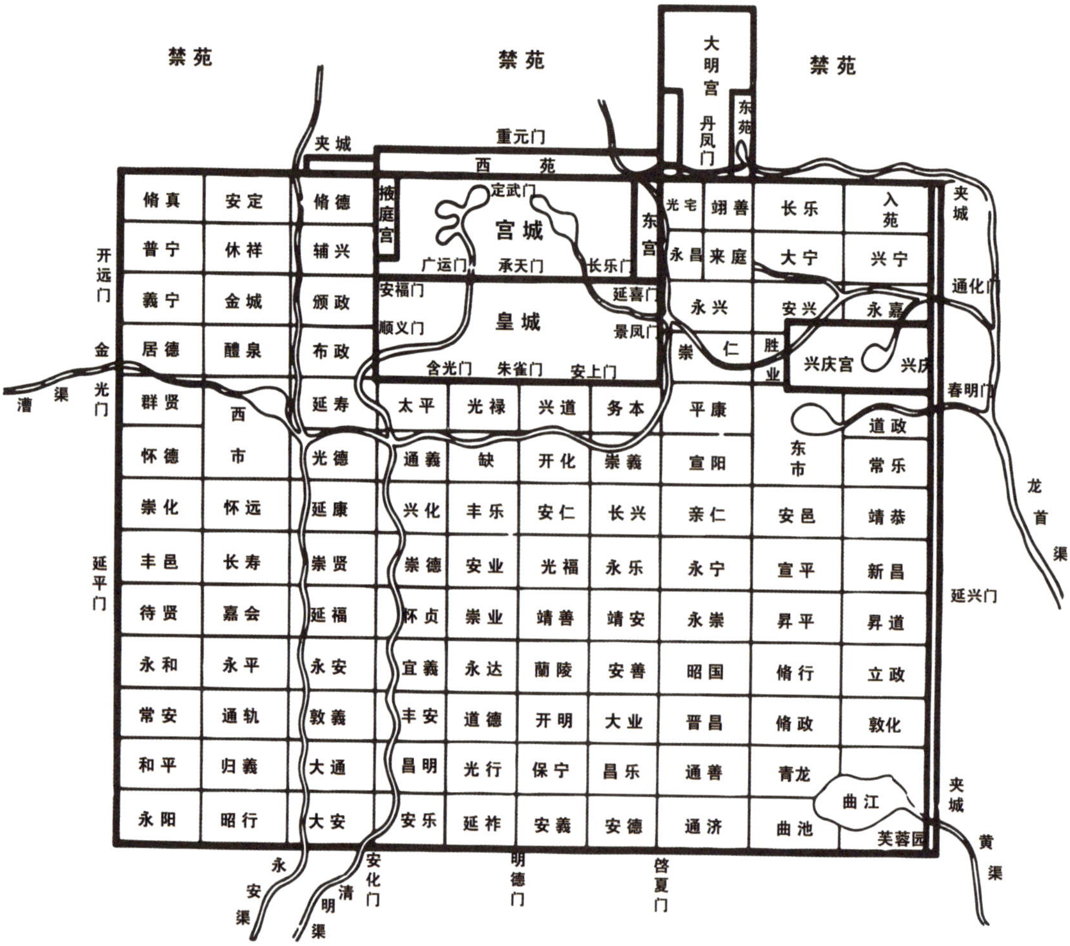

西京外郭城图（《唐两京城坊考》）

外郭城从东、南、西三面围绕宫城和皇城，属官吏和一般民众的住宅区。每面三门，共十二门。南面中间正门为明德门，明德门内的南北大街朱雀大街宽达 150 至 155 米，东为启夏门，西为安化门；东面中为春明门，北为通化门，南为延兴门；西面中为金光门，北为开远门，南为延平门；北面三门在宫城以西，实际上是禁苑的南门，中为景曜门，东为芳林门,西为光化门。2008 年开始修建和逐步开放的唐城墙遗址公园，其曲江新区部分属于唐长安城外郭城的东南城墙，高新开发区部分是唐长安城外郭城的西边城墙。

唐长安城是世界上第一个人口超过 100 万的城市，外籍人口占 2%，绝对是一个名副其实的国际化大都市。

唐代长安城的建设和管理水平很高。唐代城市管理仍然沿袭汉魏以来的坊市制度，城有城墙，城内分成居民区和商业区。关于长安城街道，有两街、六街、九街、十二街之说。长安城中的坊里之数，或认为 106 里，或记 110 坊，或记 108 坊，或主张 109 坊，反映出不同时期长安坊里稍有变化。《旧唐书·地理志》记："皇城之南大街曰朱雀之街，东五十四坊，万年县领之；街西五十四坊，长安县领之。京兆尹总其事。"朱雀大街成为京城东西的界线。唐代诗人白居易在《登观音台望城》诗中描绘道："百千家似围棋局，十二街如种菜畦。"

唐代长安城街道两侧都种树，为行人提供遮阴表道之功能。长安城内果树也很普及，史书记载的就有樱桃园、葡萄园、梨园、杏园、石榴园、荔枝园、桃园、药园等。

以长安城为中心，不仅建有与全国各地交通的国内道路网，也开辟和维护着与周边区域联通的国际通道，诸如绿洲沙漠丝绸之路、草原丝绸之路、海上丝绸之路、西南丝绸之路等国际性通道。来自周边政权和兄弟民族的使者、胡商、质子、僧侣、留学生、伎人、贡人等，沿着丝绸之路络绎不绝地进出长安城，外来物品、外来技术、外来风俗、外来观念等异域风情也纷至沓来。李白有诗云："五陵年少金市东，银鞍白马度春风。落花踏尽游何处，笑入胡姬酒肆中。"盛唐之时，胡服更是成为长安服装的时尚。

与此同时，中国的物质文化和精神文化也通过丝绸之路传到相关国家和地区，长安成为东西方物质和文化交流的国际性大都会。美国著名的汉学家谢弗在其著作《唐代的外来文明》中，将唐代的外来物品分为18类、170多个品种。

长安作为文化之都，无论在经学、史学、文学领域，还是在艺术、技术、科学方面，都是当时最活跃、最前沿和最富创新的地区，一大批专业精英、学术巨匠聚集于此。文化上的盛唐气象，对当时国内、周边以及世界都产生了巨大影响，为西安历史增添了无穷魅力。

作为宗教之都的隋唐长安，云集了来自世界各地的僧侣，多元文化的氛围给各种宗教的发展提供了良好机遇。佛教经汉魏南北朝的发展，到隋唐时期达到鼎盛，宗派争锋，教理日新，使得各派都争相得到长安政权和文化界的支持。

据《唐六典》记载，当时与唐朝往来的国家和地区有300多个。据初步统计，唐代约有71个国家遣使来华共582次。其中，东北亚4国（日本、新罗、百济和高句丽）共遣使来华146次，东南亚地区共34国遣使139次。

唐长安城规模宏大，布局严谨，堪称中国古代城市建设的里程碑。整个长安城布局工整，以南北御道——朱雀大街为中轴线，东西两边各有54个坊和一个市，表现出中国传统文化思想的对称美。在当时，唐长安城影响了邻近国家的都城建设，古代日本的平城京（今奈良）和平安京（今京都），不仅形制和布局模仿了唐长安城，就连一些宫殿、城门、街道的名字也沿用了唐长安城的相应名称。

直到今天，外国人对中国人仍以“唐人”相称。海外的华侨、华人往往称自己是“唐人”，他们聚居的地方称为“唐人街”，从这些不难看出唐长安城对外的影响力。

六、宋明两朝均曾打算迁都长安

自唐以后，国都和政治中心虽东移南移，但众多帝王却对长安念念不忘。960 年，宋太祖赵匡胤登上帝位时，沿用后周旧制，以大梁为东京开封府，洛阳为西京河南府。在基本平定南方及其他地方割据势力后，考虑到开封“形势涣散，防维为难”，他曾拟先迁都洛阳，再迁都长安，他说：“吾欲西迁，据山河之胜，以去冗兵，循周汉故事，以安天下也。”这一打算遭到群臣和其弟赵光义的极力反对，只好作罢。只留下一句感慨：“迁河南未已，终当居长安耳。”

后来的事实印证了赵匡胤所言。北宋后期逐步走向衰弱，最后被金所灭，这与开封的地理位置有极其密切的关系。

靖康二年（1127）四月，金军攻破东京（今河南开封），史称“靖康之耻”，北宋灭亡。短暂为相的李纲曾对宋高宗恢复中原寄予厚望，又主张迁三都于长安（西都）、襄阳（今湖北襄阳，为南都）、建康（今江苏南京，为东都），随时巡幸，让金人难以实施周密计划。同时，朝廷学士李重也主张定都长安，同州知州郑骧也上疏请求宋高宗坐镇长安。

明朝建国之后，以应天、开封为南北二京，临濠（今属安徽凤阳，朱元璋老家）为中都。此间，朱元璋对于将南京作为国都不甚满意，他和太子朱标最中意的迁都之选正是长安。他当时主要有三方面的考虑：首先，南京虽定为都城，但中国的政治中心一直在北方，建都南京有偏安之意；其次，元朝残余势力仍虎视中原，伺机南下，建都南京对于抵御外侮、控制全国局势不利；最后，南京明故宫是填燕雀湖而成，地势下沉，迷信风水的朱元璋认为这对子孙后代不利。

朱元璋试图迁都西安还有其深远用意，那就是在西北搞扩张，进一步肃清前政权关联势力，进一步统一全国，实现“远迈汉唐”的目标。为此，明洪武二十四年（1391）八月，明太祖敕太子朱标巡抚陕西。御史胡子祺上书曰：“夫据百二河山之胜，可以耸诸侯之望，举天下莫关中若也。”帝称善，并告谕天下：“天下山川，惟秦中号为险固，向命汝弟（指朱元璋第二子秦王）分封其地，已十余年，汝可一游，以省观风俗，慰劳秦民。”太子朱标详细考察了西安和洛阳，比较两地地形。当年十月，朱标返回南京给太祖复命，进献了自己带人绘制的陕西地图。太子朱标个人也倾向于选择西安为国都，因为长安作为汉唐国都，王者气派天下独步、无可匹敌。

然而世事难料，太子朱标返回南京后第二年病逝。白发人送黑发人，年近七十的朱元璋受到沉重打击，其筹划已久的西北战略不得不中止。

七、光绪皇帝移驾西安

清光绪二十六年（1900）七月，八国联军进犯北京，二十日联军进入北京城，慈禧太后挟光绪皇帝仓皇西逃，途经怀来、大同，八月十七日到太原。八月二十六日，慈禧、光绪以及随行文武从风陵渡相继渡河西行。九月四日，慈禧一行到达西安。而早在五月，军机大臣荣禄即密遣心腹到陕，会知陕西巡抚端方作“迎驾”准备，在西安满城内相度地势，拟定修建行宫蓝图。慈禧到达西安前夕，陕西为支应皇差，特设支应局，赶修总督署为行宫。御膳房也仿照清宫御膳格局，分荤局、素局、菜局、饭局、茶局、酪局、粥局、点心局等。慈禧嫌赶修的行宫太小，改住抚署。

光绪二十七年（1901）七月二十五日，《辛丑条约》签订后，列强相继撤兵，慈禧才挟光绪准备从西安启程回京。八月二十四日，慈禧、光绪及随从官员出南门绕道东关八仙庵拈香，然后东去。

慈禧为何会选择西安呢？其实清朝建立之初，统治者就认为西安对权势方而言更安全，西安的地理特征和防御工程很重要。清顺治六年（1649），拆除府城东北隅原明秦王府外城的“萧墙”，并扩大其范围，改筑为满城，亦称驻防城，专供八旗驻防军和满人居住。此后，多次修葺明城墙，修复城楼，疏浚城壕，缮治城防守具、城楼、垛口、敌楼、角楼等，西安城在明代的基础上变得更加雄伟坚固，这应该是当年慈禧携光绪逃到西安的重要原因。

虽为特殊情况下的特殊选择，但是皇帝在都城之外的城市居住办公达一年之久，实在是少有，由此可见西安在满清政府的地位有多高、多重要。

八、西京陪都

南京国民政府成立之初，就确定开发西北、建设西北为政府要务之一。1928年1月，国民政府成立建设委员会；1930年7月，该委员会制定《西北建设计划》，相继组建西北科学考察团、西北实业考察团等进行实地考察，为开发西北做准备。抗战爆发后，西北成为抗战的后方，开发西北显得更为迫切。国民政府强调以西北为复兴基地，提出开发西北的计划和决议，这些计划和决议为以后西安被定为“陪都”以及西京筹备委员会的成立奠定了基础。

九一八事变后，全国抗日救亡运动风起云涌，为消减因不抵抗而激发的沸腾民怨，提出以西北为长期抵抗的后方根据地，可转移国人视线，表明政府抗日的决心。加之中原大战，冯玉祥部战败，中央势力已控制陕甘宁青地区。这是国民政府确立以西北为长期抵抗后方根据地的一个原因。

民国二十一年（1932）1 月 28 日，日军挑起上海事变后，国民党中央暨国民政府急迁洛阳（同年 12 月 1 日迁回南京），筹谋应对长策。3 月 5 日，国民党中央执行委员会四届二次全会决议“以长安为陪都，定名为西京”，并“以洛阳为行都”。民国二十九年（1940）9 月 6 日，明定重庆为中华民国陪都，“西京”建设无形中止，“西京陪都”随之流产。

在西安被确定为“陪都”期间，1936年10月和12月蒋介石两次入陕，以华清池为“行辕”，下榻五间厅。胡宗南为逢迎蒋介石，计划给蒋设置一处理想的“西安行宫”，既要适于避免日机空袭，又要环境幽静舒适。于是发动工程技术人员，经过精心择地勘察，最后选定了距王曲北五华里、皇甫村西、傍神禾原南半坡上的“西寺”小庙地区，为蒋介石在此修建行宫“常宁宫”。抗战后期的1943年夏、1945年夏、1946年秋，蒋介石三次来西安均住在常宁宫。其间的1944年冬，蒋介石的二儿子蒋纬国还在常宁宫举行了婚礼。

● 隋唐长安城的历史环境①

（一）隋唐长安城的空间范式及其历史环境

1. 古代都城的生成路径

纵览历史，可以发现中国古代都城有一个不同于一般城市的组织方式，即在生活性的空间系统之外还有一套专门的功能—礼仪性设施。都城的功能—礼仪性设施既包括供帝王度假赏景的离宫别馆、习武练兵的苑囿，也包括体现王权正统的坛庙等祭祀建筑和帝陵系统。“城—郊—陵—苑”系统共同构成了都城特有的空间格局。

在新石器时代的西安半坡和姜寨遗址中可以发现，那时的人们已经习惯于将故去先人的遗体就近安葬于居所旁边，以便与想象中的神灵相互交流。居住—祭祀—墓葬空间的一体化成为常态，形成十分紧凑的宅—墓—祠并置聚落格局。其重要意义，就是使人们从一开始就对神灵产生一种亲近感，认为过去就是现在的一部分。通过祭祀占卜等人—神交会活动，人们相信神灵可以通过某种方式对现状和未来产生影响。都城是起源最早的一种城市类型，而“城—郊—陵—苑”空间格局真正体现了古人尊列祖列宗为国脉、融山水环境于一体的规划理念。

2. 从环境选择到环境营造的关中都城

从都城形态特征来看，丰镐二京还具有一些早期聚落的布局特征。二者分别位于沣水东西两侧的高地上，周边水道环绕，城中王宫、居住空间与作坊、墓葬相互交织，而昆明池则兼具礼仪、游赏、防御等综合性功能。其“城—郊—陵—苑”的空间传统一经形成，就作为国之大体

① 董卫：《隋唐长安城的历史环境－空间逻辑初探》，《城市规划》2021年第6期。

而成为后世效法的圭臬。西周丰镐二京毁弃后400余年，秦迁都于渭河之北坂营造咸阳城，而此时的都城格局已与丰镐时代大为不同。秦咸阳延续了公元前7世纪秦国自雍城以来以背山面河、临水据险之地营城的传统。这里比渭河川地高数十米，俯瞰关中平原，遥望南山，可谓大气磅礴。后因人口增加，秦始皇便南跨渭河拓建宫室，首创“渭水贯都以象天汉，横桥南度以法牵牛”的大都格局。汉初因地制宜，借渭河南岸许多既有宫室逐渐形成了长安城。这样做虽有因势而成、成本低廉的优点，却也永远失去了在渭北台地上延续秦咸阳傲世大都的机会。

（二）隋大兴城的规划与发展

1. 城址选择

经过秦汉数百年的经营，关中核心地区不仅形成了一系列既有的都城环境，也在世人头脑中留下了一套完整的都城模式。如果理解汉长安城周边的建成环境，就会明白，隋文帝在考虑都城选址时，其实并无太多可供考虑的余地。从渭河南岸到秦岭北麓都属秦汉上林苑范围，汉长安城以北、以东、以南，都是历史上的离宫别馆或兆域之地，在一些土塬上或具有环境优势的小高地上早已分布了许多早期宫室和墓葬（图1）：

（1）大兴城东隅。临近浐灞二水，这里地势自西向东逐渐高起，趋近白鹿原台地，多条浐灞支流将用地切分为南北向条带形态，不适宜大规模建设，再向东则临近秦东陵陵园（芷阳陵区）、始皇陵及汉霸陵等，没有可供建设的整块用地。

（2）大兴城西隅。近郊微地形起伏较大，水系密集，有太平河、檀峪河、涝河、甘河、苍龙河等，是上林苑的中心地区。这里历史悠久、文脉深厚、水网丰富，地势相对低洼，包括秦阿房宫、西周丰镐二京

图1　隋大兴城的规划选址

及昆明池旧址。自秦至唐末1 000余年间，今鄠邑及长安西北一带一直是王朝苑囿之所在，缺少地势高亢的大片地块，不适宜于大规模城市建设。

（3）大兴城南隅。向南地势渐高，起伏愈加剧烈。自北向南有乐游原、凤栖原—少陵原（汉以前称鸿固原）、神禾原等，还有秦二世陵、汉杜陵及许多前朝离宫别馆旧址。多年来这里先后发现了数百座周秦汉墓葬，包括秦皇子墓、汉宣帝杜陵及其许皇后陵等。凤栖原—少陵原还有韦曲、杜曲、王曲、郭杜等古镇，属上林苑范围，秦汉故事遍布各处。

（4）大兴城北隅。近郊存在大量汉墓群（发掘出高铁寨汉墓、薛家寨汉墓群等），且此处为龙首原北坡，龙首原与渭河之间地势明显呈南高北低走向，易受渭河洪水侵袭。这里有秦汉离宫存在，是皇家苑囿的理想用地。跨过渭河则是秦咸阳主城区，还有大量汉墓及其陵邑。

在为大兴城择地的过程中，隋文帝及其近臣们尽力避开这些历史上的建成区或不宜建设用地。最终选址范围内存在丰富的水系和绿化，可以就地取材，有利于城市建设和发展，因此这里成为新都唯一的选择。

2. 城市空间布局与建设

隋文帝希望依托龙首原在乐游原以南建立一座大都。但以龙首原的体量和高度，远无法与南边的乐游原相比，更遑论其后的少陵原了。故大兴城的规划意图是充分利用龙首原与乐游原之间的“盆地”空间，以便更好地利用秦汉故都基础创制新都，再现“表南山之巅以为阙”的恢宏气势。从大兴城所处环境看，宇文恺的确已经占尽所有能够使用的土地。这显然是有所考虑的，如果不这样，就会出现城市以东、以南城外部分地势高于城内的状况，既无法形成完整的空间形态，也不利于军事防御。为此，建设者利用东南角秦汉曲江遗构加以拓宽，形成一片称为“芙蓉池”的开阔空间，将南部高地与城市隔开。从大兴城空间格局的实际效果看，其规划建设存在三个缺陷：一是过于注重“宏大构图”，导致宫城部分位于地势低洼处；二是防洪能力不足，城市时常遭遇洪水侵袭；三是城市面积过大，城中里坊疏密不均，特别是城南及城东南许多里坊因地形复杂、不宜居住而长期空置。在整体上隋唐长安城一直是一座人口分布不均匀的城市。城市中、北部密度较高，市井生活氛围浓郁，而南部里坊因地形地貌关系显得相对空旷，颇具乡野意味。这种多样性里坊功能及其环境特色贯穿了隋唐300余年的历史，也形成了隋唐长安特有的“城中山野、都市乡村”景观系统。

3.“东贵西富，北禁南寒”格局的形成

随着大明宫、兴庆宫的建成，唐朝政治中枢系统在长安城的居中平衡体系被打破，从而真正形成了偏重于东北区域的局面。王公贵族、达官显宦在选择宅第的时候，精心考虑选址，有些是私家购买，有些是皇帝赐赏，但重要人物多选在东部偏北诸坊。

以著名诗人白居易为例。白居易在元和十五年（820）回到长安以后，任主客郎中知制诰，相当于皇帝的秘书，这时才在万年县东南的新昌坊里找了一处住所，这样，仍然有同僚笑话他，不愿到他家做客。当时他写了一首《新昌新居书事四十韵因寄元郎中张博士》的诗，其中有“省吏嫌坊远，豪家笑地偏。敢劳宾客访，或望子孙传”之语，几乎是恳求别人到他家做客。由此可见，当时的长安选择宅第的风气是以靠近皇宫的东北部为首选。否则，想交结朋友都很难，更不用说

结交权贵豪客了。

唐长安城以朱雀大街为中轴线，东归万年县管辖，西归长安县管辖，本是一种平衡的格局。但是，由于社会政治环境对住宅成分结构的影响，在唐朝相当长的时期里，逐渐形成了公卿以下多居住在朱雀街东，勋贵宅第集中。商贾们出入，多归西市。东市虽然也很繁荣，但多是供应达官显贵的奢侈品。西市是长安城主要工商业区和经济活动中心，因此又被称为“金市”。来自西域和波斯等国的商人，多从事珠玉、丝绸买卖，积累大量财富，他们多侨居于西市或西市附近的坊里。

长安城的南部总体来说比较荒凉，俗称“围外”，是当地百姓形容此地偏僻，街鼓之声都难以达到。在此范围内，很少有王侯将相等达官贵人的住宅，多是寺院、道观、家庙、园林和农民的种植地及少数爱好清闲的知识分子的住宅。

4. 适应环境的里坊系统

隋唐长安城实际上是一个规模庞大而又具备“城—乡—郊—野”环境多样性的复杂空间系统。城市中部里坊人口众多，住宅密集，而愈往城南，居住人口就愈发稀少，在地形复杂的城东南则如空旷的都市山林。另外，由于城南树木繁茂、环境幽雅，一些里坊也就成为礼佛诵经、休憩郊游的去处。隋唐长安城是一座相当立体化的城市，是充分利用地形地貌与历史环境的典范。这种空间立体性特征还表现在处理城东南与西南角之间近80米的高差方面。如果用从北向南这样一种“皇家视角”观察，大兴城的东南与西南角是十分重要的两处空间节点。显然隋代帝王从一开始就关注了这两处关键性城市“气眼”。隋文帝先在城东南汉宜春苑的基础上拓凿黄渠水系，形成芙蓉园（曲江池），又在城西南修筑禅定寺。炀帝登基后接续该寺建设，最终以禅定寺、大禅定寺分享永阳、和平二坊的“双坊双寺双塔”创新性形制，完成了城西南角空间形态的整体塑造。这两座木塔的高度在一定程度上可以与城东南的乐游原台地取得某种心理和视觉上的平衡。此二寺作为皇家寺院，规模宏大、殿宇壮丽、双塔巍然，屹立于隋唐长安城西南隅。这样，从皇城南望，就会大大缓解大兴城东南高、西南低的视觉效果。

对于城内地形复杂多变、缺乏足够开阔平坦用地等先天不足，大兴城的建设者在继承秦汉都城传统的同时，必然要千方百计采取各种措施克服种种不利条件，将庞大的城市空间安置于如此复杂地形之上。一方面，城市须在整体上以宏大格局来顺遂帝王定位天地之间、号令普天之下的心愿；另一方面，还要在里坊层面采取因地制宜、灵活多样和差异化布局的方法，使城市空间具有良好的生活性。

（三）都城外围设施

古代都城除了宫城、皇城、郭城作为主体外，还有一些体现王权正统的制度性、礼仪性设施布置在郭城以外，作为必要组成部分与前者共同构成一座完整的都城。这些设施主要包括皇家坛庙（郊）、帝陵、官仓驿所、离宫别馆等。

一是作为都城礼仪性空间的郊庙系统。郊庙即指古代帝王祭天地诸神、拜先祖列宗之处。

二是作为帝王权力象征的明堂。明堂是帝王举行祭奠、颁布教化的场所，是象征王朝权力中心的礼制建筑。

三是“城陵一体”空间结构中的帝陵系统。

中国古代都城特有的“城—郊—陵—苑”空间格局是在关中中部地区创制发展而成的，而其中最能表达都城空间宏观格局的则是“城”和“陵”两个重要部分，它们共同决定了都城“核心—外围”今世与往生两种不同区域之间的互动关系。

在许多丰镐遗址中都可以发现同时期居住建筑与墓葬毗邻或叠压的现象。可以说，西周丰镐二都开辟了“城陵一体”都城结构的先河，且被后来的秦汉、隋唐城市所继承发展。

秦始皇将自己的陵墓选择在咸阳城以东，雄踞骊山北麓，从而标定了秦都的东缘。这种布局跳出西周丰镐城陵混搭布局的窠臼，创新以陵邑拱卫都城、以都城控扼天下的“城陵一体”新格局。始皇陵东望函谷，与故栎阳城形成南北夹持态势，扼守秦都咸阳东大门，将渭水要津及关内驿道置于脚下。那时攻灭六国的军队就是从这里出征，而凯旋的将士到此才算班师回朝。始皇陵距其先辈的东陵墓园不远，都位于咸阳城东南方向，但以该陵地势最为高亢。以其高居台塬、背靠骊山、规模宏魄并联结其他先祖墓群的巨大体量，大有与咸阳城形成南北互为犄角的大都态势。

秦始皇对其陵墓的选址与布局似乎说明，他希望以此保证自己时刻都能看到进出国都的部属和子民，守护咸阳先辈开创的家业，威震敢于来犯的宵小，进而成为天下膜拜的神祖。汉长安城继承了这种肇自周原而成于咸阳的“城陵一体”关中模式，在200余年的时间里逐步形成如众星拱月般围绕中心城区的城陵关系，也进一步发展了卫星城般的陵邑制度，只是其空间尺度远未达到秦咸阳城与始皇陵所创设的那种规模（图2）。

图 2 根据秦始皇陵区考古资料及周边环境推测图

根据“城陵一体”的传统模式，隋唐帝陵也应在都城附近择地布置。但隋文帝却突破秦汉帝陵的规制，将自己的泰陵（原称“太陵”）选在了今西安以西约 80 千米的扶风县杨陵镇三畤原上。这一创新性的举措确立了隋唐帝王诸陵的西部边界，也标定了隋大兴城的外围空间尺度。这里地势开阔，北依周原、南眺终南、近瞰渭水，控扼大兴城西部门户。历史上来自西北方向的匈奴势力曾经对汉朝构成了巨大威胁，而后起的突厥也使文帝对其东犯如鲠在喉。“太陵”位于关中西部咽喉之地，控扼通往西域的要道，对朝廷安危意义重大。从城市区域环境、国家受敌方向及城陵结构等方面看，“太陵”的选址之于大兴城犹如始皇陵之于咸阳城，其陵邑和守军都能够起到威慑远敌、拱卫都城的作用。可以认为，正是“太陵”所勾勒出的“城陵一体”新格局，才启发了唐代诸陵最终跨越汉代帝陵贴近城市的紧凑式布局，创新出前所未有的、以大关中为环境背景的都城空间大格局。隋文帝的这一选址既避开长安附近汉陵拥挤的兆域环境，又开拓性地选择汉家陵阙上游积淀了后稷教稼和周秦事迹的吉地，不仅使大兴城“城陵一体”的空间格局得到极大拓展，也使帝陵环境得到古代圣人史迹的滋养，为后来唐代诸陵的选址建设创立了典范（图 3）。

贞观九年（635）唐高祖李渊崩，太宗李世民将其献陵定于今三原县和富平县之间的荆山原上，由此确立了唐代帝王陵墓的中心点。其后唐陵大致以献陵为中心沿渭北高原台地在其两侧分布，对长安城形成拱卫之势。献陵地势高敞、视野开阔，东邻西汉刘邦之父刘煓的汉太上皇陵。李世民在玄武门之变后，与高祖李渊父子之间嫌隙日深，将献陵与汉太上皇陵并列，或也有隐喻李渊如汉太上皇之意。唐献陵所处环境颇有隋泰陵风度，也拥有悠久的历史和深厚的文化积淀。荆山传说是大禹铸九鼎之地，附近还有秦栎阳故都和西汉龙游宫，后者是汉武帝求神祈雨、游幸对弈的场所。唐献陵与隋泰陵一样都延续了汉封土为陵、坐北朝南的传统。但唐献陵陵园周边有大量陪葬墓，规格与气魄远大于隋泰陵。

一年以后，唐太宗葬长孙皇后于九嵕山下，是为昭陵之始。由此太宗在这里开创了唐代“因山为陵”的传统。昭陵与高祖献陵分处唐长安西北与东北方向，进一步强化了唐代诸陵以都城为中轴形成枝干相持、以护正位的态势（图 4）。

四是离宫别馆。唐长安城承袭隋制，保留了城北隋大兴苑，更其名

朝代	帝号及姓名	朝代	朝代
传说时代	有熊氏（轩辕）皇帝	黄帝陵	延安市黄陵县
	神农氏炎帝	炎帝陵	宝鸡市渭滨区
春秋战国	秦景公嬴石	秦公一号大墓	宝鸡市凤翔县
	秦惠文王嬴驷	公陵	咸阳市秦都区
	秦悼武王嬴荡	永陵	咸阳市秦都区
	秦昭襄王嬴则（又名稷）	芷陵	西安市临潼区
	秦孝文王嬴柱（一作式）	寿陵	西安市临潼区
	秦庄襄王嬴楚（一作子楚，本名异人）	阳陵	西安市新城区
秦	秦始皇嬴政	秦始皇帝陵	西安市临潼区
	秦二世嬴胡亥	秦二世皇帝陵	西安市雁塔区
西汉	汉高祖刘邦	长陵	咸阳市秦都区
	汉惠帝刘盈	安陵	咸阳市秦都区
	汉文帝刘恒	霸陵	西安市灞桥区
	汉景帝刘启	阳陵	咸阳市秦都区
	汉武帝刘彻	茂陵	咸阳市兴平市
	汉昭帝刘弗陵	平陵	咸阳市秦都区
	汉宣帝刘询	杜陵	西安市雁塔区
	汉元帝刘奭	渭陵	咸阳市渭城区
	汉成帝刘骜	延陵	咸阳市渭城区
	汉哀帝刘欣	义陵	咸阳市渭城区
	汉平帝刘衎	康陵	咸阳市渭城区
十六国至北朝	前秦宣昭帝苻坚	苻坚墓	咸阳市彬县
	大夏武烈帝赫连勃勃	嘉平陵	延安市延川县
	西魏文帝元宝炬	永陵	渭南市富平县
	北周武帝宇文邕	孝陵	咸阳市渭城区
隋	隋文帝杨坚	泰陵	咸阳市杨凌区
唐	唐高祖李渊	献陵	咸阳市三原县
	唐太宗李世民	昭陵	咸阳市礼泉县
	唐高宗李治、武则天	乾陵	咸阳市乾县
	唐中宗李显	定陵	渭南市富平县
	唐睿宗李旦	桥陵	渭南市蒲城县
	唐玄宗李隆基	泰陵	渭南市蒲城县
	唐肃宗李亨	建陵	咸阳市礼泉县
	唐代宗李豫	元陵	渭南市富平县
	唐德宗李适	崇陵	咸阳市泾阳县
	唐顺宗李诵	丰陵	渭南市富平县
	唐宪宗李纯	景陵	渭南市蒲城县
	唐穆宗李恒	光陵	渭南市蒲城县
	唐敬宗李湛	庄陵	咸阳市三原县
	唐文宗李昂	章陵	渭南市富平县
	唐武宗李炎	端陵	咸阳市三原县
	唐宣宗李忱	贞陵	咸阳市泾阳县
	唐懿宗李漼	简陵	渭南市富平县
	唐僖宗李儇	靖陵	咸阳市乾县

0 25 50 100km

高：3659.73
低：323

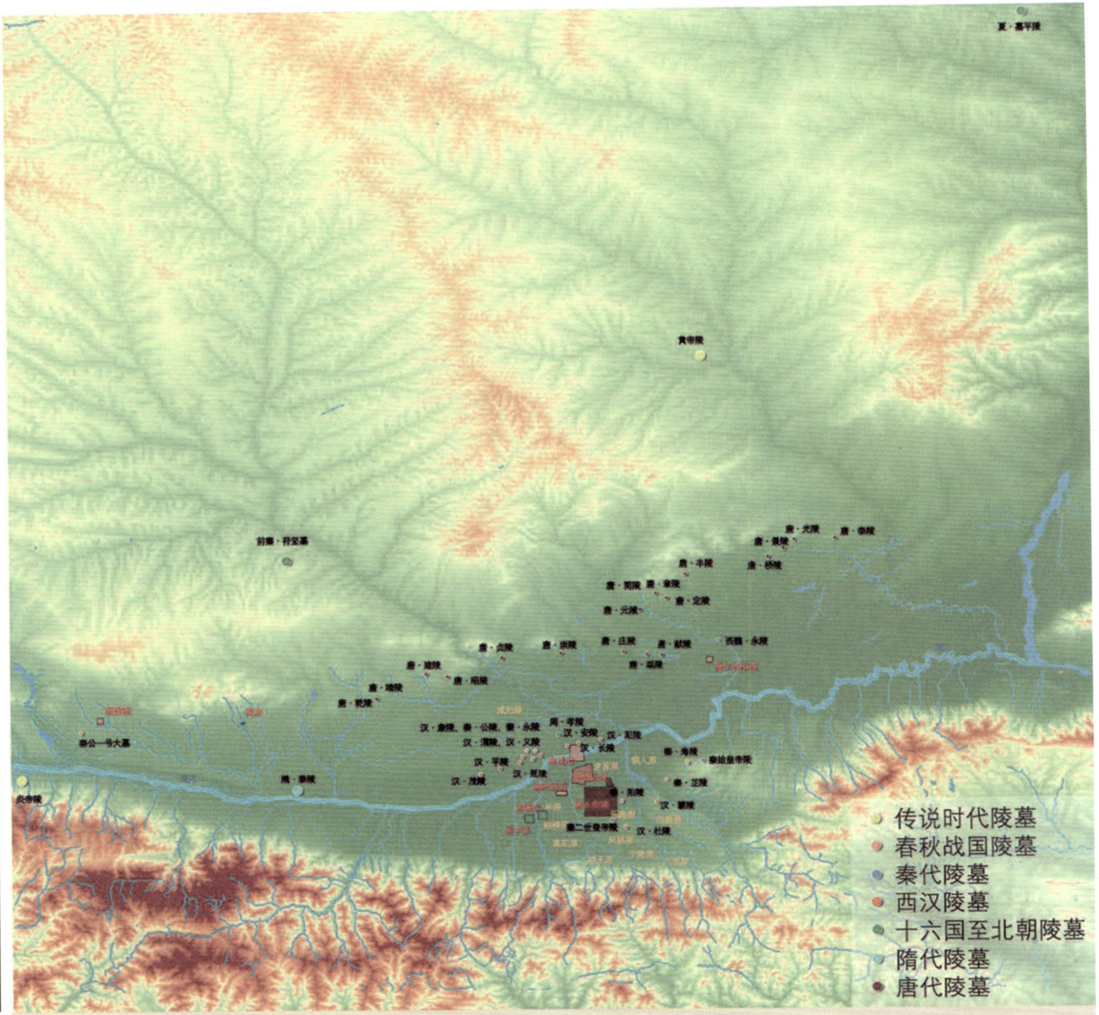

图 3 隋唐长安城“城陵一体”空间格局与周边环境的关联性

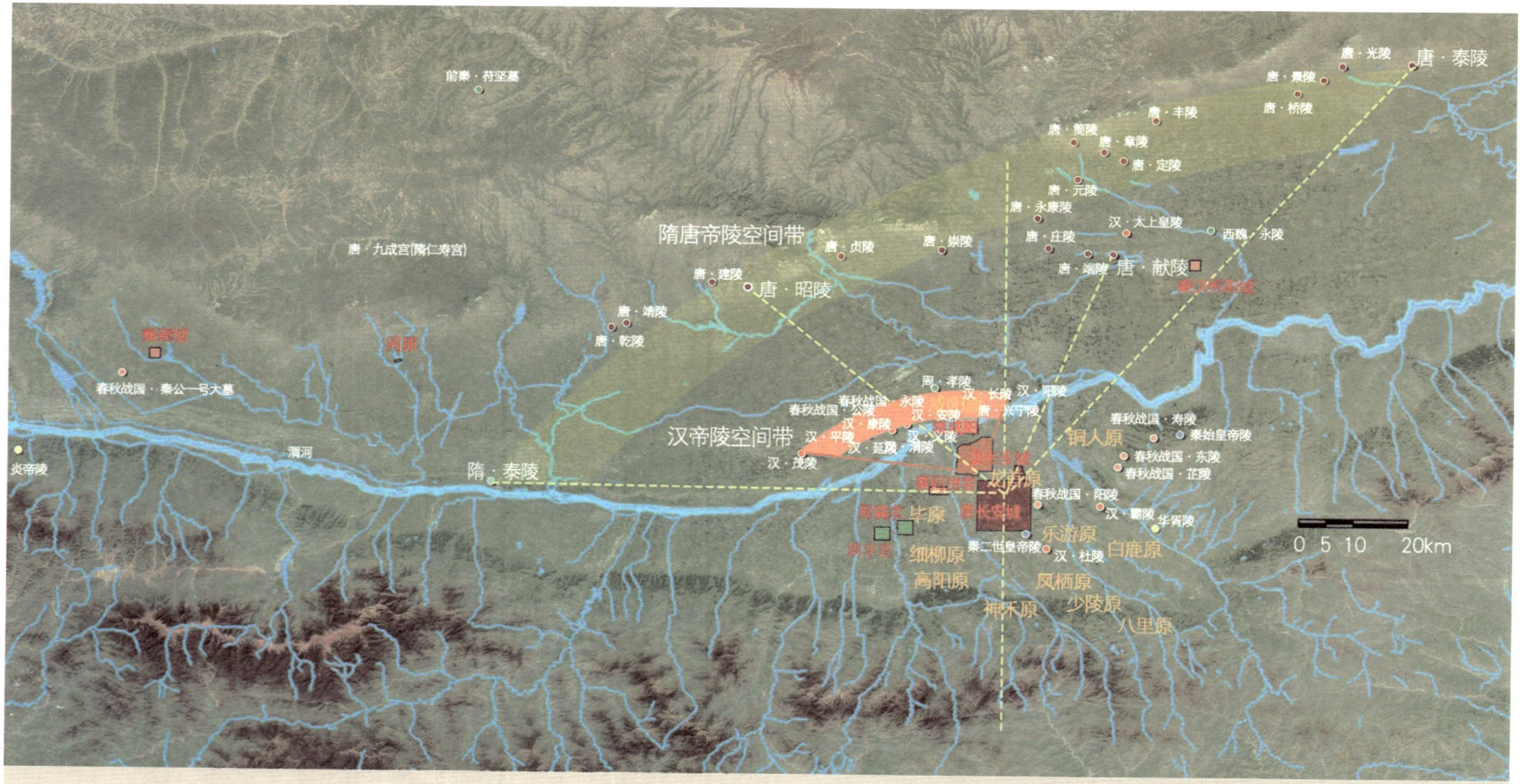

图 4　由隋泰陵启动的隋唐帝陵空间分布与长安城的关联性

注：黄色——隋唐帝陵分布带，西端为隋泰陵；橙色——汉帝陵分布带。

为“禁苑”。唐禁苑是都城长安最大的一处皇家园林，因其中又包含东内苑、西内苑两个小苑，故也称为“三苑”。禁苑范围包括城北至渭河的广大地区，禁苑的设置无疑为宫城建立了一道牢固的屏障和缓冲之地。禁苑内驻有神策、羽林等禁军，拱卫京城，其东有浐灞，北有渭水，西为皂河，这几条天然河流如环垣的护城河一般。所以，禁苑实质上也是长安城北的一座外城。从历史的角度看，李唐取代杨隋只是在那个特定历史时期中强大关陇集团内部势力再次调整与平衡的结果，故其执政理念与营城思想存在着天然的传承性与一致性。在这种政治背景下，就不难理解从隋大兴城到唐长安城的平稳过渡，实有其历史的必然性。

与秦汉宫苑功能类似，隋唐的离宫别馆也主要是为帝王躲避城内的酷热环境而建。

对都城来说，有些离宫别馆不仅只是帝王享受消遣之处，也是在不同季节处理朝政的场所，所以在一定程度上，这些厅堂馆舍是宫城皇城功能向郊外的延伸。这样，围绕都城中心城区的离宫别馆就形成了一种发散—向心型王朝行政—休闲复合空间节点集群，大大拓展了都城的空间尺度，丰富了都城的政治空间和王朝景观。隋唐长安城所体现出来的尊重历史、优化环境、延续文脉、合用资源、不断创新的城市规划思想应当被继承发扬。

第五节

长安盛世

盛世，指中国历史发展中一些特定的阶段，即国家从大乱走向大治，在较长时间内保持繁荣昌盛的时期。中国古代出现过许多盛世，商鞅变法使秦强大，最终统一中国；汉朝有文景之治、汉武盛世等；而唐朝则有贞观之治、开元盛世等。这些都发生在当时的长安。这些盛世记入了史书，随着考古发现和深入研究，逐渐在世人面前明晰，供后人膜拜，供政治家借鉴。

一、成康之治

成康之治指西周时期继周武王之后，周成王姬诵、周康王姬钊时期的统治，是中国历史上记载最早的太平盛世。周成王、周康王在位期间，继承文王、武王业绩，对内推行周公“以德慎罚”主张，务从节俭，以缓和阶级矛盾；对外不断攻伐淮夷，用武力控制东方少数民族地区，取得重大胜利。康王在位期间，西周王朝国力强盛，经济繁荣，文化昌盛，社会安定。后世将这段时期和成王末年的统治誉为“成康之治”。

商朝灭亡后，面对百废待兴的大周王朝，周武王日理万机。长时间的超负荷劳动，使得他积劳成疾，英明神武的周武王撒手人寰。临终前，他把几代人辛苦打拼的江山留给了尚未成年的儿子姬诵，嘱咐周公旦亲自摄政，主持国事。周公用了三年工夫，平定了武庚勾结管叔、蔡叔、霍叔发动的叛乱。为树立朝廷威严，以儆效尤，他不仅诛杀带头叛乱的武庚，还挥泪杀掉胞弟管叔，废霍叔为庶民，流放蔡叔。

周公辅助成王执政七年，终于使周王朝的统治得以巩固。他还分封诸侯，制礼作乐，为周朝建立了一套完整的礼仪制度，覆盖当时社会生活的各个方面。等到周成王年满二十岁，羽翼丰满，周公这才放心地把政权交给成王管理。正是因为周公的悉心辅佐，周朝国力不断强盛，为西周王朝的发展奠定了坚实基础。

周成王病逝后，把王位交给其子姬钊，是为周康王。周成王让召公和毕公继续辅佐姬钊，就像当年辅佐自己一样。周康王在位期间，励精图治、奋发有为。针对周边一些小国的滋事侵扰，周康王奋起反击。他曾多次攻伐鬼方（今陕西省西北部）和东南各地，夺得大量奴隶和土地，分赏给诸侯、大夫。在一次大战中，周军俘虏了犬戎兵士 13 000 多人。为了庆祝胜利，周康王赏给参战的贵族盂 1 700 多俘虏，作为奴隶使用，并将此事用文字铸在鼎上。这只重达 500 多斤的大盂鼎在清朝中期被发掘出来，至今还陈列在中国国家博物馆里。

周康王在位期间，国力强盛，天下统一，经济、文化繁荣，社会安定，人民安居乐业。史书记载："成康之际，天下安宁，刑错四十余年不用。"后世将周成王到他的儿子周康王两代，前后约 50 多年的统治誉为"成康之治"。

西周华夏民族的壮大和礼乐文明的构建，以及各项制度的建立和健全，对中国古代政治影响深远，以至于到了春秋末期，孔子还在崇尚周礼，梦想回到西周盛世。

● 周礼[①]

（一）周文化的特征

1. 周文化首先是农业文化

高度发达的农业以及农业的经济基础是周文化形成的主要原因。农业文化的特征就是要严格地遵循自然和气候规律，因此周人形成了严谨理性的文化特征。周文化具有细腻、理性、严谨、顺应自然、善察天象、遵循自然法则的文化特征，而这些都是农业生产最基本的要求。周人创立周易不是偶然事件，而是农业生产和生活所必需的。《易经·系辞上》有云："天尊地卑，乾坤定矣。""鼓之以雷霆，润之以风雨，日月运行，一寒一暑。""易简而天下之理得矣。"周公的思想是严格遵循周易的原则。而"易与天地准"，易是效法天地自然法则。以天地的法则为最高原则是周人"洁净精微"的良好习惯。

我们要考虑周文化对殷商文化的扬弃、承继、超越，不认识殷商文化就不能很好地把握和认识周文化。殷人是以青铜文化、商业文化、城市文明为主。周人是以农业文化、农业文明为主。殷代的青铜器大多为酒器。周人的青铜器主要为食器。殷人崇尚酒神文化，具有浪漫、疯狂、野性、主观、感性的特征，这在已出土的青铜器实物考古资料上和殷后期的传说、小说及历史史料中都得到了佐证。而周人具有严谨、理性、温和、平易、人本的理性文化特征。殷、周具有不同的信仰，殷人信仰祖先神，而周人将祖先神与天神分离，既信仰祖先，又信仰天神，是天命的理性文化。天神分离是周人的理性选择和对政权合法性的合理阐释，

① 罗新远等：《中国百村调查丛书·周礼村落》，北京：社会科学文献出版社，2018年；姜信真、罗新远：《周礼文明基因的生命核心及其社会演进——基于基因工程学和文化学的"基因"比较分析》，《西安文理学院学报（自然科学版）》2022年第1期。

更加强调的是客观性和人本性。信仰的现实性要求人们处事的严谨性。周人更加强调人的主体性、认识的客观性、信仰的现实性、规范的道德性。

孔子曰："入其国，其教可知也。""洁静精微，《易》教也。""恭俭庄敬，《礼》教也。"孔子教给我们观察一个国家和地域的教化程度的方法，那就是如果我们看到生活在那里的人们清洁干净、宁静安详、精准严谨、细腻审慎，那就一定是《易经》教化的结果。如果我们观察到一个地方谦恭节俭、庄重诚敬，那一定是《礼》教化的结果。即使现在，如果深入周礼村落，仍无不为周原村民的洁净精微、恭俭庄敬而感到由衷的敬佩。周礼村落特殊民风的养成、文化的积淀不能不说是《易》《礼》文化教化的结果。从文化人类学的角度来考量，人们生活在不同的语言环境，会形成不同的习惯、思想和信仰，承继不同的基业和事业，社会生活环境的影响必然会导致社会心理和文化认同的差异。那么反过来讲，周人长期生活在周原大地，对周文化具有强烈的文化认同，洁净精微、恭俭庄敬是普遍的社会文化心理。这些都是周人文化特征的重要依据。

2. 儒家文化的本初源自周文化

儒家文化兴盛于齐鲁大地，《史记·卷三十三·鲁周公世家第三》记载："鲁公伯禽之初受封于鲁，三年而后报政周公。周公曰：'何迟也？'伯禽曰：'变其俗，革其礼，丧三年而后除之，故迟。'"伯禽是周公姬旦的长子，代父受封鲁国。伯禽坚持周礼治国，用了三年时间以周礼变革齐鲁大地的旧礼制、旧文化，使周文化影响了齐鲁大地的各个方面，孔子正是在其文化基础上创立了儒家学派，孔子本人对周文化也相当了解和崇信。西汉刘安《淮南子·要略》记："孔子修成康之道，述周公之训，以教七十子。"《中庸》中记述孔子言："吾学周礼，今用之，吾从周。”周文化对后来孔子开创的儒家文化所产生的深远影响是毋庸置疑的。

在中国，唐以前，中华文化崇拜两大圣人——周公、孔子。唐以后，转而推崇孔子、孟子。为何在唐代出现贬周公、抬孔子的现象？这可能与中国第一位女皇帝武则天“改唐为周”，而唐玄宗李隆基又“废武周正李唐”有关。在《旧唐书·礼仪志》中记载，武则天曾封周公为“褒德王”，孔子为“隆道公”，而唐玄宗李隆基上台后下令天下不再祭祀周公，只祭祀孔子，并封孔子为“文宣王”“至圣先师”。从此，周公就退出了中国皇家祭祀的神坛，周文化也在官方文化中少有提及。但周文化及其核心要义——周礼早由贵族普及平民，由皇家推广到民间。时至今日，周文化仍深刻地影响着人们的道德意识、文化心理、礼仪制度、民风民俗等诸多方面，只不过人们“日用而不知”而已。周礼村民对周公有一种宗教般的虔诚，对周文化也有一种强烈的文化认同。

3. 周文化的流播及文化特征

周建立天下以后，周天子分封天下。周乃天下，非国家，诸侯国乃是周天子所封。所以周文化自上而下，对其他诸侯国的文化影响是巨大的。诸侯国的文化在周文化的基础之上吸纳了当地的地域文化特征作为补充。周文化是一个开放包容的系统，具有强大的文化同化能力。周文化继承了夏、商两代文化当中的合理部分和精华。周文化不是排斥诸侯国的外来文化，而是借鉴和吸纳外来文化，并以此强化周文化，并允许地域文化存在的自主性。外来文化的吸纳和借鉴不但没有削弱主体文化，反而被主体文化所同化，在同化的过程中主体文化反而被强化。这为后来中国文化在处理与外来文化的关系提供了很好的借鉴。外来文化不是取代传统文化，而是强化传统文化，即中国的传统文化具有强大的文化同化能力，因而具有强大的文化生命力。

近代历史学家夏曾佑对周人的历史贡献有一个十分准确的评价："中国若无周人，恐今日仍居草昧，盖中国一切宗教、典礼、政治、文艺，皆周人所创也。"周公制礼作乐，乃是周公思想的制度化。周公的思想及周文化的三大支柱就是强调：以德配天、敬德保民、明德慎罚。以德配天是要求处理好天人关系，这关乎政权的合法性和合理性。敬德保民则强调的是君民关系，即统治者与民众的关系。明德慎罚强调的是统治方式，就是要求处理好德治与法治的关系，也就是礼、法关系。周文化强调明德慎罚，主张通过周礼外在的形式和内在的统一让人达到"德"，强调人的自律。周礼文化的社会治理模式以自律为主，法治为辅。周文化、周礼与周易三者的关系可以概括为：周文化以周礼为要义，周礼以周公思想为核心，周公思想以周易为根本。周文化对中国传统文化的形成和影响具有重要而深远的影响。

（二）周礼的嬗变

周礼是我们了解中国社会的一把钥匙，欲知中国当代社会之情状，应从周礼开始。

礼，广义而言是指社会规范和道德规范；狭义的礼是指为了表示敬意、崇拜、神圣而举行的仪式。周礼经历了由贵族化向平民化的转变。周礼本是为贵族制定的行为规范和道德规范，但同时规定平民如果有需要，也可以参照士礼举行，这样在平民之间周礼也开始逐渐流行起来。平民对周礼的传承多表现在婚丧嫁娶和祭祀等方面。

历代学者都非常重视对周礼的研究，并善于挖掘周礼的核心价值，并且身体力行。孔子认为周礼的精髓是“仁”“礼”。孟子则认为周礼的精神是“仁、义、礼、智”。西汉董仲舒用阴阳五行学说来说明三纲五常是“出于天”的道理。“君为臣纲，父为子纲，夫为妻纲”，他强调君臣是天地关系，夫妇是阴阳关系，父子是四季关系。东汉班固在《白虎通》中继承了董仲舒的思想，认为周礼的精神实质是三纲五常。五常则用“仁、义、礼、智、信”五种道德，来处理君臣、父子、夫妇、长幼、朋友五种伦理关系。随着平民教育的开启，学术下移，平民的思想觉悟和地位得到提升，大量乡规民约等的形成对周礼在民间的普及和推广发挥了很重要的作用。

关中西部，或者准确一点说周原地区，崛起了中国历史上两个非常了不起的朝代——周朝和秦朝。可以说关中西部是周秦文明的发祥地。岐山的周原与凤翔的雍城相去十几千米。另外，一个有趣的现象是，岐山周原与眉县横渠张载创立关学的地方仅有一条渭河相隔。

1. 周文化与秦文化的关系

孔子周游列国，终生以“克己复礼”为大任。但到战国末年，社会矛盾和纷争日益剧烈，以周礼治国，礼治的作用迂缓而乏力，不能适应大争的时代，因此产生了法家学派，商鞅、韩非是法家思想的代表。商鞅、韩非后来入秦，其思想融入秦文化，使得秦文化具有现实的功利思想。秦文化虽尚法治，但为了社会安定，也保留了许多周礼祭祀制度，设立博士官职。秦文化对周文化的传承和发展，对后世产生了很多的影响，如孟子提出的“义利观”，就吸纳了秦文化中的功利文化思想。荀子特别指出：“义与利者，人之所两有也。虽尧舜不能去民之欲利，然而能使其欲利不克其好义也。虽桀纣亦不能去民之好义，然而能使其好义不胜其欲利也。故，义胜利者为治世，利克义者为乱世。”

2. 张载的关学与周公的思想、周文化和周礼的渊源

张载的哲学思想可以概括为“气本论”，但他的政治思想是“礼本论”，他主张恢复礼制，实行井田制等。周公的思想深刻地影响了张载的关学。赵馥洁先生认为：“关学的‘以礼为教’约有二义：一是崇尚古代的礼制，二是重视道德的教化。”关学的显著特点就是：以礼为教，关注现实。关学上承礼制，并深刻地影响着后世关中地区的文化。

费孝通在《乡土中国》中多处提到“礼”“礼治”“礼治秩序”“礼俗社会”。“礼是社会公认合适的行为规范。”“法律也是一种行为规范。法律是靠国家的权力推行的。”“而礼却不需要这有形的权力机构来维持。维持礼这种规范的是传统。”周文化是一套完整的文化体系，周礼是一套行之有效的治理体系。周礼不单纯是一种经典的礼仪形式，而是一种约定俗成的制度化的生活方式。礼仪的背后承担的是教化和文化传承之责。在周礼村落的熟人社会里，礼治对村民的约束要比法律的约束更为普遍和广泛。礼治与法治在乡土社会的影响并不冲突对立，而是共同发挥着各自的作用。

（三）周礼文明基因

同大自然中一切物种的生命延续一样，周礼文明的演进模式也是由其固有的文明基因决定的。

现代，人们的认识更加明确：“基因就是DNA”。文化学领域里的“文化基因”术语，就是借鉴生物学领域里的“基因”而创造的。它不是一个抽象概念，而是指文化和文明中DNA的内在表达，简言之，就是“思维惯式”。

人类经过漫长的迁徙、分离和混血，分散到全球各地区。在这个漫长的迁徙过程中，人类DNA总共丢失了40 700 000对碱基对。但在不断地分化、迁徙、混血过程中，人类也获得了一些新的碱基对（人体内总共有约30亿对碱基对，约20 000多个DNA）。正是人类DNA的丢失与获得，成为人类进化的重要驱动力。它表明，本是拥有共同始祖和相同基因（DNA）的人类，因为分布到了不同的地区之后，其文明遗传基因才呈现了区域多样性。文明发展的动因是复杂的，其中理当包括文明基因的遗传因素和动力。

以基因为基础而遗传的文化因素，最终推动了人类文化思维惯式的形成，而所谓“文明”，便是这种文化思维惯式的外在显性表达。

早在两千多年前，老子在《道德经》里就提到，文明基因的思维遗传法则就是“人法地，地法天，天法道，道法自然”，亦即人、地、天本为一体，都遵守“道”这一“自然规律”。正是它，决定一方水土养一方人，一种文化孕育一方文明。相反，一种文化离开培育它的土地，很难保持原汁原味；文化离开作为载体的人，就谈不上传承与发展。文明初创时代的人类，经历的正是这样一种境况，他们正是在这种“天时、地利、人和”等各种因素汇聚的历史机遇中，认知着“天人合一”的文化表象，小心翼翼地探索着“天人合一”的科学本质，当然，也正是在这个探索过程中，他们逐渐形成各自的文明思维惯式。

思维惯式的内涵是指在历经数千年甚至是数万年祖祖辈辈、世世代代、家家户户的耳濡目染、潜移默化、自然陶冶之中，一点一滴地形成的一种群体性的、可遗传的思维模式。可将“思维惯式”称为文明基因的内在核心。换言之，文明基因的内在核心是民族文化的DNA表征——

“民族思维惯式”，它是各民族“各具特色”的“大环境”“基因组”和“表观基因组”在其各自文明系统中的核心表征。正是对周礼基因密码的揭示，使得我们终于找到了“社会转型”的根本原因：都是由于文明基因的内在核心——DNA 表征——“思维惯式”的作用使然。

作为中华民族思维惯式的时代文化表征，周文化思维惯式就是其中的一个最早的源头。

周人构建出结构较为完整的礼学文化体系，一个以“礼”为中心的周礼文化哲学体系，表明周礼文化具有强大的社会文明基因序列功能。《周礼村落》的文本描绘出了一个较为真实的礼治发展模式，一个以“礼”为中心的乡土社会秩序，说明其具有强大的社会文明遗传功能。

按照法国哲学家丹纳的观点，人类思维惯式的形成，决定性的环境因素有三个方面：一是种族环境的先天生物性遗传和后天文化集体无意识遗传；二是地理环境对思维惯式的形成所产生的决定性文化影响，诸如广阔的海洋所孕育的开放性商业贸易思维惯式，商贸业发达所孕育的公共性民主政治思维惯式；三是时代环境对思维惯式的发展进步影响，诸如随科学技术发展而诞生的人类的科学思维惯式。人类文明基因的形成，也有赖于这三个方面的因素影响。

周“礼”之所以能深入骨髓，长期稳定，“礼”序在生活中的深入存在决定了我们中华民族在改革开放进程中，就像生活在周原村落的人一样，其礼治文明既有变迁又有传承，这就使得当地乡村社会秩序的维持有着明显的周礼文明演化模式特征。由是，其守礼尚德的朴素民风，使周原村落面对当代社会的激荡并未出现传统文化的式微，村民恪守传统伦理道德、遵循现代法治文明，形成传统与现代文化、乡土与现代社会秩序的完美结合。

周礼文明基因正是中华民族在漫长的历史岁月中历经祖祖辈辈世代潜移默化而遗传形成的“思维惯式”，具有“文明和谐基因”“文明变迁基因”“文明发展基因”“文明生活基因”和“文明审美基因”等丰富内涵。我们应继承周礼文明的优良“基因”，坚定民族文化自信。

二、文景之治

西汉初年，由于秦末农民战争和四年楚汉之争，社会动荡不安，经济遭到严重破坏。史书上记载当时的情况是：老百姓无法在田地上生产，到处是饥荒，甚至发生了人吃人的现象，百姓死者过半。当时连皇帝也坐不上四匹纯一色的马拉的车子，将相们只能坐牛车。显然，恢复和发展封建经济成为巩固统治的当务之急。在此情况下，朝廷推崇黄老之术，采取“轻徭薄赋”“与民休息”的政策。

汉文帝刘恒（前 202—前 157），汉高祖刘邦第四子。吕后死后，周勃等平定诸吕之乱，刘恒以代王入为皇帝。他多次下诏强调“农，天下之大本也，民所恃以生也”“道民之路，在于务本”，实行与民休息的政策。减轻田租、赋役和刑狱，劝励农桑，多次率领群臣在长安近郊亲自持犁籍田（古代吉礼的一种，即由天子率诸侯亲自耕田的典礼），以为天下示范。公元前 178 年，诏举贤良方正，开创汉代察举选官制度，将用人制度向前推进了一大步。采纳贾谊建议，开始削弱诸侯王势力，以巩固中央集权。同时，对周边敌对国家也不轻易出兵，维持和平，以免耗损国力。汉文帝还有一个重大贡献，即首先废除一人犯罪、株连九族的“连坐法”，其次改革野蛮、残酷的“肉刑”。肉刑改革的契机就是历史上有名的“缇萦救父”事件。汉文帝十三年（前167），有人告发齐太仓令淳于意有罪，准备对其处以肉刑。淳于意最小的女儿淳于缇萦跟随父亲来到长安，跪倒在未央宫门阙前，首先上书为父亲鸣冤：“妾父为吏，齐中称其廉平”。其次批评国家肉刑的残酷，使犯人失去改过自新的机会：“妾切痛死者不可复生而刑者不可复续，虽欲改过自新，其道莫由，终不可得。”最后提出方案：“妾愿入身为官婢，以赎父刑罪，使得改行自新也。”汉文帝看了缇萦的上书后深为感动，也认为“夫刑至断肢体、刻肌肤，终身不息，何其刑之痛而不德也！”于是下诏由丞相张苍、御史大夫冯敬集议“除肉刑”，最后将黥刑改为髡钳城旦舂，劓刑改为笞三百，斩左趾改为笞五百，斩右趾改为弃市。毫无疑问，这是中国封建社会刑罚制度的一大进步。

汉景帝刘启（前188—前141），汉文帝刘恒嫡长子。刘启继位后，继续实行文帝时期的与民休息政策，劝励农桑，改田租十五税一为三十税一，后为定制，为农业发展创造了良好条件。继续进行刑罚制度改革，先将笞五百减为笞三百，笞三百改为笞二百，后又分别减至笞二百、笞一百，并颁布《棰令》，规定笞具制作的规格为木棰（杖）长五尺，根部直径为一寸，末端半寸；竹杖末端亦为半寸，并削平所有的竹节。笞打的部位为臀部，行刑中执杖者不得换人。进行“削藩”，平定吴楚七国之乱，把诸侯王任免官吏的权力收归中央，巩固中央集权。

文景时期，重视“以德化民”，当时社会比较安定，百姓逐渐富裕起来。《汉书·刑法志》记载当时“吏安其职，民乐其业，蓄积岁增，户口浸息。风流笃厚，禁网疏阔”。《史记·平准书》记载：“非遇水旱之灾，民则人给家足，都鄙廪庾皆满，而府库余货财。京师之钱累巨万，贯朽而不可校；太仓之粟陈陈相因，充溢露积于外，至腐败不可食。”由此可见，文景时期政治清明、经济发展，人民生活安定，确实称得上是太平盛世。因此史家称这段统治时期为“文景之治”。

“文景之治”也为后来汉武帝的文治武功奠定了坚实的物质基础。

三、汉武盛世

汉武帝刘彻（前156—前87），汉景帝第10子，16岁登基。汉武帝即位之初，一方面政治形势比较稳定，国家经济状况也相当好；另一方面诸侯王国的分裂因素依然存在，潜在威胁还不小。所以，他在继续推行景帝各项政策的同时，采取了一系列强化中央集权的措施。

在政治方面，采纳主父偃的建议，颁布“推恩令”，削弱汉初分封的诸侯国势力，加强监察制度等。汉武帝还变古创制，进行了收相权、设刺史、立平准均输等重大改革与创制，建立了一套系统完整的政治制度。

在军事方面，集中兵权，充实中央军事力量。汉武帝继位后，一改带有屈辱性质的和亲政策，开始以军事手段解决来自北方匈奴的威胁。先后派名将卫青、霍去病三次大规模出击匈奴，收河套地区，夺取河西走廊，打通西域，将当时汉朝的北部疆域从长城沿线推至阴山甚至更远，同时采取和平手段和军事手段使西域诸国臣服，为后来把西域并入中国版图奠定了基础。在南方，派将领灭南越，使得夜郎、南越政权归附汉朝，先后在西南设立七个郡，其中在今海南岛与南海诸岛置儋耳郡、珠崖郡，疆土最南端超过今天越南胡志明市。在军事打击的同时，派张骞两次出使西域，获得大量前所未有的西域资料，打通著名的丝绸之路，使长安成为国际贸易中心。

在经济方面，重农轻商，整顿财政，颁布“算缗”“告缗”令，征收商人资产税，大力打击奸商。又采纳桑弘羊建议，将冶铁、煮盐收归官营，禁止郡国铸钱，统一铸造五铢钱。设置平准官、均输官，由官府经营运输和贸易，大大增强了国家经济实力。兴修水利，移民西北屯田，实行“代田法”，促进农业生产发展。

在思想方面，采纳董仲舒建议，罢黜百家，独尊儒术，大力推行儒学，在长安设全国最高学府——太学，成为我国封建社会最早的官办高等学府。使儒学成为中国社会的正统思想，一直延续 2 000 多年。

确立察举制度，是中国有系统选拔人才制度之起源，对后世影响很大。进行了人类历史上第一次人口统计，而且首创年号。

批准司马迁提出的制定新历法建议，在长安集中邓平、唐都、落下闳等官方和民间天文历算专家 20 多人共同钻研，推出了历法——太初历。太初历已经具备后世历法的基本特点，特别是第一次弄清了日食的周期，在世界天文学发展史上具有划时代意义。

汉武帝在位 54 年，造就了一个前所未有的盛世。

四、贞观之治

唐太宗李世民（599—649），唐高宗李渊次子。隋大业十三年（617），随其父起兵反隋，领右军克长安。唐武德元年（618），为尚书令，封秦王。率军先后击平割据势力薛仁杲、刘武周、王世充等，成统一之势。九年（626），发动“玄武门之变”，设计在玄武门杀死自己的长兄皇太子李建成和四弟齐王李元吉，被唐高祖李渊立为新任皇太子，并继承皇帝位，是为唐太宗，年号贞观。李世民夺位虽违逆正统，但作为皇帝，他任用贤良，虚怀纳谏，并且进行一系列政治、军事改革，终于成就社会安定、生产发展的贞观之治。

唐太宗李世民继承唐高祖李渊制定的尊祖崇道国策，并进一步将其发扬光大，运用道家思想治国平天下。厉行节约、使百姓休养生息，以缓和阶级矛盾，稳定社会秩序，恢复经济。

在位期间，修《氏族志》，以官爵高下定等级，抑制山东旧士族势力。沿用均田制、租庸调法、府兵制和科举制。起用房玄龄、杜如晦、魏徵等为相，虚心纳谏，任人唯贤。兴修水利，发展经济，社会安定。先后平定东突厥、吐谷浑、高昌割据势力，略定唐代版图。进行汉藏联姻，将文成公主嫁给吐蕃王松赞干布，促进藏族经济文化的发展，加强了汉藏两族的亲密友谊。

由于李世民在政治、经济、军事、思想文化以及民族关系等方面，推行了一系列顺应历史发展的方针政策，遂使吏治清明，经济发展，国力强盛，思想文化日益繁荣，民族关系友好和睦。据史书记载，贞观三年（629），全国判死刑的仅 29 人，令人难以想象。为了彰明唐太宗的文治武功，旧史家遂把这一时期天下大治的局面誉为“贞观之治”。

五、开元盛世

唐玄宗李隆基（685—762），唐睿宗李旦第三子，唐朝在位最久的皇帝。李隆基在位 44 年间，治国之道以道家清净无为思想为宗，提倡文教。前期（开元年间）励精图治，政治清明，选贤举能，经济迅速发展，使得天下大治，唐朝进入全盛时期，并成为当时世界上最强盛的国家。

执政前期的唐玄宗任用贤能，全面改革。任用的宰相姚崇、宋璟、张九龄等名臣，在政治上均有所建树。裁撤精简官员，将宰相员额由睿宗时的十余人减少到两三人，从而提高行政效率。用恩礼优待自己的同胞兄弟，却不给实职，从而削弱皇室内部发动政变的政治基础。对那些自恃有功而邀求权位的功臣（如刘幽求、钟绍京、王琚等）坚决予以贬斥。

此间，中亚的绿洲地带亦受唐支配，一度建立了南至罗伏州（今越南河静）、北括玄阙州（今俄罗斯安加拉河流域）、西及安息州（今乌兹别克斯坦布哈拉）、东临哥勿州（今吉林通化）的辽阔疆域，国土面积达1 076万平方千米 （一说1 239万平方千米）。据保守估计，大唐鼎盛时期的天宝年间，全国人口达8 000万。

李隆基选取京官中有能之士，将其外调为都督刺史，以训练他们的处事才能、培养他们的行政经验。同时，又选取都督刺史中有作为者，将其升为京官。这样内外互调，增进了中央与地方的沟通、了解和信任。将全国分为十五道，于各道置采访使，以监督地方州县的官员，并考察地方官吏政绩。而在选拔人才方面，玄宗亦对科举制度作出改革，限制进士科及第人数，以减少冗官，提高官吏整体素质。命令宇文融清查全国逃亡户口及籍外田地，共查得八十多万户，大幅增加了唐朝的税收及兵力来源。因为这些措施，唐朝的财政更加丰裕，而且全国的粮仓充实，致使物价十分廉宜。

唐玄宗开创的开元盛世局面，在天宝二年（743）举办的广运潭盛会上得到全面展示。是年三月二十六日，长安城东的广运潭烟波浩渺，春意盎然。唐玄宗登上望春楼，检阅满载全国各地珍宝特产的二三百艘船只。从广运潭盛会的物资大展示和史书对开元年间国家财政状况的详细记载，我们看到的确实是“海晏河清、物阜民丰”的盛世景象。杜甫《忆昔》诗云：“忆昔开元全盛日，小邑犹藏万家室。稻米流脂粟米白，公私仓廪俱丰实。九州道路无豺虎，远行不劳吉日出。齐纨鲁缟车班班，男耕女桑不相失。宫中圣人奏云门，天下朋友皆胶漆。百余年间未灾变，叔孙礼乐萧何律。”由此可见当时社会是何等的富足安宁。

由于唐玄宗本人具有深厚的文化修养，而且深知文化建设对于治国安邦的重要意义，所以他不仅倡导整理图书、编纂典籍，而且能够身体力行，著书立说，写诗作文。至今流传下来的唐玄宗诗歌有六十多首。中国古代诗歌到盛唐出现所谓的“盛唐之音”，与唐玄宗的爱好和助推是分不开的。而唐玄宗对音乐舞蹈的酷爱，则直接促进了唐代乐舞的迅速发展，使之成为中国封建社会最为繁盛的艺术。

唐玄宗的一系列改革措施，使开元年间的政局为之一新，中国封建社会呈现前所未有的盛世景象，史称“开元之治”“开元盛世”。

第六节
西安的开放和包容

长安城长期作为古代中国政治、经济和文化中心，形成了开放的理念和包容的胸怀。尤其是汉唐长安城，各方面走在世界前列，成为当时的国际化大都市，商品交流、人员交流、文化交流、饮食交流在这里属于常态。长安城的外籍人，有使者、留学生、传教僧侣、侍卫，更多的则是商人和旅游者。西方著名汉学家李约瑟说过：“唐代确是任何外国人在首都都受到欢迎的一个时期。长安和巴格达一样，成为国际著名人物荟萃之地。”

一、周穆王西巡

讲长安的开放和包容，人们自然会想起汉唐。其实，这还得从周穆王说起。

周穆王，西周国王。姬姓，名满。周昭王之子，即位时年已五十。传说他曾周游天下，《穆天子传》即写他西游的故事。

周穆王西巡的故事，在《竹书纪年》和《史记》中均有记载。《竹书纪年》记“十七年，西征昆仑丘，见西王母”。《史记·秦本纪》记“造父以骏马骊骅骝献于穆王，穆王命造父驾车，向西巡狩，得见西王母”。西王母当在西方极远处，与觚竹、北户、日下并为四荒。《汉书·地理志》

中的西王母石室，在金城临羌（今青海西宁西）西北塞外，祁连山南麓，似可视为塞种人的祖居地，后来越迁越向西去，穆王西巡大致是追随塞种人西移的路线。

据说穆王在即位十三年后，从位于今陕西潼关以东的桃林塞中，精选出华骝、绿耳、赤骥、白义、渠黄、逾轮、盗骊、山子等八匹骏马（《拾遗记》神化为绝地、翻羽、奔霄、超影、逾辉、超光、腾雾、挟翼等），并由著名驭手造父驾车，驰离镐京。先东行至今河南，然后北上至今山西滹沱河北岸，再折向西行，经今内蒙古，溯黄河而上，过今宁夏、甘肃、青海后，进入今新疆，登昆仑山。又继续西行，到达今南亚的巴基斯坦一带。途中在崦嵫山得见西王母，并受到隆重接待，以致“乐而忘归”。穆王临行前又在崦嵫山瑶池设宴回报西王母。之后，穆王又攀上山顶，手植一株槐树以示友谊，并在山崖上题写了“西王母之山”五字。最后，他们顺黑水（锡尔河）而返，向北两千里到达西北大旷原，取道伊犁河经天山北路东归。穆王最西所到之地是赤乌氏，赤乌氏的祖先和周宗室同出一系，可见关中移民已到葱岭。穆王每到一处即以丝绢、铜器、贝币馈赠各部落酋长，而各部落酋长又向他回赠以大量马、牛、羊和穄酒。著名历史学家范文澜在《中国通史简编》中据穆王西巡的故事推断：中国与西方早有通商之路，当时有玉石自西方而来，便是一个例证。

二、丝绸之路的起点

在漫长的封建社会，无论东方还是西方，“和亲”一直是处理国家关系和平衡各方势力的重要手段。在中国曾经出现过王昭君、文成公主等“和亲”典范，她们为国家的正常交往和后来的民族大融合作出了贡献。而由“和亲”带来的国家矛盾和战争，也是许多王朝甚感棘手的一件大事，西汉王朝当然也不例外。汉武帝登上皇帝宝座后，随着国力增强，他决心一改前期带有屈辱性的“和亲”政策，想联络西域大月氏抗击匈奴，于是便招募出使西域的使者。在这种特殊的历史背景下，张骞走进了人们的视野。

张骞（约前 164—前 114），字子文，汉中郡城固（今陕西省城固县）人。建元三年（前 138），当时身为郎官的张骞应募出使大月氏。他与助手堂邑父率 100 多人，从长安出发，途经匈奴境内，被匈奴扣留 11 年。无奈之下，作为权宜之计，张骞在当地娶妻生子。但是，作为一名使者，张骞一刻不敢忘其身份和使命。为了坚定意志，不辱使命，张骞将所持的代表汉朝威仪的节杖一直带在身边。后来，他趁机逃离匈奴，继续西行。先到达大宛国（今乌兹别克斯坦），大宛国派翻译引张骞至康居国（今哈萨克斯坦东南），康居又派人送张骞到大月氏——张骞西行的最初目的地。在大月氏逗留 1 年后，张骞沿昆仑山南麓返回，途中又被匈奴拘留。1 年后，即西汉元朔三年（前 126），张骞趁匈奴内乱，携胡妻与堂邑父回到长安。首次外交活动以悲壮方式结束。

元鼎元年（前 116），汉朝廷为结好乌孙国（今中亚伊塞克湖一带），又起用张骞为中郎将，率 300 人，每人备马两匹，携牛、羊数万及金、币、帛等，出使乌孙。张骞到达乌孙后，与其交好，又分派多名副使从乌孙出发，联络大宛、康居、大月氏、安息、身毒、于阗（今新疆和田）等西域许多国家，并把丝绸、陶器及冶炼技术传到西域。次年，乌孙王派使团随张骞回访汉朝，并带回西域的胡桃、石榴、各种乐器等。

之后，汉武帝任命张骞为大行，掌管接待外宾事务。而张骞出访时所派的副使也相继分率各国回访使团来到长安，汉朝与西域各国终于通好。《史记》《汉书》中关于西域的记载，大多为张骞向汉武帝陈述的西域情况，是有史以来我国最早对西域的认识与记载。

奉诏出使西域的张骞，无疑是中国历史上第一位走出国门、开展外交事务的外交活动家。他开辟了国与国进行平等互利、友好往来的“丝绸之路”，促进了中华民族与中亚、西亚、南亚甚至欧洲等国的经济、文化、政治等方面的交流与合作，为推动世界文明进步作出了卓越贡献。司马迁在《史记》中将张骞的活动称为“凿空”，给予了较高评价。

丝绸之路在中西交往、中西文明交互史上起着重要作用。也正因如此，2014年6月22日，中、哈、吉三国联合申报的陆上丝绸之路的东段“丝绸之路：长安—天山廊道的路网”成功申报为世界文化遗产，成为首例跨国合作而成功申遗的项目。

如今，丝绸之路经济带正是在古丝绸之路概念基础上形成的一个新的经济发展区域，助益沿线国家，促进世界经济发展。

古丝绸之路绵亘万里，延续千年，积淀了以和平合作、开放包容、互学互鉴、互利共赢为核心的丝路精神。这是人类文明的宝贵遗产。

——习近平2017年5月14日在“一带一路”国际合作高峰论坛开幕式上的演讲

三、来到长安的外籍人

一个朝代或一个国家与外界交往的程度，是其开放程度的一面镜子。汉唐时期的开放程度，从外籍人士在长安城里的活动，可见一斑。

汉长安城所谓的外籍人，主要包括朝贡的外籍使者、附属国的侍子、求学者，以及丝绸之路开通后的商人和旅游者。史书记载，“使者相望于道，一辈大者数百人，少者百余人”，一年之中“使多者十余，少者五六辈”。可见当时汉朝派往西域的使臣以及西域派来长安的使者络绎不绝。

唐代长安城中的外籍人更多。唐太宗提出：“自古皆贵中华，贱夷、狄，朕独爱之如一。”这种“华夷一家”观念的雏形不仅是对前人的超越，也对后世的华夷观念产生了深远影响。唐代以长安城为中心的开放体现在多个方面：对外拓展的地域开放，民族迁徙与民族融合的种族开放，推广与包容的文化开放，社会观念和风俗的开放，新的人才选拔机制和人才市场开放（包括对域外人才的选拔和任用），陆上丝绸之路和海上丝绸之路的对外经济开放。

据研究，在唐代长安的100万人口中，外籍侨民占总数的2%左右，其中又以波斯人、朝鲜（新罗）人和日本人的数量最多。唐朝对这些人的政策十分宽松，准许他们开业经商、购置土地房产，甚至娶唐人女子为妻、为官为将。

这里需要专门提一下波斯。波斯帝国存续期间，有许多商人来到长安。波斯灭亡之后，波斯王卑路斯及其子泥涅斯定居长安，并先后被唐朝廷封为右武卫将军、左武卫将军，最后都客死长安。与此同时，更多的波斯商人也流亡到大唐并落户，长安、洛阳、扬州、广州等地都有波斯商人开设的“胡店”。长安城东市、西市的繁华热闹，见证了汉人与外籍人贸易的繁荣景象。通过贸易活动，波斯的菠菜、波斯枣传入唐朝，而唐朝的丝绸、瓷器、纸张也传入波斯。后来更多的外籍人与汉人融合，成为中华民族的一部分。

在长安城的外籍人中，有不少人曾做过高官，或对中外文化交流作出重大贡献，典型代表有：

金日磾，匈奴人，一直得汉武帝征用，汉武帝临终留下遗诏，封金日磾为秺侯。谥曰“敬侯”。死后陪葬于汉武帝茂陵东侧。

阿倍仲麻吕，日本人，入唐后改名晁衡。太学毕业后一举考中进士，是一位天才诗人，和唐代著名诗人李白、王维等人都有密切交往。唐肃宗时擢左散骑常侍兼安南都护。代宗为表彰其功绩，追赠从二品潞州大都督。为颂扬其不朽业绩，日中两国分别于 1978、1979 年在奈良和西安建立“阿倍仲麻吕纪念碑”，西安纪念碑建于兴庆公园内。

吉备真备，日本人，两次担任遣唐使，带回的《唐礼》对日本朝廷礼仪的改进和完善有很大影响，《太衍历经》《太衍历立成》则促进了日本的历法改革。1986 年，为了纪念吉备真备携带唐朝典籍回国 1250 年，中日双方共同修建了吉备真备纪念碑，位于西安环城公园（原唐国子监遗址）内的吉备真备纪念园。

善无畏，印度人，中国佛教密宗的奠基人，于唐玄宗开元四年（716）带着许多梵文佛经到达长安。其名气加上深厚的佛学造诣，受到唐玄宗的礼遇恭敬，被尊为国师。

金仁问，新罗国常驻唐都长安“大使”。从 651 年至 694 年，他绝大多数时间在长安，协调新罗与唐朝的关系。694 年病故于长安。

崔致远，新罗人，12 岁随商船入唐，进入国子监学习，18 岁参加科考，一举及第，曾被朝廷任命为溧水县尉。具备深厚的儒学功底和超众的文学才华，是韩国汉文学的开山鼻祖。

李彦升，古代大食人，唐时长期侨居长安。曾参加唐代科举考试并考中进士，而当年全国总共及第的仅有 22 人。

阿罗本，叙利亚人，唐贞观九年（635）从波斯到长安，携带 530 部经书，是大秦僧侣入中国的第一人，被唐朝封为“镇国大法王”。高宗时，阿罗本升为中国景教的教长。

高仙芝，高丽人，唐朝外籍将领的代表，对唐朝巩固西部边防作出了巨大贡献。

四、走出长安的历史名人

长安长期成为国都，尤其是汉唐长安城，各方面走在世界前列，成为当时的国际化大都市。众多的外交活动造就了张骞等一批外交活动家，他们不断地从长安出发，书写着中国古代外交史重要的篇章。

张骞凿空。张骞出使西域、打通丝绸之路，是第一个走出国门的西汉外交家。

冯嫽持节。冯嫽，西汉著名女政治家、外交家，也是中国历史上第一位女外交家。太初四年（前 101），随公主刘解忧远嫁到乌孙国。由于她多才多智，成为刘解忧的得力助手。后嫁给乌孙右大将，在协助刘解忧加强汉朝同西域诸国之间的友好关系方面，作出很大贡献，深得西域各国人民的敬服，因此尊称她为冯夫人。

昭君出塞。王昭君，名嫱，字昭君，南郡秭归（今湖北省兴山县）人，中国古代四大美女之一。生活在长安城时默默无闻，从长安城走出时已然成名，后来则流芳百世，留下许多传奇。昭君出塞后的几十年时间里，汉匈两家一直保持友好和睦关系，为中原王朝的大一统奠定了基础。

傅介子斩楼兰。傅介子（？—前65），北地义渠（今甘肃庆阳）人。面对匈奴的重整旗鼓，汉对西域失控。元凤三年（前78），傅介子上书朝廷，自愿出使大宛。在迫不得已的情况下，傅介子刺死楼兰王，稳定西域局势。后来汉朝又在伊循城设置都尉，成为汉朝控制西域的重要支撑点，同时也成为丝绸之路的重要中转站。诗人李白在《塞下曲》中赞颂他："愿将腰下剑，直为斩楼兰。"

玄奘取经。玄奘（602—664），俗名陈祎，法名玄奘，洛阳缑氏（今河南洛阳偃师区缑氏镇）人，通称三藏法师、唐三藏，唐僧是其俗称。唐代杰出的佛学家、翻译家和旅行家，中印文化交流的杰出使者和世界文化名人。贞观三年（629），自长安西行，经过两年艰险旅程进入北印度。贞观十九年（645）正月，历时17个春秋后携带梵文经书357部回到长安。此后译经传教，再把中国佛教传到周边各国。他还将沿途各国的风土习俗以及政治、历史、宗教上的遗迹轶闻，写成《大唐西域记》十二卷，为研究中亚、南亚史地和社会风俗以及中西交通史、文化关系史等，提供了极其宝贵的资料。

鉴真东渡。鉴真（688—763），俗姓淳于，广陵江阳（今江苏扬州）人。在长安从弘景法师受具足戒，学法。后应日本之请，从天宝元年（742）开始，先后6次东渡，前5次东渡皆未成功，历尽千辛万苦，终于在754年第6次东渡时到达日本。756年，鉴真被封为"大僧都"，统领日本所有僧尼，在日本建立正规的戒律制度。鉴真留居日本11年，辛勤不懈地传播唐朝多方面的文化成就，对日本文化影响极大。

文成公主入藏。文成公主（625—680），名李雁儿，唐太宗李世民宗室女。贞观十五年（641），应吐蕃王松赞干布向唐王朝请婚，文成公主出长安前往吐蕃。松赞干布迎娶文成公主后，中原与吐蕃之间关系极为友好，此后200多年间，很少有战事，使臣和商人频繁往来。布达拉宫和大昭寺因她兴建，辉煌至今。文成公主一路播种文明，一生播种文明，中原文明源源不断地传入藏区，影响至今。

义净西游。义净（635—713），俗姓张，字文明。齐州（今山东济南）人。唐代高僧、旅行家，中国佛教四大译经家（鸠摩罗什、真谛、玄奘和义净）之一。671年，36岁的义净南行，经水路赴印度。在西域25年间，游历30多个国家，学习和了解了丰富的佛教典籍，带回梵本经、律、论近400部，在洛阳、长安等处主持翻译之事。713年正月，卒于长安大荐福寺（小雁塔）翻经院。

王玄策出使天竺。王玄策，洛阳人。贞观十七年（643），首次奉旨出使天竺，在天竺留居近两年。贞观二十一年（647），王玄策以右卫率府长史衔作为正使，仍取西藏、尼泊尔“车道”，再次至中天竺。唐高宗显庆二年（657）至龙朔元年（661），王玄策奉诏第三次取道西藏、尼泊尔“车道”出使中天竺。王玄策三次出使南亚天竺等国，大大宣扬了唐帝国的国威，对7世纪中叶中国与南亚各国的文化、宗教交流建立了特殊的功勋。曾撰《中天竺国行记》。

杨良瑶出使黑衣大食。杨良瑶（736—806），陕西泾阳人。785年，为扭转唐在西域与吐蕃争斗中的劣势，时任宰相李泌制定了“北和回纥，南通云南，西结大食、天竺”的外交政策。在这一大背景下，年满50

的杨良瑶受命为聘国使，携带国信诏书，从广州出发，走海路出使南亚和黑衣大食。这一行为客观上促进了唐代的海上贸易，同时也使来自吐蕃的压力相对减小。杨良瑶的出海西行，比郑和下西洋早了600多年。

五、从饮食看西安的开放

西安地区自古物产丰富，既产小麦又产大米，农产品种类多样，为西安饮食的丰富多彩提供了充足的物质基础。西安长期作为中国的国都，一度成为国际化大都市，形成一种开放、包容的饮食文化传统。加之经济交流、文化交流、人员交流频繁等原因，外域众多的饮食传入，并在此消化、演进、创新，自成特色。无论从历史上来看，还是从现在来看，西安都是当之无愧的“小吃之城”。2004年6月底，中国烹饪协会正式批复西安市蓝田县为“中国厨师之乡”，同年8月29日，命名授牌仪式在北京人民大会堂隆重举行。

汉代粮食作物以所谓“五谷”或“九谷”为主。在当时的长安城，以种植大小麦为最多，其次是粳稻、黍、粟。汉代的小吃种类丰富，这里仅以饼为例。汉代的饼是面食的通称，凡以面粉加工的食品，在汉代都是以饼为名。各种饼的区别，往往由其加工方法或附加原料来确定，如蒸成的馒头和包子等叫蒸饼，水煮的面条和面块等称为汤饼，烧成的大饼叫烧饼或炉饼，油炸的叫油饼，加有芝麻的叫麻饼等。在汉代饼类食品中，有一种由西域传来的胡饼，因其制作之法来自西域，故名。

在唐代，朝廷的权贵们常常举行各种盛大宴会，如宴请藩使、加冕、庆功、生辰、节日等，因不同的事项举行形式各异的宴会。皇帝殿试新科进士后要赐“琼林宴”，各地则为新中举人设“鹿鸣宴”。皇帝为了取乐，随时都会举行一些宴会，如唐玄宗的“临光宴”和“金钱会”等。文人们也常常相聚设宴，像“文酒会”等。此外，还会依时令举行各种宴会，如“探春宴”“避暑宴”等。在唐代长安多种多样的筵席中，以“曲江宴”最为著名。因宴会时间在关试（吏部考试）之后，又称“关宴”；又因筵席常设在曲江池西岸的杏园内，也称“杏园宴”；唐代贵族多嗜樱桃，新进士宴时值暮春，樱桃初熟，筵席间必备樱桃，又名“樱桃宴”；曲江宴的参加者都是新科进士，金榜题名是文人们感到最荣耀、最喜庆的事情，所以称曲江宴为“闻喜宴”；宴会之后，进士们要各奔前程，再无全员聚会的机会，所以又称“离宴”。

唐代长安城中也形成了相当规模的饮食市场。当时的东、西市和朱雀大街上，饮店、酒家、茶肆、摊贩林立，甚至出现了专门承办宴会的“礼席”，以及沿街叫卖的小贩。食物品类既有非常考究的饭、粥、糕、饼、馄饨、饽饦、粽子等主食，也有鸡、鱼、鹅、兔、猪、羊、牛、鹿、熊、驴、鳖等肉类。有以羊肉、鹿肉烤制合拌而成的“升平炙”，用生虾烹制的“光明炙”，用活鹌鹑烤制的“箸头春”等；还有美味的羹汤，如用冷蛤蜊烹制的“冷蟾儿羹”，用鳜鱼烹制的“白龙曜”，用纯兔肉烹制的“卯羹”等；以及由几种肉制品合拌一菜的“小天酥”“五生盘”，等等。其中能称得上奇珍异品的就多达58味，如：以鸡为食材的有“葱醋鸡”和用乳汁煮的“仙人脔”，以鹅为食材的有“八仙盘”，以鱼为食材的有用鱼白与鸡肚子里还未成熟的鸡蛋制作的“凤凰胎”、用鱼子烹制的“金粟平髓”以及“乳酿鱼”“吴兴连带鲊”，以鳖为食材的有“遍地金装鳖”等。

许多小吃饭馆都形成了自己独特的风味和经营方式。如被誉为“长安第一味”的葫芦鸡，直到今天仍然是一道美味。从皇帝到百姓都非常重视生日祝寿，生辰之日宴请宾客，一般吃“汤饼”，即长面条，也就是今天的长寿面。唐代还一改秦汉时人们嗜食狗肉的习惯，开始厌恶吃狗肉，认为狗肉不可食用。直到今天，还有“狗肉不上筵席”的说法。

千百年来，经过人们的世代传承和创新，形成现代西安五花八门的小吃。面粉可做出上千个品种的食品，以面条为例，日常食用的就有油泼面、炸酱面、滴水面、米儿面、烩面、炒面、卤面、粘面、糁子面、菠菜面、浆水面、旗花面、清汤面、糊汤面、蒜蘸面、凉拌面、浇汤面、扯面、棍棍面、刀削面、麻食面、揪面片等。西安的风味小吃闻名全国，仅市区范围内经营的就有六七百种，颇具代表性的有：牛羊肉泡馍、葫芦头、肉夹馍、粉汤羊血、腊羊肉、石子馍、热豆腐、灌汤包、油泼箸头面、猴头面、出稍面、羊杂羔、水盆羊肉、粉蒸羊肉、肉丸胡辣汤、牛骨髓炒面、糍糕、镜糕、泡泡油糕、米皮、擀面皮、八宝稀饭、柿子饼、核桃饼、煎凉粉、梆梆肉等。其中有些品种已在国内外有了专卖店，深受各地人们的喜爱。

第七节
宗教文化荟萃之地

历史上，西安有着深厚的文化土壤，加之长期是一个开放与包容并存之地，于是造就各种宗教在此立足和传承，佛教、道教、基督教、伊斯兰教等各得其所。

佛教于两汉之际传入长安，已有1 900多年历史。在中国和东南亚影响深远的八大宗派中，除了天台宗和禅宗外，有六个宗派的祖庭都在长安，法相宗祖庭大慈恩寺、三论宗祖庭草堂寺、密宗祖庭大兴善寺、华严宗祖庭华严寺、律宗祖庭净业寺、净土宗祖庭香积寺。特别是唐代樊川八大寺影响极大。长安佛教对日本、朝鲜及东南亚国家的佛教都有重大影响，许多国家的僧人和佛教徒经常来长安的佛教寺院朝拜和交流。其他寺院如青龙寺、兴教寺、草堂寺、仙游寺、藏传佛教寺院广仁寺等在历史上都有很大的影响。

道教是中国土生土长的宗教，产生于东汉顺帝时期，距今已有1 800多年历史，影响较大的宫观有楼观台、西安八仙宫、鄠邑重阳宫、临潼骊山老母殿等。

基督教从“大秦景教流行中国碑”的记载算起，传入西安已有1 300多年历史，其代表性寺院是建于唐代的基督教景教大秦寺，至今有古塔遗存。

伊斯兰教于唐永徽二年（651）传入西安，有1 300多年历史。市域现有清真寺21所，影响较大的有化觉巷清真寺、大学习巷清真寺、大皮院清真寺、小皮院清真寺等。

一、法相宗祖庭——大慈恩寺

大慈恩寺位于西安城南，是世界著名的佛教寺院、唐代长安的四大译经场之一，也是中国佛教法相唯识宗的祖庭。法相唯识宗因通过分析"法相"得出"万法唯识"的结论而得名，也称"法相宗"或"唯识宗"。由于该宗的创始人玄奘和窥基常住慈恩寺，窥基还有"慈恩大师"之称，因此又称"慈恩宗"。又由于该宗继承古印度瑜伽行派的学说，《瑜伽师地论》为该宗的根本经典，故也有称之为"瑜伽宗"的。

大慈恩寺是国务院确定的汉传地区佛教重点寺院，也是第一批全国重点文物保护单位。寺院创建于唐贞观二十二年（648）。唐高宗为太子时，为纪念其亡母文德皇后，报答慈母的养育恩德而在隋朝无漏寺旧址上建造此寺，故名"慈恩寺"。唐三藏玄奘曾在这里主持寺务，领管佛经译场，创

大慈恩寺

立佛教宗派，寺内的大雁塔由他亲自督造。

永徽三年（652）三月，玄奘法师欲于大慈恩寺端门之阳造一座高30丈的石塔，一是供安置、保存从西域请回来的经像，以避免年久散失，兼防火患；二是借之以显大国威风；三是作为释迦牟尼佛的故迹垂世，供人瞻仰。高宗闻讯，向玄奘提出三条意见：一、用石造塔，工程大，恐难速成，宜改用砖造；二、不用法师辛苦、破费，一切用度皆以大内、东宫、掖庭等七宫亡人衣物折钱支付；三、建塔地点改就寺之西院。塔建好后，方形塔基，面宽各140尺。塔形仿印度制度，不循中土旧式。塔分五级，包括相轮、露盘在内，总高180尺。层层中心皆有舍利，或一千二千，凡一万余粒；最上层以石为室，藏经像；塔下层南外壁有两碑，左为太宗皇帝所撰《大唐三藏圣教序》，右为高宗皇帝在东宫时所撰《述三藏圣教序记》，皆为尚书右仆射河南公褚遂良书。

大慈恩寺建筑规模宏大，占据晋昌坊半坊之地，面积近400亩，有10多个院落，各式房舍1897 间，是唐长安城最宏伟壮丽的皇家寺院。寺院建成后有300多僧人主持宗教活动，礼请西行求法归来的玄奘法师任大慈恩寺首任主持，玄奘法师在此翻译佛经、弘法育人11年，和弟子窥基创立了佛教的一大宗派法相唯识宗。如今的大慈恩寺是明代成化二年（1466）起在原寺院西塔院基础上陆续修建而成的，占地50 738平方米。

二、净土宗祖庭——香积寺

香积寺位于西安城南约17.5千米的长安区郭杜街道香积寺村，是国务院确定的汉族地区佛教全国重点寺院之一、全国重点文物保护单位。

净土宗是东晋时由天竺传入中国的，开祖于庐山慧远法师。净土宗提倡专念阿弥陀佛的名号，就此往生“西方净土”的极乐世界。“净土”是与世俗众生所居住的秽土相对而言的，净土宗所描绘的阿弥陀佛净土又称西方极乐世界。净土宗主张，在末法时代，靠自力是难以达到解脱的，应当“乘佛愿力”，只要信愿俱足，一心观想、称念“南无阿弥陀佛”，坚持不懈，临命终时就可往生西方阿弥陀佛净土。净土宗并不强调通晓佛经、广研教乘，或者静坐专修、苦习禅定，教义比较简单，没有艰深的佛学理论，修行方式简便易行，人人能做，特别容易为广大信众所信奉。

681 年，净土宗创始人之一善导大师圆寂，弟子怀恽为纪念善导功德，修建了香积寺和善导大师供养塔，使香积寺成为中国佛教净土宗正式创立后的第一个道场。

唐代诗人王维在其著名的诗篇《过香积寺》中描绘说：“不知香积寺，数里入云峰。古木无人径，深山何处钟。泉声咽危石，日色冷青松。薄暮空潭曲，安禅制毒龙。”

关于香积寺名称的来源有两种说法。第一种说法是当年建寺于隋代的香积堰东北。另一种说法则源于佛经“天竺有众香之国，佛名香积”之句，取名香积寺，意把善导比作香积佛。

1980 年香积寺举办善导大师圆寂 1 300 周年纪念活动，日本净土宗派遣 2 000 余名高僧来香积寺举行法会，向寺院赠送善导大师像等礼物。

三、三论宗祖庭——草堂寺

草堂寺位于西安市鄠邑区东南方，这里曾是佛教传入中国后的第一个国立译场，是全国重点文物保护单位，寺内有一座上千年的古刹。

鸠摩罗什是位有传奇色彩的高僧，他是东晋时期后秦高僧、著名的佛经翻译家，也是中国佛教史上四大译师之一。由于鸠摩罗什译经场以草苫盖顶，故得名“草堂寺”。鸠摩罗什曾在各地僧侣中挑选了 800 多著名僧人，后来僧侣扩大到 3 000 多人，集中于草堂寺。翻译经律论传 94 部、425 卷。

在草堂寺大殿的西侧门外，有座用红砖花墙围成的六角形护塔亭，亭内矗立着草堂寺最珍贵的文物——“姚秦三藏法师鸠摩罗什舍利塔”。据说鸠摩罗什圆寂后火化，薪灭形碎，但唯有舌头不烂。其弟子收其舍利，建造舍利塔以纪念他。塔前有两株苍翠的柏树，柏树间有一眼直径只有十几厘米的小井，这就是草堂寺著名的景观“二柏一眼井”。而那眼小井原是供寺内 3 000 僧人饮水之用，一日忽然长出一朵莲花，众僧发掘开来，原来莲花之根就在鸠摩罗什之舌上。这大概就是“口吐莲花”的由来吧。

这里是“草堂烟雾”的发源地。草堂烟雾究竟是烟还是雾，目前有不同的观点。一种观点认为“草堂烟雾”就是指山岚水气，因为草堂寺靠近终南山，而终南山沿线一带都属于热水带地区，地下都打出过温泉，每年秋冬时节水汽上升，形成薄雾，从西飘向东，仿佛都是从草堂寺溢出的，所以名为“草堂烟雾”；另一种说法是草堂寺曾是国立译经场，由于香火鼎盛，终日香火缭绕，形成烟雾飘在草堂寺上空。

四、华严宗祖庭——华严寺

华严寺是佛教华严宗的祖庭，位于西安市南 15 千米的少陵原半坡，是唐代长安城南樊川八大寺之一、全国佛教重点寺院、全国重点文物保护单位。

华严宗主要依据的经典是《大方广佛华严经》，故称“华严宗”。

华严寺始建于隋代杜顺，因以《华严经》为主要经典而得名。现存的两座塔中，东边的是杜顺的灵骨塔。杜顺圆寂时，有两只鸟飞入房中，悲鸣哀切。杜顺尸身一个月后仍肉色不变，一直有异香飘出，后起塔藏葬。西边的塔是华严宗四祖清凉国师澄观的灵骨塔。澄观 103 岁圆寂，历经唐玄宗至文宗九朝。

华严寺居高临下，是登高远眺的好地方。诗人岑参的“寺南几千峰，峰翠青可掬”正反映了这一事实。华严寺周围的自然景色，虽不是佛经中描述的华严世界，却也是人间的华严天堂。

五、律宗祖庭——净业寺

净业寺位于长安区终南山北麓的凤凰山上，距西安市中心区约35千米，是国务院确定的汉族地区佛教全国重点寺院之一。净业寺始建于隋末，唐初为高僧道宣修行弘律的道场，因而成为佛教律宗的发祥地。

道宣（596—667），丹徒（今江苏省镇江市丹徒区）人。玄奘、窥基、圆测法师、牛头祖师及孙思邈等与道宣交往的故事颇多。道宣于乾封二年（667）十月三日圆寂，葬于坛谷石室。唐高宗诏令天下寺院奉供道宣画像，并令名匠韩伯通为其塑像。

唐时净业寺因道宣弘扬律宗而达极盛，后渐衰落。明清时期重修殿宇。清道光年间，寺况稍盛。改革开放后政府拨款加以维修。

六、密宗祖庭——大兴善寺

大兴善寺是中国密宗的祖庭，位于西安小寨兴善寺西街。始建于晋武帝司马炎泰始至泰康年间（265—289），距今1 600余年。隋文帝杨坚在兴建大兴城时，敕令建造大兴善寺作为国寺。因隋文帝在北周时原为大兴郡公，故取“大兴”二字和“靖善坊”的“善”字命名。

隋唐时代，长安佛教盛行，由印度来长安传教及留学的僧侣，曾在寺内翻译佛经和传授密宗。大兴善寺成为当时长安翻译佛经的三大译场之一，成为中国佛教密宗的发源地，也是中印文化交流史上一个值得纪念的地方。

758年，应不空所请，唐肃宗在大兴善寺设置灌顶道场。灌顶之法，在古印度是国王即位仪式，将四海之水用四宝瓶盛之，由国师灌于国王头顶，象征国王权力四海无边、国家兴盛。佛教密宗效法此举，当僧人嗣阿阇梨位时结坛灌顶，称“授职灌顶”，此外还有“结缘灌顶”等，从而在华夏首开灌顶之风。

2015年5月14日，国家主席习近平陪同印度总理莫迪参观大兴善寺。

七、玄奘长眠之地——兴教寺

兴教寺也称护国兴教寺，位于西安城南20千米的长安区少陵原畔，这里是我国唐代著名高僧玄奘法师的长眠之地、全国重点文物保护单位。

664年，玄奘圆寂于玉华宫，遗体运回长安，安葬在长安东郊白鹿原上。白鹿原地势很高，在皇宫内的含元殿就能看到。唐高宗非常敬重玄奘，将其奉为国宝，为他的去世举朝致哀。诏令将玄奘的遗骨于669年迁葬到长安以南的少陵原上，同时修建寺院，以资纪念。该寺被命名为“大唐护国兴教寺”，为唐代樊川八大寺之首。唐肃宗为玄奘的舍利塔题写了塔额“兴教”二字，寓意大兴佛教。唐末，兴教寺因为战乱而被烧毁，唯一幸存的是玄奘和他两位弟子的舍利塔。玄奘塔是中国现存较早的一座仿木结构楼阁式砖塔，在中国建筑史上占有相当重要的地位。东边是玄奘上座弟子圆测的舍利塔，西边是玄奘另一位上座弟子窥基的舍利塔。

玄奘弟子上千人，何以唯独这两人能享有此殊荣？这里面有一段有趣的故事。传说玄奘从印度回来后，就在大慈恩寺里潜心译经，尽管他不分昼夜地工作，然而单靠他一个人何年何月才能译完600多部经卷呢？于是玄奘决心物色几个有志于佛学研究的人，以便将自己的事业继承下去。一天，玄奘在路上散步，偶然遇见一位气度不凡的少年，经询问得知他是开国元勋尉迟恭之侄。玄奘打算收他为徒。太宗知道后，赐他法名窥基。他聪慧好学，刻苦钻研佛经，很快就学会了梵文，不但成为玄奘译经的得力助手，而且撰写了多部佛学著作。窥基50岁时累死在译经院的书案旁边。圆测是新罗王的孙子，随遣唐使来到长安。他精通梵语，熟悉汉文，后拜玄奘为师，是唯识宗的继承人之一。临终前，圆测嘱咐弟子将自己陪葬在师父的舍利塔旁。

兴教寺大殿四周外山墙顶部现存有明朝永乐十五年（1417）绘制的20余幅壁画。其中最有特色的当数正殿外间门楣上的《南无降魔释迦如来会》，民间又称之为《释迦牟尼降魔图》，画中间绘有女性化的释迦牟尼。释迦牟尼佛像在这里变成女儿身，这在全国所有有关释迦牟尼的佛像中是极为罕见的。

兴教寺距今已有1 300余年历史，是中国佛教的重要寺院，在世界宗教界占有重要地位，有着历史、艺术、文化和宗教多方面的珍贵价值。

周恩来总理曾陪同印度总理尼赫鲁来此瞻仰玄奘基塔。

八、日本佛教真言宗的祖庭——青龙寺

青龙寺位于乐游原上，其独特的自然风景是其他寺院难以相比的，因而历史上青龙寺香火极盛。

青龙寺的前身是灵感寺，始建于隋文帝时期。由于隋文帝在尼寺里生活了 13 年，受佛教的熏陶和影响很深。在修建大兴城时，因为要将城中的陵园冢墓迁葬到郊野，为超度这些亡灵，特意在乐游原上修了寺院，取名为灵感寺。

现在的遗址内建有云峰阁。另有两大标志性建筑，即惠果、空海纪念堂和空海纪念碑。空海是一位日本僧人，唐时入大唐求法，拜青龙寺东塔院惠果为师，民间尊称空海是日本的“孔子”。传说唐代大诗人白居易等都曾在青龙寺北住过。

现在青龙寺遗址院内的樱花共有十多个品种，近千株，其中包括“一叶”“关山”“御衣黄”等名贵品种。无论是从品种上还是从范围上，都是整个西北地区最全最多的地方。

九、西安唯一的藏传格鲁派寺院——广仁寺

广仁寺位于西安市城墙内西北角，是西北和康藏一带大喇嘛进京路过陕西时的行宫，因此又称“喇嘛寺”。广仁寺也是陕西省唯一的藏传佛教寺院，1703 年由清圣祖康熙帝敕建，历史上起着凝聚、促进西北边陲多民族团结的作用。1983 年被国务院列为汉族地区佛教全国重点寺院。

清朝初年，清政府在西藏、青海藏传佛教上层喇嘛进京朝见皇帝的

沿途建立寺院，向蒙古族、藏族表明，清政府充分尊重他们的宗教信仰习俗和保护藏传佛教，以此笼络人心，达到巩固西北边陲的目的。

广仁寺大殿和藏经殿的两侧各有配殿、厢房等，互相对称。在这里可以欣赏藏传佛教的建筑风格、布局特点和雕塑艺术，并领略到藏密黄教寺院独特的气氛。

十、“天下第一福地”——楼观台

楼观台号称“天下第一福地”“仙都”，是我国著名的道教胜迹、全国重点文物保护单位。楼观台位于周至县东南15千米的终南山北麓，史书赞美：“关中河山百二，以终南为最胜；终南千峰耸翠，以楼观为最名。”

楼观台得名于公元前 11 世纪的西周王朝。相传西周大夫函谷关令尹喜结草为楼，夜观天象，见紫气东来，知道将有真人从此经过。后来果然老子西游入关，被尹喜迎至草楼。老子在此著《道德经》五千言，并在楼南高岗筑台授经，留下楼观台这一名称。

老子，公元前571年出生于楚国苦县厉乡曲仁里（今属河南省鹿邑县），我国古代伟大的哲学家、思想家，道家学派的创始人，被当代评为世界百位名人之一。

老子为我们留下的文化遗产是五千言的《道德经》，文字虽然不多，但博大精深，是中国文化的大宝藏，也是中国哲学本体论的第一部名著。《道德经》一书空前绝后，据联合国教科文组织统计，世界上几千年被翻译成外文而广泛传播的著作，第一是《圣经》，第二就是《道德经》。《纽约时报》公布，人类古往今来最有影响的十大写作者，老子排第一。

楼观台既有周秦汉唐人文遗迹，又有山清水秀的自然风光。人文遗迹主要有老子说经台、尹喜观星楼、秦始皇清庙、汉武帝望仙宫、大秦寺塔以及炼丹炉、吕祖洞、上善池等60余处。

楼观台是老子著经、讲经和羽化之地，被尊为“天下道林张本之地”，是真正的道教祖庭。公元前219年，秦始皇第一个到楼观台祭祀老子，并于草楼之南建立了清庙。此后，先后有60余位皇帝到楼观台拜谒祭祀，其中宗圣宫被尊为大唐皇家祖庙，是我国祭奠老子的唯一庙宇。李白、王维、白居易、李商隐、欧阳修、苏轼等100多位文化名人曾在这里览胜抒怀，留有墨迹。

楼观台的说经台、大陵山、元始台三座山阜并立，分别供奉道德天尊、灵宝天尊和元始天尊，与道教释义的“三清”格局完全吻合。三台与三峰（光头山、四方台、首阳山）遥相呼应，与三峪（田峪、就峪、耿峪）相连，形成“三台鼎立，三峰朝护，三峪拱卫”的天然“三清”态势，体现了道教文化的完美统一，造就了“道教祖庭”的圣地景象。

楼观台东面的赵代村是“财神爷”赵公明的故里。“财神”也属于道文化的范畴，在沿海地区和东南亚影响很大，对民间有非常大的吸引力。

十一、道教全真派祖庭——重阳宫

重阳宫位于西安市鄠邑区祖庵镇，又称重阳万寿宫、祖庵。道家以上为阳，下为阴，清为阳，浊为阴，“上”“清”皆阳，故谓“重阳”。其兴建于金，是道教全真派祖师王重阳修真悟道及遗蜕归葬之所，享有“天下祖庭”之尊称。

道教分南北两派，南派为旧派，称为正乙派，北派即王重阳创立的全真派。重阳宫和北京白云观、山西永乐宫并称道教全真派三大祖庭。

王重阳（1112—1170），号重阳，祖籍陕西咸阳大魏村。王重阳善于随机施教，尤长于以诗词歌曲劝诱士人，以神奇诡异惊世骇俗。主张儒、释、道三教平等，三教合一，提出“三教从来一祖风”的融合学说。全真道内以《道德经》《孝经》《般若波罗蜜多心经》为必修经典，认为修道即修心，除情去欲、心地清静便是修行的真捷径。所以，全真道不崇尚符箓，不事黄白炼丹之术。王重阳死后，弟子护送其遗骨葬于终南刘蒋村故庵。重阳墓曾经被毁，幸得当地一位村民悄悄将其灵骨捡回掩埋，至 2009 年重修祖师仙茔时，地宫内得以珍藏祖师灵骨。

后来，马丹阳袭掌全真教，于其地建立道观，手书“祖庭”二字为额。嗣后，王重阳弟子王处一上奏，请于其址建灵虚观，丘处机又请改名重阳宫。元世祖时更名重阳万寿宫。

十二、道教重地——八仙庵

八仙庵位于西安市东关长乐坊，建在唐代兴庆宫的遗址上，是西安市内最大的一座道教观院。

相传八仙庵为宋代创建，当时有一个姓郑的书生在此曾遇道教传说中的八位神仙，这八仙分别代表着男、女、老、幼、富、贵、贫、贱。据八仙庵石碑记载，原先这

八仙庵

里有座雷神庙，八仙仙游至此，他们手捉飞来蟑螂食之，去后留下遍地栗壳，被视为游戏人间，遂建八仙庵庙祭祀，以享受人间香火。元、明、清各代历有重修，现以清代建筑为多。

1900年八国联军侵入北京，慈禧太后和光绪帝逃到西安避难，曾拨1 000两白银，命八仙庵道长李宗阳修建牌坊，并赐“敕建”二字，高悬于庵前门额之上。

八仙庵由山门至后殿，分为三进院落。山门外，有清光绪二十年（1894）砖砌大牌坊两座，门外的影壁上刻有“万古长青”四个大字。第二进院的正面为五开间的八仙殿，为八仙庵之主殿，是道观日常举行盛大宗教活动的场所。殿门正中悬挂着“宝箓仙传”四字匾额，为清光绪皇帝所书。两侧分别为汉钟离、张果老、韩湘子、铁拐李、吕洞宾、曹国舅、蓝采和、何仙姑的八仙泥塑彩像。

八仙庵是陕西道教集中活动的胜地。每年重阳节，八仙庵都举行盛大的道场。

十三、天下三大城隍庙之一——都城隍庙

城隍，起源于古代对水（隍）庸（城）的祭祀。“城”原指挖土筑的高墙，“隍”原指没有水的护城壕。古人认为与人们的生活、生产安全密切相关的事物，都有神在，于是城和隍被神化为城市的保护神。道教把它纳入自己的神系，称它是剪除凶恶、保国护邦之神，并管领阴间的亡魂。城隍是自然神，凡有城池者，就建有城隍庙。

何以将西安城隍庙叫“都城隍庙”呢？“城隍庙，九里三，各样买卖在里边；上自绫罗和绸缎，下至牛笼与马鞭。”古老的民谣，记载了

城隍庙昔日的繁荣和热闹。西安城隍庙始建于明洪武二十年（1387），曾是明清时期最宏大的都市城隍庙宇之一。当时中国有三大都城隍庙，分别在北京、南京、西安。西安的都城隍庙名气很大，地位甚高，不仅是天下三大都城隍庙之一，还统辖西北数省城隍，故称“都城隍庙”。

我国民间的城隍信仰始于周秦，发展于魏晋南北朝，盛行于唐宋之后，一直沿袭至今。明朝开国之初，朱元璋下令对天下所有城隍重新加封，并各赐相应品级朝服。洪武二十年（1387），朱元璋再次下诏改建都城隍庙，西安都城隍庙正是在此大背景下修建起来的。

西安都城隍庙由朱元璋次子秦王朱樉主持修建。从西大街鼓楼向西望去，一个高大的牌楼便映入眼帘，这就是都城隍庙的山门。牌楼正面大匾上书四个贴金大字“都城隍庙”，背面大匾同样上书四个贴金大字“你来了么”。这八个字均选自颜真卿的真迹楷书。

“你来了么”四个大字，亲切中透着调侃，说明城隍庙在古代也是一个老百姓爱来的场所。其实，“你来了么”这四个字就是拷问人的良心。也就是说，那些做了好事善事的人才敢来这里，而那些为恶的人，就得看他能否经得起神灵天地的考验，敢不敢来这里。“你来了么”这句话是道教里的警语，这四个字警示人们善有善终、恶有恶果。真正坦荡的人，拜过城隍之后，面对“你来了么”这一声喝问，可以坦然地说“我来过了”。

过去的西安都城隍庙以道教鼓乐负有盛名，庙内曾珍藏有历代保存下来的各种乐器和乐谱抄本。直至1961年，鼓乐大师安来绪道长还率庙中鼓乐进京公演，受到毛泽东、周恩来的接见。作为都城隍庙的重要历史文化遗存，脱胎于唐代宫廷音乐的城隍鼓乐，被誉为“中国古代音乐的活化石”和“西安古代的交响乐”，是中国古乐的一朵奇葩。

十四、世界伊斯兰文物之一——大清真寺

大清真寺位于西安鼓楼西北的化觉巷内，又称化觉巷清真大寺，与西安大学习巷清真大寺并称为西安最古老的两座清真大寺，因其在大学习巷寺以东，故又叫东大寺。

大清真寺始建于唐天宝元年（742），是一座历史悠久、规模宏大的中国宫殿式古建筑群，是伊斯兰文化和中国文化相融合的结晶。作为伊斯兰文化的象征，作为广大穆斯林向真主表奉忠心和精神依托的圣堂——大清真寺在唐代长安便应运而生。历经宋、元、明、清各代的维修保护，形成目前的建筑格局。1988 年成为全国重点文物保护单位。

大清真寺的建筑形式、基调为中国民族风格，然而寺院内的一切布置又严格按照伊斯兰教制度，殿内的雕刻藻饰、蔓草花纹装饰都由阿拉伯文套雕组成。中国传统建筑和伊斯兰建筑艺术风格在这里如此完美地结合，实在令人叹为观止，因而它被联合国教科文组织列为世界伊斯兰文物之一。

十五、大秦景教在中国的流传——《大秦景教流行中国碑》

《大秦景教流行中国碑》为最先来华传教的基督教聂斯托利派传教士所立。此碑于 781 年由一个名叫景净的波斯传教士纂刻树立，记述景教在唐代流传情况。上有楷书 32 行，行书六 62 字，共 1 780 个汉字和数十个叙利亚文。碑额上部是由吉祥云环绕的十字架，下部是典型的佛教莲花瓣朵，显示出景教开的是中土佛教的“花”，结的是基督教之“果”。它是研究中西交通、文化交流史的珍贵资料，是缀在丝绸之路这条五彩丝带上的一颗闪亮发光的宝石。

1907 年此碑入藏西安碑林（今西安碑林博物馆）安置。

第八节 西安的革命事件

由于西安长期为都或作为区域经济文化中心，所以西安人关心政治、参与政治的热情比较高涨。在不同的历史时期，面对反动势力的剥削和压迫，西安人民总是高举革命的义旗，为生存和解放进行艰苦卓绝的斗争。从国人暴动到农民起义，从爱国学生运动到爱国将领兵谏，在西安乃至中国的历史上，奏出了雄浑激越的革命乐章。

一、国人暴动

西周是中国上古三代发展的鼎盛时期，但其鼎盛之中也孕育着危机。到了西周后期，危机越来越严重，不仅是乡村的奴隶，而且连居住在“国”中的国人（平民），也走投无路，群起反抗。

周厉王姓姬名胡，史称厉王，生性暴戾，贪得无厌，任用“好专利而不知大难”的荣夷公为卿士。所谓“专利”，是指由朝廷垄断镐京附近山林川泽的一切收益，不让平民前往采樵渔猎，这样就从根本上断绝了平民的生计。同时，周厉王又兴师动众，东征淮夷，南伐荆楚，均以惨败而告终，更给平民带来沉重负担。厉王的贪暴侈傲，激起镐京平民愤慨，普遍出现“国人谤王”的情况。贵族召公虎提醒厉王说：“民不堪命矣！”而厉王一意孤行，迷信卫巫，使之“监谤，以告则杀之”，妄图以严密监视和屠杀来制止国人的议论，造成一种恐怖气氛。国人敢怒而不敢言，都“道路以目”，即互相用目光示意，来表达他们愤怒的情绪。厉王却很是得意，自以为“吾能弭谤矣”。召公虎则说：“防民之口，甚于防水，水壅而溃，伤人必多，民亦如之。”厉王还是不予理睬，继续倒行逆施。

公元前 841 年，镐京的平民忍无可忍，长期积压于心中的怒火一下子爆发，终于变成暴动。愤怒的国人与其他各阶层人士一道，争先恐后地冲进王宫，攻袭厉王。厉王狼狈逃跑，国人紧追，厉王一口气渡过黄河，奔至彘（位于今山西省霍州市东北）。太子姬静躲藏在召公虎家中，被国人围得水泄不通。召公虎无计可施，只得将自己的儿子交给国人杀死，才算保住姬静的生命。

镐京国人暴动，显示了人民的强大力量，动摇了西周王朝的反动统治。当时，镐京及全国一片混乱，于是众人公推召公和周公临时主持政事，收拾残局，史称“共和行政”。公元前 841 年，也成为中国历史有确切纪年的开始。

二、西安起义

1911 年 10 月 10 日，湖北武昌发动武装起义并取得了胜利，敲响了清朝统治和中国封建帝制的丧钟。因为是年为农历辛亥年，故称辛亥革命。

武昌起义成功的消息传至西安，西安革命党人受到巨大鼓舞。西安革命党人大致包括三部分人：一是以井勿幕、钱鼎等为首的同盟会会员，他们奉孙中山、黄兴的指示，早就在西安及渭北一带宣传革命思想，发展革命力量；二是以张云山、万炳南等为首领的哥老会成员，他们逐渐接受了同盟会的革命主张；三是驻在西安的陕西新军，会党势力在其中占绝对优势，许多同盟会会员亦在其中任要职。西安革命党人原定于 10 月 6 日举行武装起义，由于陕西当局防范甚严，加之天雨，所以未能如期举行。武昌起义成功，西安革命党人感到欢欣鼓舞，决定立即举义旗行动。

起义日期确定在 10 月 29 日。陕西当局闻到风声，赶紧调兵遣将，加强西安城防，并派出特务，侦查新军中的革命党人，列出名单，拟予逮捕，形势非常紧张。革命党人遂决定提前起义。当时，井勿幕不在西安，钱鼎为人谦恭，故临时推选张凤翙为总指挥。

10 月 21 日，张凤翙从临潼回西安，钱鼎等把提前起义的决定相告，张凤翙慨然应允。22 日，张凤翙、钱鼎、张万山、万炳南等在城南吴家坟丛林中集会，商定立即起义，落实具体起义方案。

当天上午 10 至 12 时，革命党人率领新军从城西的大营出发，几路同时行动。一路由张钫等率领，进南门，经书院门和开通巷，夺取东县门的军装局，掌握武器弹药；一路由张凤翙等率领，进西门，经木头市到军装局，以军装局为司令部，指挥各路战斗；钱鼎一路到陆军中学收取枪支，率领陆军中学学生占领城内制高点鼓楼，又派兵占领藩库，使存放在库里的 70 多万两白银落到革命军手中，保证了起义初期的费用开支；下午，曹建安、万炳南两路分别攻占陕西巡抚钱能训衙门和军事参议官衙门。这样，革命军就占领了除满城以外的整个城厢。

战斗打响以后，陕西当局和清朝廷驻西安的旗兵惊恐万状，西安将军文瑞命紧闭满城城门，四处布防旗兵。西安人民则群情激奋，剪去辫子，臂缠白布，支援革命军。当晚，张凤翙召集各路将领，议定革命军名称叫“秦陇复汉军”，并布置攻打满城事宜。23日凌晨，张凤翙率领革命军从钟楼到东门南线，钱鼎、万炳南率领革命军从钟楼到北门西线，向满城发动猛烈进攻。下午3时许，张凤翙指挥革命军从大差市附近的满城缺口处，实行轮番强攻，旗兵败退，义军突入满城。几乎与此同时，钱鼎指挥革命军攻占满城的新城门（今西安市后宰门街西口），用重炮轰击旗兵弹药库所在地北门城楼。弹药库爆炸，旗兵全面溃败，义军占领整个满城。文瑞跳井自杀，钱能训被搜获。

西安光复后，革命军为恢复社会秩序，巩固革命成果，采取了一系列措施。10月27日，张凤翙宣布“秦陇复汉军政府”正式成立，张凤翙为大统领，钱鼎、万炳南为副统领，下设六都督，继设东、西、南、北四路招讨使。在西安的带动下，陕西全省也得以光复。

11月2日，军政府接到湖北军政府颁发的“中华民国军政府秦省都督印”，大统领改称“都督”，都督府移至北院门。由于全国政治形势的影响，同盟会陕西分会领导成员间出现裂痕。1912年6月23日，张凤翙等在西安成立“统一共和党陕西支部”；不久，井勿幕等改同盟会陕西分会为“陕西国民党秦支部”。1913年“二次革命”爆发，陕西军政府发了“声讨”孙中山、黄兴的“通电”。袁世凯下令解散国民党，张凤翙随即对军政府进行改组，许多革命骨干被排挤，甚至惨遭杀害。张凤翙完全掌握了陕西的实权，成为新军阀，辛亥革命在陕西夭折。

三、西安事变

1935年10月，中国工农红军经过二万五千里长征，胜利到达陕北。蒋介石出于“攘外必先安内”的反动策略，置日本帝国主义于不顾，却调兵遣将，一心忙于“剿共”。张学良的东北军被调到西北，11月1日，“西北剿共总司令部”在西安成立，蒋介石兼总司令，张学良兼副总司令，代行总司令职权。由于父亲张作霖死于日本帝国主义的炸弹之下，因此张学良从心底憎恨日本帝国主义。东北军“剿共”连连受挫，使得张学良认识到中国工农红军的强大力量，开始寻找与共产党联合抗日的途径。

1936年4月9日，张学良乘自备飞机从西安秘密飞往肤施（今延安市），与中共中央代表周恩来举行会议，同意中共“停止内战，一致抗日”的主张，赞成实行全面合作。此前，杨虎城领导的西北军已与共产党进行秘密交往，在团结抗日问题上形成共识。张学良回到西安，立即与杨虎城达成默契，积极为抗日做准备。

10月5日，毛泽东、周恩来致信张学良：“先生是西北各军的领袖，且是内战与抗战歧途中的重要责任者，如能顾及中华民族历史关头的出路，即祈当机立断，立即停止西北各军向红军进攻，并祈将敝方意见转达蒋介石先生速即决策，互派正式代表谈判停战抗日的具体条件。”这更促进了张学良思想的彻底转变。

10月22日，蒋介石来到西安，具体部署“剿共”事宜。他计划调集30万军队，配备100架战斗机，最多在两三个月内血洗苏区，彻底消灭共产党。张学良、杨虎城反对蒋介石的做法，受到蒋介石的严厉训斥。

12月4日，蒋介石再次飞抵西安，住临潼华清池。蒋提出两个方案供张、杨选择：一是服从命令，进攻红军；二是调离陕西，让位给中央军。7日，张学良抱着破釜沉舟的决心，再次去见蒋介石，痛切陈说利害。但是，蒋固执己见，根本不听。因此，张、杨下定决心，实施兵谏。他们确定了兵谏计划：东北军负责执行华清池捉蒋和西安到临潼沿线的警戒任务；

西北军负责执行西安城内拘禁南京政府军政要员，解除蒋系军、警、宪、特的武装，扣留西安机场的飞机及控制火车站等任务。

12日3时左右，东北军外线部队包围了华清池。9时，蒋介石被事先准备好的小汽车送到新城。临潼方面枪响以后，城内西北军也按原计划开始行动，包围西京招待所，拘留住在那里的南京政府的全部军政要员，占领机场，扣留所有飞机和飞行人员。12日上午，张、杨向全国和南京政府发出通电，说明发动兵谏的意图，提出八项救国政治主张：一、改组南京政府，容纳各党各派，共同负责救国；二、停止一切内战；三、立即释放上海被捕之爱国领袖；四、释放全国一切政治犯；五、开放民众爱国运动；六、保障人民集会结社之政治自由；七、确实遵行总理遗嘱；八、立即召开救国会议。在通电发出之前，张学良已致电毛泽东，通报扣留蒋介石情况。其后，又电邀中共中央派人到西安共商大计。

这就是震惊中外的西安事变。因为发生在12月12日，故又称“双十二事变”。

对于张、杨的革命行动，西安和全国人民热烈响应，坚决支持。其时，英、美、苏、日反应不一，各地方实力派态度有异，南京国民党内部主战派与主和派争论不休。中共中央认真分析国内外形势，制定了力争和平解决西安事变的方针，决定应张、杨邀请，派周恩来、秦邦宪、叶剑英等组成代表团，到西安协助解决西安事变。

20日上午，宋子文飞抵西安，给蒋介石带来宋美龄的亲笔信。21日，宋子文回南京报告西安情况。22日下午，他与宋美龄、蒋鼎文、戴笠等一起飞抵西安。23日，宋子文代表蒋介石，张学良、杨虎城、周恩来代表西安方面，举行谈判。24日上午，宋美龄亦参加。经过谈判，以西安方面事先商妥的六条为主要内容，达成十条口头协议。24日晚，周恩来会见蒋介石，最后达成停止内战的协议。25日，张学良护送蒋介石回南京，西安事变宣告和平解决。

西安事变的和平解决，标志着全国抗日民族统一战线初步形成，开创了全面抗战的新局面。毛泽东1937年说："这是中国历史上的一件大事，从此建立了两党重新合作的一个必要的前提。"

四、八路军驻西安办事处

1936—1946年间，中共中央在西安市北新街七贤庄先后设立秘密交通站、红军联络处和国民革命军第八路驻陕办事处。

七贤庄始建于1934年冬，1936年春落成，占地13 600平方米，由10座"工"字形、土木结构的平房院落自西向东排列组成。借《晋书》中的"竹林七贤"而得名，由当时的文化名人成柏仁题书"七贤庄"镶嵌于庄首。

1935年10月，红军长征到达陕北，医疗器械和药品十分缺乏，周恩来指派在张学良身边工作的中国共产党代表刘鼎在西安设立秘密交通站。1936年春夏之交，刘鼎来到竣工不久正待出租的七贤庄，因这里距火车站较近，交通方便，于是用200块银圆租下七贤庄的一号院，在德国牙科博士温奇·冯海伯牙科诊所的掩护下，秘密交通站开展为延安采买、转运医疗器械和通信器材的工作。与此同时，刘鼎还请地下工作人员涂作潮在一号院地下室安装了一部100瓦的电台，把中共中央设在保安的红色中华社的广播传播到全国各地。

1936年西安事变和平解决后，"秘密交通站"改为半公开的"红军联络处”，由叶剑英主持工作，秘书长先后由李克农、张文彬、李涛担任。主要任务是发展东北军、西北军、红军三位一体的联络团结工作，促进国共两党为核心的抗日民族统一战线的早日建立。

1937 年卢沟桥事变后，红军改编为“国民革命军第八路军”。同年 8 月 25 日，“红军联络处”改为“国民革命军第八路驻陕办事处”，是中国共产党和八路军在国民党管辖区西安设立的公开办事机构，是第二次国共合作的产物。

1946 年 9 月，办事处被迫撤回延安。

七贤庄八路军办事处是全国所有的八路军、新四军办事处中成立最早、坚持时间最长、影响最大的办事机构。利用其特殊的政治地位和地理位置，在维护和推动全民族抗日运动的发展，宣传党的抗日主张、开展统一战线工作，为八路军领取、采买、转运物资，组织爱国青年奔赴延安等方面做了大量工作，为中国人民抗日战争的胜利作出了巨大贡献。其间，中国共产党、八路军的主要领导人周恩来、朱德、刘少奇、彭德怀、叶剑英、邓小平、林伯渠、董必武等曾多次留驻办事处并指导工作。1938 年 3 月 22 日，白求恩等国际友人辗转到达西安，下榻八路军驻西安办事处，受到八路军总司令朱德和陕甘宁边区政府主席兼中共驻西安代表林伯渠的热烈欢迎。

中华人民共和国成立后，党和政府十分重视保护这处革命旧址，于 1959 年在此建立纪念馆。1988 年纪念馆被国务院公布为全国重点文物保护单位。1996 年被国家六部委授予“全国中小学爱国主义教育基地”。1997 年被中宣部命名为“全国百家爱国主义教育示范基地”。2006 年入选“百家红色旅游经典景区”。2009 年被国家文物局评定为二级博物馆。

第九节
博物馆之城

西安历史悠久，文物古迹种类之多、数量之大、价值之高，在全国位居前列。依托丰富的历史文化资源，集中展示华夏历史文化的场所众多。据不完全统计，西安市已建成各类博物馆 100 多家，其中国家一级博物馆就有陕西历史博物馆、西安博物院、秦始皇帝陵博物院、西安碑林博物馆、汉景帝阳陵博物院、西安大唐西市博物馆、西安半坡博物馆等七家。基本形成以国有博物馆为主导、行业博物馆为骨干、民营博物馆为补充，各种所有制并举、门类齐全的博物馆事业发展格局。此外还有多处大遗址、著名历史文化遗存，同样发挥着历史博物馆的作用，使西安成为闻名世界的历史博物馆之城。

一、陕西历史博物馆

国家一级博物馆，位于西安大雁塔的西北侧，筹建于 1983 年，1991 年 6 月 20 日落成开放，是中国第一座大型现代化国家级博物馆，其建成标志着中国博物馆事业迈入了新的发展阶段。

其馆舍为“中央殿堂、四隅崇楼”的唐风建筑群，主次井然有序，高低错落有致，气势雄浑庄重，融民族传统、地方特色和时代精神于一体。

现馆区占地 65 000 平方米，建筑面积 55 600 平方米，文物库区面积 8 000 平方米，展厅面积 11 000 平方米。馆藏文物多达 375 000 余件，上起远古人类初始阶段使用的简单石器，下至 1840 年前社会生活中的各类器物，时间跨度长达一百多万年。文物不仅数量多、种类全，而且品位高、价值大。馆内的基本陈列为“陕西古代史陈列”，包括史前时期、周、秦、汉、魏晋南北朝、隋唐、宋元明清 7 个部分，展出 2 000 余件稀世珍品。以大量文物精品展示了三秦大地史前文明以来的历史，重点突出周、秦、汉、唐时期光辉灿烂的物质文明。其中的商周青铜器精美绝伦，历代陶俑千姿百态，汉唐金银器独步全国，唐墓壁画举世无双，可谓琳琅满目、精品荟萃。

陕西历史博物馆是一座综合性历史类博物馆，被誉为“古都明珠、华夏宝库”，是展示陕西历史文化和中国古代文明的艺术殿堂。

从 2008 年 3 月 27 日起，陕西历史博物馆免费向游客开放。免费开放时间为每周二至周日，周一全天闭馆整修。该馆采取“免费不免票”的参观办法，每天限量发放免费参观券。

二、西安博物院

国家一级博物馆，位于西安城南，占地约 163 000 平方米，由博物馆区、唐小雁塔荐福寺历史名胜区、园林游览区三部分组成，在国内博物馆（院）中独树一帜。2007 年 5 月 18 日，于“国际博物馆日”正式对外开放。

文物展馆作为西安博物院的主体建筑，由中国工程院院士、陕西历史博物馆的设计者、著名设计大师张锦秋主持设计，2004 年在新闻媒体发起的评选活动中，被评为西安未来十大标志性建筑之一。博物馆的建筑面积 16 000 余平方米，陈列面积 5 000 余平方米。在 130 000 件馆藏文物中，国家三级以上的珍贵文物有 14 400 多件。近 2 000 件首次面世的文物展品，精品荟萃，异彩纷呈，演绎了古都历史的万千气象。西安博物院的陈列由基本陈列、专题陈列、临时陈列三部分组成。

在建设西安博物院的过程中，一方面对原有保护区的基础设施以及园林绿化进行了全面改造，另一方面在原有占地面积基础上向东西两侧进行扩展，极大地改善了小雁塔与荐福寺的周边环境。在新扩建的区域内，增加湖面以及新的园林绿化景观，使历史名胜与城市公园融为一体，成为一处集文物鉴赏、旅游观光、休闲娱乐为一身的多功能城市景观区域。

目前，小雁塔历史文化片区综合改造项目正在实施。改造范围为：东起长安北路，西至朱雀大街，南起体育场北路，北至友谊西路。该项目是西安市人民政府推动的重大建设项目，是一项重大文化工程、生态工程、民生工程和城市改造工程，对完善遗址保护、改善区域环境、推动经济发展、建设“品质西安”具有重要意义。

三、秦始皇帝陵博物院

国家一级博物馆，坐落于距西安市区 37 千米的临潼区东，是以秦始皇兵马俑博物馆为基础，以秦始皇陵遗址公园为依托的一座大型遗址博物院。南倚骊山，北临渭水，气势宏伟，是全国重点文物保护单位，世界文化遗产，国家 5A 级景区。兵马俑被誉为“世界第八大奇迹”“二十世纪考古史上的伟大发现之一”。1987 年 12 月，联合国教科文组织将秦始皇陵（包括兵马俑坑）列入“世界文化遗产名录”。

秦始皇帝陵兵马俑陪葬坑位于秦始皇帝陵以东 1.5 千米处，1974 年当地农民打井时发现，后来称为一号坑。一号坑长 210 米，宽 62 米，面积 14 260 平方米。坑内有 10 道宽 2.5 米的夯筑隔墙，形成南北面阔 9 间、周围绕以回廊的格局。现发掘出土陶俑 1 000 余尊，战车 8 辆，陶马 32 匹，各种青铜器近万件。根据出土兵俑的排列密度估计，一号坑共埋葬兵马俑 6 000 余件。经考古工作者连续多年大规模钻探及研究考证，这里是中国第一个封建皇帝秦始皇帝之陵园中一处大型丛葬坑。1975 年国家决定在俑坑原址上建立博物馆。经过四年多的筹建，至 1979 年 9 月底，一号俑坑遗址展览大厅及部分辅助性建筑竣工落成，同年 10 月 1 日开始向国内外参观者展出。

二号坑位于一号坑北侧约 20 米处，1976 年夏季在考古勘探过程中发现。东西最长处 96 米，南北最宽处 84 米，面积约 6 000 平方米。二号坑由四个单元组成：第一单元即东边突出部分，由持弓弩的跪式和立式弩兵俑组成；第二单元即俑坑南半部，由驷马战车组成车兵方阵；第三单元即俑坑中部，车徒结合，由车、步、骑兵俑混合编制组成长方阵；第四单元即俑坑北半部，是由众多骑兵组成的长方阵。四个方阵有机组合，由战车、骑兵、弩兵混合编组，进可攻，退可守，严整有序，无懈可击。二号坑的发现揭开了古代军阵之谜。1994 年开始发掘和对外展出。

三号坑在一号坑西北，与一号坑相距 25 米，东距二号坑约 120 米，1976 年夏季在考古勘探过程中发现。三号坑东西 17.6 米，南北 21.4 米，面积 524 平方米，平面结构呈“凹”字状。武士俑按夹道的环卫队形排列，象征古代的军幕，是军阵的指挥系统。1989 年 9 月 27 日，三号兵马俑坑对外开放。

除上述兵马俑坑外，在秦陵封土西侧 20 米处的陪葬坑内，出土两乘大型彩绘青铜车马。这是迄今出土的秦陵文物中最华丽、最珍贵、最有价值的文化瑰宝。所出土1号铜车马定名为高车，是用于开道、警戒的卫车；2号铜车马定名为安车，即史书所说的始皇乘坐的“辒辌车”。

近年来，秦始皇陵新的考古发现不断，主要有出土于陵园东侧内外城垣东门间的东司马道南的石铠甲、陵封土东南部内外城垣间的百戏俑，以及陵东北角的铜禽（天鹅、鸿雁、仙鹤等）。

四、西安碑林博物馆

国家一级博物馆，位于西安市文昌门内三学街15号，原为陕西省博物馆。建于1944年，1993年1月改名西安碑林博物馆。

西安碑林博物馆是在具有900多年历史的“西安碑林”基础上，利用西安孔庙古建筑群扩建而成的一座以收藏、研究和陈列历代碑石、墓志及石刻造像为主的艺术博物馆，也是陕西创建最早的博物馆。馆区由孔庙、碑林、石刻艺术室三部分组成，现有馆藏文物11 000余件。著名的“昭陵六骏”中就有四骏藏于此。陈列由碑林、石刻艺术和其他文物展览三部分组成，共12个展室。有7座碑室、8座碑廊、8座碑亭，陈列面积达到4 900平方米。

博物馆本身即为孔庙旧址。孔庙唐时在尚书省西隅国子监附近，宋代几经搬迁，至崇宁二年（1103）将文庙、府学最终迁建于“府城之东南隅”，即西安碑林博物馆现址。照壁、牌坊、泮池、棂星门、华表、戟门、碑亭、两庑等明清建筑保存至今，并遵循着孔庙固有的建筑格局。

西安碑林是在保存唐代石经的基础上发展起来的，始建于宋哲宗元祐二年（1087），经金、元、明、清、民国历代的维修及增建，规模不断扩大，藏石日益增多，现收藏自汉代至今的碑石、墓志 4 000 余件，数量为全国之最，藏品时代系列完整，时间跨度达 2 000 多年。由于这里碑石如林，故名碑林。西安碑林内容丰富，既是我国古代书法艺术的宝库，又汇集了古代的文献典籍和石刻图案。它记述我国文化发展的部分成就，反映中外文化交流的史实，因而驰名中外。

西安碑林石刻艺术室建于 1963 年，展陈内容主要为自汉代至明清的陵墓石刻。其中东汉双兽、汉画像石砖、唐李寿石椁及墓志、昭陵六骏等，雕刻手法多样，风格各异，是不同历史时期石刻艺术中的精品。

第一展室，陈列《开成石经》。“开成”为唐文宗年号，表示该石经刻成于开成年间；“经”是指中国古代儒家的经典著作，其内容包括《周易》《尚书》《诗经》《礼记》《春秋左氏传》《论语》《孝经》《尔雅》等 12 部经书，计 60 多万字，用石 114 方。清代补刻的《孟子》也陈列于此，合称“十三经”。这些经书是封建社会知识分子必读之书。当时为避免文人学士们在传抄经书时出现错误，以及永久保存，就把经书刻在石碑上作为范本，立于长安城国子监内，以供校对。《开成石经》是目前仅存的一套完整的石刻经书。

第二展室，陈列书法名碑，以唐代为主。《大秦景教流行中国碑》《不空和尚碑》是研究唐代中外文化交流的宝贵资料。其中《大秦景教流行中国碑》是研究中西文化交流和宗教历史的宝贵资料，所谓“大秦”，就是东罗马。“景教”是基督教的一派，碑石记载了该教的教旨、仪式、当时在中国流行情况和僧徒活动情况。虞世南《孔子庙堂碑》、褚遂良《同州圣教序碑》、欧阳询《黄甫诞碑》、欧阳通《道因法师碑》、张旭《断千字文》、柳公权《玄秘塔碑》，以及僧怀仁集王羲之书的《大唐三藏圣教序碑》、颜真卿《多宝塔碑》《颜家庙碑》等，无一不是从古至今书法爱好者学习的范本。其中僧怀仁花费 24 年心血，从内府藏王羲之墨迹中集字刻成的《圣教序碑》，再现了书圣王羲之秀劲超逸的书风，加之碑文由唐太宗作序、唐高宗作记，颂扬了卓越的佛学家玄奘，又有玄奘写的谢表及心经，被誉为“三绝碑”。

第三展室，陈列的是汉至宋代的各种书法字体名碑。篆书有唐《美原神泉诗序》等，隶书有汉《曹全碑》等，楷书有唐《臧怀恪碑》等，行书有唐《慧坚禅师碑》等，草书有隋《智永千字文碑》、唐《怀素千字文》和张旭《肚痛帖》等。

第四展室，陈列的是宋至清代名书法家苏轼、黄庭坚、米芾、赵孟頫等的诗文书迹，以及明清时期有珍贵史料价值的碑石。还有一部分宋至清代的各种线刻画，如宋刻《唐太极宫残图》《唐兴庆宫图》，清刻《太华山全图》《关中八景》等，对研究古代建筑和旅游胜迹都有参考价值。

第五展室，陈列宋、元、明、清各代的地方史料碑石，以清代的居多。其中许多碑石记述了修庙、记功、拨田、赡学、修渠等内容，是研究当时社会和地方历史的资料，并且在书法艺术上也有一定价值。

第六展室，陈列除少数为元、明人士的诗文作品外，大部分为清代的诗词歌赋石碑。其中元赵孟頫、明董其昌、清康熙帝及林则徐所书的石碑等，都是难得的珍品。

第七展室，陈列清代用《淳化秘阁帖》复刻的碑石，共145方。石刻两面，其内容有历代封建帝王、名臣及书法家的各种字体，更有王羲之和王献之的草书。

西安碑林堪称是一座儒家典籍的石质图书馆和内容丰富的史料档案

库，是中国文字发展史的直观展示和中国古代书法艺术和石雕刻艺术的宝库。

西安碑林博物馆是1961年公布的第一批全国重点文物保护单位，2018年10月被批准为国家5A级旅游景区。

五、汉景帝阳陵博物院

国家一级博物馆，位于西安市北郊的渭河之畔，是全国重点文物保护单位。它依托西汉景帝与王皇后同茔异穴合葬的阳陵陵园而建，是一座巧妙结合现代科技与古代文明、融历史文化与园林景观于一体的大型文化旅游景区，是中国占地面积最大的博物馆。

汉阳陵始建于公元前153年，至公元前126年竣工，陵园占地面积20平方千米，修建时间长达28年。

1990年5月以来，陕西省考古研究所对汉景帝阳陵进行了较大规模的调查、测绘、钻探、发掘和研究，取得了许多令人瞩目的发掘研究成果。阳陵陵园平面呈不规则葫芦形，东西长近6千米，南北宽1至3千米，面积约12平方千米。

经过30多年的考古勘探发掘，现已探明，汉阳陵主要由帝陵陵园、后陵陵园、南区从葬坑、北区从葬坑、礼制建筑、陪葬墓园、刑徒墓地以及阳陵邑等部分组成。帝陵坐西向东，被81条呈放射状的陪葬坑簇拥着，其四周则分布着后陵，南、北区从葬坑及礼制建筑遗址等；宽110米的司马道向东直通5千米之外的阳陵邑，司马道南北两侧整齐排列着王侯将相和文武百官的陪葬墓10 000余座，一如当年天子临朝时大臣位列两班的威仪。陵区内200多座陪葬坑中出土的武士俑披坚执锐、严阵以待，仕女俑宽衣博带、美目流盼，众多的动物俑栩栩如生。

采用最新方式建成的汉阳陵地下博物馆，以特殊玻璃合围封闭遗址区，使参观者在文物遗址没有丝毫移动的原本状态下与之“零距离”接触，身临其境，妙不可言。这是我国唯一，也是世界罕见的全地下的现代遗址博物馆。

总观汉阳陵，其作为中国封建帝王“事死如事生”丧葬观念盛行的真实体现，成为科学工作者研究汉代帝王陵寝制度和丧葬文化的重要实物资料。

六、大唐西市博物馆

国家一级博物馆，位于西安市莲湖区劳动南路 118 号，是建于丝绸之路东方起点唐长安城西市遗址之上，以反映丝绸之路文化和商业文化为主题的中国首座民营遗址类博物馆。占地 20 亩，建筑面积 3.5 万平方米，展览面积 1.1 万平方米，其中遗址保护面积 0.25 万平方米。先后被评为国家 4A 级旅游景区、文化产业示范基地。馆藏文物 20 000 余件，以西市遗址出土文物和博物馆创办人精藏文物为主，上起商周，下迄明清，跨越绵绵 3 000 余载。精美神秘的青铜器，绚丽多彩的陶瓷器，千姿百态的陶俑，璀璨夺目的金银器，精美绝伦的丝绸，巧夺天工的玉器，还有大量的货币、墓志以及宗教、建筑类文物充盈库藏，为精彩纷呈的陈列展览奠定了坚实基础。

大唐西市博物馆的陈列分为基本陈列、专题展览、临时展览、特别展览、艺术空间五个部分。大唐西市博物馆是西安市重要的文化旅游项目之一，是观众了解隋唐丝路文化、商业文化，进行学习、交流、收藏活动的重要场所，是开展社会教育、展示传播古都西安悠久历史文明的重要窗口。

基本陈列《丝路起点　盛世商魂》展出了唐代西市东北“十字街”遗址、车辙遗迹和部分出土文物，介绍了历史上西市作为丝路起点的重要地位、交易品类、商业文化和繁华胜景；专题展览《丝绸之路“百工”体验》演绎了几种古代丝绸之路上的传统工艺制作过程，使观者参与其中尽享文化乐趣；临时展览是一个文化交流与展示的场所，博采众长展示丝路文化与古代商业文化；特别展览《精品选粹》《贞石千秋——大唐西市博物馆珍藏墓志展》则让观者近距离鉴赏文物、领略历史。

七、华清宫

华清宫亦名华清池，位于西安市临潼区骊山北麓，西距西安市区 30 千米，南依骊山，北临渭水，是以温泉汤池著称的中国古代离宫。周、秦、汉、隋、唐历代统治者，都视这块风水宝地为他们游宴享乐的行宫别苑，或砌石起宇，兴建骊山汤；或周筑罗城，大兴温泉宫。特别是唐玄宗时期，曾在此大肆兴建宫苑，供皇帝和杨贵妃欢娱，使得华清宫更为有名。关于华清宫，白居易、杜牧等著名诗人都留下了名垂千古的诗篇。1982 年，华清池被列为全国第一批重点风景名胜区；2007 年 5 月 8 日，华清池景区被批准为国家 5A 级旅游景区；2015 年 1 月，“华清池”与“骊山”两大景区合并升级为“华清宫”。

景区内主要有唐华清宫御汤遗址博物馆、西安事变旧址、九龙湖与芙蓉湖风景区、唐梨园遗址博物馆，有飞霜殿、昭阳殿、长生殿、环园和禹王殿等标志性建筑群。2007 年 4 月推出大型实景历史舞剧《长恨歌》，成为中国旅游文化创意产业的成功典范。2012 年 5 月推出多媒体影像剧《玄境长生殿》，成为传统博物馆数字化改造的新模式。

华清池温泉形成于二三百万年以前，历史文献及考古发掘的资料证明，华清池具有 6 000 年温泉利用史和 3 000 年的皇家园林建筑史。先为姜寨先民所利用，周、秦、汉、唐以来，历代帝王均在此修建汤池沐浴，使其逐渐成为皇家御用温泉，朝中大臣能在此沐浴也是一种恩赐。现华清池院内夕佳楼处有一温泉古源，距今已有数千年历史，由此可见华清池温泉利用之早。汉代科学家张衡的《温泉赋》、北魏元苌的《温泉颂》、唐太宗李世民的《温泉铭》等都对温泉沐浴能医病疗疾作了记述。盛唐时期，唐玄宗和杨贵妃在华清宫内演绎了千年传诵的爱情故事，使这座古老的皇家园林成为他们爱情的见证。玄宗“尤知音律”，杨贵妃“弹唱娴熟”，他们珠联璧合，创作了许多千古妙曲的歌舞。其中著名的有《霓裳羽衣舞》《得宝子》《凌波曲》等。唐玄宗还开创了我国历史上第一所皇家音乐艺术学校——梨园。

唐御汤遗址发现于 1982 年 4 月，经过 3 年多的发掘，清理出唐玄宗与杨贵妃沐浴的“莲花汤”“海棠汤”和唐太宗沐浴的“星辰汤”以及“太子汤”“尚食汤”等五处皇家汤池遗址，同时出土的还有三彩脊兽、莲花纹砖和新石器、秦、汉等时期的文物 3 000 余件。

环园原为清朝驿馆，在同治年间毁于战火。光绪年间，临潼知县沈家桢采用“以工代赈”之法，重建温泉驿馆，并改名“环园”。1900 年慈禧太后和光绪皇帝西巡西安，往返都就寝于此。1936 年，蒋介石亲临西安，将环园辟为临时行辕，部署“剿共”计划，引发了震惊中外的“西安事变”。

华清池园内现存有唯一一口唐代水井遗址。唐代帝王驾幸华清宫时，汲取净水，饮食利用。尤其是天宝年间，成为杨贵妃在华清宫的专用井。1987 年由考古队发现，距今已有 1 300 年历史，井深 8.3 米，井口及井身呈椭圆形，南北长 1.9 米，东西长 1.26 米，底部略小，壁厚 0.25 米，井壁蝇纹条砖和手印条砖错缝环砌而成，底无铺砖。

747—757 年的每年十月至次年暮春，唐玄宗都会带杨贵妃姐妹驾临华清宫避寒游乐。“春寒赐浴华清池，温泉水滑洗凝脂。侍儿扶起娇无力，始是新承恩泽时”，便是唐代大诗人白居易对贵妃在华清宫内赐浴的真实写照。华清池温泉也因此而闻名天下，为世人所向往，成为与古罗马卡瑞卡拉浴场和英国巴思温泉齐名的“东方神泉”。骊山温泉堪称一绝，其历史久远，任沧桑巨变，仍千古不竭，被誉为“天下第一泉”。

八、汉长安城遗址

位于今西安市城区西北方向 10 千米未央区西部，城垣内遗址区面积 36 平方千米，城垣外建章宫遗址区 9.38 平方千米。虽历经两千多年风雨，遗址区内地面遗存仍相当丰富，已探明重要遗址点 46 处，城墙和一些大型夯土遗迹依然清晰可见。

1956 年，中国社科院组建汉长安城考古队进驻遗址，进行考古发掘。1961 年，汉长安城遗址被国务院列为第一批重点文物保护单位。汉长安城遗址是我国迄今规模最大、保存最为完整、遗迹最为丰富、文化含量最高的都城遗址。汉长安城内主要建筑有长乐宫、未央宫、桂宫、北宫、明光宫、武库等。城西墙外有建章宫，城南有礼制建筑群。长乐宫位于城东南角，未央宫遗址现有多座夯土台基耸立地表，桂宫位于未央宫的北边靠近城的西墙，西城外的建章宫遗址保存下来的遗迹甚多，如北阙、凤阙、太液池及其他一些殿阁的夯土台基仍清晰可见。

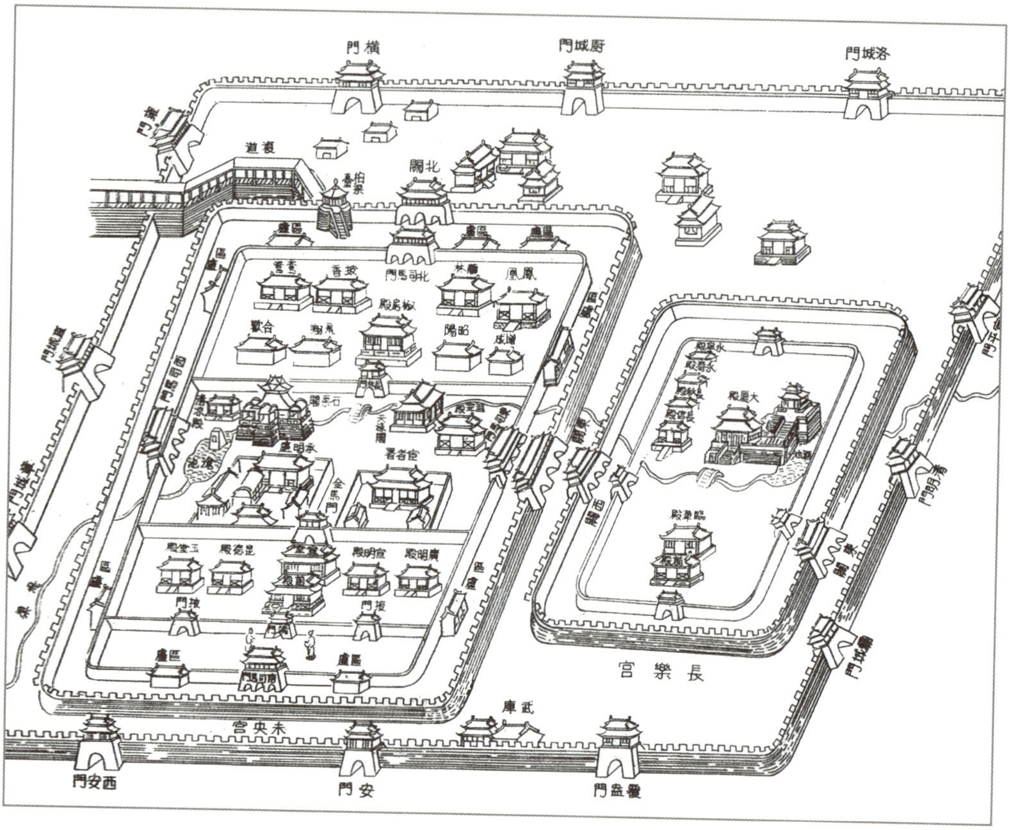

汉长乐宫、未央宫图（《关中胜迹图志》）

汉长安城出土遗物非常丰富，以陶质砖瓦建材数量最多，还有铁器、铜器、石器、金属货币等。未央宫西北边的一座工官官署遗址内，出土3万多片刻字的骨签，内容大多是各地工官向中央政府“供进之器”的记录，是研究西汉经济、官制等方面最具权威性的档案资料 。

汉长安城遗址的发掘，探明了汉代长安城的布局和结构，为研究中国古代都城史提供了重要的实物资料。

2006年，汉长安城遗址列入申报“丝绸之路”世界文化遗产预备名单。2014年6月22日，在卡塔尔多哈召开的联合国教科文组织第38届世界遗产委员会会议上，汉长安城未央宫遗址作为中国、哈萨克斯坦和吉尔吉斯斯坦三国联合申遗的“丝绸之路：长安—天山廊道的路网”中的一处遗址点成功列入《世界遗产名录》。

九、大明宫遗址

大明宫是唐长安城“三大内”（太极宫、大明宫、兴庆宫）中最为辉煌壮丽的建筑群，地处长安城北部的龙首原上，平面略呈梯形，面积 3.2 平方千米。它是唐帝国最宏伟壮丽的宫殿建筑群，也是当时世界上面积最大的宫殿建筑群，是唐朝的国家象征。其面积相当于 3 个凡尔赛宫、4.5 个故宫、12 个克里姆林宫、13 个卢浮宫、15 个白金汉宫。

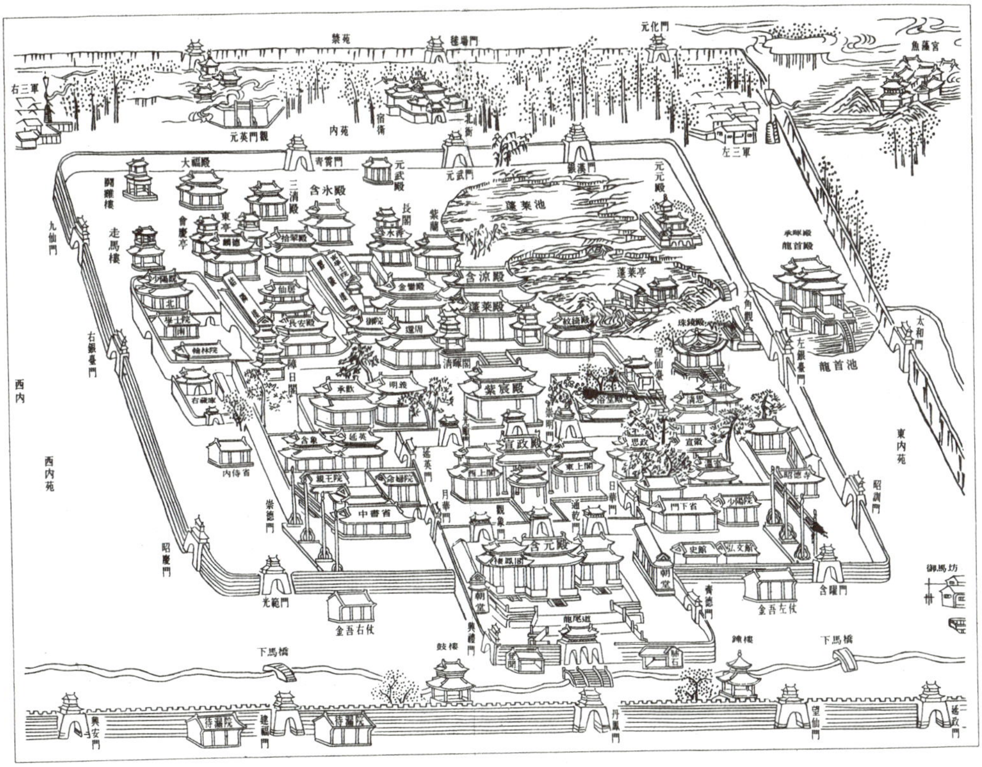

大明宫图（清雍正十三年《陕西通志》）

大明宫始建于贞观八年（634），是唐太宗李世民为其父李渊所建的夏宫，本名永安宫，工程未完，李渊去世，遂于贞观九年（635）正月改为大明宫。龙朔二年（662），唐高宗对大明宫进行扩建，曾一度将其改名为蓬莱宫、含元宫。神龙元年（705），复称大明宫。

大明宫规模颇为宏大，其宫墙东西1.5千米，南北2.5千米，略呈楔形，共有11座城门。大明宫为“前朝后寝”布局，中轴线从南端丹凤门起，延至太液池（北部的内廷中心）。大明宫正门名丹凤门，有含元殿、宣政殿、紫宸殿三大殿，正殿为含元殿。含元殿以北有宣政殿，宣政殿左右有中书、门下二省，以及弘文、弘史二馆。而有名的麟德殿大约建于唐高宗麟德年间，位于大明宫北部太液池之西的高地上。此外有别殿、亭、观等30余所。

自唐高宗起，先后有17位唐朝皇帝在此处理朝政，使之成为国家治理中心，历时达200余年。896年，大明宫毁于唐末的战乱。

1961年，大明宫遗址被国务院公布为第一批全国重点文物保护单位。大明宫国家遗址公园位于西安市太华南路，是国际古遗址理事会确定的具有世界意义的重大遗址保护工程，是丝绸之路整体申请世界文化遗产的重要组成部分。大明宫遗址区保护项目是国家“十一五”大遗址保护重点工程，2007年10月启动，2010年10月盛大开园，2011年被国家文物局评为首批国家级考古遗址公园。2014年6月22日，在卡塔尔多哈召开的联合国教科文组织第38届世界遗产委员会会议上，唐长安城大明宫遗址作为中国、哈萨克斯坦和吉尔吉斯斯坦三国联合申遗的“丝绸之路：长安—天山廊道的路网”中的一处遗址点成功列入《世界遗产名录》。

2020 年 12 月 29 日，文化和旅游部公布新一批 21 家国家 5A 级旅游景点名单，西安大明宫国家遗址公园成功入列。

十、大唐芙蓉园

大唐芙蓉园位于长安城东南隅，自古即为皇家园林。秦时，在此开辟了皇家禁苑——宜春苑，并建有著名的离宫——宜春下苑。后改名曲江园。开皇三年（583），隋文帝正式迁入新都大兴城。隋文帝恶其曲，觉得不吉利，于是命令高颎为这个皇家园林更换新名。有一天晚上，高颎忽然想起曲江池中的莲花盛开，异常红艳，莲花雅称芙蓉，遂拟更“曲江园”为“芙蓉园”。经过隋初的一番改造，曲江重新以皇家园林的性质出现在历史舞台，而且得到了一个新的名称——芙蓉园。

唐玄宗开元年间，修建了紫云楼、彩霞亭、临水亭、水殿、山楼、蓬莱山、凉堂等建筑。经过唐玄宗的扩建，芙蓉园内宫殿连绵，楼亭起伏，青林重复，绿水弥漫，景色十分优美。宋之问《春日芙蓉园侍宴应制》诗云：“芙蓉秦地沼，卢橘汉家园。谷转斜盘径，川回曲抱原。风来花自舞，春入鸟能言。侍宴瑶池夕，归途笳吹繁。”

芙蓉园为皇家御园，亦名南苑，虽王公大臣非宣召不得入内。李绅《忆春日曲江宴后许至芙蓉园》诗中说：“春风上苑开桃李，诏许看花入御园。”开元二十年（732），唐玄宗为随时来此游赏而不被外人所知，沿郭城东壁之外修筑了从大明宫途经兴庆宫直达芙蓉园的夹城（长7 960米，宽50米）。夹城南端的城门名新开门，在今西安城东南郊曲江新开门村。

今之大唐芙蓉园占地1 000亩，其中水面300亩，建于原唐代芙蓉园遗址以北。大唐芙蓉园2002年开始建设，2004年落成，2005年4月11日正式对外开放，是中国第一个全方位展示盛唐风貌的大型皇家园林式文化主题公园。其中有紫云楼、仕女馆、御宴宫、芳林苑、凤鸣九天剧院、杏园、陆羽茶社、唐市、曲江流饮等众多景点。大唐芙蓉园创下多项纪录，有全球最大的水景表演，是首个“五感”（即视觉、听觉、嗅觉、触觉、味觉）主题公园；拥有全球最大户外香化工程；是全国最大的仿唐皇家建筑群，集中国园林及建筑艺术之大成。

2011 年 1 月 17 日，大唐芙蓉园被国家旅游局评为国家 5A 级旅游景区，2020 年 8 月 1 日起实施免费预约入园。

十一、西安城墙十八座城门

西安城墙有 18 座城门，从永宁门开始顺时针依次介绍如下：

永宁门　俗称“南门”，位于南城墙中部偏西，北与北城门相对。原为隋唐长安皇城南面偏东门，名安上门。唐末韩建以皇城改筑为新城后，先封闭了南面中门朱雀门，北宋哲宗元祐之后又封闭了南面偏西门

永宁门

含光门，南面遂唯此一门。明洪武七年至十一年（1374—1378）拓筑西安城墙，此门沿用为南城门，易名永宁门，取永保安宁之意，并改原隋唐时过梁式三门洞为砖砌拱券式单门洞。门上建有高大的城楼，门外有瓮城、月城，门内有直通城中心的南北大街。为适应城市道路交通需要，1956年在南门城楼两侧各砖砌拱形城洞三孔，每孔跨度7米，建成呈“U”字形的盘道，称南门盘道，从此行人车辆不经原城门洞，而由左右盘道进出。其后又多次修缮。多年来，西安城墙仿唐入城仪式即在此举行。

朱雀门 本是唐长安皇城的正南门，因四象中的朱雀代表南方而得名。门下是城市中央的朱雀大街。隋唐时，朝廷经常在此举行庆典活动。唐末韩建缩建新城时，此门被封闭。1939年，为防日军轰炸，曾在此区域开辟五岳庙门防空便门。1960年代拓成豁口。1985年修复西安城墙时，发掘出包裹在明城墙内的朱雀门遗址。1986年修葺成现在规模并正式命名为朱雀门，位于遗址西侧。

勿幕门 位于永宁门西侧、朱雀门和含光门之间。1939年，日军大举空袭西安城，为缓解敌机空袭时民众转移压力而新开防空便门，当时并未命名，称之为“小南门”。为怀念辛亥革命先烈井勿幕先生的不朽功勋，1946年曾命名为“井上将门”，1947年市政府最终决定以“勿幕”来命名该门。该门是自民国以来以人名命名的三座城门（另有中山门和玉祥门）之一。

含光门 唐长安皇城南面偏西门，建于隋初。门上建有楼观，门下开三门洞。唐昭宗天祐元年（904）正月，韩建缩小城区范围，封闭含光门的中门洞与西门洞，仅保留东门洞。北宋哲宗元祐之后，全部封闭。原为1939年开辟的甜水井街防空便门。1960年代拓成豁口。1984年修葺西安城墙时，发掘出此门三门洞，并发现门洞石门槛遗物与门柱遗迹。今于城墙内，辟为西安唐皇城含光门遗址博物馆。2003 年在含光门遗址两侧新开辟门洞。

安定门　俗称“西门”，是明清西安城西城门，位于西城墙中部偏南。原为隋唐长安皇城西面中门顺义门，唐末韩建以皇城改筑新城，封闭原西面偏北门安福门而保留此门为西城门。明初易名为安定门，并改原隋唐时过梁式三门洞为砖砌拱券式单门洞，门洞通长 33.9 米，为西安城西面的重要门户。现此门为西安城西面正门，仍名安定门，门楣字为民国元年（1912）六月陕西督军张凤翙所题。原城门洞不再使用，1987 年另于城门南北两侧各开三个拱券式门洞，供行人车辆通行。

玉祥门　位于西城墙西门以北。传为纪念冯玉祥 1926 年率兵击溃刘镇华镇嵩军、解除西安城围历史功绩，陕西当局 1928 年开辟命名。杨虎城主陕后，一度封闭。1934 年再度开启。短期曾改名为“中正门”。1935 年因新开火车站北门定名为“中正门”，此门以方位再改名为“西北门”。同年 10 月《西安市区图》仍恢复“玉祥门”名称。

尚武门　是北城墙最西一门，俗称“小北门”。原为 1939 年开辟的西北三路防空便门。1950 年代拓成豁口，后开通，与尚德门、尚勤门、尚俭门共同表示儒家崇尚的“良好品德、习武健身、勤俭节约”，又因此门内的西侧为清代习武园，故名。1997 年修成现在规模并正式命名为尚武门。

安远门　俗称“北门”。明清西安城北城门。位于北城墙中部偏西，明洪武七年至十一年（1374—1378）拓筑西安城墙时新建，南与永宁门直对。门下开有一拱形门洞，通长 30.8 米。门洞上建有正楼，门外有瓮城、月城及箭楼、闸楼等防卫性建筑。为明清西安府城北面的重要门户。清代时期，满城的西墙即沿安远门内大街（今北大街）而建，直抵钟楼。门楣上有民国元年（1912）六月陕西督军张凤翙所题“安远门”三字。现原城门洞不再使用，另于城门两侧各新开两券洞（四洞宽共 40 米），以供行人车辆出入。

尚德门 位于西安火车站西南侧，1986 年开通。因直对尚德路而得名。

解放门 位于西安北城墙东段尚仁路（后称中正路，即今解放路）北首。为 1934 年陇海铁路通至西安后开筑。初名火车站城门，亦称新开城门。1935 年 2 月定名为“中正门”。1947 年改名解放门。1952 年因扩建火车站广场而拆除，成为西安城墙一豁口。2005 年重新连接形成大跨度的桥拱式城门，从而使西安城墙全线贯通。

尚俭门 位于北城墙解放门与尚勤门之间，中华人民共和国成立后开辟，因城门内为尚俭路，故名。

尚勤门 位于北城墙东侧，中华人民共和国成立后开辟，因城门内为尚勤路，故名。

朝阳门 东城墙最北一门，原为 1939 年开辟的崇礼路防空便门。1954 年成大豁口。1980 年代末，决定修复豁口以建城门，同时因其地处城东，故取“迎着太阳升起”之意命名为“朝阳门”。1992 年，正式修筑朝阳门。1993 年修成现在规模并正式命名为“朝阳门”。

中山门 俗称“小东门”。位于西安东城墙中段，东新街东端。1927 年孙中山先生逝世两周年之际，冯玉祥倡议开辟此门，并以“中山”之号命其名。并列的两个门洞亦分别取名“东征门”和“凯旋门”，以表北伐必胜之决心与深意。

长乐门 明清西安城东城门，位于东城墙中部偏南，明洪武七年至十一年（1374—1378）拓建西安城墙时新筑，西与西城门安定门东西相对。门上建有高大的城楼，门外筑有瓮城、月城，上建箭楼、闸楼，层层包拱相卫，组成城门严密的防御工程体系。长乐门是明清西安城东面进出的唯一门户，崇祯十六年（1643）十月，李自成农民军即从此门攻进西安城。清初沿东大街一线包筑为满城，长乐门成为满城东南的出口。民国初拆除满城修筑东大街后，长乐门仍为西安城东面的重要门户。现门楣“长乐门”三字，为1912年6月陕西督军张凤翙所题。因明代国都位于西安的东面，因此将东门命名为“长乐”，有长久欢乐、万年不衰之意。

建国门 南城墙最东一门。原为1939年开辟的小差市防空便门，1960年代拓成豁口。1984年，修复豁口，砌三券洞。1985年修成现在规模，以门内为建国路正式命名为“建国门”。

和平门 1953年开通。与西安火车站、大雁塔处于同一南北轴线上，为表达人们对世界和平的渴望，故名。

文昌门 位于碑林博物馆南侧。原为1939年开辟的柏树林防空便门，1960年代拓成豁口。1985年修成现在规模，因门内旧有文昌庙而得名。

十二、西安钟鼓楼

钟楼和鼓楼，均为明清西安城的宏伟建筑。1996年11月被列为全国重点文物保护单位。钟楼和鼓楼相距250米，1996年修建的面积达6万平方米的古迹保护与旧城更新的综合性工程——钟鼓楼广场，将两者紧密联系在一起，成为西安的新景观。

钟楼初建于明洪武十七年（1384），在今西大街广济街口原奉元城钟楼旧址，为原隋唐长安皇城及唐末长安新城的城中心。万历十年（1582）陕西巡抚龚懋贤檄咸宁、长安两县令迁建于府城向东扩展后的城中心今址。后又经清康熙三十八年（1699）、乾隆五年（1740）相继修葺。从此，钟楼岿然立于通城门四衢交汇点，形成了西安城“以钟楼为中心，东西南北四条大街向外辐射”的主要城市格局。迁建后的钟楼，除修筑楼基外，建筑形式依据原制而无改创。据传移建初时，曾徙悬唐睿宗景云二年（711）所铸重12 000斤的景龙观铜钟，但扣之不鸣，仍返其迎祥观故所（现移西安碑林博物馆）。后钟楼西北角所悬的大铁钟，为明宪宗成化二年（1466）所铸，重达13 600斤。由于此楼昔时每晨击钟向居民报时，故称钟楼。同时此楼在城市安全防务中兼具指挥中枢功能，战时与东西南北四城楼遥相呼应，起着瞭望、联络、指挥的作用。

钟楼通高36米，下为正方形基座。基座各边长35.5米，高8.6米，用青砖砌成，占地1 377.4平方米。四面各有高宽均为6米的券洞通道，在基座中心券梁交成十字形。北边券洞外筑有梯形双边对称的登基砖砌阶道。楼身为正方体木质结构，重檐复屋，四角攒顶，屋檐翘起，边长21.39米。四面五开间，周以回廊，连明廊共七间。外为三层重檐，每屋均施斗拱。里为二层楼，均用朱红柱子、朱红门窗。楼内东南角有木梯可盘旋而上。藻井为一百八十余种不同内容的民间花卉图案。门扇上有六十四幅古代典故轶闻浮雕，如嫦娥奔月、八仙过海、吹箫引凤、柳毅传书、单刀赴会、木兰从军、岳母刺字、长生殿盟誓等，雕镂极其精美。在四角攒尖的顶上，覆以碧绿色的琉璃瓦。顶端竖以高约5米的大圆顶，里为木心，外贴紫铜皮，钉以紫铜钉，金光闪闪，灿烂辉煌。中华人民共和国成立后经多次整修，使这座古老的建筑焕然一新。

鼓楼位于城内西大街鼓楼什字北75米处，东西横跨于北院门街的南段。明洪武十三年（1380）建，正统五年（1440）、清康熙三十八年（1699）、乾隆五年（1740）先后重修。楼北架有一面大鼓，称“闻天鼓”，故称鼓楼。每日傍晚击鼓报时，与钟楼响应，恰成“晨钟暮鼓”，提醒人们按时作息。有时鼓楼亦用于击鼓报警，在城防治安上起着配合钟楼与四城门楼联络的作用。

鼓楼单座独立，基座为长方形，东西长52米，南北宽37米，座高9米，用石条青砖砌筑而成，占地1 924平方米。基座中间辟有高宽均为6米的券洞，供行人和车辆通行。楼体建在基座之上，连座通高34米。楼为歇山顶重檐滴水木构建筑，分上下两层，面宽各七间，连左右明廊共九间，通宽40.3米，连台基露明宽43.3米。进深均为三间，连前后明廊共五间，通深21.5米，连台基露明宽24.5米，建筑面积1 061平方米，楼内西侧有木梯可盘旋而上。外檐和平座均饰斗拱，青绿彩绘，层次分明。楼顶以灰色琉璃瓦覆盖。乾隆五年（1740）鼓楼重修后，乾隆皇帝御书“文武胜地”四字匾额以赐，由陕西巡抚张楷金字大书摹写，悬于鼓楼南檐下；咸宁学生李久宽又写“声闻于天”四大字，悬于北檐下。两匾长8米，宽3.6米，为蓝底金字大木匾。八个大字均为贴金凸体。抗日战争时期，日军飞机炸坏鼓楼一根大梁，整个建筑各部分也受到不同程度的破坏。1952年西安市人民政府对鼓楼进行彻底翻修，1954

年增添防雷设备，1958年又对屋面进行翻修，1997年新做一面“闻天鼓”，置于鼓楼东面偏南处。

鼓楼两匾在1966年“文化大革命”初期被摘下焚毁。新两匾按原样制作，于2005年4月23日悬于鼓楼南北两侧离地面28米高的原二重檐上。

十三、关中民俗艺术博物院

关中民俗艺术博物馆坐落在秦岭终南山世界地质公园中心地带和隋唐佛教圣地南五台山脚下，占地 500 亩，建筑面积 10.8 万平方米。该院由全国人大代表王勇超先生历经 20 余年创办，是以民俗文化遗产抢救、保护、收藏、研究和展示为主的文化事业与文化产业为一体的战略带动项目。

自 20 世纪 80 年代中后期以来，关中民俗艺术博物院已收集、抢救和保护历代石雕、木雕、砖雕、关中古民居和群众生产、生活、习俗、风情等各类遗物、名人字画共 33 600 余件（套）。征集保护了 40 院近千间明清古民居，8 600 多根拴马桩；收集整理了大批地方戏曲、工艺作坊、礼仪俗规等非物质文化遗产，形成了民间艺术、关中民居、民俗风情、名人字画四大系列共九个类别的藏品规模。这些藏品从不同侧面集中反映了关中地区数千年来各民族生存、发展的风貌，全方位展示了我国石刻艺术鬼斧神工般的魅力，是中国北方各民族生活和文化交流融合的历史见证，形成了民族文化的基因仓和标本库。

关中民俗艺术博物院的建设，填补了我国大型优秀民俗文化展览、教育、研究基地的空白，已成为中华民族物质文化和非物质文化遗产保护、展示、研究、弘扬基地和影视拍摄基地。

关中民俗艺术博物院对外开放以来，接待国家领导人 50 余人次、部委领导 150 余人次，累计接待国内外游客近 400 万人次，为陕西文化、中华文化的保护、展示作出了重要贡献，产生了良好的社会影响，已成为弘扬传播我国民俗旅游的一张亮丽名片。

关中民俗艺术博物院作为陕西省和西安市重点建设项目，如今已成为省级爱国主义教育基地、省中小学生校外综合教育实践基地、国家文化产业示范基地、国家 4A 级旅游景区。

十四、陕西考古博物馆

陕西考古博物馆位于西安市长安区郭杜街道，与唐代著名的佛教祖庭香积寺相望，总用地面积约 1.7 万平方米，总建筑面积约 3.6 万平方米。该馆由中国建筑西北设计研究院设计，历经十余年建设完工。

陕西考古博物馆作为全国首座考古学科专题博物馆，是集考古发掘、科学研究、文物保护、教育展示为一体的大型综合性考古研究机构，是“十四五”期间陕西省完成的一项重大文化工程。

陕西考古博物馆的建筑与环境设计以“庭院式园林化设计、唐式风格、博物馆功能、院馆一体”为指导思想。其陈列区以简洁概括的语言写意中国传统建筑的意向，象征陕西拥有悠久灿烂的历史文化，同时显示华夏人对传统文化的自信。建筑布局采用中国传统建筑空间中轴对称、主从有序、动静分区的整体布局方式，在突出考古博物馆田野调查个性特征的同时，将建筑置于园林绿化之中，营造高雅、健康、生态的外部环境。

陕西考古博物馆依托20多万件出土文物，其常设展览的四个篇章

“考古历程”“文化谱系”“考古发现”“文保科技”，如同一座考古学科的“大课堂”，全链条展示考古的魅力。该馆于2022年4月28日试开放，室内展陈面积5 800平方米，室外展陈区域10 000平方米，共展出文物4 218组5 215件，其中90%以上为首次与公众见面。

陕西考古博物馆

第七章

西安的文化传承

各美其美，美美与共

第一节
西安非物质文化遗产

在我国绵长的历史进程中，先民们创造了丰富的文化遗产。这些文化遗产既包括物质文化遗产，也包括非物质文化遗产。

自2006年以来，西安市着手对境内的非物质文化遗产进行挖掘保护。经过十多年的快速发展，已有229项被西安市政府列入市级保护名录，15个项目被列入国家级保护名录，其中“西安鼓乐”还被联合国教科文组织列入人类非物质文化遗产名录。

近些年，西安市“非遗”宣传、传播工作发生了3个转变，即：从名词普及向深度传播过渡，从表象展示向价值传播过渡，由专业机构传播方式向大众多媒体传播方式过渡。与时俱进的传播工作切实帮助更多“非遗”项目回归日常、焕发生机。同时，全市范围内已建成数十家各类展示、传承“非遗”的场馆，为后续的传承与发展奠定了良好基础，进一步拉近了“非遗”保护项目代表性传承人群体与社会各界的距离，扩大“非遗”保护的“朋友圈”。

与此同时，“非遗”与旅游融合发展，实现了从原有存续的传统技艺、文化艺术表现形式到各类当代文化艺术表现的延伸，有利于促进文化遗产形成“有效保存—合理利用—反哺保护”的良性循环。一方面将“非遗”纳入教育体系，结合人才培养，使非物质文化遗产更大范围、更深层次地通过教育手段普及，充分发挥了“非遗”的当代价值；另一方面又将“非遗”带进社区，将大众日常生活与“非遗”有机融合，使社区成为大众了解、体验、传承“非遗”的平台。

一、部分国家级“非遗”保护项目

1. 西安鼓乐

西安鼓乐是一个曲调丰富、形式严谨、风格鲜明、价值极高的古老民间音乐乐种。西安鼓乐曲目众多，目前留存的曲目共分 20 余类，1 100 余首。这 20 余类，包括《鼓段曲》《打扎子》《引令》《套词》《南词》《北词》《大乐》《赚》《曲破》《杂曲》《鼓札子》《念词》《歌章》，以及两大演奏形式专用的《坐乐》《行乐》，等等。此外，尚有锣鼓牌子曲 50 余首。西安鼓乐的宫调系统和谱式体系具有极其明显的历史特征和不容忽视的历史价值。在宫调系统方面，西安鼓乐的四调（宫）——上（F）尺（G）五（D）六（C），与福建南音、北京（智化寺）京音相同，与南宋音乐家“白石道人”姜夔留下的谱式体系——宋代俗字谱基本吻合。

唐宋音乐是我国古代音乐最灿烂的部分，但由于时间久远，许多流传下来的唐宋古谱无法辨识，如南宋音乐家姜夔曾以唐代俗字谱写了许多歌曲，而不为今人所识。研究姜夔多年的原中国音乐研究所所长杨荫浏在西安发现了这种曲谱——工尺谱，经懂谱的西安民间老艺人试唱，破译出了姜夔的唐谱歌曲。

西安鼓乐的师承及流派风格，很大程度取决于“哼哈”（韵[润]曲）的不同。其代表性人物——西安鼓乐大师安来绪收徒甚广（遍及城乡两路及僧、道、俗三派），但所授大部皆同。乐曲的结构特征，主要是鼓曲和乐曲的严密结合，其中鼓（曲）有着结构框架和引领进行的作用。

近年来，有多国专家、学者不远万里造访西安，都对西安鼓乐给予高度评价。在国内，有学者断言，中国古代音乐艺术中很多谜团的破解，西安鼓乐将是一把重要的钥匙；中国风格、中国气派的中国音乐（及歌舞）的复兴，西安鼓乐将是一块重要的基石。

2. 蓝田普化水会音乐

水会音乐源于隋、盛于唐，是唐代宫廷音乐。唐时以寺庙音乐形式传入蓝田民间，其传入和名称来历有几种说法：一是传说唐王李世民病重，魂游阴曹，遇无数冤魂向他索命，李世民还阳后，命作十八处水陆道场，以超度这些与他争夺天下而死于非命的亡魂。蓝田水陆庵在唐时是可容千名僧侣的悟真寺水陆殿，是专做水陆道场和大型佛事的地方。后来便把这次在水陆殿为水陆道场演奏的音乐称为水会音乐。普化水会乐班在民国前每年水陆庵庙会时，都要去念经奏乐，做水陆道场。另一种说法是：唐贞元年间，关中大旱，唐皇令关中官民祈祷。时长安东西两市各组织一班祈雨乐队比赛演奏《绿腰》曲，结果西市和尚段善的乐队比赛取胜，受到皇上赏赐，一时祈雨奏乐风行长安附近。此后蓝田民间每逢天旱，必祈雨奏乐。蓝田把祈雨叫“取水”，故把祈雨时演奏的音乐称为水会音乐。还有一种说法：蓝田与唐都长安近在咫尺，该地山清水秀，吸引着都城内包括乐工、乐使在内的各色人等或短游，或长居，文人墨客更是络绎不绝，他们大都擅长曲牌乐律，会聚蓝田，饮酒放歌，击节弹唱。特别是精通音乐的诗佛王维隐居蓝田 20 余载，潜心崇佛，除在佛堂奏乐诵经外，也常于林泉之间弹唱唐乐，把带有浓厚梵音的佛乐传到蓝田也属必然。

水会音乐传入民间后，与民间音乐融合，成为一种带有地方特色的民间乐种，带有浓厚的唐代民族传统音乐风格。历史上水会音乐是专为做佛事、善事、祭祀而演奏的，主要用于民间庙会、取水伐马角、民间丧事、大型祭祀活动、水陆道场等，后来每逢新年在村中神庙前吹奏，作为祭祀性娱乐活动。

水会音乐从兴起之初就属佛教文化范畴，在历史上是从不用于喜庆婚事之类的，也从不用弦乐和唢呐，只用笙、管、匀孔笛、箫、筝等。打击乐 20 多种，都是中国最古老的乐器，纯正地保留着中华民族几千年来的传统风格。匀孔笛在吹奏前必须在水中浸泡，才能发出优美的音色。领奏乐使用高把鼓，打法也比较特殊。水会音乐演奏的传统乐器有吹奏乐和打击乐两大类：吹奏乐器有匀孔笛、笙、箫、管等；打击乐器有带把木鱼、铃子、铰子、铛子、梆子、高把鼓、水子、贡锣、击子、云锣、闹锣、大铙、钹、磬等。水会音乐主要在行进途中演奏，乐器制作要适用这个特点，所以一些较大打击乐器都特设手把；吹奏乐器中的匀孔笛过去是特制的，和今笛不同。

水会音乐所用音乐曲谱调属于隋唐燕乐半子记谱法，曲谱由 10 个简汉字组成，有音高，没有音长短，口传心授，代代相传。虽然全家岭和楸树庙乐谱记谱法略有不同，但都属一种谱系。据当地老艺人介绍，普化水会音乐最少有 80 多种曲牌，如全家岭水会的《清江颂》《小曲子》《编官二联子》《三联子》《银纽诗》《敢中砂》等；楸树庙水会的《红纱调》《分水》《八板》《黑吉花开》《官调》《皂老婆》《老钉缸》《游花园》《对剪节》等。按照演奏的内容和形式又分为行乐（行进中演奏）和坐乐（室内诵经时演奏）两类，常用行乐有《清江颂》《敢中砂》《小曲子》等，常用坐乐有《粉红莲》《散拍坐夜》等。

水会音乐的特点是旋律委婉、清雅细腻、悦耳动听，俗称“细乐”，具有明显的唐代传统民族音乐风格和浓厚的佛教文化色彩，具有悠久性、高雅性、民间性、独特性等多种特征。水会乐班一般为 10 多人到 40 多人不等，遇大型活动，如水陆道场、取水伐马角、大型庙会等，须有仪仗队配合。仪仗队一般有龙凤旗 8 面、伞 1 把、日月扇 2 把、滚灯若干，仪仗队前面是水会标志旗，阵容可达 100 人以上，取水伐马角时还须有锣鼓队配合壮势。

普化水会音乐沿用唐代的乐谱和传统乐器，在演奏方式和乐曲风格上都保留了唐乐那种高雅的风格特征，也吸取了南方音乐部分特点，并与民间习俗融合，形成一种简约而不单调、质朴而又高雅的特色民间音乐艺术。其音乐的独特性表现在三个方面：一是这一乐种经历史长河漫湮，在此得到了延续传承；二是水会音乐源于唐代寺庙音乐，不仅体现在乐律格调上，而且在历史上也始终用于专门的佛事、善事活动，从不在其他演艺场合出现；三是水会音乐的律调平和细腻，和粗犷豪迈、起伏高亢的秦风秦韵形成对照，具有独特风格。

普化水会音乐传承于唐乐，但由于时间久远，许多流传下来的古谱无法辨识。蓝田县文化馆音乐干部邓印海在有关专家的指导下，依据民间艺人使用的工尺谱，破译了水会音乐古谱，已译出 10 多首曲子，引起日本音乐界的关注，对解读和破译其他唐代濒灭音乐提供了重要佐证。

3. 楮皮纸制作技艺

楮皮纸抄制技艺是传统手工纸制作技艺之一。西安市长安区北张村至今仍保留着非常原始的楮皮纸制作技艺，同时积淀了丰厚的纸文化。

北张村坐落在秦岭脚下，沣河岸边，在西安市南面，距市中心 20 多千米。由于人多地少，当地百姓自古以来就依靠山区的楮树（俗名构树）资源，造楮皮纸以维持生计。据当地老人讲，他们祖祖辈辈都是纸户。一直到改革开放之前，这里基本上家家户户都有造纸作坊，现在仅有 10 余个纸户以抄纸来维持生计。当地至今还流传着古老的纸谣："仓颉字、雷公碗、沣出纸、水漂帘""有女甭嫁北张村，半夜起来站墙根"。北张村传统楮皮纸生产工艺具有很高的工艺价值，不仅整个工艺流程完全没有使用现代机械，而且不使用纸药就能进行分张。据有关专家介绍，这套生产工艺在国内其他手工纸作坊中是罕见的，可以认为是研究手工纸工艺演化进程的活化石。从 20 世纪 70 年代起，北张村原始的造纸技艺就引起国内外学者的高度关注。

4. 高陵洞箫艺术

高陵县（今西安市高陵区）耿镇乡地处县境最南部，为本县渭河以南唯一辖区。闻名关中的高陵胡道满洞箫艺术就诞生于此。胡道满（1909—1978），高陵县耿镇西村人，祖籍湖北省郧西县，清同治年间随父辈逃荒至此安居。在胡道满洞箫艺术生涯过程中，其父胡学忠、邻居刘天昌及朋友耿振荣三人对其产生了重要影响。

胡学忠是一个多才多艺的人，不仅会雕刻制作皮影，还擅长品箫和吹箫。加之家庭富裕，胡学忠除了为幼年胡道满提供了较为优越的物质条件，还在文化知识上给予其很大的帮助。

胡道满 15 岁时，在泾阳塔顶吹奏《绣荷包》和《苦中乐》，吸引了周边所有的游人。为了更好地运用气息，胡道满常常蹲在井边，对着井口练习吹奏，听其回味，反复改进。有一个秋夜，当他沉迷于品箫时，竟然毫无察觉不远处卧着一只老狼。1931年夏，国民革命军第十七路军第十七师参谋长耿景惠亲自接他到三原县献艺；两年后，又经朋友耿振荣相约到西安献艺。胡道满在易俗社门前的一曲箫声，使剧场外观众蜂拥而观，遂被邀请到易俗社内献艺。此后易俗社每次演出都以箫音作为开场前奏，于是胡道满名声大振，在西安市内、临潼、长安、泾阳、三原、渭南、高陵等地有着很大影响。

中华人民共和国成立后，胡道满的艺术成就得到党和政府的重视，高陵县文化馆多次邀请其参加县上组织的演出活动。1955年，渭南地区和陕西省举办民间艺术表演观摩大会，胡道满以数曲洞箫演奏获得了一等奖和省级甲等奖。随后又赴京参加"全国群众业余音乐舞蹈观摩演出会"，荣获个人特等奖，受到国家主席刘少奇和国务院总理周恩来等中央领导同志的亲切接见。曲目《苦中乐》和《大金钱套柳生芽》被文化部评选为最佳节目，为中央首长和国际友人做专场演出，同时还被中国唱片公司灌注成唱片出版发行，至今原唱片仍被保存在西安音乐学院的音像资料室内。

胡道满在洞箫技艺方面的主要发展成就，是他独创了"双音代唱"和"喉音"两种吹奏技法。"双音代唱"吹奏法把秦腔唱法中的彩腔唱声和箫吹奏运气巧妙地融合在一起，然后注入箫管，使洞箫低沉的声音突然放大，让听者产生错觉，如唢呐浑厚响亮，形成多支洞箫合奏的希声，又恰似梆笛声和板胡声一样豪迈粗犷，具有强烈的穿透震撼力；"喉音"技法是在吹箫的同时喉咙发声，"吼"唱一个旋律，与箫声形成和声，给人一种边吹边唱的感觉，显得格外的雄厚有力。

胡道满洞箫继承和发扬了中国传统音乐艺术理论和优秀的传统演奏

技法，把洞箫从单一的伴奏乐器中剥离而成为独奏乐器，变传统的低沉、苍凉、绵长的演奏为洪亮、明快、欢乐的演奏。其箫音婉转悠长、醇厚有力、圆润清扬、美妙动听，表现力丰富，独具特色。其传世的代表曲牌有：《苦中乐》《雁落沙滩》《百鸟朝凤》《大金钱套柳生芽》《孔子哭颜回》《官谱》《柳生芽》《麻鞋底》《绣荷包》《三娘教子》《三回头》《古城会兄》等。

2005 年在对当地非物质文化遗产普查时，其传人只有两位，一个是胡道满的侄儿胡永汉，一个是胡道满的孙子胡天民，该技艺面临后继乏人被淘汰的危险。为了使胡道满洞箫艺术得以传承发展，高陵县文化馆成立了“高陵县胡道满洞箫艺术研究协会”，对胡道满洞箫技艺及所吹奏的洞箫曲目进行了普查、挖掘、搜集、整理、建档及申报工作。

5. 秦腔

秦腔发源于陕西、甘肃一带，流行于陕西、甘肃、宁夏、青海、新疆等地，因用梆子击节，故也称“陕西梆子”；又因陕西地处古函谷关以西，古称“西秦”，而有“西秦腔”之称；当地也叫“梆子”“桄桄”“乱弹戏”“中路秦腔”“西安乱弹”“大戏”等。秦腔剧目丰富多彩，其数量总数有万部之多。仅陕西省境内的各路秦腔剧本就已达 3 000 多本，其中中路秦腔 1 100 多本，西府秦腔 700 多本，东路秦腔同州梆子 500 多本，南路秦腔汉调桄桄 800 多本。此外，陕西省艺术研究所现存 1 500 多本 20 世纪 50 年代初根据老艺人口授的手抄本，已知甘肃省抄存 1 500 多本，宁夏、青海、新疆维吾尔自治区等省区也有数目不少的传统秦腔剧目。秦腔剧目剧本基本上涵盖了中国五千年文明史，上至盘古开天地的神话传说，下至中华民国到现当代的各个阶段的历史故事，从三皇五帝到当代英模人物，从古代明君贤相、忠臣义士、豪杰烈女到当代仁人志士，从古代伦理到当代社会道德，无所不有，可以说是一部二十五史的民间通俗演义。

秦腔的唱腔宽音大嗓，直起直落，既有浑厚深沉、悲壮高昂、慷慨激越的风格，同时又兼有缠绵悱恻、细腻柔和、轻快活泼的特点，凄切委婉、优美动听，为广大人民群众所喜爱。各门角色都有独特的风格和拿手戏。其表演技艺质朴、豪放、细腻、深刻、优美，以情动人，富有夸张性，生活气息浓厚，程式严谨，技巧丰富。身段和特技有趟马、拉架子、吐火、吹火、喷火、担子功、梢子功、翎子功、水袖功、扇子功、鞭扫灯花、顶灯、咬牙、耍火棍、跌扑、髯口、跷工、獠牙、帽翅功等。

20世纪三四十年代，西安坊间流传一句话：“只要钟楼的钟声在响，易俗社的琴声不断，西安的心脏就在跳动。”

有位作家说过，秦腔是秦人的DNA，是在骨子里的，无法拒绝。

十四运会开幕式有一秦腔唱段，“九州用的秦小篆，长城铺的老秦砖；秦车秦马秦直道，一通秦鼓出秦关；秦尺秦秤亮秦胆，量了黄河量泰山”。秦腔承载着中华优秀传统文化，歌颂着西北人民耿直爽朗、慷慨好义的性格，传承着中华儿女顽强拼搏、勇于奋进的赤诚之心。保护好、传承好、发展好秦腔艺术，是西安义不容辞的使命担当。

秦腔的盛典　人民的节日[①]
——第九届中国秦腔艺术节在西安开幕

由中国戏剧家协会、陕西省文学艺术界联合会、西安市人民政府联合主办的第九届中国秦腔艺术节，于2022年6月13日晚在西安易俗社文化街区开幕。

西安是秦腔艺术的发祥地，也是中国秦腔艺术节的起源地，2000年举办的首届中国秦腔艺术节，从西安出发一路高亢嘹亮，唱响西北五省区。2022年，秦腔盛会再次回到西安。本届秦腔艺术节秉持“秦腔的盛典·人民的节日”主题，特邀西北五省区33家院团、国内30余名梅花奖艺术家、知名专家学者齐聚西安，在10多天的时间里集中开展优秀剧目展演、名家“走进群众”、名团“走进校园”、名剧“走进影院”、高峰论坛等主题活动。

近年来，西安紧扣秦腔艺术传承的实际需求，打造了全国首个以秦腔艺术文化为核心的易俗社文化街区，建成了展现千年秦腔发展成果的中国秦腔艺术博物馆和易俗社百年博物馆，成立了秦腔青年实验剧团，培养出众多青春有活力、功底扎实的“秦腔生力军”，让秦腔艺术在赓续传承中焕发时代风采。

第九届中国秦腔艺术节

① 何兴龙：《第九届中国秦腔艺术节在西安开幕》，《西安日报》2022年6月14日，第1版。

6. 户县眉户曲子

户县眉户曲子是一种流传在关中民间的以坐唱为主的曲艺形式。它是在元代北曲的基础上，由历代民间艺人和文人吸收了眉县、户县的山歌、牧歌、情歌、儿歌等通俗曲发展而成的，其分布于眉县和户县一带。

户县眉户曲子有据可考的历史可追溯到明朝正德六年（1511），当时著名文学家、户县人王九思罢官回乡创立了曲子家班。在此后的40多年里，王九思创作了700多首散曲，并带领曲子家班经常往来于关中各地朋友和庙会之间，使得户县眉户曲子传播甚远，逐渐成为陕西中路曲子之魁。

户县眉户曲子不同于秦腔的高昂激扬、豪放粗犷，其唱腔较为委婉细腻，优美动听，富于抒情。在成为独立的剧种戏之前，是由歌者用三弦等乐器伴奏演唱，并没有任何动作，所以也叫“眉户坐唱”。演唱形式以清曲坐唱为主，不搭台子，不化妆，俗称“地摊子”，多在节庆、庙会、红白喜事等场合演唱。伴奏乐器主要有：三弦、四叶瓦、板胡、笛子、撞铃等，有时也用碟子伴奏。清末搬上舞台后，吸收了秦腔打击乐，增加了鼓板、勾锣、手锣、铙钹、铰子、堂鼓、棒子等，以鼓板为指挥，以板胡为主奏。新中国成立后，胡琴变为一把低音板胡，又增加了二胡（含高音、中音、低音共三把）、唢呐、扬琴、琵琶、大提琴、低音琴等。坐唱乐队一般由6人组成，分操三弦、板胡（正反各一把）、笛子、水水（碰铃）和四叶瓦等，且只有弦乐曲牌。

户县眉户曲子共有100多个曲调，其中有36个大调，72个小调。分西路、中路和东路。音乐由唱腔、锣鼓、曲牌三部分组成。曲目经20世纪五六十年代挖掘整理，共计500余个，主要有《张连卖布》《五更鸟》

《打灶君》《小姑贤》等。

传统的户县眉户曲子作品反映了明和明代以前的社会历史现实，发展成舞台戏演出后，更能贴近时代，贴近生活，贴近群众，并在原有表现基础上创作出了不少新剧目。周恩来总理就曾亲临观看过马健翎创作的新眉户剧《十二把镰刀》。

户县眉户曲子表现形式灵活，音乐特色诙谐生动，具有浓郁的乡土气息，唱词健康淳朴，生活化，题材内容多来自民间故事、历史传说，是我国曲艺中的宝贵财富，是研究民俗、历史和民间文学的珍贵资料。

7. 鄠邑北乡迎祭城隍民俗活动

迎祭城隍是鄠邑北部乡村古老的民俗活动，是在中国古代城隍信仰宗教文化背景下产生的独特的民间信仰形式，是我国古代重要的宗教祭祀文化。该活动起源于周，于唐代形成习俗，受到地方守宰重视，宋代后纳入国家祀典，日趋兴盛。

鄠邑北乡迎祭城隍民俗活动，这种数村一社轮流祭祀一个城隍的形式起源于何时，尚无史料可考。明代著名文学家王九思在其编撰的嘉靖本《户县志》中言及当地风俗时称：“乡人喜享赛神，倾囊不吝。”“赛神”即指乡间的秋冬报赛活动，也就是俗称的农历十月间的“会城隍”。至今大城隍社中的定舟村和真守村仍保留着建于明代的报赛楼，由此可见，鄠邑北乡迎祭城隍民俗活动自明代中叶就已产生，历清至民国末年，数百年未曾中断。民国三十七年（1948），户县国民党政府曾以勤俭办国名义明令禁止这一活动，中华人民共和国成立后再度恢复，至 1957 年以迷信活动被再次禁止。1987 年后，民间自发恢复了这一民俗活动，年年迎送，直至今日。

迎城隍俗称“接爷”。鄠邑地区在历史上按地缘形成了三个城隍社，在社内轮流祭祀着三个姓名不同的城隍神。渭河南岸一带十九村为一社，奉纪信为城隍，称为大城隍；往南，大官路东西二十一村为一社，奉韩成为城隍神，称二城隍；县城附近，涝河东西十三个村子为一社，奉周苛为城隍神，称三城隍。三个社迎祭城隍的规矩和形式基本相同，即城隍神在每个村子享祀一年，每年正月十五前后，由下一个村子迎至本村祭祀。在城隍驻村期间，全村各户要轮流守爷，十月十五前后，该村要举祭会爷。三个社都有“前村不会，后村不接”的规矩。

接爷有非常盛大而隆重的仪式。接爷的队伍由神职队和古老的民间艺术表演组成。神职队古老庄严——围绕城隍夫妇神轿，武官相护，文官相随，道教乐队前导，掬香诵经队伍相随，神物祭器、神前仪仗一应俱全，气势威严。民间艺术表演有百面锣鼓、梆子舞、夹板舞、芯子社火、马社火、武术杂耍和秧歌等。整个队伍旌旗仪仗前导，报马奔驰穿梭，锣鼓震天动地，社火异彩纷呈，绵延数里，是声势浩大的民间艺术盛典。

交接祭祀礼仪也非常隆重。迎神村子的祭祀人员由八位礼宾组成，其中有文祭官、武祭官、司仪，正引、配引，正通、配通，正读、配读。八位礼宾由村里德高望重、贡献突出的人担任。交接神像前，迎送双方要以古法举行祭祀仪式。

迎神队伍回村后，先在庙外进行神器进庙仪式，然后在庙内进行神像落座仪式。从城隍神迎进村子的这一天起，全村人要挨家挨户轮流守护，直到来年下一个村子迎走。这叫“守爷”。守爷人的职责第一是续香火，保证城隍香火不断。第二就是伺候城隍夫妇的起居，即：守爷人每晚要给城隍夫妇铺好床铺，第二天早上再把被子叠起来，还要给爷洗漱。天天如此，这是自古沿袭下来的规矩。除此之外，城隍驻村期间，每逢城隍生日还要为城隍举行寿祭礼庙会。与会的老人们，三三两两，于生日之前一天下午，提着香笼，拄着拐杖，纷纷前来城隍庙烧香，直到生日当天上午，来庙敬神的人们仍是络绎不绝。其贺寿情景之盛，盖可想见。

三个城隍的会期，皆在农历十月中、下旬，乡人叫十月会，也叫冬会。最迟不得超过冬至。老人们有“跟冬会，活受罪，有处吃，没处睡”的说法。会城隍时要在庙外搭起经棚，把城隍夫妇的神像供奉在棚里，供十里八乡的人前来烧香祭祀。同时要按规矩在神案上摆放丰盛的祭品，酬谢神恩。会城隍时，还要在经棚附近搭台唱戏三至七天。各城隍游区中念曲子、唱道情、唱自乐班的人们，也都会踊跃前来演唱助兴。会城隍时，各村都会自发形成集市贸易。各种小吃摊点云集，从衣物、书籍到生活用品，琳琅满目，应有尽有。赴会的乡人摩肩接踵，人潮如涌。

迎祭城隍规模宏大，内容非常丰富。它在集中了民间信仰、宗教礼仪和商贸活动的同时又是古老的民间艺术的重要载体，古老的锣鼓表演、梆子舞、夹板舞、马社火、血社火以及各种杂耍在迎神活动中一代代流传下来。迎祭城隍活动成为全面展示乡村传统文化的狂欢节。迎神活动具有极强的包容性，能够不断吸收各种新的文化艺术形式，是一个文化积累过程，是乡村文化建设的重要形式，对各种民间艺术的传承和发展发挥着不可替代的作用。

由于一些村子供奉城隍的村庙被拆除，至今未得以恢复，导致城隍无处供奉。祭祀礼仪和一些民间艺术仅有部分老人掌握，传承后继乏人；近 20 年来，随着现代农业生产水平的不断提高，农村生活方式有了较大改变，社会成员流动性的增强，使得迎祭城隍活动赖以生存的空间环境有了较大改变，这一古老的民间文化活动面临着逐渐消亡的危机，保护这一民俗活动已刻不容缓。

8. 马明仁膏药制作技艺

“马明仁膏药”始创于清朝咸丰年间，150多年来，经后辈五代世袭相传，将“马氏膏药”的古法工艺完整继承，保存至今。尤其在制作工艺上，始终保持了古法炼制的精髓，而且在不断的实践总结中，更深层次地丰富传统技法，把膏药的药用价值和传统工艺演绎得别具一格。选料、浸泡、提炼、升华、炼油、下丹、去火毒、去燥邪、启封、摊涂等每道工序步步考究。马氏膏药具有活血化瘀、通经疏络、祛风除湿、消肿镇痛之功效，尤其对因风寒、邪痹及慢性劳损引起的风湿、类风湿性关节炎、骨质增生、腰椎间盘突出、颈椎病、肩周炎、膝关节疾患，有十分显著的康复疗效和预防作用。

马氏始祖马六懿先生行医乡间，医术精湛，医德高尚，专注于风湿骨病的研究诊治，经多方探索和临床实践，熬制出“马钱风湿骨痛膏”，疗效显著，远近闻名。马六懿之孙马明仁受祖辈熏陶，自幼喜好医学，九岁能背诵药性歌诀，熟读祖传医书，十二岁随父辈上太白山采集药材，拜访名医，勤奋好学，深得陕甘名家及其祖父马六懿先生真传。成年后的马明仁继承祖辈遗志，在不断实践、钻研中，增加数味太白山野生草药入膏，使“马氏骨痛膏”疗效更为神奇，康复者万千，后来当地百姓亲切地称之为“马明仁膏药”。

马明仁膏药外观为“黑如漆，明如镜”的黑色固体。通过经络达到活血化瘀、祛风除湿、温经散寒、通络止痛之功效，使患者能在短时间内解除病痛，尤其在治疗缓解颈肩腰腿痛方面更有独到之处。治疗时直接将膏药贴于痛处或相关穴位，药效可直接渗入到达病灶，形成较高的药物浓度，具有简、便、廉、验、见效快等特点，无肠道反应及肝肾损害等毒副作用。

9. 陕西快板

陕西快板起源于陕西关中一带，由民间顺口溜演变而来。主要分布在陕西关中地区，同时辐射陕北、陕南和整个西北地区。陕西快板是板诵体的民间曲艺形式，以关中方言为标准语言，有单口、对口、群口等形式，节奏明快、乡音醇厚、高亢激昂、风趣幽默，是群众喜闻乐见的曲艺形式。

陕西快板的形成由来已久，在民间广为流传。民国时期就有王老九、谢茂恭等人编演陕西快板，反映劳动人民的疾苦，揭露旧社会的黑暗。中华人民共和国成立后，随着党对宣传工作的重视，艺人地位提高，涌现出一批业余快板演员，代表人物有杨宽心、刘志鹏等。杨宽心是第一位陕西快板专业演员；刘志鹏将陕西快板与山东快书结合后，创出了陕西快书，把陕西快板推向新阶段。受他们影响，涌现出一大批陕西快板演员，代表人物有刘文龙、董怀义、卢向阳、刘新民、阎卫国、赵静波、任秋印、赵全厚等，曾多次在全国曲艺会演和大赛中获奖。

陕西快板打击乐器主要是七块板和四叶瓦，四叶瓦的独特打法被视为陕西快板的“绝技”。其传承模式有两种：一种为师徒传承；一种为社会传承。2007年省曲协成立了陕西快板（书）艺术委员会，目前共有会员180人，为陕西快板的推动、传承和发展做着不懈的努力。

10. 关中民居营造技术

十四运期间运动员参观泥塑《关中技艺盖房》

关中传统民居营造技术是群众长期在生产生活实践中创造出的非物质文化遗产，其形式丰富多彩、内容深沉广博，既延续了北方合院式民居建筑的传统布局，又根据气候、地理条件因地制宜加以改进。其窄长幽深的封闭式合院布局、两侧厢房半边盖的特点，冬春季节可抵御西北风沙侵袭、夏季可遮阴收集雨水，解决了关中地区春冬风沙强烈、夏季炎热干旱少雨等恶劣气候对生活的影响。其建造风格极具关中地域文化特色，同时又不失实用性。

关中民居建筑建造的形式主要有两大类：鞍间房和厦房。鞍间房是一种一脊两坡、两面流水、前后檐墙相等的小型正房；厦房多是一坡流水，像把鞍间房从屋脊分开只盖了一半一样，这就是“关中八大怪”中的“房子半边盖”。鞍间房比厦房正式，却也不是真正意义的正房，它形如马鞍，有高屋脊，多为富裕人家建造，会使用一砖到顶或土墙外包砖砌结构。屋架构造有“人”字形和驮梁屋架两种。前者由脊檩、腰檩、檐檩、平梁、坡梁、拉筋、斜撑、柱子构成，后者由脊檩、腰檩、檐檩、柱子、平梁、小平梁、立柱构成。鞍间房耗费木材较多，以梁柱承载屋顶重量，墙只起围合和分割空间的作用，俗称“墙倒屋不塌”。

11. 吕氏乡约、乡仪

位于西安市蓝田县东南部三里镇的乔村，历史上著名的“蓝田四吕”曾经定居于此，并且制定了影响深远的乡约、乡仪。

北宋时期，关学创始人之一的蓝田人吕大均为了教化乡俗民风，在其兄弟吕大忠、吕大防、吕大临的协助下，制定《乡规乡仪》条文，并带领乡邻实行。后经南宋理学家朱熹修订阐释，逐渐在全国推广实行。明清之际，还得到了当时朝廷和地方政府的重视与支持。由于乡约组织属于民间性质，其乡仪内容成为当地民众的基本行为准则并影响着当地的民风民俗。

明代理学学者、蓝田人王之士，在继承吕氏乡约的基础上，订立了《乡约》12条，宣传讲解，规劝履行，并率宗族人身先力行，于是蓝田美俗复兴。

清末关学代表人物牛兆濂，不遗余力“传礼教”“正风俗”，在他讲学的芸阁书院以吕氏乡约为教材，讲授理学，整理出《芸阁礼节录要》一书，并亲自带领学生演习礼仪，民众“观者如堵”。芸阁书院学员从此遍布全国乃至朝鲜半岛，成为在广大基层农村坚守推行乡约、乡仪的中坚力量。

民国时期，以乔村为中心的十八个村子组成乡约组织，号称“十八社”，订立有十八社共同遵守的乡规民约。期间每年都要到“吕氏庵”举行祭祀等礼仪仪式，在此基础上，又衍生出“孝义会”“灶猪会”等乡约组织。

改革开放后，乡约文化又有了新的传承发展，深受吕氏乡约教化影响的乔村成立了“乔村民规民约评议会”，其主要职责是协助“两委”（村党支部委员会和村民委员会）评议村民的社会道德，广泛宣传孝老爱亲、节俭过事、文明礼仪，调解邻里间矛盾纠纷等，为“文明村”建设作出了突出贡献。

二、西安市“非遗”保护项目

西安市非物质文化遗产保护项目

市级批次	项目名称	项目编号	申报区域	保护单位	项目等级	批准时间	备注
一	西安鼓乐	Ⅱ -1	周至县、长安区、莲湖区、碑林区	陕西省艺术研究所所属申报区域文化馆	国家级	2008 年 6 月 13 日	联合国人类“非遗”名录、国家级第一批、省级第一批
一	蓝田普化水会音乐	Ⅱ -2	蓝田县	蓝田县文化馆	国家级	2008 年 6 月 13 日	国家级第一批、省级第一批
一	楮皮纸制作技艺	Ⅷ -2	长安区	长安区文化馆	国家级	2008 年 6 月 13 日	国家级第二批、省级第一批
一	户县眉户曲子	Ⅳ -1	鄠邑区	鄠邑区文化馆	国家级	2008 年 6 月 13 日	国家级第二批、省级第一批
一	中华老字号同盛祥牛羊肉泡馍制作技艺	Ⅷ -10	莲湖区	西安饮食股份有限公司同盛祥饭庄	国家级	2008 年 6 月 13 日	国家级第二批、省级第一批
一	牛郎织女传说	Ⅰ -1	长安区	西咸新区沣东新城斗门街道办事处	国家级	2008 年 6 月 13 日	国家级第三批、省级第一批
二	高陵洞箫艺术	Ⅱ -5	高陵区	高陵区文化馆	国家级	2009 年 5 月 17 日	国家级第三批、省级第二批
	秦腔	Ⅳ -16	新城区	陕西省振兴秦腔办公室	国家级		省直属申报、国家级第一批，陕西省第一批
二	西安都城隍庙民俗（迎城隍）	Ⅹ -9	莲湖区	莲湖区文化馆	国家级	2009 年 5 月 17 日	国家级第四批、省级第二批

续表

市级批次	项目名称	项目编号	申报区域	保护单位	项目等级	批准时间	备注
二	马明仁膏药制作技艺	Ⅸ-2	碑林区	西安明仁药业有限公司	国家级	2009年5月17日	国家级第四批、省级第二批
	陕西快板	Ⅴ-144	雁塔区	陕西省曲艺家协会	国家级		省直属申报，国家级第五批、省级第三批
六	关中民居营造技术	Ⅷ-92	长安区	长安区文化馆	国家级	2020年9月15日	国家级第五批
	老孙家羊肉泡馍制作技艺	Ⅷ-160	碑林区	西安饮食股份有限公司老孙家饭庄	国家级		省直属申报，国家级第五批
	西安贾三灌汤包子制作技艺	Ⅷ-160	莲湖区	贾三清真灌汤包子馆	国家级		省直属申报，国家级第五批，省级第三批
五	规约习俗（吕氏乡约）	Ⅹ-22	蓝田县	蓝田县文化馆	国家级	2017年1月19日	国家级第五批、省级第六批
民间文学							
三	寒窑传说	Ⅰ-2	曲江新区	西安市“非遗”保护中心、曲江汉窑遗址公园联合申报	省级	2011年12月2日	省级第三批
三	长安仓颉造字传说	Ⅰ-3	长安区	长安区文化馆	省级	2011年12月2日	省级第三批
三	南五台观音菩萨传说	Ⅰ-4	长安区	长安区文化馆		2011年12月2日	省级第三批
四	终南山故事传说	Ⅰ-5	鄠邑区	西安钟馗故里欢乐谷度假村		2014年12月26日	省级第四批
四	刘海金蟾传说	Ⅰ-6	鄠邑区	西安钟馗故里欢乐谷度假村	省级	2014年12月26日	省级第四批

续表

市级批次	项目名称	项目编号	申报区域	保护单位	项目等级	批准时间	备注
五	华胥传说	Ⅰ-7	蓝田县	蓝田县文化馆	省级	2017年1月19日	省级第五批
五	丰镐三灵民间故事传说	Ⅰ-8	长安区	长安区文化馆		2017年1月19日	
传统音乐							
一	阎良特技唢呐	Ⅱ-3	阎良区	阎良区文化馆		2008年6月13日	
二	厚畛子山歌	Ⅱ-4	周至县	周至县文化馆		2009年5月17日	
三	殿镇八卦锣鼓	Ⅱ-6	周至县	周至县文化馆	省级	2011年12月2日	省级第三批
三	户县北乡锣鼓	Ⅱ-7	鄠邑区	鄠邑区文化馆	省级	2011年12月2日	省级第三批
四	周至唢呐	Ⅱ-8	周至县	周至县文化馆	省级	2014年12月26日	省级第四批
五	秦派古琴艺术	Ⅱ-9	西安市	陕西长安古琴研究院		2017年1月19日	
五	雁塔民间锣鼓	Ⅱ-10	雁塔区	雁塔区文化馆		2017年1月19日	
五	崔氏龟兹鼓乐	Ⅱ-11	西咸新区	西咸新区沣西新城大王街道办事处		2017年1月19日	
六	陶埙演奏技艺	Ⅱ-12	碑林区	碑林区文化馆		2020年9月15日	
传统舞蹈							
一	十面锣鼓	Ⅲ-1	临潼区	临潼区文化馆	省级	2008年6月13日	省级第一批
一	周至牛斗虎	Ⅲ-2	周至县	周至县文化馆	省级	2008年6月13日	省级第一批
一	渭旗锣鼓	Ⅲ-3	周至县	周至县文化馆	省级	2008年6月13日	省级第一批
一	阎良牛拉鳖鼓	Ⅲ-4	阎良区	阎良区文化馆		2008年6月13日	

续表

市级批次	项目名称	项目编号	申报区域	保护单位	项目等级	批准时间	备　注
二	雨金舞龙社火	Ⅲ -5	临潼区	临潼区文化馆		2009 年 5 月 17 日	
二	西里和尚杜柳翠	Ⅲ -6	周至县	周至县文化馆		2009 年 5 月 17 日	
二	药惠竹马	Ⅲ -7	高陵区	高陵区文化馆		2009 年 5 月 17 日	
二	周至竹马	Ⅲ -8	周至县	周至县文化馆	省级	2009 年 5 月 17 日	省级第六批
三	栎阳镇卷子村背芯子	Ⅲ -9	临潼区	临潼区文化馆		2011 年 12 月 2 日	
三	周至龙灯	Ⅲ -10	周至县	周至县文化馆	省级	2011 年 12 月 2 日	省级第三批
三	七曲高跷	Ⅲ -11	周至县	周至县文化馆		2011 年 12 月 2 日	
四	临潼代张杨村竹马	Ⅲ -12	临潼区	临潼区文化馆		2014 年 12 月 26 日	
四	关中高跷嘟嘟驴	Ⅲ -13	临潼区	临潼区文化馆		2014 年 12 月 26 日	
				传 统 戏 剧			
二	周至大玉木偶	Ⅳ -2	周至县	周至县文化馆	省级	2009 年 5 月 17 日	省级第二批
二	高陵曲子	Ⅳ -3	高陵区	高陵区文化馆	省级	2009 年 5 月 17 日	省级第二批
二	周至皮影戏	Ⅳ -4	周至县	周至县文化馆	省级	2009 年 5 月 17 日	省级第二批
四	易俗社秦腔艺术	Ⅳ -5	西安市秦腔剧院	易俗社		2014 年 12 月 26 日	
四	三意社秦腔艺术	Ⅳ -6	西安市秦腔剧院	三意社		2014 年 12 月 26 日	
四	西安杖头木偶	Ⅳ -7	临潼区	临潼区文化馆		2014 年 12 月 26 日	
五	灞源汉调二黄	Ⅳ -8	蓝田县	蓝田县文化馆		2017 年 1 月 19 日	
五	关中灯影戏	Ⅳ -9	碑林区	碑林区文化馆		2017 年 1 月 19 日	
五	杖头木偶戏	Ⅳ -10	碑林区	碑林区文化馆		2017 年 1 月 19 日	

续表

市级批次	项目名称	项目编号	申报区域	保护单位	项目等级	批准时间	备注
曲艺							
一	周至道情	Ⅴ-1	周至县	周至县文化馆	省级	2008年6月13日	省级第一批
一	关中道情	Ⅴ-2	临潼区	临潼区文化馆	省级	2008年6月13日	省级第一批
一	临潼孙家皮影	Ⅴ-3	临潼区	临潼区文化馆		2008年6月13日	
二	长安道情	Ⅴ-4	长安区	长安区文化馆	省级	2009年5月17日	省级第二批
二	熨斗村曲子	Ⅴ-5	周至县	周至县文化馆	省级	2009年5月17日	省级第四批
三	蓝田华胥上许道情	Ⅴ-6	蓝田县	蓝田县文化馆	省级	2011年12月2日	省级第六批
五	六村堡道情	Ⅴ-7	未央区	未央区文化馆		2017年1月19日	
传统体育游艺与杂技							
三	路氏白猿通背拳	Ⅵ-1	新城区	新城区文化馆	省级	2011年12月2日	省级第四批
三	陈氏太极拳小架	Ⅵ-2	新城区	新城区文化馆	省级	2011年12月2日	省级第六批
三	甘水坊高空耍狮	Ⅵ-3	鄠邑区	鄠邑区文化馆	省级	2011年12月2日	省级第三批
四	红拳	Ⅵ-4	西安市	西安市红拳文化研究会		2014年12月26日	
四	火龙内家功夫	Ⅵ-5	莲湖区	莲湖区文化馆		2014年12月26日	
四	陈发科太极拳老架	Ⅵ-6	莲湖区	莲湖区文化馆		2014年12月26日	
四	形意六和刀	Ⅵ-7	新城区	新城区文化馆		2014年12月26日	
四	复兴武狮	Ⅵ-8	周至县	周至县文化馆	省级	2014年12月26日	省级第五批
四	花样跳绳	Ⅵ-9	碑林区	碑林区文化馆		2014年12月26日	
五	形意八卦拳术	Ⅵ-10	未央区	未央区文化馆		2017年1月19日	

续表

市级批次	项目名称	项目编号	申报区域	保护单位	项目等级	批准时间	备注
五	昆仑道武术	Ⅵ-11	周至县	周至县文化馆		2017年1月19日	
五	全真教武术	Ⅵ-12	周至县	周至县文化馆		2017年1月19日	
五	长安狮子龙灯会	Ⅵ-13	长安区	长安区文化馆	省级	2017年1月19日	省级第六批
六	刘氏八卦掌	Ⅵ-14	碑林区	碑林区文化馆		2020年9月15日	
六	赵传杨氏太极拳	Ⅵ-15	碑林区	碑林区文化馆		2020年9月15日	
六	西安回民心意六合拳	Ⅵ-16	莲湖区	莲湖区文化馆		2020年9月15日	
				传统美术			
一	周至哑柏刺绣	Ⅶ-1	周至县	周至县文化馆		2008年6月13日	
一	高陵扎花	Ⅶ-2	高陵区	高陵区文化馆		2008年6月13日	
二	户县民间布艺老虎	Ⅶ-3	鄠邑区	鄠邑区文化馆	省级	2009年5月17日	省级第四批
二	户县李氏木刻工艺	Ⅶ-4	鄠邑区	鄠邑区文化馆		2009年5月17日	
二	阎良新兴剪纸	Ⅶ-5	阎良区	阎良区文化馆		2009年5月17日	
二	周至剪纸	Ⅶ-6	周至县	周至县文化馆	省级	2009年5月17日	省级第三批
三	栎阳木刻	Ⅶ-7	临潼区	临潼区文化馆	省级	2011年12月2日	省级第五批
三	雁塔棉絮画	Ⅶ-8	雁塔区	雁塔区文化馆		2011年12月2日	
三	莲湖精巧面塑	Ⅶ-9	莲湖区	莲湖区文化馆		2011年12月2日	
三	户县民间面塑技艺	Ⅶ-10	鄠邑区	鄠邑区文化馆	省级	2011年12月2日	省级第六批
四	西安剪纸	Ⅶ-11	莲湖、碑林、临潼、高陵、蓝田、新城、雁塔、鄠邑	八个区文化馆		2014年12月26日	

续表

市级批次	项目名称	项目编号	申报区域	保护单位	项目等级	批准时间	备注
四	关中秦腔戏剧脸谱	Ⅶ-12	雁塔区	雁塔区文化馆		2014年12月26日	
四	周至木雕	Ⅶ-13	周至县	周至县文化馆		2014年12月26日	
四	周至石刻技艺	Ⅶ-14	周至县	周至县文化馆	省级	2014年12月26日	省级第五批
四	白鹿原纸扎技艺	Ⅶ-15	灞桥区	灞桥区文化馆		2014年12月26日	
四	传统漆画工艺	Ⅶ-16	鄠邑区	鄠邑区文化馆	省级	2014年12月26日	省级第六批
六	秦腔脸谱	Ⅶ-17	碑林区	碑林区文化馆		2020年9月15日	
六	碑林布糊画	Ⅶ-18	碑林区	碑林区文化馆		2020年9月15日	
六	锦灰堆	Ⅶ-19	灞桥区	灞桥区文化馆		2020年9月15日	
传统技艺							
一	豆村大腊制作技艺及民俗	Ⅷ-1	周至县	周至县文化馆	省级	2008年6月13日	省级第一批
一	阎良核雕技艺	Ⅷ-3	阎良区	阎良区文化馆	省级	2008年6月13日	省级第一批
一	狄寨徐文岳泥哨制作技艺	Ⅷ-4	灞桥区	灞桥区文化馆	省级	2008年6月13日	省级第一批
一	竹篾子灯笼编织技艺	Ⅷ-5	灞桥区	灞桥区文化馆	省级	2008年6月13日	省级第一批
一	秦镇米皮制作技艺	Ⅷ-6	鄠邑区	鄠邑区文化馆	省级	2008年6月13日	省级第一批
一	中华老字号西安饭庄陕菜和陕西风味小吃制作技艺	Ⅷ-7	碑林区	碑林区文化馆	省级	2008年6月13日	省级第一批
一	中华老字号西安德懋恭水晶饼制作技艺	Ⅷ-8	莲湖区	莲湖区文化馆	省级	2008年6月13日	省级第一批

续表

市级批次	项目名称	项目编号	申报区域	保护单位	项目等级	批准时间	备　注
一	中华老字号德发长风味饺子制作技艺	Ⅷ-9	莲湖区	莲湖区文化馆	省级	2008年6月13日	省级第一批
一	蓝田玉雕工艺	Ⅷ-11	蓝田县	蓝田县文化馆		2008年6月13日	
二	中华老字号春发生葫芦头泡馍系列制作技艺	Ⅷ-12	碑林区	碑林区文化馆	省级	2009年5月17日	省级第二批
二	长安沣峪口老油坊榨油技艺	Ⅷ-13	长安区	长安区文化馆	省级	2009年5月17日	省级第二批
二	户县龙窝酒手工酿造技艺及民俗	Ⅷ-14	鄠邑区	鄠邑区文化馆	省级	2009年5月17日	省级第二批
二	铁炉油馍制作技艺	Ⅷ-15	临潼区	临潼区文化馆		2009年5月17日	
二	周至翠峰马家饦饦	Ⅷ-16	周至县	周至县文化馆		2009年5月17日	
二	长安寺坡村“添碟子”制作技艺	Ⅷ-17	长安区	长安区文化馆	省级	2009年5月17日	省级第二批
二	阎良皮影雕刻技艺	Ⅷ-18	阎良区	阎良区文化馆		2009年5月17日	
二	鱼化泥叫叫制作技艺	Ⅷ-19	雁塔区	雁塔区文化馆	省级	2009年5月17日	省级第四批
二	周林海雕塑	Ⅷ-20	周至县	周至县文化馆		2009年5月17日	
二	蔡氏核雕	Ⅷ-21	灞桥区	灞桥区文化馆		2009年5月17日	
二	高陵民间花灯纸扎技艺	Ⅷ-22	高陵区	高陵区文化馆	省级	2009年5月17日	省级第二批
二	张氏风筝	Ⅷ-23	碑林区	碑林区文化馆	省级	2009年5月17日	省级第二批

续表

市级批次	项目名称	项目编号	申报区域	保护单位	项目等级	批准时间	备注
二	民间玩具九连环制作工艺	Ⅷ－24	新城区	新城区文化馆	省级	2009年5月17日	省级第四批
三	户县民间缯鼓技艺	Ⅷ－25	鄠邑区	鄠邑区文化馆	省级	2011年12月2日	省级第三批
三	周至三多堂纸扎技艺	Ⅷ－26	周至县	周至县文化馆	省级	2011年12月2日	省级第三批
三	秦镇杨氏木杆秤制作技艺	Ⅷ－27	鄠邑区	鄠邑区文化馆	省级	2011年12月2日	省级第三批
三	白鹿原打铁技艺	Ⅷ－28	灞桥区	灞桥区文化馆	省级	2011年12月2日	省级第四批
三	打草鞋	Ⅷ－29	蓝田县	蓝田县文化馆		2011年12月2日	
三	民间竹扎技艺	Ⅷ－30	雁塔区	雁塔区文化馆	省级	2011年12月2日	省级第四批
三	雁塔结绳香囊	Ⅷ－31	雁塔区	雁塔区文化馆	省级	2011年12月2日	省级第四批
三	周至皮影雕刻	Ⅷ－32	周至县	周至县文化馆		2011年12月2日	
三	风箱制作	Ⅷ－33	灞桥区	灞桥区文化馆		2011年12月2日	
三	起良村造纸	Ⅷ－34	周至县	周至县文化馆	省级	2011年12月2日	省级第三批
四	关中传统驯马技艺	Ⅷ－35	市直	西安汉唐马文化传播有限公司	省级	2014年12月26日	省级第四批
四	云堆技艺	Ⅷ－36	莲湖区	莲湖区文化馆		2014年12月26日	
四	关中布鞋制作技艺	Ⅷ－37	临潼区	临潼区文化馆		2014年12月26日	
四	陶埙手工制作技艺	Ⅷ－38	临潼区、灞桥区	临潼区、灞桥区文化馆		2014年12月26日	
四	古法斫琴	Ⅷ－39	新城区	新城区文化馆	省级	2014年12月26日	省级第五批
四	传统装裱揭裱技艺	Ⅷ－40	雁塔区	雁塔区文化馆	省级	2014年12月26日	省级第五批

续表

市级批次	项目名称	项目编号	申报区域	保护单位	项目等级	批准时间	备　注
四	民间传统生漆制作	Ⅷ－41	雁塔区	雁塔区文化馆	省级	2014 年 12 月 26 日	省级第六批
四	关中事酒酿造技艺	Ⅷ－42	长安区	长安区文化馆	省级	2014 年 12 月 26 日	省级第五批
四	传统葫芦器制作技艺	Ⅷ－43	长安区	长安区文化馆		2014 年 12 月 26 日	
四	长安柳条蒲蓝编织技艺	Ⅷ－44	长安区	长安区文化馆		2014 年 12 月 26 日	
四	长安香品制作技艺	Ⅷ－45	长安区	长安区文化馆		2014 年 12 月 26 日	
四	长安小邵村布絮鞋制作技艺	Ⅷ－46	长安区	长安区文化馆		2014 年 12 月 26 日	
四	哑柏王氏手工打铁	Ⅷ－47	周至县	周至县文化馆		2014 年 12 月 26 日	
四	户县风味小吃制作技艺	Ⅷ－48	鄠邑区	鄠邑区文化馆		2014 年 12 月 26 日	
四	谷子硙芦席编织技艺	Ⅷ－49	鄠邑区	鄠邑区文化馆		2014 年 12 月 26 日	
四	什村制斗技艺	Ⅷ－50	鄠邑区	鄠邑区文化馆		2014 年 12 月 26 日	
四	古筝制作技艺	Ⅷ－51	鄠邑区	鄠邑区文化馆	省级	2014 年 12 月 26 日	省级第五批
四	关中蒸笼手工制作技艺	Ⅷ－52	高陵区	高陵区文化馆		2014 年 12 月 26 日	
四	关中长畔农具手工制作技艺	Ⅷ－53	高陵区	高陵区文化馆		2014 年 12 月 26 日	
四	关中木轮大车制作技艺	Ⅷ－54	高陵区	高陵区文化馆	省级	2014 年 12 月 26 日	省级第五批

续表

市级批次	项目名称	项目编号	申报区域	保护单位	项目等级	批准时间	备注
四	关中钉马掌手工技艺	Ⅷ-55	高陵区	高陵区文化馆		2014年12月26日	
四	易蛰酵母制香技艺	Ⅷ-56	西安市	西安易蛰香商贸有限公司	省级	2014年12月26日	省级第六批
四	面人徐传统制作技艺	Ⅷ-57	莲湖区	莲湖区文化馆		2014年12月26日	
五	苦荞面饸饹制作技艺	Ⅷ-58	蓝田县	蓝田县文化馆		2017年1月19日	
五	蓝田茂盛扯面制作技艺	Ⅷ-59	蓝田县	蓝田县文化馆		2017年1月19日	
五	神仙粉制作技艺	Ⅷ-60	蓝田县	蓝田县文化馆		2017年1月19日	
五	戏剧盔帽制作技艺	Ⅷ-61	临潼区、蓝田县、莲湖区	临潼区、蓝田县、莲湖区文化馆	省级	2017年1月19日	省级第六批
五	西安腊汁肉夹馍制作技艺	Ⅷ-62	碑林区	碑林区文化馆	省级	2017年1月19日	省级第六批
五	唐三彩烧制技艺	Ⅷ-63	灞桥区	灞桥区文化馆	省级	2017年1月19日	省级第六批
五	南茂号酱腌菜辣子酱制造工艺	Ⅷ-64	高陵区	高陵区文化馆	省级	2017年1月19日	省级第六批
五	桑家龙灯制作技艺	Ⅷ-65	高陵区	高陵区文化馆		2017年1月19日	
五	秦腔板胡手工制作技艺	Ⅷ-66	新城区	新城区文化馆		2017年1月19日	
五	北池头冰爽甜豆花制作技艺	Ⅷ-67	西安市	陕西创变客餐饮管理有限公司		2017年1月19日	

续表

市级批次	项目名称	项目编号	申报区域	保护单位	项目等级	批准时间	备　注
五	中华老字号贾永信牛骨髓油茶制作技艺	Ⅷ－68	西安市	西安永信清真肉类食品有限公司		2017年1月19日	
五	嘴头手工空心挂面	Ⅷ－69	长安区	长安区文化馆		2017年1月19日	
五	传统瓦当制作技艺	Ⅷ－70	长安区	长安区文化馆	省级	2017年1月19日	省级第六批
五	长安荆条编织技艺	Ⅷ－71	长安区	长安区文化馆		2017年1月19日	
五	长安泥塑技艺	Ⅷ－72	长安区	长安区文化馆	省级	2017年1月19日	省级第六批
五	关中木构古建营造技艺	Ⅷ－73	鄠邑区	鄠邑区文化馆		2017年1月19日	
五	周至钉马掌技艺	Ⅷ－74	周至县	周至县文化馆		2017年1月19日	
六	棒棒肉制作技艺	Ⅷ－75	西安市	朱秀英餐饮有限公司		2020年9月15日	
六	洋芋糍粑制作手工技艺	Ⅷ－76	蓝田县	蓝田县文化馆		2020年9月15日	
六	古琴断纹髹漆技艺	Ⅷ－77	碑林区	碑林区文化馆		2020年9月15日	
六	戏曲盔帽制作与箱馆技艺	Ⅷ－78	碑林区	碑林区文化馆		2020年9月15日	
六	关中葫芦制作技艺	Ⅷ－79	碑林区	碑林区文化馆		2020年9月15日	
六	传统陶俑绘制技艺	Ⅷ－80	碑林区	碑林区文化馆		2020年9月15日	
六	窦斌记松花蛋制作技艺	Ⅷ－81	碑林区	碑林区文化馆		2020年9月15日	
六	传统锔瓷技艺	Ⅷ－82	新城区	新城区文化馆		2020年9月15日	

续表

市级批次	项目名称	项目编号	申报区域	保护单位	项目等级	批准时间	备注
六	彩陶烧制技艺	Ⅷ-83	未央区	未央区文化馆		2020年9月15日	
六	斜口花荞饸饹	Ⅷ-84	临潼区	临潼区文化馆		2020年9月15日	
六	大漆修复技艺	Ⅷ-85	临潼区	临潼区文化馆		2020年9月15日	
六	陶俑烧制技艺	Ⅷ-86	临潼区	临潼区文化馆		2020年9月15日	
六	徐杨醪糟制作技艺	Ⅷ-87	临潼区	临潼区文化馆		2020年9月15日	
六	马额手工挂面制作技艺	Ⅷ-88	临潼区	临潼区文化馆		2020年9月15日	
六	纸质类文物修复技艺	Ⅷ-89	莲湖区	莲湖区文化馆		2020年9月15日	
六	长安苦头酒酿造技艺	Ⅷ-90	长安区	长安区文化馆		2020年9月15日	
六	长安黑陶制作技艺	Ⅷ-91	长安区	长安区文化馆		2020年9月15日	
六	杨氏扎刻技艺	Ⅷ-92	莲湖区	莲湖区文化馆		2020年9月15日	
六	谢氏古法斫琴技艺	Ⅷ-93	高新区	西安汉楠古琴研制中心		2020年9月15日	
六	碑林皮影刻制技艺	Ⅷ-94	碑林区	碑林区文化馆		2020年9月15日	
传统医药							
一	高陵韩氏正骨制药技艺	Ⅸ-1	高陵区	高陵区文化馆	省级	2008年6月13日	省级第二批
三	李氏正骨散制作技艺	Ⅸ-3	新城区	西安市新城区文化馆 陕西筋骨堂药业	省级	2011年12月2日	省级第五批
四	姚氏太和医室传统诊疗	Ⅸ-4	西安市	姚氏太和医室中医研究所有限公司	省级	2014年12月26日	省级第五批

续表

市级批次	项目名称	项目编号	申报区域	保护单位	项目等级	批准时间	备注
四	魏氏霸王针点穴推拿技艺	Ⅸ-5	雁塔区	雁塔区文化馆		2014年12月26日	
四	平乐郭氏实用正骨疗法	Ⅸ-6	未央区	西安市未央平乐益元堂郭氏正骨研究所	省级	2014年12月26日	省级第五批
四	王氏脊柱正骨手法	Ⅸ-7	碑林区	陕西德仁堂中医药研究所	省级	2014年12月26日	省级第五批
五	关中传统中药炮制技艺	Ⅸ-8	西安市	陕西华大中医药研究院		2017年1月	
五	魏邵氏传统肾病诊疗	Ⅸ-9	鄠邑区	鄠邑区文化馆	省级	2017年1月19日	省级第六批
五	御医堂肠胃病“三元”疗法	Ⅸ-10	莲湖区	莲湖区文化馆		2017年1月19日	
五	马氏点穴疗法	Ⅸ-11	碑林区	碑林区文化馆		2017年1月19日	
五	张氏巨针疗法	Ⅸ-12	临潼区	临潼区文化馆		2017年1月19日	
六	孔氏药墨“蛇缠腰”疗法	Ⅸ-13	未央区	未央区文化馆		2020年9月15日	
六	李氏金针技艺	Ⅸ-14	未央区	未央区文化馆		2020年9月15日	
六	周至魏氏济生堂诊疗	Ⅸ-15	周至县	周至县文化馆		2020年9月15日	
六	魏氏药丹炮制技艺	Ⅸ-16	鄠邑区	鄠邑区文化馆		2020年9月15日	
六	陈一堂皮肤拔毒生肌膏制作技艺	Ⅸ-17	高新区	陕西陈一堂药业有限公司		2020年9月15日	

续表

市级批次	项目名称	项目编号	申报区域	保护单位	项目等级	批准时间	备注
六	吉氏祖传顽肤净乳膏制药技艺	Ⅸ-18	高陵区	高陵区文化馆		2020年9月15日	
民俗							
一	骊山女娲风俗	Ⅹ-1	临潼区	临潼区文化馆	省级	2008年6月13日	省级第一批
一	长安王曲城隍庙祭祀和庙会	Ⅹ-2	长安区	长安区文化馆	省级	2008年6月13日	省级第一批
一	栎阳马踏青器山社火	Ⅹ-3	临潼区	临潼区文化馆	省级	2008年6月13日	省级第一批
一	户县社火	Ⅹ-4	鄠邑区	鄠邑区文化馆	省级	2008年6月13日	省级第一批
一	蒋村正月民俗活动	Ⅹ-5	鄠邑区	鄠邑区文化馆	省级	2008年6月13日	省级第一批
一	侯官寨迎春牛老爷社火	Ⅹ-6	长安区	长安区文化馆	省级	2008年6月13日	省级第一批
一	周至二曲礼仪	Ⅹ-7	周至县	周至县文化馆	省级	2008年6月13日	省级第四批
二	西安都城隍庙民俗	Ⅹ-8	莲湖区	莲湖区文化馆	省级	2009年5月17日	省级第二批
二	西安大白杨社火芯子	Ⅹ-10	未央区	未央区文化馆	省级	2009年5月17日	省级第二批
二	华夏财神故里祭祀活动	Ⅹ-11	周至县	周至县文化馆	省级	2009年5月17日	省级第二批
二	青山索圣母庙会	Ⅹ-12	周至县	周至县文化馆		2009年5月17日	
二	船张芯子	Ⅹ-13	高陵区	高陵区文化馆	省级	2009年5月17日	省级第四批
二	楼观台祭祀老子礼仪	Ⅹ-14	周至县	周至县文化馆	省级	2009年5月17日	省级第二批

续表

市级批次	项目名称	项目编号	申报区域	保护单位	项目等级	批准时间	备注
三	户县民间钟馗信仰民俗	X -15	鄠邑区	鄠邑区文化馆	省级	2011年6月3日	省级第三批
四	上庄村板凳龙	X -16	未央区	未央区文化馆		2014年12月26日	
四	太平水官祭祀	X -17	长安区	长安区文化馆		2014年12月26日	
四	周至东岳庙会	X -18	周至县	周至县文化馆		2014年12月26日	
四	长安砲里年节花灯习俗	X -19	长安区	长安区文化馆	省级	2014年12月26日	省级第五批
四	肖家坡村民俗社火	X -20	蓝田县	蓝田县文化馆	省级	2014年12月26日	省级第五批
四	周至上阳化秋千	X -21	周至县	周至县文化馆		2014年12月26日	
五	孙家坡祈水民俗	X -23	蓝田县	蓝田县文化馆		2017年1月19日	
五	长安道家养生茶艺	X -24	西安市	陕西大长安文化产业发展有限责任公司		2017年1月19日	
五	周至社火	X -25	周至县	周至县文化馆	省级	2017年1月19日	省级第六批
五	大府井清明习俗	X -26	长安区	长安区文化馆		2017年1月19日	
五	长安大头爷信仰习俗	X -27	长安区	长安区文化馆		2017年1月19日	
五	冯村射虎	X -28	长安区	长安区文化馆	省级	2017年1月19日	省级第六批
五	栎阳面花礼俗	X -29	临潼区	临潼区文化馆		2017年1月19日	
五	石中村七巧龙灯民俗	X -30	鄠邑区	鄠邑区文化馆		2017年1月19日	
六	西营战鼓	X -31	高陵区	高陵区文化馆		2020年9月15日	

直报省级的非物质文化遗产保护项目

序号	项目名称	项目编号	所属地域	申报单位	省级批次	批准时间
1	中华老字号贾永信腊牛羊肉制作技艺	344-Ⅷ-105	莲湖区	贾三清真包子馆	三	2011年6月13日
2	陕西官府菜制作技艺	344-Ⅷ-106	雁塔区	西安唐博相府酒店管理有限公司	三	2011年6月13日
3	传统乐器手工制作技艺	302-Ⅷ-63	莲湖区	陕西省非物质文化遗产研究会	三	2011年6月13日
4	板胡艺术	372-Ⅱ-29	碑林区	陕西板胡学会	四	2013年9月11日
5	长安佛乐	373-Ⅱ-30	新城区	陕西省艺术馆	四	2013年9月11日
6	秦绣——穿罗绣	390-Ⅶ-28	莲湖区	陕西省艺术馆	四	2013年9月11日
7	古典插花	Ⅷ-108	莲湖区	陕西省花店业协会	四	2013年9月11日
8	郭氏中医正骨技艺	435-Ⅸ-10	莲湖区	西安莲湖郭氏中医门诊部	四	2013年9月11日
9	关中民谚	Ⅰ-37	雁塔区	陕西师范大学文学院	五	2015年12月26日
10	秦筝	Ⅱ-35	莲湖区	陕西省艺术研究所	五	2015年12月26日
11	京剧	Ⅳ-34	碑林区	陕西省京剧院有限公司	五	2015年12月26日
12	刘氏宫廷御宴传统制作技艺	Ⅷ-108	雁塔区	西安凤凯餐饮文化推广有限公司研究会	五	2015年12月26日
13	传统手工书画装裱修复技艺	Ⅷ-139	雁塔区	陕西省书画艺术研究院 西安市雁塔区文化馆	五	2015年12月26日
14	古琴制作艺术	Ⅷ-140	莲湖区	陕西省艺术研究所	五	2015年12月26日
15	西安肉夹馍	Ⅷ-154	碑林区	陕西省饮食文化研究会	五	2015年12月26日
16	金鱼养殖技艺	Ⅷ-169	雁塔区	陕西黑池文化艺术协会	六	2018年4月15日

三、西安市“非遗”场馆

西安市非物质文化遗产场馆

序号	场馆名称	类别	性质	地址
1	西安市非物质文化遗产博物馆	博物馆	国有行业	西安市文艺北路 127 号
2	西安市鼓乐西安城隍庙传习所	预约式体验点	民营	西安市西大街 129 号
3	马明仁膏药制作技艺曲江传习所	预约式体验点	民营	西安市雁塔区翠华路 89 号曲江左岸大厦 6 楼
4	长安北张村楮皮纸制作技艺东台新村传习所	预约式体验点	民营	长安区子午街道东台新村台沟村二组 34 号
5	周至起良村古法造纸技艺西安起良蔡侯纸博物馆	博物馆、预约式体验点	民营	西安高新区九峰镇起良村
6	唐三彩烧纸技艺灞桥区唐家寨唐三彩烧纸技艺传习基地	预约式体验点	民营	西安市灞桥区席王街办唐家寨村南 154 号
7	龙窝酒手工酿造技艺鄠邑区涝店镇龙窝酒文化传习所	博物馆、预约式体验点	民营	鄠邑区龙窝村西安龙窝酒业有限公司
8	古法斫琴诗经里中国古琴博物馆	博物馆、预约式体验点	民营	西安沣东新城沣河东路 818 号诗经里景区
9	长安丰裕口老油坊榨油技艺	博物馆、预约式体验点	民营	长安区滦镇西留堡村

续表

序号	场馆名称	类别	性质	地址
10	关中传统驯马技艺西安汉唐马术俱乐部	预约式体验点	民营	西安雁塔区汉风东路 1 号
11	户县社火鄠邑区草堂工业区宋西村户县社火传习所	预约式体验点	民营	鄠邑区草堂工业区草堂街办宋西村文明街 43 号
12	鱼化泥叫叫技艺长安小峪口村传习所	预约式体验点、中国“非遗”乡集	民营	长安区王莽街办小峪口村 1 号院
13	关中泥塑技艺长安周家庄传习所	预约式体验点	民营	西安市长安区郭杜街办周家庄北村南街 29 号
14	易蛰酵母制香技艺诗经里传习基地	预约式体验点	民营	西安沣东新城沣河东路 818 号诗经里景区
15	姚氏泰和医室诊疗西安市太和医室博物馆	博物馆、预约式体验点	民营	西安市碑林区兴庆宫花萼相辉楼
16	西安剪纸莲湖区残疾人剪纸艺术工作室	预约式体验点	民营	莲湖区残疾人创业孵化服务中心（金曹路华府西城 18 号楼）
17	王氏脊柱正骨	传习所	民营	西安市东关南街古迹岭 3 号
18	西安剪纸	传习所	民营	西安市新城区民乐中路街道办东尚社区
19	西安剪纸	传习所	民营	西安市书院门 49 号

续表

序号	场馆名称	类别	性质	地址
20	秦腔板胡手工制作工艺	传习所	民营	西安市东一路 25 号丹尼尔中山门小区 21 号楼 6-402
21	如意面花制作技艺	传习所	民营	西安市莲湖区大兴东路社区服务中心二层
22	蓝田茂盛扯面制作技艺	传习所	民营	蓝田县工业园区文姬路南端
23	关中秦腔戏剧脸谱	传习所	民营	长安区王莽街道小峪口村
24	传统手工书画装裱修复技艺	传习所	民营	西安市浐灞生态区欧亚大道 3639 号丝路国际创意梦工厂 3 号楼 3 楼
25	彩陶烧制技艺	传习所	民营	灞桥区浐河东路振业泊墅 10 栋 10201 室
26	孔氏药墨“蛇缠腰”疗法	传习所	民营	西安市凤城六路 55 号
27	长安香品制作技艺	传习所	民营	西安市长安区引镇天王村
28	长安黑陶制作技艺	传习所	民营	长安区杜曲街道东江坡村三组
29	莲湖精巧面塑	传习所	民营	芙蓉南路芙蓉新天地 10 号楼（曲江书城 3 层）
30	阎良新兴剪纸技艺	传习所	民营	阎良区新兴街道办屈家村
31	阎良皮影雕刻技艺	传习所	民营	西安市阎良区振兴街道办谭家村村委会二楼
32	陶埙手工制作技艺	传习所	民营	临潼区斜口枣园武家堡组

续表

序号	场馆名称	类别	性质	地址
33	陶俑烧制技艺	传习所	民营	西安市临潼区秦陵北路下和路口秦王文物复制厂
34	大漆修复技艺	传习所	民营	西安市临潼区秦唐大道庞沟
35	西安画乡饮食服务有限公司户县风味小吃技艺	传习所	民营	鄠邑区甘亭镇娄敬路 27 号
36	狄寨徐文岳泥哨制作技艺	传习所	民营	西安市灞桥区狄寨村一组
37	陶埙手工制作技艺	传习所	民营	西安市灞桥区狄寨街道十组 30 号副 1 号
38	白鹿原打铁技艺	传习所	民营	西安市灞桥区狄寨街道东丰村五组
39	红拳	传习所	民营	西安市新城区建工路新园产业大厦
40	西安市长安民居博物馆		国有文物	西安市长安区王曲街道办堡子村
41	陕西师范大学博物馆		国有行业	西安市长安区长安西街 989 号
42	西安关中民俗艺术博物院		民营	西安市长安区五台古镇南五台山路 1 号
43	西安工程大学纺织服装博物馆		国有行业	西安市临潼区芷阳村路西安工程大学临潼校区大学生活动中心 1 楼
44	西安交通大学博物馆		国有行业	西安交通大学校园西南角

续表

序号	场馆名称	类别	性质	地址
45	西安秦砖汉瓦博物馆		民营	西安市曲江新区雁翔路一号雅森上林苑
46	陕西唐三彩艺术博物馆		民营	二环南路东段东侧 50 米晨阳盛世广场 8 层
47	西安户邑民间艺术博物馆		民营	西安市雁塔区唐代历史文化街区 2 号
48	西安柴窑文化博物馆		民营	西安市雁塔区雁南三路泛美花园东北侧约 170 米
49	西安市蓝田玉文化博物馆		民营	西安市蓝田县焦岱镇焦岱街
50	西安市明清皮影艺术博物馆		民营	陕西省西安市雁塔区雁南一路西安音乐厅北门
51	西安市新源民俗艺术博物馆		民营	西安市高陵区通远镇史喻村六组
52	西安市团结民俗博物馆		民营	西安市未央区团结村三组甲字 1 号
53	西安市太乙面食文化博物馆		民营	西安市长安区太乙街办新一社区
54	西安市羊文化博物馆		民营	雁翔路 93 号石羊农庄
55	西安市瑛煌关中婚俗文化博物馆		民营	西安市鄠邑区甘亭街道草堂路 438 号

● 锦灰堆①

锦灰堆又名“八破图”“打翻字纸篓”等，以画残破的文物片段堆栈构成画面，包括集破、集珍、打翻字纸篓等方式，是中国传统艺术珍品之一。

关于锦灰堆的最早起源时间，现在无准确文献记载。相传是元代与赵孟頫齐名的画家钱选，在一次醉酒后兴起，将当天散落在饭桌上的下酒菜和吃剩残物，如蟹脚、蚌壳、莲房、鸡翎、鱼刺等，信手绘制成一幅横卷，并挥笔题款“锦灰堆”。锦灰堆这一画种的雏形便由此产生。

《丹青妙染就良图》封晶作品

锦灰堆以工笔画为主要技法，融绘画、书法、拓印、篆刻等多种艺术为一体。锦灰堆起初只是画家成画后对剩余笔墨的几笔游戏，通常是对书房一角的随意勾勒，翻开的字帖、废弃的画稿、参差的秃笔等，杂乱无章层层叠叠挤入画纸，看上去像是字纸篓打翻了，所以又叫“打

① 寇名方：《锦灰堆》，《西安地方志》2021年第5期。

翻字纸篓”。创作锦灰堆，一般是先在画纸上框定轮廓，形状不拘，然后就中设计摹画若干重叠交错的小事物，诸如旧书的残页、揉皱的画幅、发黄的报纸，甚至门券邮票，等等。画面中有书有画，而且大多还是破烂的面貌，活像灰堆里拾出来的，这就是“锦灰堆”名称的由来。与传统主流山水、人物、花鸟等类型国画不同的是，锦灰堆侧重于表现“破”。其题材小众，金石拓片、虫蛀画稿、残编断简等破裂、火灼、烟熏等缺憾美的特征，营造出全新的视觉面貌，有“非书胜于书，非画胜于画”之誉。

《传芳》 封晶作品

锦灰堆的绘画者需多才多艺，诗书画缺一不可。需擅长草、隶、篆、印刷体等各种字体，并能够模仿各家书体；需精通花鸟、山水、人物等各种题材，以及工笔、写意等各种技法；能篆刻各种印章；对诗文、碑拓、古籍版本、古器物要有所研究。锦灰堆中的素材，即使是杂物，也各有出处和依据，不能任意编造；讲究画面布局、构图美感，看似杂乱无章，实则井然有序，有中国画的疏密对比、浓淡干湿，相互映衬，平中见奇。如此高要求，能胜任者极少，其绘制过程十分耗工费时，一般一幅作品要2—3月完成，慢者半年才能画一张。

在陕西，锦灰堆可追溯的第一代传承人是马子云先生，他曾是故宫博物院研究馆员和国家文物鉴定委员会委员。后传第二代茹小石，封晶师从茹小石，成为第三代锦灰堆传承人。

封晶作为锦灰堆的第三代传承人，成功将其申遗。2022 年，锦灰堆列入《陕西省非物质文化遗产名录》。其画作色泽明丽、格调清雅，用笔古朴苍劲，意蕴绵长，人文积淀厚重，是陕西省“一带一路”丝路文化交流的一张靓丽的书画名片。由封晶和她的团队设计的锦灰堆文创丝巾，也成功入选为十四运特许商品中唯一的“非遗”产品。

第二节
西安“非遗”相关著名街区与产品

非物质文化遗产是先辈在日常生活中运用并留存至今的文化财富，它依托于人本身而存在，以声音、形象和技艺为表现手段，并以身口相传作为文化链而得以延续，是“活”的文化及其传统中最脆弱的部分。因此对于非物质文化遗产传承的过程来说，人的传承就显得尤为重要。要想保护利用这一有限资源，建立“非遗”生态区就是一个很好的思路。西安市目前已建立多个融“非遗”与旅游于一体的体验区域，并打造多个“非遗”产品品牌。

一、著名街区

1. 永兴坊美食文化街区

永兴坊位于西安市新城区中山门（小东门）内。唐朝时，这里曾是魏徵府邸。2007 年西安市为了继续完善顺城巷历史风貌，在此建造了一个“坊”式的精品项目。项目总占地约 10 000 平方米，东西长 130 米，南北宽 88 米，按规划设计拟建仿古坊肆建筑群、牌楼、休闲绿化广场、内街、井房以及建筑物外墙仿古装饰，等等。永兴坊依托古城墙深厚的历史文化底蕴，不仅将里坊文化的建筑作为保护重点，更将陕西非物质文化遗产美食的城市人文精神作为发掘和保护的核心。

2018 年 1 月前后，该街区有一店铺推出摔碗酒，从此永兴坊红上加红。

永兴坊

2. 大唐不夜城文化街区

大唐不夜城位于大雁塔脚下，北起大雁塔南广场，南至唐城墙遗址，东起慈恩东路，西至慈恩西路，街区南北长 2 100 米，东西宽 500 米，总建筑面积 65 万平方米。

大唐不夜城以盛唐文化为背景，以唐风元素为主线，建有大雁塔北广场、玄奘广场、贞观广场、创领新时代广场等四大广场，西安音乐厅、陕西大剧院、西安美术馆、曲江太平洋电影城等四大文化场馆，大唐佛文化、大唐群英谱、贞观之治、武后行从、开元盛世等五大文化雕塑，是西安唐文化展示和体验的首选之地。

3. 书院门文化街区

西安的书院门是一条最具古城文化特色的步行街。

街西口有一座古韵十足的高大牌楼，上有“书院门”三个金色颜体大字，两旁是“碑林藏国宝，书院育人杰”的对联。街中有关中书院和于右任先生的故居。

书院门的地名起源于关中书院。关中书院是明、清两代陕西的最高学府，也是全国四大著名书院之一、西北四大书院之冠。明代万历年间，陕西“关学”大师冯从吾在这里的宝庆寺讲学，听者多达千余人，后修建关中书院。嗣后，向东又陆续修建了长安县学、西安府学和文庙（今西安碑林博物馆所在地），形成了文化一条街。

于右任先生是辛亥革命元老、著名书法家，其故居已经建成为“于右任故居纪念馆”。书院门街口还矗立着宝庆寺华塔，它始建于唐代，是书院门最古老的标志。

20 世纪 90 年代初，西安市经过规划设计，由碑林区实施，把书院门翻修改造成具有明清建筑风格的仿古商业街，成为古都西安的书画荟萃之地。石板铺就的 570 多米长的街道，集中了百余家经营碑帖拓片、名人字画、印章印谱、文房四宝的店铺。店铺门面古朴敦厚，挂着牌匾、楹联，营造出一种儒雅高贵、深藏若虚的文化氛围。商品中还有独具特色的蓝田玉以及古老的乐器埙和种类繁多的旅游纪念品、工艺品等，既有古意，又有诗情。许多专业和民间书画家还常常现场挥毫展示，翰墨书画琳琅满目。

4. 北院门历史文化街区

北院门历史文化街区位于西安北院门，由北广济街、北院门、西羊市、大皮院、化觉巷、洒金桥等数条街道组成。主街道长约 500 米，南北走向，特点是青石铺路，绿树成荫，路两旁一色仿明清建筑，或餐饮，或器物，均由回民经营，具有浓郁清真特色。历史街区内分布有 10 座年代不一、大小各异的清真寺，其中最著名的是化觉巷清真大寺。走在街区内，随处可见中国传统建筑风格和穆斯林建筑风格相融合的商业网点，民族服饰、工艺品、清真副食、餐饮店和回民小吃店随处皆是。目前这里是6万多回族穆斯林群众的聚居区。街区内众多街道具有浓郁的伊斯兰风格，清真饮食城、民族购物中心和清真寺、回民生活区“相映成趣”。

二、著名产品

1. 葫芦头泡馍

葫芦头源于唐代市食的煎白肠，因猪大肠脂厚形似葫芦，故名“葫芦头”。制作葫芦头要选用新鲜肠、肚，经过捣、捋、刮、翻、摘、漂、煮、晾等多道加工手续，并适当进行物理方法处理，捋出肠壁上附着的黏液、脏物，除去油腻和腥味，使肠肚洁白光亮，再入锅熬煮，熟后出锅晾凉，切成坡刀形备用。

行家认为葫芦头不在于肉而在于汤，故而制汤的方法很讲究：先把新鲜猪骨头洗净砸碎，入锅炖熬，撇去浮沫，再加入白条鸡、猪肉，加食盐、调料包（即传说中孙思邈配制的八珍调味品），继续用小火熬煮，到汤汁浓白似乳为止。

饼是用上等白面烙烤的饦饦馍，必须由顾客掰成如黄豆大小的馍块，以便浸汁入味。

有了以上三种半成品，才能配制成品。馍碗端入厨房，厨师取切好的熟肠肚、猪肉、鸡肉各数片，整齐地排放在馍上，配以水粉丝，用滚开的沸汤反复泡三四次，再加味精、蒜苗丝、辣椒、香菜，添上汤汁，这就成了大肉葫芦头。

2. 羊肉泡馍

羊肉泡馍亦称羊肉泡，古称“羊羹”，关中风味美馔。它烹制精细，料重味醇，肉烂汤浓，肥而不腻，营养丰富，香气四溢，诱人食欲，食后回味无穷。北宋著名诗人苏轼留有“陇馔有熊腊，秦烹唯羊羹”的诗句。因它暖胃耐饥，素为陕西人民所喜爱，外宾来陕也争先品尝，以饱口福。

羊肉泡选取的是料羊，也叫站羊，肉质肥嫩可口。站羊是指在家中栏圈内喂养的羊，夏秋之时，每天有专人上山割草回家喂养，没有青草时，便以谷草、豆荚、玉米壳等喂养。追肥时，还要给羊喂些豆类等料粮，以保证肉嫩鲜美。其汤羹烹饪技术要求很严格，工艺包括烙馍、煮肉、切肉、煮馍等。与肉合烹的饦饦馍酥脆干香，入汤不散。用餐之前，顾客须把“饦饦馍”掰成碎块。掰馍讲究越小越好，这是为了便于五味入馍。为适应时代发展，一些羊肉泡馍馆已使用碎馍机。把馍掰碎后，再由烹饪师烹制。煮馍讲究以馍定汤，调料恰当，武火急煮，适时装碗，以达到原汤入馍、馍香扑鼻的要求。主要吃法有四种，即：干泡，没有汤，汤汁和馍融为一体，特别黏稠，上面是羊肉片，如果你吃完了，碗基本就干净了；口汤，比干泡的汤多点，当你吃完肉和馍，碗里大多能留一口汤；水围城，馍在中间，汤在四周，肉和粉丝在上面，这种汤比较多，就像是汤把馍包围了；单走，羊肉汤和馍分开端上来，你自己看着吃，一口馍一口汤也行，馍泡上吃也行，汤和馍是单独分开的，所以叫单走。此外，类似的品种还有牛肉泡馍、牛羊肉小炒、水盆羊（牛）肉等。

目前该项饮食已成为西安知名小吃之一，代表性餐馆有：同盛祥饭庄、老孙家饭庄等。

3. 西安饭庄及其菜品和风味小吃

西安地方菜品和风味小吃用料广泛，选料严格，刀功细腻，瓢功精妙，讲究火功，精于用汤，长于用芡，注重原色、原形、原汁、原味，擅长炒、酿、蒸、炖、汆、炝、烩，风格华丽典雅，以鲜香、嫩爽、酥烂而独树一帜。其中，尤以葫芦鸡为代表。

葫芦鸡是西安市的传统名菜，始于唐玄宗礼部尚书韦陟的官厨。据《酉阳杂俎》和《云仙杂记》记载：韦陟出身于官僚家庭，凭借父兄的荫庇，贵为卿相，平步官场。此人锦衣玉食，穷奢极欲，对膳食极为讲究，有“人欲不饭筋骨舒，夤缘须人郇公厨”（韦陟袭郇国公）之说。有一天，韦陟严命家厨烹制酥嫩的鸡肉。其中一位厨师在烹制前用细绳把鸡捆扎起来，然后先煮后蒸再油炸。如此，不但鸡肉香醇酥嫩，而且鸡身完整似葫芦，故名“葫芦鸡”。

葫芦鸡的制作分清煮、蒸笼、油炸三道工序。制作时先放在清水中漂洗，除净血污，煮时用麻丝将鸡捆好，以保持鸡的整形，待锅内凉水烧沸，投入鸡，煮半小时取出，盛入盆内，添肉汤、料酒、精盐、酱油、葱、姜、八角、桂皮，入笼蒸透。油炸时，将菜籽油烧八成热，投入蒸好的整鸡，用手勺拨动，至鸡呈金黄色时，用漏勺捞出，沥油，随即盛入盘中，上桌时另带小碟花椒盐佐食。葫芦鸡色泽金红，皮酥肉嫩，香烂味醇，筷到骨脱。2018 年 9 月，被评为“中国菜”之陕西十大经典名菜。

西安还有很多小吃，比较有名气的有千层油酥饼、黄桂柿子饼、黄桂稠酒、金线油塔、泡泡油糕等。

而引领陕菜和陕西风味小吃的标志性饭店当属西安饭庄。西安饭庄位于西安市区东大街中段，始建于 1929 年，素以“陕菜正宗”“陕西风味大全”闻名于世，曾接待过周恩来、叶剑英等党和国家领导人，张学良、杨虎城等爱国将领，以及老舍、柳青等文化名流。

4. 西安腊汁肉夹馍

腊汁肉夹馍是西安的地方特色小吃之一。腊汁肉，古称“渍肉”或“寒肉”，因在制作过程中肉中渍出的油脂与锅中汤料汁融为一体，色红而晶莹，被称为“腊汁”，肉被称作腊汁肉，肉夹馍意为“肉夹于馍中”。食用腊汁肉夹馍时，按食客口味还可分皮瘦、肥瘦和纯瘦等。

腊汁肉夹馍的制作包括卤汁腊肉的制作和白吉馍的制作。腊汁肉独到之处就是其制作工艺和老汤。精选猪硬肋肉，经过刮毛、漂洗、切料后按照瘦、肋条、肥的顺序，皮朝上放入至今已有百年历史的老汤中，加入八角、桂皮、草果、冰糖等三十多种调料组成的料包，再用铁箅子压住料包，先用大火烧开，改中火煮制 2 个小时，再改小火焖制 10 个小时以上。制作好的腊汁肉，肉质鲜嫩、色泽红润，软烂醇香，具有“肥肉吃了不腻口，瘦肉无渣满含油，不用牙咬肉自烂，食后余香久不散”的特点。制作腊汁肉的关键就是持续不断熬制的老汤，不仅需要每天清理老汤中的沉渣，而且在制作腊汁肉时最忌在老汤中加入生水。白吉馍的外观素有“虎背铁圈菊花芯”的说法，是用一种传统的三扇鏊，烧木炭火，慢慢烤烙而成。做好的腊汁肉夹馍皮酥、瓤软、肉香和汤汁沁润。

腊汁肉夹馍蕴含了具有深厚地域特色的饮食文化，迄今已历经百余年传承发展，代表性品牌为樊记腊汁肉夹馍。

5. 德懋功水晶饼

驰名中外的“德懋恭水晶饼”是陕西地区传统美食之一，因其馅晶莹透亮、犹如水晶而得名。成品小巧玲珑，皮酥馅足，滋润适口，层次分明，油多吃而不腻，糖重入口渗甜，且以其浓郁的玫瑰和橘饼清香使人见即想食。水晶饼面色金黄，四周雪白，“金底银帮鼓鼓腔，红色印章盖中央”，被称为“秦点之首”。

水晶饼源于宋代下邽（今渭南市临渭区下邽镇）。当时在关中一带声誉很高，曾与燕窝、银耳、金华火腿齐名。德懋恭食品店坐落在西安市西大街广济街口，始建于清朝同治年间。150 年来，德懋恭人依据“德、懋、恭”三个字的语意去做人、经商，使德懋恭的名气越来越大，德懋恭水晶饼声誉越来越高。其制作包括选择食材、调馅、调粉（先调酥，后调浆皮）、包馅、成型、烘烤等多道工序。随着时代发展，其制作工艺不断改进提高，赢得了海内外朋友的喜爱。

6. 德发长饺子宴

作为一种传统食品，饺子在节令、生活习俗中蕴含着包容、团圆、喜庆、迎新等文化寓意，寄托着人们美好的追求。西安德发长作为一家特色鲜明的饺子专营店，位于西安市钟楼西北角，由第一代传承人赵辑五始创于 1936 年，通过以师带徒、心传口授方式传承至今。历经七代有序传承，已有 80 多年历史。德发长所制作的饺子早在 20 世纪中叶就闻名于陕西省全境及周边的晋、豫、甘、宁等省区，从 20 世纪 90 年代至今还多次走出国门，其影响力遍及亚、欧、美等多个国家和地区。

德发长饺子可分为大众水饺系列 62 种和饺子宴系列 318 种两个大类，整个生产过程需经过五大道工序和十几道步骤完成，主要包括选材、制馅、制皮、成型、熟制等，每道工序都有其关键的作用。其中制馅注重口味，包制关乎塑形，和面涉及视觉效果和色彩感，熟制与口感有关；包制塑形又包含捏、挤、压、推、叠等多种手法，要求从业者不仅要做到每分钟包制 16 个到 18 个饺子，还要具备一定的耐性、悟性。每道工序环环相扣、缺一不可，使饺子达到色、香、味、形俱佳的要求。

相传在1900年，慈禧太后携光绪皇帝由北京来到西安，由于一路的奔波与劳累，太后无心用食。在听过陕西的地方戏秦腔以后，太后胃口大开，吩咐御厨们去准备一道现做现吃的膳食。御厨中有一位聪明的小御厨，他通过平时的细心观察，发现太后喜欢吃鸡脯肉，爱喝鸡鸭蘑菇汤。于是小御厨用上好的鸡脯肉为馅，包制成珍珠般大小的饺子，煮到这道鸡鸭蘑菇汤中。太后很喜欢这道御食，但吃完第三个饺子，她就没有再食用。小御厨不解，很想知道原因。太后说，自古有“三六九朝上走”的说法，所以她只吃三个。

后来经营者还编撰了一套品尝珍珠饺子的广告词：如果您品尝到一个珍珠饺子，代表着“一帆风顺、一切顺利”；品尝到两个饺子，代表着“好事成双、双喜临门”；品尝到三个、六个、九个饺子，代表着“步步高升、吉祥如意”；品尝到四个饺子，代表着“四季发财”；品尝五个饺子代表着“五福临门”；品尝七个饺子代表着“吉星高照”；品尝八个饺子代表着“逢八必发”；品尝十个饺子代表着“十全十美”；如果您一个饺子也没品尝到，则代表着“无忧无虑、平平安安”。

德发长饺子浓缩了中国饺子文化的精华，已成为全国饮食行业的知名品牌，有着深厚的民众基础。但其在传承、发展方面也面临着一些问题：由于所有工序都是按传统手工操作，劳动强度大，培训周期长，所以能够全面掌握德发长饺子技艺的人为数不多；饺子附加值低，原材料成本高，从业人员工资普遍较低，年轻人很少有人愿意学习这种传统技艺，人员老龄化趋势严重；随着食品种类更加丰富多样和生活节奏的加快，人们缺乏亲身体验和学习传统食品制作的兴趣。

7. 𰻞𰻞面

陕西关中地区的汉族传统风味面食，也是最具代表性的陕西面食之一。因为制作过程中有“biang biang”的声音而得名。

制作之时，用关中麦子磨成的面粉加水糅合醒面，之后擀成面片切条，再手工拉成长宽厚的面条，煮熟后用酱油、醋、味精、花椒等佐料调入面汤，捞入面条，淋上烧热的植物油即可。俗语中所说的“关中八大怪”中的“面条像裤带”，就是指这种面条。

2014 年“习连会”后，2 月 18 日下午，习近平总书记设家宴款待连战伉俪，为连战准备的“家乡菜”中就有羊肉泡馍、肉夹馍以及“𰻞𰻞面”，由于𰻞字难写，习近平总书记还特别用小纸条写下来给连战。

8. 臊子面

臊子面是最具陕西特色的传统面食之一，历史悠久，其相关传说可追溯至周文王时代。臊子面沿袭了唐代“长命面”的相关习俗，除在生日做寿时必食外，每遇婚丧喜事，或逢年过节，都要以它来款待客人。

相传唐代有一户人家，娶了个心灵手巧的媳妇。这媳妇待人和气，性情温和，全家人的针线、茶饭都由她操办。

有一年大年初一，媳妇为了让全家过上个好年，便动手试做一顿特别的面条。她先把面和硬揉软，擀薄切细。把白萝卜、红萝卜、豆腐切碎做成菜，再把大肉剁碎，加上大葱、调料，在油锅里炒熟做成汤。吃的时候，先捞面条再浇汤。这面食吃到嘴里汤旺面薄，又酸又辣又香。一家人吃得眉开眼笑，特别是小叔子，经常缠着要吃嫂子做的面条。

后来小叔子做了大官，仍然对嫂子做的面食感兴趣。有一年春节，他跋山涉水回到老家，求嫂子再做一顿面吃。以后他见人就夸嫂子的手艺，许多妇女都向他嫂子学习，“嫂子面”便成了这种面食的名称。口耳相传中，“嫂子面”又被叫成了“臊子面”。

臊子面的特点可以用“煎稀汪、薄筋光、酸辣香”九个字概括。在陕西话中，臊子就是肉丁的意思。对于陕西人来说，臊子面的配色尤为重要，黄色的鸡蛋皮、黑色的木耳、红色的胡萝卜、绿色的蒜苗、白色的豆腐等材料，既好看又好吃。旧时陕西农村还有这样的习俗：新媳妇过门的第二天，要在婆家举行一个隆重的擀面仪式，新媳妇当着客人的面上案擀面，以测试其技艺的高低。技术高超娴熟者，擀出的面厚薄均匀，切条细长，下到锅里煮熟后，面条口感柔韧劲道。这样的新媳妇，才能赢得大家的赞誉。

9. 秦镇大米面皮

秦镇即秦渡街道，位于西安市鄠邑区东部。后秦皇帝姚兴经常率领文武百官从京城长安赴草堂寺听高僧鸠摩罗什讲经说法，为方便往来，在沣河西岸设渡口，由此得名。

在秦镇，家家都会蒸大米面皮子。制作工序如下：先将选择好的大米用清水浸泡30分钟，捞出，放置10小时左右，在石碾上碾成大米面粉；用细箩子箩出米面（碾、箩时一定要去粗皮、粒渣，否则打出的浆较粗糙，有渣）；再用一定量的温水把米面粉和成稀粥状（水要适量，水多，蒸出来的面皮就会软塌塌的，没有弹性；水少，面皮厚而没有韧度。水温要合适，水温低了面皮太硬，口感不好；水温高了面皮不筋，吃着无味）；最后上甑篦蒸制面皮。

食用时，师傅当着顾客的面，将蒸好的面皮铺好在桌案上，左手抵住面皮，右手用一把几十斤重的铡刀，一刀一刀把整张的面皮切成条状；拌上特制的辣椒油（油泼辣子）、醋和盐，加上佐菜；一碗看起来红通通、吃起来凉爽可口的秦镇米皮就可以上餐桌食用了。这样的面皮吃在口里，香在心里，回味无穷。佐菜主要有菠菜、苋菜、灰灰菜、青菜和豆芽等。

秦镇大米面皮具有筋、薄、细、软等特点；面皮本身色白如雪，光润如脂，皮薄如纸；外观上条条白生生，佐菜绿莹莹，豆芽黄澄澄。不论男女老少，春夏秋冬，皆可为口中美食，暑夏尤宜。

秦镇大米面皮目前已成为一项具有当地特色的产业，已涌现出了三四十家经营米皮的店家，家家生意红火。以“秦镇”为招牌的大米面皮甚至发展延伸到北京、天津、河南、山东、江苏、新疆、甘肃等地。

10. 贾三灌汤包子

贾三灌汤包子是西安市的一道传统小吃，属于陕菜系。不知道的还以为是用某种工具把汤灌进包子里去的，其实不然，这汤本已在馅里面，只不过是在包之前把牛骨髓原汤打在馅中，经特殊技法包好以后经笼屉上火一蒸而不漏。

灌汤包讲究汤不能漏，包子又要不粘笼屉，这全看大师傅的手艺了。地道的灌汤包为清真食品，一般为牛、羊肉馅，但也许为了适合更多人的口味，又增加了三鲜馅、素馅等品种，但味道自然不及牛、羊肉来得地道。

包子上来以后，要蘸着佐料吃。佐料为店里特别加工过的醋加辣椒末。包子热腾腾的，但千万不能迫不及待地去吃，否则一口下去，包子里的热油汤不是烫着了舌头，就是溅个满脸花。

贾三包子独具风味，它“皮薄如纸，筋韧柔穰，馅嫩含汤，佐汁鲜浓”，被誉为“古城第一笼”，与腊牛羊肉一起，人称“三绝”。

正宗贾三灌汤包子，工艺考究，用料精细。选用白面粉制皮，秦川黄牛肉为馅，将牛骨髓原汤打入馅内，以果木笼强火蒸出。不仅口感好、味道佳，而且含钙量高，长期食用能壮骨生精、滋补强身，极具营养价值。

11. 荞面饸饹

饸饹，古称河漏、合络、手搦饼，是西安的传统风味小吃之一。饸饹是多以荞麦为主要材料压制而成的细长的圆条形面食，按其制作的原料不同，还有麦面饸饹、玉米面饸饹等。

荞面饸饹色泽主要有黑红、金黄两种，黑红的为未去壳的荞麦粉制作，金黄的是由八成荞麦粉与二成苦荞麦粉混合后制成。饸饹制作须选用新鲜的荞麦面，讲究现磨现做。传统饸饹制作要借助专用工具“饸饹床”。制作时，把和好的荞面团搓成圆条放入圆洞内，按动木棍用圆木桩挤压，面从铁片的小孔中被挤出，直接落入滚水锅内。煮熟后，就成了细长光滑的饸饹。饸饹制作的主要工序有：石灰水兑制（如今按国家食品加工规定，都采用氢氧化钙取代生石灰）、和面、揉团、杠压、沸煮、打断、过水、拌油等。荞麦具有“见风（遇冷）就硬，见醋就渣，高温就坏”的特点，所以可通过上述特点来判定饸饹是否为纯荞麦制作。荞面饸饹很大程度上得益于当地荞麦的品质和悠久的制作工艺。从原料加工到成品，全由手工完成。其调和味汁可根据个人的喜好调成咸、鲜、酸、辣等味型。

荞麦性味甘平，具有健脾益气、开胃宽肠、消食化滞的功效；因糖分含量少、粗纤维多、利于消化，对糖尿病有明显的疗效，对血脂、血糖代谢的平衡起着极好的调节作用，是集营养、保健、医疗于一身的多功能粮种，也是很好的食疗保健食品。

第三节
历史文化打卡地

近年来，作为世界历史文化名城的西安，在传承、传播历史文化、满足人们多元化文化需求、将文化与旅游结合等方面，都做了一些探索和尝试，初步形成了一些具有代表性的历史文化打卡地。

一、“三河一山”环线中的文化名胜

如果说秦岭以巍峨伟岸的身躯显示出其阳刚的特性，那么渭河、灞河与沣河则是以阴柔彰显着其灵秀，它们共同孕育了关中灿烂的文化与文明，成为中华民族传统文化的重要组成部分。“三河一山”是西安市以灞河、渭河、沣河和秦岭丰富的自然历史人文资源为依托，以水质提升、河道治理、路网连通、城市增绿、生态修复、文化保护为重点，启动超级环线和护城河绿廊建设，旨在通过全域治理，实现河河相连、河湖相通、碧水长流、鱼翔浅底的总目标。如今，“堤固、岸绿、水清、洪畅、景美、管理长效”的水系治理新格局正在形成。

1. 泾渭分明

渭河是黄河的最大支流，全长820多千米，发源于甘肃省渭源县鸟鼠同穴之山，流经陕、甘、宁三省，于陕西渭南市潼关注入黄河。

泾河为渭河的最大支流，发源于宁夏六盘山东麓。有两个源头，南源出于泾源县老龙潭，北源出于固原大弯镇。两河在甘肃平凉八里桥附近汇合后折向东南，流经泾川，于泾阳县张家山界入关中平原，在西安高陵区船村附近注入渭河。

由于泾河与渭河两条河流含沙量不同，形成了清浊分明的奇特自然景观。《诗经·邶风·谷风》有“泾以渭浊，湜湜其沚”的诗句，原本以泾清渭浑的对比来表明弃妇对丈夫的不耻和对自己的肯定，清者自清，浊者自浊；后来用以比喻清浊分明，界限清楚而不混。

历史上一直有着“泾清渭浊”和“清渭浊泾”两种不同的说法：《中国成语大辞典》（上海辞书出版社）中说，古人认为渭水清，泾水浊，泾水流入渭水时，清浊不混；《现代汉语词典》（商务印书馆）中说，泾河水清，渭河水浑，泾河的水流入渭河时，清浊不混。之所以出现这种情况，是因为泾河虽从黄土高原流下来，但它早已切到了黄土下的基岩上，因此泾河的河床是石头底。它在有的地段是浑的，但大部分河段是清的。每年 7、8 月的洪水季节，或春汛，或上游降雨，则河水是浑的，其余大部分时间是清的；渭河则恰恰与泾河相反，所以导致了上述的两种情况出现。

2. 华胥祖陵

华胥镇处于公王岭蓝田猿人遗址与浐湖镇陈家窝人与新石器浐湖遗址的中心地带，新旧石器遗址和埋藏点十分丰富，有旧石器遗址 9 处，新石器遗址 26 处，属于前仰韶文化时期。这一时期正是华胥氏和她的一双儿女伏羲、女娲及华胥古国所处的时代，至今已有 8 000 多年的历史。华胥至今仍然保留明代记载“三皇”功绩的碑石，碑的正中刻有“古华胥”字样，左右两边分别是“伏羲肇娠”“黄帝梦游”八个字，落款为蓝田知县解梁石。华胥陵周围还分布着许多同华胥氏有关的人文遗址，如：华胥沟、三皇庙、毓仙桥、阿氏村（娲氏村）、女娲堡、补天台、华胥窑、画卦台等，每一处遗迹都蕴含着史前先民们生活过的传说故事。

千百年来，当地民间缅怀华夏始祖、追溯文化根脉，将华胥传说代代相传。华胥系列传说主要由华胥履迹彩虹受孕、黄帝梦游华胥国、“华族”由来、衣胞石传说、画卦台的传说、女娲补天、华胥国的图腾与崇拜、洞房与盖头的传说等 20 多个民间传说故事组成。

3. 女娲传说

相信每一个中国人都对女娲补天、女娲造人、伏羲画卦等传说故事了解一二，这些传说故事的发生地就在西安。

传说华胥氏族的成员在一次大水灾中遭受了灭顶之灾，只有伏羲、女娲两兄妹坐在一只巨大的葫芦里，漂到了蓝田、临潼交界的一座山上，才幸免于难。当看到这个世界就剩下他们两个人时，二人便承担起延续人类的使命，结为夫妻。结婚前，他们对天发誓：“若苍天允许我们兄妹结为夫妻，繁衍人类，四山之烟聚而滚磨合。”发完誓，只见四山之烟果然聚合，他们两个人又把磨石推下沟去，看到磨扇也紧紧地合在一起，于是两人结为夫妻。后人为了纪念伏羲、女娲结合，繁衍人类的功劳，就把他们所在的山叫“磨合山”，滚磨盘的沟叫“磨盘沟”，并在磨合山上修建了“人种庙”，后来因“人种庙”名字不雅，改称“仁宗庙”。

仁宗庙位于临潼城区以东10千米左右的骊山最高峰，郦道元《水经注·渭水注》“冷水”条有“山北有女娲氏谷”的记载。这里四季景色旖旎，环境幽静，不仅关于女娲、伏羲在此繁衍华夏人类的传说流传甚广，还有磨子沟、女娲补天台、伏羲画卦台、猴娃山、石棺、金斗等自然奇石景观。

传说每年农历正月初七是女娲抟土造人的日子，是人类诞生的日子，被称为“人日”。人们在这天要进行人日祈寿、晾娃、晒人等活动，一家大小要喝一顿稀沫糊，意为“粘人”，祝福家人活得结实、健康。

相传骊山老母即女娲，曾在此炼石补天。当地人认为农历六月十一至六月十三为骊山老母生日，这期间，大家共同来骊山老母殿烧香，求子、求福、许愿、还愿。因为前来赶庙会的人都要带着单子（床单）在山上住宿一晚上，以求子嗣，所以当地的人们把这次庙会称为“单子会”，官方和史书又叫“骊山老母女媒节”“善嗣会”“传子会”，等等。

4. 仓颉造字台

长安区郭杜街道长里村村北，有一座高约10米、周长100米，被青砖包裹的夯土台，传说这里就是仓颉造字的地方。据考证，此台是西周时为纪念仓颉造字而修，迄今已有3 000多年历史。清代时，陕西巡抚毕沅在造字台前立《仓颉造字台》石碑一通。

仓颉是轩辕黄帝的左史官，他因为结绳刻木不能准确记事受到黄帝批评。事后仓颉决心研创一系列符号，代替复杂而易混的结绳记事，并将想法报知黄帝，遂被授命专门研究、创造文字。于是仓颉来到民众中寻访，并搜集整理出大家的各种记事符号。他见有人给陶器泥坯底部刻画许多符号，烧成陶器后，符号不变形；又见有人给石头上刻画图形，且保留时间很长，他就一一问清这些符号表示什么意思。他在雪地里发现了各种鸟兽足迹，猎人们能够准确地指出那是什么鸟兽的足印并判断它们的行踪，仓颉以此受到启发。

黄帝见仓颉跑来跑去太辛苦，就选择一块地势适宜的地方，让人们造了一个高出周围地面的土台，让仓颉站在土台上，观察天地日月、山水草木、鸟兽形迹、鱼虫姿态，以及男女采集打猎情景。

仓颉看到太阳是圆的，就画一个圆圈表示外形，又因为太阳是最大的，是头号，所以在圆圈里加个“一”字，画一点，这就成了“日”字。“月”字的雏形就是画个月牙儿，后来发展为“月”字。“人”字雏形像个人的侧影，发展成“人”字。“山”字中间一座山峰，两边两个次峰，如果只画一个峰，会被人误认为刀尖。而刀尖的“尖”是个会意字，上头小底下大，不就是尖么？“水”字最上头两竖表示瀑布，中间一横表示河流，下面两点表示水珠。后来经过演化成为现在的“水”字。“天”字像个人平伸双手，双腿岔开，高于头顶当然是天了。“休”字是会意字，一个人疲倦了靠住树表示休息或停止劳作。

唐代《法苑珠林》记载：“仓颉于此台上，增土造字，观鸟迹者。”每造出一个字来，他就把字用碳棒写在土台上，教会弟子。弟子们掌握后，就用泥沼地的白土漫一遍，继续写，写了一层又一层，漫了一遍又一遍，土台也慢慢增高。就这样，仓颉日夜劳累，造的字很多很多，其数目相当于一石谷子的粒数。故民谣有云：“仓颉造字一石粟，孔夫子认得九斗七。丢下三升无处用，撒在边疆教彝民。”

字成之日，举国欢腾，感动上苍，谷子像下雨一样纷纷落下，吓得鬼怪纷纷哭了起来。黄帝感他功绩过人，乃赐以“仓”（倉姓），意为君上一人，人下一君。

仓颉造字结束了结绳记事的历史，是中华文明的里程碑，象征着古代先祖的聪明智慧和为了黎民百姓的幸福敢想敢干的开创精神，激励着中华儿女开拓进取，勇于创新，顽强拼搏，世代相承。

5.问道楼观

楼观台，又称“说经台”，位于周至县城东南终南山北麓，相传是我国古代著名哲学家老子李耳著书立说、传道讲经之地。楼观台是我国著名的道教圣地，素有“天下第一福地”和“仙都”之称。

魏晋以来，楼观祭祀老子的活动方兴未艾，到了唐代日臻完善成熟，历史上先后有多位帝王来楼观祭祀老子，形成了皇家或国家祭祀、民间祭祀和宗教祭祀三种类型。明清以后，尤以民间祭祀老子活动内容最为丰富，并延续至今。

民间祭祀老子活动多以庙会的形式进行，东楼观于每年农历二月初十日为正会，会期共六天；西楼观每年农历二月十五（老子诞辰日）设立庙会，开展祭祀活动。作为民俗文化载体，该活动聚集了民间美术、音乐、演艺、工艺等多项民俗文化，包含了大量的民俗文化信息，具有范围广、规模大、影响远等特征，对于研究中国古代的民俗文化、老子文化、宗教文化有着重要的历史价值。

棉絮画《牧云终南》　李海红作品

6. 财神故里

在秦岭北麓距周至县东南28千米处，有一个历史悠久的乡镇，这里不仅自然风光秀丽，而且人文景观众多，既有传说中原始天尊修炼的住所、老子炼丹的火炉以及财神赵公明的故里等，还拥有丰富多彩的民风民俗，流传着带有传奇色彩的故事传说。它就是享有“中国鼓乐之乡、华夏财神故里”美誉的集贤古镇。

民间奉祀的财神有好几位，武财神关羽、赵公明，文财神比干、范蠡，其中影响最大的要数赵公明了。赵公明，名朗，亦称玄朗，字公明，又称赵玄坛（玄坛指道教的斋坛，也有护法之意），京兆周至县赵大村人士，其形象多为头戴铁冠，手持宝鞭，黑面浓须，身跨黑虎，面目狰狞，因此人们又称其为武财神。又因他与招宝天尊萧升、纳珍天尊曹宝、招财使者陈九公、利市仙官姚少司合称五路财神，所以号称“华夏第一正财神”。

赵公明早年因担柴卖草，周贫济困，买卖求财，使之宜利，主持公道，匡扶正义。后受福禄寿三神点化，食桃为仙，民间敬之为财神。《封神榜》亦载：姜子牙奉元始天尊之命封赵公明为“上清正一龙虎玄坛真君”，主管人间钱财。于是人们更把赵公明奉若至圣至真财界真神，并敬之以求福财，流传古今逐成习俗。

晋陶潜《搜神后记》有云：“赵玄坛，秦代人，得道于终南山。”明代的《三教源流搜神大全》记载：“赵公明，终南山人，头戴铁冠，手执铁鞭，面如黑炭，胡须四张。跨黑虎，授正一玄坛元帅。能驱雷掣电，呼风唤雨，除瘟剪疟，祛病禳灾。如遇讼冤伸抑，能解释公平，买卖求财，宜利合和，无不如意。”

明、清两朝数修的《周至县志》记述："财神赵公明，赵大村人。村中有赵公明庙、赵公元帅墓。" 该村原名枣林村，后因赵公明官至大夫而得名为赵大村，位于集贤镇西 3 千米处。

赵大村东有赵公明墓，封土堆十分高大，前有一亭，亭前有碑，其庙已毁于20世纪70年代，仅存有明万历九年（1581）八月十五日所立《重修赵公元帅庙碑》一通和一些清代光绪年间维修时的建材遗物。从碑文中大致可知当年庙貌景观：财神旧庙为三间砖木结构，梁架式，石山墙。庙宇山墙厚 0.92 米，长 10.6 米，庙檐口高 3.4 米，台阶高 0.4 米，现墓前石碑由中国道教协会会长任法融先生重书而成。根据"文革"中平坟造田出土的唐代砖石以及大量开元通宝铜钱等遗迹，可以推断赵公明庙早在开元年间就已存在，可谓历史久远。

财神庙现存的古碑文告诉我们，自明嘉靖以来，当地民间都要在每年农历正月初一到十五（求财节）、三月十五日（财神生节）、六月初六日（古庙会）、八月十五日（还愿节）举行盛大的祭祀财神礼仪活动。祭祀礼仪分敬神、迎神、求签、还神、送财气、财神舞等仪程。包含了大量的古文化信息，研究挖掘祭祀礼仪，对于研究中国古代民俗文化、宗教文化、礼仪文化有重要的历史意义。

7. 牛郎织女由来

斗门街道位于周代镐京遗址之上，西临沣河秀水，南依终南峻岭，北接秦阿房宫遗址，东距西安市中心20多千米。公元前120年，汉武帝为征讨南方诸国操演水兵而开凿昆明池，为沟通沣河水道而设调节闸——斗门，此地因而得名。

在这里有两尊被民间尊称为"石爷""石婆"的汉代花岗岩石刻雕

像，距今已有2 100多年的历史，是我国现存最早的大型石刻艺术。“石爷”即牛郎像，高258厘米，右手置胸前，左手贴腹，身体呈跪状，上身微微向左扭转，大眼阔鼻，表情朴实憨厚；“石婆”织女像高228厘米，上身微微向右扭转，作拢袖罢织的姿势，表情忧郁。他们相互遥望，仿佛默默地诉说着相思之苦。

关于其来历，据《汉书·武帝纪》记载，汉武帝时，西南昆明国（今云南昆明一带）不朝于汉，且阻止周围越西国（今属四川省越西县境内）等其他小国向汉进贡。元狩三年（前120），汉武帝为讨伐西南诸国，在长安斗门沣河东岸西周灵沼的基础上，挖凿出周长20千米、面积3.32平方千米的昆明池，以训练水军。

实际上，汉武帝开挖昆明池还有另外的目的，它既可做上林苑内的主要游乐区，同时又可成为京城长安的主要水源地，这也是汉武帝为改善当时长安城市环境所作的重要贡献之一。

据《史记·平淮书》所载，当时昆明池岸边修建了许多离宫别馆，雕梁画栋，金碧辉煌，林村掩映，风景十分迷人，让人浮想联翩。汉武帝乘坐龙舟游弋在波光水色中，看着沿岸富丽堂皇的琼楼玉阁，龙颜大悦，又下诏修建了一座高达数十米的柏梁台，供他求神祈仙，饱宴赏玩。一次，汉武帝游兴大发，令人雕了“牛郎”和“织女”两个巨大的石人分立两岸，隔湖相望，将它作为天上银河的象征。班固《西都赋》云：“临乎昆明之池，左牵牛而右织女，似云汉之无涯。”明确指出在昆明湖畔的左右两侧分别塑有牵牛、织女像，他们已从天上来到人间，被远远地隔离在湖的两边。

从那时起，原本是银河系两颗星辰的牵牛、织女星，开始逐渐演变为神话传说，经过千百年流传，形成了一个妇孺皆知、优美动人的民间神话故事——牛郎织女，并跻身于中国古代“四大爱情传说”之列，在中华大地广为流传。

8. 钟馗传说及信俗

钟馗故里指唐赐福镇宅圣君——钟馗出生和长期生活的地方，位于西安环山旅游路鄠邑区石井镇终南山阿姑泉牡丹园下。钟馗，字正南，世界华人心目中的“镇宅赐福圣君”。又据道教史、民俗学方面专家学者考证，钟馗为唐初雍州终南故城（即今周至县终南镇终南村）人。

据《历代神仙通鉴》记载：钟馗系长安终南人，少时即才华出众，唐武德年间赴京城应试，却因相貌丑陋而落选，愤而撞死殿阶。帝闻之，赐以红官袍安葬。到了天宝年间，相传唐明皇李隆基在临潼骊山讲武后，偶患脾病，久治不愈，一晚梦见一相貌奇伟之大汉，捉住一小鬼，剜出其眼珠后把他吃掉。大汉声称自己为“殿试不中进士钟馗”，皇帝梦醒，即刻病愈。于是，皇帝命吴道子将梦中钟馗捉鬼情景作成一幅画，悬于宫中以避邪镇妖。最早记载钟馗的是唐明皇时的一位宰相张说的诗《谢赐钟馗及历日表》，其中有感谢皇上赐给自己钟馗像的事。宋代《醉翁谈录》亦有记载：除夜，旧传唐明皇是夕梦鬼物，名曰钟馗，即觉。命工绘画之。至今人家图其形，贴于门壁。尔后，道教尊钟馗为门神，封钟馗为祛鬼逐恶的判官。关于钟馗为终南人之说，在各种古书典籍中均有记载。

西安天坛、地坛

农耕时代，每逢冬至、夏至节气到来，皇帝或宰臣都要进行重要的礼仪活动，到天坛、地坛祭天祀地，祈求上苍佑护风调雨顺、五谷丰登。《新唐书》记载："古者祭天于圜丘，在国之南，祭地于泽中之方丘，在国之北，所以顺阴阳，因高下，而事天地以其类也。"遵循了中国传统哲学阴阳相对的思想，也暗合对天圆地方的传统认知。

作为十三朝古都的西安，至今仍保留隋唐时期的天坛和地坛遗迹，这也是目前国内保留年代最久远、规模最大的天坛与地坛。

天坛圜丘位于长安城郭南门明德门遗址以东约950米（今陕师大雁塔校区南天坛路），初建于隋唐，沿用近三百年，是皇帝祭天的礼仪建筑。1999年，中国社科考古研究所西安唐城考古工作队进行考古发掘，遗址高约8米，为四层素土夯筑圆坛，表面涂白灰。底层面径约54米，第二层约40米，第三层约29米，顶层约20米，各层层高1.2—2.3米不等。各层设置十二陛阶（即上台阶道），南阶（即午阶）比其余十一阶宽，为皇帝登坛阶道，是唐代祀天的重要实物证据。2003—2004年，西安文物局组织实施了保护工程。

地坛也称为方丘坛，是中国隋唐两朝祭祀地祇的专用场所。元代以后，方丘又被称为地坛，与天坛圜丘相对应。《唐都长安》云："坛设于长安城北十四里，所谓祭地于泽中之方丘，在国之北。坛成方形。"2020—2021年，经中国社科考古研究所西安唐城考古工作队发掘考证，证实其位于西安市凤城七路大融城东侧新月花园小区北部的院内。

地坛为两层素土夯筑方坛，上层方五丈（约15米），用于设地祇神位；下层方十丈（约30米），用于设神州之位。据《开元礼》记载：唐天宝元年（742），唐玄宗“合祭天地于南郊……其后遂以为故事，终唐之世，莫能改也”。地坛在盛唐以后弃用。

对隋唐天坛、地坛遗址的发掘，有助于了解中国礼仪制度的演变过程，具有重要的历史文化价值和研究价值。

天坛遗址公园

二、从“西安年·最中国”到“中国年·看西安”

中华几千年传承下来的“年”文化，在西安积淀最深。这是因为周、秦、汉、唐，中华民族四个辉煌的朝代都是以长安城为首都的，一座长安城，半部中华史。汉代丝绸之路的开通，使这座城市变得中西交融。大唐盛世更是万国来朝，长安成为当时世界上第一个包容开放的百万级国际化大都市。

西安是中国的年节发源地和破晓地，汉武帝在长安城颁布《太初历》，正式将岁首确定为农历正月初一，2 000多年来一直沿用。唐代过年放假七日，宫廷的元日大朝会和正月十五的上元灯节，在历史上都达到了节日欢庆的顶峰。因此，西安是中国年的始源之城，这块土地上年味最浓。

西安年前的春联活动更是独特，春联是春节的第一符号，西安城墙面向全球“为一座城征集春联”，征联、写联、贴联，在古城蔚然成风，凸显了西安春节文化的厚重积淀。西安都城隍庙庙会、八仙宫庙会、楼观财神庙会、大兴善寺庙会等传统庙会，西安城墙上元灯会、大唐芙蓉园新春灯会等众多灯会，以及各种乡村民俗活动中的锣鼓、唢呐、竹马、社火演艺，更是丰富多彩，令人应接不暇。把平日里积攒下的能量，在过年大爆发，这就是“闹社火”。过年不“闹”一回，年就没有过好，心里就不舒坦。这些充满喜庆与蕴含丰富文化内涵的年俗场景，构成了“西安年·最中国”的核心内容。

“中国年·看西安”与“西安年·最中国”定位有所不同：一是由“西安年”变成了“中国年”，扩大了外延，每年可以邀请外省作为主宾省（市）来西安展示不同风俗的年文化，比如“川味中国年”“苏味中国年”等，扩展西安年的格局，把西安打造成中国年文化的最佳展示平台。也可邀请“一带一路”沿线国家作为主宾国，邀请俄罗斯、日本等国家展示异国风情的节庆文化，使西安年成为世界节庆文化交流互鉴的大平台，继而成为世界节庆之都。二是两者定位有所侧重，“西安年·最中国”的关键词是“最”，而“中国年·看西安”关键词是“看”。

“看”成为核心诉求，包括五个方面：一要“看”中国精神、中国人的价值取向。二要“看”中国年的西安味道，增加西安年品牌的辨识度。西安年一定是要有西安味的。三要“看”中国年的现代表达。要通过现代、年轻、时尚、新颖、独特、先进的视角和方式，来表现中国文化，表达、传递中国情感。四要“看”西安年文化对中国城市如何过传统中国年的示范性意义。五要“看”西安年与城市形象、城市旅游的深入融合。

通过“中国年·看西安”的品牌塑造，坚定文化自信，推动中华优秀传统文化创造性转化、创新性发展，是把文化建设做实做好的具体实践的一部分，应围绕建设国家中心城市和大西安追赶超越目标的同时，进一步传承中国优秀传统文化，弘扬中国精神，传播中国价值观念，不断增强中华优秀传统文化的生命力和影响力，努力将“中国年·看西安”打造成独具中国特色、最有影响力的高水平城市形象品牌推广活动，全面提升西安城市的新形象。

第八章

近代外国人视野中的西安

借由外国人士的观察与记述，
探寻西安的历史、景观与文化

第一节 近代外国人在西安的活动及其影响

唐末都城东迁后，宋元长安成为区域重镇，前往此地的外国人也相应减少；至明清民国时期，前往或行经西安城从事各类活动的外国人又渐渐增多，对宗教、文教、军政以及西安地区传统村落景观记述颇有影响。

一、近代往来、驻留西安的外国人类型与活动

1. 国别与数量

近代西安及其周边地区虽然地处西北内陆，在对外联系方面远不如东部沿海、沿江的开埠城市便利，但经过对中西文献资料的广泛搜集和细致爬梳，得以统计出在1840—1949年间至少有来自26个国家的806名外籍人士经行或驻留西安，反映出西安重要的交通区位和作为西北重镇的军事、政治、经济与文化枢纽地位。这些外国人的身影出现在封建时代后期及至近代西安城市生活的多个方面，在相关领域对西安的发展产生了深远影响。具体国别与侨民数量如下表所示。

1840—1949 年往来、驻留西安的外籍人士国籍一览表

序号	国别	人数（人）
1	美国	267
2	日本	237
3	英国	151
4	德国	34
5	法国	24
6	意大利	17
7	瑞典	10
8	朝鲜（韩国）	9
9	奥匈帝国（奥地利）	8
10	挪威	7
11	俄国（苏联）	7
12	奥斯曼帝国（土耳其）	6
13	印度	5
14	西班牙	4
15	加拿大	3
16	荷兰	2
17	塞尔维亚	3
18	澳大利亚	2
19	新西兰	2
20	阿富汗	2
21	比利时	1
22	丹麦	1
23	捷克	1
24	波兰	1
25	南斯拉夫	1
26	墨西哥	1
合计		806

如上表所示，位列前三的分别是美国、日本和英国，分别占全部外籍人士数量的33.13%、29.41%和18.73%，其余23个国家人士所占比例合计为18.73%，充分表明来自美、日、英三国的人士在近代西安城乡地区活动最为频繁，对西安城乡社会的近代化进程影响最大。

美国以267人居首，主要是由于北美瑞挪会（The Scandinavian Alliance Mission）传教士数量较多，而往来陕西、甘肃等地的瑞挪会、挪华盟会（The Norwegian Alliance Mission）等传教士及其眷属大多以西安为往来的中转和聚会之地，因而传教士数量占有较大比例；同时，近代来自美国从事自然科学考察的人士较多，主要在西安及秦岭一带进行动植物标本采集、地图测绘、地理考察等。

日本以237人位列次席，主要是由两大类人士构成。一类是清末民初西安、三原各新式学堂任教的教习及其眷属；另一类是进行历史文化踏察和产业调查的学者、学生和调查人员，其中以日本在上海创立的东亚同文书院历届学生占较大比例。东亚同文书院自清末1907年即派遣学生来西安进行考察，此后直至1923年前后，先后派出多期学生入陕考察，而西安为主要的考察目的地。

英国以151人排名第三，主要包括英国浸礼会传教士（含医务传教士）及其眷属。由于西安、三原是英国浸礼会在华传教的重要区域，因而1891—1949年间，有大量传教士及其眷属长期驻留和生活在西安、三原，从事“福音”传播、医疗卫生、文化教育、慈善赈济等多方面的活动，对西安城乡社会的影响十分深远。此外，清末民初之际，西安邮政局长期由英国人与德国人负责管理，对西安的邮政近代化进程多有助益。

法国、意大利、西班牙等国人士主要包括天主教神父、传教士等，同时有少数探险家、学者；瑞典、挪威人士主要是瑞挪会、挪华盟会传教士及其眷属；德国、奥匈帝国、土耳其、塞尔维亚、阿富汗等国人士主要是第一次世界大战期间途经西安的“无照”侨民和“俘虏”，也包括德国籍邮政局长、学者等；来自澳大利亚、新西兰、捷克的主要是记者；另外还有丹麦探险家与朝鲜“客民”。

上述宏观数据的统计和分析，在一定程度上有助于揭示近代不同国家人士对西安城乡社会的影响力度和广度。实际上，在每一个外籍人名的背后，都有着或惊心动魄，或曲折艰苦，或执着坚守的活动、经历与事件。

2. 身份与职业

近代往来、驻留西安的大量外国人，因其身份与职业的不同、派遣机构的差异、个人前期受教育程度及阅历等区别，在西安从事的活动内容及其影响千差万别。早在 1906 年，陕西巡抚曹鸿勋在奏折中就对来陕外国人的类型有所述及，称在“各国传教之士”之外，又有“洋人游历，近益日多，涉险绘图，随山探矿”，“邮局、学堂聘订外人，铁路工程借才异地”，以至于洋务局“交涉之繁，有加无已”。

在近代往来、驻留西安的外国人中，从事“福音”传播的传教士与从事考察、游历的探险家、学者及学生是人数最多的群体。

西安是近代天主教和基督教新教传教士在西北地区的重要活动地，在上文统计的近代往来、驻留西安的 806 名外国人士中，传教士就多达 247 人（不含其眷属），约占总数的 30.65%。自 1840 年之后，西安市区、高陵等地除原有的天主教神父、修女等神职人员外，基督教新教，主要是中国内地会、瑞挪会和英国浸礼会前赴西安的传教士络绎不绝，结合传教而开展的活动日趋多样化。在建立教堂的同时，教会也开办新型学校和医院，从而为西安教育、医疗等领域带来了新的气象。由于天主教神父、修女大多来自意大利、法国、西班牙，而基督教新教传教士来自英国、美国、瑞典、挪威等，数量较多，且长期驻守各教堂、教会“传播”福音，加之新教传教士往往带有妻子儿女，在西安、三原等城乡生活，在一定程度上对区域社会产生了微妙而重要的影响。不少传教士及其眷属在西安、三原等地生活长达数年乃至数十年之久，他们对于城乡社会的了解十分深入，在长期工作、生活的过程中不可避免地对这片土地产生了“好感”。从客观角度而言，西安乃至陕西已然成了这些长期驻留、生活于此的西方传教士的“第二家乡”。有些传教士在西安辞世，并埋葬于此，而有些传教士的子女又在西安出生并度过其童年，他们对于西安这座城市、关中这片土地和陕西人的情感自然与匆匆经行此地的外国人不可同日而语。

与传教士及其眷属长期驻留西安不同，前往西安考察、游历的探险家、学者与学生等群体属于短期驻留人士，其考察目的较为明确，或搜集动植物标本，或考察民风社情，或从事历史考古调查。这其中既有怀着探寻中华文明之心来考察的学者，也有为列强进一步侵略做准备，以“游历”“调查”等为名而搜集我国内地军事、政治、经济、文化等情报的间谍。在西安从事科学考察等活动的外国人，尤其是美、英等国人士，多由本国政府、学术机构（如博物馆、地理学会）等派遣，资金雄厚，仪器先进，考察人员素质较高，因而能够在较短时间内获得珍贵标本和大量科学数据、信息，这些实物与数据资料成为其研究生物学、地理学、地质学、人类学等学科的重要基础，在推进相关学科发展方面起到了积极作用。而那些从事历史、考古、民俗、宗教等调查、踏勘的学者，则依据搜集到的资料与考察报告，将西安纳入世界史视野进行研究和宣传，在客观上推动了西方世界对古都西安发展变迁的认识与了解。

除以上两大类型之外，在近代西安、三原等地活动频繁、影响较大的当属从事文化教育活动的日本教习。光绪二十九年（1903），清政府基于“以中学为体，以西学为用”的教育理念，在文教领域实施“新政”，积极延聘外国教习执教，尤以日本教习为最多。1903—1917年，西安、三原两地的新式学堂中有近30位日本教习受清政府和陕西省政府之聘，在陕西高等学堂、三原宏道高等学堂，以及后来的西北大学任教。客观而言，日本教习在西安、三原的执教活动对于近代西安教育发展、陕西与日本的交流具有推动作用；同时，日本教习在教学之余，在关中地区进行历史、考古调查，对于西安历史文化的发掘与研究亦有裨益，但是日本教习中也不乏暗中搜集情报的谍报人员，以及劣迹斑斑、被学堂开除的行为不端者。

近代西安作为“中亚大商道”的重要节点，是西北地区和中东部地区商货交流的集散地之一，也由于消费人口众多而成为吸引国内外商人聚集的重要市场。近代外国人士受本国政府、商业团体乃至于银行等专业机构的派遣，在西安一带进行过较为详细、系统的商业贸易状况和产业布局调查，如19世纪70年代德国地理学家李希霍芬在从事地理、地质学调查之余，对于西安地区的物产、商道、物价等亦进行了十分详细的考察和统计，而日本产业调查者大道寺彻于1916年专门赴西安调查关中地区棉花种植、产量、价格、运输、销售额等数据，以利于日本纺织公司收购陕西棉花，制成棉布等纺织品后再返销陕西。除过此类旨在拓展市场、购买原料的商业调查活动之外，美国、英国、日本等还派出商人或“华伙”，在西安具体开展石油、香烟、西药、教学仪器和实验药品的推广与销售，并大量采购西安等地的棉花、皮毛、药材和桐木，经过天津、汉口、上海等港口出口，在“收购原料—返销成品”的过程中获得巨大利润，如美国美孚石油公司、英美烟草公司、日本高昌洋行、英国仁记洋行等莫不如是。民国时期，部分外国公司、企业在西安设立有办事处和分支机构，长期派驻本国管理人员。

在往来西安从事商贸的外国人中，较为特殊的是从事文物收购的古董商贩，尤其以日本人最具典型性。1907 年，来西安考察的东亚同文书院豫秦鄂旅行班学生即记述称，“每年往来西安的日本药商和古董家络绎不绝”，所谓“古董家”即专门购买文物、贩运至我国东部或日本进行转卖的日本古董贩子。1909 年，日本游历者西泽寿在西安考察后，回国即专门撰文呼吁日本“商家”前往考察这片“调查未尽”之地。而据当时赴日留学的陕籍学生观察，“陕西一带，洋货充斥，无所不有”，泾阳、三原一带“纨绔子弟，开设商店，贩卖洋货，公然为洋人做走狗矣”。足见至清末之际，在西方商人及其代理人的推广下，“洋货”已越来越多地出现在西安及其周边地区。清末之际，日本高田商会等机构派商人飞松常盘等在三原宏道高等学堂、陕西省立工业学堂、陕西陆军测绘学堂等推销教学仪器、设备和实验药品，也获利颇巨。1915 年 1 月，来自奥匈帝国的商人阿拿邦达以“游历”为名，居然在西安等地“私卖手枪、收买烟土”，从事危害性极高的非法交易，被陕西“威武将军府”侦探查出，后由陕西政府派员递解天津，遣送回国。随着越来越多的“洋货”涌入，尤其是来自日本的日用必需品进入西安地区城乡市场，而每逢日本侵略中国步伐加快，西安等地的民众，特别是学生中就会出现“排斥日货”之举。

1922—1923年，西安各校学生即发起“运动示威，抵制日货”。日本洋行职员铃木养次在三原等地“因排日团之唆使，被旅馆拒绝其住宿，甚至不得食物供给”，继而引发中日交涉，这也从一个侧面反映出日本商业团体和商人在西安地区颇为活跃，日货进入西安市场的普及程度较高。当时日商不仅向关中地区大量倾销日本商品，也采购大宗原料，如制造木屐的桐材即是其中之一。1922—1923年，日商高桥等人在陕西境内购运大宗桐木，甚至“自由设厂采买”，亦引发中日“严重交涉”；加之“旅大问题”，陕西省学商各界在“排日运动”中“有不复购用日货之表示”，都反映出地方政府和民众采取了捍卫商贸权益的做法。

近代西安作为众多轰动海内外的历史事件发生地，吸引了众多欧美报刊的记者前往采访、报道，或者从驻留西安的传教士及其他外籍人士处获取消息。在“庚子大旱”及灾荒赈济、1900年慈禧太后和光绪皇帝“西巡”西安、1911—1912年辛亥革命、1926年“围城之役”、1936年“西安事变”等诸多事件发生之际，欧美报刊都通过其记者或在西安的消息渠道刊发大量报道，引发西方世界的关注。近代往来西安采访的西方记者中，著名者如美国《基督教先驱报》记者尼科尔斯，《泰晤士报》记者莫里循，《洛杉矶时报》记者侯雅信，“以文字同情革命”的日本驻华记者中久喜信周，以及抗战期间赶赴延安的美国记者埃德加·斯诺、史沫特莱（《法兰克福日报》特派记者），亲历“西安事变”的新西兰记者贝特兰（英国伦敦《每日先驱报》《泰晤士报》特约记者）等。他们以敏锐的视角和“有力度”的文字，撰写、刊发了大量第一手发生在西安地区的事件报道和新闻。

光绪后期，清政府在海关、税务、邮政、教育等多个领域实施“新政”。光绪二十八年（1902）九月二十日，西安邮政局正式创办，业务范围涵盖陕、甘（包括今青海、宁夏）两省。自光绪二十八年（1902）至民国二十九年（1940），由多名德国和英国人相继出任西安地区的邮政长官，包括巡员、巡查司、总办、署邮务总办、邮务长、署邮务长等要职。在1902—1940年的38年间，欧洲人掌揽西安邮务大权长达25年。

清末至民国时期，与宗教及政治活动相应，医疗领域也活跃着英、德籍人士。清末民初，英国浸礼会在西安开设英华医院（后改为广仁医院），先后有包括姜感思、罗德存、荣安居等在内的英国医务传教士来此施诊，为西安医疗状况的改善作出了贡献。1936年“西安事变”前，德籍医生冯海伯（Herbert Wunsch）亦利用在西安开设牙科诊所之便，为延安输送医药、器械，后不幸于“西安事变”期间中弹遇难。

二、近代往来、驻留西安的特殊群体

在近代往来或常驻西安的外国人中，包括公职人员、军事人员、工程技术人员等特殊群体，他们在不同领域的活动丰富了西安的对外交流历程与面貌，反映了特定阶段西安的政治、军事、经济、文化等状况。

（一）公职人员

清代后期，由于西方列强对我国海关、邮政等影响巨大，加之我国缺乏相应的技术与管理人才，因而欧美人士在大清海关、邮政等重要部门任职或担任顾问的情况十分普遍，这种情况甚至一直延续至20世纪三四十年代。由于邮政局承担着西安及周边地区的对外联络，关乎各种信息、资讯的收发、传递，因而在一定程度上，这些英、德籍邮政管理者掌控了西安的对外联络命脉。当然，不可否认的是，在当时的情况下，他们对于近代西安乃至陕西的邮政事业发展也作出了相应的贡献。

在邮政领域之外，陕西省的林业建设领域也活跃着西方管理者的身影，20 世纪 30 年代在陕的德籍林业专家芬次尔（又作芬兹尔，G. Fenzel）即是典型一例。他不仅在西北内陆的陕西、甘肃、青海等地进行大范围的植被状况考察，而且还作为陕西林务局副局长对西北省份的植树造林事业提出了许多高瞻远瞩的规划，堪称近代外国人在西北内陆林业考察的代表和典范。

芬次尔于 1895 年出生于德国巴伐利亚邦努连堡城，第一次世界大战期间曾从军参战，后从明星大学获得林学博士学位，他学识渊博，对林学有着深入研究。1933 年 10 月，芬次尔参与了西北农林专科学校的筹建工作，曾与该校筹备主任王玉堂共同处理校址选择、校舍建设等事宜。时任陕西省政府主席的邵力子曾与芬次尔讨论西北亟待造林等问题，感叹两人“所见多同”。邵力子在参观了芬次尔创办的郿县齐家寨（今宝鸡市眉县齐镇）、咸阳两处林场后，深感其造林“成绩卓著”，遂于 1934 年 8 月组建林务局之初，即聘请其担任陕西省政府森林高等顾问兼陕西林务局副局长，规划全省林政。芬次尔先后考察了太白、秦岭、汉中等处森林状况，创设草滩西、楼观、槐芽镇、平民县等林场，“手胼足胝，未尝稍懈”。自 1934 年陕西林务局成立，截至 1935 年上半年，芬次尔与该局同人共筹设了 7 处林场，开办苗圃面积逾 53 万平方米。1936 年，芬次尔奔赴陇县筹划关山林场。在“食陕之禄，忠陕之事”的芬次尔主导和推动下，林业建设受到政府重视与广泛的民间响应，“陕省林业已具规模”。由于工作劳累过度，1936 年 8 月 13 日，“平日办事热诚努力，深得当局赞许”的芬次尔“忽患神经错乱”，被林务局德籍视察员罗特送入广仁医院治疗，14 日凌晨用所揣剃刀刎颈自杀，“救护无效，旋即绝命”。对于芬次尔的工作与贡献，邵力子在所撰《芬次尔墓志》中给予了极高评价：“博士栖栖若此者，盖自其来华任职，早视中国为其第二故乡。其孳孳为吾国竭诚擘画森林，虽吾国治林学者，无以过之。”陕西省政府在征得芬次尔亲属同意后，将其安葬在西安城内莲湖公园的莲花池畔，并立碑纪念。这位“以一身走数万里，尽瘁友邦”的德国林业学家，自此长眠于这片他倾注了极大热情与心血的土地上。

（二）军事人员

从清代后期至民国年间，有不少肩负特殊使命的军人自西安经行或驻留，他们与普通的考察、游历者有很大不同，不仅代表本国政府和军队，而且执行相对特殊的情报搜集任务，重点关注行经各地军队布防地点、军容与装备、沿途市镇补给能力等。民国时期，在两次世界大战、抗日战争等大背景下，引人瞩目的外籍军事人员包括三大群体：一是抗战中在西安战俘营接受改造的被俘日军；二是抗战期间在西安受训的韩国青年战地工作队与光复军；三是协防西安的美军“飞虎队”与陆军。

1. 被俘日军

抗战期间，西安作为后方军政重镇，为关押和改造日军俘虏，专门设立有战俘收容所。在西安收容的日军战俘成为这一时期美军、韩国光复军之外的又一类特殊军事人员。

西安的战俘收容所对山西等战区押解来的俘虏，“予以优待，并为之诊治创伤。该俘虏等均已反省，确认中华民族宽和伟大，痛恨其军阀之压迫欺骗。对我方之优待，甚至有感激流涕者”。1938年6月初，在山西前线俘虏的36名日本士兵被解送西安战俘收容所，陕西抗敌后援会及民众团体“为尊重人道，优待俘虏”，特别准备了多种慰劳品，派代表前往慰问，“借以感化”。对于西安团体、民众的“优礼相待”，日俘两本重太郎等“表示感激与歉意”。日俘还积极响应陕西各界为筹募抗战经费而开展的“节约献金运动”，其中中山保、森下九郎、田中照子（女，朝鲜籍）等捐出节食费共三元八角。中山保还撰写了《关于节约献金》一文，叙述献金的重大意义，称：“鄙人为中日民众之安乐幸福、东亚和平，当愿做个牺牲者，来努力打倒帝国主义的军阀和财阀。这是我向亲爱的中国同胞盟誓的。努力奋斗的中国军队之胜利，我以为举国一致、节约献金比任何事情都重要。”

原籍日本广岛的森下九郎于1937年7月在河北元氏县被国军捕获后，押送至西安的战俘收容所关押。经过思想改造，他除了积极参加上述节约献金运动，还撰写了《中日战争侧面观》一文，“于中国之优待深表谢忱，对中国军民之忠勇尤为钦佩”，并深切认识到：“此次战争为日本之侵略政策‘伪组织’，乃日阀之卑劣行为，而中国则本五千年来之和平思想、人道精神，为争民族生存、为求人类幸福之正义战。”收容所中的日俘还成立了反侵略剧团，由森下九郎担任团长，在西安举行的晋南军民庆祝胜利大会上进行表演，更加坚定了西安军民的抗战决心。抗战期间，西安遭到日军飞机的频繁轰炸，造成严重的人员伤亡和财产损失。对此，森下九郎等日俘对西安民众遭受的灾难也感同身受。1940年4月3日，十架日机空袭西安等地，森下九郎等日俘目睹了日机轰炸无辜平民，“极为痛愤”。当时有数枚炸弹在其附近爆炸，森下“痛愤之余，复受惊惶，倒地身殉”。当时的报道评价其“能文善书，对反侵略运动颇著辛劳”。

2. 韩国青年战地工作队与光复军

韩国青年战地工作队是一支在华韩人无政府主义青年和民族主义青年联合组成的抗战队伍，其成立后活动范围主要集中在西安一带，是最早赴西安、华北一带招募韩侨的韩国抗日武装力量。该队加入光复军后，成为韩国光复军的主力部队，为扩大韩国光复军作出了不可磨灭的贡献。韩国青年战地工作队是在国共第二次合作的大背景下，由具有无政府主义和“光复阵线”背景的韩人青年组成的抗日团体，历经韩国光复阵线青年工作队、韩国青年战地工作队、韩国光复军第五支队、韩国光复军第二支队四个发展阶段。

1938 年，在武汉的数百名朝鲜先锋队员向国民政府军事委员会呈请组建“国际军”，旋即获得军事委员会批准，于 10 月成立“朝鲜志愿军”（又称“朝鲜义勇队”，即“韩国青年战地工作队”）。其主要目的在于与东北抗日联军及朝鲜革命党员互相联络，促进广州、汉口、重庆的 400 名朝鲜革命党员通力合作，并在中国军民及日军中开展宣传工作。国民政府组织了顾问委员会，帮助朝鲜志愿军的工作。该委员会包括朝鲜人及军政部代表。1939 年，朝鲜志愿军 11 人抵达西安，队本部驻二府街 29 号，开展抗日宣传、军事训练等，由此拉开了韩国抗日志士在西安活动的序幕。这一时期亦有朝鲜女革命家郑文珠女士抵达西安，进行抗日宣传活动。

1940 年，韩国青年战地工作队一行 25 人，由队长罗月焕率领，开始在西安战干团（全名为“中国国民党中央委员会战时工作干部训练团”）接受军事训练。由于该班队员均为“战场中之重要工作人员，不便在后方作长时间之逗留”，因而在西安仅进行了为期两周的训练。即便如此，也在很大程度上成为中韩青年联合抗战的重要举措。

韩国青年战地工作队在西安受训期间，积极开展各类抗日宣传活动，与西安军民建立起了多样化的联系，积极参与西安的抗战宣传、公演等活动。正是由于韩国青年战地工作队（及韩国光复军）具有“中华民族抗战，是朝鲜民族解放的先导，中华民族解放，是朝鲜民族解放的桥梁”等认识，因而能够通过各种途径进行训练和参与西安的抗战活动。1940 年 4 月，韩国青年战地工作队为响应西安各界妇女“征募夏衣运动”，在西安公演抗日名剧《阿里郎》，并将所获演出收入送到妇女会，用于为前线将士制作军装，“制成了成叠成包的夏衣夏裤，一起一起地运往前线，一件一件披在我们烈日炎灼下英勇战士的身上”。6 月，为庆祝南北抗日战场的多次胜利，韩国青年战地工作队在西安举行劳军公演，并于 17 日将演出收入 4 102 元送交陕西各界妇女征募夏衣运动委员会，以便为前方将士购置夏衣。11 月，韩国光复军在重庆改组后，开抵西安，以备转赴华北前线。当时在西安有日军韩籍俘虏 20 余人，此前已经过一年的思想改造和军事训练，由陆军部释放，旋即加入韩国光复军，参加抗日战争。

1941 年 2 月，韩国青年战地工作队应陕西妇女慰劳会邀请，为筹募该会从战区抢救的 100 多名难童的抚育经费，举行募捐公演，剧目为《朝鲜的女儿》。在队长罗月焕的带领下，队员们积极进行排练和演出，为难童抚育工作作出了力所能及的贡献。“他们从旧历的元旦起，在自己的宿舍、妇慰会的办公室内，每天忙着游艺会的筹备工作，排剧、布景、道具、宣传，西安古城的人们都已入睡，朝鲜的儿女们和妇女会的工作同志们，却正在为着中华民族的后代保育而紧张地工作着！一直到游艺大会开幕的前日！”在公演期间，西安的“通衢要道，遍插着红绿色的游艺大会的宣传标语和公演的广告，新闻报纸满载着‘中韩民族密切合作’‘游艺大会观后感’一类的论文和描写”，而剧场门口则出现了“车水马龙”的盛况。

西安作为韩国光复军的训练基地之一，一直持续至1945年抗战胜利前夕。1945年8月，鉴于盟国对日作战节节胜利，为使韩国在华抗日志士切实参战，配合盟国作战，8日，韩国临时政府主席金九、光复军总司令李青天、宣传部长严恒燮等一行奔赴西安，视察韩国光复军第二队，为返回朝鲜半岛建立政府和军队做准备。他们驻留西安期间，陕西省政府主席祝绍周曾于官邸设宴招待，金九、李青天还参观了报社等机构。

3. 美军“飞虎队”与陆军

1941年，陈纳德（Claire Lee Chennault）将军组建了美国空军“飞虎队”，在我国华南、西南、华东等地屡建奇功，给日本侵略者以沉重的空中打击。1944—1945年，“飞虎队”第529飞行中队等部驻扎西安西郊机场，有力遏制了日机对西安城的轰炸，并与“飞虎队”其他基地共同构建起全国性防空体系。陈纳德将军在回忆中特别提及西安基地的重要性，“从南方到北方西安新的机场，我们的飞机控制了对日本人来说至关重要的铁路、水路和交通枢纽。由拉斯·兰德尔指挥的三一二飞行联队控制了西安、安康和汉中周围的北部基地，中美混合联队和原文森特指挥的第六十八飞行联队，控制着从老河口到芷江的区域”。

1946 年 2 月，抗战任务结束后即将返美的陈纳德在重庆获得了蒋介石亲颁的青天白日勋章，3 日从重庆飞抵西安，访问西北空军基地，与美国空军将士话别。4 日飞往成都，8 日晨遂离开昆明返美。1947 年 10 月 23—27 日，陈纳德再度飞赴西安，一方面与陕西省政府商议利用空运大队飞机将陕棉空运至郑州，再转运上海，对后来的陕棉外销起到了重要作用；另一方面也进行私人游历，赴临潼、华山等地狩猎。

为协助中国军民的抗战，美国除在西安西郊机场派驻陈纳德将军组建的第十四航空队（即“飞虎队”）一部分外，1945 年初亦有一部分重装备陆军从西南地区进抵西安，计划向华北战线的日军发起进攻。

美国“飞虎队”以及陆军在西安的驻防，对于西安的抗日后方桥头堡地位具有一定的保障作用。美国军人在西安驻防期间，也参与到城市生活当中，成为当时“引人侧目的群体”。他们往往从西郊驻地乘坐吉普车出入城区，时人形象地描绘称：“有美军足迹的地方便有吉普车，有吉普车的地方便有吉普女郎。这已好像成了定律，西安这城市当然不会例外。和别处所不同的，报纸上没有攻击，社会没有恶评。”

（三）工程技术人员

在公职人员与后备军人之外，近代往来西安的还有日本、美国、挪威等地的工程技术人员。他们在促进西安等地实业发展、开发陕北油矿，以及建设渭北泾惠渠等水利工程中均发挥了相应作用。

1912 年，辛亥革命之后，陕西军政府和民间力量兴起发展实业热潮，各种工商业勃兴，陕西省立第一工业学校也在三原开办起来，除染色科、机械科外，还开设了窑业科，聘请了 2 名日本“技师”作为教习。同一时期，陕西省实业司在所开设的“窑业试验场”，为烧制陶瓷，也聘请高工出身的福地秀雄担任顾问。这些日籍技术人员对于民国初年陕西发展陶瓷等实业具有积极的推进之功。

1914 年，美国美孚石油公司为勘探、试采陕北油矿，在从天津向陕北运输钻井机器的同时，也派遣 19 名美籍“技师”一路经由河北、河南、山西等省入陕。该批技术人员与勘矿机器沿途由各省派员“照料保护”。相较于前述日本“技师”而言，美国勘矿技术人员仅是从西安经行，并未较长时间驻留，但其在陕北油矿勘探、试采过程中发挥了重要作用。

进入 20 世纪二三十年代后，美国、挪威等国工程人员在由华洋义赈会主持的泾惠渠修建工程中扮演了重要角色，而以往对此关注甚少。被称作“渭北工程”项目的泾惠渠水利工程是华洋义赈会在 20 世纪 20 年代和 30 年代的主要工程项目之一。当时，华洋义赈会的美籍总工程师塔德（O.J.Todd）、华洋义赈会美籍赈灾行动主任贝克（John Earl Baker）、曾在美国受过教育的挪威工程师安立森等欧美人士于 1930—1935 年间参与筹划、协调和施工，与陕西省水利局等合作，资金主要来自美国华灾协济会（China Famine Relief, U.S.A.）捐款和陕西省政府拨款。1935 年，灌溉系统开始全面运作，为保证渭北平原的粮食生产作出了极大的贡献。华洋义赈会于 1935 年 5 月首次在西安召开年会，会议代表们亲临泾惠渠现场参观视察。

在泾惠渠施工期间，挪威工程师安立森被游击队绑架，他在约 20 年后所写的关于渭北工程的著作《龙王河》（*Dragon Wang's River*），即以其被绑架的事件作为结尾。而总工程师塔德相关的大量档案收藏于斯坦福大学胡佛研究院（Hoover Institution），成为当今学者研究华洋义赈会在关中地区开展“以工代赈”项目的珍贵文献。

三、近代外国人在西安活动的影响

西安作为后都城时代的西北重镇，具有极其重要的军事、政治、经济地位，每一次重大军政事件的发生或朝代的更迭，都会引发政局不稳、社会动荡，由此对外国人在西安的活动产生重大影响。从外国人在西安的集聚与撤离角度而言，1900 年义和团运动、1911 年辛亥革命、1926 年“围城之役”、1936 年“西安事变”等四次重大历史事件，引起西安外侨数量在短期内突然增加（即集中）和迅速减少（即撤离），也使得这些年份成为划分外国人在西安活动阶段特征的主要时间节点。

交通条件一直是外国人往来、驻留西安的重要影响因素，对外国人士在西安的活动频度、活跃程度等均有显著而深刻的影响。从清代后期至 20 世纪 30 年代，前往西安的外国人不得不依靠马匹、骆驼、骡车等落后的交通工具。

到了 20 世纪 30 年代，随着西安于 1932 年被确定为国民政府的陪都，包括航空、铁路、公路交通建设在内的各项事业开始有序推进，西安的空域与陆路交通网络逐步得到建设。1934 年底，陇海铁路通车至西安。此后乘火车前往或途经西安的外侨数量大为增加。

陪都西京的街景

相较于火车通抵西安带来的便利，1932 年欧亚航空公司开通的西安至主要城市的航空线路就更胜一筹，西安的交通运输格局面貌由此焕然一新，大量外国人也频频从其他地区乘机飞抵西安。1932年3月22日，中德合办的欧亚航空公司机师施密特驾一号机从北平试飞西安。试飞成功后，该公司又于4月1日起正式开通自南京起，途经徐州、洛阳，至西安航线，并计划以西安为航路节点，开通至新疆迪化（今乌鲁木齐），经苏联，直达德国柏林的航线。随着航空运输业的发展，1933年8月，欧亚航空公司计划将粤汉线拓展至西安，并增辟平陕线，经太原至西安。西安航站由此成为各航空线的“总枢”。欧亚航空公司以西安为枢纽开通的各路航线，对于外侨前往西安游历、考察和从事相关活动带来了极大便利，其中也屡屡出现日本情报人员和军人的身影。

作为近代西安城市史、社会史上特殊而又重要的群体，无论是经行西安的欧美探险家、游历者、学者、军人、记者、商人等，还是长期驻留的日本教习、美英传教士及其眷属，都在西安城乡地区的近代化进程中留下了足迹。他们已然从“外国人观察者”转变成了“本土参与者”，西安事实上已然成为其“第二故乡”，乃至于若干人最终长眠于此，守望着长期为之奉献与服务的这片热土。

仅从个体角度观察，单个的外国人对近代西安城乡社会的影响并不大，而一旦从长时段的群体角度来看，就能清晰探察到庞大的外国人群体对于西安近代化进程微妙的、持续的、深远的影响。有些影响是即时显现效果的，如教堂、学校和医院等实体空间的建立，能够直接为官绅商民观察、感知到，有些影响则是潜在的、长期的，如在宗教传播、文化教育等活动中触及思想、心理等隐性的影响；还有一些影响并不会轻易为人所察觉，但却实实在在地发生着，如日本谍报人员搜集、传递情报的活动，就有可能在特定时期发挥难以预料的作用；又如自然科学工作者对农业种子、庄稼标本等的采集，有可能在改变他国农作物格局、提升产量的同时，也会对我国农业发展带来巨大影响，而西安自然也包括在其中。近代外国人对西安城市社会的生活风气、生活方式也有重要影响，例如天足会等的活动，对于破除数百年来束缚女性身体的桎梏，进而解放思想、启迪独立意识、提高妇女社会地位具有重要作用。

长期在西安居住和生活的外籍人士作为城市与区域历史的亲历者、见证者、参与者，其本身就是西安近代史的重要组成部分。他们作为生活在西安这片土地上的特殊群体，我们既要留意到他们所来自的国家和区域施加给他们的影响和烙印，也要看到，当他们长期生活在这里时，与城乡社会不同阶层人士有过密切接触、交流之后，其个人的思想、认识都会发生很大的变化，甚至将西安视为自己的第二家园。长期驻留西安的外侨，在很大程度上，其身份就具有了二重性，即在西安本地人士看来，他们属于外国人，具有截然不同的文化背景，肩负特别的使命和任务，但是对于诸如传教士等外国人而言，当他们长期居住、生活在西安，会“下意识”地将自己视为西安城乡居民中的一分子，在很大程度上与西安民众同呼吸、共命运。而当这些长期居留西安的传教士等外国人士因为各种原因主动或被动返回本国时，西安乃至陕西的长期生活也会给他们打上深深的烙印，他们在中国西北内陆这片热土生活、工作的经历，也会让他们在自己的家乡、社团和教会中显得与众不同，这种影响甚至会延续到他们的下一代。从这一角度而言，是他们参与了西安的发展变迁，同时，西安的生活经历也改变了他们的人生轨迹。

第二节
外国人视野中的西安传统村落景观

无论是在都城时代，还是后都城时代，长安（西安）城的发展都离不开关中地区乡村的供给与农业的支撑。西安城墙、城区景观与城郊和周边地区乡村景观共同构成了近代西安城乡景观的大格局。清代后期至民国年间，往来、驻留西安的外国人不仅将关注的视线投向西安城墙与城区景观，而且对西安城郊和周边区域（包括咸阳、三原、泾阳、高陵、蓝田、周至、鄠县等）的乡村聚落、农民生活、农业生产等方面也有不少调查和记述。

一、村落形态与规模

清代后期至民国年间，西安地区乡村聚落的面貌与景观，既是历史时期西安民众长期适应地理条件（如地形、地貌、气候等）因地制宜开发、建设的结果，也是近代陕西政局动荡、军阀混战、土匪肆虐、经济发展滞后等诸多因素综合作用形成的聚落景象，既有败落凋残、百废待兴的一面，也有逐渐复原、渐有亮色的一面。近代往来西安的外国各类人士在考察、游历、传教等活动过程中，经行、穿梭于西安地区的村落、城镇间，对聚落景观与居住文化有着深刻而独到的观察与评述。这种观察和评述毫无例外地是以外国人士所来自的地区、城镇的景况作为参照背景和比较对象的，由此为了解近代西安乡村聚落（包括城镇）和民众居住文化与同一时期西方世界的差异提供了有效途径。基于近代外国人“外来者”的视角去探察，能使我们对于长期“身处其中”的聚落面貌与居住文化有崭新认识。

1. 村落形态

西安城郊与周边地区虽然也有一些台塬、丘陵地区形成了窑洞村落，如东郊的十里铺一带，但更多的是由高墙环绕的平原地带的村落。关中中部一带地势较为平缓，村落分布密集，人口和占地规模较大，格局更为齐整，村落、市镇一般均有高墙环护，构成关中村镇景观的重要特征。

西安所处的关中中部地区地势平缓，不仅民宅有围墙，民居集中而成的村落四周也多有堡墙、壕沟环绕，显示出鲜明的防御性特征。

清代后期至民国年间，前后踵继的战火、匪患和动荡的政局推动了西安地区村落“筑墙防护”形态的形成和强化。清前期来陕的法国传教士李明在“致富尔斯登堡主教大人”信中称，陕西村镇“皆有围墙环绕四周，并有壕沟和铁门，农民白天守门，夜晚关锁大门以防盗窃，也同时防备连长官们也常常无法控制的士兵的不断骚扰”。清末在西安传教的美国传教士贝克曼（E. R. Beckman）观察的情况与之相似，“西安平原是极其肥沃之区，人口稠密。这里分布着无数的城镇和村庄。村庄通常都由一圈土砌高墙环绕，墙门夜晚关闭，与大城市的城门相似”。即便是在关中更靠北的台塬区，如蒲城一带，田野间也错落分布着围墙环护的农舍和村落。1916 年，日本学者大道寺徹在阐释“村落均有土城围护”的原因时称，“由于这一带土匪、毛贼之类不绝，因而村民们可以依靠土城自卫”。“土城”一词反映出村落围墙具有一定规模和较强防御能力，能够在土匪袭扰时发挥积极作用。民国前期在陕考察的英国外交官台客满更以“堡垒”称之，“渭河平原上的麦田一望无际，其间分布着独特的有土墙环护的村落，每个村落自身就是一个令人望而生畏的小堡垒。……构成了陕西和甘肃大部分地区的典型景观特征”。关中平原上不仅村庄有高墙环护，而且每户民居也有围墙防护，形成了与陕北、陕南民居截然不同的住居面貌。高墙形成了整个村落的对外防御屏障，而土墙则分割出了每家每户的院落。

进入民国，由于政局不稳、灾荒频仍，西安地区的村落和市镇依然难掩贫苦状况。村落周围环绕的高墙“大多都残破不堪”，表明“这些围墙已没有什么作用了”。如果说在冷兵器的时代，高大的堡墙还能够抵御土匪、游勇的袭扰，而到了使用大炮、炸弹的时代，堡墙已经难以发挥原有的功用，得不到人们的重视，在没有修缮的情况下任其毁损。

在墙垣环护之外，西安地区村落的另一显著特征是有一处或多处平整的打麦场，作为收获、晾晒、堆放粮食、麦草的场地。1937年6月12日，时逢麦收时节，美国地质学家韦勒在大雁塔围墙外的一个小村庄看到，“村边有一个打麦场，刚收割的小麦已铺在场上，正准备用牛、骡拉的石碌子打场”。打麦场临近村落，便于农民及时碾收、晾晒麦谷，在农忙时节尤显重要，构成村落形态和景观中不可忽视的部分。

在清代后期的“丁戊奇荒”和“庚子大旱灾”之后，由于原有农村人口大量饿毙或流徙，村落萧条，田地荒芜，地方官府采取了从山东、湖北、四川等省招募移民来陕垦种的措施，因而关中多个县域都有外来移民新建的村落，其形态、面貌与西安地区传统村落有较大区别。三原北部由山东基督徒移民创建的“福音村”就是其中一例。由山东来的移民大都是在荒弃的田野上，照山东本籍的村落、房屋样式，逐步建起新的村落，与陕西本地村落差异明显，“陕西的村庄是砖墙瓦舍，山东的是茅屋土垣”。移民村落在饮食、风俗、方言等方面亦有不同，相沿至今，如今西安市阎良区的谭家村、刘家村等。

2. 村落规模

西安地区村落的规模一般是按照户数、口数、占地面积等来衡量，通过对近代往来、驻留西安的外国人士有关村落户数、口数进行调查、估测和记述，能够促进对近代西安村落规模的认识。

1901 年，美国记者尼科尔斯基于在西安、三原等地的实地调查情况，对西安地区的村落规模评述称：“按照中国的估算方法，在陕西，一座村庄很少有超过 200 名居民或 40 户人家。”尼科尔斯在考察“庚子饥荒”情形时，在西安、三原一带发现“乡村显现出人口曾经稠密的迹象。每隔四分之一英里（1 英里约为 1609 米），就会有一座村庄从发白的林木稀疏的荒野中冒出来”。由于灾情严重，饥荒导致村落人口急剧减少，屋宇被大量拆掉变卖，村落失去了往日生机勃勃的景象。“中国人房屋屋顶搭盖的茅草总是可以在城中找到现成的市场，出售作为燃料，在希望之火熄灭之前，饥饿待毙的村民们最后能想到的，就是卖掉作为栖身之所的房屋。”尼科尔斯在三原调查的一座村庄原本有将近 100 口人，饥荒发生后仅余下 12 名幸存者，足见“庚子大旱”对西安村落人口规模的影响之大。

有外国军人记述，西安地区绝大多数村落户数在10—30户之间，虽然也有多达50户乃至200户的大村，但数量较少。规模较大的村落在文教、军事等方面具有更重要的地位，如户数为200户的临潼冷口村，除设有一所新式小学堂外，还驻扎守备队十数人。有50户居民的新丰“筑有土城”，而有30户居民的赵白泉亦设有小学堂。从潼关至西安的路途中，也有一些聚落户数较多，随着交通、商贸等有利因素得以发展，逐渐形成市镇。大量定居人口和商贩为较大规模村落向市镇转变提供了有利条件，加之驿站、邮政代办所的设立，更使得市镇成为区域村落的枢纽与核心，起到连接中心城市与乡村聚落的作用。

二、村落习俗与文化

近代外国人不仅对西安地区村落的形态和规模有直接观察，对于村落习俗与文化，包括农民的生活习惯等也通过访谈等得以形成初步认识。1913年，东亚同文书院第11期生对西安地区的农民收入、生活水平和习气概括称：“农民的生活水平极低，每人每个月一吊文就够维持生活。一般来说，渭河以北的人民朴直，而渭河以南的农民颇为狡猾。”1916年，日本学者大道寺徹对西安一带农民“从表面上看十分贫穷”的现象进行解释，认为这是由于官府压榨甚多，以至于农民们“都有伪装贫穷的风习”。

以下主要依据美国记者尼科尔斯在1901年对西安、三原等地农村的调查资料，论述西安地区的村落习俗与文化。

1.“自治式”的管理

在来自美国纽约的记者尼科尔斯看来，西安地区村落的管理呈现出“自治式”的特点。村子里“唯一拥有权力”的人是由地方官府任命的乡约、地保等，他们也是普通的农民，之所以能够任职，在很大程度上是受邻里拥戴的结果，“乡邻们会向官员报告他特别的才智和德行”。尼科尔斯一度认为，在清朝的绝对专制之下，臣民很少能得到言论和思想的自由，但实际上“陕西的情形决然相反”。村民们很少寻衅滋事，所以大部分时间里都被“放任不管”。即使偶发纠纷、案件，在乡约、地保报告知县后，才会由衙役前往处理。

村民们可以谈论各种话题、政局以及邻里的传言，尼科尔斯认为“这与美国的风俗习惯很像”，“只要人们不公开显露叛乱的意图，他就不用害怕政府的干涉，可以讲任何想说的话，这与纽约的情形差不多”。尼科尔斯起初以为西安的村民们十分闭塞，对外部世界一无所知，但经调查发现，当地方官员将朝廷政令、公告等公之于众，各类信息便通过乡约、地保传达给村民。

2.“自给式”的经济

西安地区村落和农户在经济方面呈现出“自给式”的特点，农民们种植粮食、蔬菜、棉花等作物，除缴纳赋税之外，基本上能够满足家庭日常生活所需。这种传统的经济生活模式在清代后期至民国年间仍在延续。

尼科尔斯调查发现，农户的农田“很少有超过三、四英亩的”，基本上都是世代相传。每户耕种属于自家的小块土地，种植粮食以满足家人需要。“当父亲年迈或虚弱到不能劳动时，儿子就会继续在同一块土地上播种、收获，他们的孩子也会依循先辈的足迹如此往复。”

除少数较大的村庄开设有店铺，供给商品外，绝大多数村庄都“自给自足”，村民们使用的“几乎所有物品”都由自己制造。妇女们专务棉田，采摘棉花，纺织成线，染织成布，为全家做衣服。尼科尔斯认为，“自给自足”的经济模式严重限制了“竞争”，“几乎任何人都不可能比其乡邻更为富有”。按照传统的土地制度和生产方式，农民们在自家的小块土地上，靠劳动生产出仅供家庭需要的东西，防止了懒散之风，但同时也阻碍了“扩大生产”。

3.“狂欢式”的娱乐

在繁重、单调的农业生产之余，各种娱乐活动成了农民们最为期盼的事情，也使村落充分展现出不同于以往“宁静”“沉闷”状况的“热闹”与“活力”。西安地区村落里的娱乐包括年节和宗教节日的演戏、社火、抬神像巡行等，这些大众娱乐方式具有全民参与的“狂欢式”特征，浓厚的民间信仰色彩与娱乐特质混杂在一起。

尼科尔斯经过深入调查后指出，在村里戏楼观看秦腔是西安农民生活中的大事。戏楼、戏台作为大中型村落必不可少的娱乐文化设施，既是上演秦腔剧目的重要舞台，也是无数乡村生活“故事”展开的场所。在封建时代乃至于近代西安乡村社会中，老百姓的娱乐方式、机会较少，观看戏班子演出便成为最受村民们欢迎的娱乐节目，演戏期间也就成了村里男女老幼最快乐的日子。

有的村落修建有戏楼、戏台，有的村落则是临时搭建的舞台。就戏楼而言，“舞台是砖砌的平台，上面盖有柱子支撑的屋顶。舞台后部是一块固定的布景，绘着龙和神仙的彩画”。一般村庄会提前几个月预订流动戏班来表演，花费由村民分摊支付，“并无入场券或预订座位之类的事情”。演出开始后，村民们在戏台下坐着或站立看戏。通常演出的都是历史剧目，唱戏时间有时持续五、六天之久。“每天的表演从早晨

10点，一直到下午5点，中午在两出戏之间有一小时的候场时间。”对村民们来说百看不厌的秦腔，在美国记者尼科尔斯的体验中并不美好，“我不知道世界上还有什么比陕西戏剧对外国人来说更刺耳、更伤脑筋的了。配有鼓和铙钹的乐队蹲坐在后台，毫无规律地敲打、撞击着，直到喧嚣的乐曲变得震耳欲聋”。为了能让观众在喧闹中听到唱腔，演员们不得不采取“尖声假嗓”来演唱。虽然观众从来不用鼓掌表示肯定，但叫好声却不时在人群中响起。

观看一年一度的演戏之所以能够成为乡村生活中一项重要的娱乐、文化活动，也是由于在这种活动中会有妇女尤其是未婚女性参加。“看戏”对于很多未婚男性而言也是一次“看人”的重要社交机会。由于“看戏”是妇女“在谨遵礼仪的情况下能够参与的唯一娱乐”，因而“使得陕西的年轻人有机会约会平日里难得一见的乡村少女”。戏楼周围空旷的院落就是“众多小年轻们打情骂俏的场地，也是允许谈情说爱之类事情发生的唯一地方”。尼科尔斯记述称，中国人的婚姻完全听从双方父母的安排，不过，有时在陕西也会出现一种情况，即儿子告诉父亲，他想娶某位看戏时遇到的姑娘为妻，并会请求女方父母同意他们的婚事。从这一角度而言，“看戏”的场合使不少农村未婚男女有机会相遇、相识，在相互心仪后成就美好姻缘。

三、乡村妇女与儿童

近代来陕的外国人在对农民生活、生产以及特定事件中的表现等观察、调查的基础上，一方面同情其贫苦的生活，另一方面也对农民的质朴、勤劳和家庭责任感等给予赞誉。英国传教士祁仰德基于同西安农民的长期接触，以及辛亥革命中郊区农民对幸存满族人口的救助等事实，称“这一阶层才是这个国家的脊梁”。他更进一步指出：“中国的农民和世界上任何地方的农民一样，富有昂扬气概、精力充沛、勤俭节约、正派端庄、诚实守信、深爱家庭。他们对家庭的热爱能够扩展到热爱国家。他们对于妇女贞节的重视、简单的饮食和朴素的需求，都让人感到一个国家的真正伟大之处。”

乡村中的妇女和儿童是以往中文史料较少关注的群体，以下基于近代西文文献来论述、分析外国人对于西安乡村妇女、儿童生活状况、精神面貌等的认识。

1. 妇女

除传教士及部分外国人的女眷外，近代往来西安的外国人一般少有机会接触普通妇女的生活圈子，更无缘与她们进行深层次的交流，因而外国人有关近代西安妇女群体的记述多趋于“表面化”，在篇幅上也仅是只言片语。当然，这种状况与近代西安妇女生活主要局限在家庭和若干年节、庙会等特定的时间、空间有关。

在封建社会中，妇女在社会和家庭中始终处于男性的从属地位，清后期刻立的《咸宁县节孝祠碑》所谓“妇人从夫，夫死从子，夫贵则荣其妻，子贵则荣其母”即言此。1901 年来陕赈灾的美国《基督教先驱报》记者尼科尔斯基于同美国女性地位的对比，对中国妇女社会地位不高的现象感触很深，“在中国，妇女总被视为低人一等，而且法律对她们地位的限定从来不比奴隶好多少”。妇女在西安城乡社会、家庭中的地位不仅低于男性，而且被限制在公共场合抛头露面，“妻子和女儿极少出现在大庭广众之下，甚至即使在她们自己家里，妇女也决不允许与来拜访其丈夫或兄弟的男人会面。一个人越是富裕、发达，越会将自己家族的妇女与外界隔绝开来。在西安的大街小巷上遇到的屈指可数的几个妇女全都属于人口中的贫穷阶层”。显然，只有处于社会底层的妇女迫于生计等问题，才不得不走出家门，而社会中上层的女性遵循“男女授受不亲”的准则，极少出现在公众视野中，少有与家族以外的男性打交道的机会。妇女在国家、社会和家庭层面由于受到国家法令、伦理纲常和家法规约等种种束缚，无缘参与家庭之外的社会与公共事务，对个人而言是一种人性的抑制与人身的压迫，对国家、社会而言，则是对广大妇女聪明才智未能充分利用的一种人力资源的浪费。

妇女在大庭广众甚少抛头露面的情况不仅出现在城镇，在乡村地区更属寻常。清末来西安考察的美国社会学家罗斯就发现，“路过陕西的小店时，如果你看到一位女性，而她又并非祖母，转瞬间她便会立马转身，溜回自己的小黑屋里。因为被男人观看是很不庄重的。沉闷的一天即将过去，村妇们才会走出屋子，坐在门前的草席上缝缝补补，享受片刻的凉爽。如果看见陌生人，她们会如同受到惊吓的小鹿，急忙转身跑回屋里去。就算你盯着看一个 9 岁的小女孩，她也会马上躲进里屋去”。这反映出西安女性羞涩、质朴、恪守传统观念的特点。罗斯对乡村社会下层劳动妇女的生产、生活状况同样观察细致，“我见过妇女挥舞着镰刀收割庄稼。但是她们不能弯腰，否则会崴到小脚的。她们只能坐在地上，一边收割一边慢慢地往前挪。她们只能乘坐马车或手推车到麦田里来。而且她们是如此的无助，大部分人结婚以后就很少离开家，平生顶多在方圆一英里的地方内活动”。

清代后期至民国初年，长期以来形成的缠足陋习仍然在西安等地存在，很多来陕外国人士在对缠足习俗进行抨击的同时，也有传教士及其眷属开展了多种活动，倡导“天足”，推动废止缠足陋习。

1901 年来陕赈灾的美国记者尼科尔斯了解得知，陕西人允许女孩在 8 岁之前跟男孩玩耍，与兄弟们一起度过快乐时光。女孩从 8 岁起，可怕的缠足过程就开始了，要让双脚“令人绝望地永远变形”需要五六年的时间。倘若女子没有缠足、不是小脚，会被认为有碍婚嫁、很丢面子，成为村民们嫌恶的“异类”。

在深入了解缠足的危害后，尼科尔斯对此深恶痛绝，并满怀期盼地称：“希望有一天，这种中国所有习俗中最野蛮的做法会被法律废除，到那时，当母亲们这样折磨自己女儿的时候，她们就会因其残酷而被依法起诉”；但传承了数百年的陋习自然难以在短期内大为改观，毕竟“如果陕西的母亲不让女儿承受跛足的痛苦，她就会受到谴责，从而生活在一辈子的羞辱、痛苦和奇耻大辱中”。俄国汉学家阿列克谢耶夫指出，正是由于缠足陋习，女孩子“失去了童年”，“小脚成为彻底挡住妇女挣脱家庭俘虏地位的羁绊，民间创作了许多描写她们悲苦的歌谣。但是，无论是歌赋、哭诉、呼吁，还是皇帝的旨意，都无法战胜这股疯狂的力量”。于是，“到处都可以看到那可怕却又已习以为常的情景：农妇们在泥土和灰尘中蹒跚而行，肩膀上还扛着重物，最令人恐怖的是看到刚刚被摧残了的小女孩，坐在一边看小伙伴们奔跑玩耍”。封建社会的所谓“道德”观念是妇女缠足现象难以被消除的思想根源，随着中国社会的近代化转型，民智渐开，这一类陋习引发越来越多仁人志士的反省，提出倡议废止的呼声，也得到越来越多民众的响应。

1910 年初，英国《泰晤士报》记者莫理循在从北京前往西北内陆的考察通讯中，对于陕西等地的妇女缠足现象进行了记述和报道。他在1月31日从西安发出的报道中称：“我遇到的妇女，无论老幼，都是缠足的。皇上已发出上谕，劝诫人们停止缠足的习惯，一些开明人士的确开始做了。”虽然已经有了禁止缠足的相应规定和措施，但在清末的陕西，“妇女们的脚比其他省份裹得更紧，脚部被挤压成丑陋不堪的尖形——这种可怕的畸形极大加重了女性的负担”。

也许正是由于妇女在传统社会中的地位较低，人们在戏剧、年画等艺术创作中往往将“巾帼英雄”的作用和地位加倍放大，通过艺术加工的人物形象来为妇女“打抱不平”。1907年，俄国汉学家阿列克谢耶夫在西安考察过程中，注重收集民俗物品，尤其是年画等民间艺术作品。他在关中戏剧题材的年画上就发现了外形俊美、英姿飒爽的“女将”：“她肩后插着野鸡羽毛和狐狸的尾巴，头戴镶有小镜子的冠。……她飞舞着两把大刀，丝毫不比男将军逊色，而她的脚却被画得很小（这是画家的艺术自由）。”阿列克谢耶夫分析了“女将”年画背后的心理因素：“尽管妇女在中国历史上的地位极其微不足道，而在戏剧之中则经常有女将出场，她们为改变不公而复仇，为争取幸福而斗争。”

2. 儿童

近代外国人士在途经西安地区乡村、市镇时，对“围观”人群中最活跃的群体——儿童多有关注，有的西方考察队、探险家还发动儿童帮其采集动植物标本，或向其问路、打听情况，因而能够对西安乡村儿童的体貌特点、生活状态等有更多了解。

1901年，美国记者尼科尔斯在西安、三原等地“查赈”期间，对当地儿童的性格、体质以及与家人的关系观察细致。在尼科尔斯看来，“陕西的儿童很招人喜爱”。从体质方面而言，“与基督教城市里在工厂辛苦工作和租房居住的那些孩子不同，陕西儿童强壮而健康。他们肤色红润，眼睛明亮”。在童真、童趣方面，“孩子们享受生活的乐趣，欢笑是他们的权利”，对陌生人有着质朴、信任的态度。当来自西方的旅行者在茶馆里休息时，他们就会围拢来，说些孩子话，“显露出外国人听不懂他们话语的失望表情”。虽然乡村的孩童并不一定受到了“良好教养”，但他们淳朴自然、毫无胆怯。

西安的儿童之所以能够在体质和童趣等方面“招人喜爱”，在很大程度上与他们在家庭中的核心地位相关。尼科尔斯认为，“父母对孩子、孩子对父母的无所不在的爱是这个古老民族特性中最美的品质。陕西人活着的唯一寄托似乎就是自己的子女”。正是由于每一辈人都将年幼的子女视为家庭和家族未来的希望，所以都尽可能给予他们最多的关爱。据尼科尔斯观察，虽然父母在田地里播种、收割的劳作单调、乏味，但在田间地头玩耍的儿童却轻松而快乐。父母们把孩子视为朋友，乐意与他们待在一起，有两种景象令尼科尔斯印象深刻。一种是，在夏日的傍晚，骑马进入西安的乡村，就会发现父母亲在自己的土屋前，带着四五个幼小的男孩、女孩，同他们玩耍、嬉闹，“大家欢笑着，其乐融融”。另外一种是，农民去赶集时，扁担的一头挑着待售的土产，而另一头的篮子里挑的是幼小的孩子。父母的关爱对成长中的儿童影响深远，“从孩提时代起，他们就将父母看作最好的朋友”，长大成人后，“孝敬父母”也成为他们“真正的快乐”。尼科尔斯指出，虽然在中国的法律和宗教中，孝行被赋予非常突出的地位，但“孝敬父母”是建立在子女和父母互爱、互敬的人性之爱的基础之上，这是中华文明“非同寻常的荣耀”。

西安人为使儿童免于鬼怪“袭扰”，健康成长，还想出了种种对应的方法。父母们会在孩子的脖子上挂上长命锁，“期望用它将灵魂安全地锁在身体里面，妖魔鬼怪就不能将之偷走”。另外在给孩子起名时，会用动物名称如“猪”来称呼孩子，“这样做也是为了防止邪灵攫取儿童的灵魂”。在面对想象中的神怪威胁时，民众总是能以各种各样的应对方式来“克敌制胜”，获得心理和精神上的安全感。

虽然尼科尔斯目睹了西安、三原等地儿童体质好、童趣多、备受父母呵护的情况，但在近代陕西各处的乡村地区，大量儿童依旧生活在贫苦状态中。1922 年，美国学者费兰控在途经关中一带时就看到很多儿童在寒冷时节仍衣不蔽体，“无数流着鼻涕、光着屁股的儿童构成了这个凄凉世界中最触目惊心的部分”，“在这西北的乡村里，人们相信这么做可以锻炼孩子。隆冬季节，五到十岁这个年龄段的男孩和女孩除了一件齐腰长的破棉袄外，身上别无他物。他们光着下半身四处游荡着，皮肤皲裂，弄得脏兮兮的”。费兰控将儿童衣不蔽体的贫苦生活境遇称为“斯巴达式的待遇”，认为这会令存活下来的孩子“对寒冷具有极强的抵抗能力”，对贫困的中国百姓来说是“一笔十分重要的财富”。

1927 年 8 月下旬，美国女记者斯特朗在西安、咸阳一带同样看到民众贫苦、儿童赤裸身体的凄凉景象：“小男孩常常几乎全裸，有时也套上一个小背心。有的人的布袋上还绣了花，但已破烂不堪。他们的身体的其余部分则是赤裸裸的。我们看到过许多十到十二岁的裸体儿童，他们手上抱着或背上背着的婴儿也是一丝不挂。”显然，乡村儿童赤裸身体并非“斯巴达式”的训练，而是由于农民们生活穷苦，无力为孩子购置衣物。这不是主动选择的生活方式，更非沿袭既久的生活习俗，只是迫不得已的无奈之举。

清代后期至民国年间，西安等地先后遭遇过多次由于严重旱灾等引发的饥荒，如“丁戊奇荒”“庚子大旱”“民国十八年馑”等。在灾荒年景中，家庭中以往备受关爱的儿童（尤其是女孩）往往会在父母无路可退的时候被卖掉，以求活命，这成了灾民们最为心痛的事情。

1901年，尼科尔斯查赈时得知，在饥荒情形最严重的时候，西安、三原多地“整个村庄的人依靠猫肉、狗肉和马肉维持一时，而后渐渐饿死。为了购买粮食，农民们起先卖掉空无一物的家具、农具，然后是屋顶的木料，最后，便是他们的孩子”。他记述称：“当将所有的挚爱都倾注在子女身上的中国农民，被逼迫到要将孩子卖掉的时候，饥荒惨剧中最凄凉也是最后的时刻就来临了”。“骨肉分离”成为饥荒当中陕西人的梦魇，而被卖掉的儿童，尽管有可能避免饿毙的命运，但往往自此背井离乡，亲人远隔，前途未卜。

在灾荒年份，有大量失去亲人、孤苦无依的儿童被政府、个人和教会创办的孤儿院收养，得以存活，并在一定程度上接受教育。1907年，丹麦探险家何乐模曾与西安天主教会的加百利神父、邮政局长邵穆劳费尔前往高陵通远坊天主教堂，探望圣方济会神父和修女们创办的孤儿学校。在这所“大型的教育机构”里，很多孩子都是从街上捡回来的。

何乐模等人观看了孤儿学校孩子们的戏剧表演后，认为“最为奇怪或者最为自然的事情之一是，中国儿童的耳朵对于欧洲音乐的感知非常敏锐”，男孩、女孩们唱着外国的赞美诗，甚至还有法国歌曲，就像欧洲儿童演唱的一样，“嗓音清亮，音调优美高亢”。通远坊的主教告诉何乐模，陕西的儿童完全能够像外国小孩一样接受教育，没有任何智力和人种的差别。这也得到了何乐模的证实，“从一个事实完全可以得出这样的判断，即男孩们用法语表演了几小段戏剧片段——他们的发音的确毫无瑕疵”。

1933 年，捷克学者普实克一行在西安考察期间，专门探访了位于小雁塔旁庙宇中的孤儿院。孤儿院里收养了 200—300 名孤儿，大多数是 8—14 岁的男孩。与美国学者费兰控等人的看法相似，普实克也认为“那些农民的孩子，从小经受了锻炼，习惯了各种困苦。他们看起来很健康，满院子地跑，嬉笑着”。但是由于“长久的风沙和不卫生”，孤儿院中的一些孩子患有眼疾，“几乎是每十人中就有一个眼睛瞎了，成了灰白色或者眼珠干瘪了”。在当时的社会背景下，孤儿们能够存活下来已属不易，在医疗、卫生方面已经难得讲求了。

第三节
外国人视野中的西安农业生产景观

西安所在的关中中部素为农业发达地区，其具有代表性的农业生产习俗、景观和文化也受到外国人士的关注，并视之为中国传统农业社会发展的缩影。1911 年英国博物学家华莱士就认为“渭河盆地是西部最大的农业区”。1922 年，东亚同文书院第 20 期生在从宝鸡前往西安途中，极目远眺关中平原的高粱田、玉米地，以及田野中的农夫与牛马，不由慨叹：“这才是‘大陆’的景象。”在西安郊区，“白色、红色、黄色的棉花正在绽放”，但农作物生机盎然的景象却难以改变当时“军阀混战之际，文明黯然无光”的整体社会状况。虽然外国人士在考察途中记述的农业生产景观颇有浮光掠影之感，但也有其他欧美人、日本人对西安的农业耕垦、农作物生产、运销等进行过深入考察和统计。

一、农田耕垦景观

在历史上，西安所在的关中平原地势平衍，“渭河两岸土壤肥沃，棉、稻、麦均宜”，自然条件适宜农业发展，加之历代中央和地方政府重视关中地区的耕垦，农业生产发达，号称“西北地区最大的农业区”。

由于关中平原良好的农业耕作环境，农业收成在无水旱灾害的年份多有保障。美国汉学家卫三畏在《中国总论》中记载：“一年丰收可以备足三年歉收的粮食。主要依靠小麦，有水的地方也可以种稻谷；高粱、小米、豆类、玉米、大麦、花生、多种水果也都有种植。棉花、麻类、烟草、油菜籽、罂粟也有大量栽种，但任何作物在一般年成都没有足够的剩余可供出口。”英国外交官台客满则认为，“在丰收的年份，陕西和甘肃无疑会有大量的小麦盈余可供对外输出，但是由于缺少水路和铁路，交通方式又是如此糟糕，以至于没有可能将粮食运往外地”。落后的交通运输条件限制了关中地区粮食等大宗土产的外销。

光绪六年（1880），德国人福克、奥地利人满德经由龙驹寨前往西安，但见沿途“悉是肥田”，“民富而土产颇丰”。清末任教陕西高等学堂的日本教习足立喜六对西安平原农业景观的记述极其生动：“平原自不待言，就连高原、山腹都已开拓，其耕耘之时役使牛马，耕作方法极为粗杂，很少施用肥料。但因土地肥沃，高粱、麦菽之丰饶，与城西白菜、西瓜之甘美，足以使人称道。五、六月间，眺望西安郊区，早熟的小麦在阡陌间泛起黄色的波浪，火红的罂粟花点缀其间，显得十分美观。在滴绿的白杨树下，驴马懒洋洋地拉着水车，给高粱地浇水。秋冬时节，夕阳辉映在终南山上，不时传来驱羊牧童的歌声，非常有趣。拾啄落穗的鸿雁成群交飞，显示出毫不畏惧行人的样子。”面对生机盎然的关中农业区景象，足立喜六不仅“追怀上古时代的纯朴之风”，更深刻感悟到“‘被山带河，沃野千里，天府之国’的说法并非过誉之词”。

1913 年，东亚同文书院第 11 期生在临潼县（今临潼区）一带进行农业生产调查，称“渭南至临潼县的 80 里间，渭河南岸地区土壤肥沃，是我们所经过地区中最多产的地区”。他们看到，这一带农作物长势良好，棉株高度超过 1 尺，高的有 2—3 尺，“开放白花，其花之大，在我国极为少见”。该期学生指出，临潼县农业发达，农作物除棉花外，还有粟、高粱和稻米。临潼的稻米产量不大，但品质较洛阳出售的白米品质更佳。临潼一带的农田耕作景象与河南省的相似，白天田野中劳作的农民较多，老年妇女忙着拔除粟田中的野草，星散在田地里。由于土壤为黄土，旱季里往往黄尘飞扬，庄稼总是蒙着一层灰尘。雨季来临时，暴雨会给庄稼带来损失。值得一提的是，临潼乡野种植有大片柿子林，林中种有粟等作物。临潼县城市场出售的蔬菜有豆角、茄子、南瓜等，品质上乘，反映出该县农业发达、农作物丰富的状况。

值得注意的是，民国初年以西安为核心的整个关中地区农业生产景观最大的变化在于禁种鸦片，改种棉花，棉田面积大幅度增加。这一点在东亚同文书院 1913 年第 11 期生的调查报告中也有提及。该报告指出，西安平原面积“约四千平方千米”，渭河从中央贯流而过，富产小麦、棉花、玉米、高粱和其他杂粮。由于灌溉不便，稻米产量较小。鸦片种植盛行，产量很大，成为官府和农民的重要财源。清末起官府禁种鸦片，辛亥革命后，中央和地方政府亦曾有禁烟之举，陕西都督张凤翙及各县知事下令铲除罂粟，严厉惩罚违禁种植者，没收其土地为官有土地。“若有再敢违禁种植者，轻则处以罚金，重则处死。”由于禁令严格执行，因此一度出现“田无一株罂粟花，户无一人吸鸦片”的情形。政府采取的严厉禁烟措施对于棉花种植和农业生产正常化起到了推动作用。

农田中除了庄稼，在西安、临潼、蓝田、周至、泾阳等地的乡野间还生长着多种类型的野生或栽植果树，其中柿子是秋季到访西安的外国人士最喜欢的果实。美国学者费兰控生动描绘了柿子运销、柿饼加工的情形，“在人类伟力无所不在的广阔天地中，经常出现唯一可及的色彩来自柿子，就如同橘色的硕大番茄。……蹒跚前行的苦力肩膀上的担子挑着装满柿子的篮子；贩卖柿子的小贩四处高声叫卖；数以百万计的柿子有待出售，无以计数的柿子在阳光中晾晒”。在品尝了味道甜美、营养丰富的关中柿子后，费兰控赞叹道：“即便尘土覆盖了一切，人人看上去都灰头土脸，但尘土却无法遮盖柿子的光彩照人，也不能阻挡当地人对柿子狼吞虎咽、大快朵颐，……擦去尘土、剥开外皮，我们也发现柿子是晚秋季节最好的果实——将饮料、便餐和甜点合为一体。”

二、农作物种类、产量与运销

关中中部地区以出产棉花、小麦等著称，1901 年来陕的美国记者尼科尔斯记载，“渭河以北的田野仍以出产棉花闻名遐迩”。英国外交官台客满亦认为，“渭河与泾河沿岸平原是陕西中部面积广阔的棉花种植区。棉花一直以来都是陕西省的主要农作物，也是主要输出土产之一”。在台客满考察的民国前期，关中棉花种植面积较以往大为增加，日本企业大量收购西安、渭南等地的棉花，出口用于纺织，再将棉纱等纺织品运回中国销售。对此，台客满指出棉种改良和发展棉纺业的必要性：“当地的土壤和气候看起来非常适合棉花种植，但是棉花质量却没有通过科学方法加以改良，而且在西安和周边地区也没有发展大规模的棉纱纺织业。”

关中中部地区发达的农业仰赖于农民辛勤的劳作。1907 年 9 月 7 日，俄国汉学家阿列克谢耶夫在咸阳附近“平坦而辽阔的平原上”考察时，就看到“到处都是蹲在小畦前农妇的身影。我又一次对中国人耕作土地时无可挑剔的精细态度惊叹不已。每一株植物都受到了精心的照料”。1937 年 6 月 9 日，美国地质学家韦勒在临潼目睹了农民夏收的场景：“这里出产石榴，美丽的红花正在盛开。小麦已成熟，农民正在开镰收割。

打麦时则把收割的麦子铺在麦场上，用石磙在上面滚过，然后用耙子把麦秆耙走，剩下的麦粒再经过扬场把皮壳吹净，最后剩下干净的麦子。”

1. 粮食作物

早在19世纪70年代，德国地理学家李希霍芬在西安等地考察时就指出，“小麦是陕西中、北部地区的主要农作物，向外输出至山西、汉中、甘肃、青海等地，其价格波动对本省商贸的影响远超其他商品”。李希霍芬十分推崇陕西面粉的品质，认为“陕西的面粉是我在中国见到的最好、最白的面粉”。

清代后期，西安地区小麦的种植技术沿袭着千百年来的耕作习惯，甚少革新。1907年东亚同文书院豫秦鄂旅行班学生记载称：“（小麦）种植方式极其粗放，……颇具‘大农’风格，但农具极不完备，种植方法简陋，产量还有进一步提高的可能。省内食品几乎全用小麦作为原料。”所谓“大农式”的粗放耕作方法，即先驱使牲畜耕犁田地，再撒播粮种，此后割一次草、上一次肥料，便等小麦成熟、收获。农历五、六月收割后，在平坦打麦场上碾收，“由牲畜牵拉石碾碾压麦秸，来回数十次后，就能将麦粒从麦穗上剥离下来，再扫到一起收集起来”。小麦磨成面粉、做成的麦面馍是陕西、河南、甘肃等省普通民众喜爱的主食之一，因而小麦的消费量非常大。

作为西安地区最重要的农产品，小麦在丰收年景和歉收年景的价格差异很大，其价格波动甚至会直接影响到其他粮食、商货的价格。清代后期，西安地方官府为便于调控粮价和作为征税参考，常由粮食商人以“粮价单”的形式上报城区不同粮食的价格。

当时粮食交易以小麦、粟米（即小米）、豌豆为主，各类粮食均分有优劣等级，价格相差悬殊，上等粟米的价格更是超过了上等小麦。除了小麦、粟米和豌豆外，“粮价单”也涉及不同等级的白米价格。由于西安地区稻米产量较小，从南方稻米产区运输价格较高，因而城内白米价格远高于小麦和粟米。按照当时到访西安的外国人的评判标准，多认为粮价较低。

2. 经济作物

在清代后期至民国年间，西安及周边地区最重要的经济作物当属棉花。随着清末民初禁烟措施的日益严格实施，罂粟种植面积大为缩小，棉田面积渐次增加，西安地区成为关中重要的棉产区，棉花外销量巨大。

清末关中地区罂粟种植之广、民众吸食鸦片之盛，清末往来西安的外国人均耳闻目睹。1892 年 5—6 月间，德国学者佛尔克载云：“海拔较高的田地多数用来种植罂粟。种烟对于陕西来讲具有十分重要的意义，大量鸦片被销往外省。许许多多白色和粉色的花在田地里盛开，犹如大花坛一般。”1903 年夏，日本教习小山田淑助在咸阳附近看到罂粟与小麦并盛的景象：“咸阳城周围一带大量种植罂粟，正值花谢结实之际。大片绿油油的麦苗也正结穗。”1910 年，美国社会学家罗斯在关中游历之际，曾听到过“十个陕西人中有十一个烟鬼”的俗语。在西安、宝鸡等地考察过后，罗斯倾向于认为，“在陕西西部我们所经之地，可以有把握地说，四十岁以上的妇女中有十分之九的人都抽鸦片”。即便到了 20 世纪二三十年代，关中鸦片种植现象并不鲜见。1921 年 11 月，瑞典汉学家喜仁龙来陕考察时，虽然官方禁种罂粟，可是仍有种植，原因就在于“鸦片买卖利润巨大”，而政府也能从中抽取巨额烟税。1936 年 6 月上旬，美国记者斯诺渡过渭河后，在新筑的马路边，看到“鸦片罂粟花点着它们膨胀起来的头，已经成熟等待收获了”。他指出了“贪求捐税的军阀”强迫民众种植罂粟的事实，“陕西很早就成了有名的鸦片省份。在几年前西北大饥馑中，三百多万人民的生命失掉了，美国红十字会的调查员把这宗惨剧的大部分责任归罪于贪求捐税的军阀们，这是他们强迫人民种植鸦片的结果，这完全是真的。最好的田都专用到种罂粟花上去了，小麦、荞麦和玉米，本来都是西北的大宗产物，然而在大旱之年，竟极端缺乏”。

随着清末民初中央和地方政府采取日益严厉的惩罚措施，禁种鸦片也收到了显著效果，关中原来的大片烟田逐步改为棉田，因此棉花产量不断增加。1918 年的日文调查资料称：“昔日渭河平原栽培鸦片盛行，禁烟之后，开始种植美国棉花。”关中地区优质棉种的引入促进了棉花质量的提升，也是推动棉花种植的有利因素。美国学者也认为渭河流域的改良棉种是由美国传教士引入的。同时，随着“海兰铁路西渐”，陕西种棉业迎来了良好的发展前景。民国前期，日本调查资料载称，“陕西省的大平原即是大棉产地。棉花在陕西土产中占据最重要的地位，其品质优良，号称中国产棉花中第一等，产量、输出量亦极巨大”，以至于民国前期“国内外棉业者都瞩目陕西棉花”。1915 年，日本三井物产会社开始从陕西购买棉花。1916 年秋，日本棉花株式会社（日清洋行）遣人前往高陵县田市镇与棉商“公义盛”进行交易，该商号“获利很大”。此外，同一时期亦有其他国家商人入陕采购大量棉花。

西安地区棉花种植盛况一直持续至 20 世纪三四十年代，据日本杉山部队参谋部情报显示，1934 年西安地区棉花交易量高达 7 500 万斤，仅长安县 1935 年的产量即达 1 056 万斤，同年输出量为 400 万斤，主要输往郑州、上海、青岛等地。

西安地区不仅棉产量巨大，而且棉花品质优良。民国前期在西安一带调查棉花种植、运销事宜的富田勇太郎就评价称：“渭河沿岸所产棉花品质甚为优良，在中国产棉花中排列第一位。堪与美国棉花相匹敌。其纤维细长、弹性强，适合纺织细布。”富田勇太郎在西安考察期间，偶遇研究中国棉花的日本权威马场义兴。马场义兴对西安棉花品质之优良亦赞赏有加，称“陕西棉花中以高陵县所产为第一，其品质更在美国棉花之上”。品质优良的西安棉花外销价格较高，成为农民重要的经济来源之一。当时西安城及其南关、渭南城及其西关都有规模甚大的棉花店。

西安、渭南等地棉花在外销运输过程中，约 90% 依靠渭河水运，由陆路东运输出的份额仅占 10%。渭河沿岸棉产区的棉花经由咸阳、草滩、交口镇、渭南槐衙、华阴、同州、三河口等水陆码头集散，其中咸阳、交口镇、同州等为渭北棉花集散地，其他码头为渭河南岸棉花集散地。咸阳以下渭河河段可通行装载棉花的船只，包括大船、小船两种。从渭河下行至潼关附近，进入黄河，可运抵河南省陕州。在水量稳定期间，咸阳至陕州的棉花运输需要 12—13 天时间；从陕州上行至咸阳，则需要 20 —30 天；若遇涨水、枯水、逆风等，则需时不定。

除了渭河水运，西安等地的棉花也用大车、马背运载，每辆大车可装载 6—7 包，由 3—4 头马、骡牵拉。在黄河结冰之后，东运棉花全部经由河南省陕州陆路运输，因而冬季陕州街道上车马络绎，运输棉花、土货和山货等。

西安等地所产棉花除织布外，棉籽可用来榨油，带动了榨油业的兴盛。据日文文献载，民国前期陕西省内有 2 900 家大小油坊，其中秦岭以北约 1 200 家，主要以棉籽榨油。西安本地油坊榨油后的油渣可作为家畜饲料。榨出的棉籽油可食用，也可用来点灯。

第九章

古都长安　多彩西安

文章合为时而著，歌诗合为事而作

第一节
外国元首访西安①

改革开放以来，许多外国政要将访问西安作为来华的重要选择。改革开放前28年（1949年10月至1978年12月），共接待来西安访问的外国元首、政府首脑16位（批）；改革开放后36年（1979年1月至2015年6月），西安接待了来自五大洲100多个国家的外国元首、政府首脑180多位（批）。下面摘选部分元首访问西安情况。

1. 美国前总统克林顿参加西安南门仿古迎宾入城式

1998年6月25日，时任美国总统克林顿访华行程是从西安开始的。当晚八点经古城墙“仿古迎宾入城式”后算是正式进入中华国门。在迎宾台克林顿激动地说：“我看到一千多年前唐朝的西安在今晚得到再现。”临别之际他说：“我经历过很多欢迎的仪式，今晚的古城堡是我终生难忘的。”6月26日，克林顿总统参观兵马俑。在一号俑坑内，他一边仔细地观看，一边发出赞叹“非常精彩”“不可思议”。他兴奋地告诉馆长：“蒙代尔（时任美国副总统）1979年来参观时，我差点就来了。法国总统希拉克也多次对我讲一定要去看看这个博物馆。我等了二十年，今天终于如愿以偿了。”

① 西安市政协文史资料委员会编：《外国元首访西安》，北京：中国文史出版社，2016年。

1998 年 6 月 26 日，美国前总统克林顿及夫人希拉里和女儿参观兵马俑

2. 俄罗斯总统普京参观兵马俑

2004年10月16日，俄罗斯总统普京兴致勃勃地来到了他向往已久的秦始皇帝陵博物院。在参观中观察仔细的普京总统不停地发问：“陶俑的鞋子为什么各不相同？”“陶俑的身后怎么有两个环？”“鞍马上为什么没有马镫子？”“秦朝的马为什么都不高？”参观完后他感叹道：“从兵马俑发现开始，我就一直很关注这个地方，很早就想来了。今天一看博物馆这么大，这么好，这是我没想到的。”他表示欢迎兵马俑到俄罗斯做客，把兵马俑展示给俄罗斯人民。

3. 英国前首相布莱尔参观兵马俑

2008 年 8 月 18 日，英国前首相托尼·布莱尔与夫人一起参观秦兵马俑。他说：“20 年前我曾有幸参观过兵马俑，今天又一次来到这里，我再次感受到兵马俑是中国古老文明的最佳展示。现代文明和古老文明交相辉映，让我深切领略到中国这片土地的无限魅力，这是所有中国人民的光荣和骄傲。”在观看了铜车马一号车车柄伞座的装置连接工艺后，布莱尔说：“要完成这项工艺即使现在也不是一件容易的事情，而中国早在2 200年前就做到了，这简直太不可思议了！”

4. 法国前总统希拉克称赞兵马俑为“世界第八大奇迹”

1978年9月23日下午，法国前总统、时任巴黎市长的希拉克来到了秦俑坑考古发掘现场。面对刚发掘出小小一角的秦俑军阵，这位极富个性、对中国历史文化有着很深造诣的政治家发出了由衷的赞叹：“世界上有七大奇迹（巴比伦空中花园、罗德斯岛太阳神雕像、摩索拉斯王陵墓、阿尔忒弥斯神殿、宙斯神像、法洛斯灯塔、埃及金字塔），秦兵马俑的发现可以说是八大奇迹了。不看金字塔不算真正到过埃及，不看秦俑，不算真正到过中国。”从此，“世界第八大奇迹”的称誉不胫而走，蜚声海内外，成为秦兵马俑的代名词。1991年11月5日，希拉克第二次踏访秦始皇帝陵博物院，再观雄伟的秦俑兵阵。他说：“这次参观兵马俑，再次证实了世界文化遗产第八大奇迹，通过它悠久的历史文化及实力，完全可以与世界文明古都雅典、罗马、拜占庭相媲美。”“世界应有四大文明古都，即希腊的雅典、意大利的罗马、土耳其的伊斯坦布尔（拜占庭）和中国的西安。”希拉克是称赞兵马俑“世界第八大奇迹”的第一人，曾四次访华。

5. 德国前总理默克尔参观兵马俑

2010年7月17日下午，时任德国总理安格拉·默克尔一行来到兵马俑一号坑后面的修复区。在这里，博物院专门展示了经过中德双方合作采用 PEG200、聚氨酯乳液保护的五件彩绘俑头和陶片以及合作报告、展览图录等资料，她俯身仔细观看陈列在有机玻璃盒中的彩绘秦俑，仔细地翻阅了展台旁边双方合作保护的资料，特别是当她看到了其中还有德文版的展览图录资料时，默克尔总理连连说：“太好了！太好了！”默克尔总理穿梭在修复区的俑群中，仔细地欣赏着每一件兵马俑，她站在一件武士俑旁边，微笑着和兵俑们比起了身高，并说：“他的个儿相当高啊！”在陶马前，总理笑着说：“我是属马的。”进入铜车马展厅，来到铜车马出土原状的巨幅照片前。默克尔总理问吴永琪院长：“铜车马出土的时候就是这样破碎吗？”吴院长回答说：“是的。铜车马出土于 1980 年，当时破碎为三千多块，经过八年的精心修复才恢复了往日的风采。”默克尔总理连连赞叹，接着问吴院长：“车是拉谁的？”吴院长说是拉皇帝的，接着吴院长又开玩笑说这是 2 200 多年前的皇家御用车辆，相当于你们德国的奔驰轿车，达到了造车技术的最高水平，默克尔总理微笑着点头。铜车马参观结束后，默克尔总理在贵宾留言簿上写道：“这次参观给我留下了非常深刻的印象，表明中国的祖先在两千多年前就创造了辉煌的文化，这个展示是世界上独一无二的，希望能有更多的人来享受这个展览，同时祝愿今后还有更多的精彩呈现。”

6. 意大利前总统斯卡尔法罗参观西安文物保护修复中心

1998 年 6 月 11 日，时任意大利总统奥斯卡・路易吉・斯卡尔法罗访问西安，参观西安文物保护修复中心。在一个工作间，文物工作者正在对一件文物进行修复和除锈。斯卡尔法罗趁隙问道：“这些锈斑能除掉吗？”中方文物工作者肯定地回答：“可以的，以前有困难，现在应用你们意大利的技术，文物除锈难题可以迎刃而解了。”斯卡尔法罗高兴地说："是吗？"这时在场的一名意大利工作人员说："我们在西安也学到了许许多多文物保护的知识和经验。中国在这方面做得很有成效。"斯卡尔法罗若有所思地点点头："噢，这就是相互合作啊。"总统说："文物是没有国界的，是人类应该共同保护好的遗产，拯救古文物，吾辈有责。"之后又说："自古东有长安，西有罗马。西安是个很伟大的城市，这里的许多世界级的古代文物让我眼界大开。希望在西安的意大利文物工作者安心工作，为中意友好、为保护古文化作出贡献。"

7. 希腊前总理西米蒂斯参观兵马俑

2002 年 6 月 5 日，时任希腊总理西米蒂斯参观兵马俑，这位驰骋希腊政坛多年的文人总理由衷地说："非常高兴能来到一个有着悠久历史的古老国家和这座古老的城市，西方文明的源头在古希腊，东方文明的源头在中国，现在我们是东西方文明的握手。"他作为友好使者访华，中希相互沟通相互了解又进入了一个新阶段。他在留言簿上写道："在这里，我们了解到了人类古代的伟大。"他说："希腊人民对陕西很熟悉，不仅仅因为这里有兵马俑，更因为这里历史悠久。我为能够访问西安这个古老而又现代的城市感到高兴。"他真诚地说："了解一个国家，仅仅了解它的首都是不够的。西安古称长安，1 000 多年前是世界最大的城市，也是世界的中心之一。汉唐雄风吹遍了世界，古希腊也领略到了它的风采。我看了当时出土的文物，着实感到吃惊，它们的工艺非常高超，与希腊有相同的水平，有的甚至比希腊还高。"

8. 新西兰前总理希普莉访问西安

2004 年 6 月 19 日，新西兰前总理詹妮·希普莉访问西安。她说：

“正如我们这两天所看到的那样，兵马俑是世界上非常伟大的奇迹之一，它不仅是伟大的历史文化遗迹，你们在对它的展示宣传方面也做得非常出色，给所有参观兵马俑的游客留下了非常难忘的印象，这是世界考古领域的一个卓越成就。我还去了华清池，在那里不光有非常美好的山水景色，在唐朝还曾发生了非常浪漫的爱情故事，给我留下了奇妙的感觉。而且，那里也是中国许多历史事件发生的地方，给我留下了非常深刻的印象。”“我们对这里的旅游业也非常看好。但是某些方面还有不足，在网络发展迅速的今天，许多西方人了解外界多是通过上网，希望西安的旅游信息能在网上有进一步的完善，让更多的西方人了解西安，认识西安。因为网络毕竟是现代人们推销自己的窗口。在新西兰，半数以上的人都使用网络，这对开发旅游市场以及其他方面都是非常重要的。”

9. 土耳其前总统居尔参观清真大寺

2009 年 6 月 26 日至 27 日，时任土耳其总统阿卜杜拉·居尔一行在陕西参观访问。他说，西安是丝绸之路的起点，伊斯坦布尔是丝绸之路的终点，源远流长的友好关系为土中两国经济文化的交流合作奠定了良好的基础，希望两国友好关系在未来不断发展壮大。居尔总统还在华清池观看了大型实景舞剧《长恨歌》，舞剧落幕后居尔总统走上舞台和主演人员亲切合影。他表示对这场有着完美灯光、音乐、舞蹈的演出非常陶醉。居尔总统一行还参观了秦始皇帝陵博物院。他说，秦始皇兵马俑是中华文明的结晶，今天的保护工作做得十分出色，希望有更多的人来分享。

10. 新加坡前总理李光耀参观兵马俑

1976 年 5 月 14 日，有幸目睹秦兵马俑奇迹的第一位外国元首新加坡总理李光耀来到了还是基建工地的秦俑博物院。次日报纸刊登了李光耀总理参观秦俑工地的消息和照片，并引用了他的话语：“秦兵马俑的发现，是世界的奇迹，民族的骄傲。”“我也是中国人，也有我一份。”1985 年 9 月 17 日，李光耀总理二访秦俑馆，看到秦兵马俑坑发掘现场的变化，他很有感触地说：“这一伟大的历史文物，寓意着伟大的未来。”李光耀先生是评价秦兵马俑为“世界奇迹”的第一人。9 月 18 日，李光耀参观了西安市化觉巷清真大寺，并写下了这样的留言：“这座清真寺是与汉族世界共同存在的一片小洲。”

11. 巴基斯坦前总统哈克参观清真大寺

1982 年 10 月 20 日，时任巴基斯坦总统穆罕默德・齐亚・哈克参观清真大寺。西安清真大寺的古朴优美给总统留下了深刻的印象。总统说：“我到过很多国家、很多地方，看见过很多清真寺，但很少看到你们这样大、这样完整、保护得这样好的清真寺。”随后总统代表巴基斯坦人民送给清真大寺一块 1 000 多平方米的地毯，并说：“这个地毯的图案、颜色都是我亲自为清真大寺挑选的。”如今，这块按照清真大寺礼拜大殿大小精心制作并绘有阿拉伯图案的天蓝色地毯就铺在大殿的地板上。10 月 22 日，总统又参观了兵马俑，他在留言簿上写了很长一段话：“参观兵马俑博物馆近年来的考古新发现，对我来说是一次不平凡的经历，这里埋藏着许多历史文物，最重要的是中国给予两千年前统一中国的伟大人物以极高的评价。如果没有他的远见卓识和不懈努力，今天我们将不可能到这儿来参观访问。”

12. 约旦前国王侯赛因点赞兵马俑

1982 年 12 月，约旦国王侯赛因参观秦始皇帝陵博物院。侯赛因国王夫人看到驾车的四匹铜马脖子上戴的金银项圈，听说是由一节金一节银构成的，便连声“噢！噢！”并摸了一下自己脖子上戴的项链笑着说：“中国古代皇帝拉车的马也戴金项链！”逗得在场的接待人员都笑起来。侯赛因国王在铜车马修复室写下留言：“这是劳动人民的智慧，这是人类的财富。古代制造它是伟大的劳动，今天修复它也同样是伟大的劳动。”

13. 马来西亚前最高元首萨拉赫丁感受西安风情

2001 年 4 月 26 日，马来西亚最高元首萨拉赫丁·阿卜杜勒·阿齐兹·沙阿应邀到西安进行参观访问。在华清池，一行人来到了一座专为游人修建的洗手池前，热腾腾的温泉泉水不断地喷涌而出，四周还冒出丝丝缕缕的水汽。仿唐宫女对萨拉赫丁元首说：“陛下您可以洗洗手，感受一下我们的温泉水。”萨拉赫丁元首把两只手举起来，凑到脸前，左右端详一会儿，十分认真地对身旁的仿唐宫女说：“啊，这里的温泉真是名不虚传，怪不得杨贵妃那样美丽动人，我这双老年人的手在温泉里一洗，皮肤居然也变得光滑细腻多了，和年轻人没什么区别了。我看西安的女士都很漂亮，男士都很英俊，恐怕这也是温泉水的功劳吧。”

14. 吉尔吉斯斯坦共和国前总统阿卡耶夫寻访西安

2001年6月16日下午，时任吉尔吉斯斯坦共和国总统阿卡耶夫寻访东干人的故乡西安。阿卡耶夫在上海六国首脑会议一结束就选择西安作为他中国之行的第二站。通过对东干人的了解，阿卡耶夫对陕西和西安有了初步的认识，并认为此行是“东干人聚居地的总统探寻东干人的故乡”，意义十分重大。在会谈中，阿卡耶夫总统兴致勃勃地介绍了他的代表团中的一个随员——吉尔吉斯斯坦共和国外交部部长穆拉特别克·伊马纳利耶夫：“我们的这位部长是个著名的汉学家，对中国文化很有研究。还有更重要的一点，他也是一个东干人。”

15. 尼泊尔前总统亚达夫参观兵马俑

2010年10月29日上午，时任尼泊尔总统拉姆·巴兰·亚达夫一行参观秦始皇帝陵博物院。总统在留言中写道：“我非常荣幸参观了秦兵马俑，这里已经成为秦陵遗址公园，我对你们所做出的如此完美的工作表示非常钦佩。这里是西安人民也是世界人民值得骄傲的地方。”亚达夫总统在欣然接受了吴永琪院长所赠的《秦始皇帝陵》一书后，回赠给秦始皇帝陵博物院一件尼泊尔的青铜狮子，并风趣地告诉吴永琪院长：“希望我们的狮子能够保护好兵马俑。”吴院长回应道：“狮子在我们中国的传统文化中也有着保护者的寓意。”

16. 乌兹别克斯坦共和国前总统卡里莫夫参观兵马俑

2014年8月20日，时任乌兹别克斯坦共和国总统伊斯兰·阿卜杜加尼耶维奇·卡里莫夫及夫人一行50余人专访秦始皇帝陵博物院。卡里莫夫风趣地说：“其实我的问题并不多，之前我对兵马俑是有所了解的。”卡里莫夫热爱中国文化，对中国古代历史了解较多，让人感到敬佩。卡里莫夫说：“每个历史阶段都有自己特定的文明，秦始皇时代的辉煌文明作为中华民族文化的重要组成部分，对世界产生了深远的影响。我对贵国的兵马俑早有耳闻，以前没有机会亲眼看见，今天受习近平主席的邀请参观兵马俑，我深感荣幸。因为我知道陕西不仅是兵马俑的故乡，还是你们的伟大领袖习近平主席的故乡，你们应该为你们生活工作在这片土地而自豪。”卡里莫夫在留言簿上写道：“对秦始皇帝陵博物院的参观给我们留下了难以忘怀的印象。这里的展品证明了中国古代文明的最高水平。博物馆作为伟大中国独一无二的历史古迹，当之无愧；作为世界文化遗产不可分割的一部分，实至名归。”

17. 巴西前总统罗塞夫参观兵马俑

2011 年 4 月 16 日上午，时任巴西联邦共和国总统迪尔玛·罗塞夫参观了秦始皇帝陵博物院。当总统对比了修复好的陶俑和其出土时的现状后，感慨地说：“我都不知道应该更加敬佩当时制作兵马俑的人，还是今天修复兵马俑的专家！”田静副院长说：“秦代的艺术家创造了奇迹，今天的文物工作者恢复了奇迹，它是古人和今人共同创造的一个奇迹。”

第二节
各界名人论西安①

① 公元 7 世纪以后，长安不仅仅是国际大都市，它是全人类唯一的文明制高点。

西罗马帝国灭亡的时候，中国出现了世界文明的大汇聚，是充满空间控制力、渗透力的一个大汇聚。汇聚的结果就是伟大的唐朝的出现。我们讲长安，讲它作为当时唯一的世界坐标的时候，要知道它避免和其他文明一起灭亡的一个重要原因，是对于自己周边的空间和对于自己陌生的空间的渗透力、控制力、吸取力和传播力，它都具备了。

现在我们一定要学习唐代，在大空间里面来施展我们新的活力。

——余秋雨（著名文化学者、理论家、文化史学家、作家）

② 用长安的高度建设西安，用国际的站位建设西安，用世界的视野激活西安，用文化做动力发动西安。

——肖云儒（著名文化学者，享受国务院特殊津贴突出贡献专家）

③ 所有国际化大都市都有两个方面：一个是开放的市场经济氛围，另一个是相对自信的文化状态。西安在国际化大都市的群体中，一定要

① 西安市社科院等编：《复兴中的世界城市：西安国际化大都市发展蓝皮书（2018）》，2018 年。

把文化作为最自信的东西。

对固有文化的表达方式特别重要，其中有两个选择：一种是你强迫别人相信你有很强的文化底蕴，另一种是通过你的展现让别人信服你的文化底蕴。西安现在已经变为一个多核的城市，每一个核都应该有自己不同的城市表达力。我认为西安的每一栋建筑都应该追求卓越，并且达到极致，这样我们西安的天际线会非常美丽。

——马清运（美国建筑师协会会员，马达思班建筑师事务所创始人，美国南加州大学建筑学院终身院长，首届西安市国际专家顾问）

④一个区域、一个城市要想真正在战略上拥有一个制高点、一个抓手，那就必须为之"找魂"——必须找到唯一性、排他性和权威性的东西。

西安的发展主要靠两条线：一条线是人文资源，另一条线是装备制造业。西安装备制造业发展需要两手硬：一手是抓军工，也就是现在提上国家战略的军民融合；一手就是抓科研院所。

一个人文，一个装备制造业——这两点在西安是非常完备的。

——王志纲（著名战略咨询专家，智纲智库创始人）

⑤整个大西北正在迎来旅游大开发的时代。西北地广人稀，发展旅游最好的运输方式是空运，那么西北就需要有一个节点型城市，或者一个国际空港，成为全球游客到中国西北旅游市场的中转站。这个国际空港在哪里？从节点型城市角度来讲应该是西安。

——陆铭（上海交通大学中国发展研究中心主任）

⑥ 成都为什么发展快？成都首先是个消费型城市，这在全国都是独一无二的。川菜走向了全国，这意味着什么？人进来的多，出去的也多，要素活力也增加了。还有就是成都人的思想开放程度更高，成都人的活力和西安人比，至少我认为是更好一些。和四川人打交道，会觉得四川人吃苦能干，思想也开放。而西安人或者说陕西人往往给人感觉有些保守，思想开放性不足。

——李铁（国家发改委城市和小城镇改革发展中心理事长、首席经济学家）

⑦ 我去西安多次，无论是在正式还是非正式场合，几乎所有的人都会说我们过去是如何好。总是回望历史就说明对发展本身、对自己的未来没有自信，也没有向前看的意识，这就是为什么西安的大众创业和民营企业发展比较差的原因。

——倪鹏飞（中国社会科学院城市与竞争力研究中心主任）

⑧ 贯穿中国东、中、西部有两条重要经济带：一是长江，一是陇海线。长江经济带模式的龙头是上海，亚欧大陆桥经济带没有龙头，但亚欧大陆桥经济带有心脏。西安能够成为亚欧大陆桥经济带的心脏，形成长江经济带由龙头上海带动、亚欧大陆桥由西安心脏推动这么一个大格局。

——张宝通（陕西省社会科学院研究员）

⑨ 在全国来看，未来会形成“两横三纵”的城市格局。“两横”里面，南面是长江经济带，北面是陇海线，也是丝绸之路的国内段。“三纵”

就是东南沿海线、京九线、“包头—西安—成都—昆明”一线。

西安是西北地区最大的城市，存在一个核心的作用，这是它的独特定位，没有一个城市可以取代或超越西安。同时，它又处在丝绸之路经济带上，居于一个很重要的位置。

——新望（曾任中国（海南）改革发展研究院民营经济研究所所长，《中国改革》杂志主编，现任《经济观察报》研究院院长）

⑩ 一个国家最深层的东西是文化，因为文化是一个民族精神的表现，来自人们的心灵。丝路的特点是我们先把成果送到我们邻近国家，再一站一站传递下去。在文明传递的过程中，各国间形成了非常复杂的文化人文交流，我们需要人文交流发展人类之间的联系。

——冯骥才（国务院参事、全国政协常委）

⑪ 把创新融入到城市发展的 DNA 中，相信在西安的 DNA 里不仅有兵马俑、古城墙，还有丰富的创新因子。

——张新胜（壳牌中国集团主席）

⑫ 西安新旧经济动能转换契机主要来自制造业、科技和服务贸易三个领域。制造业的机会将由智能制造和制造业服务创新构成；在科技领域则“硬科技”与“互联网 +”两手都要抓；服务贸易主要借助“一带一路”扩大服务贸易的深度和广度。

——张广达（德勤中国华西区主管合伙人）

⑬ 建议西安利用创新服务和供应链服务双轮驱动，把西安建设为全球创新中心，打造“西部硅谷”。

——梅志明（普洛斯公司联合创始人、首席执行官）

⑭ 金融业创新引领西安发展。金融行业的创新拓展有助于留住高素质的大学毕业生，为城市的长久发展提供持续动力。

——卢卡斯·基利（拉菲基资本管理公司首席投资官）

⑮ 我很喜欢西安这座历史文化名城，对这座城市未来的发展充满信心，商会将进一步搭建好沟通和合作的平台，助力西安和香港在更宽、更深领域交流合作。

——许亮（香港西安商会会长）

⑯ 未来西安要突出做好两件事：一是吃好碗里的饭，把科技力量和现有的传统行业相结合，实现创新驱动，以形成巨大的生产力；二是准备好锅里的饭，对五到十年科技力量将形成的创新趋势进行提前部署。

——柳传志（联想集团创始人）

⑰ 西安历史文化底蕴深厚，地理区位优势明显，城市性格大气包容，建设国际化大都市潜力巨大，随着“一带一路”的深入推进，对周边辐射带动作用不断增强，将在国际合作中扮演越来越重要的角色。

——王石（万科集团创始人）

⑱ 作为一名西商，我们将通过搭建公益性企业家交流平台，激发企业家活力，为他们创造更好的环境，滋养更多企业家成长。坚持每年开展创新论坛活动，着力于帮助和培养更多优秀年轻企业家，让更多企业家喜欢西安、聚集西安，不断增强西安城市生命力。

——冯仑（万通控股董事长）

⑲ 做“文化”不到西安便无“根”，做“旅游”不来西安便无“魂”。西安是全世界炎黄子孙的精神家园。

——段先念（华侨城集团原总经理、党委书记）

⑳ 西安历史文化悠久，在全球旅行目的地榜单上是必游之地，但由于距离和时间限制，短期游客无法加深对旅游资源富矿的探索。希望西安以延长国外游客停留时间为目标，把西安作为艺术之都而非古都来宣传。通过雕塑、绘画、历史人物等新视角呈现城市历史文化，吸引高水平游客再度来访，增加西安的旅游收益。

——爱德华·伯曼（英国文化学者）

㉑ 对于一个健康可持续发展的社会而言，文化活力同社会公平、环境责任感和经济活力一样重要。建议西安将文化纳入一切发展政策和计划，将文化作为实现城市可持续发展和管理的资源和参考，利用文化来培育创新和可持续的合作模式。

——林德（欧中文化经济合作促进会主席）

㉒ 日本奈良市是个经济极为活跃的城市，1 300多年前建城之初，就采纳了长安的城镇发展模式，至今仍保留着古都长安的历史文化。这个例子表明，西安城市建设应以长远文化发展和良好城市环境为焦点，相互融合，进一步发展经济和产业。

——稻田纯一（日本景观建筑设计师）

㉓ 建议继续加大体制创新和政策创新力度，为企业家成长提供更好的气候和土壤，让企业家精神充分焕发出来，吸引更多的企业家参与到大西安建设中来，更好地促进城市发展。

——张维迎（经济学家）

㉔ 对一座城市来说，做好规划是首要任务，这需要具备三个因素：有人文学者的心，这样才有正确的价值观，塑造城市的生活文化；有科学家的脑，尊重科学和逻辑，为城市组装庞大的生活机器；具备艺术家的眼，与土地“谈恋爱”，为城市塑造其独有的外在美。

——刘太格（新加坡雅思柏设计事务所董事）

㉕“一带一路”对于西安来说，可谓“千年等一回”。这一倡议是对传统全球化的扬弃，正在给全球化提供更强劲的动力，推动世界朝向开放、均衡、包容、普惠的方向发展。西安正在打造“一带一路”重要节点城市，利用好这个发展战略，西安就有可能重现千年前的辉煌。

——王义桅（中国人民大学国际关系学院教授）

㉖“一带一路”建设既需要经贸合作的“硬支撑”，也离不开人文交流的“软助力”。西安可依托丰厚的历史文化资源优势，申报成为国家第一个历史文化特区。

——迟福林（中国改革发展研究院院长）

㉗建议西安采用新技术创新市政，建设真正的“智慧城市”，形成由市场决定的有效率的高密度、多人口、低房价、大住房的格局。同时，高技术人口与人力资本密集的产业将大量移入西安，促使西安逐步成为一个令人生活愉快的巨型城市。

——郭誉森（西安交通大学金禾经济研究中心主任）

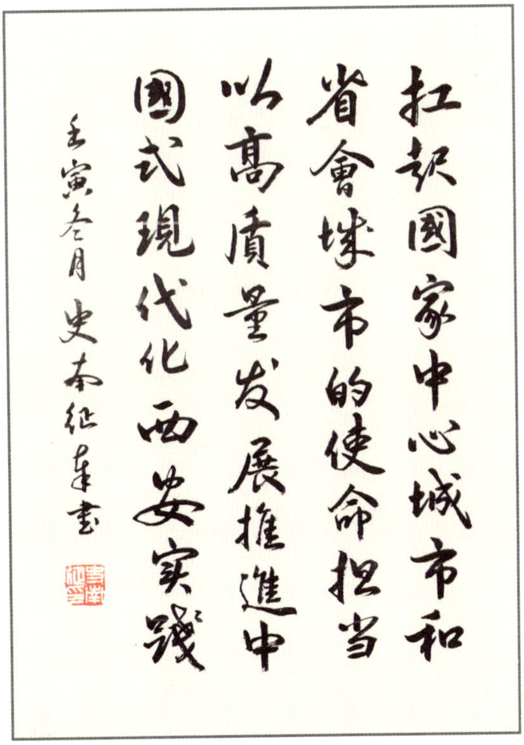

史南征书法作品

第三节
诗词歌赋写西安

作为十三朝古都，周秦汉唐时期西安是中国的政治、经济和文化中心，后来这种底蕴一起赓续。与之关联，表现中国文化精粹的诗词歌赋流芳百世，许多都与西安有关，或在西安写，或是写西安。这里摘录一些描写西安的代表作，体味文人笔下的长安（西安）。

一、诗经

秦风·终南

终南何有？有条有梅。
君子至止，锦衣狐裘。
颜如渥丹，其君也哉！
终南何有？有纪有堂。
君子至止，黻衣绣裳。
佩玉将将，寿考不亡！

大雅·文王有声

文王有声，遹骏有声。遹求厥宁，遹观厥成。文王烝哉！

文王受命，有此武功。既伐于崇，作邑于丰。文王烝哉！

筑城伊淢，作丰伊匹。匪棘其欲，遹追来孝。王后烝哉！

王公伊濯，维丰之垣。四方攸同，王后维翰。王后烝哉！

丰水东注，维禹之绩。四方攸同，皇王维辟。皇王烝哉！

镐京辟雍，自西自东，自南自北，无思不服。皇王烝哉！

考卜维王，宅是镐京。维龟正之，武王成之。武王烝哉！

丰水有芑，武王岂不仕？诒厥孙谋，以燕翼子。武王烝哉！

二、赋

上林赋（节选）

（西汉）司马相如

且夫齐楚之事，又乌足道乎！君未睹夫巨丽也，独不闻天子之上林乎？左苍梧，右西极。丹水更其南，紫渊径其北。终始灞浐，出入泾渭；酆镐潦潏，纡馀委蛇，经营乎其内。荡荡乎八川分流，相背而异态。东西南北，驰骛往来，出乎椒丘之阙，行乎洲淤之浦，经乎桂林之中，过乎泱漭之野。汩乎混流，顺阿而下，赴隘狭之口，触穹石，激堆埼，沸乎暴怒，汹涌澎湃。滭弗宓汩，逼侧泌瀄。横流逆折，转腾潎洌，滂濞沆溉。穹隆云桡，宛潬胶戾。逾波趋浥，涖涖下濑。批岩冲拥，奔扬滞沛。临坻注壑，瀺灂賈坠，沈沈隐隐，砰磅訇礚，潏潏淈淈，湁潗鼎沸。驰波跳沫，汩濦漂疾。悠远长怀，寂漻无声，肆乎永归。然后灏溔潢漾，安翔徐回，翯乎滈滈，东注太湖，衍溢陂池。于是乎鲛龙赤螭，䱭䲛渐离，鰅鰫鰬鮀，禺禺魼鳎，揵鳍掉尾，振鳞奋翼，潜处乎深岩，鱼鳖讙声，万物众伙。明月珠子，的砾江靡。蜀石黄碝，水玉磊砢，磷磷烂烂，采色澔汗，藂积乎其中。鸿鹔鹄鸨，駕鹅属玉，交精旋目，烦鹜庸渠，箴疵䴔卢，群浮乎其上，泛淫泛滥，随风澹淡，与波摇荡，奄薄水渚，唼喋菁藻，咀嚼菱藕。

于是乎崇山矗矗，巃嵸崔巍，深林巨木，崭岩参差，九嵕嶻嶭。南山峨峨，岩陁甗崎，摧崣崛崎。振溪通谷，蹇产沟渎，谽呀豁閜。阜陵别岛，崴磈嵔瘣，丘虚堀礨，隐辚郁垒，登降施靡，陂池貏豸，沇溶淫鬻，散涣夷陆，亭皋千里，靡不被筑。掩以绿蕙，被以江蓠，糅以蘪芜，杂以留夷。布结缕，攒戾莎，揭车衡兰，槀本射干，茈姜蘘荷，葴持若荪，鲜支黄砾，蒋芧青薠，布濩闳泽，延曼太原。离靡广衍，应风披靡，吐芳扬烈，郁郁菲菲，众香发越，肸蚃布写，晻薆咇茀。

于是乎周览泛观，缜纷轧芴，芒芒恍忽。视之无端，察之无涯，日出东沼，入乎西陂。其南则隆冬生长，涌水跃波。其兽则㺎旄貘犛，沈牛麈麋，赤首圜题，穷奇象犀。其北则盛夏含冻裂地，涉冰揭河。其兽则麒麟角端，騊駼橐驼，蛩蛩驒騱，駃騠驴骡。

于是乎离宫别馆，弥山跨谷，高廊四注，重坐曲阁，华榱璧珰，辇道纚属，步櫚周流，长途中宿。夷嵕筑堂，累台增成，岩窔洞房，頫杳眇而无见，仰攀橑而扪天，奔星更于闺闼，宛虹扦于楯轩，青龙蚴蟉于东箱，象舆婉僤于西清，灵圄燕于闲馆，偓佺之伦，暴于南荣。醴泉涌于清室，通川过于中庭。盘石振崖，嵚岩倚倾。嵯峨磼礏，刻削峥嵘。玫瑰碧琳，珊瑚丛生，瑉玉旁唐，玢豳文鳞，赤瑕驳荦，杂臿其间，晁采琬琰，和氏出焉。

于是乎卢橘夏熟，黄甘橙榛，枇杷橪柿，亭奈厚朴，梬枣杨梅，樱桃蒲陶，隐夫薁棣，答沓离支，罗乎后宫，列乎北园。崒丘陵，下平原，扬翠叶，扤紫茎，发红华，垂朱荣，煌煌扈扈，照曜钜野。沙棠栎槠，华枫枰栌，留落胥邪，仁频并闾，欃檀木兰，豫章女贞，长千仞，大连抱，夸条直畅，实叶葰楙，攒立丛倚，连卷欐佹，崔错癹骫，坑衡閜砢，垂条扶疏，落英幡纚，纷溶箾蔘，猗狔从风，蔚莅卉歙，盖象金石之声，管籥之音。偨池茈虒，旋还乎后宫，杂袭絫辑，被山缘谷，循阪下隰，视之无端，究之无穷。

于是乎玄猨素雌，蜼玃飞鸓，蛭蜩蠼猱，獑胡豰蛫，栖息乎其间。长啸哀鸣，翩幡互经。夭蟜枝格，偃蹇杪颠。隃绝梁，腾殊榛，捷垂条，掉希间，牢落陆离，烂漫远迁。若此者数百千处。娱游往来，宫宿馆舍，庖厨不徙，后宫不移，百官备具。

西都赋（节选）

（东汉）班固

汉之西都，在于雍州，实曰长安。左据函谷、二崤之阻，表以太华、终南之山。右界褒斜、陇首之险，带以洪河、泾、渭之川。众流之隈，汧涌其西。华实之毛，则九州之上腴焉。防御之阻，则天地之隩区焉。是故横被六合，三成帝畿，周以龙兴，秦以虎视。及至大汉受命而都之也，仰悟东井之精，俯协《河图》之灵。奉春建策，留侯演成。天人合应，以发皇明，乃眷西顾，实惟作京。于是睎秦岭，睋北阜，挟酆灞，据龙首。图皇基于亿载，度宏规而大起。肇自高而终平，世增饰以崇丽。历十二之延祚，故穷泰而极侈。建金城而万雉，呀周池而成渊。披三条之广路，立十二之通门。内则街衢洞达，闾阎且千，九市开场，货别隧分。人不得顾，车不得旋，阗城溢郭，旁流百廛。红尘四合，烟云相连。于是既庶且富，娱乐无疆。都人士女，殊异乎五方。游士拟于公侯，列肆侈于姬姜。乡曲豪举，游侠之雄，节慕原、尝，名亚春、陵。连交合众，骋骛乎其中。

若乃观其四郊，浮游近县，则南望杜、霸，北眺五陵。名都对郭，邑居相承。英俊之域，绂冕所兴。冠盖如云，七相五公。与乎州郡之豪杰，五都之货殖，三选七迁，充奉陵邑。盖以强干弱枝，隆上都而观万国也。封畿之内，厥土千里，逴跞诸夏，兼其所有。其阳则崇山隐天，幽林穹谷，陆海珍藏，蓝田美玉。商、洛缘其隈，鄠、杜滨其足，源泉灌注，陂池交属。竹林果园，芳草甘木，郊野之富，号为近蜀。其阴则冠以九嵕，陪以甘泉，乃有灵宫起乎其中。秦汉之所极观，渊云之所颂叹，于是乎存焉。下有郑、白之沃，衣食之源。提封五万，疆埸绮分，沟塍刻镂，原隰龙鳞，决渠降雨，荷插成云。五谷垂颖，桑麻铺棻。东郊则有通沟大漕，溃渭洞河，泛舟山东，控引淮湖，与海通波。西郊则有上囿禁苑，林麓薮泽，陂池连乎蜀汉，缭以周墙，四百余里。离宫别馆，三十六所。神池灵沼，往往而在。其中乃有九真之麟，大宛之马，黄支之犀，条支之鸟。逾昆仑，越巨海，殊方异类，至于三万里。

阿房宫赋

（唐）杜牧

六王毕，四海一。蜀山兀，阿房出。覆压三百余里，隔离天日。骊山北构而西折，直走咸阳。二川溶溶，流入宫墙。五步一楼，十步一阁。廊腰缦回，檐牙高啄。各抱地势，钩心斗角。盘盘焉，囷囷焉，蜂房水涡，矗不知乎几千万落。长桥卧波，未云何龙？复道行空，不霁何虹？高低冥迷，不知西东。歌台暖响，春光融融。舞殿冷袖，风雨凄凄。一日之内，一宫之间，而气候不齐。

妃嫔媵嫱，王子皇孙，辞楼下殿，辇来于秦，朝歌夜弦，为秦宫人。明星荧荧，开妆镜也：绿云扰扰，梳晓鬟也；渭流涨腻，弃脂水也；烟斜雾横，焚椒兰也。雷霆乍惊，宫车过也，辘辘远听，杳不知其所之也。一肌一容，尽态极妍，缦立远视，而望幸焉。有不得见者，三十六年。燕、赵之收藏，韩、魏之经营，齐、楚之精英，几世几年，剽掠其人，倚叠如山。一旦不能有，输来其间。鼎铛玉石，金块珠砾。弃掷逦迤，秦人视之，亦不甚惜。

嗟乎！一人之心，千万人之心也。秦爱纷奢，人亦念其家。奈何取之尽锱铢，用之如泥沙？使负栋之柱，多于南亩之农夫；架梁之椽，多于机上之工女；钉头磷磷，多于在庾之粟粒；瓦缝参差，多于周身之帛缕；直栏横槛，多于九土之城郭；管弦呕哑，多于市人之言语。使天下之人，不敢言而敢怒。独夫之心，日益骄固。戍卒叫，函谷举，楚人一炬，可怜焦土。

呜呼！灭六国者，六国也，非秦也。族秦者，秦也，非天下也。嗟呼！使六国各爱其人，则足以拒秦；秦复爱六国之人，则递三世，可至万世而为君，谁得而族灭也？秦人不暇自哀，而使后人哀之：后人哀之而不鉴之，亦使后人而复哀后人也。

灞桥赋

（唐）王昌龄

圣人以美利利天下，作舟车，禹乃开凿百川纡余。舟不可以无水，水不可以通舆，遂各丽于所得。非其安而不居，横浮梁于极浦，会有迹于通墟。借如经纶淮海，陶鼓仁义，藏用于密，动物以智。每因宜以制模，则水代而取寄，伊津梁之不设，信要荒之莫致。思未济于中流，视安危之如戏。故可取于古今，岂徒阅千乘与万骑。惟梁于灞，惟灞于源，当秦地之冲口，束东衢之走辕。拖偃蹇以横曳，若长虹之未翻。隘腾逐而水激，忽须臾而听繁。虽曰其繁，溃而不杂，怀璧拔剑，披离屯合。当游役之嗷嗷，自洪波之纳纳。客有居于东陵者，接行埃之余氛。薄暮垂约，平明去耘，傍连古木，运带消喷。昏晓一望，还如阵云。乃临川而叹曰：亡周霸秦，举目遗址，前车覆轨，不变流水。叹往事之诚非，得兹桥之倍美。皇风不兢，佳气常依。既东幸而清道，每西临以驻旗。连袂挟毂，烟阗雨飞。嗟呼！此桥且悦明盛。徒结网于川隅，视云霞之辉映。聊倚柱以叹息，敢书桥以承命。

曲江池赋

（唐）王棨

帝里佳境，咸京旧池。远取曲江之号，近侔灵沼之规。东城之瑞日初升，深涵气象；南苑之光风才起，先动沦漪。其地则复道东驰，高亭北立。旁吞杏圃以香满，前翕云楼而影入。嘉树环绕，珍禽雾集。阳和稍近，年年而春色先来；追赏偏多，处处之物华难及。只如二月初晨，沿堤草新。莺啭而残风袅雾，鱼跃而圆波荡春。是何玉勒金策，雕轩绣轮。合合沓沓，殷殷辚辚。翠亘千家之幄，香凝数里之尘。公子王孙，不羡兰亭之会；蛾眉蝉鬓，遥疑洛浦之人。是日也，天子降銮舆，停彩仗。呈丸剑之杂伎，间咸韶之妙唱。帝泽旁流，皇风曲畅。固知轩后，徒游赤水之湄；何必穆王，远宴瑶台之上。复若九月新晴，西风满城。於时嫩菊金色，深泉镜清。浮北阙以光定，写南山而翠横。有日影云影，有凫声雁声。怀碧海以欲垂钓，望金门而思濯缨。或策蹇以长愁，临川自叹；或扬鞭而半醉，绕岸闲行。是日也，樽俎罗星，簪裾比栉。云重阳之赐宴，顾多士以咸秩。上延良辅，如临凤沼之时；旁立群公，异在龙山之日。若夫冬则祁寒裂地，夏则晨景烧空。恨良时之共隔，惜幽致以谁同。孰见其冰连岸白，莲照沙红。蒹葭兮叶叶凝雪，杨柳兮枝枝带风。岂无昆明而在乎畿内，岂无太液而在乎宫中。一则但畜龟龙之瑞，一则犹传战伐之功，曷若轮蹄辐凑，贵贱雷同。有以见西都之盛，又以见上国之雄。愿千年兮万岁，长若此以无穷。

西北大学赋

姚敏杰

百年名校，西北上庠。民国始立，烁烁其光。生逢乱世，数度易迁校址；举步维艰，几番廷议朝堂。师聘三秦内外，科设文法农商。黉府既创，植迺畿之棫朴；德业初成，遍社稷之栋梁。

百年不易，风雨沧桑。赖得地利人和，左右逢源，惠沾其光。偏处古城西安，学脉远承西周辟雍，西汉太学，大唐国子监，近绍陕西大学堂。抗日烽火既起，内迁于陕之名校国立北平大学，国立北平师范大学，北洋工学院，河北女子师院，国立北平研究院，合并组建国立西安临时大学，旋改国立西北联合大学。各秉其美，美美与共；夥而不滥，和而不同。“联辉合耀，文化开秦陇。文理导愚蒙，政法倡忠勇。师资树人表，实业拯民穷。”立足西北，使命担当初心见；公诚勤朴，百年校歌耳际濛。

博导、院士，与日俱增。扎根西安，学殖富名海外；硕学、鸿儒，无远弗届。放眼全国，桃李芳遍寰赢。文史传统，名家辈出，俊采星驰；经济领域，大咖云集，频频发声。“石油英才之母”，不负盛名；培养作家之“摇篮”，洵非虚声。侯氏变换、王氏定理，国人曾经为之自豪和骄傲；秦岭生态、丝路考古，正活跃和忙碌着西大学人之身影。

噫嘻！百年西大，艰难办学，辉煌玉成。接续奋斗，薪火传承。西大百年，对标一流，再展雄风。追赶超越，砥砺前行！

三、诗

秋日游昆明池诗

（南朝·陈）江总

灵沼萧条望，游人意绪多。
终南云影落，渭北雨声过。
蝉噪金堤柳，鹭饮石鲸波。
珠来照似月，织处写成河。
此时临水叹，非复采莲歌。

阳春歌

（唐）李白

长安白日照春空，绿杨结烟垂袅风。
披香殿前花始红，流芳发色绣户中。
绣户中，相经过。
飞燕皇后轻身舞，紫宫夫人绝世歌。
圣君三万六千日，岁岁年年奈乐何。

子夜吴歌

（唐）李白

长安一片月，万户捣衣声。
秋风吹不尽，总是玉关情。
何日平胡虏，良人罢远征。

丽人行

（唐）杜甫

三月三日天气新，长安水边多丽人。
态浓意远淑且真，肌理细腻骨肉匀。
绣罗衣裳照暮春，蹙金孔雀银麒麟。
头上何所有？翠微㔩叶垂鬓唇。
背后何所见？珠压腰衱稳称身。
就中云幕椒房亲，赐名大国虢与秦。
紫驼之峰出翠釜，水精之盘行素鳞。
犀箸厌饫久未下，鸾刀缕切空纷纶。
黄门飞鞚不动尘，御厨络绎送八珍。
箫鼓哀吟感鬼神，宾从杂遝实要津。
后来鞍马何逡巡，当轩下马入锦茵。
杨花雪落覆白苹，青鸟飞去衔红巾。
炙手可热势绝伦，慎莫近前丞相嗔！

柳边

（唐）杜甫

只道梅花发，那知柳亦新。
枝枝总到地，叶叶自开春。
紫燕时翻翼，黄鹂不露身。
汉南应老尽，霸上远愁人。

长恨歌

（唐）白居易

汉皇重色思倾国，御宇多年求不得。
杨家有女初长成，养在深闺人未识。
天生丽质难自弃，一朝选在君王侧。
回眸一笑百媚生，六宫粉黛无颜色。
春寒赐浴华清池，温泉水滑洗凝脂。
侍儿扶起娇无力，始是新承恩泽时。
云鬓花颜金步摇，芙蓉帐暖度春宵。
春宵苦短日高起，从此君王不早朝。
承欢侍宴无闲暇，春从春游夜专夜。
后宫佳丽三千人，三千宠爱在一身。
金屋妆成娇侍夜，玉楼宴罢醉和春。
姊妹弟兄皆列土，可怜光彩生门户。
遂令天下父母心，不重生男重生女。
骊宫高处入青云，仙乐风飘处处闻。
缓歌慢舞凝丝竹，尽日君王看不足。
渔阳鼙鼓动地来，惊破霓裳羽衣曲。
九重城阙烟尘生，千乘万骑西南行。
翠华摇摇行复止，西出都门百余里。
六军不发无奈何，宛转蛾眉马前死。
花钿委地无人收，翠翘金雀玉搔头。
君王掩面救不得，回看血泪相和流。

黄埃散漫风萧索，云栈萦纡登剑阁。
峨嵋山下少人行，旌旗无光日色薄。
蜀江水碧蜀山青，圣主朝朝暮暮情。
行宫见月伤心色，夜雨闻铃肠断声。
天旋地转回龙驭，到此踌躇不能去。
马嵬坡下泥土中，不见玉颜空死处。
君臣相顾尽沾衣，东望都门信马归。
归来池苑皆依旧，太液芙蓉未央柳。
芙蓉如面柳如眉，对此如何不泪垂。
春风桃李花开日，秋雨梧桐叶落时。
西宫南苑多秋草，落叶满阶红不扫。
梨园弟子白发新，椒房阿监青娥老。
夕殿萤飞思悄然，孤灯挑尽未成眠。
迟迟钟鼓初长夜，耿耿星河欲曙天。
鸳鸯瓦冷霜华重，翡翠衾寒谁与共。
悠悠生死别经年，魂魄不曾来入梦。
临邛道士鸿都客，能以精诚致魂魄。
为感君王辗转思，遂教方士殷勤觅。
排空驭气奔如电，升天入地求之遍。
上穷碧落下黄泉，两处茫茫皆不见。
忽闻海上有仙山，山在虚无缥缈间。
楼阁玲珑五云起，其中绰约多仙子。
中有一人字太真，雪肤花貌参差是。

金阙西厢叩玉扃，转教小玉报双成。

闻道汉家天子使，九华帐里梦魂惊。

揽衣推枕起徘徊，珠箔银屏迤逦开。

云髻半偏新睡觉，花冠不整下堂来。

风吹仙袂飘飘举，犹似霓裳羽衣舞。

玉容寂寞泪阑干，梨花一枝春带雨。

含情凝睇谢君王，一别音容两渺茫。

昭阳殿里恩爱绝，蓬莱宫中日月长。

回头下望人寰处，不见长安见尘雾。

唯将旧物表深情，钿合金钗寄将去。

钗留一股合一扇，钗擘黄金合分钿。

但教心似金钿坚，天上人间会相见。

临别殷勤重寄词，词中有誓两心知。

七月七日长生殿，夜半无人私语时。

在天愿作比翼鸟，在地愿为连理枝。

天长地久有时尽，此恨绵绵无绝期。

毛泽东手书《长恨歌》

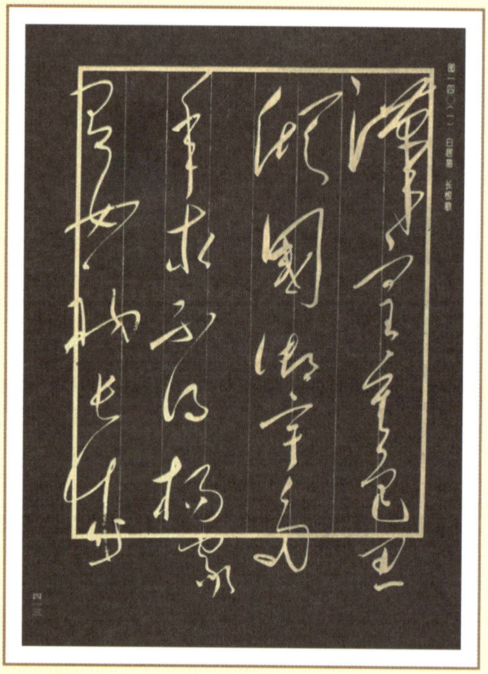

汉皇重色思倾国，御宇多年求不得。杨家有女初长成，

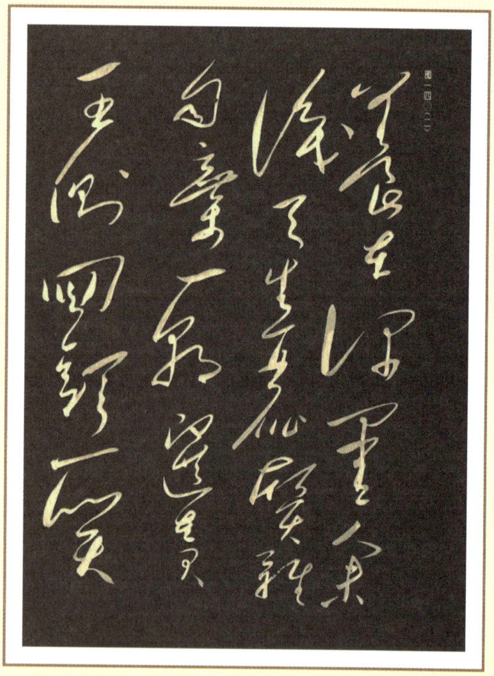

养在深闺人未识。天生丽质难自弃，一朝选在君王侧。回眸一笑

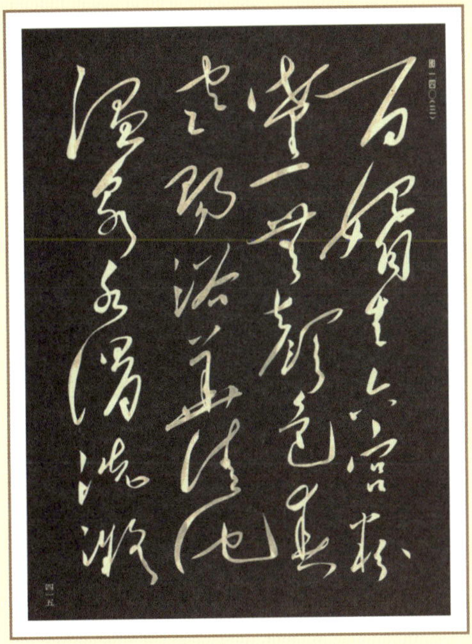

百媚生，六宫粉黛无颜色。春寒赐浴华清池，温泉水滑洗凝

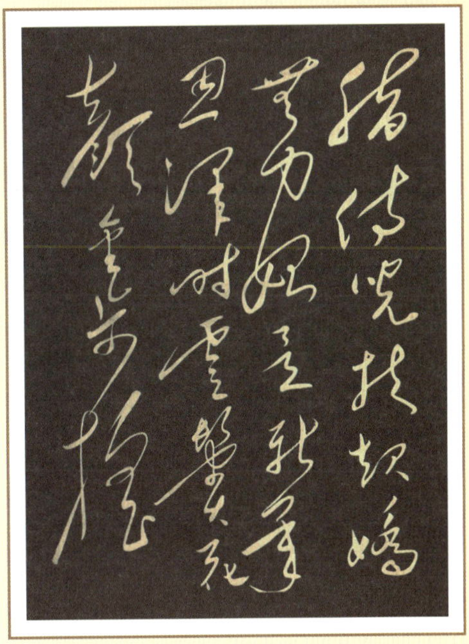

脂。侍儿扶起娇无力，始是新承恩泽时。云鬓花颜金步摇，

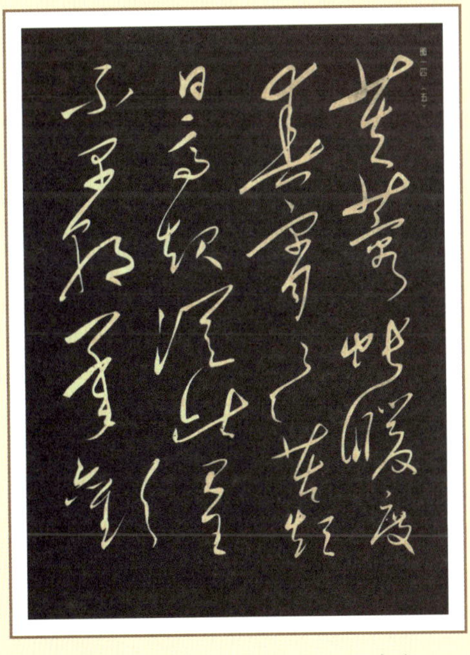

芙蓉帐暖度春宵。春宵苦短日高起，从此君王不早朝。承欢

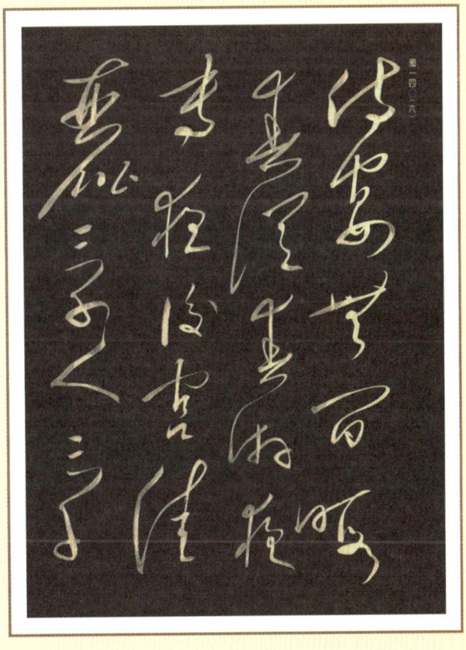

侍宴无闲暇，春从春游夜专夜。后宫佳丽三千人，三千

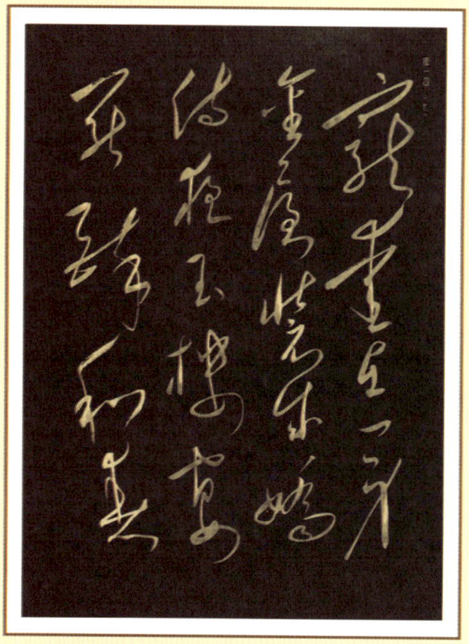

宠爱在一身。金屋妆成娇侍夜，玉楼宴罢醉和春。

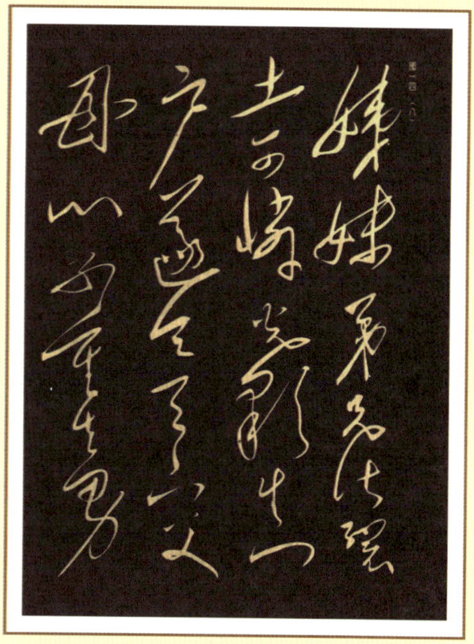

姊妹弟兄皆列土，可怜光彩生门户。遂令天下父母心，不重生男

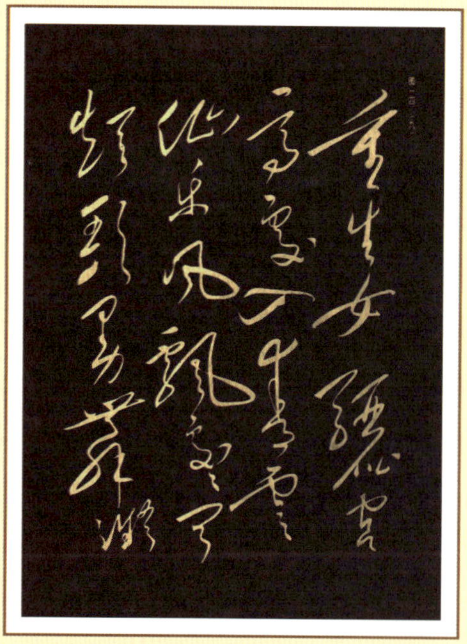

重生女。骊宫高处入青云，仙乐风飘处处闻。缓歌谩舞凝

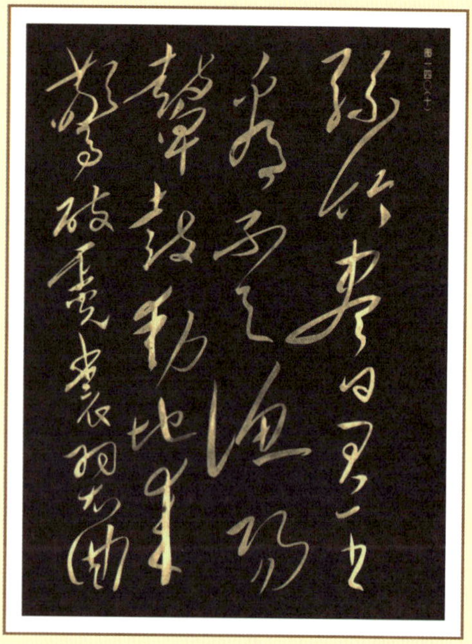

丝竹，尽日君王看不足。渔阳鼙鼓动地来，惊破霓裳羽衣曲。

• 周至县仙游寺毛主席手书《长恨歌》碑[1]

毛主席手书《长恨歌》碑现珍藏于仙游寺博物馆。碑刻共为十页，为草书竖式，每页四列，每列多则七字少则四字，疏朗有致，结构奇绝。遗憾的是当时并未写完，只写了32句，从“汉皇重色思倾国”写到“惊破霓裳羽衣曲”。所以此碑刻便没有主席的署款和题名。后面九块碑刻是我国当代著名诗人臧克家所题跋语，以作补充。

1. 毛泽东手书长恨歌碑小纪

唐代大诗人白居易做周至县尉时在仙游寺创作了名篇《长恨歌》，在中外文学史上影响深远。1990年6月，著名古建专家罗哲文来此考察，谈及1967年初他从田家英同志处得知毛主席曾书写过《长恨歌》，建议在仙游寺这块山青水碧的终南灵秀之地刻石纪念。后在周明、王天生同志的竭诚协助下，几经周折在中央档案馆找到原件，遗憾的是毛主席当时因为国务繁忙没有写完，王殿斌和周明请当代著名诗人臧克家写了题跋，两件墨宝同时勒石，可谓一笔珍贵的文化财富，当为仙游名胜添彩增辉。

臧克家先生跋语如下：

毛泽东同志是伟大革命家，卓越的诗人。才高多能。致力书法，风格独具，为世所称。六十年代，曾书写白居易名篇《长恨歌》，行云流水，疏朗有致。显系忙里偷闲，游目怡情之佳作，惜世人罕见。今勒石流芳，以供欣赏。原诗太长，未能终篇，缺陷之美，弥足珍重。谨缀数语于后，以表景仰之忱。

臧克家

辛未十一月于首都北京

---

① 本文相关资料由周至县仙游寺文物管理所提供。

2. 毛主席未能写完《长恨歌》缘由探析

对于为什么没抄完《长恨歌》，毛泽东自己没有说过。正因此，其原因曾引起许多学者的思考和研究。归纳起来有五种观点。

第一种是毛泽东身边的工作人员认为主席工作太忙，可能因外事活动而中断，后忘记再续。

第二种是臧克家认为“主席忙里偷闲，游目怡情”，“原诗太长，未能终篇，缺陷之美，弥足珍贵”。

第三种说法认为“主席感动于天生丽质的美丽和繁华盛世的欢乐而不忍卒读美丽后的死灭和繁华后的衰败”，或是联想到“我失骄杨君失柳而痛楚，不得不中断”。

第四种说法认为“毛泽东写到高潮时情绪激动，搁笔扔纸，秘书田家英从其办公室废纸篓里发现后悄然捡起，后缴中央档案馆珍藏”。

第五种说法认为毛泽东书抄《长恨歌》之所以为半成品，这与《长恨歌》的内容有关，与20世纪60年代初的国际国内大环境有关，但最根本的则是与毛泽东超凡的意志控制力和一贯的超常个性有关。因为毛泽东具有超凡的意志控制力和超常的伟大个性，所以其笔下从未出现过以不吉、不祥、衰败等词语而收笔的成稿之作。

• 长恨歌传[1]

开元中，泰阶平，四海无事。玄宗在位岁久，倦于旰食宵衣，政无大小，始委于右丞相，稍深居游宴，以声色自娱。先是元献皇后、武淑妃皆有宠，

① 本文为唐代陈鸿所作。

相次即世。宫中虽良家子千数，无可悦目者。上心忽忽不乐。时每岁十月，驾幸华清宫，内外命妇，熠耀景从。浴日余波，赐以汤沐。春风灵液，淡荡其间。上心油然，若有所遇，顾左右前后，粉色如土。诏高力士潜搜外宫，得弘农杨玄琰女于寿邸，既笄矣。鬓发腻理，纤秾中度，举止闲冶，如汉武帝李夫人。别疏汤泉，诏赐藻莹，既出水，体弱力微，若不任罗绮。光彩焕发，转动照人。上甚悦。进见之日，奏《霓裳羽衣曲》以导之；定情之夕，授金钗钿合以固之。又命戴步摇，垂金珰，明年，册为贵妃，半后服用。由是冶其容，敏其词，婉娈万态，以中上意，上益嬖焉。时省风九州，泥金五岳，骊山雪夜，上阳春朝，与上行同辇，止同室，宴专席，寝专房。虽有三夫人、九嫔、二十七世妇、八十一御妻，暨后宫才人、乐府妓女，使天子无顾盼意。自是六宫无复进幸者。非徒殊艳尤态致是，盖才智明慧，善巧便佞，先意希旨，有不可形容者。叔父昆弟皆列位清贵，爵为通侯。姊妹封国夫人，富埒王宫，车服邸第，与大长公主侔矣。而恩泽势力，则又过之，出入禁门不问，京师长吏为之侧目。故当时谣咏有云："生女勿悲酸，生男勿喜欢。"又曰："男不封侯女作妃，看女却为门上楣。"其为人心羡慕如此。

天宝末，兄国忠盗丞相位，愚弄国柄。及安禄山引兵向阙，以讨杨氏为词。潼关不守，翠华南幸，出咸阳，道次马嵬亭。六军徘徊，持戟不进。从官郎吏伏上马前，请诛晁错以谢天下。国忠奉牦缨盘水，死于道周。左右之意未快。上问之。当时敢言者，请以贵妃塞天下怨。上知不免，而不忍见其死，反袂掩面，使牵之而去。仓皇展转，竟就死于尺组之下。既而玄宗狩成都，肃宗受禅灵武。明年，大赦改元，大驾还都。尊玄宗为太上皇，就养南宫，自南宫迁于西内，时移事去，乐尽悲来。每至春之日，冬之夜，池莲夏开，宫槐秋落。梨园弟子，玉琯发音，闻《霓裳羽衣》一声，则天颜不怡，左右欷歔。三载一意，其念不衰。求之梦魂，杳不能得。

适有道士自蜀来，知上心念杨妃如是，自言有李少君之术。玄宗大喜，命致其神。方士乃竭其术以索之，不至。又能游神驭气，出天界，没地府以求之，不见。又旁求四虚上下，东极天海，跨蓬壶。见最高仙山，上多楼阙，西厢下有洞户，东向，阖其门，署曰“玉妃太真院”。方士抽簪扣扉，有双鬟童女，出应其门。方士造次未及言，而双鬟复入。俄有碧衣侍女又至。诘其所从。方士因称唐天子使者，且致其命。碧衣云：“玉妃方寝，请少待之。”于时云海沈沈，洞天日晓，琼户重阖，悄然无声。方士屏息敛足，拱手门下。久之，而碧衣延入，且曰：“玉妃出。”见一人冠金莲，披紫绡，珮红玉，曳凤舄，左右侍者七八人，揖方士，问皇帝安否，次问天宝十四载已还事。言讫，悯然。指碧衣女取金钗钿合，各析其半，授使者曰：“为我谢太上皇，谨献是物，寻旧好也。”方士受辞与信，将行，色有不足。玉妃固征其意。复前跪致词：“请当时一事，不为他人闻者，验于太上皇，恐钿合金钗，负新垣平之诈也。”玉妃茫然退立，若有所思，徐而言曰：“昔天宝十载，侍辇避暑于骊山宫。秋七月，牵牛织女相见之夕，秦人风俗，是夜张锦绣，陈饮食，树瓜华，焚香于庭，号为乞巧。宫掖间尤尚之。时夜殆半，休侍卫于东西厢，独侍上。上凭肩而立，因仰天感牛女事，密相誓心，愿世世为夫妇。言毕，执手各呜咽。此独君王知之耳。”因自悲曰：“由此一念，又不得居此。复堕下界，且结后缘。或为天，或为人，决再相见，好合如旧。”因言：“太上皇亦不久人间，幸惟自安，无自苦耳。”使者还奏太上皇，皇心震悼，日日不豫。其年夏四月，南宫宴驾。

元和元年冬十二月，太原白乐天自校书郎尉于盩厔，鸿与琅琊王质夫家于是邑，暇日相携游仙游寺，话及此事，相与感叹。质夫举酒于乐天前曰："夫希代之事，非遇出世之才润色之，则与时消没，不闻于世。乐天深于诗，多于情者也。试为歌之。如何？"乐天因为《长恨歌》。意者不但感其事，亦欲惩尤物，窒乱阶，垂于将来者也。歌既成，使鸿传焉。世所不闻者，予非开元遗民，不得知。世所知者，有《玄宗本纪》在。今但传《长恨歌》云尔。

●《长恨歌》与《长恨歌传》[①]

唐宪宗元和元年（806）冬，35 岁的白居易被任命为周至县尉。

不久，他又结交了两个志趣相和、相见恨晚的文学挚友，一个是王质夫，一个是陈鸿。

元和元年十二月的一天，稍得闲暇的白居易与王质夫、陈鸿同游仙游寺。

三人极尽艰难，终于有惊无险地到达了仙游寺正殿大院。抖净了挂雪的鞋、裤，气喘吁吁地彼此相视而笑。原来，人人都已两颊滚汗、双手通红了。

僧人将客人迎入客堂落座。三人相约：今日雪重难游，改为品茗闲聊，体会一次"古刹话史"的仙趣古雅。

何以为题呢？

王质夫首先开言："你看，雪中向北倾斜的法王塔，多像刚刚出浴、一裹素纱的杨贵妃。仙游寺北 50 里即马嵬坡，马嵬之变距今恰有 50 年，

① 张长怀：《长恨歌与仙游寺》，西安：三秦出版社，2017 年。

仙游寺原貌

仙游寺复建图

我们就以李隆基与杨玉环的爱情故事为题，各抒己见、一吐为快吧！”

此言一出，白居易与陈鸿皆曰“甚佳”，击掌迎合。

于是，他们忘记了天寒地冻，忘记了旅途辛劳，也忘记了子时卯时，今也古也，到了“不知有汉，无论魏晋”的情境，自早及晚，兴致勃勃地长话终日、酣谈如饴、意犹未尽。

他们谈到了安史之乱，谈到了皇帝西逃，谈到了夜宿马嵬，谈到了“国忠不忠”，谈到了六军不发，谈到了贵妃被缢，谈到了唐皇思杨，也谈到了世间爱情的生死不渝，谈到了不幸女子的哀怨悠悠、长恨绵绵……

末了，又由王质夫提议将此事写《歌》作《传》。他举酒于乐天之前，曰：“夫希代之事，非遇出世之才润色之，则与时消没，不闻于世。乐天，深于诗、多于情者也，试为歌之，如何？”乐天诺之，遂有《长恨歌》诞生。

白居易作《歌》毕，吟之于二友，试问“当否？”王质夫、陈鸿异口同声赞为：“极佳，可传世矣！”

王质夫又说：“有《歌》无传，实为憾事。陈鸿，人言‘为文辞意慷慨，长于吊古，追怀往事，无不胜情’，君为之作《传》，如何？”鸿亦应之，始有《长恨歌传》问世。

陈鸿所撰《长恨歌传》（亦称《长恨传》）笔酣墨饱，行文流畅生动，布局谨密严整，字里行间流露出今昔徘徊之感，叙事中带有浓厚的抒情意味，堪称一篇大作，配之以《长恨歌》，当之无愧。

《歌》与《传》同时见诸世，《传》在《歌》前。

由于《长恨歌》与《长恨歌传》选取内容为同一题材，且白居易与陈鸿在动笔之前都参加了仙游寺的“三人聚会”，议论过这个题材，因而应该得出如下结论：其一，《歌》与《传》的主导思想一致，但叙述风格不同。其二，由《歌》及《传》，或由《传》及《歌》，相互参证、相互映衬，相辅相成、相得益彰。两位作者，一为诗人，一为史家，体裁不同，写法上自然各有偏倾。其三，《长恨歌传》虽然也是一篇传世大作，既有一般史家（或是作者）所难以达到的水准，又有其他人士（包括名家）不可能遇上的“三人聚会”的“良缘奇机”，实属不易。但是，较之《长恨歌》的艺术高度和社会影响，仍显逊色，应居其下。

国内有学者认为：千百年来，关于《长恨歌》的研究炙手可热，沸沸扬扬，而关于《长恨歌传》的研究却甚为岑寂，备受冷落。究其原因，大致有三：其一，认为《长恨歌传》居于从属地位，是对歌的诠释，没有单独研究的必要；其二，认为《长恨歌传》纯属臆解之作，思想无新意，艺术无特色，差不多是给《长恨歌》帮了倒忙，没有单独研究的价值；其三，认为《长恨歌传》声名不著，研究成果有湮没无闻之虞，没有单独研究的动力。应该说，这是一种不应有的局面。对这样一篇既为当事人（白居易）所认可，又至今流传的名作，无论从哪种意义上讲，都有必要、有责任厘清它的重要价值。文学史上，诗人为小说写诗题赞司空见惯。先有小说开辟，后有诗歌相随，几成千古不易之定式。而《长恨歌传》与《长恨歌》却恰好相反，且为一首诗的缘故而创作了一篇小说，这在整个中国文学史上也是绝无仅有的一例。

陈鸿《长恨歌传》是唐代传奇中的优秀之作，叙述的是唐玄宗李隆基与杨贵妃之间的爱情故事。该传同白居易《长恨歌》一起对后世文学影响十分深远。

有关该传的主题，学界意见并不统一。目前学界主要有两种意见：“讽喻主题”与“爱情主题”。吴志达先生指出：“（《长恨歌传》）既是为歌作传，两者的基本思想倾向和主题，当然是一致的，歌与传相辅相成，相得益彰。但侧重点又有所不同，‘歌’的主题，按陈鸿的揣想，是‘欲惩尤物，窒乱阶，垂于将来者也’，惩的对象是杨贵妃。……似有女人祸水的思想。……‘传’则较忠实于历史真相，对唐玄宗和杨贵妃的罪恶，都揭露得较具体，特别是把唐玄宗的荒于政事、沉溺声色、寡廉鲜耻的昏君面目，淋漓尽致地描绘了出来。”

《长恨歌传》是一篇存在着较多争议的作品，在把文学自觉地纳入文化学大范畴进行研究的今天，有必要对它加以重新认识和评价。《长恨歌传》是诗歌与小说的璧合。从“（乐天）歌既成，使鸿传焉”来看，是两位作者的有意合作，作品的寓意必不相悖。虽然作者制此篇时意在“惩尤物，窒乱阶，垂于将来”，但是我们知道，作品的实际社会效果并非是作者一厢情愿的事。在历代读者的眼里，《长恨歌传》仍是一部爱情悲剧（这一点于后代据其改写的文学作品中可见一斑），而且就作品的内容来说，也易于得出这样的结论。作品的绝大部分内容是写李杨相爱、相思的，只是“传”的结尾处表示了一下作者的批判态度，但这有如汉大赋之“劝百讽一”，是不足为训的。既然古往今来的读者无不首先把《长恨歌传》当作一个爱情故事来读，那么，从文化信息的传播和接收角度来看，这篇作品是以它所表述的人类永恒而常新的主题——爱情而得到社会认可的。

开元中前期，唐朝政治清明、经济富庶、文化发达、国泰民安。这时在位的唐玄宗也达到了人生的巅峰时期，唐朝在他的手中出现了空前的繁荣，他达到了自己的政治目标，完成了自己的人生目标。到了开元末天宝初的时候，唐玄宗便不再锐意进取、励精图治了。他疏于政务、倦于万机，把政事悉数委于宰相李林甫，安享他的太平盛世。玄宗之前喜欢的元献皇后和武惠妃相继去世，虽有“三夫人，九嫔，二十六世妇，八十一御妻，暨后宫才人乐府伎女”，但无一个能入唐玄宗眼中。因此，唐玄宗在精神上也缺少了寄托，直到杨贵妃的出现，才使他龙心大悦，深觉宽慰。杨贵妃的美貌确实出众，李白在长安供奉翰林时为杨贵妃写了三首《清平调》，其中将杨贵妃比作仙女，比作牡丹，并且与汉代的美女赵飞燕相比，足见其“天生丽质”。但是，众所周知，此时的杨贵妃是唐玄宗的儿子寿王李瑁的王妃，无论唐玄宗多么喜欢她，如果把杨玉环占为己有，在封建社会，连普通老百姓都知道这是有违伦理道德的，但在《长恨歌传》中并没有详细说明唐玄宗是怎么从寿王府中得到杨玉环的，而是轻描淡写为“诏高力士潜搜外宫，得弘农杨玄琰女于寿邸，既笄矣”。这是作者不清楚么？不是，是作者有意识地回避了。事实上，唐玄宗为得到杨玉环煞费苦心，他先以为其母窦太后荐福为名，将杨玉环度为道姑，并赐道号为“太真”，为她在宫中修建太真观，断绝杨玉环与寿王的夫妻关系。之后，唐玄宗第二次往骊山华清池的时候（开元二十九年十一月）就有杨玉环随驾，这次回宫后，杨玉环就名正言顺地进入宫中了。

据有关专家考证，指出“诏高力士潜搜外宫，得弘农杨玄琰女于寿邸，既笄矣”，这是至今所能查到这段离奇婚姻“牵线人”的唯一史料。这史料，即出自《长恨歌传》。

唐玄宗为了得到杨贵妃费尽心机，甚至“冒天下之大不韪”，这就为李杨爱情的发展奠定了基础。自此以后，杨贵妃的命运发生了很大的变化，虽然唐玄宗曾经以“妒悍不逊”的名义，将杨玉环两次“赶回娘家”，但是，正是因为这些在爱情过程中的小摩擦，使得李杨的爱情更加牢固，坚如磐石。

安史之乱的爆发，使大唐王朝遭受了重大打击，百姓流离失所、背井离乡，江山支离破碎、满目疮痍。正如杜甫在诗中描绘的那样，“国破山河在，城春草木深”“牵衣顿足拦道哭，哭声直上干云霄”。唐玄宗被安史之乱弄得措手不及，仓皇逃往蜀地。逃亡中，唐玄宗也还带着杨贵妃。《长恨歌传》中说“当时敢言者，请以贵妃塞天下怒”，是因为唐玄宗迷恋于杨贵妃而不理朝政，轻信奸相杨国忠，致使安禄山叛乱，乱天下的“罪魁祸首”就是杨贵妃，红颜祸水的封建观念使得杨贵妃殒命。

《长恨歌传》后半部分写了唐玄宗因失去杨妃后极其痛心，让道士为杨玉环招魂，道士在“玉妃太真院”见到了杨贵妃，杨妃以“金钗钿盒”为信物，各析其半。杨贵妃又回忆了以前与唐玄宗的历历往事。生前的花前月下，与唐玄宗琴瑟相和，并且密相誓心，世世结为夫妇，如此真情，可歌可泣。

《长恨歌传》创作于唐宪宗元和元年（806），经历了安史之乱后国家百废待兴，人民把希望寄托在了李唐王朝的复兴上，陈鸿从封建士大夫角度出发，通过李杨二人之间的爱情，表达了对当朝皇帝的劝诫。

陈鸿的《长恨歌传》与白居易的《长恨歌》所描述的故事是相同的，都描述了李杨凄美的爱情故事。但是，二人的思想倾向却是不同的，陈鸿主要是通过李杨的爱情故事，劝诫当时的统治者要“引以为鉴”，不可再沉湎于美色，否则将会身死国灭。白居易除了含蓄指责唐玄宗的声色误国，致使国家动荡、民不聊生的过错之外，对李杨的爱情还是充满同情的，因此白居易以“在天愿作比翼鸟，在地愿为连理枝。天长地久有时尽，此恨绵绵无绝期”终篇。

抛却唐玄宗的政治身份，假如把李杨二人作为普通的百姓来看，唐玄宗与杨玉环的爱情是真挚的、感人的，甚至有些悲壮。在古代的帝王中，对后宫妃子如此情深能有几人？也许，从某种程度上说，正是唐玄宗对杨玉环如此的深情，人们才淡化他“父娶子妻”这种不合伦理道德的行为。

《长恨歌传》对后世以李杨爱情故事为题材的文学创作产生了很大的影响。宋代《杨太真外传》、元代白朴的《梧桐雨》、清代洪升的《长生殿》的创作都明显地受到了陈鸿《长恨歌传》的影响。

作为一代文人，白居易是一位伟大的成功者。他的《长恨歌》成了长篇叙事诗中的千古绝唱、不朽巨篇。他用精巧独特的构思，以诗歌为体裁，融叙事、写景和抒情为一体，把人物的思想感情注入景物，用景物的折光来烘托人物的心境，层层渲染，惟妙惟肖地讲述了一个婉转动人的故事，恰如其分地表达了人物蕴含在内心深处难以表达的深切之情、长久之“恨”。

《长恨歌》的主题，就是以“歌”的形式抒发“长恨”情思。这里故事的焦点，也是深埋诗中的一粒扣人心弦的种子。然而，“恨”甚？因甚？为何“长恨”？诗人未曾直言，而是通过诗化的故事，娓娓叙来、层层铺写、次第渲染，以诗歌精巧独特的艺术构思牵动读者的思维，让人们去揣摩，去品味，去联想，去思索，去感受。

诗人从“重色”说起，并极力加重笔墨，写出了诸如“日高起”“不早朝”“夜专夜”“看不足”等生动具象的场景。表面看，似乎到了“极乐”的顶点，像一朵鲜花绽放到了最大最艳最惹眼的程度，像一出喜剧演进到了最热闹最紧张最精彩的高潮。然而，乐极悲生，鼙鼓东来，祸自兹起。而这些铺陈，恰好反衬出无穷无尽的“恨”。

唐玄宗对杨玉环之爱，除了她的美艳、乖巧，再就是两人有着共同的爱好，这便是音乐、舞蹈。因了这，两人有了共同的情趣、共同的话题、共同的吸引力、共同的喜乐。玄宗曾将杨玉环比作“解语花”，足见对她的心仪。杨贵妃对李隆基之爱，则更多地出自敬慕。除了他贵为天子、英武潇洒、善解人意之外，还因为他具有的特殊人格魅力：25岁时就熟谙朝政、洞悉入微，睿智果断地完成了消灭韦党的壮举，挽狂澜、兴唐室、得人气；同时，他还多才多艺，通音律、善歌舞。她特别喜欢李隆基作的《霓裳羽衣曲》，他俩曾一起排演，一起观赏，一起温情脉脉，一起倾诉衷肠，一起花前月下，一起相拥相爱，一起相约来生……

悲剧的制造者最后成了悲剧的主人公。这是《歌》中故事特殊、曲折之处，也是诗中男女主人公之所以“长恨”的原因所在。

唐玄宗仓皇奔蜀，“死别”杨玉环之后，内心十分伤楚愁惨。回京途中，旧地复履，举步难移；睹地思人，物在人去，又勾起了他的无限悲哀伤楚。入夜之后，辗转难眠、魂魄入梦；梦醒之后，拥衾哀叹、凄凄切切。诗至此境，堪称妙笔，已经把“长恨”之“恨”写得淋漓尽致了。

接着，诗人笔锋一转，别开“心”境，借助想象的彩翼，勾勒出了一个妩媚动人的仙子，一个虚无缥缈的仙境。诸如“楼阁玲珑”“雪肤花貌”“九华帐里”“珠箔银屏”“风吹仙袂”“蓬莱宫中”“下望人寰”“天上人间”“长生殿”“私语时”“比翼鸟”“连理枝”等极富神化的景象，又一波波掀动了读者的思绪。

纵是李隆基对于杨玉环思念情切，但在现实生活中是永远找不回所念之人了。于是，他就到梦中去追；在梦中追不上了，就到仙境去寻。如此跌宕回环、层层渲染，使人物感情回旋上升，另辟蹊径，又入高潮。诗中人物感情丰富、蕴蓄深邃，诗歌肌理细腻、极富魅力。

《长恨歌》之所以能被誉为“绝唱”，并且能永远感动、吸引着无数读者，“婉转动人、咏史感怀、入情入理、层起涟漪、脍炙人口”是其最大的艺术个性。

《长恨歌》叙述故事，塑造人物，不仅将叙事、写景、抒情巧妙地结合起来，而且善于运用景物烘托人物的心境。诗中从春到夏、从昼到夜、从现实到梦幻，或浓艳，或淡远，或飘逸，或惨切，往复回环，层层渲染，跌宕起伏，一唱三叹，使读者如坠愁云惨雾，不能自已。

白居易从切身的情感经历出发，去体味人物的心理，去发现人物的内心隐秘，其中既有个人感情的不幸，又表达了愿天下有情人皆成眷属的美好愿望。

千百年来，人们之所以对《长恨歌》有着众口一致的赞誉、缠绵悠远的同情、勾魂摄魄的感动，其原因就在于，它是一篇才高艺广的千古绝唱，是一首让每一位读者都割肚牵肠、唏嘘不已的感伤诗篇。

《长恨歌》所写的历史题材，是依照史实想象而成的爱情故事。当时，白居易、陈鸿、王质夫在仙游寺谈论玄宗与杨贵妃的故事时，王质夫曾说：“乐天深于诗，多于情者也，试为歌之，如何？”他期待的是白居易写出一首表述爱情的叙事诗。尽管陈鸿认为白居易写的《长恨歌》“不但感其事，亦欲惩尤物，窒乱阶，垂于将来者也”。但是，白居易为《歌》时，则表现的是“风情”。推想起来，其写作之始，未尝不曾出现过“惩尤物，窒乱阶”的念头。但写作的结果，却倾注了作者对于爱情的深层描写。

诗人以历史为素材，又不拘囿于史实，在文学与历史的天平中求得平衡，超越时空界限，以其传神之笔引发读者共鸣。

掩卷之余，人们也许会忽略这一爱情悲剧的根源，而从审美角度被李杨爱情所感动：生离死别的长恨、绵绵不绝的情思、婉转动人的细节、虚无缥缈的梦幻，将读者带入了让人荡气回肠的另一个世界。这里，没有尘世的喧嚣，没有人间的龌龊；这里，充满了真情，还原了人情；这里，是精神的寄托，是灵魂的归宿；这里，是诗人情怀的抒放，是诗歌魅力的永恒……

可以说，白居易在《长恨歌》中，灌注了太多的情感，其中不仅有对李杨悲剧的无限同情，也有对自己感情生活中不幸遭际万千情结的长吁短叹。

● 白居易与王质夫[①]

仙游寺旁的蔷薇里，住着一位无位无冠的隐士王质夫。他是白居易的布衣挚友，对白居易早期的文学创作影响极大。可以说，没有王质夫，白居易就不会写出《长恨歌》这首代表作。

有志记载的白居易早期诗作中，与他在周至当县尉有关的内容共有50多首，其中写王质夫者竟有13首之多。白、王交情，可谓厚矣。

白居易35岁时制举及第，春风得意，出任周至县尉，于他而言，是大材小用；可在普通人眼中，仍被认为是少年得志、鸿途无量。

王质夫乃一介布衣，竟然与朝廷命官成为金兰契友，而且其后又相知相交数十年之久，成为古今美谈。

① 张长怀：《白居易与王质夫》，《白居易研究》2018年创刊号。

白、王之交，可谓真诚高雅。两人抛却势利、远离世俗，以情会友、以文交谊；两人醇酒同醉、旷野共眠；两人吟诗作歌、畅想寰宇，其乐无穷、其悦似仙。白居易飘逸潇洒的名句“林间暖酒烧红叶，石上题诗扫绿苔”，就是他赠予王质夫七律中的一联。这一联，不仅为国人熟记、雅士高谈，而且还远漂东海，被日本大江维时《千载佳句》及藤原公任《和汉郎咏集》等典籍所收录，被异域之人传诵。

白居易在《招王质夫》一诗中写道：“濯足云水客，折腰簪笏身。喧闲迹相背，十里别经旬。忽因乘逸兴，莫惜访嚣尘。窗前故栽竹，与君为主人。”白居易很羡慕王质夫那种自由自在的日子：他无公事缠扰，他无喧嚣烦耳，他不受上司差役，他不为薄俸折腰，他与云水为伴，他可随兴访旧，他可我行我素。两人的处境，一官一民、一喧一闲，实在让俗人不解，令高人艳羡。两人相距虽仅十里之遥，但彼此分手言别又有旬日之久了。感谢王质夫有此雅兴，来到这喧嚣嘈杂的县衙看望故友。为谢友真诚，也为邀友常访，白居易特意在自己居所的窗前栽上竹子，好让友人像自己一样，时常成为这里的主人。可以说，白居易在周至为官一场，与他交情最深厚的是王质夫，和他相处最多的是王质夫；离开周至之后，与他书信往来、唱酬应对的，也是王质夫，最让他怀念的人，还是王质夫。

白居易身为官员，必须面对世俗、料理公务，从命于朝廷。但是，他向友人王质夫展示出的形象，却与此迥异：他认为“忆昨为官日，折腰多苦辛”，他认为“一为趋走吏，尘土不开颜”，他认为“胜地本来无定主，大都山属爱山人”。这些，都是一种无意于官场、倾情于自然的淡漠利禄、喜山爱水的本真坦陈。而这种本真，又恰与王质夫秉性相投、意气相通。他在《祇役骆口，固与王质夫同游秋山，偶题三韵》的诗中写道："石拥百泉合，云破千峰开。平生烟霞侣，此地重徘徊。今日勤王意，一半为山来。"这时的白居易，尽管是去县城西南的骆谷关办理公务，仍然忘不了邀上王质夫共赏骆峪秋色山景，由此可知白居易的性格，亦可见白王二人之交情。一方面，"祇役骆口"说明他是接受王命，因公出差去的；一方面，他又"一半为山来"。在白居易眼里，把与友游山赏水，看得比"奉命勤王"还要重要、还要快活。

白居易应是一个没有一丝一毫官架子的政府官员。他不仅乐意与布衣之身的王质夫交游，毫无贵贱之分，而且两人每次游毕，白居易总要亲自伴道王质夫返回仙游寺。他在《送王十八归山寄题仙游寺》一诗中写道："曾于太白峰前往，数到仙游寺里来。黑水澄时潭底出，白云破处洞门开。林间暖酒烧红叶，石上题诗扫绿苔。惆怅旧游哪复到，菊花时节羡君回。"一句"黑水澄时潭底出"，道出了白王二人曾多次共游仙游寺，既领略过芒水滔滔、泥沙俱下，又见识了风平浪息、水澄似镜。一句"白云破处洞门开"，道出了他们二人曾经头顶烈日、仰观白云，沿着羊肠小道攀访玉女洞的旅程艰辛。一句"林间暖酒烧红叶，石上题诗扫绿苔"，道出了白王二人林间闲赋、温酒助兴、题诗为记的逸兴趣事，所憾，王质夫做人过分谦下隐逸，竟然未给后人留下只字片语！一句"惆怅旧游哪复到"，道出了白居易兹游的快慰、再游的渴望，以及他对王质夫那种闲云野鹤式生活的羡慕……至此，白王二人恋山爱水之情、相携共游之谊，尽现诗中。

白居易不但自己与王质夫情同手足、形影相随，他还将王质夫引荐给自己的朋友，并常相往来。他在《和王十八蔷薇涧花时有怀萧侍御兼见赠》一诗中写道："霄汉风尘俱是系，蔷薇花委故山深。怜君独向涧中立，一把红芳三处心。"在白居易眼里，蔷薇涧因为有了王质夫，是天上人间最幸福的地方；鲜花怒放之时，不仅是王质夫一个人独赏山景，还有诗人自己和在朝廷当官的萧侍御哩，大家是老朋友了，心里共同挂念着旧人旧景……

白居易调往京都后，心里仍时常挂念着王质夫。但因公务繁忙，再也无法像在周至任上那样朝夕与友相处了，唯一倾吐思念的方式，就是赋诗咏怀、遥寄情谊。

他在《寄王质夫》一诗中写道："忆始识君时，爱君世缘薄。我亦吏王畿，不为名利著。春寻仙游洞，秋上云居阁。楼观水潺潺，龙潭花漠漠。吟诗石上坐，引酒泉边酌。因话出处心，心期老岩壑。忽从风雨别，遂被簪缨缚。君作出山云，我为入笼鹤。笼深鹤残悴，山远云飘泊。去处虽不同，同负平生约。今来各何在？老去随所托。我守巴南城，君佐征西幕。年颜渐衰飒，生计仍萧索。方含去国愁，且羡从军乐。日游疑是梦，往事思如昨。相忆春又深，故山花正落。"这是白居易被贬忠州后写的一首诗，先是回忆了白王二人相识相处的经过；继而又对两人的抱负作了表陈，对两人的处境深表叹息；最后，又梦回周至，流露出无限眷恋之情、万分惋惜之意。最为典型的话有四句：第一句，"忆始识君时，爱君世缘薄"。即是说，我之所以结识你，是因为你淡泊世事、无心功名，恰好我俩是秉性相投的。第二句，"吟诗石上坐，引酒泉边酌"。那是何等的自在、何等的惬意啊。然而，往事不再了！第三句，"君作出山云，我为入笼鹤"。出山的白云，飘泊无依；入笼的仙鹤，有翅难翔。君我此境，情何以堪？第四句，"日游疑是梦，往事思如昨"。作者心里，永远忘不掉两人在周至时那种闲云野鹤式的快乐往事，不由人每每回想；而每次回想起来，这些事都好像在昨天刚刚发生一样……

白居易不但在失意、无事时想念王质夫，他在得志于翰林院学士之时，于皇宫中值夜，听到禁中蝉鸣，也情不自禁地怀念起故人："何处感时节，新蝉禁中闻……唯有王居士，知予忆白云。何日仙游寺，潭前秋见君。"他在另一首《禁中寓直，梦游仙游寺》中写道："……月出清风来，忽似山中夕。因成西南梦，梦作游仙客。"在诗人心目中，凡游仙游寺，必有王质夫，仙游寺即是王质夫的代名。相思之情，刻骨铭心。

同样，王质夫也十分思念旧友白居易，常常寄信相邀，请他来故地与故人同游故山。可是白居易却因公务繁忙难以脱身，心想去而人难往。无奈，他写了一首《酬王十八、李大见招游山》的诗以抒其怀："自怜幽会心期阻，复愧嘉招书信频。王事牵身去不得，满山松雪属他人。"

最让白居易痛心疾首的，是他在偶然之间得到了王质夫去世的噩耗。太意外了，白居易真是不敢相信这个冷酷的现实！为什么呢？他比我小啊！况且，我家中的小箱子内还有这位老朋友前一个月寄来的书信啊！哪会这么快……

于是，白居易写了《哭王质夫》一诗："仙游寺前别，别来十年馀。生别犹怏怏，死别复何如？客从梓潼来，道君死不虚。惊疑心未信，欲哭复踟蹰。踟蹰寝门侧，声发涕亦俱。衣上今日泪，箧中前月书。怜君古人风，重有君子儒。篇咏陶谢辈，风流嵇阮徒。出身既蹇连，生世仍须臾。诚知天自高，安得不一呼。江南有毒蟒，江北有妖狐。皆享千年寿，多于王质夫。不知彼何德，不识此何辜？"

白居易与王质夫之间，可是"死别"之诀啊，其情尤甚，其状尤惨。

30年心心相印的患难挚友，突然间先己而去，相聚之乐、相思之忧、相别之悲，一下子齐泛心头，哭友之泪，不禁泉涌。

《哭王质夫》一诗中，白居易一开篇就发出长叹：“生别犹怏怏，死别复何如？”诗人正为“生不能重逢”惋惜时，又等来了“死不能再聚”的噩耗，引人生哀。面对着“衣上今日泪，箧中前月书”，不只是诗人，恐怕连同其家人、友人也会为之同悲、相与垂泣的……

白居易在诗文中评价王质夫的儒雅之风、博学多才，此处表现得最显直截了当。诗人认为，王质夫所作诗篇，对陶潜、谢灵运的隐逸超脱，吟咏得甚为深刻和得体；王质夫的言行举止，像嵇康、阮籍等“竹林七贤”那样风流倜傥；王质夫的文学品位和写作风格，可与以上诸人互相匹敌。越是这样一位英才，越是让人对他的命运多厄感慨不已，对他的英年早逝拊膺长叹……

末尾，诗人借“毒蟒”“妖狐”都比王质夫长寿的比喻，发出了“不知彼何德，不识此何辜”的质疑，那是对天之问、对地之恸，那是对己之叹、对友之念啊！真乃哀感天地、长歌当哭！

• 风雨人生白居易①

白居易（772—846），字乐天，号香山居士，又号醉吟先生，祖籍山西太原，定居陕西渭南，生于河南新郑（今河南省郑州新郑），和元稹并称“元白”，和刘禹锡并称“刘白”，是中国文学史上负有盛名且影响深远的著名唐代大诗人和文学家，与李白、杜甫齐名，有“诗魔”和“诗王”之称，他的诗在中国、日本和朝鲜等国有广泛影响。白居易出

① 张长怀：《风雨人生白居易》，《白居易研究》2018年创刊号。

生在新郑城西的东郭宅村（今东郭寺），晚年长期居住在洛阳香山，号称“香山居士”。白居易晚年官至太子少傅，谥号“文”，世称白傅、白文公。晚年好佛，因而人称“诗佛”，又自号“乐居士”。武宗会昌六年（846）八月，白居易死于洛阳，葬于洛阳香山，享年75岁。

唐德宗贞元三年（787），白居易刚满16岁，已经初露才华，写出了不少被后世传颂千年的不朽名篇。其中，最为著名的就是五律《赋得古原草送别》：“离离原上草，一岁一枯荣。野火烧不尽，春风吹又生。远芳侵古道，晴翠接荒城。又送王孙去，萋萋满别情。”据说，年轻的诗人白居易来到京城长安，从袖子里拿出一卷诗稿，敬呈名士顾况观看。起初，顾况很是瞧不起眼前这位初出茅庐的少年郎，一看到诗卷上的名字是“居易”二字时，便开着玩笑说道：“‘长安米贵’啊，一个年轻人，想要在这里‘居’下去，可真是不‘易’呀！”白居易笑而未答。当顾况看到“野火烧不尽，春风吹又生”两句之后，立刻改变了说话的口气和态度，不由发出感叹：“能写出这样的好诗，何愁居之不易？！”

贞元十六年（800）二月，白居易在中书舍人高郢的主试之下，考取第四名进士。考取进士，是一桩光宗耀祖的大喜事。皇榜发出之日，白氏家族自然是欢天喜地，同贺共庆。虽然喜登皇榜之年，白居易已经29岁了，但是在同科考取进士的17人之中，他还是最年轻的一个。唐代王定保《摭言》中记载白居易时，曾有“慈恩塔下题名处，十七人中最少年”的诗句。

35岁时，白居易在周至县担任县尉，在《观刈麦》诗中写道：“今我何功德，曾不事农桑。吏禄三百石，岁晏有余粮。”50岁时，白居易才在长安城买下属于个人的第一所房子。掐指算来，从32岁入仕到50岁买房，18年的时间里，白居易绝大部分时间都是租房住宿，因而，他对房子是有切身体会的："游宦京都二十春，贫中无处可安贫。"

晚年的白居易喜爱香山的清幽，他在《香山寺二绝》中有这样的诗句："空门寂静老夫闲，伴鸟随云往复还。家酝满瓶书满架，半移生计入香山。"唐文宗太和三年（829），白居易写过一首题为《中隐》的诗，时年58岁。后来，18 年的洛阳生活，似乎就是白居易当年理想选择的最终实现。有道是"大隐隐于闹市，小隐隐于山林"，那么，"中隐"就是闹市里边的山林——香山了！在香山，白居易常去的旅游之地，便是龙门石窟和香山寺了。从他"交游一半在僧中"的诗文中，便可窥知，这位历经宦海沉浮，曾经意气风发敢于针砭时弊的伟大诗人，晚年也在避时遁世的叹息声中皈依佛门、放情山水了。然而，白居易心中始终深深地同情着劳苦民众。他在《新制绫袄成，感而有咏》一诗中写道："百姓多寒无可救，一身独暖亦何情？心中为念农桑苦，耳里如闻饥冻声。争得大裘长万丈，与君都盖洛阳城。"白居易75岁逝世，归葬洛阳龙门山。李商隐写有《唐刑部尚书致仕赠尚书右仆射太元白公墓碑铭并序》。唐宣宗李忱在吊唁白居易的诗中写道："缀玉联珠六十年，谁教冥路做诗仙。浮云不系名居易，造化无为字乐天。童子解吟长恨曲，胡儿能唱琵琶篇。文章已满行人耳，一度思卿一怆然！"

2016年3月1日的《作家文摘》第5版上，刊出了一篇《"成功人士"白居易》的文章。文章写到，白居易算得上唐代大诗人中在世时最为显达、仕途最为顺遂者。他于大历七年（772）出生时，李白已故世 10年，王维辞世11年，杜甫故去2年，大唐诗坛领跑的接力棒，历史性地交到这位神童手上。以官场成就而言，他年纪轻轻就授翰林学士，官至太子少傅、刑部尚书，是二品大员。就文学成就而言，他生前就文名妇孺皆知，文集流行天下，这是死后多年文学成就才被承认的杜甫所不能比的。最关键的是，他活了75岁，在古代士大夫中，是绝对的高龄。退休后他在洛阳的豪宅里诗酒会友，远比晚年卷入政治风波的李白、王维和死在漂泊途中的杜甫幸运。白居易作为诗人尽到了文化责任；作为官员尽到了社会责任；作为男人尽到了家庭责任。对于白居易一生的“幸与不幸”，后人亦存见仁见智之评。但是，有一点认识是共同的：白居易这辈子，笑颜对人生，华章织锦绣，功绩存百世，诗名遍九州。这位伟大的诗人，是一位战胜命运的成功者，是中国历代著名诗人之中屈指可数的翘楚之一！

登观音台望城

（唐）白居易

百千家如围棋局，十二街似种菜畦。
遥认微微上朝火，一条星宿五门西。

醉中归盩厔

（唐）白居易

金光门外昆明路，半醉腾腾信马回。
数日非关王事系，牡丹花尽始归来。

杏园

（唐）杜牧

夜来微雨洗芳尘，公子骅骝步贴匀。
莫怪杏园憔悴去，满城多少插花人。

过华清宫

（唐）杜牧

长安回望绣成堆，山顶千门次第开。
一骑红尘妃子笑，无人知是荔枝来。

终南山

（唐）王维

太乙近天都，连山接海隅。
白云回望合，青霭入看无。
分野中峰变，阴晴众壑殊。
欲投人处宿，隔水问樵夫。

三月三日曲江侍宴应制

（唐）王维

万乘亲斋祭，千官喜豫游。
奉迎从上苑，祓禊向中流。

草树连容卫，山河对冕旒。
画旗摇浦溆，春服满汀洲。
仙乐龙媒下，神皋凤跸留。
从今亿万岁，天宝纪春秋。

和贾舍人早朝大明宫之作

（唐）王维

绛帻鸡人报晓筹，尚衣方进翠云裘。
九天阊阖开宫殿，万国衣冠拜冕旒。
日色才临仙掌动，香烟欲傍衮龙浮。
朝罢须裁五色诏，佩声归到凤池头。

送元二使安西

（唐）王维

渭城朝雨浥轻尘，客舍青青柳色新。
劝君更尽一杯酒，西出阳关无故人。

春宫曲

（唐）王昌龄

昨夜风开露井桃，未央前殿月轮高。
平阳歌舞新承宠，帘外春寒赐锦袍。

长乐宫

（唐）孟浩然

秦城旧来称窈窕，汉家更衣应不少。
红粉邀君在何处？青楼苦夜长难晓。
长乐宫中钟暗来，可怜歌舞惯相催。
欢娱此事今寂寞，惟有年年陵树哀。

杨柳枝词九首（其八）

（唐）刘禹锡

城外春风吹酒旗，行人挥袂日西时。
长安陌上无穷树，唯有垂杨管别离。

杏园

（唐）元稹

浩浩长安车马尘，狂风吹送每年春。
门前本是虚空界，何事栽花误世人。

乐游原

（唐）李商隐

向晚意不适，驱车登古原。
夕阳无限好，只是近黄昏。

石榴

（唐）李商隐

榴枝婀娜榴实繁，榴膜轻明榴子鲜。

可羡瑶池碧桃树，碧桃红颊一千年。

延兴门外作

（唐）韦庄

芳草五陵道，美人金犊车。

绿奔穿内水，红落过墙花。

马足倦游客，鸟声欢酒家。

王孙归去晚，宫树欲栖鸦。

华清宫

（唐）王建

酒幔高楼一百家，宫前杨柳寺前花。

内园分得温汤水，二月中旬已进瓜。

题青龙寺

（唐）贾岛

碣石山上一轴诗，终南山北数人知。

拟看青龙寺里月，待无一点夜云时。

忆江上吴处士

（唐）贾岛

闽国扬帆去，蟾蜍亏复圆。

秋风吹渭水，落叶满长安。

此地聚会夕，当时雷雨寒。

兰桡殊未返，消息海云端。

题都城南庄

（唐）崔护

去年今日此门中，人面桃花相映红。

人面不知何处去，桃花依旧笑春风。

登科后

（唐）孟郊

昔日龌龊不足夸，今朝放荡思无涯。

春风得意马蹄疾，一日看尽长安花。

寒食

（唐）韩翃

春城无处不飞花，寒食东风御柳斜。

日暮汉宫传蜡烛，轻烟散入五侯家。

早春呈水部张十八员外

（唐）韩愈

天街小雨润如酥，草色遥看近却无。

最是一年春好处，绝胜烟柳满皇都。

左迁至蓝关示侄孙湘

（唐）韩愈

一封朝奏九重天，夕贬潮阳路八千。

欲为圣明除弊事，肯将衰朽惜残年！

云横秦岭家何在？雪拥蓝关马不前。

知汝远来应有意，好收吾骨瘴江边。

长安春晚二首

（唐）温庭筠

曲江春半日迟迟，正是王孙怅望时。

杏花落尽不归去，江上东风吹柳丝。

四方无事太平年，万象鲜明禁火前。

九重细雨惹春色，轻染龙池杨柳烟。

送杜少府之任蜀州

（唐）王勃

城阙辅三秦，风烟望五津。
与君离别意，同是宦游人。
海内存知己，天涯若比邻。
无为在歧路，儿女共沾巾。

任鄠令渼陂游眺

（唐）韦应物

野水滟长塘，烟花乱晴日。
氤氲绿树多，苍翠千山出。
游鱼时可见，新荷尚未密。
屡往心独闲，恨无理人术。

长安古意

（唐）卢照邻

长安大道连狭斜，青牛白马七香车。
玉辇纵横过主第，金鞭络绎向侯家。
龙衔宝盖承朝日，凤吐流苏带晚霞。
百丈游丝争绕树，一群娇鸟共啼花。
游蜂戏蝶千门侧，碧树银台万种色。

复道交窗作合欢，双阙连甍垂凤翼。
梁家画阁中天起，汉帝金茎云外直。
楼前相望不相知，陌上相逢讵相识。
借问吹箫向紫烟，曾经学舞度芳年。
得成比目何辞死，愿作鸳鸯不羡仙。
比目鸳鸯真可羡，双去双来君不见。
生憎帐额绣孤鸾，好取门帘贴双燕。
双燕双飞绕画梁，罗纬翠被郁金香。
片片行云著蝉鬓，纤纤初月上鸦黄。
鸦黄粉白车中出，含娇含态情非一。
妖童宝马铁连钱，娼妇盘龙金屈膝。
御史府中乌夜啼，廷尉门前雀欲栖。
隐隐朱城临玉道，遥遥翠幰没金堤。
挟弹飞鹰杜陵北，探丸借客渭桥西。
俱邀侠客芙蓉剑，共宿娼家桃李蹊。
娼家日暮紫罗裙，清歌一啭口氛氲。
北堂夜夜人如月，南陌朝朝骑似云。
南陌北堂连北里，五剧三条控三市。
弱柳青槐拂地垂，佳气红尘暗天起。
汉代金吾千骑来，翡翠屠苏鹦鹉杯。
罗襦宝带为君解，燕歌赵舞为君开。
别有豪华称将相，转日回天不相让。
意气由来排灌夫，专权判不容萧相。

专权意气本豪雄，青虬紫燕坐春风。
自言歌舞长千载，自谓骄奢凌五公。
节物风光不相待，桑田碧海须臾改。
昔时金阶白玉堂，即今唯见青松在。
寂寂寥寥扬子居，年年岁岁一床书。
独有南山桂花发，飞来飞去袭人裾。

晚到盩厔耆老家

（唐）卢纶

老翁曾旧识，相引出柴门。
苦话别时事，因寻溪上村。
数年何处客，近日几家存。
冒雨看禾黍，逢人忆子孙。
乱藤穿井口，流水到篱根。
惆怅不堪住，空山月又昏。

登总持阁

（唐）岑参

高阁逼诸天，登临近日边。
晴开万井树，愁看五陵烟。
槛外低秦岭，窗中小渭川。
早知清净理，常愿奉金仙。

题悟真寺

（唐）卢纶

万峰交掩一峰开，晚色常从天上来。
似到西方诸佛国，莲花影里数楼台。

正月十五夜灯

（唐）张祜

千门开锁万灯明，正月中旬动帝京。
三百内人连袖舞，一时天上著词声。

十五日夜御前口号踏歌词二首（其一）

（唐）张说

花萼楼前雨露新，长安城里太平人。
龙衔火树千重焰，鸡踏莲花万岁春。

七夕

（唐）崔颢

长安城中月如练，家家此夜持针线。
仙裙玉佩空自知，天上人间不相见。
长信深阴夜转幽，瑶阶金阁数萤流。
班姬此夕愁无限，河汉三更看斗牛。

初入秦川路逢寒食

（唐）李隆基

洛阳芳树映天津，灞岸垂柳窣地新。
直为经过行乐处，不知虚度两京春。
去年馀闰今春早，曙色和风著花草。
可怜寒食与清明，光辉并在长安道。
自从关路入秦川，争道何人不戏鞭。
公子途中妨蹴鞠，佳人马上废秋千。
渭水长桥公欲渡，葱葱渐见新丰树。
远看骊岫入云霄，预想汤池起烟雾。
烟雾氛氲水殿开，暂拂香轮归去来。
今岁清明行已晚，明年寒食更相陪。

不第后赋菊

（唐）黄巢

待到秋来九月八，我花开后百花杀。
冲天香阵透长安，满城尽带黄金甲。

忆长安·正月

（唐）谢良辅

忆长安，正月时，和风喜气相随。
献寿彤庭万国，烧灯青玉五枝。
终南往往残雪，渭水处处流澌。

忆长安·二月

（唐）鲍防

忆长安，二月时，玄鸟初至禖祠。
百啭宫莺绣羽，千条御柳黄丝。
更有曲江胜地，此来寒食佳期。

忆长安·三月

（唐）杜奕

忆长安，三月时，上苑遍是花枝。
青门几场送客，曲水竟日题诗。
骏马金鞍无数，良辰美景追随。

忆长安·四月

（唐）丘丹

忆长安，四月时，南郊万乘旌旗。
尝酎玉卮更献，含桃丝笼交驰。
芳草落花无限，金张许史相随。

忆长安·五月

（唐）严维

忆长安，五月时，君主避暑华池。
进膳甘瓜朱李，续命芳兰采丝。
竞处高明台榭，槐阴柳色通逵。

忆长安·六月

（唐）郑概

忆长安，六月时，风台水榭逶迤。
朱果雕笼香透，分明紫禁寒随。
尘惊九衢客散，赭珂滴沥青骊。

忆长安·七月

（唐）陈元初

忆长安，七月时，槐花点散罘罳。

七夕针楼竞出，中元食供初移。
绣毂金鞍无限，游人处处归迟。

忆长安·八月

（唐）吕渭

忆长安，八月时，阙下天高旧仪。
衣冠共颁金镜，犀象对舞丹墀。
更爱终南灞上，可怜秋草碧滋。

忆长安·九月

（唐）范灯

忆长安，九月时，登高望见昆池。
上苑初开露菊，芳林正献霜梨。
更想千门万户，月明砧杵参差。

忆长安·十月

（唐）樊珣

忆长安，十月时，华清士马相驰。
万国来朝汉阙，五陵共猎秦祠。
昼夜歌钟不歇，山河四塞京师。

忆长安·十一月

（唐）刘蕃

忆长安，子月时，千官贺至丹墀。
御苑雪开琼树，龙堂冰作瑶池。
兽炭毡炉正好，貂裘狐白相宜。

忆长安·十二月

（唐）谢良辅

忆长安，腊月时，温泉彩仗新移。
瑞气遥迎凤辇，日光光暖龙池。
取酒虾蟆陵下，家家守岁传卮。

都门送别

（五代）沈彬

岸柳萧疏野荻秋，都门行客莫回头。
一条灞水清如剑，不为离人割断愁。

游华严寺

（宋）寇准

寺对南山积翠浓，水村鸥鹭下遥空。
层楼望尽樊川景，恨不凭栏烟雨中。

别长安

（宋）司马光

暂来不复去，梦里到长安。
可惜终南色，临行子细看。

渭水

（金）刁白

渭水秋天白，骊山晚照红。
行人迷古道，老马识新丰。
霜雪满归鬓，乾坤犹转蓬。
愁来成独酌，醉袖障西风。

四吕遗祠

（明）王云凤

万山交翠水施蓝，纵马录幽兴欲酣。
秦岭雪残云未扫，辋川诗在画仍堪。
林深颇怪传仙洞，地好偏憎有佛龛。
独仰高风芸阁下，当年乡约至今谈。

草堂寺

（明）王九思

万卉新看雨后芳，群峰遥对古禅堂。
望睛顿觉风云变，探景方辞道路长。
喜见诸天多胜概，谁言佛日有余光。
浊醪催客诗先就，紫阁招人兴未忘。

铜人原

（清）王士祯

宫门汉月渭川波，天本无情奈若何？
今日荒原蓬逢子，愁将铜狄更摩挲。

泾渭分明

（清）胡记谟

鼎峙泉飞大小珠，老龙潭底见冰壶。
汪洋千顷无沉滓，不到高陵不受诬。

灞桥

于右任（写于 1908 年）

吾戴吾头竟入关，关门失险一开颜。
灞桥两岸青青柳，曾见亡人几个还？

游南五台火龙洞

（民国）康有为

火龙洞石最雄奇，数丈高临万壑卑。
无数楼台压峰顶，上环峭壁万松枝。

别长安父老

孔从洲（写于1927年）

三秦健儿出潼关，不靖幽燕誓不还。
回首华山语父老，东风捷报入长安。

题西安人民大厦

郭沫若（写于20世纪50年代）

大厦巍峨立道中，庶民毕竟有雄风。
阿房长乐今何在，唯见红旗映日红。

题仙游寺

臧克家

思接千载上，仙境我神游。
名作传百代，诗人去悠悠。

纪游绝句十一首（其一）

叶嘉莹（写于1977年）

诗中见惯古长安，万里来游鄠杜间。
弥望川原似相识，千年国土锦江山。

首届唐诗讨论会在西安召开，海内学人，纷纷应邀，喜赋拙诗相迓

霍松林（写于1982年）

终南突兀接天阍，唐代文明举世尊。
学海珠玑光简册，诗坛星月耀乾坤。
新春好景繁华簇，四化前程万马奔。
盛会长安振骚雅，云开仙掌捧朝暾。

七律·黑河引水工程感赋

桂维民

五河共汇送清泉，久盼甘霖数十年。
三伏水荒生怨怼，四时旱魃困长安。
建渠成网同劳作，筑堰合龙齐克难。
相会金盆重聚首，迎来开闸尽欢颜。

西安世园会颂歌（歌行体，节选）

张勃兴

巍峨秦岭耸入云，七十二峪水粼粼。
八川湿润京畿地，抚育诸朝代代殷。
大唐贞观辟新野，开元盛世震乾坤。
古有水运通南北，滔滔浐灞泾渭奔。
京都风韵迎春日，广运潭液碧幽深。
岸边嫩柳随风摆，鳞游鸟鸣芳香馨。
穿梭粮船频出进，江南米香盈民欣。
天宝二年举盛会，碧水烟波彩缤纷。
玄宗登上望春楼，观赏珍宝悦君臣。
物阜民丰国强盛，霓裳羽衣伴瑶琴。

七律·长安望秦岭

孟建国

翠黛接天南五台，云山锦幕横屏开。
终南秀气入长安，百代风流次第来。
文武周公陵碑老，汉唐秦帝墓草衰。
陕人且慢说以往，换眼新时觅人才。

五律·游陕西历史博物馆

李晓刚

陕馆起南郭，巍然傲众雄。
飞檐悬汉日，回苑绕唐风。
篝火半坡起，文明华夏隆。
幽幽情不尽，芳草绿葱葱。

透过窗户，我便看见大秦岭（节选）

李永刚

透过窗户，我便看见大秦岭
逶迤中起伏，欢快中跃动
蜿蜒中曲折，沉稳中守静
峰峦叠嶂中秀美
穿云破雾中奔腾
她是少女般的葱郁和温情
又是男人般的健硕与威猛
柔性的大秦岭啊
你温文尔雅，你郁郁葱葱
你有多少薄雾缭绕
你有多少雨意濛濛
你有多少白雪皑皑
你有多少鸟语声声

雄性的大秦岭啊
你是万山之本、万石之峰
你危岩绝壁，你陡峭凌空
你是横亘在中华大地上的一条巨蟒
是亿万年腾云驾雾的一条巨龙

西安小巷（新诗）

朱文杰

千年古槐撑开的伞
荫了巷面
不宽的道路中间一个菜摊
巷头跺脚
巷尾就翘起颤抖的祈愿

巷名都奇绝
嚼得出文化的厚味
“白鹭湾”灵悟唐诗
“莲湖巷”体会幽深
“广济街”领略宏远……

巷子都直通大道
都是井字形荡开的涟漪
多数小巷

存留青灰色的古董味
西有辇止坡腊羊肉膻香的布招
东有竹笆市肉夹馍诱人的木匾

寒冬，小巷宽得冷清
酷夏，小巷窄成火炉
昏黄路灯下搓麻杀棋的
挤成一窝蜂巢
竹床凉席上摇扇品茗的
散落道边花坛
纳凉的夜袒开胸腹
梦儿也飘不进月亮的广寒

城墙洞里诞生的自乐班
依着碑林，回荡长安鼓乐
咿咿呀呀……
吼着地道的秦腔
醉得古城夏夜的月牙
弯成一张迷人笑脸

诗酒长安

商子秦

李白已经醉了很久，
酒中八仙已经醉了很久，
曲江醉了，西市醉了，
杏园和梨园醉倒了一代风流……
唐诗中到处都是酒香，
诗城长安一醉方休。
醉酒的月亮踉踉跄跄，
醉酒的城楼晃晃悠悠，
醉酒的街巷摇摇摆摆，
醉酒的灯烛颤颤抖抖，
醉酒的笔墨龙飞凤舞，
醉酒的诗人诗情更稠。

一杯酒，就是一首液体的诗；
一首诗，就是一杯原汁的酒。
今朝有诗今朝醉啊，
诗酒长安，长安诗久……

千万不要把我当成经典

薛保勤

我原本是一团微不足道的泥团
先人们精湛的技艺，让我躺在了始皇的身边
饱经沧桑事尘封两千年，一经出土变成经典

我斜倚在二号坑的一个不起眼的边缘
下半身早已残缺
双腿已成碎片，上半身尚且完整
有一张铅灰色的脸，和一双能望天的眼

我体验过恢恢军阵的辉煌
大秦帝国秋风扫落叶的威严
我感受过残肢碎体的惨淡
血流成河尸横山野的悲惨
惨淡的辉煌与辉煌的惨淡

我接受着人们的审视、惊讶和感叹
实际上我仍然是一团烧制了的泥团
先擦擦先人们头颅上蒸腾的热汗
想想喘息背后沉重的酸与凄楚的甜
千万不要把我当经典
我不过是一团烧制了的泥团

没想到 真的变了（节选）
——一位贫困村民谈脱贫致富

王忠义

总以为，
咱命不好，没生到好地方。
这里，天旱无收成，
雨涝水冲光；
沟深坡陡羊肠道，
十年九灾荒；
祖祖辈辈穷光景，
无法逾越这魔障。

总以为，
这辈子也就这个样。
家里，一面破窑洞，
两间危漏房；
爹娘年岁大，
老婆瘫在床；
女儿念书没学费，
我还能有啥指望。

总以为，
公家的人高高在上。

蜻蜓点水下基层，
驻村也是表面做文章；
车来车去村里转，
指手画脚空一场。

没想到，
这次来的干部和我们想的不一样，
他们放下行李就投入工作开始忙；
走村入户搞调研，
没几天就提出了脱贫致富的规划和设想；
山上栽果树，
山下建鱼塘；
坡坡坎坎种花椒，
家家户户搞饲养；
通村公路先修通，
村上还要建幸福院、小学堂；
像我这样的特困户，
除了享低保，
政府还要给建新房。

没想到，
驻村干部作风大转变，
和我们同吃农家饭，同住大土炕；

卷裤腿，戴草帽，下田干活，
跑项目，找投资，联系电商；
晴天一身土，雨天两脚泥，
又是画图纸，又是搞测量；
还鼓励我们打起精神改陋习，
好日子要靠双手来开创；
村民们看在眼里喜在心，
情不自禁地竖起拇指齐夸奖；
现在的年轻干部就是有担当，
你看他们和当年的焦裕禄有多像！

变了，真的变了！
穷山沟变成了绿水青山，
就像大姑娘换上了节日盛装；
山上果园飘香，
山下鱼儿满塘；
家家鸡鸭成群，
户户满圈牛羊；
道路平坦畅通，
住宅宽阔明亮；
幸福院欢声笑语，
小学校书声琅琅；
绿水青山就是金山银山，
幸福生活甜如蜜糖。

四、词

忆秦娥

（唐）李白

箫声咽，秦娥梦断秦楼月。

秦楼月，年年柳色，灞陵伤别。

乐游原上清秋节，咸阳古道音尘绝。

音尘绝，西风残照，汉家陵阙。

菩萨蛮·书江西造口壁

（宋）辛弃疾

郁孤台下清江水，中间多少行人泪？

西北望长安，可怜无数山。

青山遮不住，毕竟东流去。

江晚正愁余，山深闻鹧鸪。

少年游

（宋）柳永

长安古道马迟迟，高柳乱蝉嘶。

夕阳岛外，秋风原上，目断四天垂。

归云一去无踪迹，何处是前期？

狎兴生疏，酒徒萧索，不似少年时。

忆秦娥·灞桥雪

（宋）秦观

灞桥雪，茫茫万径人踪灭。
人踪灭，此时方见，乾坤空阔。
骑驴老子真奇绝，肩山吟耸清寒冽。
清寒冽，只缘不禁，梅花撩拨。

卜算子·再咏石榴

刘炜评

故国本波斯，远嫁来天汉。
万象千秋鉴素心，粒粒俱真善。
穷达有娴容，贞性凌霜霰。
识得襟怀到此君，续写名姝传。

第四节
西安方言说西安

西安方言得天独厚，博大精深。从这些方言中我们既可以窥视到古老的华夏文化的发展轨迹，又可领略到今天溢于言表的真情实感。与普通话作为国家语言标准一样，古朴的关西秦声，曾在历史上作为官方通用语言被长期推广和普及，成为国人间语言交流的通用工具。西安话的声调与普通话声调有很明显的对应关系，西安话的一声读普通话的三声，西安话的二声读普通话的二声，西安话的三声读普通话的四声，西安话的四声读普通话的一声。以下为常用的西安方言。

（一）西安方言——普通话解释

1. 制搭——这里

2. 兀搭——那里

3. 啊搭——哪里，哪儿

4. 前个、夜个、今个、明个、后个、外后、夜黑咧、晌午、赶早、年时个——分别表示前天、昨天、今天、明天、后天、大后天、昨晚、中午、早上和去年

5. 瓷槌——没有眼色

6. 扎势哩——摆架子，讲排场

7. 胡浪哩——闲转

8. 日踏啦——东西坏了

9. 袭忽忽哩——差一点

10. 蹭（zěng）——厉害

11. 咥（dié）——吃饭、打人。“咥”是古汉语，查《辞海》可知，咥有咬的意思，《易·履》：“履虎尾，不咥人，亨。”

12. 试活（sī huǒ）——试一试，试用

13. 难畅——困难，费周折，不容易办

14. 谝（piàn）——说话。“谝闲传”即聊天的意思

15. 花搅——开玩笑，恶作剧，取笑

16. 火烧脚后跟——形容事情非常紧急，即“火烧眉毛”之意。与“火上房”不同之处在于“火上房”强调的是情绪、感情；而“火烧脚后跟”强调的是形势、事情。例如：“我早就叫你复习功课，你不听，如今火烧脚后跟，明天就要考试你才着急了。”

17. 骚情——热情过分，有讨好献媚之嫌

18. 瞀（mú）乱——不舒服，不适，思绪烦乱

19. 罢咧——一般，还行，过得去

20. 马卡——差劲

21. 木囊——行动迟缓、浪费时间

22. 细厢，细泛——细致，仔细

23. 嫽（liáo）扎咧——很好，很美。“嫽”可以追溯到上古时期，在《诗经》中发现它的用例。《诗经·陈风·月出》中有“月出皎兮，佼人僚（嫽）兮”之句，给《诗经》作注的汉代学者毛亨注曰：“僚，好貌。”

汉代的另一位大学者扬雄在其《方言》一书中也写道："嫽，好也。"

24. 扑西来海——邋遢，不整洁，不干净

25. 等打——比划

26. 嘛达——麻烦，问题，"么嘛达"就是没问题

27. 麻馍儿——不讲理，不明事理

28. 瓷马二愣——不机灵，迟钝

29. 克里马擦——快点

30. 噶达马西一和滩——乱七八糟一大堆

31. 列远——一边去

32. 拾掇——整理，修理。唐陆龟蒙《杞菊赋》序："前后皆树以杞菊……及夏五月，枝叶老硬，气味苦涩，旦暮犹责儿童辈拾掇不已。"

33. 五抹六道（wù mǎ liǔ dāo）——人为造成的不清洁，或对人名声的污渎。例如：你脸上五抹六道，抹的啥东西？

34. 五马长枪——讥讽人自吹自擂

35. 忒色（sěi）——很好，很棒

36. 饿——人称代词"我"

37. 倭也——舒服、令人满意。宋《文韵》中写道："倭，顺貌。""倭"即是"平顺的样子"，引申为舒服、舒坦

38.nia——人家，别人。例如：你看 nia 小伙娶的媳妇多倭也！

39.哈怂 ——既坏又懒，"哈"就是坏、坏东西的意思。"怂"当"懒"讲，扬雄《方言》中解释为："陇右人名懒曰怂，怂，骂也。"关中人把"懒得管"叫"怂管"

40.毕咧——一是坏了、糟糕的意思；二是指完了、结束了。来自古

语：六王毕，四海一

41. 寺——是

42. 社——说

43. 包——不，“你包社咧”就是“你别说了”

44. 活适——合适，满意

45. 干梆硬正——正气，正派

46. 一案子起——一边去

47. 糟怪——撒谎

48. 𰻞𰻞面（biáng biáng）面——陕西关中特色传统风味面食，是传统的陕西裤带面。因为制作过程中有 biangbiang 的声音而得名

49. 㞞（suī）怂——贬义词，看不起、小的意思。“㞞娃”就是小孩子的意思。《广韵》：“㞞，小貌。”

50. 瓜——傻，笨

51. 接娃——滚远，走开

52. 叵烦——心烦意躁，烦恼，也有嫌麻烦的意思。《说文》：“叵，不可也。”《正字通》：“叵耐，不可耐也。”

53. 万货——贬义词，东西，特指骂人，“你这撒万货”就是你是什么东西

54. 漾——撒，“漾列一把土”就是撒了一把土

55. 一搭儿，一搭里——一起，一块儿

56. 颡（sá）——本意为额，引申为头。《礼记·檀弓上》：“拜而后稽颡，颡乎其顺也！”

57. 包（bǎo）言传——不要说

58. 跆（tái）起来——珍藏起来

59. 睄（sáo）一眼——睄，小视也。略略看一眼

60. 应承——答应

61. 脖项（pó hǎng）——脖子。元代杨显之《酷寒亭》："孩儿每缩着脖项，拄着下颏，耸着肩窝。"

62. 搡眼——指馋嘴、贪嘴。搡，指朝嘴里猛塞吃食，引申为贪婪眼光盯着好吃的，馋涎欲滴地盯着漂亮女人不放

63. 粘（rán）面——不加汤的干拌面

64. 麻眼、伤眼、挤眉弄眼、干瞪眼——分别是不行、给难看、骗人的样子和束手无策的意思

65. 候一哈——等一下

66. 再（zái）——咱们

67. 瓤（ráng）人——取笑、讥笑别人

68. 额滴神啊——语气词，表示惊讶

69. 邹撒尼、弄撒尼——干什么呢？

70. 得是、真格——是不是？真的吗？

71. 耍活——玩具

72. 歪——厉害

73. 白雨——暴雨。司马光《和复古大雨》诗："白雨四注垂万缏，坐间斗寒衣可增。"苏轼《六月二十日望湖楼醉后书》诗："黑云翻墨未遮山，白雨跳珠乱入船。"

74. 邦尖儿——还行，差不多

75. 冷娃——硬汉

76. 奔楼——额头

77. 打辄（zhe）——收拾、拾掇，“你给咱把屋子打辄一哈”就是你给咱们把房间收拾一下

78. 圪蹴——蹲下，为古汉语

79. 不卯——不和，“兀俩不卯”就是他俩不和，有矛盾

80. 悭（qiǎn）烦——爱挑事，与人合不来

81. 不招识——不理会

82. 精脚（jue）片——光脚板

83. 打棰——打架。西安人将拳头叫作“棰头子”，所以打架就叫打棰。《史记》：“棰杀晋鄙。”也写作“打捶”

84. 日鬼捣棒槌——不务正业，弄虚掺假，多用于谴责、斥骂

85. 傪（cán）活——一是指刀具锋利，二是指人很厉害

86. 婵合（chàn huǒ）——事情很合适，日子美满、很舒服

87. 长虫——蛇

88. 尺么——考虑

89. 待承——招待

90. 搅骚——打扰，干扰

91. 括摸——估量，斟酌

92. 扑隰（xí）赖颏（hái）——扑向和靠近阴湿的地方都易脏污，所以不修边幅，邋遢肮脏。《现代汉语词典》：“隰，低湿的地方。”《说文》：“颏，丑也。”

93. 搜腾——到处搜寻，乱翻乱动

94. 霖雨（lín yǔ）——连绵大雨。《晏子春秋·谏上五》：“景公之时，

霖雨十有七日。”

95. 牛曳马不曳——指互不团结，不能劲往一处使

96. 迿（xùn）——指二人矛盾深。《公羊传·定公四年》：“朋友相卫而不相迿。”

97. 乡党——老乡的意思。古代五百家为党，一万二千五百家为乡，合而称“乡党”。《逸周书·官人》：“君臣之间，观其忠惠；乡党之间，观其诚信。”

（二）方言趣谈

“咥”字趣谈：咥是吃的意思，明代人马中锡的寓言故事《中山狼传》写一个书呆子东郭先生救狼的故事。东郭先生质问狼，我救了你，你“反欲咥我”（反而想吃我），狼说像你这样的人“安可不咥”（怎能不吃）。今天，西安人爱说“咥”，但含义更加丰富。如“把人咥住了”，这里表示面对难题束手无策，进退两难。再如“我把他咥了一顿”，意思是“我把他揍了一顿”。还有“这回咥美了”，意思是“这回吃美了”。

“胡拉海”趣谈：“胡拉海”源于蒙古语，含有强盗土匪等骂人的意思。在元代杂剧中就出现过，剧中人道：你这个虎刺（la）孩作死也。在现今西安话中，胡拉海淡化了骂人的意思，含义为：（1）性格随和，热情开朗。如“这个人是个胡拉海，跟谁都能谝得来”。（2）心胸豁达，不拘小节。如“不要担心，这是个胡拉海人，不会跟你计较的”。（3）粗心马虎。如“这个胡拉海，连错别字都看不出来”。

“二不愣登”趣谈：指人反应迟钝，愣头愣脑。在明清白话著作中就有出现。如《醒世姻缘》中“就有一个二不愣登的妇人”。《聊斋俚悲曲》中还有“他汉子二不冷腾，他老婆跳溜扑笼，天生一对呆瓜命”。今天西安方言中延续了这样的含义，如“这个人办事丢三忘四，二不愣登”，又如“看你这二不愣登的样子，啥事敢叫你办？”

眼的趣谈：好看叫顺眼，讨厌叫训眼，麻烦叫麻眼，眼馋叫丧眼，难看叫伤眼，有恩不报叫白眼，钩心斗角叫玩心眼，毛手毛脚叫毛眼，死不认账叫白瞪眼，束手无策叫干瞪眼，事情乱叫没眉眼，另眼看叫翻白眼，盼人穷叫害红眼，爱捣鬼叫瞎心眼，不灵光叫死心眼，嫌贫爱富叫势利眼，有点子叫有板有眼，心胸狭窄叫小心眼，认不准人叫瞎眼。

西安话评价人趣谈：活泼好动叫猴的，心眼多的叫鬼的，穿戴时尚叫飘的，反应迟钝叫闷的，干活偷懒叫奸的，老实肯干叫实的，逢迎谄媚叫轻的，死心眼叫瓷的，卖乖叫滑的，有本事叫能的，拖拖拉拉叫肉的，爱逞能叫涨的，聪明人叫灵的，不回家叫野的，会算计叫精的，不干好事叫哈的，心狠手辣叫蛮的，不合群叫趔的，不急不忙叫囊的，性格温和叫凉的，不善言语叫蔫的。

第五节
满怀深情唱西安

这些年，与西安有关的歌曲层出不穷，有百首之多（包括戏剧、影视剧的片头和插曲、主题歌），为便于选唱，现对部分歌曲进行了串名，并列出具有代表性的十一首，以飨读者。

《送你一个长安》

《西安》《忒西安》《你的故事都是我的歌》

《风从千年来》《盛世长安》《梦回大唐》《拾叁朝》《西安故事》让《丝路姑娘》《向往长安》《爱上一座城》

《梦长安》《今夜梦再起航》——《大雁飞过三秦》《大秦岭》《关中关中》在《长安一隅》《飞鸟与西安》相遇

《有梦就要创造精彩》《西安之恋》《不容错过》

《丝路姑娘》《来西安》《赴一场长安的约会》，她《吃在西安》，喝《长安的酒》，听《西安人的歌》，去《白鹿原》，在《城墙上走一走》《又看桃花又见笑脸》，她《秦川抒怀》《你好，我的西安》《我思念的城》

《高新青年》说《等你来西安》《来西安、来我的家》，带你去《姥姥家》和《爷爷的白鹿原》，给你讲《我与西安二号线》《西安·爱情·地铁》和《盛世长安的爱情故事》以及《西安精神》《关中匪事》留下《新城记忆》

冯国贤书法作品

《丝路姑娘》说我在《长安十二时辰》《长安月》下《我到西安找过你》《丝路长歌夜未央》，但《菊尽无花》

《高新青年》说《西安是首歌》《离古代最近》，昔日《蜀道难》，今朝《醉长安》，愿你《常来西安》

《长安城歌》《渭水情》传四方，《幸福的西安》再起航

2021 年 9 月，《西安长安》《石榴花开迎客来》，在《夜长安》，他们实现了《梦想巅峰》，一起观看《古都圣火》，把《健康中国嗨起来》！和着《秦腔牌子曲》《香山射鼓》《青春中国》《骄傲的中华儿女》，跳起《长安圆舞曲》《西安舞起来》

西安是首歌

（郝萌 演唱）

祁越 词

张林 曲

1=♭E 6/8 9/8

轻快、华丽、赞美地

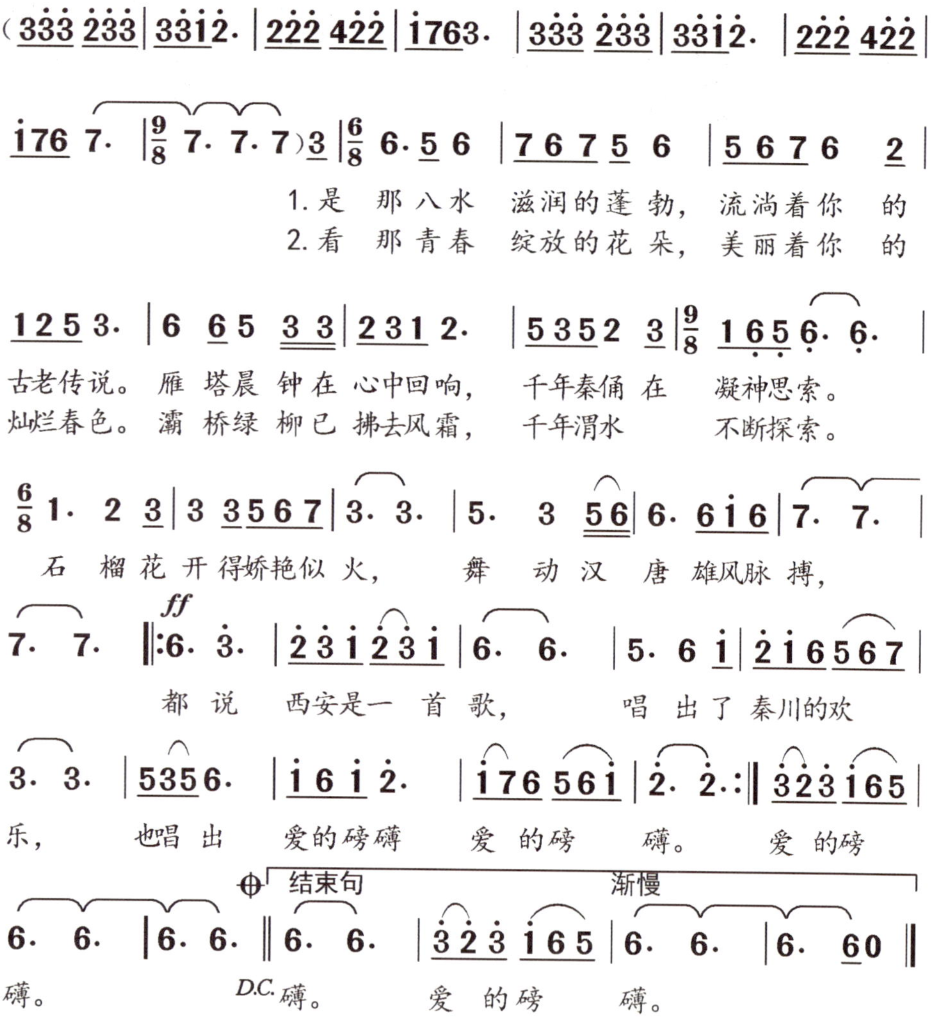

长安月

路明明 词
肖 白 曲

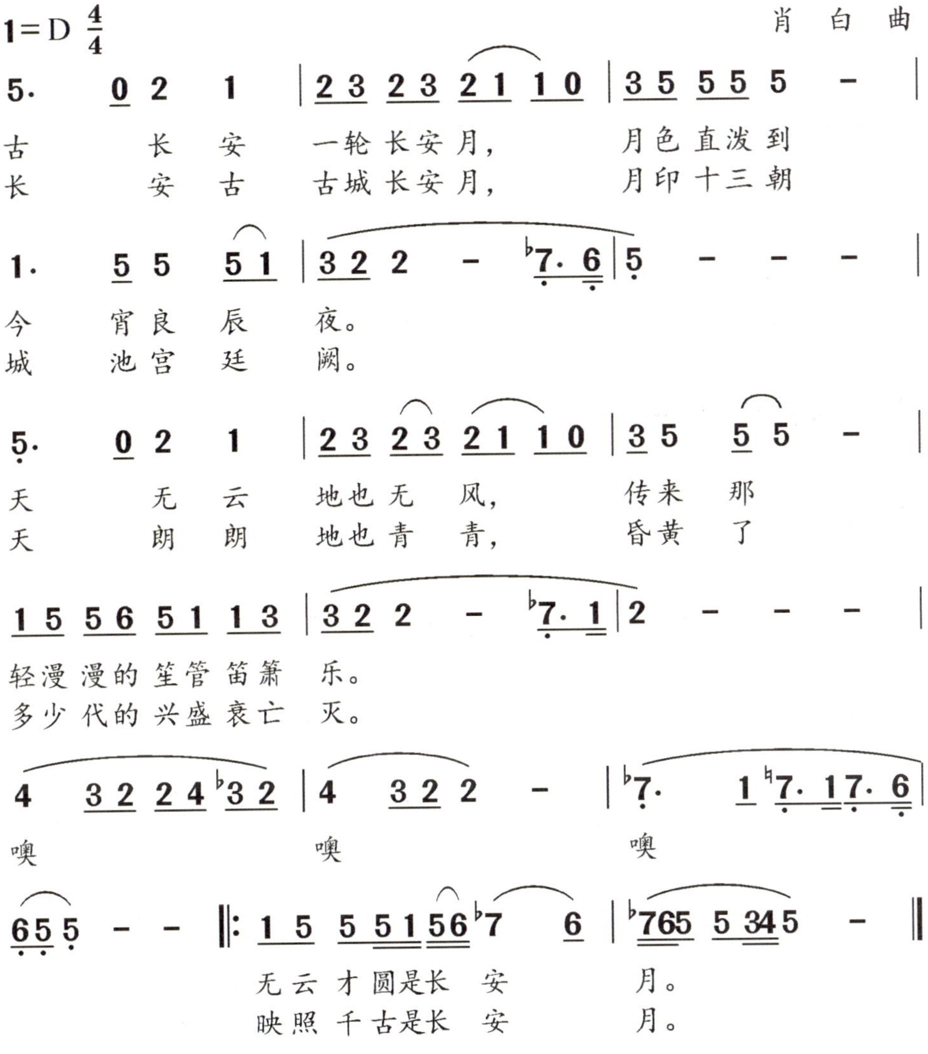
1=D 4/4
古 长 安 一轮长安月，月色直泼到
长 安 古 古城长安月，月印十三朝
今 宵 良 辰 夜。
城 池 宫 廷 阙。
天 无 云 地也无 风，传来 那
天 朗 朗 地也青 青，昏黄 了
轻漫 漫的笙管 笛箫 乐。
多少 代的兴盛 衰亡 灭。
噢 噢 噢
无云 才 圆是长 安 月。
映照 千 古是长 安 月。

送你一个长安

（演唱：廖昌永、吕薇）

1=F $\frac{4}{4}$

薛保勤 词

甘 霖 曲

（前奏略）

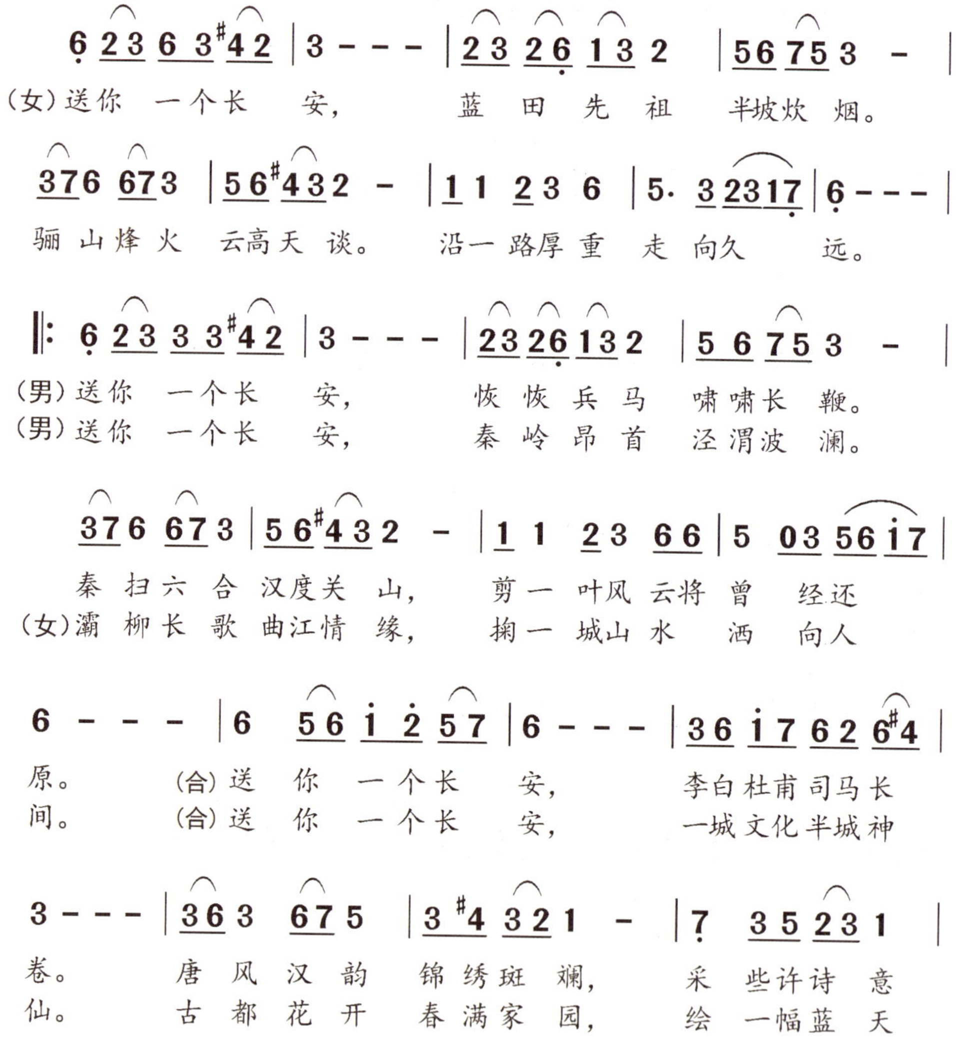

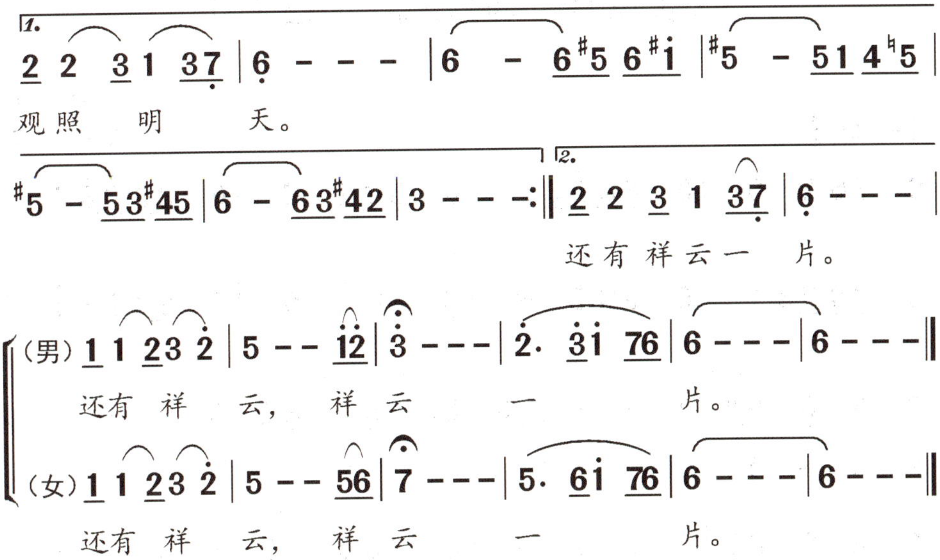
1.
观照明天。
2.
还有祥云一片。
(男)
还有祥云，祥云一片。
(女)
还有祥云，祥云一片。

《长安十二时辰》（插曲）

李白 词
赵亮棋 曲

1=♭D $\frac{4}{4}$

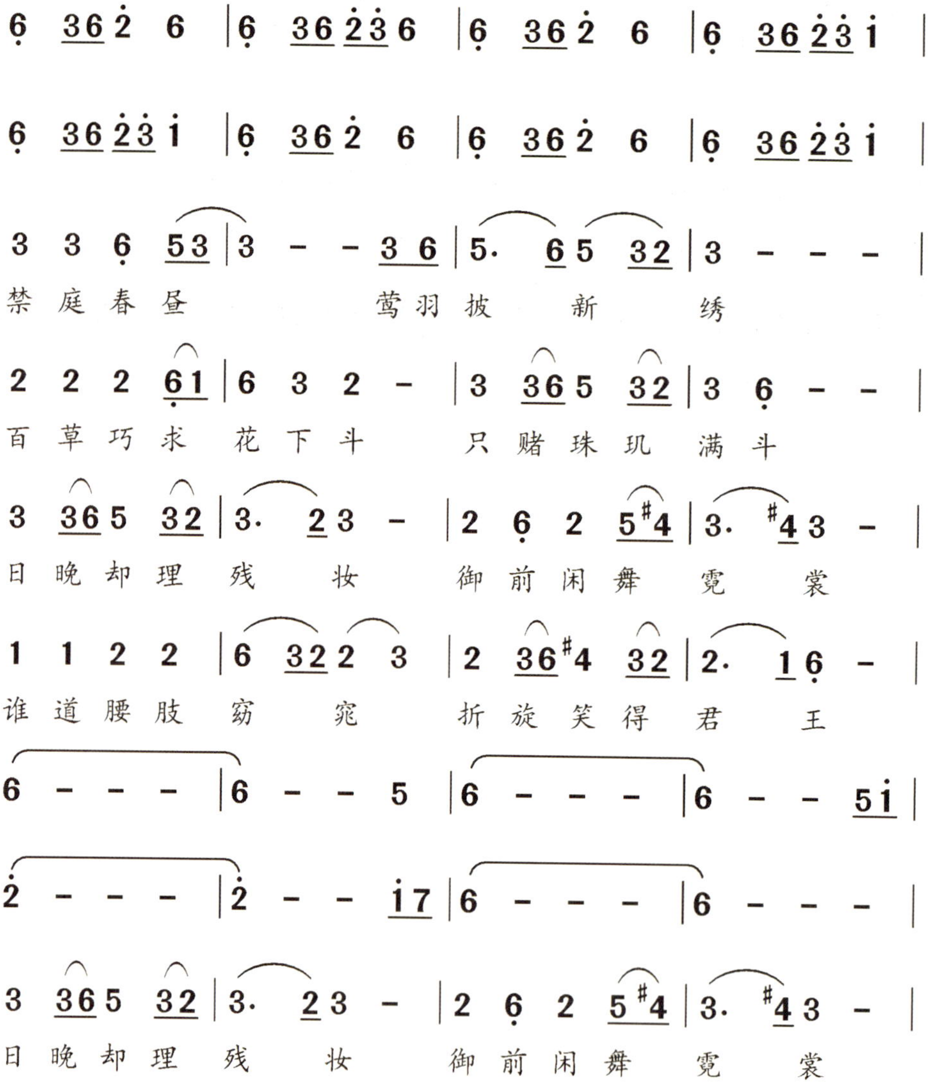

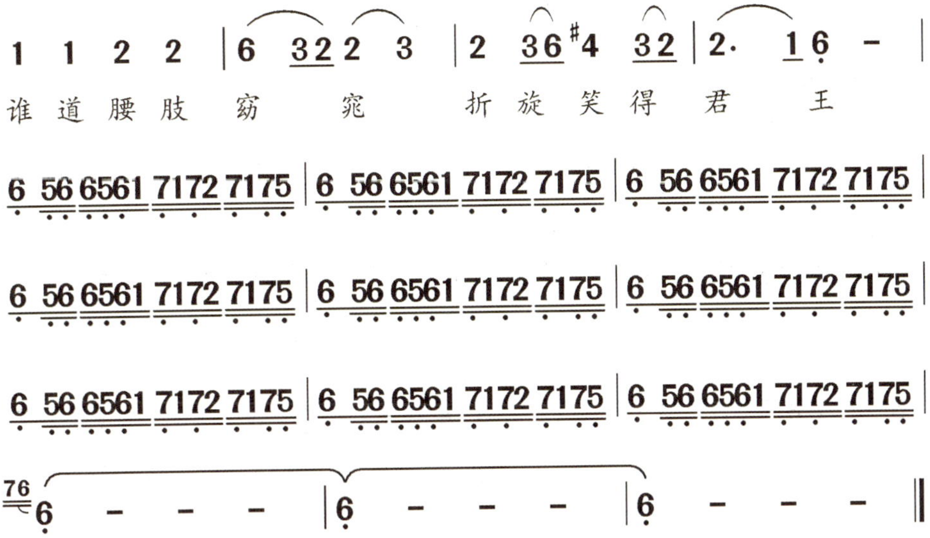
谁道腰肢窈窕折旋笑得君王

月）

长安圆舞曲

熊猫 词
马泰 曲

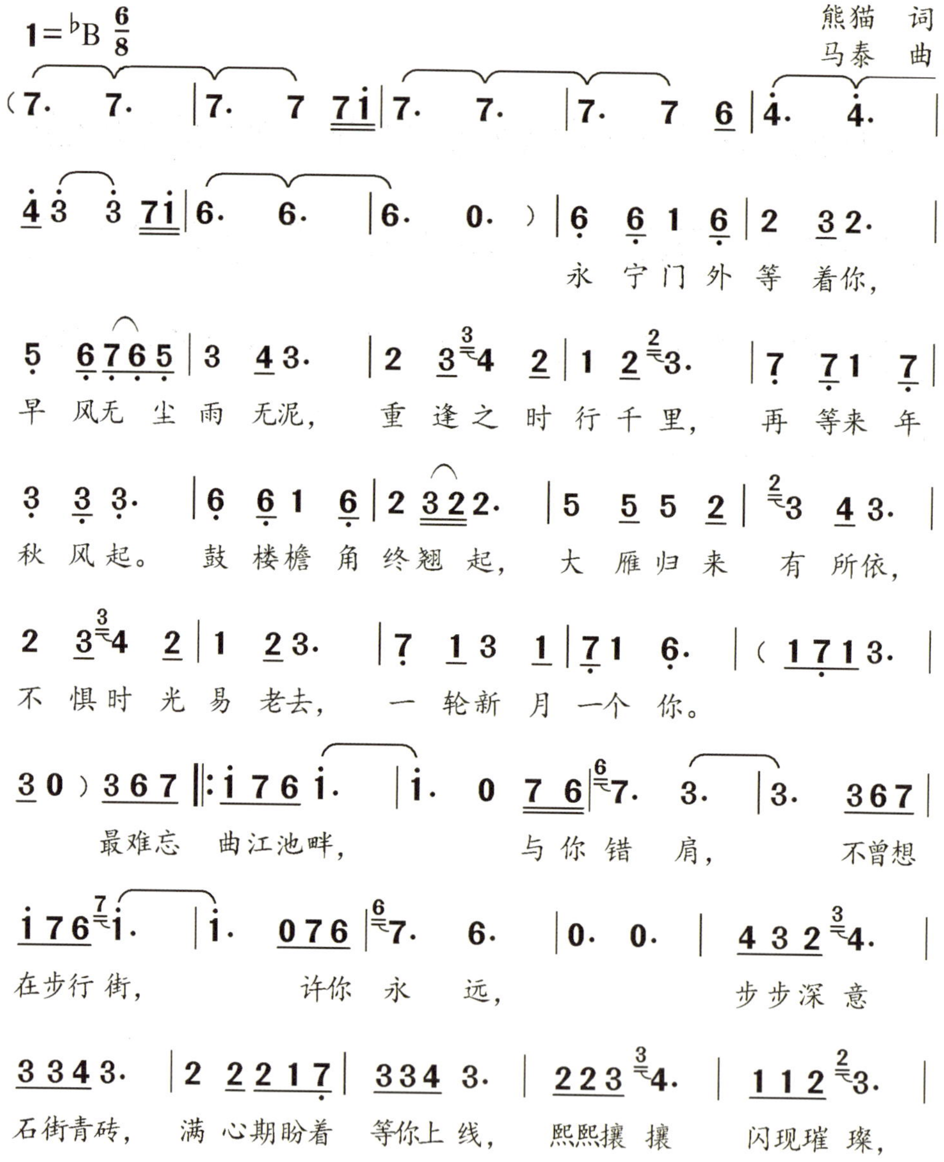

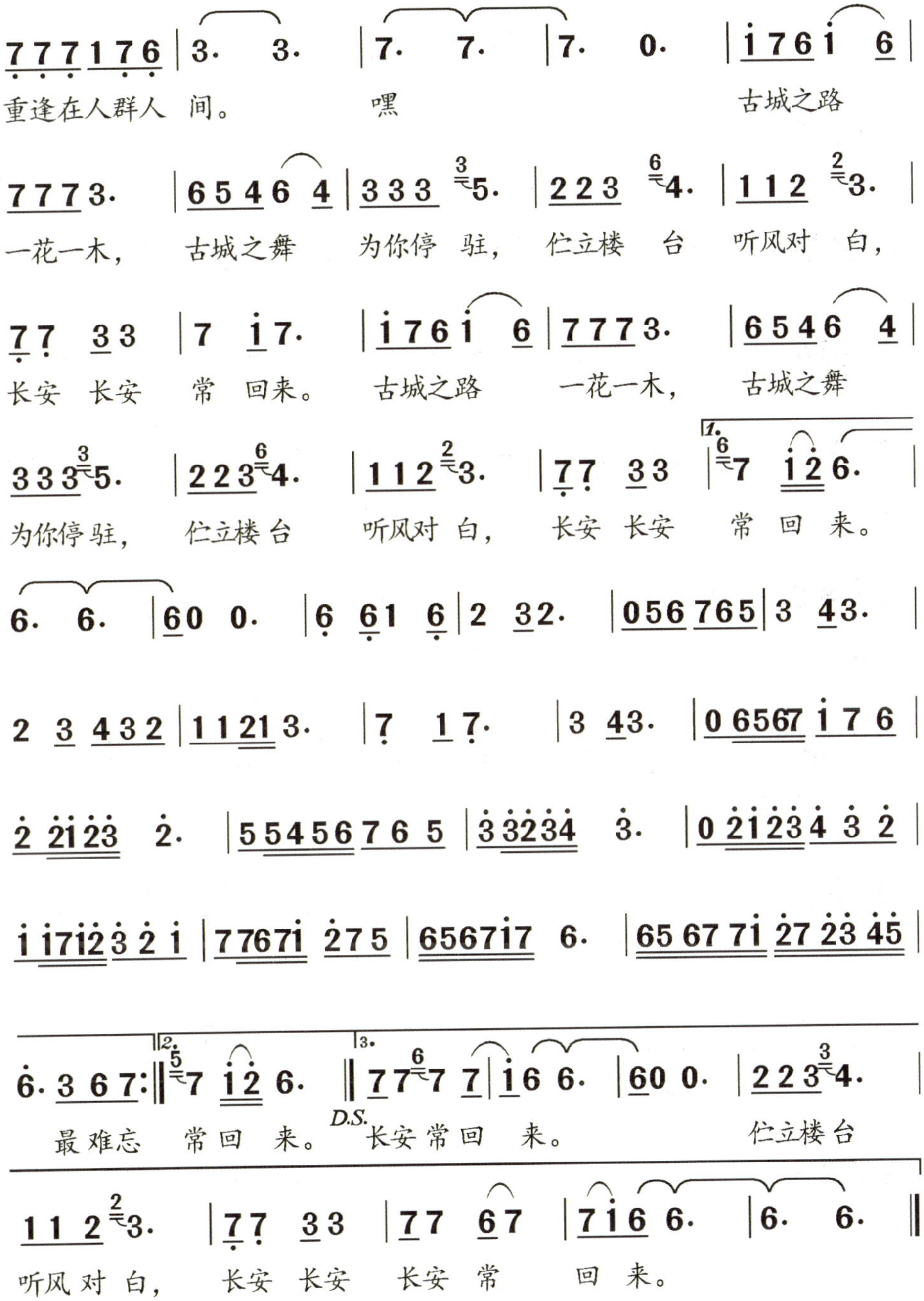
重逢在人群人　间。　嘿　古城之路
一花一木，　古城之舞　为你停　驻，　伫立楼　台　听风对　白，
长安　长安　常　回来。　古城之路　一花一木，　古城之舞
为你停驻，　伫立楼台　听风对　白，　长安　长安　常　回　来。
最难忘　常回　来。D.S.长安常回　来。　伫立楼台
听风对　白，　长安　长安　长安　常　回　来。

丝路姑娘

（吕箫 演唱）

1＝F $\frac{4}{4}$　　　　张璞 田茹 词

舒展、甜美地　　　　夏正华 曲

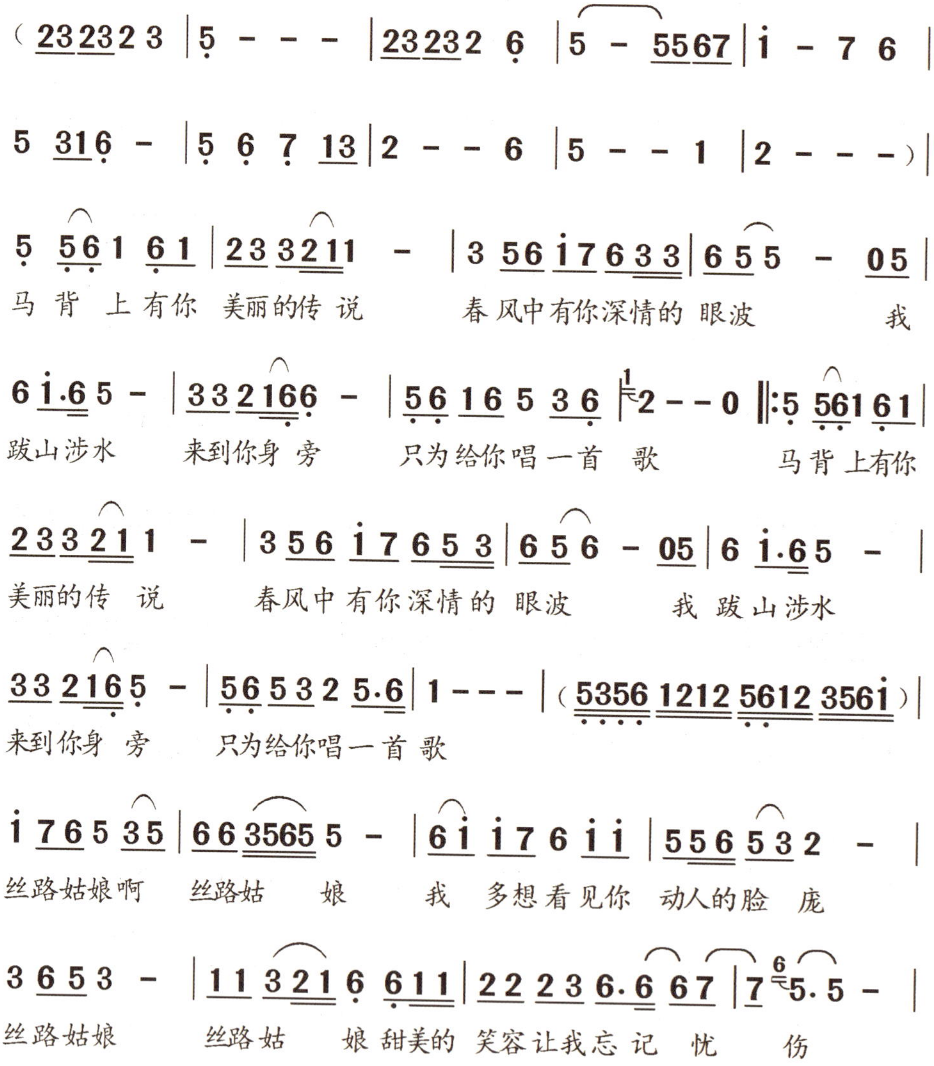

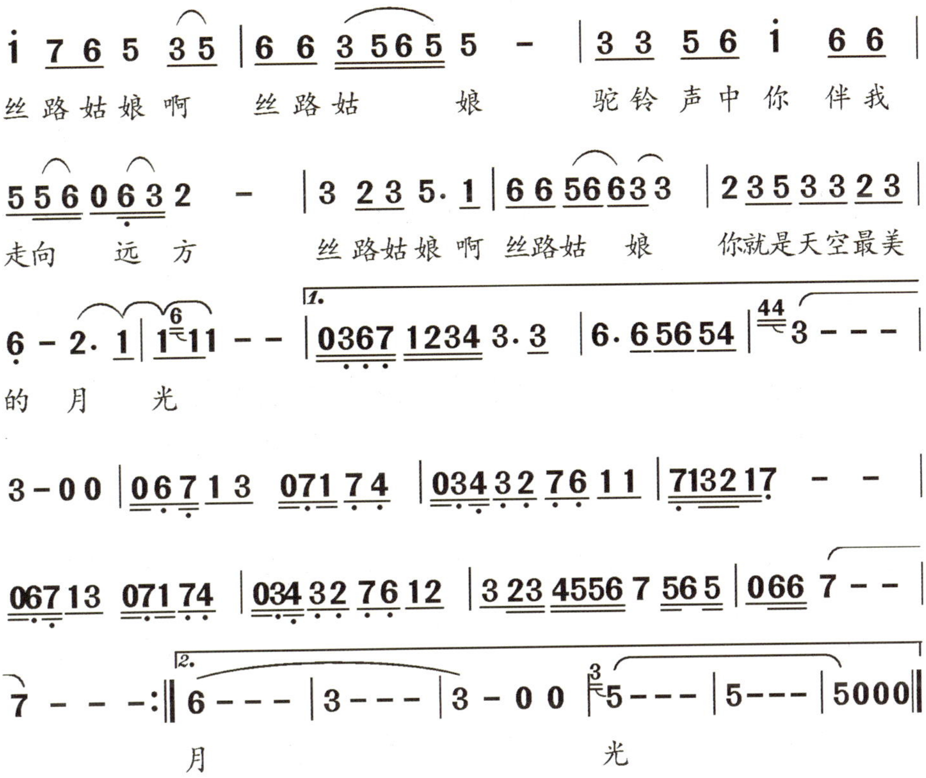
丝 路 姑 娘 啊　丝 路 姑　娘　驼 铃 声 中 你 伴 我
走向 远 方　丝 路姑 娘 啊 丝路姑 娘　你就是天空最美
的 月 光
月　光

西安之恋

1=D $\frac{4}{4}$

吴世平 词
朱 胜 曲

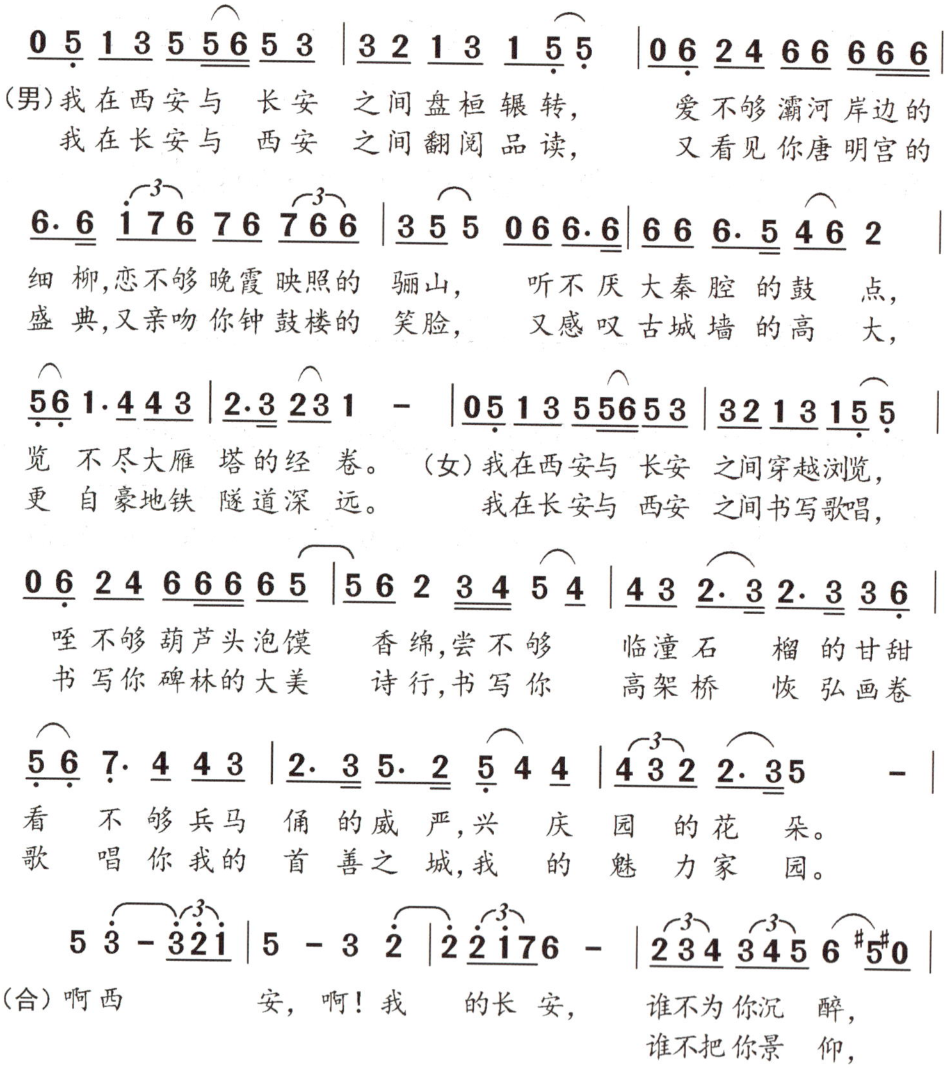

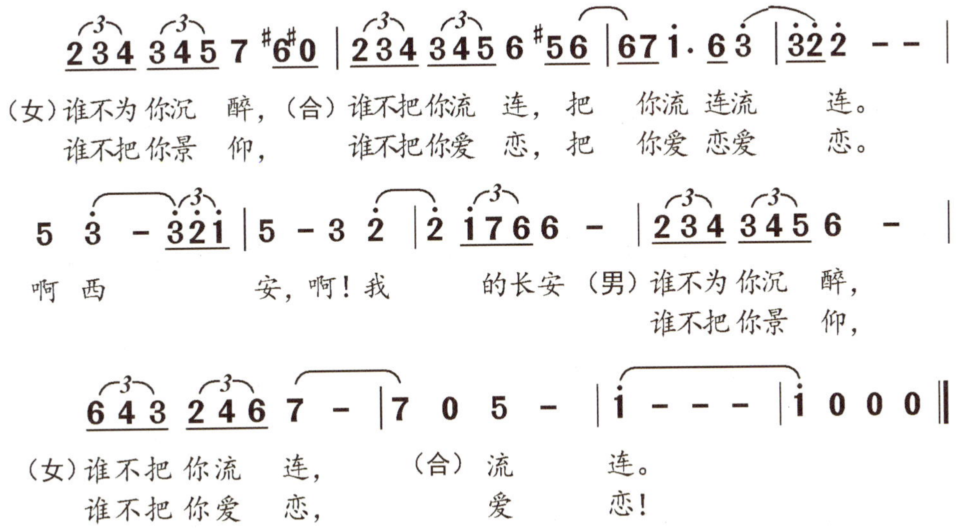
（女）谁不为你沉 醉，（合）谁不把你流 连，把 你流 连流 连。
谁不把你景 仰， 谁不把你爱 恋，把 你爱 恋爱 恋。
啊 西 安，啊！我 的长安（男）谁不为你沉 醉，
谁不把你景 仰，
（女）谁不把你流 连， （合）流 连。
谁不把你爱 恋， 爱 恋！

赴一场长安的约会

刘顶柱 词
李云辉 曲

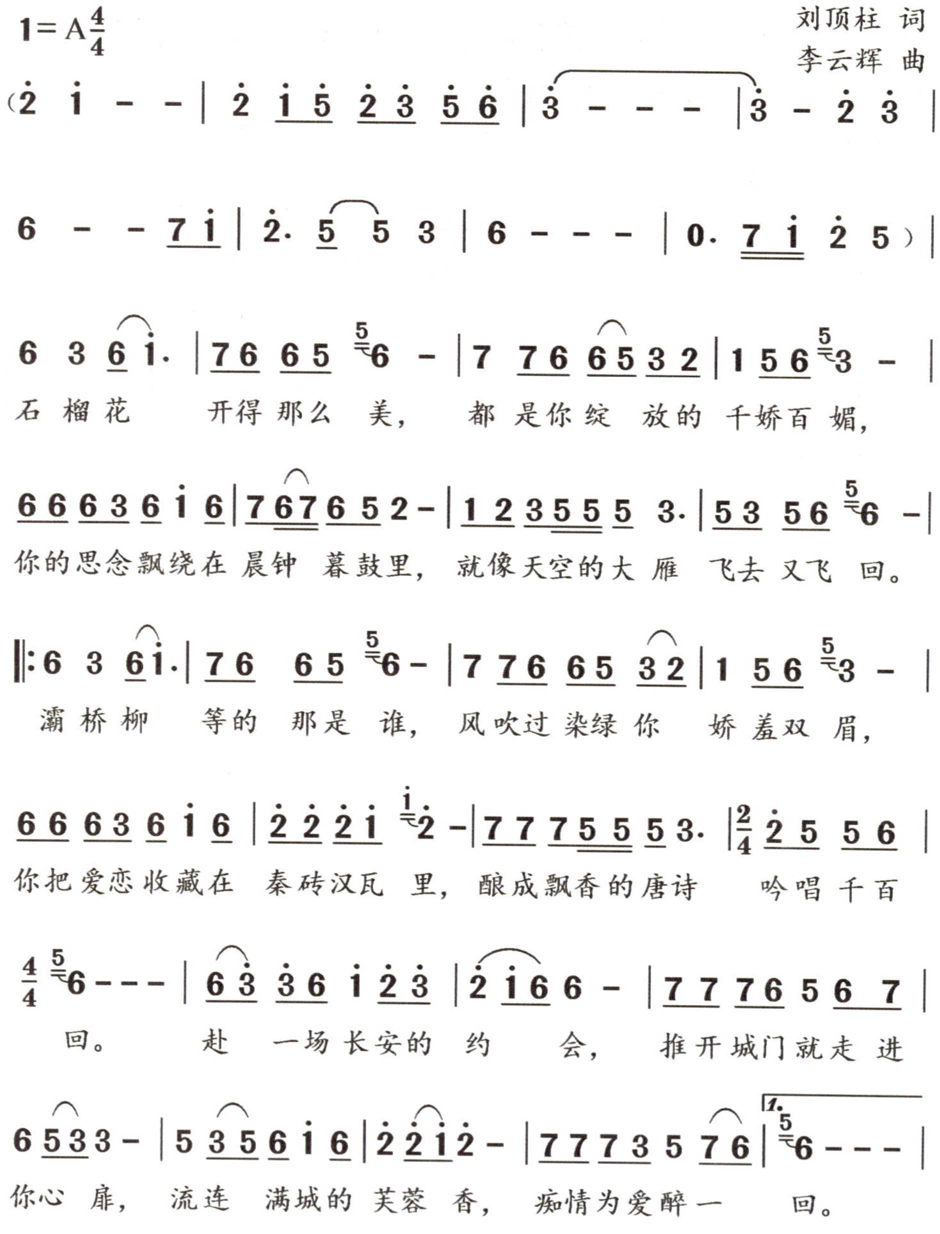

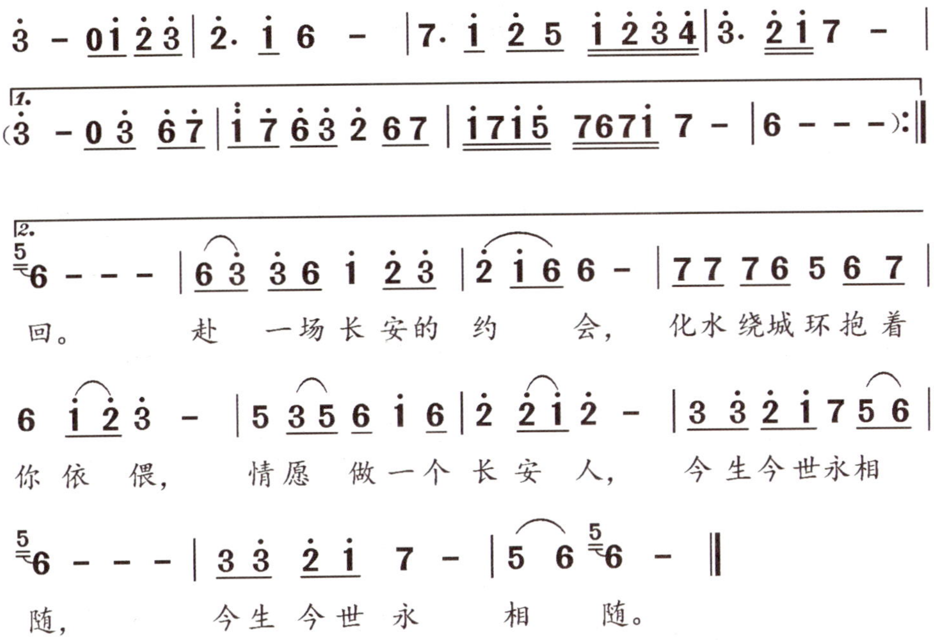
回。　赴　一场长安的约　会，化水绕城环抱着
你依　偎，　情愿　做一个长安　人，　今生今世永相
随，　今生今世　永　相　随。

梦长安

1=C 4/4

古朴典雅

商子秦 词
张 林 曲

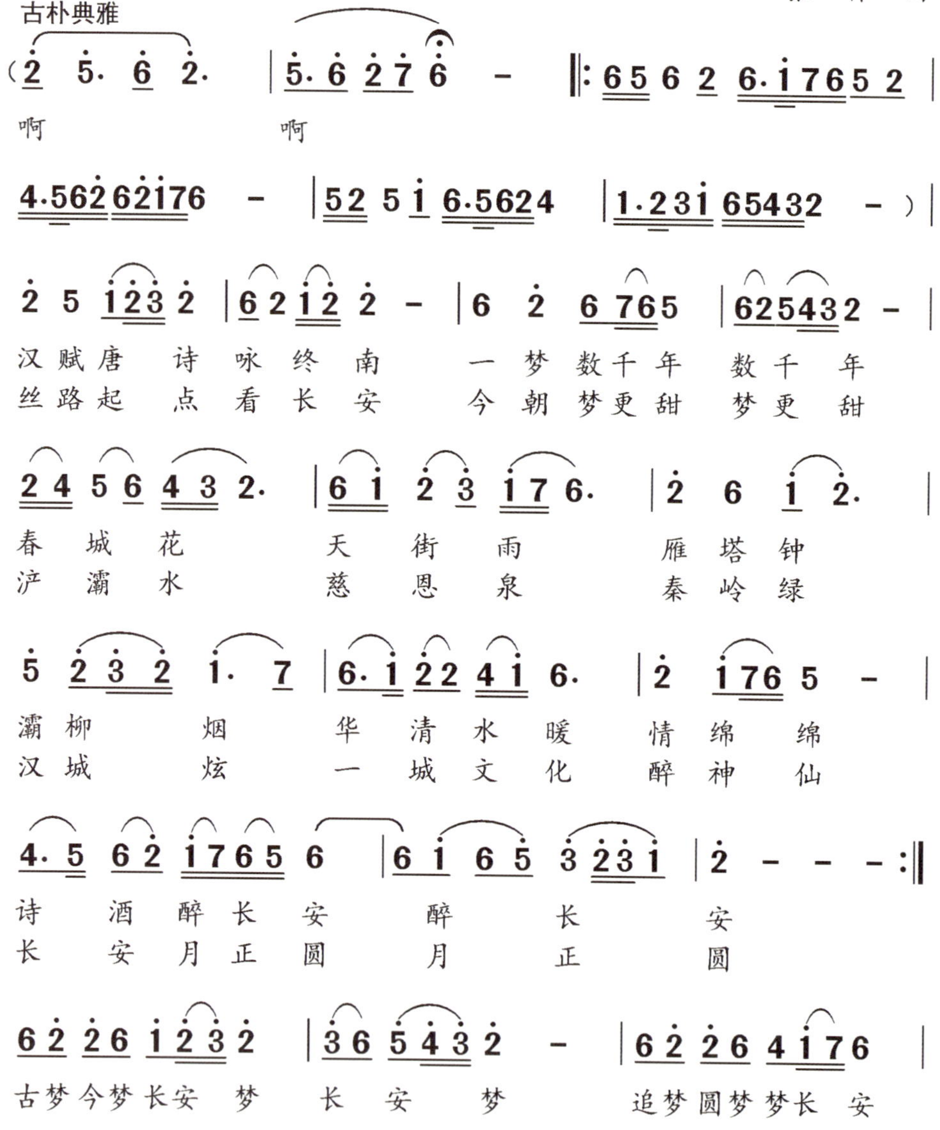

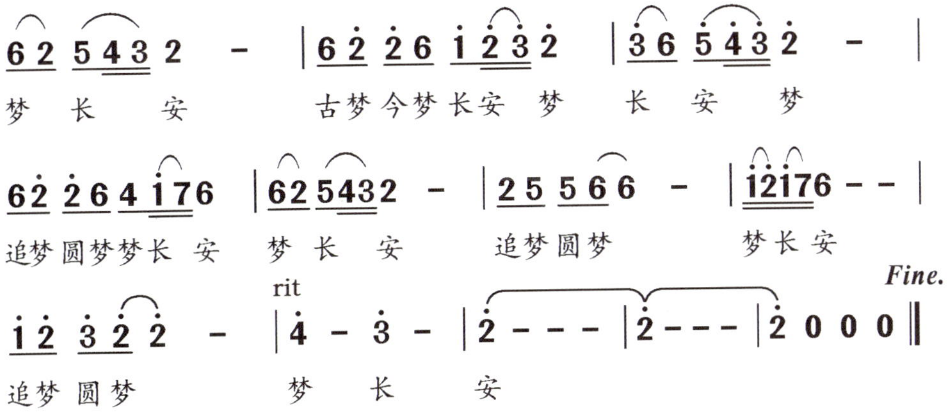
梦长安
古梦今梦长安梦长安梦
追梦圆梦梦长安梦长安
追梦圆梦
梦长安
rit
Fine.
追梦圆梦
梦长安

西安人的歌

1=B $\frac{4}{4}$

♩=130

程渤智 词

范 炜 程渤智 曲

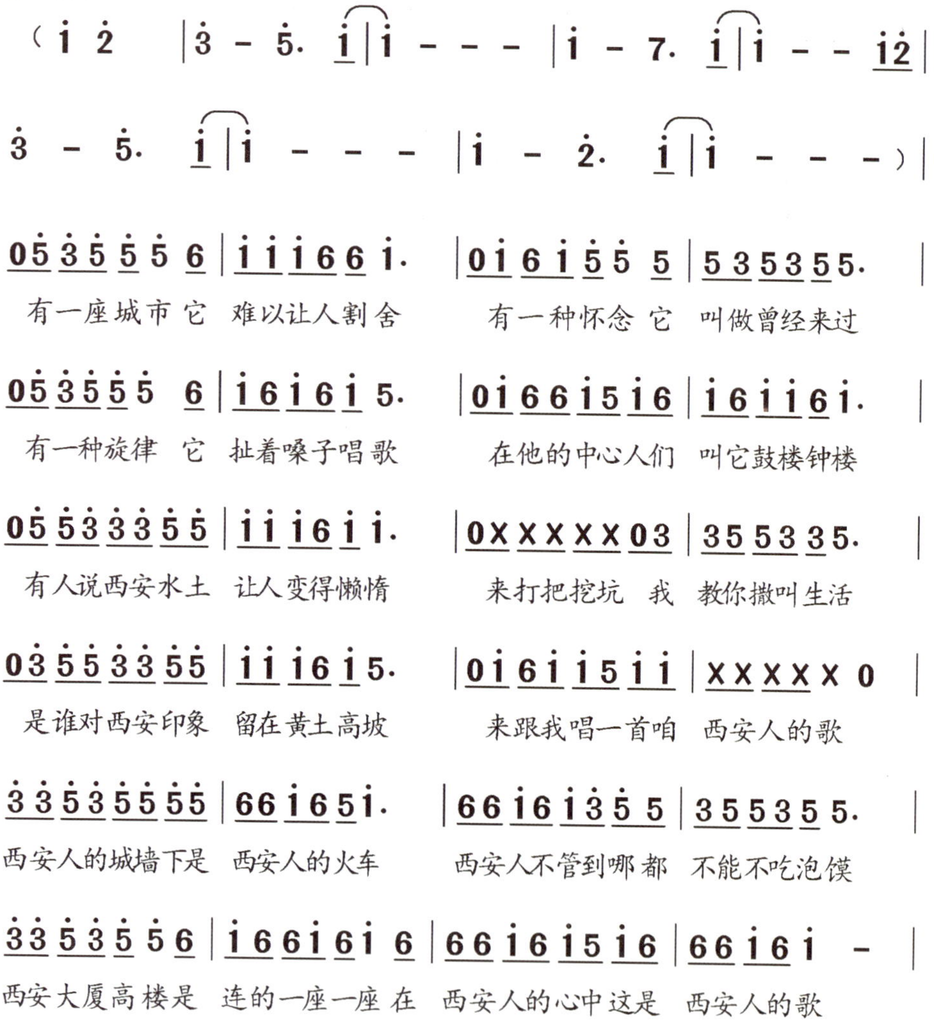

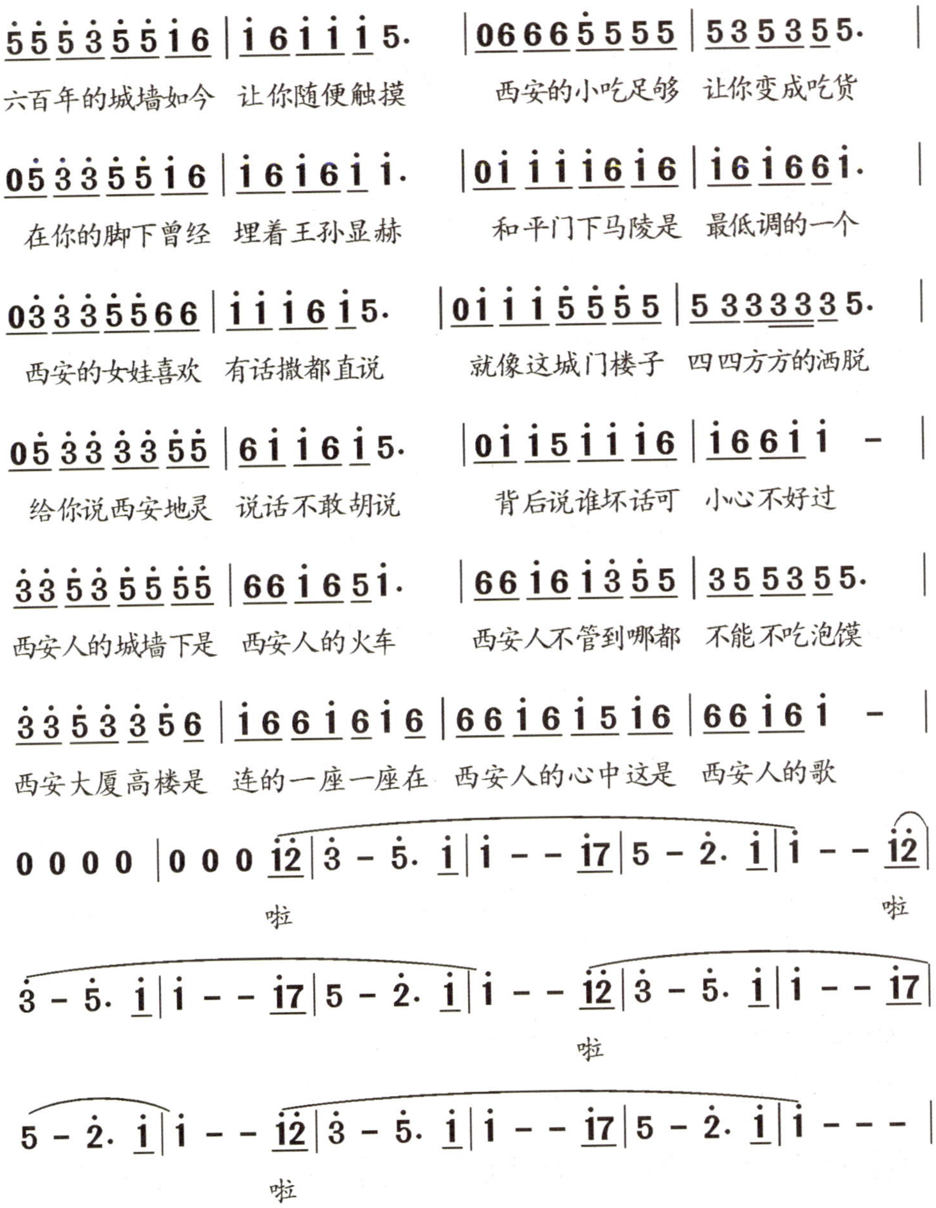
六百年的城墙如今 让你随便触摸
西安的小吃足够 让你变成吃货
在你的脚下曾经 埋着王孙显赫
和平门下马陵是 最低调的一个
西安的女娃喜欢 有话撒都直说
就像这城门楼子 四四方方的洒脱
给你说西安地灵 说话不敢胡说
背后说谁坏话可 小心不好过
西安人的城墙下是 西安人的火车
西安人不管到哪都 不能不吃泡馍
西安大厦高楼是 连的一座一座在
西安人的心中这是 西安人的歌
啦
啦
啦
啦

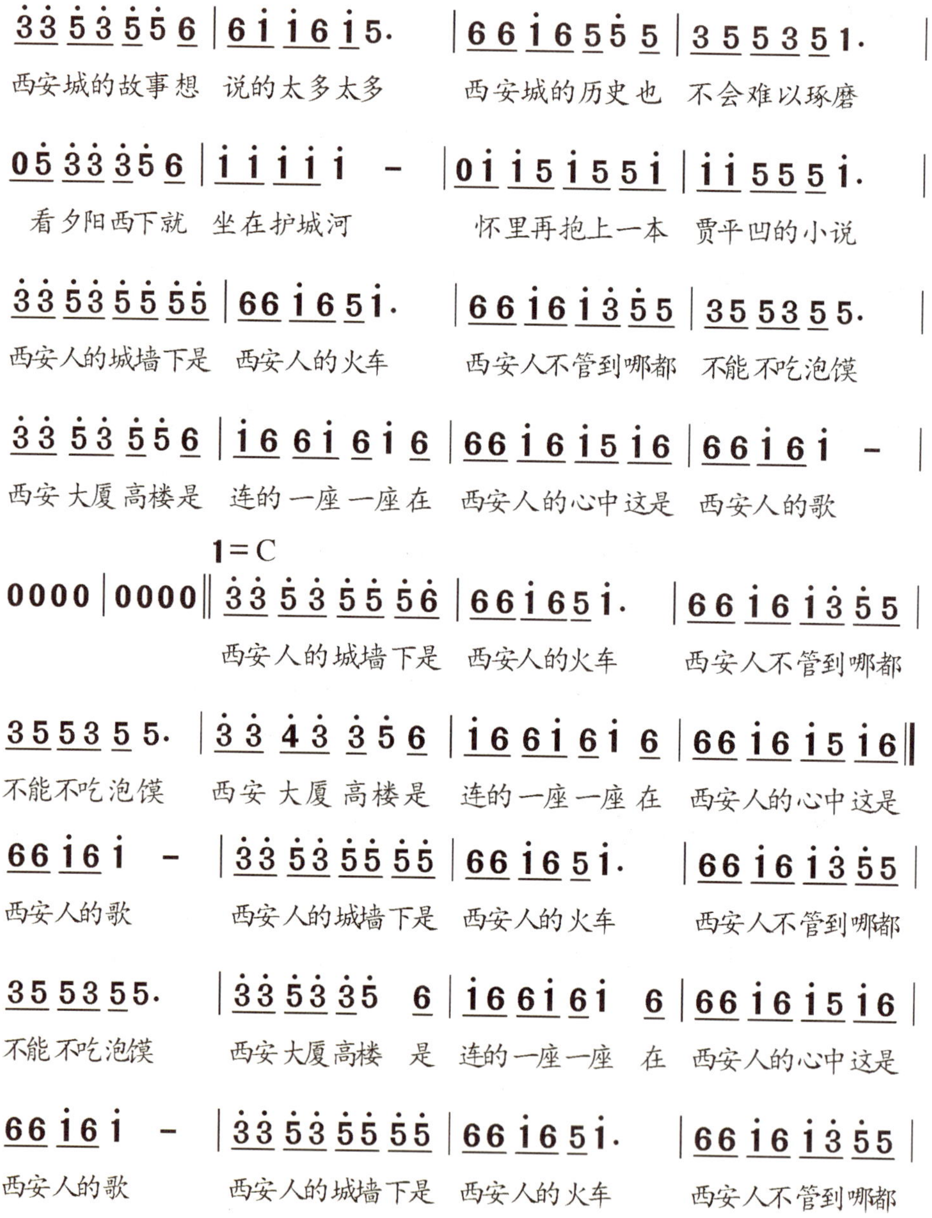
西安城的故事想 说的太多太多 西安城的历史也 不会难以琢磨
看夕阳西下就 坐在护城河 怀里再抱上一本 贾平凹的小说
西安人的城墙下是 西安人的火车 西安人不管到哪都 不能不吃泡馍
西安 大厦 高楼是 连的 一座 一座 在 西安人的心中这是 西安人的歌
1=C
西安人的城墙下是 西安人的火车 西安人不管到哪都
不能不吃泡馍 西安 大厦 高楼是 连的 一座 一座 在 西安人的心中这是
西安人的歌 西安人的城墙下是 西安人的火车 西安人不管到哪都
不能不吃泡馍 西安大厦高楼 是 连的一座一座 在 西安人的心中这是
西安人的歌 西安人的城墙下是 西安人的火车 西安人不管到哪都

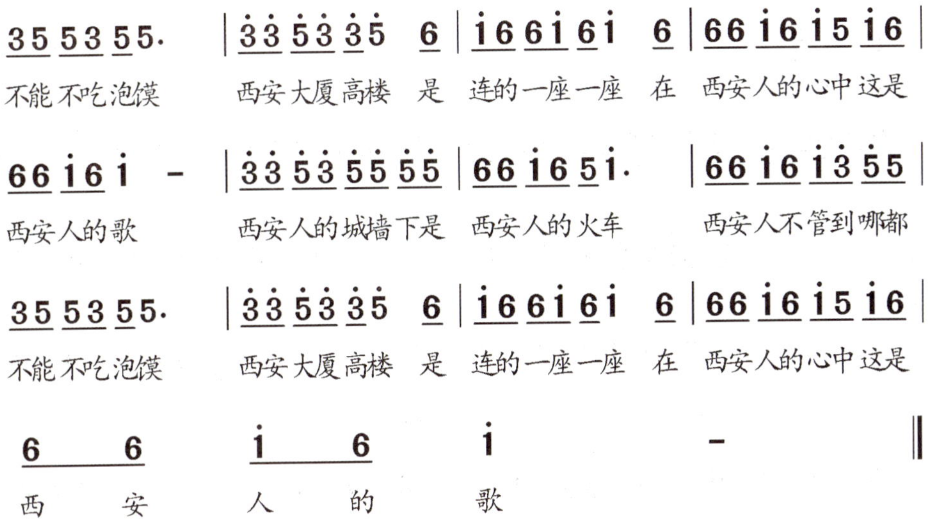
不能不吃泡馍
西安大厦高楼
是
连的一座一座
在
西安人的心中这是
西安人的歌
西安人的城墙下是
西安人的火车
西安人不管到哪都
不能不吃泡馍
西安大厦高楼
是
连的一座一座
在
西安人的心中这是
西　安　人　的　歌

火火的西安

（领唱重唱伴唱）

1=C $\frac{4}{4}$

♩=144

李红林 词

侯玉峰 曲

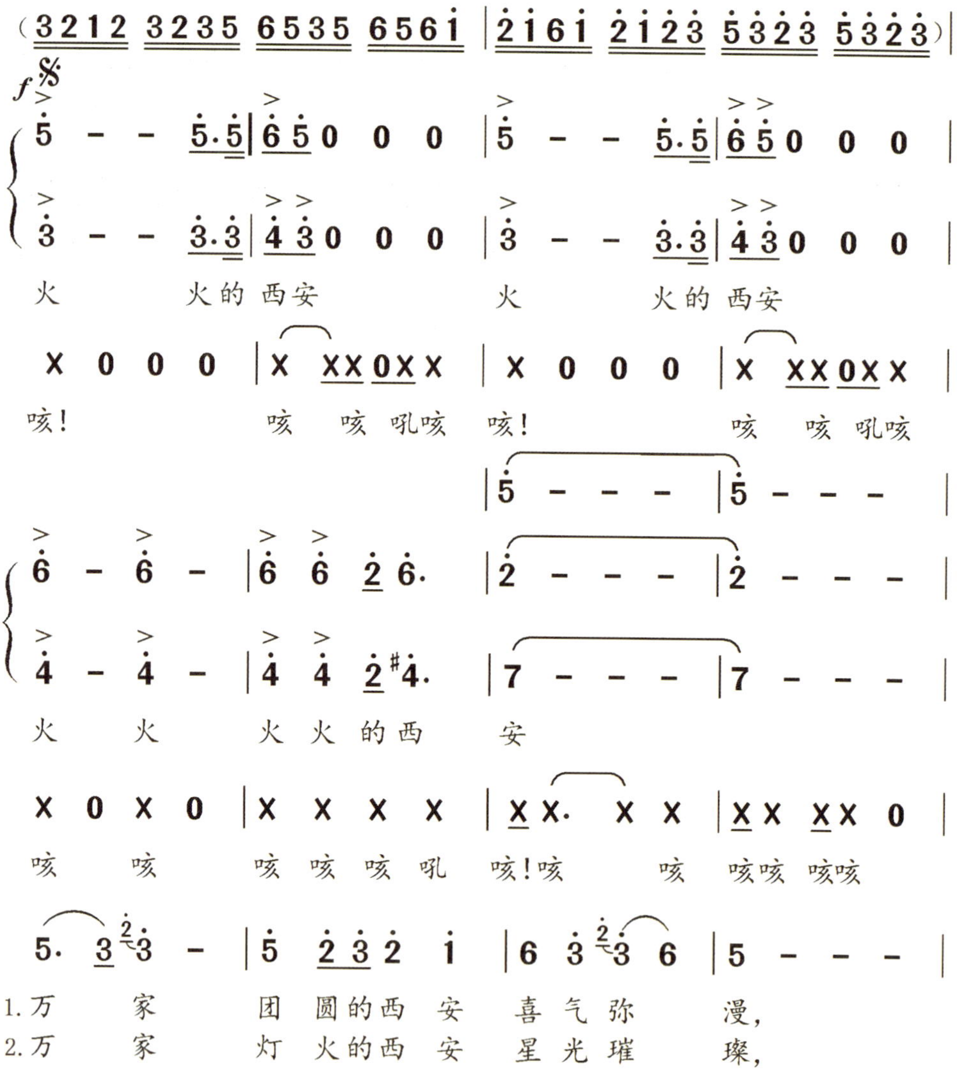

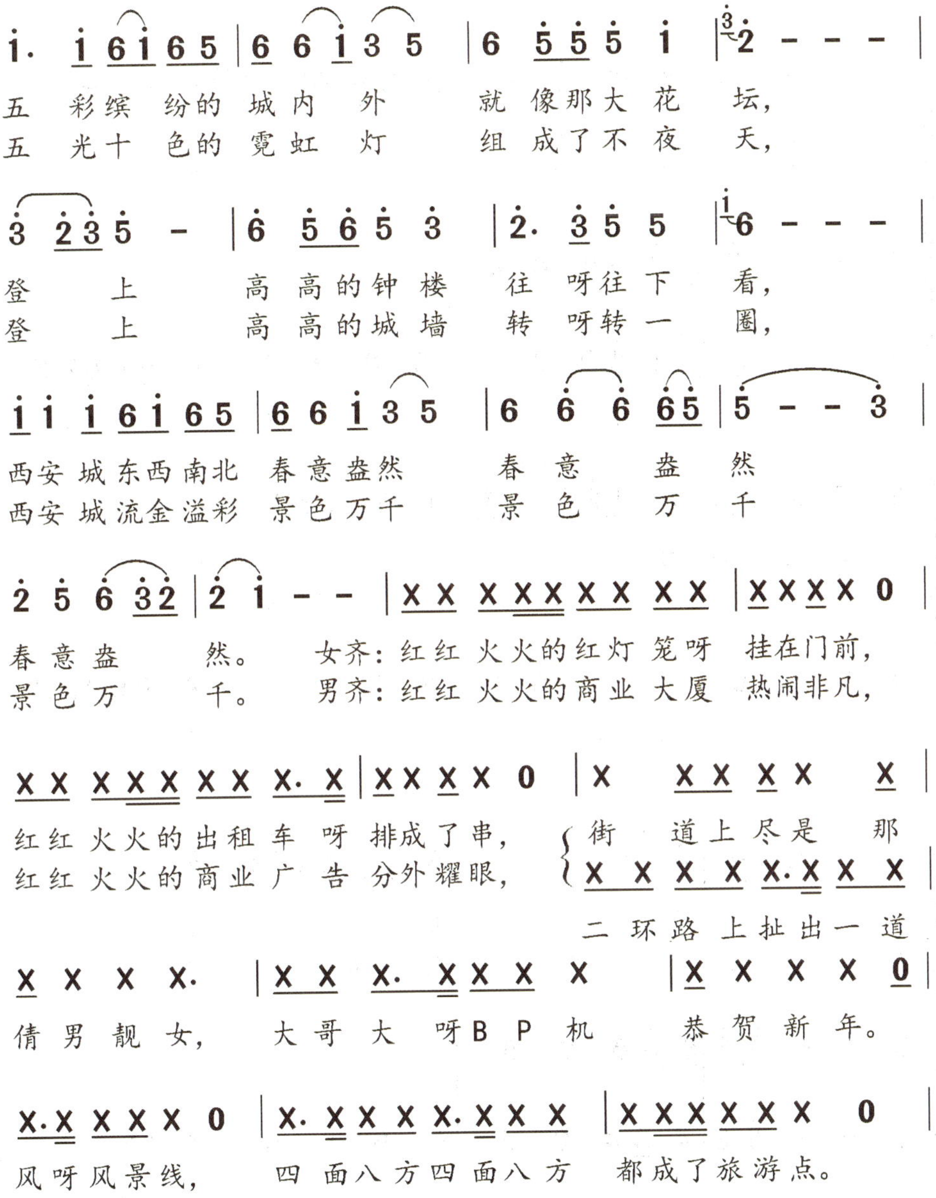
五 彩缤 纷的 城内 外 就 像那大 花 坛，
五 光十 色的 霓虹 灯 组 成了不 夜 天，
登 上 高 高的钟 楼 往 呀往 下 看，
登 上 高 高的城 墙 转 呀转 一 圈，
西安 城东西南北 春意盎然 春 意 盎 然
西安 城流金溢彩 景色万千 景 色 万 千
春 意 盎 然。 女齐：红红 火火的红灯 笼呀 挂在门前，
景 色 万 千。 男齐：红红 火火的商业 大厦 热闹非凡，
红红 火火的出租 车 呀 排成了串，
红红 火火的商业 广 告 分外耀眼，
街 道上尽是 那
二 环 路 上 扯 出 一 道
倩 男 靓 女， 大 哥 大 呀B P 机 恭 贺 新 年。
风呀风景线， 四 面八 方四 面八 方 都成了旅游点。

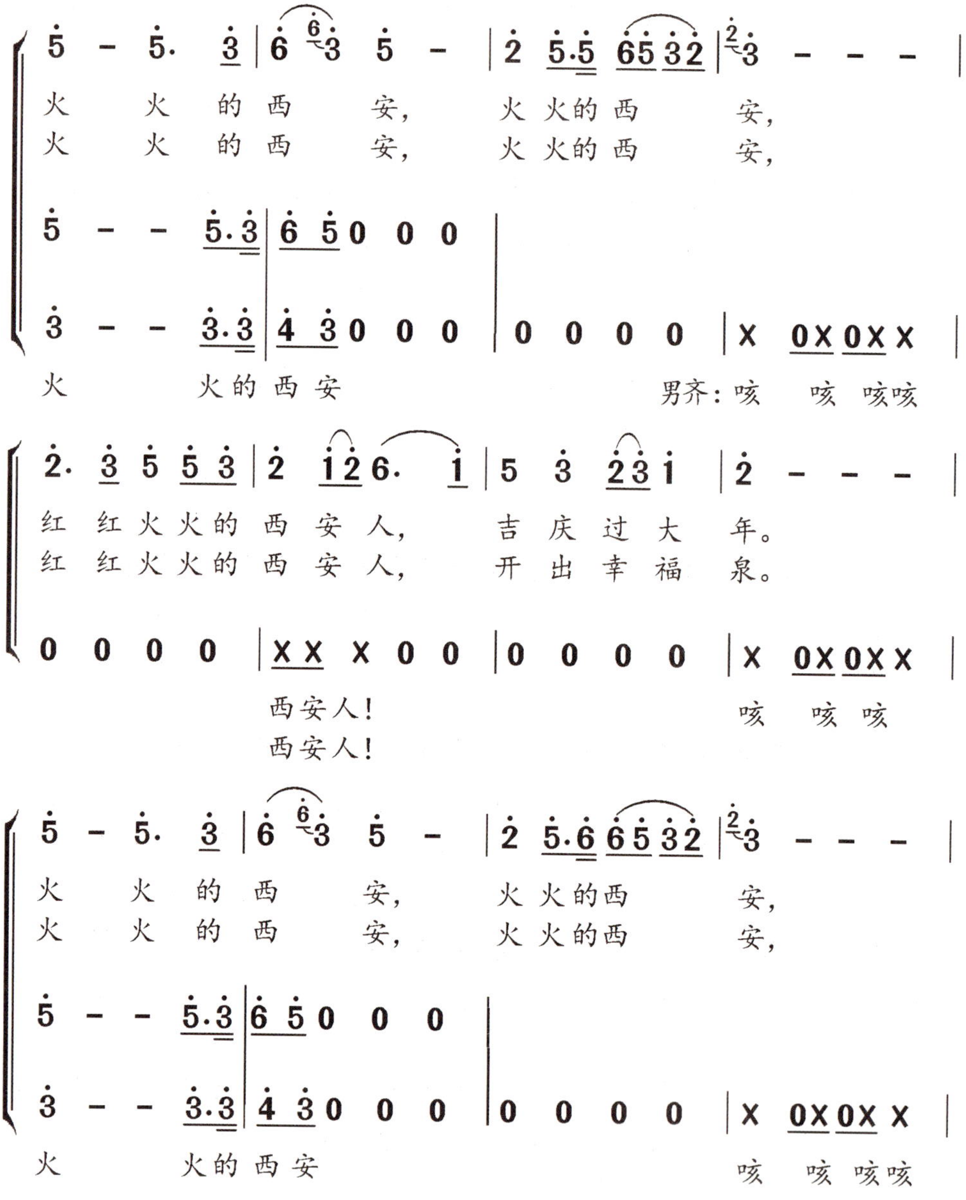
火 火 的 西 安， 火 火的 西 安，
火 火 的 西 安， 火 火的 西 安，
火 火的 西 安
男齐：咳 咳 咳咳
红 红 火 火 的 西 安 人， 吉 庆 过 大 年。
红 红 火 火 的 西 安 人， 开 出 幸 福 泉。
西安人！
西安人！
咳 咳 咳
火 火 的 西 安， 火 火的西 安，
火 火 的 西 安， 火 火的西 安，
火 火的 西 安
咳 咳 咳咳

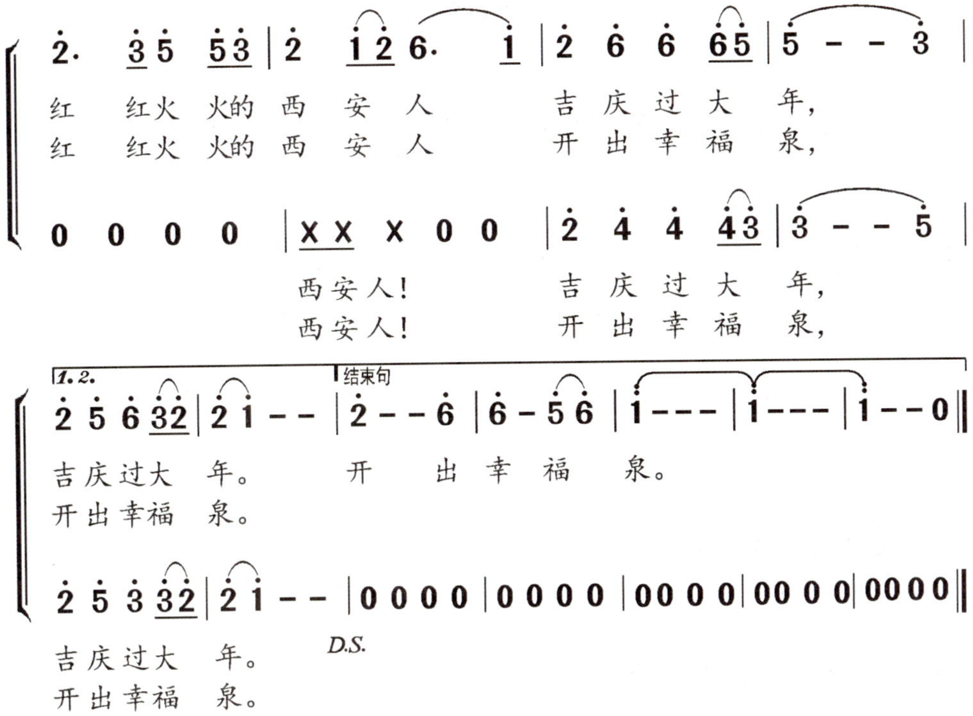
红　红火　火的　西　安　人　吉　庆　过　大　年，
红　红火　火的　西　安　人　开　出　幸　福　泉，
西安人！　吉　庆　过　大　年，
西安人！　开　出　幸　福　泉，
1.2.
结束句
吉庆过大　年。　开　出　幸　福　泉。
开出幸福　泉。
吉庆过大　年。
开出幸福　泉。
D.S.

新城记忆

1=A $\frac{4}{4}$

庞龙　词曲

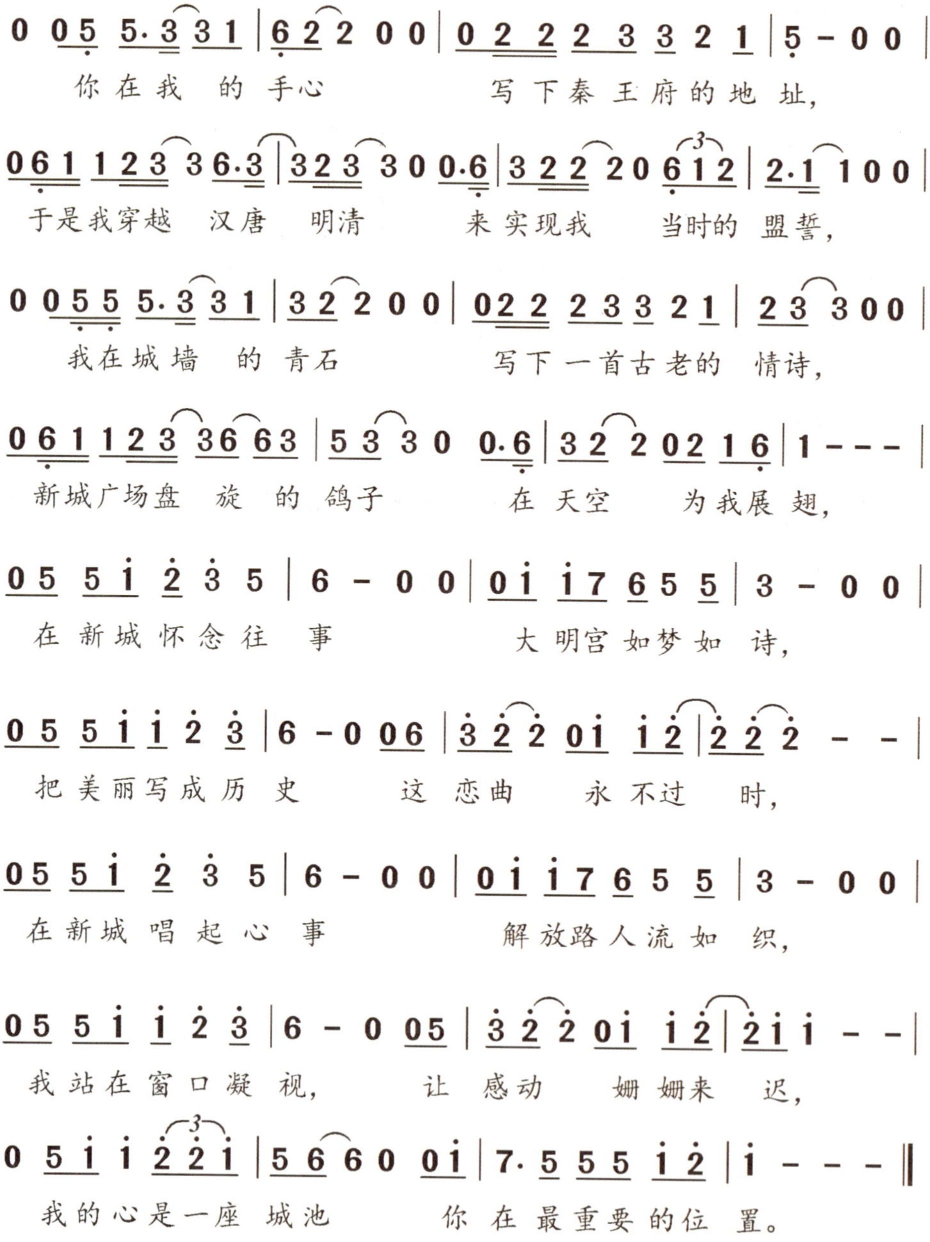

●赵季平音乐创作的文化担当及艺术精神[①]

赵季平是当今中国乐坛具有传奇色彩的著名作曲家。他的作品体裁涉猎广泛，如交响乐、交响诗、协奏曲、室内乐、舞剧、艺术歌曲、民族管弦乐、影视音乐等。作为一位具有强烈责任心与时代使命感的作曲家，他身在黄土地，却心怀民族大爱，把自己对故土的依恋、对民族文化的崇仰、对生活的热爱、对生命的感悟，凭借质朴的音乐语汇统统呈现于自己的音乐作品当中。

（一）浓墨重彩的电影音乐创作

赵季平自 1984 年为电影《黄土地》首次进行电影音乐创作以来，历经30多年，他已为百余部电影作曲。其中有 40 多部影片在国内、国际电影节上获得数十个奖项，还为90多部、3 000余集电视剧音乐作曲。

由于赵季平多年积累的深厚民族民间音乐根底和精湛的作曲技术，使其所作音乐在为影视作品确定基调方面极为精准。例如电影《红高粱》音乐中震天撼地的唢呐群，《菊豆》中远古幽灵般的埙独白，《五个女子和一根绳子》中娓娓道来的南音尺八，《天出血》中荒野呼唤的排箫独吟，《心香》音乐中清沁飘逸的箫与古琴，《霸王别姬》中倾诉主人公心声的京胡，《活着》里优哉游哉的板胡声，《炮打双灯》中参与影片深层开掘的大笛，《风月》中柔滑点描的声声琵琶，《往事如烟》中点题画睛的三弦，《日光峡谷》里潇洒强悍的马头琴，以及《黄土地》中的腰鼓和多次运用的京剧打击乐。

① 侯玉峰：《志存高远 使命担当——赵季平音乐创作的文化担当及艺术精神》，《音乐天地》2020 年第 Z1 期。

他的影视剧音乐为交响乐队、民族管弦乐队、合唱队甚至电声乐器的多种音响结合带来了新音色、新音源以及新的音响世界，开创了电影音乐创作民族风韵的又一新途径。《秋菊打官司》中碗碗腔的音韵，将人们带入到陕西东府农村的场景；《孔子》中古琴、编钟的运用，使影片具有了浓厚的士大夫色彩和厚重的历史感；电视剧《大宅门》中京剧元素的巧妙运用，很好地表达了同仁堂发展的生存环境、时代背景和故事韵味；《乔家大院》中二股弦、晋胡的加入使其晋味十足，一下子就将人们带入到清末山西商人的生活环境之中；《笑傲江湖》主题曲开始一声戏曲叫板“咿呀……”，将一个神秘的武侠世界展现在人们面前……

由赵季平作曲的电影《霸王别姬》是中国电影的里程碑。该片荣获了法国国际电影节最高奖“金棕榈” 大奖，是迄今为止中国唯一获此殊荣的影片。

（二）深耕细作的音乐载体转换

赵季平先生非常注重自己作品的载体转换尝试。

从20世纪80年代开始至今，赵季平先生将电影音乐《心香》的核心主题改编成了二胡协奏曲并转换为独立成章的器乐作品；将电视连续剧《乔家大院》的音乐转换为交响组曲《乔家大院》。人们一致认为，《乔家大院》交响乐版是作曲家赵季平创作生涯的扛鼎之作，此曲在调式上是徵调式、宫调式、角调式等民族调式与西洋调式的结合运用；在写作手法上运用了三度与五度混合叠置构成的和声；在曲式上运用了多段并列结构曲式与单三部曲式；在配器上运用了西洋双管编制交响乐队与民族乐器混合编制，是当代中国继《梁祝》之后诞生的又一部音乐史诗。由于观众十分熟悉而且钟爱这部作品，后又出现了民乐版的《乔家大院》（景建树移植）。

（三）传承文化基因

赵季平先生曾说：“你的脚上有多少泥土，就代表你和老百姓贴得有多近”“经常到农村去、到老百姓当中去，你才能接上地气”。在早期从事电影音乐创作的时候，他一年要往陕北跑五六次。每天除了赶路以外，晚上就在老百姓的窑洞里听民歌、拉家常。

赵季平先生正是这样一个身体力行的人。在他的作品中，充满了来自黄土地的气息，有晋味，有京味，更有陕味。他对各地音乐风格非常熟悉，尤其对陕西境内的戏曲音乐更是烂熟于心、信手拈来，正是这些中国传统音乐文化赋予了他激情与灵感。多年来他充分运用民族音乐元素、现代音乐创作技法，创作出大量的激情四射的经典音乐作品，而这些作品充分展现了中华文明五千年的民族文化底蕴！

（四）践行使命担当

赵季平先生2005年为世界反法西斯战争胜利而作的第二交响乐《和平颂》是运用民族民间音乐素材体现浓郁民族风格的典范之作。《和平颂》五个乐章中均有《茉莉花》主题提取的音乐材料，经过二胡、梆笛、曲笛、唢呐主题变奏的旋律演变，层层递进，展现了长江的雄阔、金陵的壮美，揭露了日寇的残暴、冤魂的呻吟，祈愿人民生活的幸福、世界的和平。用民族交响乐的形式表现这个题材是具有开创性的。这部作品的创作演出成功，为民族音乐以大型体裁表现重大社会题材提供了有益的经验，《和平颂》可以说是赵季平先生民族交响乐创作探索道路上的一个里程碑。

赵季平先生曾经说过，要面对世界，让世界听到和了解中华民族交响的声音和声音背后那种沉甸甸的文化自信。

《风雅颂之交响》这部作品是从我国最早的诗歌总集《诗经》与《唐诗》中选取其中部分具有代表性的章节和诗，历经近一年的创作历程而完成的大型民族管弦乐曲。赵先生创作的《风雅颂之交响》，不论是从谱面音符到音响的结构，还是从主体材料的引用到文化内涵的赋予，都显示出他对中国精神的思考与表达。《风雅颂之交响》在国家大剧院以及香港、西安等地的演出引起了巨大的反响，好评如潮。

第十章

建设智慧城市实用技术

万物均需互联，一切皆可编程

近年来，我国智慧城市快速发展，成效显著，这都得益于信息技术在新型智慧城市建设中的广泛应用。西安建设国家中心城市，发挥好城市引领、辐射、集散的作用，推动城市管理体制、治理结构、服务模式、产业布局变得更加合理、高效和透明，必然离不开新型智慧城市实用技术的助力。因此，了解和推广运用前沿信息技术，对于推动西安新型智慧城市的建设大有裨益。

新型智慧城市未来功能和结构将与人类大脑高度相似，也将具备虚拟视觉、虚拟感觉、虚拟运动、虚拟中枢、虚拟记忆神经系统。其中，现代信息感知技术如同人的视、听、嗅、触等感知能力，为城市管理者快速、准确、实时地感知城市动态提供了可能；信息传输技术如同人体的神经网络，为城市管理者及城市各要素动态信息的传递提供了基础支撑；信息处理技术、信息存储技术如同人类大脑，为海量的城市动态数据分析、处理、决策提供了高效的实现方式；而信息安全技术如同人体的免疫系统，为新型智慧城市的运行提供了安全、可靠的屏障。

2021年被称为“元宇宙元年”。在通信技术、交互技术、计算能力、核心算法等快速发展的情况下，元宇宙（Metaverse）呈现出了巨大的发展潜力。基于此，Facebook、腾讯、字节跳动等互联网巨头纷纷采取各种方式布局元宇宙。元宇宙这个词源于1992年尼尔·斯蒂芬森的科幻小说《雪崩》，这本书描述了一个平行于现实世界的虚拟世界——Metaverse，所有现实生活中的人都有一个网络分身Avatar。这个虚拟的世界就叫作“元宇宙”。目前一般认为元宇宙是利用科技手段进行链接与创造的与现实世界映射与交互的虚拟世界，是具备新型社会体系的数字生活空间。其本质上是对现实世界的虚拟化、数字化的过程。

有专家认为，当下技术研发和应用的大方向是促进人、网、物互联，以期将物理空间、虚拟空间和心理空间贯通，形成全新的应用特征和领域，元宇宙是这类路线的代表。自然界和人类社会的许多传统功能将不断向虚拟空间前移，虚拟空间会持续充实和扩大。

元宇宙起源于游戏又超脱于游戏，未来元宇宙将经历云游戏、数字孪生、虚实共生三个发展形态。数字孪生技术为元宇宙中的各种虚拟对象提供丰富的数字孪生体模型，并通过从传感器和其他连接设备收集的实时数据与现实世界中的数字孪生化（物理）对象相关联，使得元宇宙环境中的虚拟对象能够镜像、分析和预测其数字孪生化对象的行为。数字孪生应用将使物联网连接对象扩展为实物及虚拟孪生，将实物对象空间与虚拟对象空间融合，成为虚实混合空间。

在未来，数字孪生技术的应用广度和深度将进一步扩大，现实中的每一个用户都可以在虚拟世界中创建自身的孪生体，进而在不同的元宇宙中自由穿行。从本质来讲，数字孪生是复杂的技术体系，而元宇宙则是极为复杂的技术—社会体系。虽然数字孪生起源于复杂产品研制的工业化，现正逐步向城市化和全球化领域迈进，而元宇宙起源于构建人与人关系的游戏娱乐产业，现正快速从全球化向城市化和工业化迈进，但是二者最后都会统一于虚拟与现实有机融合的“虚实共生”的体系中。在元宇宙的“虚实共生”阶段，现实的人类和他们的数字孪生体，将形成新的社会关系与情感连接，构建起虚实共生的新型“人类社会”。而实体经济与虚拟经济也共同进化为数字经济，成为虚实共生状态的经济形态。

虽然元宇宙尚处于初级发展阶段，但是我们应重视元宇宙相关技术研发，并在游戏娱乐、商业购物、智能出行等领域进行先期应用。

第一节 信息感知技术

一、传感器

如果说机械延伸了人类的体力、计算机延伸了人类的智力，那么传感器技术则大大延伸了人类的感知力。传感器在新韦氏大词典中定义为："从一个系统接受功率，通常以另一种形式将功率送到第二个系统中的器件。"根据这个定义，传感器的作用是将一种能量转换成另一种能量形式。具体来说，传感器就是一种检测装置，通常由敏感元件和转换元件组成，可以测量信息，也可以让用户感知到信息。通过变换方式，让传感器中的数据或价值信息转换成电信号或其他所需形式然后输出，以满足信息的传输、处理、存储、显示、记录和控制等要求。

相比传统传感器，数字传感器是指将传统模式的传感器经过改造，使之输出的信号为数字编码的传感器。数字传感器利用A/D转换（模拟信号与数字信号转换）技术，将探测和感受到的外界信号、物理条件或化学组成等转换成能够被数字计算设备读取的器件或装置。

另外，既具备数字传感器数据采集、A/D转换的功能，又具有将采集数据信息进行处理、存储、无线传输功能的是新一代传感器——数字化智能传感器。数字化智能传感器的功能模块主要有：通过加装或改造A/D转换模块，将模拟信号转换为数字量（或数字编码）的数字传感器模块；对数字传感器模块采集的信息进行处理、存储、无线传输的微处理模块。

数字化智能传感器是基于微机电、微电子测量、无线通信、嵌入式技术而创新设计的无线智能测量终端，支持多种无线通信方式，连接上位机或自动接入云端。相较于传统数字传感器，数字化智能传感器的优势主要表现在集数据采集、转化、存储、无线传输于一体，无须再配采集仪。另外，联网技术在数字化智能传感器中的应用使其在使用过程中与上位机实现无线连接、远程测控，从而可以实现分布式无人值守和在线监测。

未来这些数字化智能传感器将为新型智慧城市动态感知系统的建立提供可能。随着大量数字传感器的部署，新型智慧城市将可以动态感知城市环境、气象、交通、生产、安全等各类信息，从而为城市管理提供基础数据。

（一）传感器技术发展阶段

第1代是结构型传感器，是利用结构参量变化来感受和转化信号。例如：电阻应变式传感器就是利用金属材料发生弹性形变时电阻的变化来转化电信号的。

第2代传感器是20世纪70年代开始发展起来的固体传感器，这种传感器由半导体、电介质、磁性材料等固体元件构成，是利用材料某些特性制成的。如：利用热电效应、霍尔效应、光敏效应，分别制成热电偶传感器、霍尔传感器、光敏传感器等。

20世纪70年代后期，随着集成技术、分子合成技术、微电子技术及计算机技术的发展，出现集成传感器。集成传感器包括2种类型：传感器本身的集成化和传感器与后续电路的集成化。例如：电荷耦合器件（CCD）、集成温度传感器AD590、集成霍尔传感器UG3501等。这类传感器具有成本低、可靠性高、性能好、接口灵活等特点。集成传感器发展非常迅速，现已占传感器市场的2/3左右，正向着低价格、多功能和系列化方向发展。

第3代传感器是20世纪80年代刚刚发展起来的智能传感器。所谓“智能传感器”，是指其对外界信息具有一定检测、自诊断、数据处理以及自适应能力，是微型计算机技术与检测技术相结合的产物。20世纪80年代智能化测量主要以微处理器为核心，把传感器信号调节电路、微计算机、存储器及接口集成到一块芯片上，使传感器具有一定的人工智能。20世纪90年代末，随着现代传感器、无线通信、现代网络、嵌入式计算、微机电、集成电路、分布式信息处理与人工智能等新兴技术的发展与融合，以及新材料、新工艺的出现，传感器技术向微型化、无线化、数字化、网络化、智能化方向迅速发展。在传感器一级实现了智能化，使其具有自诊断功能、记忆功能、多参量测量功能以及联网通信功能等。

传感器、通信技术、芯片、操作系统被称为现代信息技术和物联网的四大核心技术，广泛应用于军事、科研、环境、交通、医疗、制造、反恐、抗灾、家居等领域。

（二）国内外发展历程与现状

20世纪80年代初，美、日、德、法、英等国家相继确立加速传感器技术发展的方针，并将其视为涉及科技进步、经济发展和国家安全的关键技术，纷纷列入长远发展规划和重点计划之中。采取严格的保密规定对技术进行封锁和控制，禁止技术出口，尤其是禁止出口到中国。

日本1979年在《对今后十年值得注意的技术》中将传感器列为首位；美国国防部1985年公布的20项军事关键技术中，传感器被列为第14项；美国“星球大战”计划、欧洲“尤里卡”计划、苏联“军事航天”计划，英、法、德等国家高技术领域发展规划中均将传感器列为重点发展技术，并将其科研成果和制造工艺与装备列入国家核心技术。

尤其是美国，认为计算机技术是核心，敏感技术、光电子技术是关键和重点，新材料、微电子技术是支撑和基础，代表着美国信息技术发展方向。

美国国家科学发展基金会认为，20 世纪的重大变革就是：“通过网络，把物质世界连接起来，并赋予它一个电子神经系统，使它具有能够感知信息的生命，而能够担当这一重任的核心就是传感器。”美国每年度财政预算约有 69 亿美元用于传感器基础技术与应用研究，称为“Sensor Revolution”（传感器革命）。

美国国防部在2000年时就把传感器网络确定为五大国防建设领域之一。美国研究机构和媒体认为它是21世纪世界最具有影响力的高技术领域的四大支柱型产业之一，是改变世界的十大新兴技术之一。日本在2004年就把传感器网络定为四项重点战略之一。

我国传感器行业相比于西方国家发展较晚。1972年，我国组建成立中国第一批压阻传感器研制生产单位；1974年，研制成功中国第一个实用压阻式压力传感器；1978年，诞生中国第一个固态压阻加速度传感器；1982年，国内最早开始硅微机械系统（MEMS）加工技术和SOI（绝缘体上硅）技术的研究。进入20世纪90年代后，硅微机械加工技术的绝对压力传感器、微压传感器、呼吸机压力传感器、多晶硅压力传感器、低成本TO-8封装压力传感器等相继问世并实现生产。

改革开放40余年来，我国传感器技术及其产业取得了长足进步，主要表现在：建立了传感技术国家重点实验室、微米/纳米国家重点实验室、国家传感技术工程中心等研究开发基地；MEMS、MOEMS（微光机电系统）等研究项目列入了国家高新技术发展重点；在"九五"国家重点科技攻关项目中，传感器技术研究取得了51个品种86个规格新产品的成绩，初步建立了敏感元件与传感器产业。

我国《国家中长期科学与技术发展规划（2006—2020年）》中把智能感知技术、自组织网络与通信技术、宽带无线移动通信等技术列为重点发展的前沿技术。目前，我国传感器产业正处于由传统型向新型发展的关键阶段，特别是向微型化、多功能化、数字化、智能化、系统化和网络化方向发展。

传感器是影响国内物联网、工业4.0等产业快速发展的卡脖子技术之一，在这方面我国对国外产品依赖严重。目前，中国中高端传感器进口占比达80%，传感器芯片进口更是达90%，国产化缺口巨大。其中数字化、智能化、微型化等高新技术产品严重短缺。国家重大装备所需的高端产品主要依赖进口，而涉及国家安全和重大工程所需的传感器及智能化仪器仪表，国外对我国往往采取限制。虽然近几年我国传感器市场发展很快，但本土传感器技术与世界水平相比仍存在很大差距。这种差距一方面表现为传感器在感知信息方面的落后，另一方面则表现为传感器自身在智能化和网络化方面的技术落后。由于没有形成足够的规模化生产，国内的传感器不仅技术低，而且价格高，在市场上依旧难有竞争力。

最近几年，政策、资本都在关注传感器的发展，同时也涌现出了一批诸如森霸传感、万讯自控的国内传感器优质企业，在兼具研发、设计、生产到应用的完整产业体系的情况下，传感器国产率将会稳步前进。根据统计，在2016—2020年，全球传感器市场复合增长率仅为11%，而我国传感器产业平均复合增长率达到了30%。

二、射频识别

射频识别（Radio Frequency Identification，简称为“RFID”）是一种利用无线射频方式在读写器和电子标签之间进行非接触的双向数据传输，以达到目标识别和数据交换目的的技术。RFID 也是一种传感器技术，又称“无线射频识别”，俗称“电子标签”。RFID 技术是融无线射频技术和嵌入式技术为一体的综合技术。它能够通过各类集成化的微型传感器协作实时监测、感知和采集各种环境或监测对象的信息，将客观世界的物理信号转换成电信号，从而实现物理世界、计算机世界以及人类社会的交流。通常，RFID 系统由电子标签、读写器、微型天线和信息处理系统组成。

RFID 技术发展历程

1940—1950年，雷达技术的发展衍生出了RFID技术，1948年RFID的理论基础诞生；1950—1960年，RFID技术探索阶段，主要处于实验室研究；1960—1970年，相关理论不断发展，并且开始在实际中运用这一技术；1970—1980年，RFID技术不断更新，出现了一些最早的射频识别应用；1980—1990年，RFID技术和相关产品进入商业应用阶段；1990—2000年，RFID的标准化问题得到重视，相关产品应用广泛；2000年后，标准化问题越来越重要，RFID产品的种类不断丰富，无论是有源、无源还是半无源电子标签都开始发展起来，相关生产成本进一步下降，应用领域逐渐增加。

时至今日，RFID的技术理论得到了进一步的丰富和发展，单芯片电子标签、多电子标签识读、无线可读可写、适应高速移动物体的RFID技术不断发展。RFID技术让人们可以随时掌握物品的准确位置及其周边环境，在自动识别、仓储、交通、物流管理等方面有着广泛应用。例如，目前的ETC系统（不停车电子收费系统）就是使用了RFID技术无线识别的特点，非接触式地读取对应用户的账户信息并完成扣费的。RFID技术作为物联网中重要的技术组成，也将随着物联网的发展在食品溯源、电子防伪、安全管理、公共交通监管等领域发挥重要作用。

•RFID 的起源

RFID 的起源可以追溯到第二次世界大战。当时，对于各国机场来说，单靠肉眼根本无法快速判断返航的飞机是敌是友。

针对这种情况，德国人使用了一种有趣的方法，他们的飞行员在返回基地时滚动飞机，这样可以改变反射的无线电信号。这个简单的程序提醒地面雷达机组返回的是德国飞机，而不是盟军飞机。它可以被认为是通过射频信号识别物体的第一种被动方式之一。

而由苏格兰物理学家沃森·瓦特领导的英国研究人员用一个非常聪明的想法开发了一个新系统，敌我识别器与雷达协同工作，使识别的“友”“敌”信息在雷达显示器上明确显示。他们在盟军的飞机上装备了一个无线电收发器，当控制塔上的探询器向返航的飞机发射询问信号时，飞机上的收发器会在接收到这个信号后回传一个信号给探询器，探询器根据接收到的回传信号来识别敌我。

敌我识别系统一般由询问器和应答器两个部分组成并配合工作，其工作原理是询问器发射事先编好的电子脉冲码，若目标为友方，则应答器接收到信号后会发射已约定好的脉冲编码，如果对方不回答或者回答错误即可认为是敌方。这种操作基本具备了目前RFID技术的主要特征，这便是RFID技术的起源。

三、VR、AR

VR即虚拟现实技术（Virtual Reality），顾名思义，就是虚拟和现实相互结合。它利用电脑模拟产生一个三维空间的虚拟世界，提供使用者关于视觉、听觉、触觉等感官的模拟，让使用者如同身临其境一般，可以即时、没有限制地观察三维空间内的事物，并与之交互。参与者通过VR设备，让虚拟世界的视角与真实的摇摆、旋转、行走等行为动作完全匹配。简单地说，就是让参与者戴上虚拟现实头戴设备（头部跟踪器）、仿真交互手套（手部跟踪器）、眼睛视向跟踪器等硬件设备，通过实时性运动追踪，同时在虚拟场景中产生互动的行为，从而达到沉浸式仿真效果。VR一般使用不透光的显示设备，用户不能看到外部世界，完全沉浸于虚拟世界中。

AR即增强现实（Augmented Reality），是一种实时地计算摄影机影像的位置及角度并加上相应图像的技术，其目标是在屏幕上把虚拟世界套在现实世界并进行互动。这种技术是在1990年提出的，其目的是将真实的信息与虚拟世界的信息同时显示出来。这两种信息相互补充、叠加，在显示器里把虚拟世界堆叠在现实世界中，并实时地计算摄影机影像的位置及角度，使虚拟影像与真实世界产生完全匹配并且实时互动。AR一般采用透明的设备或者通过带有摄像头的显示屏。通过这些设备，用户可以看到虚拟信息和图像加载到现实世界的景象。

从理论上讲，无论是AR还是VR，都是提升人感知虚拟世界直观性、真实性的技术手段。随着动态环境建模技术、实时三维图形生成技术、立体显示和传感器技术、系统集成技术等相关技术的发展，AR、VR技术将在图形仿真、虚拟通讯、遥感、影视娱乐、教育、医疗、建筑设计、模拟训练等众多领域带来革命性的变化。

VR、AR 技术发展历程

VR这个概念最早来自1935年小说家斯坦利·温鲍姆（Stanley Weinbaum）的小说中描写的一款包括视觉、嗅觉、触觉全沉浸式体验的概念。虚拟现实技术（VR）理念兴起于20世纪60年代的美国，到20世纪80年代，被尊为“VR之父”的杰伦·拉尼尔（Jaron Lanier）正式提出Virtual Reality概念。他认为通过计算机仿真系统可以创建虚拟世界，用户可以沉浸在计算机生成的三维虚拟环境中，从自己的视角出发与其进行互动，并产生一种“身临其境”的代入感。其“复制世界”的核心特征可以归纳为“3I”，即沉浸（Immersion）、互动（Interaction）和想象（Imagination）。因为虚拟现实技术所营造的“虚拟世界”与现实世界存在疏离，20世纪90年代后，在虚拟现实技术基础上，增强现实（Augmented Reality）技术被研发出来，增强现实技术并不是用计算机模拟的“环境”来取代现实世界，而是通过引入多层次的数字信息，对真实事物进行丰富与完善，从而实现虚拟与现实之间“实时的无缝接合”。AR在这个层面上，可以说是VR的新发展与补充。

增强现实与虚拟现实技术的发展，离不开人们对于某些特定领域的特殊要求。比如军队的模拟作战训练、航天器模拟训练等，都对技术研发起到了推动作用。1961年，美国空军路易斯·罗森伯格在阿姆斯特朗实验室中，开发出对机器的远程操作系统Virtual Fixtures。随后，其研究方向转至增强现实，即如何以虚拟图像叠加至用户的真实世界画面中。1998年，世界上第一次成功地将增强现实技术应用于电视节目的实时直播，美国电视台大胆地运用了1st & Ten系统将橄榄球比赛中可进攻区域用黄色线条标注在屏幕上，实现了电视屏幕上的可视化。

1999年，日本奈良先端科学技术学院的加藤弘教授开发了增强现实开发工具AR Tool Kit——利用C++语言让编程人员快速编写增强现实应用程序库。开发增强现实程序的难点在于如何将实际发生中的运动轨迹与虚拟图像精确对齐，并且将虚拟影像实时地覆盖到显示窗口。利用该系统所提供的快速和准确的标记跟踪功能，实现了消费级别增强现实的可实践性。

2005年，开发者通过将AR Tool Kit与软件开发工具包（SDK）相结合，利用手机摄像头视频跟踪功能，实现了实时计算摄像头与真实环境中特定标志之间的相对方位。这次实践被看作是增强现实的一场技术革命，标志着增强现实技术从试验阶段过渡到了商业实践中。

2013年4月，谷歌发布了谷歌眼镜。这种AR设备将信息直接叠加到眼镜上。

2015年，微软开发了增强现实眼镜HoloLens。这款设备利用全息技术，使眼镜具备重叠虚拟影像于真实世界的功能。虚拟的影像只有佩戴者能够看见，眼镜会自动根据佩戴者移动的位置以及视线运动的方向调整三维虚拟影像的位置及角度，再将实时追踪的影像传导进眼镜里。该设备还可以通过动作捕捉实现佩戴者与虚拟物体的互动。

增强现实技术在各个领域中都有应用。比如：在军事上，将相关数据及导航信息叠加到飞行头盔中；在医疗上，通过移动终端，将CT扫描结果叠加到人体不同部位，方便医生手术中随时观测患者病情；在幼教方面，利用增强现实技术使三维模型与教科书籍等相结合，利用移动终端，让孩子实现沉浸式教学，提高教学质量；在娱乐方面，很多公司开发了增强现实游戏，让玩家在现实环境中与虚拟人物互动。众多实例说明，增强现实技术在工业、商业、教育等方面都存在着极大的潜能。

● 故宫博物院“发现·养心殿”数字馆

随着VR/AR等技术及可穿戴设备等传感器终端产品逐渐进入大众视野，并参与到社会实践的多元场景中，用户对故事的感知由单一维度的视觉、听觉延伸至全方位、全息化的人体感知，引领了故事体验的新时代。养心殿是故宫最重要的宫殿之一。故宫博物院“发现·养心殿”数字馆通过高沉浸式投影、VR头盔、体感捕捉、可触摸屏等装备和语音图像识别等技术，帮助来自世界各地、有着不同文化背景的参访者跨域历史，体验故宫皇家生活。

这是故宫将传统文化与现代科技相融合的一次创新呈现。数字馆选取养心殿在生活中“政务—文化—起居”涉及的多样元素，结合人工智能、虚拟现实、体感捕捉、高精三维建模等数字技术，通过“召见大臣”“朱批奏折”“亲制御膳”“数字多宝阁”等互动项目，用丰富的内容和有趣的交互带领观众体验浓缩版的“养心殿里的一天”。故宫的自然与人文环境让参访者身临其境，对应具体场景的故事内容则为参访者提供了跨时空的交流，使其在自然、人文和虚拟环境相关联的沉浸体验中，全方位感受并重新认知中国文化。

四、二维码

二维码是采用一种特定的几何图形按照一定的规律通过二维方向平面分布的黑白相间图形来记录数据符号信息的。在代码编制方面，二维码巧妙地利用构成计算机内部逻辑基础的“0”“1”比特流的概念，使用多个与二进制相对应的黑白几何形体来表示文字数据信息，通过光电扫描设备或者图像输入设备来自动识读以实现信息自动处理。二维条形码具有条形码技术的一些共性：每种码制有其特定的字符集；每个字符占有一定的宽度；具有一定的校验功能等。

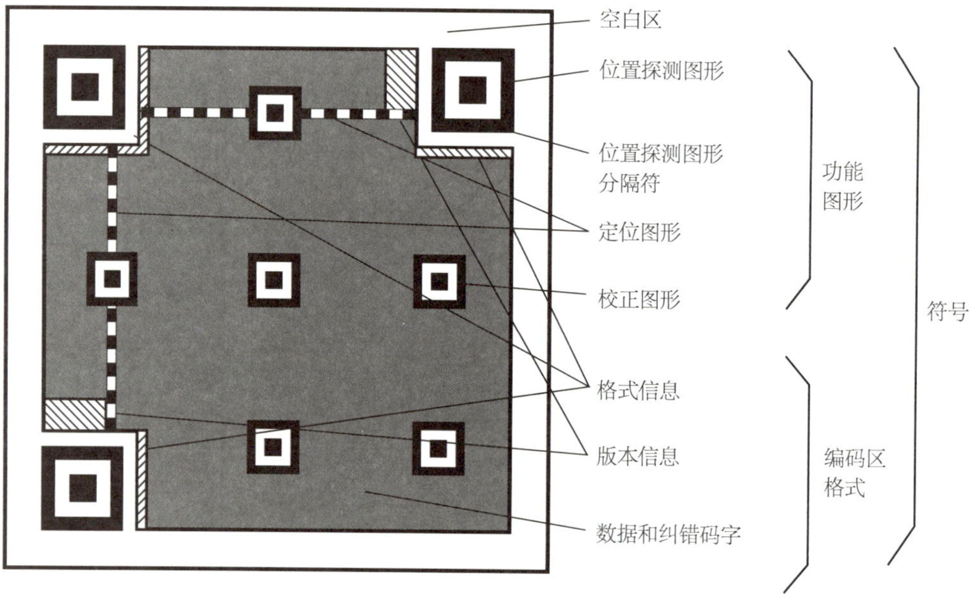

二维码结构

二维码技术的发展历程

二维码的出现，是为了解决条形码信息容量有限的问题。当时正在从事条形码读取机研发的日本 DENSO WAVE 公司的原昌宏带领 2 人研发小组最早完成了研发工作，并于 1994 年公开了二维码。二维码大约可容纳 7000 多个数字，现在日常生活中常见的支付码、“一码通”等都属于二维码，其实质都是数字信息的图形化展现。理论上讲，图片、声音、文字、签字、指纹等可以数字化的信息均可用二维码表示。随着计算机科学与技术的发展，自动识别技术得到了广泛的应用。在众多自动识别技术中，二维码技术已经成为当今备受关注的计算机自动识别技术之一。由于储存量大、保密性高、追踪性高、抗损性强、成本便宜等特性，二维码在城市生产、生活的各个方面均已得到广泛应用，如数据下载、定位、导航、铁路订票系统、车辆管理等。

•QR 二维码之父揭秘，发明契机是“围棋”

据 DENSO WAVE 首席工程师原昌宏介绍，QR 二维码原本是为汽车工厂的零件管理开发出来的。QR 二维码还没被发明出来的时候，制造现场用条形码来管理零件，每次要连续读取 8—10 个棒状条形码来获取信息。这样干工作效率太低，操作人员多有抱怨，表示干得非常累。为此，他们决心开发一种一次能读取大量信息的编码，于是有了 QR 二维码。

QR 二维码内含的信息量是条形码的 200 倍。其特征是纵横方向黑白相间的方块，通过黑白线条不同排列组合来表达信息。其支持的文字量，如果按数字算的话，可容纳 7 000 多个数字。通过缩小方块大小或放大 QR 二维码本身，只要是在文字数量范围之内，都可以制作出无数的组合图案。

而 QR 二维码设计的灵感源自原昌宏在午间工休时玩的一种游戏。公司工间午休的时候，他喜欢玩围棋。在围棋的矩阵网格中放置白子和黑子，能便利地表达信息，这给他带来了灵感。以这种好玩心为契机发展出来的 QR 二维码，如今已广泛普及到不可或缺的程度。抱着“先普及 QR 二维码”这种想法，DENSO WAVE 公司特意开放了专利。于是，QR 二维码陆续被其他企业所采用。再加上带摄像头的手机快速普及等原因，QR 二维码出现爆发式增长。QR 二维码从古老的围棋获得灵感而诞生，现已逐渐发展成为最先进的服务方式。

五、人脸识别

人脸识别技术，通俗地讲就是将一张活生生的脸转变成一种信息并让计算机能读懂的技术。人脸识别是指利用计算机技术强大的分析、比较功能对人的脸部特征进行识别，以进行人物区分的一项技术。即用相机或摄像机采集含有人脸的图像或视频流，并自动在图像或视频中检测和跟踪人脸，进而对人脸进行识别，通常也称为“人像识别”“面部识别”。人脸识别技术具有易实施、易识别、非接触和快捷友好等优势，近年来成为人工智能领域研究和应用的热点。

一个完整的人脸识别过程如下图所示，首先是通过图像采集设备获取人脸图像，然后对采集的图像进行人脸检测从中分离出人脸，最后经过图像预处理等操作后进行特征提取，并进行特征匹配分类识别，从而得到识别结果。

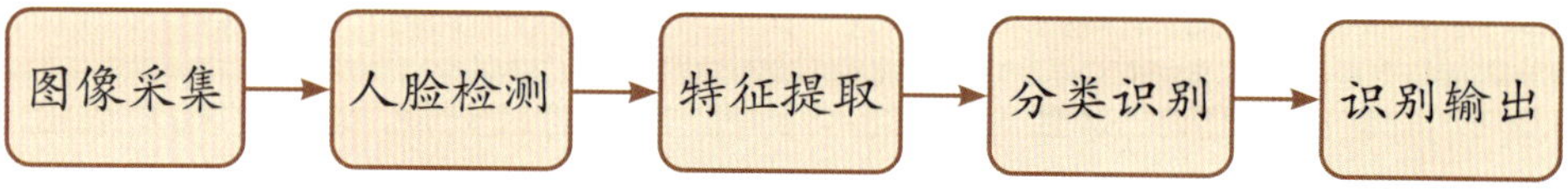

人脸识别流程

（一）人脸识别技术的发展历程

第一阶段（1964—1990年）：主要针对人脸面部几何结构特征开展研究，即采用正面人脸图像或侧脸图像中可计算得比较精确的几何结构特征来识别人脸，并将研究重点放在提取和分析面部剪影曲线的结构特征方面。该阶段研究成果不明显，也缺乏实际的应用。

第二阶段（1990—1998年）：研究的重点是基于采用多维特征矢量表示的人脸面部特征，但在判断时需要用到先验知识。随着高速度高性能计算机的出现，人脸识别方法有了重大突破。国外有很多大学在此时取得了很大进展，研究涉及的领域很广，其中美国麻省理工学院的Turk和Pentland提出了这一时期内非常有名的算法“特征脸”（Eigen-face）。

第三阶段（1998年至今）：人脸识别技术迈向商业化并广泛运用。该阶段研究的重点是面向真实条件的人脸识别问题，研究的热点及难点主要聚焦在不理想光照强度、人脸姿势不到位对人脸识别的影响及改进方面。此外，研究重点向基于3D模型的人脸建模与识别方向发展。

（二）人脸识别的主要技术

人脸识别技术主要包含三个方面：人脸检测、人脸跟踪和人脸比对，上述三个方面均有多种成熟的技术对其进行处理。

（1）人脸检测：主要是利用特征子脸法、样品学习法、人脸规则法等方法检测图像或视频中是否存在人脸区域，以将其分离出来，检测过程中上述方法可综合运用。

（2）人脸跟踪：主要是利用肤色模型跟踪或基于运动与模型相结合的方法对检测到的人脸区域进行动态目标跟踪。

（3）人脸比对：是指对利用特征向量法或面纹模板法在现有的数据库中对被检测到的人脸区域进行目标搜索和比对，以找到最优匹配对象。比对的效率和性能由人脸特征的描述方式所决定，综合运用特征和模板将有助于比对效率的提升。

（三）人脸识别的主要方法

用于人脸识别的方法多种多样，主要有基于特征脸、几何特征、神经网络、弹性图匹配、模板匹配的人脸识别方法，现也涵盖深度学习算法。常见的人脸识别方法有以下几种：

（1）基于特征脸的人脸识别方法。20世纪90年代初Turk首次提出，首先按照从上到下、从左到右的顺序，将一幅人脸图像所有像素的灰度值组成一个高维向量，然后通过主成分分析法，将人脸图像降维，之后采用线性判别分析，进而识别人脸。该方法具有计算简单、使用方便、效果良好的优点。但是它对于拍照角度、拍照环境、光照强度等外界因素要求很高，进而导致识别准确率较低。

（2）基于几何特征的人脸识别方法。Bledsoe最先提出，该方法主要是对面部特征点进行几何运算，计算得出描述每个面部关键位置的特征矢量。目标人脸由这些特征矢量表示出来，再与数据库中的人脸进行比对，找出最为匹配的人脸。

（3）基于人工神经网络的人脸识别研究方法。1997年Lin等研究了一种基于神经网络的全自动人脸检测系统，在当时引起了很大反响。人工神经网络优秀的学习能力、分类能力使得其对人脸进行特征提取与识别更加容易。神经网络方法通过学习过程，避免了复杂的特征提取工作，使获得人脸识别规律的隐性表达更加容易。

（4）基于弹性图匹配的人脸识别方法。Lades等人在1997年首次将该方法用于人脸识别并取得了较好效果。使用该方法时，通过与目标图像相近模型图的寻找和对图中的每个节点位置进行相似度匹配，生成一个各节点与模型图中对应点位置相近的拓展图。该方法受光照、表情等因素影响较小，优于特征脸方法，但计算速度慢，占据存储空间大。

（5）**基于模板匹配的人脸识别方法。**该方法预先给定包含了人脸特征的标准模板，但这些模板的长宽比例不同；然后在全局范围内，通过不断迭代来更改模板大小，根据这些模板与待测对象的相似性大小进行比对和识别，寻求最佳匹配。早在1993年，Poggio和Brunelli就对模板匹配法和几何特征法进行过比较，并得出模板匹配方法比几何特征方法识别率高的结论。

（6）**基于深度学习的人脸识别方法。**深度学习能够模拟人类视觉感知神经系统的认知学习，从而获得更具表征力的高层特征。2012年，勒尼德·米勒研究小组率先将深度学习用于LFW（Labeled Face in the Wild）数据库的人脸识别。他们采用无监督的特征学习方法，取得了87%的识别率。目前，深度学习算法的识别率已经达到99.47%，甚至超过了人眼的识别率。该方法通过学习算法得到更有意义的数据，并且能建立更精确的模型。然而，训练模型需要时间很长，并且要不断迭代来进行模型优化，但不能保证得到全局最优解。

（四）人脸识别技术的应用与展望

目前人脸识别已在安保系统、交通运输、电子商务、金融行业、刑侦查案、社会保障、军队等领域广泛应用。

以当前火热的“刷脸”考勤来说，识别率已相当高。同时，人脸识别技术在安全防护方面的应用也相当广，在诸如政府机关、机场、档案单位这种安全级别较高的区域，均采用了基于人脸识别的门禁系统来进行身份验证以加强安全防护。利用人脸识别技术相当于把人脸作为通行证，其关键技术是运用扫描设备对人脸图像进行扫描，与预先录入的人脸库进行比对，若比对结果一致，则能顺利通过门禁系统，否则门禁系统关闭。苹果公司在2017年发布iPhone X时就用人脸识别替代了以往的指纹识别，用户通过刷脸解锁手机，进一步保障了个人信息安全。此外，人脸识别技术在笔记本电脑等私人物品、以支付宝为代表的各种在线支付以及各种需要验证的APP中都应用极广。

与此同时，人脸识别技术在公安破案领域的应用也进入到实践阶段。美国在2014年投入10亿美元建设电子识别系统以锁定嫌疑人，日本于2015年在入境审查方面引入了智能化人脸识别系统。

在医疗领域，在疾病的辅助诊断方面，人脸识别技术也开始发挥作用。以内分泌疾病的诊断为例，运用人脸识别技术提取并分析比对患者的脸部特征数据，可以帮助医生更好地判断患者的疾病类型。

随着社会信息化、智能化、网络化的迅猛发展，个人信息泄露问题愈发严重，越来越多的人开始关注个人身份信息的安全保障。作为生物识别技术之一的人脸识别技术在身份识别、公安刑侦、电子商务、金融服务、家庭生活等各领域中被广泛运用并发挥了重要作用，为个人身份信息安全提供了重要保障，对提高生活服务效率、防止社会犯罪具有重要意义。

第二节
信息传输技术

一、无线局域网（WLAN）

WLAN即无线局域网，是Wireless Local Area Network的简称，指应用无线通信技术将计算机设备互联起来，构成可以互相通信和实现资源共享的网络体系。它是使用电磁波取代旧式碍手碍脚的双绞线所构成的局域网络，在空中进行通信连接，使得局域网络的连接、构建变得简单、方便，让用户通过它达到“信息随身化、便利走天下”的理想境界。

无线局域网的起源最早可以追溯到第二次世界大战期间美军的军事应用。1971年，美国夏威夷大学的研究人员创造了第二个基于封包式技术的无线电通信网络ALOHNET，这被认为是最早的无线局域网络。

20世纪70年代至90年代，伴随着以太局域网的迅猛发展，无线局域网以其无须架线、灵活性强等优点赢得了特定市场的认可，成为有线以太网的有效补充。这一时期的无线局域网产品直接架构于IEEE802.3标准上，存在易受其他微波噪声干扰、传输速率低、各厂商产品互不兼容等弱点，从而限制了无线局域网的进一步应用。

1990年11月，为了顺应无线局域网的发展需求，美国国际电子电机学会（IEEE）成立了802.11委员会，开始制定无线局域网标准，迄今已推出了IEEE802.11、IEEE802.11a、IEEE802.11b、IEEE802.119、IEEE802.11n等多项标准。

目前，无线局域网产品所采用的技术标准主要有 IEEE802.11 系列、欧洲的 Hiper LAN 系列等。

1999 年，Wi-Fi 联盟成立。它的主要目的是在全球范围内推行 WLAN 产品的兼容认证，发展 802.11 技术。目前，该联盟成员单位超过 200 家，其中 42%的成员单位来自亚太地区，中国区会员有 5 个。

二、Wi-Fi

Wi-Fi 在中文里又称作“行动热点”，是根据 Wi-Fi 联盟制造商的商标而来的，Wi-Fi 一词没有任何意义，也没有全写，其实际上是一个基于 IEEE802.11 标准的无线局域网技术。简单来讲，Wi-Fi 是 WLAN 的一个标准，Wi-Fi 包含于 WLAN 中，属于采用 WLAN 协议的一项新技术。WLAN 和 Wi-Fi 的区别在于：WLAN 是指应用无线通信技术将计算机设备互联起来，构成可以进行通信和实现资源共享的网络体系，而 Wi-Fi 习惯上是指提供无线局域网接入服务的地点；Wi-Fi 一般是小范围的，而 WLAN 覆盖范围就广泛得多。

•Wi-Fi 背后的故事

作为英联邦科学和工业研究组织（CSIRO）研究“探测原子粒子大小的爆炸微型黑洞的失败实验”项目的副产品，澳大利亚射电天文学家约翰·奥沙利文（John O’Sullivan）和他的研究小组开发了一项用于Wi-Fi 的关键技术，并于 1996 年在美国成功申请了无线网技术专利。

无线网络是 IEEE 定义的无线网技术，在 1999 年 IEEE 官方定义 802.11 标准的时候，IEEE 选择并认定 CSIRO 发明的无线网技术是世界上最好的无线网技术，因此 CSIRO 的无线网技术标准成了 2010 年 Wi-Fi 的核心技术标准。

无线网络被澳大利亚媒体誉为澳大利亚有史以来最重要的科技发明，其发明人约翰·奥沙利文被澳大利亚媒体称为“Wi-Fi 之父”，并获得了澳大利亚的国家最高科学奖和全世界的众多赞誉，其中包括欧洲专利局颁发的 2012 年欧洲发明者大奖。

IEEE 曾请求澳大利亚政府放弃其无线网络专利，让世界免费使用 Wi-Fi 技术，但遭到拒绝。澳大利亚政府收取了世界上几乎所有电器电信公司（包括苹果、英特尔、联想、戴尔、AT&T、索尼、东芝、微软、宏碁、华硕等）的专利使用费。2010 年我们每购买一台含有 Wi-Fi 技术的电子设备的时候，所付的价钱中就包含了交给澳大利亚政府的 Wi-Fi 专利使用费。2010 年全球每天估计会有 30 亿台电子设备使用无线网络技术，而到 2013 年底 CSIRO 的无线网专利过期之后，这个数字会增加到 50 亿。

三、蓝牙

蓝牙由瑞典爱立信公司创立，其名称来源于10世纪的一位丹麦国王Blatand，Blatand在英文里的意思可以被解释为Bluetooth（中文直译为“蓝牙”）。它是一种无线数据和语音通信的全球规范，是为固定和移动设备建立通信环境的一种特殊的近距离无线连接技术。蓝牙工作频段全球通用、安全性和抗干扰能力强、但传输距离较短。起初，这项技术设计用于允许不同工业领域之间协调工作，使各个系统领域之间保持良好交流。目前，已经拓展到蓝牙免提通讯、车载蓝牙娱乐系统、物联网等领域。随着蓝牙5.1版本的推出，其覆盖范围和速度分别比原来4.2版本提升了四倍和两倍（达到300M、48Mb/s），数据广播能力提升了8倍，未来有望成为物联网的关键支撑技术之一。

● “蓝牙”的故事

蓝牙这个名字有一段传奇的故事。公元10世纪，北欧群雄争霸，丹麦国王哈拉尔一世（Harald Bluetooth）挺身而出，统一了丹麦和挪威，而他那颗深蓝的死牙为他赢得了“蓝牙”的绰号。“蓝牙”成为斯堪的纳维亚半岛“统一、扩张、包容、勇于挑战”和“征服一切”的象征。

1996年，英特尔、爱立信和诺基亚三家行业领先企业召开会议，计划将短程无线电技术标准化，以支持不同产品和行业之间的连接和协作。在这次会议上，Intel的Jim Kardach建议将Bluetooth作为临时代码名。他说：“国王哈拉尔以统一斯堪的纳维亚半岛而闻名，正如我们打算用短程无线链路联合个人电脑和手机行业一样。”

全球统一的标准带来无限的活力。蓝牙技术打通了现代通信网络的最后10米，像一种无处不在的数字化神经末梢一样，把各种网络终端设备与各种信息化设备都“无线”地连接起来。

四、车联网

车联网（Internet of Vehicles）是由车辆位置、速度和路线等信息构成的巨大交互网络。车联网通过GPS、RFID、传感器、摄像头图像处理等装置，使车辆可以完成自身环境和状态信息的采集；通过互联网技术，所有的车辆可以将自身的各种信息传输汇聚到中央处理器；通过计算机技术，这些大量车辆的信息可以被分析和处理，从而计算出不同车辆的最佳路线、及时汇报路况和安排信号灯周期等。

车联网是一种特定应用场景下的物联网，是以车内网（车内局域网）、车际网（车与车）和车载互联网（车与国际互联网连接）为基础，按照约定的通讯协议和数据交互标准，在车—X（车、路、行人及互联网等）之间进行无线通信和信息交换的系统网络。其核心不仅仅是能够使车连接到网络，更重要的是通过连接网络，获取“车”与“物”在使用中所需要的数据，从而达到使工具以人们期望的方式运行的目的，并最终实现智能交通、智能汽车、智能驾驶等功能。

（一）车联网中的关键技术

车联网中涉及的关键技术很多，诸如RFID、互联技术、安全技术、导航技术、智能技术等。

（1）RFID技术：该技术应用于车联网的主要优势在于该技术可识别高速运动的物体，可以轻松实现车联网结点间的信息传输。

（2）互联技术：车联网中的互联技术有很多，主要包括Wi-Fi无线

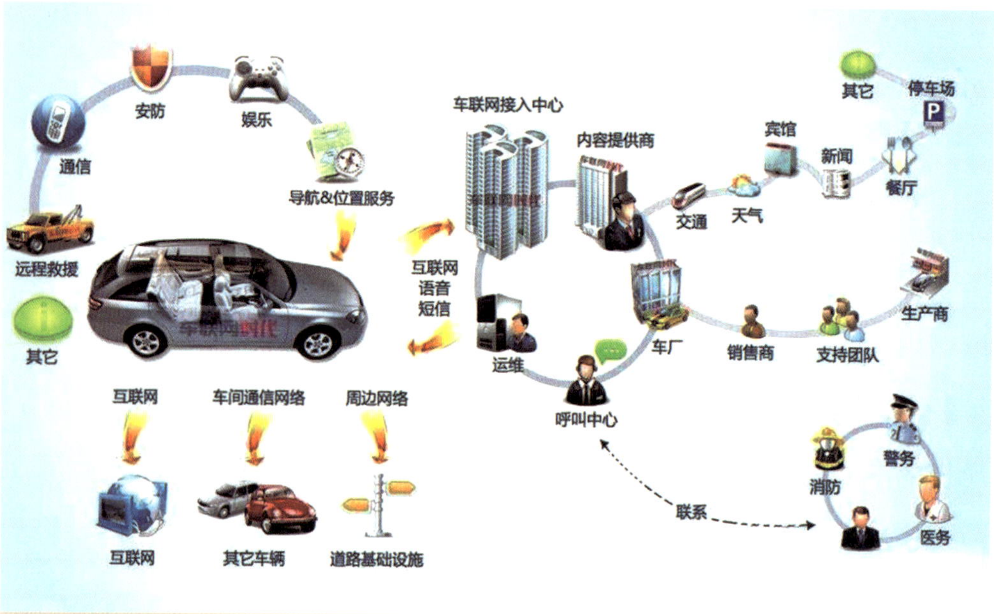

车联网示意

连接、智能蓝牙连接及 NFC 技术。Wi-Fi 无线连接是指汽车制造商可以利用车载 Wi-Fi 实现软件升级和新特性更新。驾驶员可以使用移动设备远程查看其车辆位置、油量与里程，同时也可以在同一移动设备上接收关于车辆性能与诊断的预警信息，此外，车载 Wi-Fi 技术还可以搭建移动热点。智能蓝牙连接技术在车辆与可穿戴技术连接的实现过程中发挥至关重要的作用，包括实现监测疲劳驾驶、血液中酒精含量以及血糖水平等生物计量指标的连接。NFC 技术使驾驶员仅需轻触即可实现移动设备与控制面板的配对，无需再在两个独立屏幕上浏览菜单。此外，在挡风玻璃中集成 NFC 还能让 NFC 支持数字密钥交换认证、用户配置文件等，极大地简化流程。

（3）安全技术：车联网中的安全不仅仅指驾驶员及车上人员的人身安全，通信安全、车联网服务平台安全、移动应用安全等也是很重要的方面。智能汽车内部以及和外界的数据通信构成了车联网的基础，各场景下的通信安全防护构成了车联网安全的重要保障。车联网服务平台作为智能汽车数据存储、智能计算及应用服务的平台，是车联网安全体系中的重要节点。为了提供车况确认、远程控制等功能，许多联网汽车提供了手机 APP 等移动应用供车主使用。然而由于缺少规范的安全监管标准和流程，许多厂商未对应用软件执行必要的安全性测试，驾驶员的信息保密安全风险很大。车联网发展多年，但在国内还没有完全推广开来的一个重要原因就是驾驶员隐私安全得不到保障，因此用户的认可度较低。所以，车联网所采用的安全技术对于车联网的发展至关重要。

（二）国内外发展历程及现状

2009 年 11 月，第四届无线射频识别（RFID）技术发展国际研讨会在上海举行，其中包含智能交通信息技术与应用论坛。

2009 年，中国电信、上海安吉星信息服务有限公司和通用汽车达成协议，上海安吉星信息服务有限公司将于 2009 年 12 月起在上海通用汽车公司旗下的主力车型上率先提供车载信息服务。通过应用最新的第八代 OnStar 终端技术，为中国本土的消费者提供质量最佳的服务。

2010 年 9 月，中国智能交通新技术及标准化发展高峰研讨会在杭州举行，会议以“创造低碳、安全、便利的感知交通新生活”为主题，进一步加深了对智能交通新技术、新理念的认识，促进了智能交通系统的标准化建设。

2011 年 3 月 29 日，由中国电子商会、教育部教育管理信息中心、广州智能交通信息服务产业联盟联合主办的“2011 中国车联网产业发展论坛”在广州大剧院拉开帷幕。在这次论坛上，包括政府领导、协会领导、专家学者、移动通信运营商、汽车销售公司、4S 店集团、TSP 后台服务运营商、地图运营商、车机生产商、车机方案商、风险投资商、网络服务运营商等在内的全产业链代表参会，共同探讨中国车联网及技术应用领域的发展方向。

2012 年 12 月，国际车联网大会在北京举行，吸引了来自全球各地的数百家企业，包括汽车制造商、电信运营商、汽车消费电子设备制造商、车联网服务提供商（TSP）和内容提供商。

2015 年 5 月，永太科技发布《关于与北京汽车集团产业投资有限公司签订战略合作协议的公告》，北汽产投将与永太科技携手在车联网范畴进行工业结合并购，打造车联网工业生态圈。

2015 年，中国联通与飞驰镁物（北京）信息服务有限公司在北京正式签署合作备忘录，确立了双方未来在车联网领域的合作目标以及重点合作方向。双方将在以汽车车载信息服务为核心的汽车服务领域开展深入合作，并将致力于建立有中国特色的车联网应用标准。

五、5G

第五代移动通信技术（5th Generation Mobile Communication Technology，简称“5G”）是具有高速率、低时延和大连接特点的新一代宽带移动通信技术，是实现人机物互联的网络基础设施。移动通信延续着每十年一代技术的发展规律，已历经1G、2G、3G、4G的发展。每一次代际跃迁，每一次技术进步，都极大地促进了产业升级和经济社会发展。从1G到2G，实现了模拟通信到数字通信的过渡，移动通信走进了千家万户；从2G到3G、4G，实现了语音业务到数据业务的转变，传输速率成百倍提升，促进了移动互联网应用的普及和繁荣。当前，移动网络已融入社会生活的方方面面，深刻改变了人们的沟通、交流乃至整个生活方式。

5G作为一种新型移动通信网络，与4G相比，其网络传输速率提升了2个数量级左右，最高可达10Gbit/s，并且它的网络延迟较低，低于1ms，使得信息传输速率大大提高，极大地提高了人们的生活品质。同时，5G通信技术的应用能够有效地提升信息的储存与处理能力，有效地推动信息技术的进步和经济领域的发展。

（一）关于5G通信技术高速率特性的应用

随着步入5G时代，在同一个社区同时使用5G网络观看视频变得平常。同时，5G网络的高速还可以有效解决VR的网速限制，将进一步推动VR技术的普及。进一步看来，在未来5G的移动信息技术应用领域里将向全球用户推广VR/AR游戏、VR/AR遥感教育、VR/AR智慧导盲、实时会诊与引导、VR/AR遥感器远程维护与检修等一系列服务。

（二）5G通信技术在智能家居中的应用

智能家居的最终目的是完成信息的自动捕捉和调节。进入5G时代，人们对智能设备的自我感知能力更加看重。智能设备已经不再像以前那样被动地去接受用户的指令来完成一系列操作，而是更加主动地去响应、感知周围的环境，并且随着环境的变化而做出不同的响应。比如：通过传感器来检测室内空气中的湿度、温度等一系列环境参数，再对这些参数进行一系列相关环境分析，最终自动联动到与设备相关的装置。

5G不仅解决人与人通信问题，为用户提供增强现实、虚拟现实、超高清视频等更加身临其境的极致业务体验；更要解决人与物、物与物通信问题，满足移动医疗、车联网、智能家居、工业控制、环境监测等物联网应用需求。最终，5G将渗透到经济社会的各行业各领域，成为支撑经济社会数字化、网络化、智能化转型的关键新型基础设施。

目前，国家已经启动了6G相关技术的研发工作，虽然技术路线和关键指标还没有统一的定义，但总体上将致力于打造一个传输速率更高，集地面通信、卫星通信、海洋通信于一体的全连接通信网络，沙漠、无人区、海洋等如今移动通信的“盲区”将有望实现信号覆盖。

六、物联网

物联网（Internet of Things），简而言之，就是“物物相连的互联网”。物联网可以定义为：把所有物品通过信息传感设备与互联网连接起来，实现智能化识别、运作与管理功能的网络。

物联网技术即通过射频识别（RFID）、红外感应器、全球定位系统、激光扫描器、气体感应器等信息传感设备，按约定的协议，把任何物品与互联网连接起来，进行信息交换和通讯，以实现智能化识别、定位、跟踪、监控和管理。

物联网将现实世界和数字世界有效融合，自动、实时感知世界的人和物，通过云计算中心处理海量的信息和复杂的数据，为城市建设提供智能化、人性化、高效化的服务。随着新型智慧城市建设的持续推进，未来物联网技术必然会在智慧城市中得到更多的应用，而要想保证物联网通信技术应用的有效性，取得理想的智慧城市建设成果，则需要不断加强对传感技术、射频识别技术、云计算技术等关键技术手段的研究，同时把握好物联网通信技术在智能电网建设、智慧医疗建设、智慧交通建设、智慧环保建设、智慧养老建设等方面的应用要点。

物联网的发展历程

1995年比尔·盖茨在《未来之路》一书中首次提及物联网概念，但受限于当时无线网络、硬件及传感设备的发展，并未引起世人的重视。

1998年，美国麻省理工学院创造性地提出了当时被称作EPC系统的“物联网”的构想。1999年，美国Auto-ID首先提出“物联网”的概念，主要是建立在物品编码、RFID技术和互联网的基础上。在中国，物联网过去被称为“传感网”。中科院早在1999年就启动了传感网的研究，并取得了一些科研成果，建立了一些适用的传感网。同年，在美国召开的移动计算和网络国际会议提出了“传感网是下一个世纪人类面临的又一个发展机遇”。

2003年，美国《技术评论》提出传感网技术将是未来改变人们生活的十大技术之首。

2005年11月17日，在突尼斯举行的信息社会世界峰会（WSIS）上，国际电信联盟（ITU）发布了《ITU互联网报告2005：物联网》，正式提出了“物联网”的概念。报告指出，无所不在的“物联网”通信时代即将来临，世界上所有的物体，从轮胎到牙刷、从房屋到纸巾，都可以通过因特网主动进行交换。射频识别技术（RFID）、传感器技术、纳米技术、智能嵌入技术将到更加广泛的应用。

奥巴马就任美国总统后，于2009年1月28日与美国工商业领袖举行了一次“圆桌会议”。IBM首席执行官彭明盛在这次会议上提出“智慧地球”这一概念，建议新政府投资新一代的智慧型基础设施。IBM大中华区首席执行官钱大群在2009IBM论坛阐述了“智慧地球”这一新概念。此概念一经提出，即受到美国各界的高度关注，甚至有分析认为IBM公司的这一构想极有可能上升至美国的国家战略，并在世界范围内引起轰动。IBM认为，IT产业下一阶段的任务是把新一代IT技术充分运用在各行各业之中。具体来说，就是把感应器嵌入和装备到电网、铁路、桥梁、隧道、公路、建筑、供水系统、大坝、油气管道等各种物体中，并且被普遍连接，形成物联网。

日本的u-Japan战略，提出要实现从有线到无线、从网络到终端，包括认证、数据交换在内的无缝链接的泛在网络环境，使100%的国民可以利用高速或超高速网络。

韩国配合u-Korea推出的u-Home是韩国的u-IT839八大创新服务之一。智能家庭最终让韩国民众能通过有线或无线的方式远程控制家电设备，并能在家享受高质量的双向互动多媒体服务。

• 智慧养老

面对人口老龄化所衍生出的一系列问题，传统的家庭式养老已经很难满足老年人的养老需求，而在智慧城市的建设中，政府部门则可以充分发挥物联网通信技术在人与物品交互方面的优势，将其应用到智慧养老建设中来，分担中青年居民在赡养老人方面的压力，同时为老年人提供更为优质的养老服务。

例如为保证老年人的出行安全，可借助网络传感技术建立防走失定位系统，在老年人身上嵌入微型传感器，以便于实时捕捉其所处位置，并在老年人走出预先设定的安全区域（如小区及周边）后，及时向家属发出警报，以免其在外出时走失。而为了保证老年人的身体健康，则可以在其身上安装体征检测预警器，对其血压、呼吸频率等生命体征展开实时监测，一旦发现某项监测指标超出了正常范围，则可以及时向家属发送信息，提醒家属带领老人前往医院检查或及时拨打急救电话送诊。

另外，为满足老年人的日常生活需求，帮助其在各项身体机能下降后轻松完成各种生活行为，可以构建起面向老年人的智能家居系统，借助物联网通信技术，将家中的电视、冰箱、照明系统、吸尘器、门窗、空调等纳入智能家居系统中来，使老年人能够通过移动终端或声音等方式，对家中的各种物品进行准确操控，有效降低其完成各种生活行为的难度，进而使老人能够在无人照料（短期内）的情况下正常生活。

第三节 信息处理和存储技术

一、语音识别

语音识别技术，也被称为“自动语音识别”（Automatic Speech Recognition），其目标是将人类语音中的词汇内容转换为计算机可读的输入，如按键、二进制编码或者字符序列等。常见的语音识别技术应用有语音拨号、语音导航、室内设备控制、语音文档检索、简单的听写数据录入等。语音识别技术与其他自然语言处理技术（如机器翻译和语音合成技术）相结合，可以构建出更加复杂的应用，例如语音到语音的翻译。值得一提的是，早在计算机发明之前，自动语音识别的设想就已经被提上了议事日程，早期的声码器可被视作语音识别及合成的雏形。20 世纪 20 年代生产的“Radio Rex”玩具狗可能是最早的语音识别器，当这只狗的名字被呼唤的时候，它能够从底座上弹出来。最早的基于电子计算机的语音识别系统是由 AT&T 贝尔实验室开发的 Audrey 语音识别系统，能够识别 10 个英文数字，其识别方法是跟踪语音中的共振峰。该系统能达到 98% 的正确率。到 20 世纪 50 年代末，伦敦学院（College of London）的 Denes 已经将概率语法加入语音识别中。

（一）语音识别技术的发展历程

语音识别技术最初兴起于在 20 世纪 50 年代，此时我国的语音识别技术开始发展，国外当时只是在贝尔实验室里进行关于识别英文数字的简单发音装置的研究，而后带来了小词汇量和单个词语的识别。进入 20 世纪 70 年代后，才有了语音识别实质性的进展，出现了逐渐成为主流的隐式马尔科夫模型技术（HMM），并且从传统的目标匹配方式向基于统计的数学化方向发展。进入 20 世纪 80 年代，语音识别技术继续深入发展，人工神经网络进入模式识别的范畴，出现了利用人工神经网络解决语音识别问题的处理思路，研究不只局限于简单词语数字的识别，而且有了连续语音的识别和基于大量词语的识别，这是语音识别技术的一个过渡阶段。我国在此时期执行"863 计划"，语音识别技术的研究与国外同步发展。20 世纪 90 年代之后，语音识别技术逐渐进入饱和阶段，基于语音识别的产品开始进入人们的生产生活。随着时代的不断发展，基于 BP 神经网络的优点，大量的语音识别都基于此进行识别系统产品的设计。

（二）语音识别技术的应用

语音识别技术的应用十分广泛。从孤立词的识别到关键词的识别，最后根据说话人连续的语言识别，如许多社交软件都实现了从开始的键盘输入到语音识别输入。语音输入技术的突破给人们的生活带来了很大的便利。比较常见的应

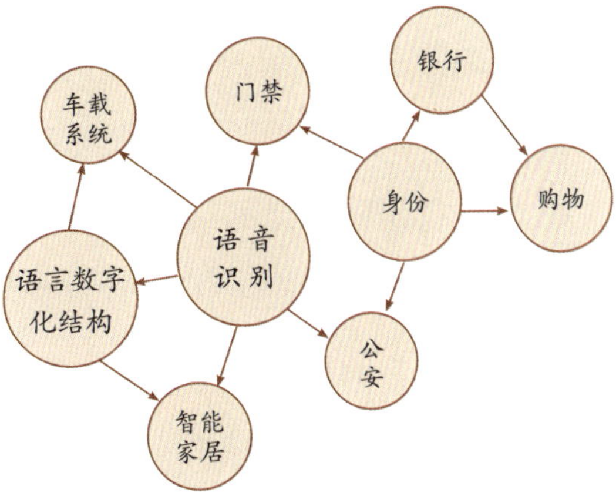

应用网络

用有：

（1）**语音助手。**语音识别作为机器与人交流的媒介，在语音助手方向有很大的可操作性，目前已存在语言自动识别功能的小型机器人（如天猫精灵、小度），事先通过内部下载的程序进行机器人和手机的连接配对，针对使用者的语言进行开关电视、播放音乐、设置闹钟等操作，这是最终全面实现智能家居的一个发展趋势。智能家居是将语音识别系统嵌入家庭使用设备中，使家用设备系统网络一体化，这种操作能极大丰富人们的生活。车载语音助手如今也有了明显的发展，利用语音传输进行音乐播放、导航配置的控制，在一定程度上改善了驾驶人的驾驶环境。

（2）**身份确认。**在如今科技高速发展的时代，人类身份的确认尤为重要，除了生物体特征识别之外，语音识别也能达到身份确认的效果。基于说话人声道的不同、发出声音频率的不同进行不同的区分，解决了如今身份密码的缺憾。密码作为保护信息的一种手段，很容易被破解。现在技术高超的译码技术能通过枚举法破解固定的密码，但基于人物语音的不同、发音习惯的差异设置密码则对于身份的确认十分有益。在门禁系统中，人们可以事先将自己的语言信息存储在系统模块库中，当涉及具体的人物识别的时候，将采集的语言数据和存储数据进行识别对比即可得到说话人的身份。语音识别的身份确认在公安系统的案件侦查中也有很大的效用，将语音识别与身份证信息的结合也是出彩的操作，语音输入配合生物体特征识别技术将得到多重身份保证。

二、语义分析

自然语言处理的目的是使计算机能够理解和接受人类用自然语言输入的指令，简单地讲就是让机器能够听懂人说的话、机器说的话人能够理解，使人与机器的交流接近或达到人与人交流的水平。语义分析是自然语言处理技术的核心，是一种基于自然语言进行语义信息分析的方法，不仅进行词法分析和句法分析这类语法水平上的分析，而且还涉及单词、词组、句子、段落所包含的意义，目的是用句子的语义结构来表示语言的结构。语义分析主要包括词法分析、句法分析、语用分析、语境分析、自然语言生成等技术。语义分析一方面植根于语言特点，充分发掘语言事实，并基于这些事实建立语义表示和分析模型；另一方面，语义分析贴近语言应用，基于应用需求倒逼语义分析技术和语义资源建设。语义分析技术的发展将为人机的交互提供更加自然、便捷的渠道，为人工智能技术的发展提供重要支撑。语义分析将更加融合于人工智能，一方面语义分析是人工智能的核心技术之一，另一方面人工智能特别是深度神经网络模型越来越成为语义分析的主流技术。

随着互联网技术的迅猛发展及用户规模的爆发式增长，互联网步入了大数据时代，大数据已成为我们面临的常态问题。语义分析与大数据在某种程度上互相促进，一方面，如果想得到更准确的语义分析结果，需要大数据的支持，即基于大数据挖掘形成更大、更齐全、更准确的知识库，而知识库对语义分析的性能有着重要的影响；另一方面，如果想从大数据库中挖掘出有价值的信息，需要语义分析等自然语言处理技术来支撑。总之，语义分析技术的进展一方面促进自然语言处理和AI的发展，另一方面也倒逼语言研究贴近认知机理和实际需求。因此，语义分析有望协同语言研究、认知模型和人工智能一起迎来一个新浪潮。

三、视频分析

视频分析，英文叫“IVS”（Intelligent Video System），也叫“CA”（Content analyse），就是使用计算机图像视觉分析技术，通过将场景中背景和目标分离进而分析并追踪在摄像机场景内出现的目标。视频分析技术实质是一种算法，甚至可以说与硬件、系统架构关系不大。目前，视频分析技术已经在公安、交通、安防等领域得到广泛应用，用户可以依托视频分析技术，通过在不同摄像机的场景中预设不同的报警规则，一旦目标在场景中出现并触发了预定义规则的行为，系统会自动发出报警，监控工作站自动弹出报警信息并发出警示音，用户可以通过点击报警信息，实现报警的场景重组并采取相关措施。伴随着数字化、网络化、智能化的发展，视频分析技术将向着真正“基于场景内容分析”和提前预警、预防的方向发展。

视频分析技术能够通过对视频帧进行处理以获取用户/管理者可能感兴趣的信息，可分为以下七种：

（1）目标跟踪：识别图像中的特定目标，并持续标识或突出目标位置。

（2）事件分析与预警：分析场景中是否发生特定事件，并基于预设条件进行预警，该分支与机器学习、行为建模等技术交叉。

（3）视觉导航：基于对目标/障碍物的识别，进行路径规划，以避免出现碰撞事故。

（4）影像分析：分析图像中是否存在特定对象或分析特定对象的具

体参数，多用于工业生产中的质量检查。

（5）**姿态分析**：分析设备当前姿态以引导改变设备的参数。

（6）**生物识别**：分析图像中的生物特征，如瞳孔、虹膜和步态等，以进行身份识别鉴权或动画仿真。

（7）**三维建模**：获取对象的三维模型，多与增强现实、虚拟现实等技术结合。

各分支所依据的算法不同，各有侧重。例如：目标跟踪是基于运动模型估计目标的运动位置，侧重于利用实际位置与估计位置的差异调整模型；而事件分析与预警侧重于对视频帧的预处理，减少光照阴影等因素对分析结果的干扰噪声。

视频分析技术的第一个发展高峰期已经过去，姿态分析目标跟踪方向的发展已比较成熟，改进难度较大，而三维建模、生物识别等具有较大的发展空间。以增强现实和虚拟现实为代表的交互技术的发展，必将带动三维建模、生物识别的发展。

目前，视频分析领域的发展仍以产品和算法并重为特点，以算法为主要改进方向的研究在不断增加；以产品为主的研发人员应认识到算法改进必将成为技术发展的关键，应着眼于算法改进以加强自身竞争力，保护技术创新。

•AI 视频分析技术

实时 AI 视频分析是一种基于人工智能的技术，可分析视频流以检测特定行为和事件的展开。这种类型的系统通过人工智能机器学习引擎检查来自监控摄像头的视频流来进行相关工作。该引擎使用一系列算法和程序来理解数据，并将数据转换为可理解的、有意义的信息。

AI 视频分析技术可以成为企业最大化其视频监控网络价值的强大工具。将实时警报与汇总的历史数据相结合，企业可以灵活地在事件发生时实施干预，并规划长期数据驱动的安全、安保和运营战略。

四、神经计算

神经计算（neural computing）是 2018 年全国科学技术名词审定委员会公布的计算机科学技术名词，是一门研究人工神经系统或网络的原理、结构和功能，致力于人工神经网络建模和信息处理，在细胞水平上模拟脑结构及功能的学科。神经计算依托的物理基础是人工神经网络系统。人工神经网络是一种对人类智能的结构模拟方法，通过对大量人工神经元的广泛并行互联，构造人工神经网络系统，模拟生物神经系统的智能机理，具有分布处理、非线性映射等特点。在计算机技术的加持下，人工神经网络通过训练进行学习，从而逐步具备模仿和延伸人脑的高级精神活动的能力，如联想、记忆、推理、思维及意识等智能行为。神经计算涉及脑科学、认识科学、神经生物学、非线性科学、计算机科学、数学、物理学等诸多学科，是综合研究和实现类脑智能信息系统的一种新思想和新策略。随着神经计算技术的发展，城市管理的智慧化将从实质上得以推进，为辅助城市管理者进行科学决策提供更加智慧化的技术支撑。

• 李世石大战 AlphaGo

韩国围棋手李世石被认为是当今最优秀的棋手之一，他在国际比赛中获得了 18 个冠军，在国内比赛中获得了 32 个冠军。AlphaGo 是由谷歌旗下的 DeepMind 科技公司建造的一款围棋人工智能程序，由戴密斯 · 哈萨比斯领衔的团队开发，主要工作原理是“深度学习”。

2016 年 3 月在韩国首尔的人机大战中，李世石 1 ∶ 4 不敌 AlphaGo，但他赢得了人类棋手唯一一次战胜 AlphaGo 的一局。然而，李世石认为，他能赢过 AlphaGo 是因为后者出现故障。AlphaGo 的胜利，是深度学习的胜利，是算法的胜利。而作为唯一一个击败过 AlphaGo 的人，李世石在人机大战后不久就决定结束他的职业生涯，原因是他认为即使自己成为世界头号人物，仍有他战胜不了的东西。“随着人工智能在围棋游戏中的首次亮相，我意识到，即使我通过疯狂的努力成为第一，我也不是顶尖的。”李世石说。

棋王输给了机器人，一时间轰动了全球。围棋作为人类发明的最为复杂的游戏之一，却被机器人轻松打败，那么未来机器人是不是真的可以战胜人类？不少人发出了灵魂拷问。

五、智能推荐

智能推荐是当前众多信息平台为提升用户体验、优化流量分配所采用的一项技术措施，主要是根据用户的一些已知行为，通过数学算法，推测和预测用户喜好并针对性推送相关信息。智能推荐的本质是一种算法，目前常见的算法有两种：一种是基于内容的推荐算法（也可以理解为特征向量算法），即根据用户过去的行为，通过一定的逻辑运算，找出用户权重最高的行为作为标签，然后在被推荐项中找出与该标签相关的权重最高的推荐项，依次推送给用户；另一种是基于协同过滤的推荐算法，这种算法基于“跟你喜好相似的人喜欢的东西你也很有可能喜欢”这样一个逻辑假设，首先根据用户行为对用户进行“画像”，然后根据“画像”在数据集中找该用户的“相似人”，而后对众多“相似人”的行为记录进行权重分析，将权重最高的行为项依次推送给原用户，从而达到精准信息推送的目的。在实际中，智能推荐有时也会给用户造成不必要的困扰。因此，目前有部分信息平台允许用户选择关闭智能推荐。

• 刷抖音为何会上瘾?

有人认为，智能推荐是一个伟大创造，是信息时代必不可少的工具；与此同时，有人急切地想要拒绝智能推荐，认为这种追踪是对个人隐私的侵犯；也有人认为智能推荐会使我们获取的信息越来越狭窄、越来越片面，从而走进信息茧房。这里我们讲一下智能推荐成就的公司——字节跳动。

刷抖音为何会上瘾呢？这源于字节跳动旗下的抖音和TikTok产品的推荐机制。别的小视频都是列表展示，用户会根据封面决定要不要看，抖音则是自由推送。也就是说，每个人刷到的抖音内容都不一样，下一条不一定会出现什么样的视频，这就抓住了人们的好奇心理。

这种机制的另外一种好处就是每个视频都会有一定推荐量，对视频作者也是一种鼓励。相对于其他平台，抖音视频作者拍的任何一个视频，无论质量好坏，发布之后一定会有播放量，从几十到上千都有可能。这个叫作“流量池”，抖音根据算法给每一个作品分配一个流量池，之后根据作品在这个流量池里的表现，决定是把作品推送给更多人还是不再推送。因此，抖音的算法让每一个有能力产出优质内容的人，得到了跟明星账号公平竞争的机会。这会吸引更多的人参与进来，抖音挣了人气，用户也快乐了自己。

正是依靠智能推荐对公司业务产生的巨大变革，抖音的海外产品TikTok在全球取得了令人瞩目的成就。2021年，TikTok取代Google，成为全球最受欢迎网站。

六、云存储

云存储（Cloud storage）是一种网上在线存储的模式，即把数据存放在通常由第三方托管的多台虚拟服务器而非专属的服务器上。托管公司运营着大型的数据中心，需要数据存储托管的人通过向其购买或租赁存储空间的方式，来满足数据存储的需求。数据中心运营商根据客户的需求，在后端准备虚拟化的存储资源，并将其以存储资源池（storage pool）的方式提供给客户，客户便可自行使用此存储资源池来存放文件或对象。实际上，这些资源可能被分布在众多的服务器主机上。对于运营商来说，使用云存储技术，可以有效地整合零散的存储资源，提高存储效率，实现规模效应和弹性扩展，降低运营成本。而对用户来说，云存储避免了烦琐的系统维护工作，可以灵活地调整自己所需的存储空间，也不用担心数据的备份和灾难恢复成本等问题。

云存储实质上是把数据的存储变成了一种服务，通过网络提供给用户，用户可以通过多种方式来使用存储资源并付费。如常见的网络硬盘、在线存储、在线备份或在线归档服务都是利用了云存储技术。

七、数据中心与超算中心

超算中心是指部署有千万亿次高效能计算机的超级计算中心，其计算能力能够达到每秒10亿次。例如：用一台普通电脑分析30年的气象数据需要20多年时间，而使用超算中心可能只需几分钟。

数据中心就是可以用作大量数据存储、处理和交换的地方。它将和交通、网络通信一样逐渐成为现代社会基础设施的一部分，进而对很多产业都产生积极影响。

相对于超算中心而言，数据中心虽然也具备计算能力，但提供的服务耦合度低，单机性能相对没那么高，对机器的要求也相对较低，计算相对不复杂但是计算规模大，比如电信供应商、银行、互联网公司的数据中心，以及云服务商的数据中心。而超算中心主要用于新能源、新材料、自然灾害、气象预报、地质勘探、工业仿真模拟、新药开发、动漫制作、基因排序、城市规划等对计算效率要求较高的领域。近年来，随着超算中心在灾害预警、风险预警等方面的应用逐渐增多，其对民生发展也起到了举足轻重的作用。

• 中国超算背后的往事

今天，提起超算，我们中国人总会涌出自豪感，因为我国在全球超级计算机TOP500榜单中经常位居前列。但是，我们早期也有“算力不足恐惧症”。

中华人民共和国成立初期，为了完成原子弹原理与数据验证，我国的科学家甚至需要用珠算来进行计算。超级计算机对当时的中国来说遥不可及。直到1976年，即将卸任的美国总统福特意外签发了两台CDC公司的Cyber172型入门级超算对华出口许可，用于中国石油地质勘探部门的数据处理，以此表达对中国的善意，中国第一次有了接近世界水平的高速计算设备。然而，为了防止中方将超算用于其他领域，美方对这两台设备的性能做了降级处理，并设置了严苛的条件：机房钥匙由美方人员掌管，上机需要美方人员审核监督。这就是在中国超级计算机发展史上令人倍感酸楚的“玻璃房”故事。

旁人的冷眼与嘲笑是前进的动力，在这样的刺激下，中国人深刻意识到自力更生是唯一出路。1978年3月，中央军委主席邓小平在巨型计算机研制工作会议上强调说：“中国要搞四个现代化，不能没有巨型机！”1983年12月26日，中国第一台亿次超级计算机通过国家技术鉴定，张爱萍上将将其命名为“银河一号”，这标志着中国成为继美国、日本之后，第三个能独立设计和制造超级计算机的国家。张爱萍将军亲自为“银河”巨型机工程题诗：“亿万星辰汇银河，世人难知有几多。神机妙算巧安排，笑向繁星任高歌。”

第四节
信息安全技术与管理

一、信息安全技术

信息安全是指信息系统（包括硬件、软件、数据、人、物理环境及其基础设施）受到保护，不受偶然或者恶意的原因而遭到破坏、更改、泄露，系统连续可靠正常地运行，信息服务不中断，最终实现业务连续性。信息安全本身包括的范围很大，其中包括如何防范企业商业机密泄露、防范青少年对不良信息的浏览、个人信息的泄露等。信息网络常用的基础性安全技术包括身份认证、边界防护、访问控制、安全审计、检测监控等。

（1）身份认证技术：用来确定用户或者设备身份的合法性，典型的手段有用户名口令、身份识别、PKI证书和生物认证等。当前身份认证技术除传统的静态密码认证技术以外，还有动态密码认证技术、IC卡技术、数字证书、指纹识别认证技术等。

（2）信息加密技术：在传输过程或存储过程中进行信息数据的加解密，典型的加密体制可采用对称加密和非对称加密。加密是一种主动安全防御策略，用很小的代价即可为信息提供相当大的安全保护，是一种限制网络上传输数据访问权的技术。

（3）**防火墙技术**：防火墙是建立在内外网络边界上的过滤机制，防止外部网络用户以非法手段进入内部网络、访问内部资源，保护内部网络操作环境的特殊网络互联设备。防火墙可以监控进出网络的流量，仅让安全、核准的信息进入，同时抵制对内部网络构成威胁的数据。

（4）**安全审计技术**：包含日志审计和行为审计，通过日志审计协助管理员在受到攻击后察看网络日志，从而评估网络配置的合理性、安全策略的有效性，追溯分析安全攻击轨迹，并为实时防御提供手段。通过对员工或用户的网络行为进行审计，能够确认行为的合规性，确保管理的安全。

（5）**检测监控技术**：对信息网络中的流量或应用内容进行检测并适度监管和控制，避免网络流量的滥用、垃圾信息和有害信息的传播。

● 美国最大燃油管道被黑客“掐断”

2021 年 5 月 7 日，网络黑客组织“黑暗面”通过加密手段锁住美国最大成品油管道系统企业—科洛尼尔管道运输公司（Colonial Pipeline）计算机系统并盗取机密文件，并试图以解锁来勒索数百万美元赎金。从墨西哥湾沿岸的得克萨斯州，到美东北部的新泽西州和华盛顿特区，科洛尼尔管道运输公司承担着美国东海岸近 45% 燃油供应的逾 8 000 千米管道网络。该公司网站在当地时间 5 月 8 日被迫全线关闭，美国因此进入紧急状态。这起勒索袭击事件表明，关键性的国家工业基础设施在网络犯罪时代面临着越来越高的安全风险。多家美国媒体表示，这一紧急事故暴露出美国大型能源基础设施建设网络安全防御的脆弱性。而在这次攻击发生后，当地时间 5 月 12 日，美国总统拜登签署一项行政命令以强化联邦网络安全能力，并鼓励曾发生黑客攻击事件的民间行业全面提升数字安全标准。

二、信息安全管理

随着社会的发展，信息技术已成为当今社会发展最为强劲的因素，是世界经济增长的强劲动力。计算机在全球范围内的普及，不仅为人类的生活、工作和学习带来了极大的便利，同时也给很多国家的经济、军事、政治等方面带来了很大的影响，人们对于计算机网络信息系统的依赖性越来越大。但是信息系统在信息安全上还是很脆弱的，存在着很大的风险，会给整个社会中的关键设施造成严重的威胁。所以，信息安全风险管理作为实现全社会可持续发展和信息化的保障，已经成为社会关注信息系统的重点之一。

根据信息化建设发展的需要，信息包括三个层次的内容：一是在网络和系统中被采集、传输、处理和存储的对象，如技术文档、存储介质等；二是使用的各种软件；三是安全管理手段的密钥和口令等信息。

软件设施的安全管理。对软件设施的安全管理主要考虑配置管理、使用和维护管理、开发管理、病毒管理。软件设施主要包括操作系统、数据库系统、应用软件、网络管理软件以及网络协议等。操作系统是整个计算机系统的基石，由于它的安全等级不高，需要提供不同安全等级的保护。对数据库系统，需要加强数据库的安全性，并采用加密技术对数据库中的敏感数据加密。

目前使用最广泛的网络通信协议是 TCP/IP 协议。由于存在许多安全设计缺陷，常常面临许多威胁。网络管理软件是安全管理的重要组成部分，常用的有 HP 公司的 Open View、IBM 公司的 Net View、SUN 公司的 Net Manager 等，此外还需要额外的安全措施。

存储介质的安全管理。存储介质包括纸介质、磁盘、光盘、磁带、录音 / 录像带等，它们的安全对信息系统的恢复、信息的保密、防病毒起着十分关键的作用。对不同类别的存储介质，安全管理要求也不尽相同。对存储介质的安全管理主要考虑存储管理、使用管理、复制和销毁管理、涉密介质的安全管理。

技术文档的安全管理。技术文档是系统或网络在设计、开发、运行和维护中所有技术问题的文字描述。技术文档按其内容的涉密程度进行分级管理，一般分为绝密级、机密级、秘密级和公开级。对技术文档的安全管理主要考虑文档的使用、备份、借阅、销毁等方面，需要建立严格的管理制度、确定相关负责人。

密钥和口令的安全管理。密钥是加密解密算法的关键，密钥管理就是对密钥的生成、检验、分配、保存、使用、注入、更换和销毁等过程所进行的管理。口令是进行设备管理的一种有效手段，对口令的产生、传送、使用、存储、更换均需要进行有效的管理和控制。

第五节
信息平台

按照普遍的说法，APP 即 Application（应用程序）的缩写或者简称。广义来说，APP 泛指所有的客户端软件，包括桌面端和移动端；而狭义上讲，我们经常提到的 APP 应该叫作 Mobile Application（移动应用），是指设计给智能手机、平板电脑和其他移动设备上运行的软件应用程序。

移动应用的开发早在 20 世纪 80 年代就已出现，主要经历了 3Com 的 Palm OS、微软的 Windows Mobile、Nokia 的 Symbian 以及 J2ME 和 MTK 等移动应用操作系统。随着市场的优胜劣汰，目前主流的只剩下 Apple 的 iOS、iPad OS 和 Google 的 Android 系统。在移动互联网中，APP 和 WEB（网页）相比更有优势，它专门针对智能移动终端开发，在硬件性能、交互习惯、页面布局、流畅性等各方面都考虑到移动设备的特殊性，具有更佳的使用效果。随着智能手机 APP 在过去几年内迅速增长及平板电脑应用市场的强劲变化，APP 在我们生活和工作的各个领域应用极其广泛。例如，我们常用的微信、QQ 等即时通信社交 APP，淘宝、京东、拼多多等购物 APP，百度地图、高德地图等导航 APP，今日头条、腾讯新闻等信息发布 APP，抖音、快手等短视频娱乐 APP，各类手机游戏 APP，等等。随着移动应用便利性的不断凸显，各类细分市场的 APP 也以日新月异的态势出现。

一、微博

微博，英文 Micro-blog，是指一种基于用户关系的信息分享、传播以及通过关注机制分享简短实时信息的广播式社交媒体和网络平台。微博之所以受到众多人的喜爱，主要在于该平台具有便携性、传播性和原创性等特点。便携性是指用户通过微博更新自己动态的速度快，信息发布、传播的速度快。对于微博来说，只要有网，只要有设备在手，就可以随时随地更新自己的个人信息。毫不夸张地说，微博的实时性、现场性以及快捷性是超过了所有媒体的。传播性是指微博中的信息可以通过平台迅速传播给众多其他用户。现在的微博用户已超过 5 亿，如果你发布的话题比较热门，那么在短时间里就会有百万计的人浏览和传播。原创性是指在 2015 年以前，一条微博有 140 个字的字数限制，而这种限制使所有用户在发布微博时，都需要想办法压缩观点，从而带来了大量的优质原创内容。虽然 2015 年以后微博取消了这种限制，但用户延续下来的这种原创习惯却被传承了下来。

二、微信公众号

微信公众号是腾讯公司于2012发布的微信公众平台，简称“公众号”。曾用名“官号平台”“媒体平台”，是一种提供给用户进行“一对多”的媒体性行为活动的平台工具。微信公众号包含服务号、订阅号和企业号，服务号和订阅号旨在为用户提供服务和信息；而企业号旨在帮助企业、政府机关、学校、医院等事业单位和非政府组织建立与员工、上下游合作伙伴及内部 IT 系统间的连接，并能有效地简化管理流程、提高信息的沟通和协同效率，提升对一线员工的服务及管理。例如，商家通过申请微信公众服务号并通过二次开发展示商家微官网、微会员、微推送、微支付、微活动、微报名、微分享、微名片等，形成一种主流的线上线下微信互动营销方式。这种方式具有精准营销、自动回复、品牌传播和数据分析等功能和特点。

三、QQ

1999年2月由腾讯自主开发的基于网络的即时通信网络工具——腾讯即时通信（Tencent Instant Messenger，简称“TM”“腾讯QQ”）。前身OICQ是模仿国际上的一个聊天工具——ICQ（I seek you的意思），在ICQ前加了一个字母O，意为opening I seek you，意思是“开放的ICQ”，但被指侵权，于是把OICQ改名为QQ。QQ支持在线聊天、视频聊天以及语音聊天、点对点断点续传文件、共享文件、网络硬盘、自定义面板、远程控制、QQ邮箱、传送离线文件等多种功能，并可与多种通讯方式相连。

四、支付宝

支付宝（中国）网络技术有限公司成立于 2004 年，是国内的第三方支付平台，旗下有“支付宝”与“支付宝钱包”两个独立品牌，自 2014 年第二季度开始成为当前全球最大的移动支付厂商。支付宝与国内外 180 多家银行以及 VISA、MasterCard 国际组织等机构建立战略合作关系，具有收付款、转账、充值、缴费、理财、生活服务等功能。

五、今日头条

今日头条是北京字节跳动科技有限公司开发的一款基于数据挖掘的

推荐引擎产品，是为用户推荐信息、提供连接人与信息的服务的产品。今日头条由张一鸣于2012年3月创建，2012年8月发布第一个版本。2016年9月20日，今日头条宣布投资10亿元用以补贴短视频创作，后独立孵化UGC短视频平台火山小视频和抖音短视频。2017年2月2日，今日头条全资收购美国短视频应用Flipagram。今日头条的产品特色是基于个性化推荐引擎技术，根据每个用户的兴趣、位置等多个维度进行个性化推荐，推荐内容不仅包括狭义上的新闻，还包括音乐、电影、游戏、购物等资讯。最具特色的实时推荐可根据用户年龄、性别、职业等特征，自动计算并推荐其感兴趣的资讯，0.1秒内计算推荐结果，3秒完成文章提取、挖掘、消重、分类，5秒计算出新用户兴趣分配，10秒内更新用户模型。

六、钉钉

钉钉由阿里巴巴出品，是专为全球企业组织打造的智能移动办公平台，具有移动办公考勤、签到、审批、企业邮箱、免费企业OA、企业通讯录、钉钉教育解决方案等功能，包括企业通讯录、钉钉智能人事、视频会议、办公电话、DING消息必达、团队组建、密聊模式、企业群、钉邮、钉盘等核心具体内容。

七、火山、抖音

火山、抖音是由字节跳动孵化的音乐创意短视频社交软件，通过短视频APP，用户可以分享自己的生活，同时也可以在这里认识到更多朋友，了解各种奇闻趣事。用户可以选择歌曲，配以短视频，形成自己的作品。抖音与小咖秀（一款视频拍摄应用）类似，但不同的是，抖音用户可以通过视频拍摄快慢、视频编辑、特效（反复、闪一下、慢镜头）等技术让视频更具创造性，而不是简单地对嘴型。抖音于2016年9月20日上线，是一个面向全年龄的短视频社交平台。2020年1月8日，火山小视频和抖音正式宣布品牌整合升级，火山小视频更名为抖音火山版，并启用全新图标。2021年3月24日，抖音推出了“老友计划”，该计划致力于提升老年用户使用体验，丰富老年用户生活。2021年6月28日，抖音音乐正式上线，大大提高了用户之间的互动，向社交领域再次迈出一大步。

附录

保市场主体就是保社会生产力

2020年7月21日，习近平总书记主持召开企业家座谈会并发表重要讲话，强调要千方百计把市场主体保护好，激发市场主体活力，弘扬企业家精神，推动企业发挥更大作用实现更大发展。

要深刻理解“保市场主体就是保社会生产力”的重要论断，坚定推动高质量发展的信心。习近平总书记指出，市场主体是我国经济活动的主要参与者、就业机会的主要提供者、技术进步的主要推动者，是经济的力量载体。

要准确把握“弘扬企业家精神”的重大要求，打造推动高质量发展的生力军。市场活力来自企业，特别是来自企业家，来自企业家精神。

西安既是千年古都，也是千年商都，拥有一大批有胆识、勇创新的优秀企业家。西安市委、市政府设立“市长特别奖”，就是贯彻落实习近平总书记关于大力弘扬企业家精神的要求，让为西安作出贡献的企业家政治上有荣誉、社会上有地位、经济上有实惠的一项重大举措。

城市和企业是利益共同体、命运共同体，良好的环境就是企业成长的“阳光雨露”。让企业在西安成长、壮大，让企业家在西安创新创业更加安心、生活更加舒心、发展更有信心，共同分享西安发展机遇，是各级党委、政府义不容辞的责任。要大力弘扬企业家精神，着力打造一流营商环境，为企业及企业家提供最贴心、最暖心、最真诚的服务，全力提升企业家的自豪感、荣誉感和社会地位。

附录 1

“市长特别奖”入选名单

（按企业名称拼音字母排序）

1. 比亚迪汽车有限公司王传福

2. 大唐不夜城管理运营团队

3. 航天推进技术研究院长征五号 B 运载火箭 Y1 任务液氧煤油发动机团队

4. 隆基乐叶光伏科技有限公司钟宝申

5. 三人行传媒集团股份有限公司钱俊冬

6. 三星（中国）半导体有限公司池贤基

7. 陕西法士特汽车传动集团有限责任公司高端重型商用车变速器关键核心技术及其产业化研发推进团队

8. 陕西鼓风机（集团）有限公司李宏安

9. 陕西卡一车物流科技有限公司张益铭团队

10. 陕西汽车控股集团有限公司袁宏明

11. 陕西长恨歌演艺文化有限公司姚新垣团队

12. 施耐德电气设备工程（西安）有限公司张开鹏

13. 西安飞机工业（集团）有限责任公司何胜强

14. 西安诺瓦星云科技股份有限公司袁胜春

15. 西安杨森制药有限公司安思嘉（Asgar Rangoonwala）

16. 西安银桥乳业（集团）有限公司刘华国

17. 西安中兴通讯终端科技有限公司谢朝阳

18. 西部超导材料科技股份有限公司冯勇

19. 易点天下网络科技股份有限公司邹小武

20. 中国西电集团有限公司白忠泉管理团队

附录 2

“市长特别奖提名奖”人选名单

（按企业名称拼音字母排序）

1. 华夏文化旅游集团西安演艺有限公司夏振翔
2. 清华德人西安幸福制药有限公司杜成强
3. 陕西华秦科技实业有限公司折生阳
4. 陕西天宇制药有限公司杨军营
5. 陕西同力重工股份有限公司许亚楠团队
6. 特变电工西安电气科技有限公司郝翔
7. 西安爱菊粮油工业集团有限公司贾合义
8. 西安百跃羊乳集团有限公司孟百跃
9. 西安铂力特增材技术股份有限公司薛蕾
10. 西安国际陆港保税物流投资建设有限公司翟若鹏团队
11. 西安航天源动力工程有限公司节能环保技术研发团队
12. 西安航天自动化股份有限公司鲍复民
13. 西安吉利汽车有限公司新能源汽车产业化项目费少忠
14. 西安力邦制药有限公司力邦创新管理团队
15. 西安迈科金属国际集团有限公司何金碧
16. 西安瑞联新材料股份有限公司吕浩平
17. 西安三角防务股份有限公司严建亚

18. 西安盛赛尔电子有限公司何军

19. 西安世纪盛康药业有限公司吴芳

20. 西安天隆科技有限公司李明

21. 西安西测测试技术股份有限公司李泽新

22. 西安向阳航天材料股份有限公司姜义

23. 西北工业集团有限公司高质量发展经营管理团队

24. 西北有色金属研究院赵永庆

25. 中车西安车辆有限公司张向东

26. 中国空间技术研究院西安分院卫星有效载荷产业化团队

27. 中国石油集团测井有限公司李剑浩

28. 中航富士达科技股份有限公司郭建雄

29. 中粮可口可乐饮料（陕西）有限公司朱永

30. 中煤科工集团西安研究院有限公司董书宁

附录 3

西安企业及企业家联合会
2020 西安 100 强企业排序名单

排名	企业名称	2019 年营业收入（万元）	企业负责人
1	西安迈科金属国际集团有限公司	11 218 875	何金碧
2	陕西汽车控股集团有限公司	7 401 977	袁宏明
3	大商道商品交易市场股份有限公司	4 644 031	黄笑天
4	西安建工集团有限公司	3 019 002	卫勃
5	比亚迪汽车有限公司	2 459 485	何志奇
6	西安华讯得贸有限公司（京东西北公司）	2 329 425	李大爽
7	陕西法士特汽车传动集团有限责任公司	2 305 982	严鉴铂
8	西安高科（集团）公司	2 103 787	贾长舜
9	隆基绿能科技股份有限公司	1 884 729	李振国
10	航空工业西安飞机工业（集团）有限责任公司	1 851 957	何胜强
11	中国西电集团有限公司	1 851 723	白忠泉
12	隆基乐叶光伏科技有限公司	1 775 251	钟宝申
13	西安中兴通讯终端科技有限公司	1 513 226	谢朝阳
14	中天西北建设投资集团有限公司	1 301 099	赵向东
15	西安银行股份有限公司	1 280 633	郭军
16	陕西省烟草公司西安市公司	1 275 667	张爱峰
17	中国水利水电第三工程局有限公司	1 266 967	张育林
18	陕西华润万家生活超市有限公司	1 057 330	徐健
19	西安曲江文化产业投资（集团）有限公司	1 057 244	李铁军
20	中建七局第四建筑有限公司	926 451	李俊杰
21	陕西鼓风机（集团）有限公司	874 310	李宏安
22	中国石油集团测井有限公司	859 122	李剑浩

续表

排名	企业名称	2019 年营业收入（万元）	企业负责人
23	中国电力工程顾问集团西北电力设计院有限公司	856 060	胡明
24	陕西建工第一建设集团有限公司	855 369	黄海龙
25	金堆城钼业贸易有限公司	840 143	王继宇
26	陕西泰丰盛合实业发展有限公司	831 577	何永鹏
27	中国航发西安航空发动机有限公司	807 892	颜建兴
28	中铁七局集团第三工程有限公司	765 754	詹浩伟
29	陕西建工第三建设集团有限公司	746 328	李家卫
30	中交二公局第三工程有限公司	740 836	庄艳伟
31	中国葛洲坝集团第三工程有限公司	738 085	胡义重
32	中国电建集团西北勘测设计研究院有限公司	720 149	廖元庆
33	西部机场集团有限公司	720 101	王海鹏
34	中铁十二局集团第一工程有限公司	719 715	刘运泽
35	陕西医药控股集团派昂医药有限责任公司	704 616	彭转密
36	北方特种能源集团有限公司	666 402	蒲加顺
37	西安怡康医药连锁有限责任公司	650 363	何煜
38	西安新丰泰汽车技术开发有限责任公司	648 381	胡德林
39	中铁一局集团建筑安装工程有限公司	641 772	张奉超
40	华陆工程科技有限责任公司	611 044	王海
41	陕钢集团进出口有限公司	603 072	商汉平
42	陕西建工第八建设集团有限公司	586 615	章辉
43	中铁二十局集团第六工程有限公司	576 411	刘德兵
44	中国启源工程设计研究院有限公司	573 902	郝小更
45	中国能源建设集团西北电力建设工程有限公司	571 738	樊立新
46	中铁北京工程局集团第一工程有限公司	506 513	王晓龙
47	唯品会（西安）电子商务有限公司	483 153	魏艺军
48	西安秦华天然气有限公司	481 228	谢伟

续表

排名	企业名称	2019 年营业收入（万元）	企业负责人
49	中智西安经济技术合作有限公司	451 925	李育苗
50	西安中车永电捷力风能有限公司	451 632	段志强
51	中交二公局东萌工程有限公司	450 919	王世君
52	庆安集团有限公司	441 297	靳武强
53	中铁七局集团西安铁路工程有限公司	401 483	侯尚军
54	西安经发集团有限责任公司	401 054	彭晓晖
55	陕西省汽车工业贸易总公司	400 232	范建华
56	西安克瑞斯半导体技术有限公司	392 193	王喜瑜
57	西安银桥乳业（集团）有限公司	375 665	刘华国
58	西安市国美电器有限公司	341 750	党小兵
59	陕西有色建设有限公司	331 714	卢晓岚
60	西安隆基清洁能源有限公司	329 207	张长江
61	西安比亚迪电子有限公司	322 325	王念强
62	中国铁路物资西安有限公司	316 996	张成林
63	中车西安车辆有限公司	309 878	张向东
64	中铁上海工程局集团第七工程有限公司	308 790	郑晖
65	西安航天发动机有限公司	308 586	同立军
66	陕西华氏医药有限公司	306 847	尹斌燕
67	西安宝钢钢材加工配送有限公司	298 130	邱华轮
68	西安曲江大明宫投资（集团）有限公司	285 257	王战武
69	中交二公局第六工程有限公司	280 023	郑俞
70	西安人人乐超市有限公司	297 194	徐志强
71	长枫建设集团有限公司	275 947	单淳铭
72	长安国际信托股份有限公司	269 239	高成程
73	陕西航天动力高科技股份有限公司	265 151	李彦喜
74	青岛啤酒西安汉斯集团有限公司	262 998	杨振国

续表

排名	企业名称	2019年营业收入（万元）	企业负责人
75	陕西同力重工股份有限公司	261 858	许亚楠
76	清华德人西安幸福制药有限公司	260 160	杜成强
77	陕西永辉超市有限公司	259 146	吕东海
78	陕西建工基础工程集团有限公司	257 389	牛新会
79	陕西万方汽车零部件有限公司	256 214	李隽杰
80	中节能环保装备股份有限公司	252 473	朱彤
81	西安长庆化工集团有限公司	250 260	郝世英
82	中铁物贸集团西安有限公司	240 487	景戈
83	陕西金泰恒业房地产有限公司	237 174	俞向前
84	陕西黄河集团有限公司	235 339	邱平乐
85	西安市热力集团有限责任公司	233 774	唐涤
86	西安市宏府投资控股集团有限公司	231 971	杨振
87	西安国维淀粉有限责任公司	228 621	石宜霖
88	中铁十局集团西北工程有限公司	228 398	周如彬
89	开元商业有限公司	226 385	陈晓东
90	西安市轨道交通有限公司	225 016	宋扬
91	华天科技（西安）有限公司	216 324	刘建军
92	西安水务（集团）有限责任公司	212 144	石卫平
93	西安创联电气科技（集团）有限责任公司	212 064	孙卫龙
94	中明建投建设集团有限责任公司	204 157	高良
95	中煤科工集团西安研究院有限公司	203 004	董书宁
96	陕西医药控股集团兴庆医药有限公司	199 731	姜恒芬
97	陕西天士力医药有限公司	196 957	何朋飞
98	陕西德仕汽车部件（集团）有限责任公司	196 285	唐永科
99	长安航空有限责任公司	195 216	马超
100	西安邦淇制油科技有限公司	190 197	张晓进

附录 4

西安企业及企业家联合会
2021 西安 100 强企业排序名单

排名	企业名称	2020 年营业收入（万元）	企业负责人
1	西安迈科金属国际集团有限公司	12 887 046	何金碧
2	陕西汽车控股集团有限公司	9 300 892	袁宏明
3	大商道商品交易市场股份有限公司	4 110 073	黄笑天
4	西安建工集团有限公司	4 038 741	卫勃
5	隆基乐叶光伏科技有限公司	3 729 865	钟宝申
6	中航西安飞机工业集团股份有限公司	3 348 428	吴志鹏
7	陕西法士特汽车传动集团有限责任公司	2 744 259	严鉴铂
8	隆基绿能科技股份有限公司	2 711 496	李振国
9	比亚迪汽车有限公司	2 632 161	何志奇
10	西安高科集团有限公司	2 282 376	贾长舜
11	中国西电集团有限公司	1 915 883	丁小林
12	西安曲江文化产业投资（集团）有限公司	1 856 281	李铁军
13	中国水利水电第三工程局有限公司	1 515 776	张育林
14	陕西鼓风机（集团）有限公司	1 503 661	李宏安
15	中天西北建设投资集团有限公司	1 499 504	赵向东
16	西安银行股份有限公司	1 413 441	郭军
17	陕西省烟草公司西安市公司	1 325 270	张爱峰
18	陕西泰丰盛合实业发展有限公司	1 213 983	何永鹏
19	中建七局第四建筑有限公司	1 096 222	张文明
20	陕西建工第一建设集团有限公司	1 082 241	黄海龙
21	陕西建工机械施工集团有限公司	1 063 880	王安华
22	中国电建集团西北勘测设计研究院有限公司	1 052 527	尉军耀

续表

排名	企业名称	2020 年营业收入（万元）	企业负责人
23	陕西华润万家生活超市有限公司	976 439	徐健
24	西安比亚迪电子有限公司	951 198	王念强
25	中国电力工程顾问集团西北电力设计院有限公司	886 036	胡明
26	唯品会（西安）电子商务有限公司	872 997	魏艺军
27	陕西建工第三建设集团有限公司	851 051	李家卫
28	中铁七局集团第三工程有限公司	839 355	刘培峰
29	陕西建工第八建设集团有限公司	838 665	章辉
30	中国葛洲坝集团第三工程有限公司	830 739	胡义重
31	中国石油集团测井有限公司	785 685	金明权
32	中铁一局集团建筑安装工程有限公司	749 958	岳硕豪
33	陕西新丰泰汽车技术开发有限责任公司	741 813	胡德林
34	中国航发西安航空发动机有限公司	736 626	颜建兴
35	陕西医药控股集团派昂医药有限责任公司	735 837	彭转密
36	西安怡康医药连锁有限责任公司	718 256	何煜
37	金堆城钼业贸易有限公司	695 503	王继宇
38	陕钢集团进出口有限公司	685 565	商汉平
39	中国能源建设集团西北电力建设工程有限公司	650 193	樊立新
40	西安中车永电捷力风能有限公司	609 911	段志强
41	华陆工程科技有限责任公司	603 437	王海
42	西安经开城市投资建设管理有限责任公司	603 202	彭晓晖
43	中铁十二局集团第四工程有限公司	582 346	董化瑞
44	中铁二十局集团第六工程有限公司	570 020	刘德兵
45	中铁北京工程局集团第一工程有限公司	547 281	王晓龙
46	中交二公局东萌工程有限公司	509 176	王世君
47	西安秦华燃气集团有限公司	499 976	谢伟
48	西部机场集团有限公司	476 812	陈波

续表

排名	企业名称	2020年营业收入（万元）	企业负责人
49	中智西安经济技术合作有限公司	465 739	李育苗
50	中铁十二局集团第一工程有限公司	460 630	刘运泽
51	中铁七局集团西安铁路工程有限公司	452 919	侯尚军
52	陕西煜申鑫金属材料科技有限公司	434 338	杨晓斌
53	陕西华山路桥集团有限公司	420 908	宋召军
54	庆安集团有限公司	416 271	安刚
55	中铁上海工程局集团第七工程有限公司	394 887	贾东荣
56	西安曲江大明宫投资（集团）有限公司	375 818	王战武
57	中国铁路物资西安有限公司	364 368	张成林
58	陕西省汽车工业贸易集团有限公司	356 505	范建华
59	西安航天发动机有限公司	349 819	同立军
60	西安银桥乳业（集团）有限公司	345 612	刘华国
61	中交二公局第六工程有限公司	344 895	郑俞
62	陕西万方汽车零部件有限公司	344 766	张成岗
63	陕西有色建设有限公司	342 734	卢晓岚
64	陕西金泰恒业房地产有限公司	330 073	俞向前
65	长安国际信托股份有限公司	328 834	高成程
66	西安市宏府投资控股集团有限公司	324 759	杨振
67	中铁十局集团第七工程有限公司	319 720	陈志刚
68	中国启源工程设计研究院有限公司	318 944	郝小更
69	陕西德仕汽车部件（集团）有限责任公司	307 817	柳军
70	长枫建设集团有限公司	305 610	单淳铭
71	西安宝钢钢材加工配送有限公司	290 955	邱华轮
72	西安隆基清洁能源有限公司	289 860	张长江
73	三人行传媒集团股份有限公司	280 775	钱俊冬
74	青岛啤酒西安汉斯集团有限公司	269 516	杨振国

续表

排名	企业名称	2020 年营业收入（万元）	企业负责人
75	陕西同力重工股份有限公司	264 548	许亚楠
76	中铁物贸集团西安有限公司	260 666	景戈
77	西安市国美电器有限公司	257 431	党小兵
78	陕西黄河集团有限公司	254 646	邱平乐
79	西安点告网络科技有限公司	247 413	邹小武
80	西安市热力集团有限责任公司	246 569	马敏
81	西安水务（集团）有限责任公司	234 832	石卫平
82	陕西医药控股集团兴庆医药有限公司	234 105	姜恒芬
83	西安市人人乐超市有限公司	230 766	徐志强
84	中煤科工集团西安研究院有限公司	226 783	王海军
85	西安创联电气科技（集团）有限责任公司	225 087	孙卫龙
86	春昇建设集团有限公司	221 675	孔春生
87	中明建投建设集团有限责任公司	221 076	高良
88	供商大集集团股份有限公司	221 063	杜小平
89	华天科技（西安）有限公司	218 798	刘建军
90	西安中瑞有色金属有限公司	205 040	张立
91	中车西安车辆有限公司	195 910	郑国忠
92	西安北方光电科技防务有限公司	194 762	陈良
93	西安邦淇制油科技有限公司	190 717	张晓进
94	重庆医药集团陕西有限公司	186 395	何朋飞
95	开元商业有限公司	182 723	陈晓东
96	西安长庆化工集团有限公司	178 864	任永宏
97	西安市轨道交通集团有限公司	177 182	宋扬
98	中国通信建设第二工程局有限公司	166 600	刘志强
99	中铁新丝路建设投资管理有限公司	155 021	赵德全
100	西北民航机场建设集团有限责任公司	145 365	白旭耀

附录 5

陕西省企业家协会
2021 陕西省 100 强企业排序名单

序号	公司名称	2020 年营业收入（亿元）	企业负责人
1	陕西煤业化工集团有限责任公司	3 402. 70	杨照乾
2	陕西延长石油（集团）有限责任公司	3 276.62	兰建文
3	陕西有色金属控股集团有限责任公司	1 445. 96	马宝平
4	陕西建工控股集团有限公司	1 428. 23	张义光
5	西安迈科金属国际集团有限公司	1 288.70	何金碧
6	东岭集团股份有限公司	1 202. 04	李黑记
7	陕西汽车控股集团有限公司	930. 09	袁宏明
8	中铁一局集团有限公司	820. 96	马海民
9	陕西投资集团有限公司	754.16	袁小宁
10	隆基绿能科技股份有限公司	545. 83	李振国
11	中交第二公路工程局有限公司	535. 82	赵桢远
12	龙记泰信实业集团有限公司	521.37	杨爱玲
13	西安建工集团有限公司	403. 87	卫勃
14	中航西安飞机工业集团股份有限公司	334. 84	吴志鹏
15	陕西省农村信用社联合社	325. 98	毛亚社
16	彬县煤炭有限责任公司	321. 68	何万盈
17	陕西交通控股集团有限公司	279. 89	张文琪
18	陕西医药控股集团有限责任公司	276. 88	翟日强
19	陕西法士特汽车传动集团有限责任公司	274. 43	严鉴柏
20	比亚迪汽车有限公司	263. 22	何志奇
21	陕西中烟工业有限责任公司	231. 79	严金虎

续表

序号	公司名称	2020年营业收入（亿元）	企业负责人
22	西安高科集团有限公司	228.24	贾长舜
23	大唐陕西发电有限公司	203.21	李江海
24	中国西电集团有限公司	191.59	白忠泉
25	西安曲江文化产业投资（集团）有限公司	185.63	李铁军
26	陕西榆林能源集团有限公司	184.05	段智博
27	中国移动通信集团陕西有限公司	183.71	陈怀达
28	长安银行股份有限公司	178.58	张全明
29	陕西电子信息集团有限公司	178.21	燕林豹
30	西安城市基础设施建设投资集团有限公司	162.67	马胜利
31	陕西粮农集团有限责任公司	161.91	刘利民
32	中国水利水电第三工程局有限公司	151.58	张育林
33	陕西鼓风机（集团）有限公司	150.37	李宏安
34	中天西北建设投资集团有限公司	149.95	赵向东
35	西安银行股份有限公司	141.34	郭军
36	陕西秦农农村商业银行股份有限公司	139.47	李彬
37	宝鸡吉利汽车部件有限公司	127.02	王应
38	中国建筑第八工程局有限公司西北分公司	126.60	许向阳
39	陕西泰丰盛合实业发展有限公司	121.40	何永鹏
40	中国电信股份有限公司陕西分公司	116.71	叶利生
41	中建七局第四建筑有限公司	109.62	张文明
42	永安财产保险股份有限公司	109.35	—
43	陕西新丰泰汽车技术开发有限责任公司	106.19	胡德林
44	中国电建集团西北勘测设计研究院有限公司	105.25	廖元庆
45	石羊农业集团股份有限公司	103.84	魏存成
46	中铁第一勘察设计院集团有限公司	100.59	刘为民
47	中国水电建设集团十五工程局有限公司	98.99	梁向峰

续表

序号	公司名称	2020 年营业收入（亿元）	企业负责人
48	陕西华润万家生活超市有限公司	97.64	徐健
49	西安比亚迪电子有限公司	95.12	王念强
50	陕西未来能源化工有限公司	93.35	祝庆瑞
51	陕西黑猫焦化股份有限公司	90.57	李保平
52	中国电力工程顾问集团西北电力设计院有限公司	88.60	胡明
53	中铁七局集团第三工程有限公司	83.94	刘培峰
54	中国葛洲坝集团第三工程有限公司	83.07	胡义重
55	中国石油集团测井有限公司	78.57	金明权
56	宝鸡石油钢管有限责任公司	74.18	舒高新
57	中国航发西安航空发动机有限公司	73.66	颜建兴
58	上海浦东发展银行股份有限公司西安分行	72.74	张瑞林
59	西安怡康医药连锁有限责任公司	71.83	何煜
60	宝鸡市育才玻璃（集团）有限公司	71.15	史军辉
61	延安必康制药股份有限公司	69.53	谷晓嘉
62	尧柏特种水泥集团有限公司	69.07	王蕊
63	陕西友发钢管有限公司	68.42	徐广友
64	中铁宝桥集团有限公司	65.12	洪军
65	中国能源建设集团西北电力建设工程有限公司	65.02	樊立新
66	西安中车永电捷力风能有限公司	60.99	段志强
67	陕西省外经贸实业集团有限公司	60.58	肖玉龙
68	华陆工程科技有限责任公司	60.34	王海
69	西安经开城市投资建设管理有限责任公司	60.32	彭晓晖
70	宝鸡石油机械有限责任公司	58.02	郭孟齐
71	中铁二十局集团第六工程有限公司	57.00	刘德兵
72	国药控股陕西有限公司	56.57	郎量

续表

序号	公司名称	2020 年营业收入（亿元）	企业负责人
73	陕西海燕新能源（集团）有限公司	56. 22	王文选
74	西北工业集团有限公司	54. 83	孙守会
75	陕西省建秦房地产开发有限公司	52. 36	退乾生
76	陕西西凤酒厂集团有限公司	51.28	张正
77	西部机场集团有限公司	47. 68	陈波
78	中智西安经济技术合作有限公司	46. 57	李育苗
79	陕西神木能源集团有限公司	45. 81	乔振亮
80	中铁七局集团西安铁路工程有限公司	45. 29	侯尚军
81	陕西煜申藕金属材料科技有限公司	43. 43	高鹏冲
82	陕西步长制药有限公司	41. 78	赵超
83	庆安集团有限公司	41. 63	安刚
84	新山海源人力资源集团有限公司	41. 13	李元彬
85	秦川机床工具集团股份公司	40. 65	严鉴柏
86	西安曲江大明宫投资（集团）有限公司	37. 58	王战武
87	延安能源化工（集团）有限责任公司	37. 12	刘浩兴
88	宝鸡聚丰房地产开发（集团）有限公司	35. 47	王宗礼
89	西安航天发动机有限公司	34. 98	同立军
90	西安银桥乳业（集团）有限公司	34. 56	刘华国
91	陕西陕富面业有限责任公司	34. 37	邢仲芳
92	西安市宏府投资控股集团有限公司	32. 48	杨振
93	中铁十局集团第七工程有限公司	31. 97	李如杰
94	中国启源工程设计研究院有限公司	31. 89	郝小更
95	陕西龙华煤焦电集团有限责任公司	31. 69	高杰
96	陕西华氏医药有限公司	31.24	张贵忠
97	长枫建设集团有限公司	30. 56	单淳铭
98	西安宝钢钢材加工配送有限公司	29. 10	吴华
99	三人行传媒集团股份有限公司	28. 08	钱俊冬
100	陕西广电网络传媒（集团）股份有限公司	27. 60	王立强

附录 6

陕西省企业家协会
2021 陕西民营 50 强企业排序名单

排名	公司名称	2020 年营业收入	企业负责人
1	西安迈科金属国际集团有限公司	12 887 046	何金碧
2	东岭集团股份有限公司	12 020 369	李黑记
3	龙记泰信实业集团有限公司	5 213 655	杨爱玲
4	隆基乐叶光伏科技有限公司	3 729 865	钟宝申
5	彬县煤炭有限责任公司	3 216 823	何万盈
6	比亚迪汽车有限公司	2 632 161	何志奇
7	中天西北建设投资集团有限公司	1 499 504	赵向东
8	宝鸡吉利汽车部件有限公司	1 270 210	王 应
9	陕西泰丰盛合实业发展有限公司	1 213 983	何永鹏
10	陕西新丰泰汽车技术开发有限责任公司	1 061 930	胡德林
11	石羊农业集团股份有限公司	1 038 373	魏存成
12	陕西国成青兰供应链管理有限公司	1 036 957	郁焕广
13	西安比亚迪电子有限公司	951 198	王念强
14	陕西黑猫焦化股份有限公司	905 685	李保平
15	西安怡康医药连锁有限责任公司	718 256	何 煜
16	宝鸡市育才玻璃（集团）有限公司	711 451	史军辉
17	延安必康制药股份有限公司	695 341	谷晓嘉
18	尧柏特种水泥集团有限公司	690 732	王 蕊
19	陕西友发钢管有限公司	684 204	徐广友
20	陕西海燕新能源（集团）有限公司	562 155	王文选
21	陕西省建秦房地产开发有限公司	523 629	谌乾生
22	陕西煜申鑫金属材料科技有限公司	434 338	高鹏冲
23	陕西步长制药有限公司	417 787	赵 超

续表

排名	公司名称	2020年营业收入	企业负责人
24	新山海源人力资源集团有限公司	411 326	李元彬
25	宝鸡聚丰房地产开发（集团）有限公司	354 747	王宗礼
26	西安银桥乳业（集团）有限公司	345 612	刘华国
27	陕西陕富面业有限责任公司	343 690	邢仲芳
28	西安市宏府投资控股集团有限公司	324 759	杨 振
29	陕西龙华煤焦电集团有限责任公司	316 946	高 杰
30	长枫建设集团有限公司	305 610	单淳铭
31	西安隆基清洁能源有限公司	289 860	张长江
32	三人行传媒集团股份有限公司	280775	钱俊冬
33	陕西同力重工股份有限公司	264 548	叶 磊
34	西安市国美电器有限公司	257 431	党小兵
35	西安国维淀粉有限责任公司	252 082	石宜霖
36	西安点告网络科技有限公司	247 413	邹小武
37	中明建投建设集团有限责任公司	221 076	高 良
38	供销大集集团股份有限公司	221 063	杜小平
39	西安吉客印电子商务有限公司	215 052	龚红鹰
40	陕西斯克赛德贸易有限责任公司	207 203	杨汉诚
41	陕西生益科技有限公司	199 660	曾旭棠
42	西安伊利泰普克饮品有限公司	196 528	张玉军
43	开元商业有限公司	182 723	陈晓东
44	裕华建设集团有限公司	179 135	魏成业
45	西安长庆化工集团有限公司	178 864	任永宏
46	陕西众诚科技物流有限公司	177 723	杜 兵
47	大秦建设集团有限公司	176 025	张志军
48	陕西秦正建设集团有限公司	163 544	杨忠强
49	雨中情防水技术集团股份有限公司	159 362	耿进玉
50	安康市长兴建筑（集团）有限公司	132 016	熊绍祥

参考资料

[1] 吴培均 . 西安的南院门与“亮宝楼”[J]. 华夏文化 .2003（3）.

[2] 朱文杰 . 记忆老西安 [M]. 北京：线装书局，2019.

[3] 朱士光 . 古都西安：西安的历史变迁与发展 [M]. 西安：西安出版社，2003.

[4] 莫志超 . 从一粒种子到一条产业链　看临潼如何把番茄变更“甜”[N]. 农民日报，2017-08-01.

[5] 郭全中 . 元宇宙的缘起、现状与未来 [J]. 新闻爱好者，2022（1）：26-31.

[6] 朱仲英 . 传感网与物联网的进展与趋势 [J]. 微型电脑应用，2010，26（001）：1-3.

[7] 巨天强 .RFID 的发展及其应用的现状和未来 [J]. 甘肃科技，2009（15）：5.

[8] 张婷婷 . 射频识别技术概述及发展历程初探 [J]. 山东工业技术，2017（24）：1.

[9] 董璐茜 .VR 与 AR 技术的发展与前景 [J]. 科技创新与应用，2016（26）：2.

[10] 喻国明，谌椿，王佳宁 . 虚拟现实（VR）作为新媒介的新闻样态考察 [J]. 新疆师范大学学报：哲学社会科学版，2017，38（3）：7.

[11] 史安斌，张耀钟 . 虚拟 / 增强现实技术的兴起与传统新闻业的转向 [J]. 新闻记者，2016（1）：8.

[12] 于晓鹏，韩振寰 . 浅谈二维码技术的出现及发展历程 [J]. 数码

世界，2017（3）：1.

[13] 邵艳清 . 人脸识别技术发展综述 [J]. 科教导刊：电子版，2020（3）：2.

[14] 左腾 . 人脸识别技术综述 [J]. 软件导刊，2017，16（2）：4.

[15] 林星翰，张帅 . 人脸识别技术发展与应用 [J]. 家庭科技，2020（5）：3.

[16]Turk M，Pentland A.Eigenfaces for Recognition[J].Journal of Cognitive Neuroscience，1991，3（1）：71-86.

[17]Zhang J，Yong Y，Lades M.Face recognition： eigenface，elastic matching，and neural nets[J].Proceedings of IEEE，1997，85（9）：1423-1435.

[18]BrunelliR，Poggio T.Face recognition： features versus templates[J]. IEEE Trans.pattern Anal.&Mach.intell，1993，15（10）：1042-1052.

[19] 姜乐水 . 浅谈无线局域网（WLAN）技术 [J]. 信息技术与信息化，2012（5）：4.

[20] 惠伟，孙伟华，何蔚 . 车联网发展中的机遇与挑战 [J]. 信息安全与技术，2015（12）：3.

[21] 郭超，王杰，刘杨，等 .5G 通信技术的发展与应用 [J]. 中国宽带，2021（10）.

[22] 韦依宁 . 物联网通信技术在智慧城市中的应用 [J]. 中国新通信，2021（19）.

[23] 于晓明 . 语音识别技术的发展及应用 [J]. 计算机时代，2019（11）.

[24] 姬东鸿 . 语义分析若干前沿问题 [J]. 长江学术，2020（2）.

[25] 邹赞丞 [M]. 视频分析专利技术综述 [J]. 数码设计（下），2020（1）.

[26] 李留英，夏婷婷 . 信息安全管理及平台研究 [J]. 数字图书馆论坛，2009（9）：5.

[27] 史红帅 . 明清时期西安城市地理研究 [M]. 北京：中国社会科学出版社，2008.

[28] 史红帅 . 近代西方人视野中的西安城乡景观研究（1840—1949）[M]. 北京：科学出版社，2014.

[29] 史红帅 . 近代西方人在西安的活动及其影响研究（1840—1949）[M]. 北京：科学出版社，2017.

[30] 史红帅 . 近代西方人在西北内陆地区的科学考察活动及其影响研究 [M]. 北京：科学出版社，2019.

[31] 弗朗西斯·亨利·尼科尔斯 . 穿越神秘的陕西 [M]. 史红帅，译 . 西安：三秦出版社，2009.

[32] 罗伯特·斯特林·克拉克，阿瑟·德·卡尔·索尔比 . 穿越陕甘：1908—1909 年克拉克考察队华北行纪 [M]. 史红帅，译 . 上海：上海科学技术文献出版社，2010.

[33] 何乐模 . 我为景教碑在中国的历险 [M]. 史红帅，译 . 上海：上海科学技术文献出版社，2011.

[34] 台克满 . 领事官在中国西北的旅行 [M]. 史红帅，译 . 上海：上海科学技术文献出版社，2013.

后 记

西安是我长期生活和工作的地方。最近几年，我一直有个想法：如何为这座城市多做点添砖加瓦的事？最终经过翻阅大量资料（包括我多年手头积累的资料）、认真梳理思考、听取多方建议，我牵头编写了《阅读西安》这本书。

在策划和编写《阅读西安》的过程中，我常常彻夜难眠，深感责任、情感、压力的分量。责任来自工作经历，情感来自同仁鼓励，压力来自学养不足。如何把资料性、知识性、可读性、趣味性融为一体，给读者展示一个富有美感、充满灵动的西安，是我始终需要面对的重要课题。

本书即将付梓，再做几点说明：

关于时间把握。此书构思恰在西安发展“十三五”规划进入尾声、“十四五”规划即将开启的交汇点，因此，记述西安（包括西咸新区）及各区县、开发区过去的经济社会发展，主要以“十三五”盘子为依据；谋划未来，主要以各级政府及开发区制定的“十四五”规划为依据。

2020 年是一个特殊的年份：西安“十三五”圆满收官，跨过 GDP

万亿大关——从 2020 年西安各项经济社会发展指标看，基本上反映了西安发展的最新成果。显而易见，对 2020 年西安各级及开发区经济社会发展成果做出较全面展示，有利于客观评价过去，并以此为基点规划未来。

关于基本框架。编写过程中，考虑到涉及内容比较庞杂，遂将本书内容分为上、下两册三大板块。第一板块主要阐述西安发展与愿景；第二板块主要记述西安历史文化；第三板块为全书重要的关注点。新型智慧城市实用技术的系统学习，有助于西安各级在城市治理领域的综合集成和融合创新，向全国数字经济发展先进行列迈进。从省、市两级评出的 100 强企业和民营企业 50 强可以看出经济发展的主力军，更能体悟到“保护市场主体就是保护社会生产力”的深刻含义。

关于各章节撰写分工。绪言：李德文；第一章：张明瑜、呼延如琪；第二章：许小婵（本章组稿及第四节撰写）、纪丽娟（第十一节、第十二节、第十三节）、周阿利（第一节、第三节、第五节）、孙杨（第八节、第九节、第十节）、胡颖（第二节、第六节、第七节）；第三章：刘新社、崔廷钊；第四章：王凯、王卓；第五章：李德文、张峰虎；第六章：刘江龙、蔡尧；第七章：高长安；第八章：王智、阎建滨、左其诚；第九章：史红帅；第十章：商子秦、李德文。

封面设计：田东风，封晶、寇名方、唐珂等参加设计讨论。

本书由李德文策划并提出提纲、进行统稿。书中插图主要由薛勇同志提供与审定。王启文、王智、王燕、李华、夏长生、朱小良等提供了部分照片，一并致谢。

特别感谢商子秦老师、薛勇同志参与本书的策划与编写，并审阅部分章节内容。感谢商子秦老师在百忙之中为本书作序。

非常感谢各位友人为本书提供的珍贵文字资料及个人作品，诸如诗词歌赋、书法、照片等。正是你们的忘我付出，使本书大为增色。需要特别说明的是，本书在编写过程中，吸收了大量前辈学者的研究成果，选取了部分媒体平台上的报告文章、新闻稿件、影像照片，由于体例关系，虽尽可能予以注脚，但仍有部分未能一一注明出处，在此一并致谢。

感谢我的家人。在本书编写过程中，我的家人既承担着繁重的家务，又不辞辛苦地参与了相关工作，给予了我很大的鼓励与支持。

真诚感谢西安出版社及李丹编辑为本书的出版给予的大力支持和付出的艰辛努力。也顺此感谢参与本书排版、校对的其他工作人员。

本书内容涉及面广，时间跨度大，加之我们的水平有限，不免有挂一漏百之处，存在这样那样的问题和不足，恳请各位专家、学者及广大读者提出宝贵意见。

有更多的人阅读西安、热爱西安、筑梦西安，是我们共同的心愿。

衷心感谢《阅读西安》的所有读者！

编　者

2022 年 9 月 27 日